农业土地系统遥感制图

吴文斌　胡琼　陆苗　宋茜　杨鹏　等　著

科学出版社
北京

内 容 简 介

本书全面介绍了农业土地系统遥感制图的理论和技术方法。首先，从土地系统科学的角度出发，系统总结了国内外农业土地系统学科的研究动态，提出了农业土地系统遥感制图的研究框架；然后，介绍了耕地遥感制图，灌溉耕地遥感制图，农业种植制度遥感制图，基于低、中、高空间分辨率影像的农作物遥感制图，农作物遥感制图的特征优选，以及协同多源遥感数据的农作物制图的原理和方法，并结合具体应用案例对有关技术流程和应用成效进行了描述；最后，探讨和展望了大数据和人工智能背景下农业土地系统遥感制图的未来发展方向。

本书可供从事土地利用科学、农业遥感、自然资源监测等领域的科研人员和管理人员参考使用，也可作为高等院校相关专业的本科生及研究生教材。

审图号：GS（2020）2243号

图书在版编目（CIP）数据

农业土地系统遥感制图/吴文斌等著. —北京：科学出版社，2020.11
ISBN 978-7-03-066727-4

Ⅰ. ①农⋯ Ⅱ. ①吴⋯ Ⅲ. ①遥感技术-应用-农业用地-地图编绘-研究 Ⅳ. ①F321.1-39

中国版本图书馆 CIP 数据核字（2020）第 216282 号

责任编辑：朱 丽 李秋艳 张力群／责任校对：何艳萍
责任印制：肖 兴／封面设计：蓝正设计

科学出版社 出版
北京东黄城根北街16号
邮政编码：100717
http://www.sciencep.com

三河市春园印刷有限公司 印刷
科学出版社发行 各地新华书店经销
*

2020年11月第 一 版 开本：787×1092 1/16
2020年11月第一次印刷 印张：21 3/4
字数：515 000

定价：198.00元
（如有印装质量问题，我社负责调换）

序

土地是人类社会赖以生存和发展的重要基础。20 世纪 90 年代以来，人类对土地利用问题愈发关注，在土地利用/土地覆盖变化计划（LUCC）与全球土地计划（GLP）两大科学研究计划的推动下，以土地为核心研究对象的一门新兴学科——土地系统科学得以诞生。土地系统不仅包括土地覆盖与土地利用的共同内涵，而且包括与土地有关的一切功能与效应的综合，更强调系统性和综合性。土地系统科学旨在通过研究土地资源的结构功能和形成演化规律，揭示人类的土地利用活动与其他系统之间的相互作用关系，并探索人类与土地协调共生的途径与方法。

中国农业科学院农业资源与农业区划研究所一直从事农业土地系统领域的科学研究。近十年来，在国家 973 计划项目、国家自然科学基金重点项目等支持下，围绕农业土地系统的时空格局变化探测、机理机制解析、演变过程模拟和影响评估等方面开展了大量研究，取得了一系列重大科研成果。2016 年 10 月，中国农业科学院联合中国土地学会在北京举办了全球土地计划第三届开放科学会议，会议以"土地系统科学：理解科学事实、寻求解决方案"为主题。这是首次在中国举办土地系统科学领域的全球性的高级别学术会议，来自 60 多个国家和地区的约 800 名代表参加大会，显著地推动了中国土地系统科学领域的发展，提升了中国在土地科学领域的国际影响力。

该书是研究农业土地系统领域的科技创新成果之一，重点聚焦遥感学科和农业土地系统学科的深度融合，系统总结了农业土地系统遥感制图的基本原理、关键技术方法和具体应用案例。全书结构严谨、内容丰富，是第一本关于农业土地系统遥感制图的科技专著。该书出版将为我国农业土地系统学科发展和行业实践应用提供新思路、新方法，具有重要的参考价值。

唐华俊
中国工程院院士
2020 年 5 月

前　言

农业土地系统是以土地为核心承载的农业系统,指人类利用农地从事的一切活动及其结果、效应的综合体。作为地球系统的重要组成,农业土地系统直接关系着人类社会的粮食安全、资源安全和生态安全。科学准确地探测与监测农业土地系统的时空格局、分析其时空变化过程及规律、明确其综合影响与效应,对科学合理利用农业土地资源、优化农业生产布局、推进农业高质量发展等具有重要意义。

遥感是农业土地系统时空格局探测与分析的主要技术手段。遥感制图是通过对遥感图像目视判读,或利用图像处理系统对遥感信息进行增强与几何纠正并加以识别、分类和制图的过程。农业土地系统遥感制图的目标是调查自然和社会经济因素共同作用下的农业土地资源的类型、数量、分布和质量现状,监测其时空变化过程及规律。随着对地观测技术的不断发展,多传感器、多分辨率和多角度遥感数据已广泛应用于农业土地系统遥感制图中,在理论、技术方法和实践应用方面都取得了长足发展。然而,已有遥感制图研究多侧重于农业土地系统的某一特定要素或组成部分,如重点关注耕地的数量、空间分布和质量变化态势,以及与其他土地利用方式的转换特征、规律和过程。随着土地系统概念的不断深入,农业土地系统遥感制图需要系统关注农田多熟种植制度、农作物种植结构、农业土地集约化和规模化利用、农田综合生产能力等多维度特征。同时,农业土地系统遥感制图对象的异质性、区域的复杂性、数据的多源性、技术的差异性,使得农业土地系统遥感制图尚未进行系统梳理和总结,难以满足科学研究和实际应用的迫切需求。

中国农业科学院农业资源与农业区划研究所智慧农业和农业遥感创新团队,依托国家数字农业创新中心、国家智慧农业科技创新联盟、农业农村部农业遥感重点实验室等科研平台,长期致力于农业土地系统学科领域的理论、技术、方法和应用研究,取得了显著进展。本书是团队在农业土地系统遥感制图领域近 10 年科研成果的结晶,从农业土地系统科学视角出发,对农业土地系统遥感制图涉及的基本理论知识、内容和技术方法进行了全面总结和凝练,并介绍了典型应用实践,可供地理学、农学和农业信息技术领域的相关科技工作者参考。

本书共包含 10 章,内容涵盖农业土地系统遥感制图的资源调查和变化监测两大内容,主要包括耕地资源数量和空间遥感调查、农作物种植结构遥感制图、农业土地集约化利用遥感监测、农业土地利用时空变化遥感监测等。第 1 章由吴文斌、余强毅和杨鹏撰写;第 2 章由陆苗、陈迪和吴文斌撰写;第 3 章由刘逸竹、陆苗和吴文斌撰写;第 4 章由余强毅、项铭涛和卫炜撰写;第 5 章由胡琼、宋茜和吴文斌撰写;第 6 章由胡琼、何真和吴文斌撰写;第 7 章由宋茜、胡琼和吴文斌撰写;第 8 章由赵立成、刘斌和史云撰写;第 9 章由宋茜、谭杰扬和杨鹏撰写;第 10 章由吴文斌、胡琼、宋茜和杨鹏撰写。全书由吴文斌、胡琼和杨鹏统稿。

在本书编写和出版过程中，唐华俊院士、周清波研究员、李召良研究员、陈仲新研究员等专家提出了许多宝贵的意见和建议。本书出版得到国家自然科学基金创新研究群体项目(41921001)、国家重大研发计划项目(2019YFA0607400)和国家自然科学基金面上项目(41871356)等资助，在此一并致谢！

鉴于水平、知识和时间等多方面的局限性，书中不足之处在所难免，恳请读者批评指正！

作　者

2020 年 5 月于北京

目 录

序
前言
第1章 绪论 ··· 1
  1.1 土地系统科学 ·· 1
    1.1.1 土地利用 ·· 1
    1.1.2 从土地变化科学到土地系统科学 ·· 1
  1.2 农业土地系统科学 ·· 4
    1.2.1 农业土地系统科学研究框架 ··· 4
    1.2.2 农业土地系统科学研究动态 ··· 5
  1.3 农业土地系统遥感制图 ·· 10
    1.3.1 遥感制图 ·· 10
    1.3.2 农业土地系统遥感制图总体框架 ··· 12
    1.3.3 农业土地系统遥感制图研究动态 ··· 13
  1.4 结语 ··· 18
  参考文献 ·· 19
第2章 耕地遥感制图 ·· 29
  2.1 引言 ··· 29
  2.2 已有耕地遥感数据产品 ·· 30
    2.2.1 GlobeLand30 ··· 31
    2.2.2 GlobCover ·· 32
    2.2.3 MODIS Collection 5/6 ·· 32
    2.2.4 GLC2000 ··· 33
    2.2.5 CCI-LC ··· 33
  2.3 不同耕地遥感数据产品的一致性分析 ·· 34
    2.3.1 数据预处理 ··· 34
    2.3.2 对比方法 ·· 34
    2.3.3 结果与分析 ··· 36
    2.3.4 结论 ··· 42
  2.4 耕地遥感制图方法 ·· 44
    2.4.1 基于遥感影像的耕地提取方法 ·· 44
    2.4.2 基于遥感产品与统计数据融合方法 ··· 45
  2.5 案例1：基于多套耕地产品和地理加权回归模型的中国耕地制图 ························· 48
    2.5.1 多源数据收集与预处理 ·· 49

		2.5.2 地理加权回归模型运行	51

    2.5.2 地理加权回归模型运行 51
    2.5.3 中国耕地空间分布制图结果与精度评定 54
 2.6 案例2：基于多源数据分层优化方法的全球耕地制图 55
    2.6.1 多源数据收集与预处理 56
    2.6.2 多源数据分层优化融合方法 58
    2.6.3 融合结果与分析 62
参考文献 65

第3章 灌溉耕地遥感制图 69

3.1 引言 69
3.2 主要灌溉耕地数据集 71
   3.2.1 GMIA 和 MIRCA2000 71
   3.2.2 GIAM 和 GMRCA 72
   3.2.3 GRIPC 72
   3.2.4 其他产品 73
   3.2.5 数据产品的对比 75
3.3 灌溉耕地制图理论依据 80
3.4 灌溉耕地制图特征参量 81
   3.4.1 地理特征参量 81
   3.4.2 植被与土壤特征参量 82
   3.4.3 时间特征参量 83
3.5 灌溉耕地制图方法 84
   3.5.1 监督分类 84
   3.5.2 非监督分类 86
   3.5.3 数据融合 87
3.6 案例：融合遥感与非遥感数据的中国灌溉耕地制图 87
   3.6.1 理论依据 88
   3.6.2 数据准备 88
   3.6.3 技术流程 88
   3.6.4 制图结果与精度评价 89
参考文献 92

第4章 农业种植制度遥感制图 98

4.1 引言 98
   4.1.1 耕地复种指数 98
   4.1.2 耕地物候参数 99
4.2 农业种植制度遥感提取的理论基础 101
4.3 时间序列植被指数重构方法 102
   4.3.1 非对称高斯函数拟合法 102
   4.3.2 双逻辑斯谛函数拟合法 102

  4.3.3 Savitzky-Golay 滤波法 ································ 103
  4.3.4 时间序列谐波分析法 ································ 103
 4.4 农业种植制度关键参数提取方法 ································ 103
  4.4.1 阈值法 ································ 103
  4.4.2 时间序列法 ································ 104
  4.4.3 物候累计频率法 ································ 105
  4.4.4 主成分分析法 ································ 106
  4.4.5 曲线拟合法 ································ 107
 4.5 案例 1：基于 MODIS 和 GF 数据融合的耕地复种频率提取——以鄱阳
    湖区域为例 ································ 107
  4.5.1 MODIS 和 GF 数据融合 ································ 107
  4.5.2 基于二次差分法提取种植频率 ································ 112
  4.5.3 种植频率提取结果和精度验证 ································ 113
  4.5.4 种植频率提取的时空不确定性比较 ································ 116
 4.6 案例 2：基于 MODIS 双星的耕地物候参数提取——以中国北方区域为例 ······ 119
  4.6.1 MODIS 双星数据协同 ································ 119
  4.6.2 基于阈值法提取关键物候参数 ································ 125
  4.6.3 耕地物候提取结果 ································ 126
  4.6.4 耕地物候提取结果的精度验证 ································ 133
 参考文献 ································ 140
第 5 章 农作物遥感制图的特征选择策略 ································ 145
 5.1 引言 ································ 145
 5.2 农作物遥感识别特征类型 ································ 146
  5.2.1 光谱特征 ································ 146
  5.2.2 时相特征 ································ 148
  5.2.3 空间特征 ································ 149
 5.3 农作物遥感识别特征利用方式 ································ 150
  5.3.1 基于单一特征 ································ 150
  5.3.2 基于多特征参量 ································ 152
  5.3.3 基于特征量的统计模型 ································ 154
 5.4 农作物遥感识别特征自动优选方法 ································ 155
  5.4.1 基于分离指数的特征优选方法 ································ 155
  5.4.2 光谱-时相特征自动优选方法 ································ 156
  5.4.3 基于随机森林分类模型的特征优选方法 ································ 157
 5.5 光谱和时相特征对农作物识别的影响评估 ································ 161
  5.5.1 特征情景设计 ································ 162
  5.5.2 基于不同特征的农作物识别 ································ 163
  5.5.3 特征质量对农作物识别影响 ································ 165

5.5.4 特征数量对农作物识别影响 ·· 167
5.6 案例1：基于STAFS方法的玉米最优特征筛选 ································ 168
　　5.6.1 STAFS方法参数化过程 ··· 168
　　5.6.2 玉米最优特征和识别结果 ·· 169
　　5.6.3 玉米最优特征解释性 ·· 173
　　5.6.4 STAFS泛化应用分析 ·· 174
　　5.6.5 STAFS扩展性分析 ··· 175
5.7 案例2：基于随机森林模型的农作物特征选择 ································ 175
　　5.7.1 随机森林模型构建与参数优化 ·· 175
　　5.7.2 随机森林特征重要性打分 ·· 177
　　5.7.3 基于不同特征组合的农作物识别结果 ·································· 179
参考文献 ··· 182

第6章 基于中低空间分辨率影像的农作物制图 ···························· 188
6.1 引言 ··· 188
6.2 中低空间分辨率遥感数据 ·· 189
　　6.2.1 MODIS卫星影像 ··· 189
　　6.2.2 VIIRS卫星影像 ··· 191
　　6.2.3 AVHRR卫星影像 ··· 193
　　6.2.4 SPOT-VEGETATION卫星影像 ·· 194
6.3 长时间序列遥感影像处理 ·· 195
　　6.3.1 长时序遥感影像收集与预处理 ·· 195
　　6.3.2 长时序植被指数构建 ·· 199
　　6.3.3 长时序多光谱特征优选 ··· 200
6.4 亚像元农作物面积百分比提取方法 ·· 203
　　6.4.1 硬分类与软分类定义 ·· 203
　　6.4.2 光谱线性分解方法 ··· 203
　　6.4.3 光谱非线性分解方法 ·· 206
　　6.4.4 时相线性分解方法 ··· 209
　　6.4.5 地理加权回归模型方法 ··· 210
　　6.4.6 随机森林回归模型方法 ··· 210
6.5 案例1：基于MODIS和地理加权回归模型的大豆丰度制图 ··············· 211
　　6.5.1 候选特征变量构建 ··· 212
　　6.5.2 地理加权回归模型构建与优化 ·· 212
　　6.5.3 黑龙江大豆丰度分布图与精度评估 ···································· 213
6.6 案例2：基于MODIS和随机森林回归模型的作物丰度制图 ·············· 217
　　6.6.1 候选特征变量构建 ··· 218
　　6.6.2 随机森林回归模型构建与优化 ·· 218
　　6.6.3 黑龙江农作物丰度分布图与精度评估 ································· 219

参考文献 226

第7章 基于中高空间分辨率影像的农作物制图 232
7.1 引言 232
7.2 中高空间分辨率遥感数据 233
    7.2.1 美国陆地资源（Landsat）系列卫星 233
    7.2.2 欧盟哨兵（Sentinel）系列卫星 235
    7.2.3 中国环境（HJ）系列卫星 237
    7.2.4 中国高分（GF）系列卫星 239
7.3 基于像素分类方法 242
7.4 面向对象分类方法 243
    7.4.1 面向对象的定义 243
    7.4.2 图像分割方法 245
7.5 逐月优化的农作物制图策略 247
7.6 案例：基于GF-1数据与面向对象分类方法的多阶段农作物制图 248
    7.6.1 数据准备 249
    7.6.2 多尺度分割 250
    7.6.3 多特征选择 253
    7.6.4 随机森林分类模型参数化 256
    7.6.5 农作物识别结果及精度验证 257
参考文献 258

第8章 基于高空间分辨率影像的农作物制图 262
8.1 引言 262
8.2 高空间分辨率遥感影像 266
    8.2.1 QuickBird卫星影像 266
    8.2.2 Google Earth卫星影像 267
    8.2.3 无人机航拍影像 268
8.3 针对高空间分辨率影像的特征构建 269
    8.3.1 农作物可见光植被指数提取分析 269
    8.3.2 农作物可见光纹理特征提取分析 270
    8.3.3 农作物空间高度特征提取分析 270
8.4 机器学习分类算法 271
    8.4.1 SVM算法介绍 271
    8.4.2 深度学习算法 271
    8.4.3 卷积神经网络算法 272
8.5 案例：基于无人机影像和SVM算法的农作物识别 273
    8.5.1 研究区与数据 273
    8.5.2 技术路线 278
    8.5.3 农作物分类特征的选取 278

8.5.4 农作物分类流程及结果 ··· 289

参考文献 ··· 292

第9章 基于多源数据融合的农作物制图研究 ··· 298

9.1 引言 ··· 298

9.2 多源数据融合技术 ··· 298

 9.2.1 提高空间分辨率 ··· 299

 9.2.2 提高时间分辨率 ··· 300

9.3 多源遥感数据融合模式 ··· 301

 9.3.1 光学遥感数据的融合 ··· 301

 9.3.2 光学遥感与微波遥感数据的融合 ··· 302

9.4 遥感数据与统计数据融合 ··· 303

 9.4.1 SPAM 模型 ··· 304

 9.4.2 GAEZ 模型 ··· 305

9.5 遥感数据与其他数据融合 ··· 306

9.6 案例：基于 SPAM 模型提取东北地区玉米种植面积 ··· 307

 9.6.1 数据来源及处理 ··· 307

 9.6.2 SPAM 模型参数化过程 ··· 309

 9.6.3 东北地区玉米分布图及精度评定 ··· 315

参考文献 ··· 319

第10章 农作物空间分布遥感制图发展方向探讨 ··· 325

10.1 引言 ··· 325

10.2 农作物空间分布遥感制图策略 ··· 325

 10.2.1 制图目标呈现多元化 ··· 325

 10.2.2 制图单元从像元到地块 ··· 326

 10.2.3 样本信息采集从线下到线上 ··· 327

 10.2.4 制图方法从自动学习到深度学习 ··· 328

 10.2.5 遥感数据源的协同利用 ··· 329

10.3 农作物空间分布遥感数据产品研制 ··· 330

10.4 农作物空间分布数据产品的共享与服务 ··· 331

参考文献 ··· 332

第 1 章 绪　　论

1.1 土地系统科学

1.1.1 土地利用

土地是地球陆地系统最重要的组成部分,"山水林田湖草"形成一个有机的生命共同体。同时,土地是重要的战略资源,为人类社会生存和发展提供物质基础。土地利用指人类为了自身需求而有意识地对土地资源进行开发、经营和利用的活动(唐华俊等,2004)。人类发展的历史就是不断对土地资源加以开发利用和对土地覆盖进行改造的历史,土地利用处于动态变化之中。例如,自人类社会出现至今,全球耕地面积不断扩张(Foley et al., 2005);随着全球人口的持续增长、资源环境问题日益突出及农业技术革新等,土地利用方式正经历着从粗放扩张向集约化利用的转变(Barretto et al., 2013; Ellis et al., 2013)。可见,土地利用是人类-环境关系的重要纽带和桥梁,研究土地利用及其时空动态变化,对于科学理解和弄清人类-环境复杂关系具有重要作用(GLP,2005)。

人类通过对土地资源的开发、经营和利用,在获取大量的产品、服务和财富的同时,也剧烈地改变了地球表层的土地利用方式或土地覆被,带来显著的生态、社会和经济影响。一方面,土地利用影响着人类经济收益和社会财富,对于全球粮食安全、社会繁荣稳定和可持续发展有着重要影响(Hulse and Ribe, 2000);另一方面,大量研究表明,土地利用对气候变化、陆地生态系统地球物理和地球化学循环过程、全球陆地-海洋相互作用等有着重要影响(Foley et al., 2005; Wu et al., 2007a),对于区域乃至全球生态环境变化具有重要意义(秦丽杰等,2002;于兴修等,2004;Liu et al., 2005)。例如,过去 150 年来,土地利用所引起的向大气层排放的 CO_2 占人类 CO_2 总排放量的 35%,与工业发展过程中使用化石燃料引起的 CO_2 排放的结果相当(Pielke, 2005)。土地利用方式的变化影响了全球水文及碳循环和能量平衡,破坏了全球很多海岸带区域的生态环境(Kalnay and Cai, 2003);大量农药、化肥和生产设施的使用,导致土壤污染、水质量降低和生态多样性消失(Pimm and Raven, 2000)。因此,科学地利用土地成为实现人类可持续发展的重要途径之一(Foley et al., 2011)。

1.1.2 从土地变化科学到土地系统科学

20 世纪 90 年代以来,国际社会愈发关注土地利用问题,先后实施了两大科学计划,土地利用/土地覆被变化计划(Land Use and Land Cover Change,LUCC)与全球土地计划(Global Land Project,GLP)(李秀彬,1996),以土地为核心研究对象的一门新兴学科得以诞生,该学科旨在通过研究土地资源的结构功能和形成演化规律,揭示人类的土地利用活动与其他系统之间(如自然、社会、经济和生态系统等)的相互作用关系,并探索人类与土地协调共生的途径与方法（Verburg et al., 2013）。国内学者将其称为"土地科学"（吴次芳，2014），但国外更多称其为土地利用科学（land use science）（Aspinall，2006）、土地变化科学（land change science）（Turner et al., 2007）。由于土地利用的复杂性以及土地利用过程与其他系统的耦合关系不断得到科学认知，仅仅关注土地利用本身已经无法满足人类社会可持续发展的客观需求。针对这一问题，自 2016 年起，Global Land Project 正式更名为 Global Land Programme，以强调土地及其相关研究的跨学科特性，加强科学研究、生产实践及政府管理之间的有机联系（GLP, 2016）。因此，土地系统科学（land system science）的概念逐渐兴起并得到广泛关注（Reenberg, 2009; Rounsevell et al., 2012; Verburg et al., 2013）。

1. 土地利用/土地覆被变化计划（LUCC）

LUCC 于 1995 年由国际地圈生物圈计划（International Geosphere-Biosphere Programme, IGBP）和国际全球环境变化人类行为计划（International Human Dimensions Programme, IHDP）共同发起实施，分别于 1995 年和 1999 年发布了具有重要意义的纲领性文件：《土地利用/覆被变化科学研究计划》（Tuner et al., 1995）和《土地利用/覆被变化执行战略》（Lambin et al., 1999）。LUCC 计划侧重于关注土地利用与土地覆盖及其时空变化，研究重点包括土地利用/覆被过去和现状的调查及其变化的格局和过程、区域土地利用/覆被变化的驱动机制、土地利用/覆被变化的人类响应，还包括与上述三个问题有关的全球和区域 LUCC 监测、综合模型、数据集构建，以及对于热点区和脆弱区的关注。这其中，土地覆盖侧重于土地的自然属性（如林地可被划分为针叶林、阔叶林、针阔混交林等，以反映林地所处的生境、分布特征及其地带性分布规律和垂直差异），而土地利用则侧重于土地的社会属性（如陆地表面可被划分为耕地、建设用地、未利用地等，以体现人类利用土地的情况）（唐华俊等，2004）。

在 LUCC 计划的推动下，全球不同领域的学者从全球尺度到局地尺度，围绕 LUCC 何地发生变化、何时发生变化、如何发生变化和为何发生变化等问题开展了大量研究。这期间 LUCC 的研究焦点限定在土地利用/土地覆被自身的变化规律，研究目标在于增进对不同尺度上的土地利用和覆被变化二者之间相互作用关系的理解，揭示自然环境与人类活动相互作用的过程与结果。经过 10 年（1995~2004 年）的发展，LUCC 在理论和方法方面，以及实践方面都取得了长足的进展，促进了土地变化科学的诞生和发展（路云阁等，2006；秦明周，2012；Rindfuss et al., 2004; Tuner et al., 2007）。土地变化科学的科学问题是：①观测和监测全球不同时空尺度下发生的土地利用/土地覆被变化；②综合理解这种人类-环境复合系统的变化原因、结果和效应；③空间显性模拟土地利用/土地覆被变化；④全面评价土地系统的功能和价值，如脆弱性、弹性和可持续性等（图 1-1）（Lambin and Geist, 2006）。土地变化科学首次在地球系统框架内综合研究人类对土地资源的利用，以实现人类与环境系统的可持续性，既是对 LUCC 计划的继承，也是对 LUCC 计划的新发展。

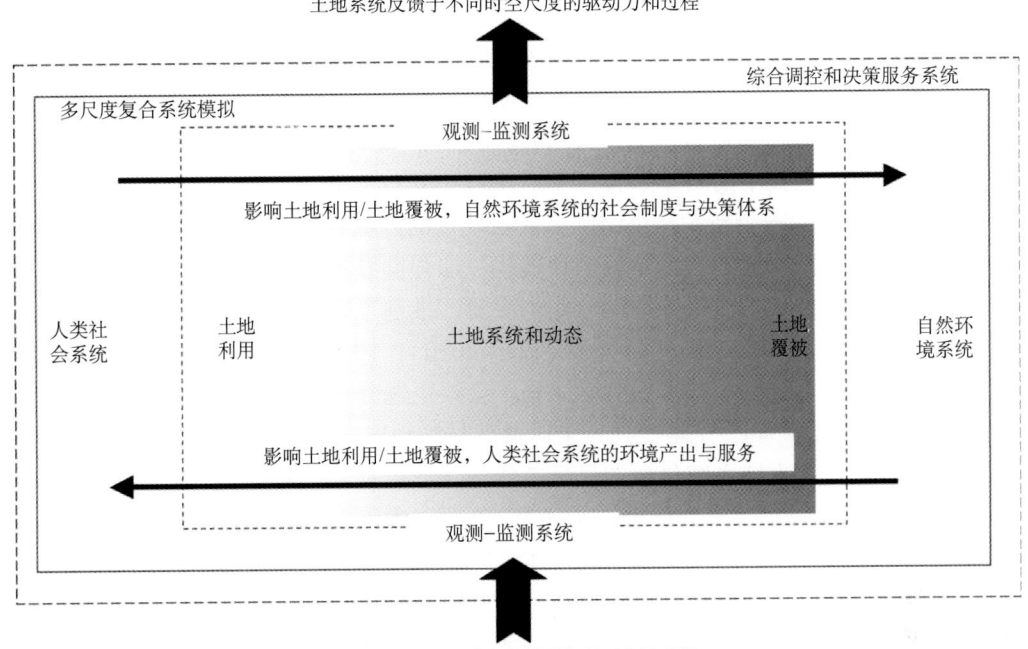

图 1-1 土地变化科学研究框架

2. 全球土地计划（GLP）

随着 LUCC 计划 2005 年结束，IGBP 和 IHDP 启动了新的全球土地计划（GLP）。GLP 计划是国际全球环境变化 4 个核心科学计划（水系统、碳、食物和土地）之一，也是国际科学联盟未来地球计划（Future Earth）的核心研究计划之一。GLP 计划在 LUCC 计划的基础上，首次提出了土地系统的概念，即土地系统不仅包括土地覆盖与土地利用的共同内涵，而且包括与土地有关的一切功能与效应的综合，如经济效益、社会效益、生态系统服务等（Tuner et al., 2013）。在很多情况下，一个区域土地覆盖与土地利用未发生变化，但其土地系统的功能与效应却发生了显著变化，如森林范围内树种结构的变化会影响生物多样性，耕地范围内农作物种植结构变化会影响粮食产量与农民收益等（唐华俊等，2015）。GLP 的核心目标是量测、模拟和理解人类-自然耦合系统，即识别陆地上人类-自然耦合系统的各种变化，并量化这些变化对耦合系统的影响；评估人类-自然耦合系统的变化对生态系统服务功能的影响；识别人类-自然耦合系统的脆弱性和持续性与各类干扰因素相互作用的特征及动力学。和 LUCC 相比，GLP 在研究对象和研究目标发生明显的变化，研究对象从 LUCC 计划的土地利用与土地覆盖变化转为土地系统，即人类-自然系统，研究目标从 LUCC 计划的"掌握土地利用/土地覆被变化的途径和规律"转为"减少人类-自然系统的脆弱性，实现可持续性"（路云阁等，2006）。同时，相比于 LUCC，GLP 更强调深化和综合研究。深化研究包括：科学认知的深化-对于人类活动如何改变环境系统以及这一过程中多种复杂的反馈作用的科学理解；技术方法的深化-重视机理研究、格局和过程耦合作用研究等。综合研究则体现在视角、学科和方法的综合，视角的综合指从人类-自然系统的视角研究土地利用，学科的综合指需要进行多领域、多模型和多方法的融合，方法的综合强调地理研究方法、生物地球化学研究方法、生态系统研究方法等的集成应用。因此，GLP 计划旨在加强对全球和区域土地系统的综合理解，力图促进全球变化研究中的科学融合（蔡运龙，2001）。

GLP 计划实施的一个新举措是组织召开全球性的开放科学会议，旨在展示土地系统科学领域的国际前沿研究的焦点、范例和模式，加强世界各国在土地利用、资源高效配置、产业布局和可持续发展等领域的合作与交流，推进主办国土地系统科学领域的研究和应用。GLP 第一届和第二届开放科学会议于 2010 年 10 月和 2014 年 3 月分别在美国亚利桑那州立大学与德国柏林洪堡大学召开，会议主题分别为"城市化过程中土地可持续利用的机遇与挑战"和"土地变化：全球挑战与局地现实"，从系统性、复杂性、耦合性等角度重新定义了土地系统科学的目标、任务、理论及方法体系。中国科学家积极参与了 GLP 计划，并发挥了重要作用。2016 年 10 月，中国农业科学院联合中国土地学会在北京举办了 GLP 第三届开放科学会议，会议以"土地系统科学：理解科学事实、寻求解决方案"为主题，涉及全球化和城市化背景下的土地系统演变、土地系统时空变化探测和机理解析、人类-自然耦合的土地系统对粮食、能源和生态系统服务功能的影响、可持续土地利用的优化管理与调控等议题。这是首次在中国举办土地系统科学领域全球性的高级别学术会议，来自 60 多个国家和地区的约 800 名代表参加大会，显著地推动了中国土地系统科学领域的发展。2019 年 4 月，在瑞士伯尔尼召开 GLP 第四届开放科学会议，会议主题是"面向人与自然的土地系统转变"，来自 70 个国家和地区的 700 余名学者参加会议。通过前四届开放科学会议的举办，土地系统的概念得到国内外学术界的一致认可，极大促进了土地系统科学的形成及其相关学科发展（Reenberg，2014；Tuner，2014）。

1.2　农业土地系统科学

1.2.1　农业土地系统科学研究框架

作为土地系统科学的重要组成内容，农业土地系统是以土地为核心承载的农业系统，是农业系统与土地系统的结合部分，即人类利用耕地从事的一切活动及其结果（唐华俊等，2015）。农业土地系统研究成为土地系统科学的热点方向（Volk and Ewert，2011），其不仅限于某个特定位置的作物栽培模式，还应考虑地理空间内作物的组成与布局、作物的复种或休闲、作物的种植方式等内容（唐华俊等，2010）。农业土地系统依托于地球系统，存在于自然环境与人类社会的交叉部分，与地球系统各圈层之间存在多重作用过程，以保障人类生计与粮食安全为核心职能，以土地权属、作物格局、集约化等为具体表象，是全球环境变化与可持续发展的核心研究领域（图 1-2）。

农业土地系统的重要性不言而喻：一方面，作为全球面积最大的土地利用类型，农业用地（含牧草地）约占全球陆表面积的 38%，产生的大量产品直接关乎人类粮食安全

（Rammankutty et al., 2008），全球作物产量的62%直接供人类进行食物消费，35%作为牲畜饲料间接为人类提供食物；另一方面，农业用地作为一种空间连续的自然和社会经济综合体，其状态与功能随时间发生变化，如全球耕地面积不断扩张（Foley et al., 2005）、农业土地利用方式正经历着从粗放扩张向集约化利用的转变（Barretto et al., 2013; Ellis et al., 2013）。这些变化对气候变化、陆地生态系统地球物理和地球化学循环过程、全球陆地-海洋相互作用等有着重要影响，驱动区域乃至全球生态环境变化。

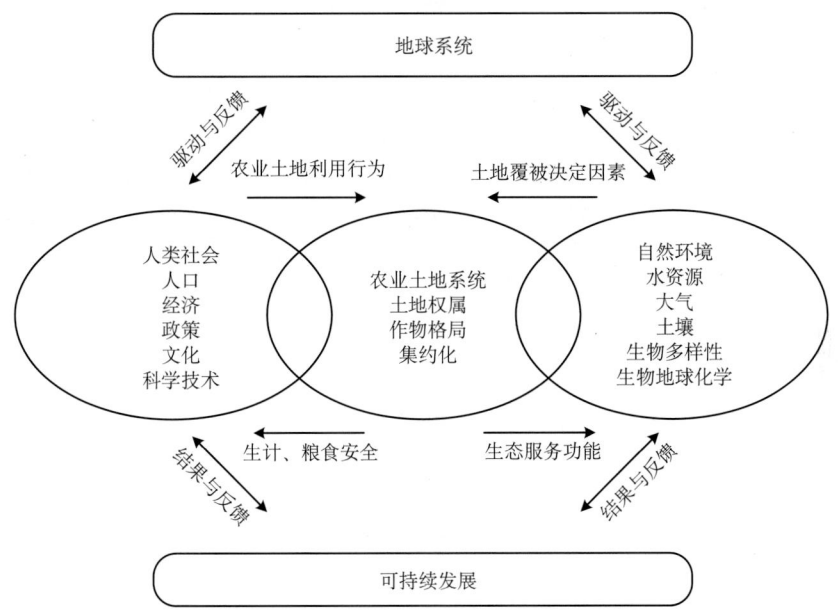

图1-2　农业土地系统及其与其他学科领域的关系

农业土地系统科学是以农业土地系统为研究对象的学科，其研究目标在于理解和解释农业生产过程中的人类-自然综合复杂关系，进而为可持续农业发展提供科学服务（Bezlepkina et al., 2011）。经过多年发展，农业土地系统科学形成如图1-3所示的研究框架。与土地系统科学的核心研究内容类似，农业土地系统研究的关键科学问题包括农业土地系统的时空格局探测、变化过程模拟及综合效应分析等方面，其具体研究对象从耕地时空分布扩展至作物分布、作物物候、种植制度、农业集约化、农业灾害、农业综合生产能力、农业生态系统服务、经济效益、政策效果等诸多方面，研究方法手段也从单一方法向综合模型转变，研究数据涵盖遥感、地面观测、社会经济统计等多源数据集（图1-3）。可以看出，农业土地系统科学与诸多学科领域紧密联系，需要利用学科交叉的视角开展相关研究。

1.2.2　农业土地系统科学研究动态

1. 农业土地系统多维度格局探测与分析

农业土地系统研究对象具有高度的多样性、复杂性和综合性，涉及自然科学、工程科学和社会科学等多个门类，开展多对象、多方法和多尺度等多维度的时空格局探测与分析是农业土地系统研究的首要任务。

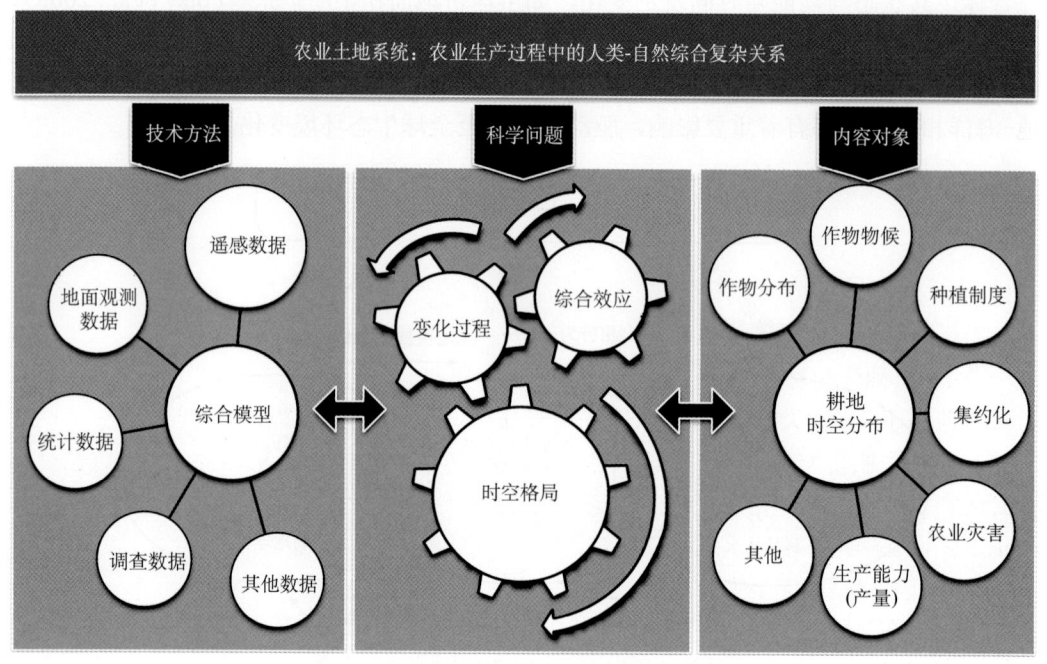

图1-3 农业土地系统研究框架

农业土地系统早期的研究对象以耕地时空格局及其动态变化为主，即研究耕地数量和空间变化态势，及其与其他土地利用方式的相互转换特征、规律和过程。随着土地系统概念的不断深入，农业土地系统研究不仅关注耕地格局变化，也十分关注耕地多熟种植制度、农作物空间格局、利用集约度、综合生产能力等结构和功能的多维变化。多熟制度指农业土地的复种或休闲，即一年几熟或几年几熟的问题，反映了不同区域农业土地利用的自然环境与社会经济因素的差异性和多样性。农作物空间格局是一个地区或生产单位的农作物组成与布局、熟制与种植方式的空间表达，描述了农业生产在空间范围内利用农业土地资源的状况（唐华俊等，2010）。农业土地利用集约度刻画了单位土地面积下农业生产资料（资金、劳动和技术等）投入的高低。此外，很多学者也关注农业土地利用在时间维度的变化特征，如研究分析气候因子变化介导的作物生育期的提前或推迟，以及耕地撂荒或休闲等种植方式。

从技术方法看，多维度时空格局探测方法主要包括基于统计数据的方法、基于遥感信息的方法、基于空间模型的方法以及基于社会调查的方法等。基于统计数据的方法是最常用的传统方法，已广泛应用于大区域尺度和长时间序列的农作物空间格局或作物产量的时空格局及其变化特征分析。该方法不仅可以获取统计单元内数量和速率等相关特征的详细信息，还可以分析作物物候期、灌溉量、施肥量、投入成本和动力费用等和农作物生长、农业生产紧密相关的其他信息。近年来，随着空间技术的不断发展，多传感器、多时间分辨率和多空间分辨率遥感数据在农业土地系统时空格局探测和变化检测中得到广泛应用。基于遥感数据的时空格局探测方法从最初的目视解译法发展到基于统计学的分类法（如监督分类方法、多时相分类方法、多源数据结合分类法等），以及其他遥感分类法（如神经元网络方法、模糊数学分类法、专家系统分类法、混合像元分解法等）（吴文斌等，2014）。自 1997 年起，美国农业部国家农业统计中心利用多源中高分辨率遥感影像，制作美国每年度作物分布图（Boryan et al., 2011a）。利用时间序列植被指数构建作物生长曲线，可以获取区域复种指数（唐鹏钦等，2011；闫慧敏等，2005b；Sakamoto et al., 2006）、轮作方式（Lunetta et al., 2010）、物候特征（李正国等，2011；吴文斌等，2009c）、耕地废弃（Alcantara et al., 2912）等空间分布格局。此外，空间模型也广泛应用于农业土地系统格局分析，如研究者利用作物潜在热量值、最适生长温度、最低临界生长温度和生育期日数等作物生理参数，在全球尺度模拟了单一作物、冬小麦-玉米、水稻-水稻等 7 种作物种植制度的潜在空间分布区域（Tan et al., 2003）。空间模型的方法不仅可以应用于不同地域尺度的农作物空间分布模拟，也可用于未来气候变化情景下的农作物空间分布模拟预测（杨晓光等，2010; Wu et al., 2007b）。基于社会调查的方法是对前几种方法的有效补充，能够直观地从土地利用决策者的角度获取土地系统的格局特征（Yu et al., 2013）。

以上几种方法各具特色，但也存在不同的缺陷。如统计方法易受人为因素的干扰，遥感方法存在混合像元、大气校正、尺度转换等诸多亟待解决的问题，模型方法多考虑生态环境因子，而对社会经济因子考虑不够（You et al., 2009），社会调查方法的成本巨大，且只适用于小区域尺度。因此，需要依靠多学科研究方法的交汇、融合才能揭示复杂现象的本质，基于多尺度、多信息源数据融合的复合方法成为目前时空格局探测与分析的重要手段之一（Frolking et al., 2002; Leff et al., 2004）。如利用遥感数据和统计数据融合的方法，很多学者研制了全球或区域尺度的耕地或农作物分布图集（Liu et al., 2013; Monfreda et al., 2008; Ramankutty et al., 2008），以及不同灌溉和雨养条件下的耕地或作物空间分布（Portmann et al., 2010）。然而，不同数据源之间的尺度、精度、采集方法等差异会影响多源数据应用，如不同遥感数据集采取的分类规则和分类系统可能不相同，遥感数据获取的作物面积与统计数据作物面积数量可能不一致（Verburg et al., 2011），进一步减少数据差异带来的不确定性需要深入分析。此外，这些已有的数据产品空间分辨率较粗、缺乏长时间序列数据，限制了应用潜力。因此，如何提高此类方法的空间分类精度和数据产品的时间序列长度是需要重点解决的科学难点问题。针对调查方法应用范围有限的问题，可开展 Meta 分析，在综合分析多个局地尺度研究结果的基础上，梳理总结农业土地系统的特征与规律，并升尺度至区域应用（Munteanu et al., 2014; van Vliet et al., 2015）。

2. 多模型耦合的过程与机制解析

多维度的探测方法可以揭示农业土地系统的时空格局，但难以很好地解释土地系统变化过程与机理机制。变化过程是时空格局特征的动态展现，目前比较可行的方案是借助一定的数学方法，建立土地系统格局与其影响因素之间的关系，并将这种关系在时间维度进行扩展，从而实现农业土地系统变化过程和机制的动态表达。因此，农业土地系统模拟已逐步发展成为土地系统科学研究的核心研究内容之一（唐华俊等，2009；Brown et al., 2013; Heistermann et al., 2006; Tuner et al., 2007）。

农业土地系统模拟模型根据空间表达能力可分为空间模型与非空间模型（唐华俊等，2009）。非空间模型仅侧重于研究分析农业土地变化的数量和速率特征，对变化的空间分布并不给予太多考虑（Irwin et al., 2001）。随着空间信息技术的发展，模型逐渐开始重视土地利用格局及其变化的空间显性化表达（Heistermann et al., 2006）。空间模型一般由经验统计模块与空间分配模块结合而成，经验统计模块的作用类似于非空间模型，空间分配模块综合考虑诸多限制因素和转换规则，实现非空间模块的变化数量的空间分配。经典的空间模型包括CLUE系列、GEOMOD模型、SLEUTH模型与CA-Markov模型等（余强毅等，2011）。尤其是近年来，遥感技术在支撑和服务农业土地系统空间模型构建中发挥了重要作用，模型空间尺度与所使用的遥感数据空间分辨率总体一致，如分辨率较高的遥感数据多应用于小研究区域的模拟模型构建，反之亦然。

从建模理论与方法出发，农业土地系统模型可分为地理模型和经济模型。地理模型重点关注环境因子的影响，其分析对象往往是具有一定面积的土地单元，或栅格系统中网格表述的一定面积区域，利用地理网格数据或行政区域社会经济统计数据可以较为容易地建立农业土地变化与环境因子之间的关系。地理模型又可以细分为空间统计模型和地理过程模型（唐华俊等，2009）。空间统计模型一般假定土地变化与驱动因子之间的统计关系不变，一旦确定这种关系，就能将驱动因子的时空变化结果反映至农业土地系统格局，如CLUE-S模型；过程模型则相对更为复杂，需要综合考虑农业土地变化与其所处人类-自然耦合系统的协同关系（吴文斌等，2014）。地理空间模型可以有效分析农业土地系统变化的主要驱动因子和具体过程，但其明显不足是农业土地系统变化过程中发挥重要作用的人类选择或决策行为得不到显性描述（唐华俊等，2009）。社会经济模型则更多从人的角度出发，研究不同层次主体的农业土地利用选择或决策行为的差异性、动态性和相关性，进而解释农业土地系统变化的过程和机制。近年来，基于主体的模型逐渐应用于农业土地系统模拟研究，极大地丰富了该领域的理论与方法（吴文斌等，2007；余强毅等，2011a, 2013a）。如根据农户土地利用态度构建的CroPaDy模型，在局地尺度实现了自然与社会经济综合因素-农户态度-农户决策-农作物时空格局动态变化过程的科学表达（余强毅等，2013b, 2014）。

农业土地系统的形成和变化是不同尺度下自然和人文因素综合作用的结果，实质上反映的是人类-自然复杂关系问题。因此，耦合地理模型和社会经济模型的综合模型是农业土地系统模型研究的热点方向，这对于自然科学和社会科学的融合和综合研究也是一个巨大挑战（Yu et al., 2012）。如MAgPIE模型将经济模型与全球植被动力学模型进行结合，模拟未来全球生物质能源作物生长与分布的情景（Lotze-Campen et al., 2010）；Dyna-CLUE模型将CLUE-S与植被动态变化算法相结合，模拟未来欧洲耕地废弃或扩张的动态变化过程（Verburg et al., 2009）；作物生长模型EPIC与农业经济模型IFPSIM相结合，实现了未来全球主要农作物空间格局的模拟分析（Wu et al., 2007a）。

农业土地系统在不同时空尺度上发生、作用和演变，多尺度和多层次的综合是农业土地系统模拟模型的新要求（Verburg et al., 2006）。分析目前已有的农业土地系统模型发现，模型空间分辨率的设置经历了从早期的单一空间尺度到现今的多空间尺度的转变，自顶而下和自底而上的多尺度模型有助于更好地理解农业土地变化的过程及结果（唐华俊等，2009）。农业土地系统模型的时间尺度设定主要取决于研究对象与目的，如以耕地变化为主的模型时间分辨率一般较低（如 5 年或 10 年为周期），因为这类变化比较缓慢。但是，目前越来越多的研究开始注重耕地内部的农作物空间格局变化和更替过程（Xiao et al., 2014），如 CROPS 模型（夏天等，2014），这类变化的时间幅度和间隔短，时间分辨率往往较高。

3. 多内容的综合效应评估与调控

人类发展的历史是不断对土地加以开发利用和对土地覆盖进行改造的历史，对土地的利用过程实际上也是人类对资源、环境和生态的干预过程。农业土地系统也是如此，处于持续动态变化之中，对自然生态系统和社会-经济系统具有重要影响。因此，全面掌握和分析农业土地系统变化的影响和效应，并进行科学调控和优化成为农业土地系统研究的关键任务。

农业土地系统变化的影响和效应是多方面的。一方面，农业土地系统变化通过改变地表覆盖和利用强度状况，改变地球表面的物理特征和生物地球化学循环过程，影响地表与大气之间的能量、水分和元素的交换过程，以及土壤-植被之间的营养物质输送过程，进而对农业气候、水和土壤等资源环境产生影响（Pielke，2005；Stone，2009）。如农业土地利用变化会带来 CO_2、N_2O、CH_4 等温室气体浓度的变化，引起地表反射率、粗糙度、植被叶面积和植被覆盖比等下垫面物理性质的改变，引起局地与区域的气候变化（Hertel et al., 2014; Piao et al., 2007; Rounsevell and Reay, 2009; Wise et al., 2009）；农业集约化程度的提高伴随着大量使用地下水进行农业生产灌溉，地下水超量开采造成水位变化，影响水资源的持续利用（Hoekstra and Mekonnen, 2012；Sauer et al., 2010）。同时，农业土地系统变化会在不同尺度上影响生态系统的结构与功能，其生态效应主要体现在生态系统服务价值、水质、生物多样性以及碳排放强度和景观破碎化程度等方面（Chazal and Rounsevell, 2009; Häyhä and Franzese, 2014; Metzger et al., 2006）。另一方面，农业土地系统对农业社会-经济发展具有深刻影响。如自人类社会出现以来就持续不断从耕地中获取食物供给，耕地面积的扩展、土地利用集约度的提高、农作物单产的提升，以及空间布局和种植结构的调整等，对保障区域或国家粮食安全、促进农业增长、农村稳定和农民增收等发挥了重要作用（余强毅等，2011b；Bommarco et al., 2013；Brouwer et al., 2013；Smith and Sullivan, 2014）。

常用的效应评估方法以定性和定量分析为主，尤其是综合的定量评估方法成为农业土地系统效应分析的主要方向（Fleskens and Hubacek, 2013; Häyhä and Franzese, 2014; Logsdon and Chaubey, 2013; Reyers et al., 2013）。通常的做法是，在农业土地系统变化的基础上，构建影响和效应评价的指标体系，选择最优的评价因子，建立响应的权重，应用专家打分法、德尔菲法、层次分析法、因子分析法以及灰色关联评价法等实现单因子评价和综合评价。如可以建立农业土地时空格局与自然-社会效应之间的特定经验关系，如耕地数量（质量）与粮食产量的关系（石淑芹等，2008）、耕作方式与碳氮循环的关系（Smith et al., 2012）等，利用这些特定经验关系，结合农业土地变化监测/模拟结果，可以实现不同地区、不同时空尺度下的农业土地系统变化效应评价。此外，也可利用模型嵌套的方法，评估不同系统之间生态系统服务价值的转移关系，如 Ye 等（2013）利用作物模拟模型评估了中国未来气候变化背景下的粮食安全情况，Liu 等（2008）利用多学科融合的理论与方法，评估了土地利用政策（退耕还林）对农户生计的影响。

有学者提出了"人类占用的净初级生产量"这一概念（Haberl et al., 2014），人类对其所处的自然-社会综合系统的干预将会愈发剧烈。农业土地利用则是人类利用自然最为基础的一种方式：通过与土地结合获取物质产品和服务的经济活动过程。在人口持续增长和经济快速发展的背景下，土地利用活动的需求和目标会得到显著调整，人类对农业土地的利用广度、频度和强度等会持续变化，对生态环境的干预程度将被加大；生态环境的演变又会反过来影响或制约农业土地利用活动。如通过提高单产、缩小产量差、实现农业土地系统单位面积产出最大化时，往往会增加农药、化肥等投入、选育高产品种和改善耕作栽培技术，这些会带来土地退化、土壤污染、土地生产力下降，以及遗传多样性降低等问题。可见，迫切需要开展农业土地利用方式的调控和优化研究、农业土地集约利用和科学保护协同研究、资源节约型和环境友好型的土地利用模式研究，协调农业土地系统与农业资源、环境和生态的相互关系，考虑不同系统之间的权衡优化关系，追求土地利用的最佳社会、经济和生态综合效益，建立一个人地和谐、可持续的农业土地利用模式（Goldstein et al., 2012; Power, 2010; Seppelt et al., 2013; Wu et al., 2014）。

1.3 农业土地系统遥感制图

1.3.1 遥感制图

遥感制图是指通过对遥感图像目视判读或利用图像处理系统对各种遥感信息进行增强与几何纠正并加以识别、分类和制图的过程。遥感图像包括航空遥感图像和卫星遥感图像。航空图像最早应用于地形图绘制，随着彩色航空图像的出现，航空图像应用于军事、地质、地理、林业、农业和水利的调查、测量和制图。20 世纪 70 年代以来，随着陆地资源卫星的发射成功，多波段、多角度、多空间的卫星图像由于其信息量丰富、现势性强、覆盖区域大等特点，迅速在地表专题信息提取和制图中得到广泛应用，导致了制图方法的变革。

遥感制图的关键是从遥感图像中提取专题信息，用于描述自然和社会某一种或某几种主题要素或现象。遥感数据包括大量可见或隐含信息，必须借助于一定的技术方法，对信息进行识别、划分、提取和归类。遥感制图方法与制图的目标、区域、对象、数据资料状况等有关，但制图步骤基本相似，包括遥感数据选择、图像预处理、分类体系确定、对象分类和信息提取、精度评价、数据集成与汇总等方面（张增祥等，2012）。

遥感数据的选择重点考虑空间分辨率和时相的要求。空间分辨率根据监测目的和覆盖范围确定。小区域或局地尺度的遥感制图一般采用高分辨率遥感影像全覆盖方式进行。

在国家或全球尺度上，受遥感影像获取可能性、数据成本和提取效率等因素影响，往往多采用中低分辨率的遥感数据。如中国 1：10 万比例尺的土地利用数据库建设，最初以美国陆地卫星 Landsat TM 数据为主，其数据质量高，区域覆盖能力好。随着国产遥感卫星的快速发展，中巴资源卫星（CBERS）、北京一号卫星、环境一号卫星（HJ）和高分系列卫星（GF）数据等得到广泛应用，成为主要遥感信息源。无论选择何种卫星数据，时相要求基本相同，即时相突出或描述制图对象的关键时间特征。

遥感图像预处理主要包括图像辐射定标和几何校正预处理。遥感制图目的是提取专题或要素的类型、数量及其时空变化信息，影像几何校正尤其重要。大区域的遥感制图往往需要数百甚至上千景遥感数据进行覆盖，影像几何纠正质量会直接影响制图精度。一般来说，几何校正多采用双标准纬线等面积割圆锥投影的方式，要求纠正误差一般不超过 1 个像元，最大不超过 2 个像元，并特别注意保证相邻影像重叠区域的纠正精度。

分类体系是遥感制图的基础问题，决定了遥感可制图对象的类型数量和精细程度。类型数量决定遥感制图对象的数量多少，而精细程度决定遥感制图对象的精细水平。不同的研究目的、研究区域与研究对象，其分类体系往往不同；同时，遥感数据的空间分辨率不同，其分类体系也不同。单一的分类体系仅包括一个层次的一个或多个地物类别，而复杂的分类体系往往由多级层次上多个地物类别组成。对于同一区域，各具特色的分类体系虽然有利于特定的研究目的，但制约了遥感制图数据的可比性与协同应用。

对象分类与信息提取是在完成预处理的遥感影像基础上，针对建立的分类体系，利用一定数学算法或规则进行对象识别、分类和提取的过程。遥感分类主要根据遥感图像中地物的光谱、空间和时相等特征对地表目标进行识别，主要包括非监督分类和监督分类两类方法。非监督分类又称聚类分析，预设一定条件，按照一定规则根据像元光谱或空间等特征组成集群组，然后分析比较集群组和参考数据，给每个集群组赋予类别属性的过程。监督分类则需要选择一定数量的训练样本建立分类模板，利用该模板进行具有相同特征像元的识别，通过精度评价多次反复修改建立比较准确的模板，并在此基础上最终进行分类。近年来，一些新型的分类方法，如决策树、模糊聚类、地统计学、空间结构纹理、神经元网络、支持向量机等也日益得到广泛应用。

精度评价是遥感制图的重要环节，是对制图结果是否可信的一种度量，有助于发现问题、提出解决方案并予以修正。早期的精度评价以目视判断为主，是一种定性的评价方法。后来，由定性方法发展到定量方法，通过对比分析被验证数据和地面实测数据或参考数据（通常假定为真实数据），估算被验证数据和参考数据的一致性或相似性，通常包括数量精度验证和空间位置精度验证两部分。数量精度验证在于评价被验证数据各类别的面积等数量特征是否与参考数据对应类别的数量特征一致，空间位置精度验证则侧重于评估被验证数据各类别的空间分布是否和参考数据相应类别的空间分布相似。

数据集成与汇总是遥感制图的成果整理阶段。一方面，根据遥感影像对制图对象进行编辑，检查内容是否遗漏，图斑是否封闭，属性是否完整，不出现重叠或漏空。在长时间序列的遥感制图中，动态图斑和非动态图斑的共用界线检查和编辑尤为重要。另一方面，在完成编辑的图形文件基础上进行面积的平差计算，包括图幅到行政区域和行政区域到碎部图斑两级平差；利用扣除系数，按比例、分类型进行非目标区域的扣除，将扣除产生的各类型面积归入相同类型，以保证总面积不变；最后，每一个图斑会产生一个面积结果，面积汇总就是对其按照预定的方案进行逐级、逐类归并汇总的过程，形成不同行政区域的面积数据以及动态转移矩阵。数据集成与汇总所形成的成果包括影像、图形和数据等，可应用于地表要素或类型的面积、结构、分布、变化分析，归纳规律、解释现象、评估趋势、发现问题和提出对策。

1.3.2　农业土地系统遥感制图总体框架

农业土地系统遥感制图总体框架如图 1-4 所示。农业土地系统遥感制图的目的是调查自然要素和社会经济因素共同作用下的农业土地资源的类型、数量、分布和质量现状，监测其时空变化过程及规律。农业土地系统遥感制图的核心任务包括资源调查和变化监测两大方面（吴文斌等，2019）。资源调查以遥感分类和制图方法为技术支撑，获取农业土地系统数量、空间与质量等属性或状态信息；变化监测则依托遥感变化检测技术，得到农业土地系统多维度、多尺度时空变化信息。在某种程度上，变化监测中的变化检测也是一种分类，是一种基于分类又高于分类的再分类过程（王静，2006）。从覆盖的内容看，农业土地系统遥感制图主要包括 4 个方面内容，可以归纳为 2W2H。耕地资源是农业土地利用的基础，第一个 W 是进行耕地资源的数量、质量和空间分布（Where）制图，摸清耕地资源家底；第二个 W 是进行农作物种植结构（What）制图，揭示一个地区或生产单元内农作物的组成（作物类型）和种植布局（空间分布）（胡琼等，2015；吴文斌等，2014）。同时，随着农业土地系统概念的深入，农业土地系统遥感制图在关注耕地及其作物种植格局的同时，也高度重视农业土地集约化利用。第三个方面的制图内容是弄清农业土地如何种植、利用集约化的问题（How），即农业土地的时间和空间利用强度、农业生产资料（资金、劳动和技术等）投入状况等（龙禹桥等，2018）。最后，农业土地系统遥感制图结果的现势性是衡量其使用价值的重要标志之一，需要不断进行时空变化监测或制图更新，形成长时间序列的农业土地利用数据集；第四个方面的内容是农业土地利用时空变化的问题（How），即在特定的时间段内，一个区域或生产单元内农业土地利用发生变化的数量、位置、范围和类型等信息。

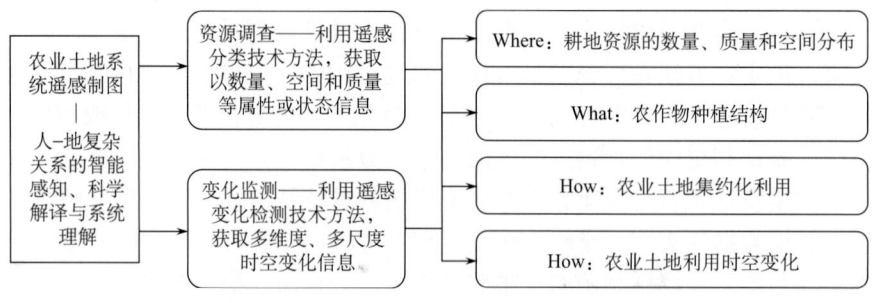

图 1-4　农业土地系统遥感制图总体框架

1.3.3 农业土地系统遥感制图研究动态

1. 耕地资源数量和空间遥感调查

早期的农业土地系统遥感制图多集中于进行耕地时空格局及其动态变化调查，重点监测耕地数量和空间分布及变化趋势，以及耕地与其他土地利用方式间的转换过程、特征及规律（唐华俊等，2015）。技术方法逐渐由目视解译法发展到基于统计学的分类法（监督分类、多时相及多源数据结合分类等），进一步发展为如随机森林分类法、神经元网络方法、模糊数学分类法等其他遥感分类方法，同时，面向对象分类法（包括空间特征、纹理特征等）亦是辅助光谱特征分类的另一重要方法（唐华俊等，2010）。

近年来，耕地资源遥感调查主要有两个方面的发展趋势。一是在空间尺度上，随着地表覆盖遥感制图的发展，耕地调查逐渐从局部尺度向区域和全球尺度扩展。早期的全球耕地制图以中低分辨率为主，如美国马里兰大学的 UMD 数据集（Hansen and Reed，2000）、国际地圈-生物圈计划的 IGBP-DISCover 数据集（Loveland et al., 2000）、美国波士顿大学的 MODIS Collection 数据集（Friedl et al., 2002）、欧盟联合研究中心的 GLC2000 数据集（Bartholome and Belward，2005）等。进入 21 世纪以来，耕地制图的遥感数据空间分辨率逐渐提高，如波士顿大学研制了分辨率为 500 m 的全球地表覆盖数据 MODIS Collection 5（Friedl et al., 2010）；欧空局基于 MERIS 反射率数据得到了 2005 年与 2009 年全球 300m 空间分辨率的 GlobCover（Bontemps et al., 2009）。中国的 FROM-GLC 数据集（Gong et al., 2013）和 GlobeLand30 数据集（Chen et al., 2015）成为全球首例 30 m 空间分辨率的地表覆盖遥感产品，将全球耕地遥感数据集的空间分辨率提高了 10 倍。同时，单一耕地类型制图逐渐发展，如美国南达科他州立大学将时序 MODIS 数据和统计数据结合，生成了 250m 的 MODIS Cropland 数据集（Pittman et al., 2010）；Fritz 等在 Geo-wiki 采集样本的基础上，结合全球和区域多套地表覆盖产品研制了新的全球耕地分布图和耕地地块大小分布图（Fritz et al., 2015）。

二是在制图策略上，除了常用的遥感分类外，通过数据融合生成的高质量耕地数据集受到广泛关注。多源数据融合是在对比分析不同来源耕地数据的基础上，借助数学算法进行融合，从分辨率、时序性、精度等方面弥补单个数据无法满足分类需求的劣势（吴文斌等，2009b；Lu et al., 2016b）。多源数据分为遥感数据与非遥感数据两大类。遥感数据即全球、洲域或国家级尺度的耕地遥感数据。非遥感数据则包括统计数据、土地利用及其调查数据、专题图件等。多源耕地遥感数据集来自不同的传感器、空间分辨率不同，分类体系和技术方法存在差异，使得不同耕地数据集之间的精度和一致性差异较大。因此，通过多源遥感数据融合可有效解决上述问题（陈迪等，2016）。遥感数据和非遥感数据的融合主要结合遥感数据在空间分布表达和非遥感数据数量动态描述两方面的优势，构建地理空间模型或空间分配算法，实现耕地数据集的重建。目前，最著名的两个数据集为 SAGE 数据集（Ramankutty and Foley，1999）和 HYDE 数据集（Goldewijk et al., 2011），HYDE 在数据资料和算法等方面总体优于 SAGE 数据集。目前的多源数据融合方法主要包括基于回归分析的融合、基于数据一致性的融合、基于 D-S（Dempster/Shafer）证据理论的融合、基于数据集成方法的融合、基于模糊集合理论的融合和基于统计模型的融合等 6 类（陈迪等，2016）。其中，基于数据一致性分析融合方法（Fritz et al., 2015; Ramankutty et al., 2008）和基于回归分析的融合方法（Kinoshita et al., 2014; See et al., 2015）应用最为广泛。

2. 农作物种植结构遥感制图

基于遥感技术的农作物种植结构制图实质是利用遥感影像进行农作物分类。农作物在遥感影像中的光谱、时相和空间等特征成为农作物种植结构遥感提取的重要基础。不同作物及同一作物在不同生长发育期具有不同光谱反射特性，而且会受生长期、长势及田间管理等影响，仅利用光谱特性识别农作物种植结构很难取得理想结果。生长环境的差异使作物在影像上的空间特性（纹理、结构、几何等）有所区别，因此，科学利用不同作物之间的光谱、时相和空间特征差异，可实现对农作物种植结构的高精度提取（胡琼等，2015）。

基于单一影像数据的种植结构提取方法是目前较常用的方法，操作简单、适宜简单区域。该方法多采用重访周期长、受天气影响大的中高空间分辨率数据，获取作物种植结构识别的"最佳物候期"面临很多挑战。基于时间序列遥感数据，利用不同作物的时相规律提取种植结构是当前的主流方法。黄青等（2010）基于作物物候特征、归一化植被指数（normalized difference vegetation index, NDVI）时序特征，识别最佳物候期，构建了中国东北地区 4 种农作物种植结构提取模型且获得农作物空间分布特征。Hu 等（2016，2018，2019）提出了一种分离指数扩展方法，将类对光谱分类指数应用于农作物种植结构提取，并建立一种新的时序-光谱自动优选算法，综合光谱分离性和特征冗余性循环迭代，实现了中国东北不同作物识别的光谱和时序最优特征集的自动选择。Song 等（2017，2019）基于 GF-1/WFV 数据，利用面向对象分类方法，提出了多作物同步识别和逐步优化方法，实现了不同生育期作物种植结构制图。此外，由于中国作物种植区域地形破碎、种植结构复杂，混合像元的现象普遍存在，很多学者将作物的种植面积与"光谱-时序"曲线联系起来，建立了一种定量的函数关系，实现农作物种植面积及空间分布的准确提取。Lobell 和 Asner（2014）假定每个像元内部的光谱信息由多种作物混合而成，将单个光谱特征时序曲线视为光谱曲线，曲线每个时序点视为单个波段，利用线性光谱分解原理，即每个像元的每个时序光谱值由像元内不同作物相应时序光谱值共同作用形成，通过构建相应的多元线性模型可定量计算出每个像元内部作物的复杂度。构建基于"光谱-时序"特征量的统计模型可以在一定程度上解决混合像元问题，使得农作物种植面积提取精度更高，但是这种模型的普适性还需要进一步加强与完善，以满足不同区域尺度下农作物种植结构提取的精度要求。

单纯基于遥感技术的方法往往多应用于区域尺度，国家乃至全球尺度的农作物种植结构遥感提取较欠缺。近年来，有学者将遥感数据与非遥感数据相结合，充分利用二者优势，利用空间分配模型将非遥感数据空间化，提取全球或国家尺度农作物种植结构（宋茜等，2015；夏天等，2016）。如竞霞等（2005）利用多时相 Landsat TM 数据，以非遥感数据为辅助信息，考虑不同植被的季相节律，分析不同植被的 NDVI 时间光谱特征进行，通过图像通道间的逻辑运算算法，提取了北京郊区冬小麦种植面积的空间分布信息。You 等（2014）和 Lu 等（2017）基于耕地分布现状、作物统计信息等多源数据，构建作物空间分配模型（spatial production allocation model，SPAM），得到全球 20 类农作物分布格局信息。虽然遥感与非遥感数据融合得到的农作物种植结构数据已成为全球农作物格局研究的重要基础数据，但是受影像本身的分辨率及精度制约，这些数据很难服务于特定的大范围农作物种植区域，普适性较差，这为利用高空间分辨率遥感影像提取作物种植结构提供了可能。

目前，农作物种植结构遥感提取仍然面临着众多的困难和挑战，亟需加强大区域、多类型、高精度的农作物种植结构遥感提取能力，尽快解决中国"农作物一张图"空白的问题；需要充分利用遥感与非遥感数据、统计数据与地理数据各自的优势，加强多源数据的预处理、特征参量选取与分类算法等关键技术研究，进行农作物种植结构遥感提取空间范围的扩展。同时，在全球变化的大背景下，农作物种植结构动态变化遥感提取成了研究热点，长期以来，农作物种植结构遥感提取多以静态（单时间点/段）提取为主，缺乏时空变化规律的动态研究，农作物种植结构遥感提取及多因素影响下的农作物种植结构时空动态特征、过程、机理和优化布局等方面的研究未来亟待加强。

3. 农业土地集约化利用遥感监测

近年来，遥感技术日益广泛应用于农业土地利用集约化（如复种指数、水浇地、设施农业和地膜覆盖农田等）监测和制图。耕地复种指数遥感监测是通过基于时序植被指数变化对植被活动描述来实现（吴文斌等，2018；余强毅等，2018）。基于时间序列植被指数蕴涵着植被生长和枯萎的循环节律，采用各种平滑方法拟合得到作物生长曲线，可以实现耕地复种指数的遥感监测。目前，很多学者利用滤波法（范锦龙和吴炳方，2004；唐鹏钦等，2011；吴文斌等，2009a；Galford et al.，2008）和非线性拟合法（吴文斌等，2009d；朱孝林等，2008）等进行曲线拟合，构建如决策树、滑动分割、二次差分法等特征提取算法进行复种指数监测。这些方法在全球、中国及多个省市地区（如太湖流域、关中地区、长江中下游、浙江省等）得以应用（丁明军等，2015；高应波等，2015；何月等，2011；梁守真等，2012；刘爽等，2014；彭代亮等，2006；申健等，2016；徐昔保和杨桂山，2013；闫慧敏等，2005a，2008，2010；杨忍等，2013；杨婷等，2015；左丽君等，2009；周辉等，2014； Tao et al.，2017，2019; Wu et al.，2018; Xiang et al.，2019; Yan et al.，2014）。利用遥感技术进行复种指数监测能够有效地避免地面统计汇总方法的不足，可以很好地适应快速化、大尺度区域反映和空间变化等耕地复种指数监测的要求。但是，以后的研究应该更多考虑如何科学合理优化和完善时序数据平滑算法和熟制判断方法，提倡多种算法取长补短，增强各种算法的稳定性和普适性；积极融合遥感监测和地面监测各自的优势，形成地空一体化的复种指数监测格局，提高耕地复种指数的监测精度，实现监测的业务化运行；推广更多使用高空间分辨率的遥感影像，融合不同时空分辨率的遥感数据和改进海量数据处理能力，将是遥感技术在未来耕地复种指数研究中的必然趋势。

水浇地是指有水源保证和灌溉设施，在一般年景能正常灌溉、种植旱生农作物的耕地。非监督分类是水浇地遥感中应用最多的方法（董婷婷等，2010），联合国粮食与农业组织和国际水资源管理研究所的全球灌溉面积分布图（Doll and Siebert, 2000; Portman et al., 2010; Thenkabail et al., 2009）都是利用非监督分类法提取水浇地。同时，监督分类法在水浇地遥感分类中亦得到应用，如 Thenkabail 等（2005）、Mutlu 和 Garik（2008）和 Salmon 等（2015）均利用监督分类法分别实现了印度 Ganges 和 Indus 流域水浇地、美国水浇地和旱地，以及全球灌溉、雨养和水稻田的分类识别及空间分布研究；董婷婷等（2009）和刘逸竹等（2017）均基于 MODIS 遥感数据对中国旱地与水浇地进行识别，并获取了其空间分布信息。

中国设施农业主要包括塑料大棚、连栋温室及日光温室三大类。由于其形状特征和结构均易识别，设施农业制图主要是基于高空间分辨率影像的面向对象方法。王中华和刘一航（2009）根据基于高分影像，依据农业设施的空间尺度和分布规律，利用数字化方法生成设施基线、输入特征参数，最后通过设施坐标计算法，实现了农业设施信息的自动提取，很好地解决了影像中纹理信息丢失问题。罗军等（2007）通过将农业设施分布规律与其纹理特征相结合，将批量农业设施自动提取算法应用于高分影像，基于 GIS 组件开发了基于高分辨率遥感影像的设施农业信息采集系统。该方法以高分辨率遥感影像为底图，结合自动提取算法在影像上批量数字化农业设施，并对其属性进行自动赋值，准确实现了人机交互式半自动化信息采集技术在高分影像上的实用。郭航等（2009）通过分析典型设施农业在遥感影像上的光谱、纹理、形状等特征，建立了设施农业遥感识别的解译标志，采用人工交互式信息提取技术实现了对北京市域范围内设施农业面积及空间分布信息的提取，形成一套较为完整的设施农业面积数据遥感识别流程。邹利东等（2014）结合面向对象分类方法对纹理、几何特征提取所表现出的突出优势，提出一种耦合利用面向对象和基于支持向量机的分类方法，进行设施农业空间分布信息的自动提取，在河北省定州市测试结果显示农业设施的总体分类精度为 95.6%。尽管面向对象的分类方法提取设施农业可以综合考虑地物的光谱、纹理和空间特征，但其信息量比基于像元方法大很多，需要研究建立针对这些高维数据的普适性分类算法。

地膜覆盖在中国的使用面积、强度不断增加，利用遥感技术识别地膜覆盖农田已是当前热点方向。学者基于 Landsat TM 数据在中国山东省和新疆维吾尔自治区进行地膜识别制图（沙先丽，2012；Lu and Di, 2014; Zhao et al., 2014），但更多研究是基于高空间分辨率数据提取地膜，如 Levin 等（2017）基于 1 m 的 AISA-ES 高光谱数据提取地膜，结果显示透明塑料膜提取精度为 90%；Agüera 等基于两种高分辨率遥感数据提取温室大棚，结果均满足需求（Agüera et al., 2008; Agüera and Liu, 2009）；Koc-San（2013）分析了 3 种分类方法对玻璃和塑料温室棚的识别能力，结果显示支持向量机分类效果最好、精度最高。Hasituya 等（2016）基于 Landsat OLI 影像数据，结合光谱、纹理特征，在支持向量机基础上构建了地膜覆盖农田的识别方法。但是，地膜覆盖农田研究仍多集中于小区域，区域尺度的制图方法研究需进一步加强；研究多以温室大棚和小拱棚为对象，缺乏对塑料地膜覆盖的遥感监测研究。目前已有研究集中在温室大棚或小拱棚为主的地膜监测，而我国使用面积最大的塑料地膜覆盖（约占 95%）遥感监测研究仍较薄弱。

4. 农业土地利用时空变化遥感监测

农业土地利用时空变化遥感监测从变化监测和更新策略看，主要包括动态信息更新和定期全面更新等两类。动态信息更新是在以往耕地数据基础上，通过将各时期影像进行对比且获得变化属性，未变区保留原数据的方法获取新耕地空间数据。如美国国家地表覆盖数据基于变化检测自动对土地覆盖数据库进行持续更新，欧洲 CORINE 地表覆盖数据和中国土地利用遥感监测数据库通过人机交互发现变化区域，进行数据更新（Jin et al., 2013; Xian et al., 2009）。定期全面更新指将原区域分片，基于最新遥感影像数据重新分类制图。如英国 LCM1990、LCM2000 和 LCM2007 的分类方法前后均有所改变，后期多是采用了多种方法相结合的模式进行分类，进而得到最新地表覆盖信息（Fuller et al., 2002; Morton et al., 2011）；美国农业部通过定期采集农场主网络标报的农作物种植变化信息，实现作物类型数据库的不断更新（Boryan et al., 2011b）。定期更新在更新变化区域的同时，对不变区域进行重复分类，使得工作量与出错率增加；同时，更新的精度依赖解译人员的专家知识，不利于保证制图数据库的一致性。相比之下，动态信息更新只进行变化区分类，任务量缩小，有利于保持耕地数据库的一致性。

农业土地利用时空变化遥感监测是对不同时期的遥感影像进行几何纠正配准和融合处理后，进行变化信息的提取，包括变化区域检测、变化区域提取、变化类型确定和变化信息表达等四个步骤。变化区域或信息检测方法包括分类后结果比较法和多时相光谱数据直接比较法两大类。分类后结果比较法首先进行不同时期分类，然后比较各期分类结果，进而直观可见变化区域同时得到变化区域的定量数据（胡琼等，2018）。该方法总体上不受大气变化、物候状况差异、不同传感器差异的影响，适用性较好，但工作量大、自动化程度低、遗漏图斑多，精度受不同时相分类精度制约。近年来，多时相光谱数据直接比较法日益成为变化检测的主流方法。该方法主要包括基于图像代数运算的方法（如图像差值法、图像比值法和变化矢量分析法等）、基于图像变换的方法（如主成分分析法、光谱特征变异法和正交变换法等）和基于图像空间结构特征的方法（如基于线性特征、纹理特征和语义描述的方法等）（徐新良等，2014）。直接比较法不仅可避免分类后比较法多次分类、误差累积并出现不合理变化类型的缺陷，而且可以利用较多波段信息来探测变化区域，提供变化区域的类型信息。然而，目前影像直接比较的变化检测方法多基于遥感影像的像元单元，面向对象的变化检测方法发展较为薄弱。面向对象的变化检测方法以影像分割为基础，将影像划分为对象，这些对象形状各异，但具有光谱、纹理或空间组合等相同特征，是光谱域和空间域上的统一均质单元，后续图像分析和变化检测都是基于对象进行。该方法由于区域分割处理的数据单元由像素变为对象，一方面减少了处理单元的数量，减低了数据处理的复杂度，提高了变化监测效率；另一方面对不同时期影像的空间配准误差也具有一定的鲁棒性。如 Lu 等（2016a）发展了新的面向对象的时空植被指数分解模型，基于 Landsat 和 MODIS 数据生成对象的高时空分辨率 NDVI 时间序列数据；然后对于每个对象的 NDVI 时间序列数据，从光谱形状差异和光谱量值差异两方面，利用 NDVI 斜率差异（NDVI-GD）度量变化强度，通过阈值设置确定耕地变化和不变化的区域。

变化区域或信息检测能够检测出不同时期耕地或作物变化的区域和分布，但存在变化区域和边界范围不完整，出现不连续的线状目标或不完整的面状目标，这需要从遥感影像上提取变化区域的准确范围、形状和边界。常用的变化区域提取方法包括阈值法、区域生长法、聚类法以及人机交互描绘法。阈值法从变化自动发现的影像自适应获取变化阈值，多种类型需要多个阈值分层提取各种变化；区域生长法适用于经光谱特征变异法和波段替换法处理后的影像，种子点往往通过人机交互选取，通过区域生长提取变化范围时，除采用影像的光谱或灰度相似性外，还可以挖掘纹理、结构等复合信息，辅助提高变化范围提取的可靠性与准确性。聚类法是综合利用不同时相影像合成后的多谱段影像信息，人机交互描绘法适合于上述方法失效的复杂情况（王静，2006）。

变化类型的确定是农业土地利用变化遥感监测的关键环节，只针对发生变化的区域进行变化类型的确定，包括人机交互解译、自动识别以及变化曲线匹配等方法。变化类型的确定需要充分利用多源信息，如不同时相的遥感影像、变化影像、已有的土地利用数据等可以构成变化特征，形成变化类型的判别知识库，在知识库引导下进行自动类别识别。变化曲线或模板匹配是利用不同时相影像建立土地利用类型知识库（如波段的均值、方差以及其纹理、形状等），确定标准变化曲线或模板，按照设定的匹配规则确定变化类型。农业土地利用变化信息的表达是对单图斑或对象的量算，以及进行各种统计、汇总和表达，通常以统计报表和以影像为背景的专题图形式进行表达（王静，2006；张增祥等，2012）。

1.4 结　　语

农业土地系统遥感制图是农业土地系统科学的重要组成内容。过去几十年，随着农业遥感技术的研究与应用不断发展，国内外学者围绕农业土地系统遥感制图开展了大量研究，在基础理论、技术方法和应用系统等方面取得了长足进展，为科学掌握耕地资源分布、利用现状、集约化利用模式、时空变化过程和原因等发挥了重要作用，有效指导农业生产实践，支撑了各国各级政府政策制定和宏观决策，确保粮食安全、资源安全和农业可持续发展（陈仲新等，2016）。

面向当前和今后相当长时间内智慧农业、农业高质量与绿色发展的迫切需求，遥感技术必将在农业土地系统制图，尤其在农业土地资源家底和权属调查、质量与利用监测、效能评估等方面发挥更为重要作用。农业土地利用本质上反映了复杂的"人类-自然"耦合关系（谢安坤等，2018），农业土地系统遥感制图仍然面临诸多难点和挑战，这需要未来从系统性和整体性的科学视角来开展综合研究，更好揭示复杂现象的内在本质。因此，天空地一体化、多源数据、多时空尺度和多技术方法的综合集成将是未来农业土地系统遥感制图研究的重点发展方向，迫切需要进一步加强自然科学、工程科学和社会科学等多个学科门类的融合与交叉，进一步加强科学研究、生产实践、以及政府管理之间的有机联系。

参 考 文 献

蔡运龙. 2001. 土地利用/土地覆被变化研究: 寻求新的综合途径. 地理研究, 20(6): 645-652.

陈迪, 吴文斌, 陆苗, 等. 2016. 基于多源数据融合的地表覆盖数据重建研究进展综述. 中国农业资源与区划, 37(9): 62-70.

陈仲新, 任建强, 唐华俊, 等. 2016. 农业遥感研究应用进展与展望. 遥感学报, 20(5): 748-767.

丁明军, 陈倩, 辛良杰, 等. 2015. 1999-2013 年中国耕地复种指数的时空演变格局. 地理学报, 70(7): 1080-1090.

董婷婷, 王振颖, 武玉峰. 2010. 水浇地与旱地分类的研究进展. 遥感信息, 4: 124-134.

董婷婷, 左丽君, 张增祥. 2009. MODIS 数据的水浇地提取. 遥感学报, 13(3): 528-534.

范锦龙, 吴炳方. 2004. 复种指数遥感监测方法. 遥感学报, 8(6): 628-636.

高应波, 柳钦火, 李静, 等. 2015. 基于时序植被指数特征时相识别的多熟制耕地提取新方法. 遥感技术与应用, 30(3): 431-438.

郭航, 李林琳, 王艳艳, 等. 2009. 遥感技术在设施农业统计中的应用. 中国统计, 6: 12-14.

何月, 张小伟, 李仁忠, 等. 2011. 浙江省作物多熟种植制度遥感反演及其时空格局. 生态学杂志, 30(12): 2827-2835.

胡琼, 吴文斌, 宋茜, 等. 2015. 农作物种植结构遥感提取研究进展. 中国农业科学, 48(10): 1900-1914.

胡琼, 吴文斌, 项铭涛, 等. 2018. 全球耕地利用格局时空变化分析. 中国农业科学, 51(6): 1091-1105.

黄青, 唐华俊, 周清波, 等. 2010. 东北地区主要作物种植结构遥感提取及长势监测. 农业工程学报, 26(9): 218-223.

竞霞, 刘良云, 张超, 等. 2005. 利用多时相 NDVI 监测京郊冬小麦种植信息. 遥感技术与应用, 20(2): 238-242.

李秀彬. 1996. 全球环境变化研究的核心领域——土地利用/土地覆被变化的国际研究动向. 地理学报, 51(6): 553-558.

李正国, 唐华俊, 杨鹏, 等. 2011. 东北三省耕地物候期对热量资源变化的响应. 地理学报, 66(7): 928-939.

梁守真, 马万栋, 施平, 等. 2012. 基于 MODIS NDVI 数据的复种指数监测——以环渤海地区为例. 中国生态农业学报, 20(12): 1657-1633.

刘爽, 马欣, 李玉娥, 等. 2014. 基于滑动分割算法的我国耕地熟制识别研究. 资源科学, 36(9): 1969-1976.

刘逸竹, 吴文斌, 李召良, 等. 2017. 时间序列 NDVI 的灌溉耕地空间分布提取. 农业工程学报, 33(22): 276-284.

刘珍环, 李正国, 唐鹏钦, 等. 2013. 近 30 年中国水稻种植区域与产量时空变化分析. 地理学报, 68(5): 680-693.

龙禹桥, 吴文斌, 余强毅, 等. 2018. 耕地集约化利用研究进展评述. 自然资源学报, 33(2): 337-350.

路云阁, 蔡运龙, 许月卿. 2006. 走向土地变化科学——土地利用/土地覆被变化研究的新进展. 中国土地科学, 20(1): 55-61.

罗军, 潘瑜春, 王纪华, 等. 2007. 基于高分辨率遥感影像的设施农业资源信息采集技术研究. 地理与地理信息科学, 23(3): 51-54.

彭代亮, 黄敬峰, 金辉民. 2006. 基于 MODIS-NDVI 的浙江省耕地复种指数监测. 中国农业科学, 39(7): 1352-1357.

秦丽杰, 张郁, 许红梅, 等. 2002. 土地利用变化的生态环境效应研究——以前郭县为例. 地理科学, 22(4): 508-512.

秦明周. 2012. 全球变化催生的新学科——土地变化科学. 河南大学学报(自然科学版), 42(5): 584-587.

沙先丽. 2012. 地膜农田遥感信息提取及覆膜地表温度反演. 杭州: 浙江大学硕士学位论文.

申健, 常庆瑞, 李粉玲, 等. 2016. 2000—2013 年关中地区耕地复种指数遥感动态监测. 农业机械学报, 47(8): 280-287.

石淑芹, 陈佑启, 姚艳敏, 等. 2008. 中国区域性耕地变化与粮食生产的关系研究——以东北地区为例. 自然资源学报, 23(3): 361-368.

宋茜, 周清波, 吴文斌, 等. 2015. 农作物遥感识别中的多源数据融合进展评述. 中国农业科学, 48(6): 1122-1135.

唐华俊, 陈佑启, 邱建军, 等. 2004. 中国土地利用/土地覆盖变化研究. 北京: 中国农业科学技术出版社: 65-100.

唐华俊, 吴文斌, 杨鹏, 等. 2009. 土地利用/土地覆被变化(LUCC)模型研究进展. 地理学报, 64(4): 456-468.

唐华俊, 吴文斌, 杨鹏, 等. 2010. 农作物空间格局遥感监测研究进展. 中国农业科学, 43(14): 2879-2888.

唐华俊, 吴文斌, 余强毅, 等. 2015. 农业土地系统研究及其关键科学问题. 中国农业科学, 48(5): 900-910.

唐鹏钦, 吴文斌, 姚艳敏, 等. 2011. 基于小波变换的华北平原耕地复种指数提取. 农业工程学报, 27(7): 220-225.

王静. 2006. 土地资源遥感监测与评价方法. 北京: 科学出版社.

王中华, 刘一航. 2009. 设施农业的高分辨率遥感影像信息提取方法的研究. 农机化研究, 55(1): 63-70.

吴次芳. 2014. 土地科学学科建设若干基本问题的反思与探讨. 中国土地科学, 28(2): 22-28.

吴文斌, 杨鹏, 柴崎亮介, 等. 2007. 基于 Agent 的土地利用/土地覆盖变化模型的研究进展. 地理科学, 27(4): 573-578.

吴文斌, 杨鹏, 李正国, 等. 2014. 农作物空间格局变化研究进展评述. 中国农业资源与区划, 35(1): 12-20.

吴文斌, 杨鹏, 唐华俊, 等. 2009a. 过去 20 年中国耕地生长季起始期的时空变化. 生态学报, 29(4): 1777-1786.

吴文斌, 杨鹏, 唐华俊, 等. 2009b. 两种 NDVI 时间序列数据拟合方法比较. 农业工程学报, 25(11): 183-188.

吴文斌, 杨鹏, 唐华俊, 等. 2009c. 基于 NDVI 数据的华北地区耕地物候空间格局. 中国农业科学, 42(2): 552-560.

吴文斌, 杨鹏, 张莉, 等. 2009d. 四类全球土地覆盖数据在中国区域的精度评价. 农业工程学报, 25(12): 167-173.

吴文斌, 余强毅, 陆苗, 等. 2018. 耕地复种指数研究的关键科学问题. 中国农业科学, 51(9): 1681-1694.

吴文斌, 余强毅, 杨鹏, 等. 2019. 农业土地资源遥感研究动态评述. 中国农业信息, 31(3): 1-12.

夏天, 吴文斌, 余强毅, 等. 2014. 农作物空间格局动态变化模拟模型(CROPS)构建. 中国农业资源与区划, 35(1): 44-51.

夏天, 吴文斌, 周清波, 等. 2016. 基于地理回归的农作物播种面积统计数据空间化方法. 自然资源学报, 31(10): 1773-1782.

谢安坤, 周清波, 吴文斌, 等. 2018. 农业土地系统的耦合特征及其研究进展. 中国农业信息, 30(1): 35-45.

徐昔保, 杨桂山. 2013. 太湖流域 1995-2010 年耕地复种指数时空变化遥感分析. 农业工程学报, 29(3): 148-155.

徐新良, 庞治国, 于信芳. 2014. 土地利用/覆被变化时空信息分析方法及应用. 北京: 科学技术文献出版社.

闫慧敏, 曹明奎, 刘纪远, 等. 2005a. 基于多时相遥感信息的中国农业种植制度空间格局研究. 农业工程学报, 21(4): 85-90.

闫慧敏, 刘纪远, 曹明奎. 2005b. 近 20 年中国耕地复种指数的时空变化. 地理学报, 60(4): 559-566.

闫慧敏, 黄河清, 肖向明, 等. 2008. 鄱阳湖农业区多熟种植时空格局特征遥感分析. 生态学报, 28(9): 4517-4523.

闫慧敏, 肖向明, 黄河清. 2010. 黄淮海多熟种植农业区作物历遥感检测与时空特征. 生态学报, 30(9): 2416-2423.

杨忍, 刘彦随, 陈玉福, 等. 2013. 环渤海地区耕地复种指数时空变化遥感反演及影响因素探测. 地理科学, 33(5): 588-593.

杨婷, 赵文利, 王哲怡, 等. 2015. 基于遥感影像 NDVI 数据的中国种植制度分布变化. 中国农业科学, 48(10): 1915-1925.

杨晓光, 刘志娟, 陈阜. 2010. 全球气候变暖对中国种植制度可能影响Ⅰ. 气候变暖对中国种植制度北界和粮食产量可能影响的分析. 中国农业科学, 43(2): 329-336.

于兴修, 杨桂山, 王瑶. 2004. 土地利用覆被变化的环境效应研究进展与动向. 地理科学, 24(5): 627-633.

余强毅, 吴文斌, 陈羊阳, 等. 2014. 农作物空间格局变化模拟模型的 MATLAB 实现及应用. 农业工程学报, 30(12): 105-114.

余强毅, 吴文斌, 唐华俊, 等. 2011a. 基于粮食生产能力的 APEC 地区粮食安全评价. 中国农业科学, 44(13): 2838-2848.

余强毅, 吴文斌, 唐华俊, 等. 2011b. 复杂系统理论与 Agent 模型在土地变化科学中的研究进展. 地理学报, 66(11): 1518-1530.

余强毅, 吴文斌, 唐华俊, 等. 2013a. 基于农户行为的农作物空间格局变化模拟模型架构. 中国农业科学, 46(15): 3266-3276.

余强毅, 吴文斌, 杨鹏, 等. 2013b. Agent 农业土地变化模型研究进展. 生态学报, 33(6): 1690-1700.

余强毅, 项铭涛, 谢安坤, 等. 2018. 耕地复种差研究进展. 中国农业信息, 30(5): 1-12.

张增祥, 赵晓丽, 汪潇, 等. 2012. 中国土地利用遥感监测. 北京: 星球地图出版社.

周辉, 王卫东, 李星敏, 等. 2014. 基于长时间序列 NDVI 的陕西省耕地复种指数遥感监测分析. 干旱地区农业研究, 32(3): 189-195.

朱孝林, 李强, 沈妙根, 等. 2008. 基于多时相 NDVI 数据的复种指数提取方法研究. 自然资源学报, 23(3): 534-544.

邹利东, 郭航, 朱秀芳, 等. 2014. 设施农业空间分布信息自动提取方法研究. 遥感技术与应用, 29(4): 669-674.

左丽君, 董婷婷, 汪潇, 等. 2009. 基于 MODIS/EVI 的中国北方耕地复种指数提取. 农业工程学报, 25(8): 141-146.

Agüera F, Aguilar F J, Aguilar M A. 2008. Using texture analysis to improve per-pixel classification of very high resolution images for mapping plastic greenhouses. ISPRS Journal Photogrammetry and Remote Sensing, 63(6): 635-646.

Agüera F, Liu J. 2009. Automatic greenhouse delineation from QuickBird and IKONOS satellite images. Computers and Electronics in Agriculture, 66(2): 191-200.

Alcantara C, Kuemmerle T, Prishchepov A V, et al. 2012. Mapping abandoned agriculture with multi-temporal MODIS satellite data. Remote Sensing of Environment, 124: 334-347.

Aspinall R. 2006. Editorial: land use science. Journal of Land Use Science, 1(1): 1-4.

Barretto A G O P, Berndes G, Sparovek G, et al. 2013. Agricultural intensification in Brazil and its effects on land-use patterns: an analysis of the 1975–2006 period. Global Change Biology, 19(6): 1804-1815.

Bartholome E, Belward A S. 2005. GLC2000: a new approach to global land cover mapping from Earth observation data. International Journal of Remote Sensing, 26(9): 1959-1977.

Bezlepkina I, Reidsma P, Sieber S, et al. 2011. Integrated assessment of sustainability of agricultural systems and land use: methods, tools and applications. Agricultural Systems, 104(2): 105-109.

Bommarco R, Kleijn D, Potts S G. 2013. Ecological intensification: harnessing ecosystem services for food security. Trends in Ecology and Evolution, 28(4): 230-238.

Bontemps S, Defourny P, Bogaert E V, et al. 2009. Products Description and Validation Report. https://core.ac.uk/download/pdf/11773712. Pdf. [2018-02-08].

Boryan C, Yang Z, Mueller R, et al. 2011a. Monitoring US agriculture: the US Department of Agriculture, National Agricultural Statistics Service, Cropland Data Layer Program. Geocarto International, 26(5): 341-358.

Boryan C, Yang Z, Rick M, et al. 2011b. Monitoring us agriculture: the us department of agriculture, national agricultural statistics service, cropland data layer program. Geocarto International, 26(5): 341-358.

Brouwer F, Tagliafierro C, Hutchinson G. 2013. Special issue: ecosystem services and rural land management. Environmental Science and Policy, 32: 1-4.

Brown D G, Verburg P H, Pontius Jr R G, et al. 2013. Opportunities to improve impact, integration, and evaluation of land change models. Current Opinion in Environmental Sustainability, 5(5): 452-457.

Chazal J, Rounsevell M D A. 2009. Land-use and climate change within assessments of biodiversity change: a review. Global Environmental Change, 19(2): 306-315.

Chen J, Chen J, Liao A, et al. 2015. Global land cover mapping at 30 m resolution: a POK-based operational approach. ISPRS Journal of Photogrammetry and Remote Sensing, 103: 7-27.

Doll P, Siebert S. 2000. A digital global map of irrigated areas. Icid Journal, 49(2): 55.

Ellis E C, Kaplan J O, Fuller D Q, et al. 2013. Used planet: a global history. Proceedings of the National Academy of Sciences of the USA, 110(20): 7978-7985.

Fleskens L, Hubacek K. 2013. Modelling land management for ecosystem services. Regional Environmental Change, 13(3): 563-566.

Foley J A, DeFries R, Asner G P, et al. 2005. Global consequences of land use. Science, 309(5734): 570-574.

Foley J A, DeFries R, Asner G P, et al. 2011. Solutions for a cultivated planet. Nature, 478(7369): 337-342.

Friedl M A, Mciver D K, Hodges J C F, et al. 2002. Global land cover mapping from MODIS: algorithms and early results. Remote Sensing of Environment, 83: 287-302.

Friedl M A, Sulla-Menashe D, Tan B, et al. 2010. MODIS Collection 5 global land cover: algorithm refinements and characterization of new datasets. Remote Sensing of Environment, 114: 168-182.

Fritz S, See L, Mccallum I, et al. 2015. Mapping global cropland and field size. Global Change Biology, 21(5): 1980-1992.

Frolking S, Qiu J J, Boles S, et al. 2002. Combining remote sensing and ground census data to develop new maps of the distribution of rice agriculture in China. Global Biogeochemical Cycles, 16(4): 1091.

Fuller R M, Smith G M, Hill R A, et al. 2002. The UK Land Cover Map 2000: construction of a parcel-based vector map from satellite images. Cartographic Journal, 39: 15-25.

Galford G L, Mustard J F, Melillo J, et al. 2008. Wavelet analysis of MODIS time series to detect expansion and intensification of row-crop agriculture in Brazil. Remote Sensing of Environment, 112(2): 576-587.

GLP. 2005. GLP Science Plan and Implementation Strategy. IGBP Report No. 53/IHDP Report No. 19. IGBP Secretariat, Stockholm.

GLP. 2016. GLP Science Plan and Implementation Strategy 2016-2021. Bern, Germany.

Goldewijk K, Beusen A, Van G. 2011. The HYDE3. 1 spatially explicit database of human-induced global land-use change over the past 12 000 years. Global Ecology and Biogeography, 20(1): 73-86.

Goldstein J H, Caldarone G, Duarte T K, et al. 2012. Integrating ecosystem- service tradeoffs into land-use decisions. Proceedings of the National Academy of Sciences of the USA, 109(19): 7565-7570.

Gong P, Wang J, Yu L, et al. 2013. Finer resolution observation and monitoring of GLC: first mapping results with Landsat TM and ETM+ data. International Journal of Remote Sensing, 34(7): 2607-2654.

Haberl H, Erb K, Krausmann F. 2014. Human appropriation of net primary production: patterns, trends, and planetary boundaries. Annual Review of Environment and Resources, 39(1): 363-391.

Hansen M C. , Reed B. 2000. A comparison of the IGBP DISCover and university of Maryland 1km global land cover products. International Journal of Remote Sensing, 21: 1365-1373.

Hasituya, Chen Z, Wang L, et al. 2016. Monitoring plastic-mulched farmland by Landsat-8 OLI imagery using spectral and textural features. Remote Sensing, 8(4): 353.

Häyhä T, Franzese P P. 2014. Ecosystem services assessment: a review under an ecological-economic and systems perspective. Ecological Modelling, 289: 124-132.

Heistermann M, Muler C, Ronneberger K. 2006. Land in sight? Achievements, deficits and potentials of continental to global scale land-use modeling. Agriculture, Ecosystems and Environment, 114(2/4): 141-158.

Hertel T W, Ramankutty N, Baldos U L C. 2014. Global market integration increases likelihood that a future African green revolution could increase crop land use and CO_2 emissions. Proceedings of the National Academy of Sciences of the USA, 111(38): 13799-13804.

Hoekstra A Y, Mekonnen M M. 2012. The water footprint of humanity. Proceedings of the National Academy of Sciences of the USA, 109(9): 3232-3237.

Hu Q, Ma Y, Xu B, et al. 2018. Sub-pixel soybeans fraction estimation from time-series MODIS data using an optimized geographically weighted regression model. Remote Sensing, 10: 491.

Hu Q, Sulla-Menashe D, Xu B, et al. 2019. A phenology-based spectral and temporal feature selection method for crop type mapping from satellite time series. International Journal of Applied Earth Observations and Geoinformation, 80: 218-229.

Hu Q, Wu W, Song Q, et al. 2016. Extending the pairwise separation index for multi-crop identification using time series MODIS images. IEEE Transactions on Geoscience and Remote Sensing, 54(11): 6349-6361.

Hulse D, Ribe R. 2000. Land conversion and the production of wealth. Ecological Applications, 10: 679-682.

Irwin E G, Geoghegan J. 2001. Theory, data, methods: developing spatially explicit economic models of land use change. Agriculture. Ecosystems and Environment, 85(1-3): 7-24.

Jin S, Yang L, Danielson P, et al. 2013. A comprehensive change detection method for updating the National Land Cover Database to circa 2011. Remote Sensing of Environment, 132: 159-175.

Kalnay E, Cai M. 2003. Impact of urbanization and land-use change on climate. Nature, 423: 528-531.

Kinoshita T, Iwao K, Yamagata Y. 2014. Creation of a global land cover and a probability map through a new map integration method. International Journal of Applied Earth Observation and Geoinformation, 28: 70-77.

Koc-san D. 2013. Evaluation of different classification techniques for the detection of glass and plastic greenhouses from WorldView-2 satellite imagery. Journal of Applied Remote Sensing, 7(1): 073553.

Lambin E F, Baulies X, Bockstael N, et al. 1999. Land-Use and Land-Cover Change (LUCC): Implementation Strategy. IGBP Report No. 48 and IHDP Report No. 10, Stockholm and Bonn.

Lambin E F, Geist H J. 2006. Land Use and Land Cover Change. Global Change-IGDP Series. Berlin: Spriger.

Leff B, Ramankutty N, Foley J A. 2004. Geographic distribution of major crops across the world. Global Biogeochemical Cycles, 18(1): B1009.

Levin N, Lugassi R, Ramon U, et al. 2007. Remote sensing as a tool for monitoring plasticulture in agricultural landscapes. International Journal of Remote Sensing, 28: 183-202.

Liu J, Diamond J. 2005. China's environment in a globalizing world. Nature, 435: 1179-1186.

Liu J, Li S, Ouyang Z, et al. 2008. Ecological and socioeconomic effects of China's policies for ecosystem services. Proceedings of the National Academy of Sciences of the USA, 105(28): 9477-9482.

Lobell D B., Asner G P. 2004. Cropland distributions from temporal unmixing of MODIS data. Remote Sensing of Environment, 93(3): 412-422.

Logsdon R A, Chaubey I. 2013. A quantitative approach to evaluating ecosystem services. Ecological Modelling, 257: 57-65.

Lotze-Campen H, Popp A, Beringer T, et al. 2010. Scenarios of global bioenergy production: the trade-offs between agricultural expansion, intensification and trade. Ecological Modelling, 221(18): 2188-2196.

Loveland T R, Reed B C, Brown J F, et al. 2000. Development of a global land cover characteristics database and IGBP DISCover from 1 km AVHRR data. International Journal of Remote Sensing, 21: 1303-1330.

Lu L, Di L. 2014. A decision-tree classifier for extracting transparent plastic-mulched land cover from Landsat-5 TM images. IEEE Journal of Selected Topics in Applied Earth Observations and Remote Sensing, 7(11): 4548-4558.

Lu M, Chen J, Tang H, et al. 2016a. Land cover change detection by integrating object-based blending model of Landsat and MODIS. Remote Sensing of Environment, 184: 374-386.

Lu M, Wu W, You L, et al. 2017. A synergy cropland map of China by fusing multiple existing maps and statistics. Sensors, 17: 1613.

Lu M, Wu W, Zhang L, et al. 2016b. A comparative analysis of five global cropland datasets in China. Science China Earth Sciences, 59(12): 2307-2317.

Lunetta R S, Shao Y, Ediriwickrema J, Lyon J G. 2010. Monitoring agricultural cropping patterns across the Laurentian Great Lakes Basin using MODIS-NDVI data. International Journal of Applied Earth Observation and Geoinformation, 12(2): 81-88.

Metzger M J, Rounsevell M D A, Acosta-Michlik L, et al. 2006. The vulnerability of ecosystem services to land use change. Agriculture, Ecosystems and Environment, 114(1): 69-85.

Monfreda C, Ramankutty N, Foley J A. 2008. Farming the planet: 2. geographic distribution of crop areas, yields, physiological types, and net primary production in the year 2000. Global Biogeochemical Cycles, 22: B1022.

Morton D, Rowland C, Wood C. 2011. Final Report for LCM2007-the new UK Land Cover Map. Countryside Survey Technical Report No. 11/07. NERC/Centre for Ecology and Hydrology.

Munteanu C, Kuemmerle T, Boltiziar M, et al. 2014. Forest and agricultural land change in the Carpathian region-a meta-analysis of long-term patterns and drivers of change. Land Use Policy, 38: 685-697.

Mutlu O, Garik G. 2008. A new methodology to map irrigated areas using multi-temporal MODIS ancillary data: An application ex ample in the continental USA. Remote Sensing of Environment, 112: 3520-3537.

Piao S, Friedlingstein P, Ciais P, et al. 2007. Changes in climate and land use have a larger direct impact than rising CO_2 on global river runoff trends. Proceedings of the National Academy of Sciences of the USA, 104(39): 15242-15247.

Pielke Sr R A. 2005. Land use and climate change. Science, 310: 1625-1626.

Pimm S L, Raven P. 2000. Biodiversity: extinction by numbers. Nature, 403: 843-845.

Pittman K, Hansen M C, Becker-Reshef I, et al. 2010. Estimating global cropland extent with multi-year MODIS data. Remote Sensing, 2(7): 1844-1863.

Portmann F T, Siebert S, Döll P. 2010. MIRCA2000-Global monthly irrigated and rainfed crop areas around the year 2000: a new high-resolution data set for agricultural and hydrological modeling. Global Biogeochemical Cycles, 24(1): B1011.

Power A G. 2010. Ecosystem services and agriculture: tradeoffs and synergies. Philosophical Transactions of the Royal Society B: Biological Sciences, 365(1554): 2959-2971.

Ramankutty N, Evan A T, Monfreda C, et al. 2008. Farming the planet 1. geographic distribution of global agricultural lands in the year 2000. Global Biogeochemical Cycles, 22: B1003.

Ramankutty N, Foley J. 1999. Estimating historical changes in global land cover: croplands from 1700 to 1992. Global Biogeochemical Cycles, 13(4): 997-1027.

Reenberg A. 2014. Global land science: from land use analysis to land system analysis. 2nd GLP Open Science Meeting, Berlin.

Reenberg A. 2009. Land system science: handling complex series of natural and socio-economic processes. Journal of Land Use Science, 4(1): 1-4.

Reyers B, Biggs R, Cumming G S, et al. 2013. Getting the measure of ecosystem services: a social-ecological approach. Frontiers in Ecology and the Environment, 11(5): 268-273.

Rindfuss R R, Walsh S J, Turner B L, et al. 2004. Developing a science of land change: challenges and methodological issues. Proceedings of the National Academy of Science, 101: 13976-13981.

Rounsevell M D A, Pedroli B, Erb K, et al. 2012. Challenges for land system science. Land Use Policy, 29(4): 899-910.

Rounsevell M D A, Reay D S. 2009. Land use and climate change in the UK. Land Use Policy, 26(S): 160-169.

Sakamoto T, Van Nguyen N, Ohno H, et al. 2006. Spatio-temporal distribution of rice phenology and cropping systems in the Mekong Delta with special reference to the seasonal water flow of the Mekong and Bassac rivers. Remote Sensing of Environment, 100(1): 1-16.

Salmon J M, Friedl M A, Frolking S, et al. 2015. Global rain-fed, irrigated, and paddy croplands: a new high resolution map derived from remote sensing, crop inventories and climate data. International Journal of Applied Earth Observation and Geoinformation, 38: 321-334.

Sauer T, Havlík P, Schneider U A, et al. 2010. Agriculture and resource availability in a changing world: the role of irrigation. Water Resources Research, 46(6): W6503.

See L, Schepaschenko D, Lesiv M. 2015. Building a hybrid land cover map with crowdsourcing and geographically weighted regression. ISPRS Journal of Photogrammetry and Remote Sensing, 103: 48-56.

Seppelt R, Lautenbach S, Volk M. 2013. Identifying trade-offs between ecosystem services, land use, and biodiversity: a plea for combining scenario analysis and optimization on different spatial scales. Current Opinion in Environmental Sustainability, 5(5): 458-463.

Smith H F, Sullivan C A. 2014. Ecosystem services within agricultural landscapes-farmers' perceptions. Ecological Economics, 98: 72-80.

Smith P, Davies C A, Ogle S, et al. 2012. Towards an integrated global framework to assess the impacts of land use and management change on soil carbon: current capability and future vision. Global Change Biology, 18(7): 2089-2101.

Song Q, Hu Q, Zhou Q, et al. 2017. In-season crop mapping with GF-1/WFV data by combining object-based image analysis and random forest. Remote Sensing, 9: 1184.

Song Q, Xiang M, Caria H, et al. 2019. Object-based feature selection for crop classification using multi-temporal high-resolution imagery. International Journal of Remote Sensing, 40(5-6): 2053-2068.

Stone B. 2009. Land use as climate change mitigation. Environmental Science and Technology, 43(24): 9052-9056.

Tan G X, Shibasaki R. 2003. Global estimation of crop productivity and the impacts of global warming by GIS and EPIC integration. Ecological Modelling, 168(3): 357-370.

Tao J, Wu W, Liu W. 2017. Spatial-temporal dynamics of cropping frequency in Hubei Province over 2001–2015. Sensors, 17: 2622.

Tao J, Wu W, Xu M. 2019. Using bayesian network to map large-scale cropping intensity by fusing multi-source data. Remote Sensing, 11: 168.

Thenkabail P S, Biradar C M, Noojipady P, et al. 2009. Global irrigated area map (GIAM), derived from remote sensing, for the end of the last millennium. International Journal of Remote Sensing, 30(14): 3679.

Thenkabail P S, M Schull M, Turral H. 2005. Ganges and Indus river basin land use/land cover (LULC) and irrigated area mapping using continuous streams of MODIS data. Remote Sensing of Environment, 95(3):

317-341.

Turner II B L. 2014. Land system science: land systems, sustainability and land system architecture. 2nd GLP Open Science Meeting, Berlin.

Turner II B L, Janetos A C, Verburg P H, et al. 2013. Land system architecture: using land systems to adapt and mitigate global environmental change. Global Environmental Change, 23(2): 395-397.

Turner II B L, Lambin E F, Reenberg A. 2007. The emergence of land change science for global environmental change and sustainability. Proceedings of the National Academy of Sciences of the USA, 104(52): 20666-20671.

Turner II B L, Skole D L, Sanderson S, et al. 1995. Land-use and Land-cover Change. Science/Research Plan. IGBP Report No. 35 and IHDP Report No. 7, Stockholm and Geneva.

van Vliet J, de Groot H L F, Rietveld P, et al. 2015. Manifestations and underlying drivers of agricultural land use change in Europe. Landscape and Urban Planning, 133: 24-36.

Verburg P H. 2006. Simulating feedbacks in land use and land cover change models. Landscape Ecology, 21(8): 1171-1183.

Verburg P H, Erb K, Mertz O, et al. 2013. Land system science: between global challenges and local realities. Current Opinion in Environmental Sustainability, 5(5): 433-437.

Verburg P H, Neumann K, Nol L. 2011. Challenges in using land use and land cover data for global change studies. Global Change Biology, 17(2): 974-989.

Verburg P H, Overmars K. 2009. Combining top-down and bottom-up dynamics in land use modeling: exploring the future of abandoned farmlands in Europe with the Dyna-CLUE model. Landscape Ecology, 24(9): 1167-1181.

Volk M, Ewert F. 2011. Scaling methods in integrated assessment of agricultural systems-state-of-the-art and future directions. Agriculture, Ecosystems and Environment, 142(1-2): 1-5.

Wise M, Calvin K, Thomson A, et al. 2009. Implications of limiting CO_2 concentrations for land use and energy. Science, 324(5931): 1183-1186.

Wu W, Shibasaki R, Yang P, et al. 2007a. Global-scale modelling of future changes in sown areas of major crops. Ecological Modelling, 208(2-4): 378-390.

Wu W, Yang P, Tang H, et al. 2007b. Regional variability of effects of land use system on soil properties. Scientia Agricultura Sinica, 40(8): 1697-1702.

Wu W, Yu Q, Peter V H, et al. 2014. How could agricultural land systems contribute to raise food production under global change? Journal of Integrative Agriculture, 13(7): 1432-1442.

Wu W, Yu Q, You L, et al. 2018. Global cropping intensity gaps: increasing food production without cropland expansion. Land Use Policy, 76: 515-525.

Xian G, Collin H, Fry J. 2009. Updating the 2001 National Land Cover Database land cover classification to 2006 by using Landsat imagery change detection methods. Remote Sensing of Environment, 113(6): 1133-1147.

Xiang M, Yu Q, Wu W. 2019. From multi-cropping index to multi-cropping frequency: observing cropland use intensity at a finer scale. Ecological Indicators, 101: 892-903.

Xiao Y, Mignolet C, Mari J, et al. 2014. Modeling the spatial distribution of crop sequences at a large regional scale using land-cover survey data: a case from France. Computers and Electronics in Agriculture, 102:

51-63.

Yan H, Xiao X, Huang H, et al. 2014. Multiple cropping intensity in China derived from agro-meteorological observation and MODIS data. Chinese Geographical Science, 24(2): 205-219.

Ye L, Xiong W, Li Z, et al. 2013. Climate change impact on China food security in 2050. Agronomy for Sustainable Development, 33(2): 363-374.

You L, Stanley W, Ulrike S, et al. 2014. Generating global crop distribution maps: from census to grid. Agricultural Systems, 127: 53-60.

You L, Wood S, Wood-Sichra U. 2009. Generating plausible crop distribution maps for Sub-Saharan Africa using a spatially disaggregated data fusion and optimization approach. Agricultural Systems, 99(2-3): 126-140.

Yu Q, Wu W, Verburg P H, et al. 2013. A survey-based exploration of land-system dynamics in an agricultural region of Northeast China. Agricultural Systems, 121: 106-116.

Yu Q, Wu W, Yang P, et al. 2012. Proposing an interdisciplinary and cross-scale framework for global change and food security researches. Agriculture, Ecosystems and Environment, 156: 57-71.

Zhao G, Li J, Li T. 2004. Utilizing Landsat TM imagery to map greenhouses in Qingzhou, Shandong Province, China. Pedosphere, 14(3): 363-369.

第 2 章 耕地遥感制图

2.1 引　　言

耕地空间分布及其格局变化是农业土地系统研究（如多熟种植制度、农作物空间格局、利用集约度等）的基础数据。耕地是农业土地系统的核心和载体，2010 年全球耕地面积总量为 19.39 亿 hm^2，占全球陆表面积 14.31%（胡琼等，2018）。作为一种空间连续的自然和社会经济综合体，其状态与功能随时间发生变化。例如，2000~2010 年，中国耕地面积减少 194.97 万 hm^2，降幅为 0.95%，耕地数量整体上处于缓慢下降的状态。在耕地数量减少的背景下，中国耕地复种指数 10 年间提高了 5.69%，涨幅达到 6.01%，这表明耕地利用率有较大幅度的提升。同时，10 年间耕地破碎度略微增长了 2.17%。中国耕地利用格局呈现出面积减少并伴随破碎化加剧的趋势（陈迪等，2018）。

耕地空间分布及其格局变化对粮食安全和环境可持续发展等研究具有重要作用。耕地产生的大量产品直接关乎人类粮食安全，全球作物产量的 62% 直接供人类进行食物消费，35% 作为牲畜饲料间接为人类提供食物。预计到 2050 年，全球人口将突破 90 亿，这将给粮食供应带来巨大压力。同时，随着经济水平的提高，人们的膳食结构发生着改变，需要更多的动物蛋白、植物油和蔬菜水果等，这也加剧了耕地面积的需求。在环境可持续发展方面，耕地利用是人类最基本的实践活动，在很大程度上改变着生态系统的结构和功能，影响着生态系统与大气、水循环和土壤之间的相互作用，如何在确保粮食产量和食品安全的同时，减少粮食生产对环境的负面影响是环境可持续发展的重要挑战。针对上述问题，需要准确实时的耕地空间分布和动态变化信息，以解决农作物生长监测、产量估算、粮食安全评估等农业土地系统关注的热点问题。

随着卫星传感器的不断发展和计算机制图技术的进步，遥感技术已经成为包括耕地在内的地表覆盖类型空间分布信息获取的重要手段（Ban et al., 2015; Giri et al., 2013）。在全球尺度，美国马里兰大学和美国地质调查局在早期以 AVHRR 影像数据为基础，分别生产了 20 世纪 90 年代初 1km 空间分辨率的全球地表覆盖数据，即 UMD 数据集和 IGBP-DIS Cover 数据集（Hansen et al., 2000; Loveland et al., 1997）；之后，美国波士顿大学研制了以 MODIS 影像为基础的全球土地覆盖数据（Friedl et al., 2002），欧盟联合研究中心基于 SPOT4/VEGETATION 数据研制了 GLC2000 全球地表覆盖数据（Bartholome et al., 2005），这两套数据集的空间分辨率也是 1km，数据源为 2000 年左右的遥感影像。21 世纪以来，国际社会将研制更高空间分辨率的全球地表覆盖数据提上议事日程，全球地表覆盖遥感数据产品的空间分辨率不断提高。美国波士顿大学利用 2000~2012 年的 MODIS 数据研制了 500m 空间分辨率的新一期全球地表覆盖数据 MODIS Collection 5（MODIS C5）（Friedl et al., 2010），欧洲空间局基于 MERIS 反射率数据先后研制了 2005 年和 2009 年的全球 300m 空间分辨率的地表覆盖数据 GlobCover（Bontemps et al., 2009）。

在国家科技计划支持下，中国科学家在世界上率先研制了空间分辨率为 30m 的 2010 年全球地表覆盖遥感数据产品，即清华大学的 FROM-GLC 数据集和国家基础地理信息中心的 GlobeLand30 数据集（Chen et al., 2015; Gong et al., 2013）。

虽然目前已有多种基于遥感数据分类的地表覆盖产品，但是这些产品多是针对气候变化模型等应用研发，不能满足粮食安全、作物监测和产量估算等农业应用的要求。整体来看，还有以下三个问题亟待解决：第一，目前不同产品耕地类型定义不统一，如 GlobCover 2009 和 CCI-LC 采用 FAO 的耕地类型定义方法，MODIS C5 采用 IGBP 分类体系的耕地定义方法，而 GlobeLand30 和 FROM-GLC 根据 30 米遥感影像特征对耕地进行了自定义，这使得耕地之间的一致性较差。第二，从影像上估算的耕地面积和统计数据相差较大，由于混合像素普遍存在于遥感影像中而目前的产品仅能提供像素是耕地或者不是耕地的信息，不能提供像素内耕地比例，因此估算的耕地面积普遍高于统计数据。第三，耕地制图数据缺乏有效的更新手段，现势性滞后。由于人类活动的影响，耕地处于不断的变化中，其数据需要不断更新以保持时效性，然而目前制图数据更新多以目视判读为主，缺乏有效的自动更新方法。

2.2 已有耕地遥感数据产品

目前从全球到区域尺度有多套耕地遥感数据产品，如表 2-1 所示。在全球尺度，随着免费遥感数据的不断增多（如 Landsat, Sentinel 等），以及计算机处理速度的不断增强，耕地数据产品从早前的中分辨率向高分辨率发展，30m 分辨率的耕地数据产品逐渐成为主流，如中国国家基础地理信息中心的 GlobeLand30 数据产品。在区域尺度，也有许多高分辨率的耕地遥感数据被研制出来，如欧洲 100m 空间分辨率的 CORINE 数据，北美

表 2-1 全球和区域耕地遥感数据产品

尺度	产品	空间分辨率/m	研制机构和数据源
全球	GlobeLand30	30	中国国家基础地理信息中心 (http://www.globallandcover.com/GLC30Download/index.aspx)
	Unified Cropland	250	比利时鲁汶大学和国际应用系统分析研究所（International Institute for Applied Systems Analysis，IIASA） (https://figshare.com/articles/ucl_2014_v2_0_tif/2066742)
	CCI-LC	300	欧洲太空局（European Space Agency，ESA） (http://maps.elie.ucl.ac.be/CCI/viewer/download.php)
	GlobCover 2009	300	ESA (http://due.esrin.esa.int/page_globcover.php)
	MODIS Collection 5/6	500	美国波士顿大学 (https://search.earthdata.nasa.gov/)
	FROM-GLC	30	中国清华大学 (http://data.ess.tsinghua.edu.cn/)
	MODIS Cropland	250	全球农业监测项目 (https://www.glad.geog.umd.edu/projects/croplands/)

续表

尺度	产品	空间分辨率/m	研制机构和数据源
区域	CORINE Land Cover（39 Europe countries）	100	ESA (https://land.copernicus.eu/pan-european/corine-land-cover/clc-2012)
	2010 Land Cover of North America at 30 meters（Mexico, Canada, and America）	30	环境合作委员会（Commission for Environmental Cooperation）(http://www.cec.org/news-and-outreach/press-releases/land-cover-map-north-america-30-meter-spatial-resolution-released-cec)
	The Land Use of Australia	50	澳大利亚地理科学中心（Geoscience Australia）(http://www.agriculture.gov.au/abares/aclump)
	National Land Cover Database of China（NLCD-C）	30 /100 /1000	中国科学院地理科学与资源研究所 (http://www.resdc.cn/data.aspx?DATAID=99)

洲的 30m 地表覆盖数据产品，中国科学院地理科学与资源研究所的 30m 中国土地利用遥感监测数据集。下面将详细介绍目前应用较多的 5 套全球耕地遥感产品：GlobeLand30，GlobCover，MODIS Collection 5/6，GLC2000 和 Climate Change Initiative land cover product（CCI-LC）。

2.2.1 GlobeLand30

为了有效地支撑全球变化研究和地球系统模式发展，科技部在 2010 年启动了 863 计划中"全球地表覆盖遥感制图与关键技术研究"重点科研项目，目标是在 4 年内生产出 30 米全球地表覆盖数据产品（GlobeLand30），涵盖 2000 年和 2010 年，包括 10 个地表覆盖类型。2013 年底，由国家基础地理信息中心牵头，联合中科院、农业部、教育部、林业局等 7 个部门的 18 家单位共同将 2000 和 2010 基准年的两期全球地表覆盖遥感制图数据产品（GlobeLand30）研制完成。GlobeLand30 数据的生产基于美国陆地资源卫星 Landsat TM/ETM+多光谱影像、中国环境减灾卫星（HJ-1）多光谱图像和北京 1 号小卫星（BJ-1）影像资料，数据的空间分辨率为 30m，采用 WGS84 坐标系统，UTM 投影，覆盖了全球纬度 80°S～80°N 的陆地范围，总体精度达 80%以上（陈军等，2014）。

GlobeLand30 产品研制采用的是逐类型层次提取方法，即一次提取一种地表覆盖类型，该类型提取完成后，对分类影像进行掩膜，再进行下一个类型的提取。这样虽然工作量大，但是可以提升分类精度，耕地类型在第五步进行提取。GlobeLand30 采用一种基于"像元-对象-知识"（pixel-object-knowledge，POK）的分层方法进行分类（Chen et al., 2015）。POK 方法包括像元法分类、对象化过滤和人机交互检核三个步骤。这种分类方法可以充分利用各种知识和人的经验来提高分类质量。数据包括耕地、森林、草地、灌木地、湿地、水体、苔原、人造地表、裸地、冰川与永久积雪 10 类地表覆盖类型。GlobeLand30 数据产品的耕地类型仅包括"耕地"，其耕地定义较其他土地分类系统的耕地定义不同，它还包括了开荒地、草田轮作地、以种植农作物为主的间有零星树木的土地等（曹鑫等，2016）。

2.2.2 GlobCover

欧洲太空局全球地表覆盖数据 ESA-GlobCover 包括 2005 年和 2009 年两期全球地表覆盖信息。GlobCover 的原始数据来自 ENVISAT 卫星，由中分辨率成像光谱仪 MERIS 拍摄完成。2008 年，ESA-GlobCover 2005 项目向国际社会提供了 2005 年首份 300m 全球地表覆盖数据，以及双月一次和年际的 MERIS Fine Resolution（FR）地表反射率产品。2010 年，欧洲太空局和比利时鲁汶大学共同运营 GlobCover，生产 2009 年双月一次和年际 MERIS FR 时间序列数据，并基于该数据进行非监督和监督分类，生产空间分辨率为 300m 的 GlobCover 2009 全球地表覆盖产品（Bontemps et al., 2009）。

GlobCover 2005 与 GlobCover 2009 全球地表覆盖数据产品的图例相同，均采用联合国粮食及农业组织（Food and Agriculture Organization，FAO）的土地覆盖分类系统（UN Land Cover Classification System，UNLCCS）作为图例生成标准，在全球地理分区基础上，基于影像的时间和光谱特征，采用监督分类和非监督分类相结合的方法将地表覆盖分为 22 个类型（Bontemps et al., 2009）。GlobCover 数据集包括四种耕地类型，其中两种纯耕地类型：灌溉耕地和雨养耕地；两种混合耕地类型：耕地（50%~70%）/植被（20%~50%）混合和植被（50%~70%）/耕地（20%~50%）混合。

2.2.3 MODIS Collection 5/6

为获取全球地表覆盖信息现状及年际动态变化，支持科学调查，美国波士顿大学生产了一系列 MODIS 地表覆盖产品。该产品由两套科学数据集组成。包括 MODIS 地表覆盖数据集（MCD12Q1）（Friedl et al., 2002）和 MODIS 地表覆盖变化数据集（MCD12Q2）（Zhang et al., 2006）。这里以 MODIS Collection 5 和 MODIS Collection 6 的地表覆盖数据集为例进行介绍。MODIS Collection 5/6 地表覆盖数据（https://search.earthdata.nasa.gov/）是美国波士顿大学利用增强型植被指数（enhanced vegetation index, EVI）及 MODIS 1~7 波段的光谱特征和时间特征，采用贝叶斯规则调整类条件概率，利用决策树分类，从而生产出的空间分辨率为 500m 的地表覆盖数据集（Friedl et al., 2010）。

MODIS Collection 5/6 地表覆盖数据集包括五个不同的分类体系。第一类体系遵循了 IGBP 土地覆盖分类系统，将全球地表覆盖分成 17 个类别（Loveland and Belward, 1997），其中耕地类型包括耕地和耕地/自然植被混合类型两个类型。第二类体系遵循了马里兰大学（University of Maryland，UMD）分类系统，将全球地表覆盖分成 14 个类别（Hansen et al., 2000），其中耕地类型仅为耕地。第三类体系遵循了 MODIS 叶面积指数/光合有效辐射分量分类系统，将全球地表覆盖分成 10 个类别（Lotsch et al., 2003; Myneni et al., 2002）；其中耕地类型仅为阔叶作物。第四类体系遵循了 Running 等（1995）提出的分类系统，将全球地表覆盖分成 8 个类别，其中耕地类型仅为一年生阔叶植物。第五类体系遵循了 Bonan 等（2002）提出的植被功能型分类系统，将全球地表覆盖分成 12 个类别，其中耕地类型仅为粮食作物。

2.2.4 GLC2000

2000 年被认为是与各种活动，特别是与联合国生态系统有关的各项国际公约有关的环境评估的基准年。当时已有的全球土地覆盖数据产品已经比较陈旧，为了更新一个全球统一的土地覆盖数据库，欧盟联合研究中心的全球植被监测机构启动了 GLC2000 项目。欧盟联合研究中心的空间技术研究所协调 30 个不同国家和地区的研究小组，基于 14 个月的 SPOT4/VEGETATION（SPOT VGT）每日全球数据集，研制了 2000 年空间分辨率为 1km 的 GLC2000 全球地表覆盖数据集（Bartholome and Belward, 2005）。

为了实现全球土地覆盖的一致性和可比性的双重目标，GLC2000 的图例必须同时完整地描述国家和大洲尺度确切的土地覆盖特征，同时确保这些尺度的数据与全球范围数据的一致性。因此，GLC2000 采用 FAO 的 UN LCCS 土地覆盖分类系统作为图例生成标准。不同区域的地表类型定义以 LCCS 的分类体系为基础，同时可以根据本地区实际情况进行调整，更好地反映当地特有的土地覆盖特征。利用这套分类体系可以相互参照土地覆盖信息并分析区域差异，并相互参照（Di Gregorio and Jansen, 2000; McConnell et al., 2000）。GLC2000 全球尺度图例统一为 22 种土地覆盖类型。其中耕地包括 3 种类型：种植管理区、混合类型（耕地/树木覆盖/其他自然植被）和混合类型（耕地/灌木或草地覆盖）。数据集分类过程包括以下 3 个阶段：首先进行气候分区，合成气候环境指标，并利用时间序列谐波分析方法对 SPOT VGT 数据进行预处理；其次利用迭代自组织的数据分析算法（iterative selforganizing data analysis techniques algorithm, ISODATA）进行非监督分类，并按制定的分类系统对聚类得到的光谱类型进行标定；最后进行精度评定及成图，即将不同气候分区合成修边后，由欧盟联合研究中心进行成图验证。

2.2.5 CCI-LC

CCI-LC 是欧洲太空局发起的气候变化倡议框架下地表覆盖项目生产的基于中分辨率成像光谱仪时序数据的 300 米全球陆地覆盖数据集。CCI-LC 产品生产过程中所采用的数据以 MERIS FR 影像为主，对于 MERIS FR 获取不足的部分地区，采用 MERIS RR 数据，同时用 SPOT VGT 时序数据进行更新。CCI-LC 结合了 MERIS FR 时间序列数据丰富的光谱和时间特征，在非监督分类的基础上增加了机器学习分类，设计出一种多年的策略，提高了分类的精度，使分类结果在区域尺度上经过调整，最终在全球尺度上保持一致（Defourny et al., 2016）。CCI-LC 项目以 2010 年（2008～2012 年）、2005 年（2003～2007 年）和 2000 年（1998～2002 年）为基准，提供 3 期间隔 5 年的全球地表覆盖数据集。该数据集的生产首先是基于 2003～2012 年所有 MERIS FR 和 RR 数据，生成了这 10 年全球土地覆盖数据集。再将其作为基础，使用 SPOT VGT 时序数据回溯和更新得出 2010 年、2005 年和 2000 年的土地覆盖数据集。

CCI-LC 数据集使用 UN LCCS 分类体系，以保证尽可能兼容 GLC2000、GlobCover 2005 和 GlobCover 2009 数据产品。CCI-LC 的耕地类型包括以下 6 类：雨养耕地、草本覆盖、乔木或灌木覆盖、灌溉耕地、混合耕地（>50%）/自然植被（乔木、灌木、草本覆盖）（<50%）和混合自然植被（乔木、灌木、草本覆盖）（>50%）/耕地（<50%）。

2.3 不同耕地遥感数据产品的一致性分析

卫星传感器数据、空间分辨率、分类系统与制图技术的不同，使得全球地表覆盖数据集不可避免地存在差异，开展对比分析、弄清这些数据产品之间的异同对数据生产者和数据使用者具有重要意义。本节研究选择耕地为研究对象，在中国区域，对 2010 基准年的 4 套全球地表覆盖数据集 GlobeLand30、FROM-GLC、GlobCover 和 MODIS Collection 5 的耕地数据，以及 1 套全球耕地数据集 MODIS Cropland 进行对比分析研究（表 2-1）。在耕地数量上，以耕地统计数据为基准，分析上述 5 套耕地数据集估算的耕地面积和统计数据的差异；在空间位置上，基于检验样本对 5 套耕地数据集的精度进行验证，同时结合高程和坡度数据，分析 5 套数据的空间一致性。该研究结果有助于评估和对比不同耕地数据集在中国区域的精度，揭示不同耕地数据集的数量和空间差异特征，为数据使用者在中国区域选择适宜耕地数据提供依据，也为数据生产者完善数据和未来遥感制图提供新的方向。

2.3.1 数据预处理

5 套数据集的坐标系统、空间分辨率和分类体系不同，为方便对比分析，需要进行数据预处理和转换。首先，利用中国边界矢量数据裁切 5 套全球数据产品，得到中国区域数据集。5 套数据集在生产过程中都有严格的几何精度控制策略，如基于 Landsat 影像的 GlobeLand30 几何精度在 25m 以内，GlobCover 的几何精度在 150m 以内（Bontemps et al., 2009），相比之下，GlobeLand30 的几何精度最高，因此为了降低数据间几何精度差异的影响，以 GlobeLand30 数据的参考椭球为基准，将其他 4 套数据集统一到相同的 WGS-84 地理坐标系统。其次，MODIS Collection 5 的空间分辨率为 500m，在 5 套数据集中最低，为便于比较，将其他 4 套数据集采用最邻近方法重采样到相同的 500m 空间分辨率。最后，本节研究主要对耕地数据进行对比分析，需要对 5 类数据集的分类体系进行合并处理，重新划分为耕地和非耕地，保留耕地类别信息，而剔除其余土地覆盖类别的影响。以联合国粮农组织耕地定义为参考，选取各数据集中的耕地类型进行合并。GlobeLand30 和 MODIS Cropland 仅包括了 1 个耕地类型，FROM-GLC 包括了耕地和裸耕地 2 个类型，GlobCover 数据集包括灌溉耕地、雨养耕地、耕地（50%~70%）/植被（20%~50%）混合和植被（50%~70%）/耕地（20%~50%）混合等 4 个类型，MODIS Collection 5 数据集包括耕地、耕地/自然植被混合类型等 2 个类型。同时，利用中国边界矢量数据裁切 SRTM-DEM 数据，并重采样到 500m。

2.3.2 对比方法

本节研究从耕地数量和空间位置两个方面在中国区域对 5 套耕地数据集进行对比分析。在耕地数量方面，分析 5 套产品在省级和区域尺度耕地面积比例的不同，以及和统计数据的差异；在空间位置方面，基于检验数据评估各套数据集的耕地空间分布精度，并进行 5 套数据集的空间一致性分析。

1. 耕地数量对比

以中国省级行政边界矢量图为基础,分别从 5 套耕地数据集中计算不同省份的耕地面积,汇总全国耕地总面积,并计算各省耕地面积占全国耕地总面积的比例。同时,按照地理位置,将中国分为东北、华北、东南、华中、西南和西北 6 个区域,在计算 5 套数据各省耕地面积比例的基础上,计算各个区域每套产品的耕地面积比例。然后,以 2010 年《中国区域经济统计年鉴》的耕地面积比例为基准,计算 5 套产品各省和区域耕地面积比例与统计数据比例的偏差,并从总体上计算 5 套产品和统计数据的均方根误差(root mean square error,RMSE),以反映 5 套产品的耕地数据和统计数据的离散度,偏差 Δx_i 和均方根误差 RMSE 计算如下:

$$\Delta x_i = x_i - y_i \tag{2-1}$$

$$\text{RMSE} = \sqrt{\frac{\sum_{i=1}^{n}(x_i - y_i)}{n}} \tag{2-2}$$

式中,x_i 为耕地数据集计算的 i 省(直辖市、自治区)耕地面积比例;y_i 为 i 省(直辖市、自治区)的耕地统计面积比例;n 为省(直辖市、自治区)的总数。

最后,为反映 5 套数据集的耕地数量和统计数据的吻合度,对 5 套数据的耕地面积比例和统计数据的耕地面积比例进行相关性分析,相关系数计算式如下:

$$R = \frac{\sum_{i=1}^{n}(x_i - \overline{x})(y_i - \overline{y})}{\sqrt{\sum_{i=1}^{n}(x_i - \overline{x})^2 \cdot \sum_{i=1}^{n}(y_i - \overline{y})^2}} \tag{2-3}$$

式中,$\overline{x}$ 为耕地数据集计算的各省耕地面积比例的平均值;$\overline{y}$ 为耕地统计面积比例的平均值。相关系数越大,表明和统计数据的吻合度越高。

2. 空间位置对比

仅仅比较遥感数据产品的数量特征具有一定的局限性,因为遥感制图描述地表覆盖类型的数量特征相对容易,但其空间位置可能并不准确。因此,空间位置对比研究也十分必要(Wu et al., 2008)。传统的空间位置比较通常以某种数据集为参照,分析目标数据产品和参照数据产品间的一致性,进行空间位置比较(李蓓蓓等,2010)。该方法依赖于参考数据的准确性,然而通常参考数据本身也可能存在错误和不足,尤其是在大范围制图中(杨永可等,2014)。本节以检验样本为基准比较 5 套数据的空间位置精度,并分析数据间的空间分布一致性。

空间位置精度利用相同的耕地检验样本对 5 套耕地数据集精度进行估算。样本的数量、质量和分布对空间位置精度评价影响较大(Foody et al., 2010)。本节研究中的耕地样本数据一部分来自于清华大学 FROM-GLC 数据生产中的检验样本(俞乐等,2014;Gong et al., 2013)。在清华大学的样本采集方案中,Gong 等(2013)利用 DGGRID 软件将全球陆地地表分为约 7000 个等面积的六边形,在每个六边形内随机抽取 5 个检验样本,采用目视解译方法确定样本的类别属性。该采样方法保证了检验样本分布的均匀性和客观性,但是在中国区域的耕地样本数据有 443 个、非耕地样本 1687 个,难以满足耕地精度评价的数量要求。因此,为进一步补充耕地样本,基于 5 套耕地数据空间叠置的一致性分布图,在不同的一致性层次上随机抽样 0.001%的像元作为补充样本,利用 Google Earth 高分影像解译确定样本的类别属性,共采集耕地样本 2716 个、非耕地样本 858 个。样本的采集以 2010 年为基准年,当 2010 年的影像无法获得时,将时间滑块移动到 2010 年之前或之后的影像,然后对这些影像进行比较,确定样本的土地覆盖类型。如果样本在 2010 年前后保持不变,则视为采样点,否则将它删除。将上述两种来源的样本进行组合得到耕地检验样本,其中耕地样本数据为 3159 个、非耕地样本数据为 2545 个。在检验样本的基础上,采用混淆矩阵的方法,计算 5 套数据的总体精度、kappa 系数、漏分率和错分率。

空间一致性是对不同土地覆盖数据集在相同空间位置上地物类别一致性的描述,用于不同数据集之间的对比和相互验证(杨永可等,2014)。本节研究将 5 套耕地数据集进行空间叠加得到耕地空间一致性分布图,图中的像元值描述了在相同地理位置上 5 套耕地数据集的一致性状况。如像元值 5 表示在该像元上 5 套数据产品完全一致;像元值 4 表示在该像元上有 4 套数据产品一致,像元值越大,数据产品之间的一致性越高。根据像元值将其划分为完全一致性、高度一致性、中度一致性、低度一致性和不一致性等 5 个级别,可以在像元尺度上描述 5 套全球耕地数据集的空间一致性。在区域尺度,计算 5 套耕地数据集的空间一致性比例,分析各个区域的一致性差异。此外,耕地数量特征虽然受人类活动影响大,但其空间分布往往受地形、降水等生态环境因子的制约,这给耕地遥感制图带来一定的挑战。为此,本节研究进一步分析了 5 套耕地数据集空间一致性随高程和坡度的变化情况。根据高程将地貌形态分为平原(<20m)、丘陵(20~200m)、低山(200~500m)、中山(500~1500m)和高山(>1500m)5 种类型(柴宗新,1986),分析在每种地貌类型 5 套耕地数据的一致性分布。同时,按照《土地利用现状调查技术规程》,将全国坡度数据分为五个等级,即≤2°、2°~6°、6°~15°、15°~25°、>25°,分析在每个坡度区间 5 套耕地数据的一致性分布特征。

2.3.3 结果与分析

1. 省级和区域耕地数量对比

表 2-2 是从 5 套耕地数据集中计算得到的不同省份和区域耕地面积占全国耕地总面积的比例,及其和耕地统计数据的偏差。总体上看,各省份 5 套产品计算的耕地面积比例都有所差异,青海、甘肃和云南等省份差异较大,安徽、山西和河北等省的差异较小。和统计数据相比,GlobeLand30 计算的耕地面积比例和统计数据比较接近,其他 4 套产品都有不同程度的高估或低估。FROM-GLC 在东北区域和统计数据相差较大,耕地面积高估 5.42%,华北、东南和西南区域存在不同程度的低估,和统计数据的偏差分别是–1.72%、–1.35%和–1.99%,华中和西北区域和统计数据比较接近。GlobCover 在东

北区域明显低估了耕地面积,和统计数据的偏差是-10.21%,而高估的西北区域耕地面积达到11.62%。MODIS Collection 5 也高估了东北区域耕地面积约6.42%,在华北、华南和华中 3 个区域与统计数据的一致性较好,同时不同程度地低估了西南和西北地区耕地面积比例。MODIS Cropland 和统计数据差异较大,计算的东北、华北和西北耕地面积分别比统计数据高出12.89%、11.58%和4.98%,而在华南、华中和西南区域存在较大的耕地面积低估,偏差是-7.11%、-8.21%和-14.12%。

表 2-2　5 套耕地数据集计算的不同省份和区域的耕地面积比例及其与统计数据的偏差　　（单位:%）

区域	省份	Globeland30		FROM-GLC		GlobCover 2009		MODIS Collection 5		MODIS Cropland		耕地统计数据
		耕地比例	与统计数据的偏差	耕地比例	与统计数据的偏差	耕地比例	与统计数据的偏差	耕地比例	与统计数据的偏差	耕地比例	与统计数据的偏差	
东北区域	内蒙古	6.71	0.84	12.31	6.44	6.34	0.47	5.72	-0.15	11.93	6.05	5.87
	黑龙江	9.15	-0.57	8.80	-0.92	3.30	-6.42	13.82	4.10	12.31	2.59	9.72
	吉林	4.35	-0.20	4.37	-0.18	1.47	-3.08	5.18	0.64	5.67	1.12	4.55
	辽宁	3.50	0.15	3.44	0.09	2.17	-1.19	5.19	1.84	6.48	3.12	3.36
	汇总	23.72	0.23	28.92	5.42	13.28	-10.21	29.92	6.42	36.38	12.89	23.49
华北区域	北京	0.27	0.08	0.26	0.07	0.29	0.10	0.28	0.09	0.33	0.14	0.19
	天津	0.38	0.01	0.34	-0.02	0.30	-0.06	0.44	0.08	0.51	0.15	0.36
	河北	4.92	-0.27	5.24	0.05	5.46	0.27	5.01	-0.18	8.68	3.49	5.19
	山西	3.42	0.09	3.79	0.46	4.51	1.18	2.89	-0.44	3.13	-0.20	3.33
	山东	6.10	-0.08	4.94	-1.23	5.38	-0.79	7.26	1.08	10.93	4.76	6.17
	河南	5.36	-1.15	5.46	-1.06	5.78	-0.73	7.14	0.62	9.76	3.25	6.51
	汇总	20.44	-1.32	20.04	-1.72	21.72	-0.04	23.02	1.26	33.34	11.58	21.76
东南区域	上海	0.17	-0.03	0.17	-0.03	0.20	0.00	0.22	0.02	0.05	-0.15	0.20
	江苏	3.60	-0.32	3.22	-0.70	3.31	-0.60	4.33	0.42	2.40	-1.52	3.91
	浙江	1.61	0.04	1.46	-0.12	1.39	-0.19	1.14	-0.44	0.07	-1.50	1.58
	福建	1.21	0.11	1.01	-0.08	0.52	-0.58	0.65	-0.44	0.02	-1.07	1.09
	广东	2.36	0.03	2.01	-0.32	1.48	-0.84	2.79	0.46	0.04	-2.29	2.33
	海南	0.39	-0.21	0.50	-0.10	0.33	-0.27	0.72	0.12	0.03	-0.57	0.60
	汇总	9.34	-0.37	8.36	-1.35	7.23	-2.48	9.84	0.13	2.60	-7.11	9.71
华中区域	安徽	4.12	-0.59	3.99	-0.72	3.94	-0.77	4.97	0.26	3.73	-0.98	4.71
	江西	2.32	-0.01	2.44	0.12	2.16	-0.17	2.22	-0.10	0.16	-2.16	2.32
	湖北	4.04	0.21	3.74	-0.09	4.39	0.55	4.16	0.32	1.81	-2.02	3.83
	湖南	3.24	0.13	4.26	1.15	3.87	0.76	2.65	-0.46	0.06	-3.05	3.11
	汇总	13.72	-0.26	14.43	0.45	14.35	0.38	14.00	0.02	5.76	-8.21	13.98

续表

区域	省份	Globeland30		FROM-GLC		GlobCover 2009		MODIS Collection 5		MODIS Cropland		耕地统计数据
		耕地比例	与统计数据的偏差	耕地比例	与统计数据的偏差	耕地比例	与统计数据的偏差	耕地比例	与统计数据的偏差	耕地比例	与统计数据的偏差	
西南区域	广西	3.31	−0.16	2.73	−0.74	2.48	−0.98	2.37	−1.10	0.14	−3.33	3.47
	重庆	2.01	0.18	1.44	−0.39	1.64	−0.20	1.68	−0.16	0.05	−1.79	1.84
	四川	5.82	0.93	5.41	0.52	7.65	2.77	5.23	0.35	3.56	−1.33	4.89
	贵州	2.95	−0.74	2.72	−0.96	3.06	−0.62	2.41	−1.27	0.32	−3.37	3.69
	云南	5.23	0.24	4.57	−0.42	4.76	−0.23	3.13	−1.86	0.68	−4.31	4.99
	汇总	19.31	0.45	16.88	−1.99	19.60	0.73	14.81	−4.05	4.74	−14.12	18.86
西北区域	西藏	0.22	−0.08	0.22	−0.08	3.88	3.58	0.11	−0.19	1.26	0.96	0.30
	陕西	3.10	−0.22	3.97	0.64	4.54	1.21	2.79	−0.54	2.75	−0.58	3.33
	甘肃	4.16	0.34	2.74	−1.09	4.46	0.64	1.75	−2.08	4.49	0.66	3.83
	青海	0.57	0.13	0.19	−0.26	5.54	5.09	0.11	−0.34	3.27	2.82	0.45
	宁夏	1.09	0.18	0.84	−0.07	0.40	−0.51	0.26	−0.65	0.70	−0.22	0.91
	新疆	4.33	0.94	3.41	0.03	5.00	1.61	3.40	0.01	4.71	1.32	3.39
	汇总	13.47	1.28	11.38	−0.82	23.82	11.62	8.42	−3.78	17.18	4.98	12.20

从均方根误差和相关性分析两方面，评估 5 套数据集的耕地数量和统计数据的总体离散度和吻合度。图 2-1 显示了各耕地数据集的面积比例和统计数据的均方根误差和相关系数，图中虚线表示 1∶1 线，实线是各数据集的耕地比例和统计数据拟合的趋势线。GlobeLand30、FROM-GLC、GlobCover、MODIS Collection 5、MODIS Cropland 和统计数据的 RMSE 分别是 0.43%、1.29%、1.89%、1.07%和 2.46%（RMSE 的值越大，表示和统计数据的离散度越高），其中 GlobeLand30 的 RMSE 最小，和统计数据的离散度最低，从图 2-1（a）可看出，GlobeLand30 的数据点大多数分布在 1∶1 线上及其附近；MODIS Collection 5 和统计数据的离散度较低，如图 2-1（d）所示，大部分点在 1∶1 线及其附近，但也有少数点偏离度较大；MODIS Cropland 的 RMSE 值最高，和统计数据的偏离度最大，如图 2-1（e）所示。GlobeLand30、FROM-GLC、GlobCover、MODIS Collection 5、MODIS Cropland 和统计数据的相关系数分别是 0.96、0.70、0.29、0.82 和 0.25，以相关系数为判定系数，相关系数越大，表示和统计数据的吻合度越好。GlobeLand30 计算的各省耕地面积比例数据和统计数据的吻合度最好，其次是 MODIS Collection 5，MODIS Cropland 的吻合度最差。通过离散度和吻合度的分析可看出，GlobeLand30 和统计数据的离散度最低，吻合度最高，因此耕地数量较为准确。同时，500m 空间分辨率的 MODIS Collection 5 数据集和统计数据的相关系数高于 30m 空间分辨率的 FROM-GLC 数据集、300m 分辨率的 GlobCover 和 250m 分辨率的 MODIS Cropland，这表明技术方法适宜时，低空间分辨率数据也可以取得不错的分类效果。

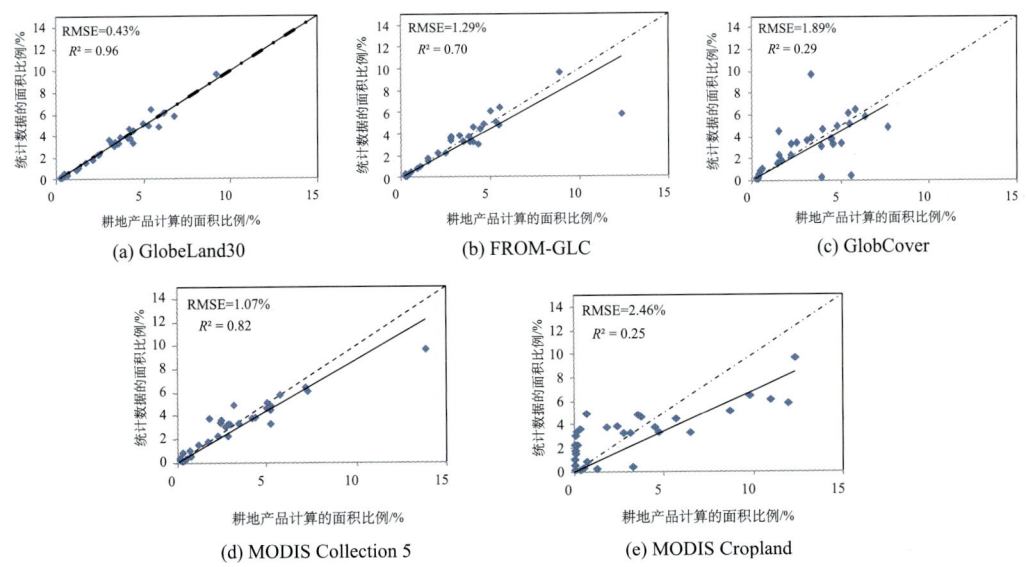

图 2-1 5 套耕地数据集计算的省级耕地面积比例和统计数据的离散度和吻合度分析

2. 空间位置精度比较

表 2-3 列出了 5 套耕地数据集的空间位置精度评价结果。其中，GlobeLand30 空间位置精度最高，该数据的总体精度是 79.61%，kappa 系数为 0.58。FROM-GLC 和 MODIS Collection 5 的总体精度和 kappa 系数较高，分别为 76.23%、0.52 和 73.49%、0.47。相对而言，GlobCover 和 MODIS Cropland 的空间位置精度较低，它们的总体精度和 kappa 系数分别是 70.13%、0.39 和 67.99%、0.38。具体来看，GlobCover 的耕地错分率最高，为 28.97%，从表 2-2 可看出 GlobCover 在西北区域耕地面积明显高估，因此可推断该数据集耕地错分率较高的原因可能是在西北区域将其他地表覆盖类型错分为耕地。MODIS Cropland 的耕地漏分率最高，达到 49.86%，从与耕地统计数据的对比中可看出（表 2-2），该数据集在东南、华中和西南三个区域耕地面积比例都被明显低估，因此可判断 MODIS Cropland 在中国南方区域存在大面积的耕地漏分。

表 2-3 5 套耕地数据集的空间位置精度评价结果

指标	GlobeLand 30	FROM-GLC	GlobCover	MODIS Collection 5	MODIS Cropland
总体精度/%	79.61	76.23	70.13	73.49	67.99
kappa 系数	0.58	0.52	0.39	0.47	0.38
耕地错分率/%	19.70	21.66	28.97	20.79	13.68
耕地漏分率/%	21.33	21.11	22.22	29.31	49.86

图 2-2 显示了 5 套耕地数据在中国东北、华北、东南、华中、西南和西北 6 个区域的总体精度。在东北区域，FROM-GLC 的总体精度最高，即 79.40%，GlobCover 在该区域耕地漏分情况比较严重，因此总体精度最低，即 64.25%；在华北区域 GlobCover 的总

体精度是 78.90%，高于其他 4 套产品；在华南区域，MODIS Collection 5 的总体精度最高，即 68.72%；在华中、西南和西北 3 个区域 GlobeLand30 的总体精度最高，分别是 78.73%、66.41%和 86.62%，相比而言，MODIS Cropland 在这些区域的精度较低，分别是 48.17%、51.51%和 77.72%。总体来看，在 6 个区域中，5 套产品在西北和华中区域的总体精度普遍较高，在西南区域的总体精度相对较低；在 5 套产品中，GlobeLand30 在各个区域都有较高的总体精度，MODIS Cropland 在各个区域的总体精度偏低。

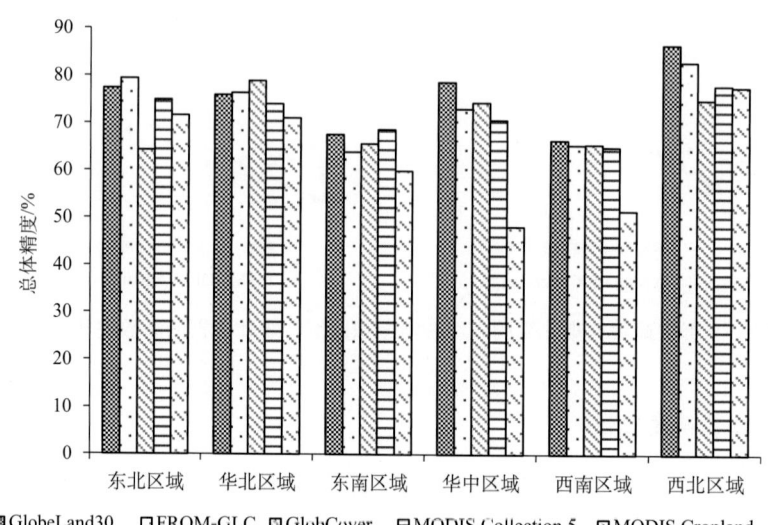

图 2-2 5 套耕地数据在 6 个区域的精度分析

3. 空间一致性比较

图 2-3 显示了 5 套耕地数据集的空间一致性分布情况。从总体上看，在东北平原、黄淮海平原、长江流域和渭河平原等粮食主产区 5 套耕地数据的一致性较好，这些区域耕地分布集中，连续成片，地理景观比较单一，因此各套产品都在这些区域能比较准确地提取出耕地。从粮食主产区到农牧交错带，空间一致性以中度一致和低度一致为主，草地牧区及其周边，一致性最差。以东北平原粮食主产区为例，在黑龙江、吉林和辽宁的粮食主产区 5 套数据空间一致性较好；北方农牧交错带，即内蒙古高原的南缘和长城沿线，5 套产品以中度一致性和低度一致性为主；内蒙古高原的草原牧区，5 套产品的一致性最差。

在图 2-3 的基础上，从区域尺度定量分析 5 套耕地产品的空间一致性分布情况（图 2-4）。在 6 个区域中，只有华北区域的耕地面积比例随一致性的增加而增加，其中完全一致的耕地面积比例高达 39.63%，因此可见在华北区域 5 套产品的一致性最好。与华北区域相反，在西北和西南区域耕地面积比例随着一致性的增加而减少，一致性较差。西北区域的不一致性比例最高，达到 61.79%，而完全一致区域仅有 5.75%，西南区域的不一致耕地面积比例是 41.27%，完全一致性仅占 2.22%。西南和西北区域地形复杂，地理景观破碎，耕地和其他地类混合比较严重，在遥感影像上耕地的光谱特征可分离度较差，并且混合像元较多，因此这些区域遥感分类难度较大，使得 5 套耕地产品间的一致性较差。

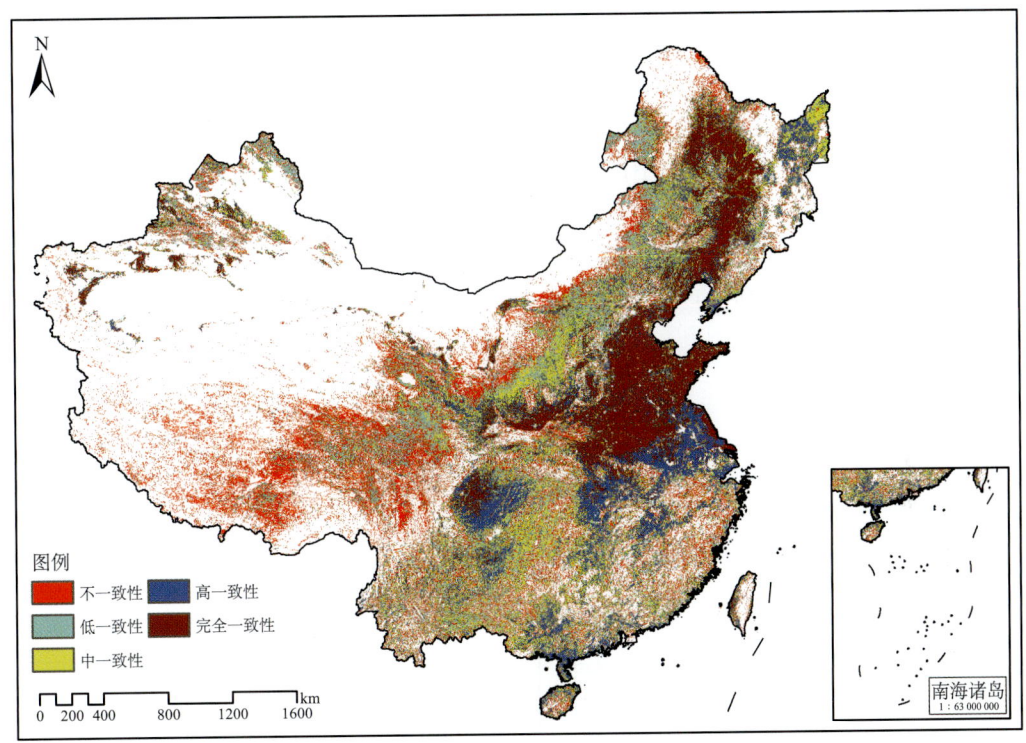

图 2-3　5 套耕地数据集的空间一致性分布

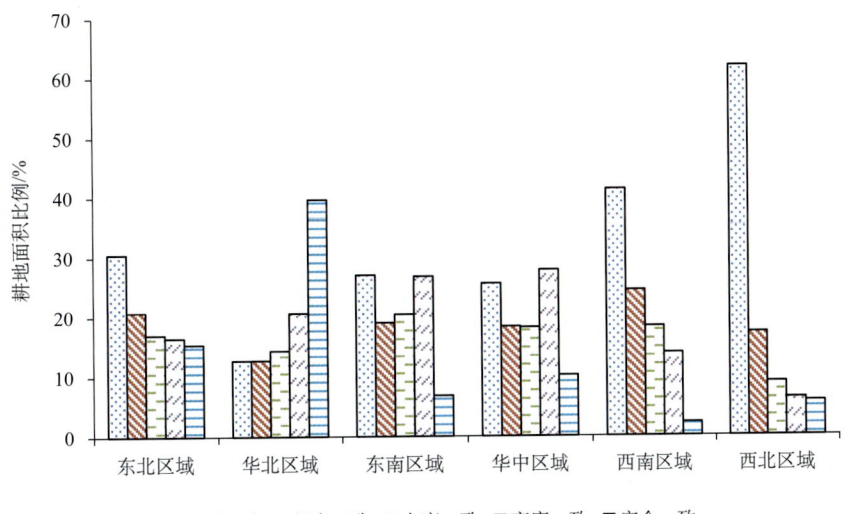

图 2-4　不同区域的耕地数据空间分布一致性分布统计

图 2-5 显示了 5 套耕地数据集空间分布一致性随高程的变化情况。高程低于 20m 的平原地区和高程在 20~200m 的丘陵地区，高度一致性和完全一致性所占比例较大，说明 5 套数据集在这些区域的一致性较好。平原和丘陵区域主要分布在华北和华中的大部分省份，包括东北的黑龙江、辽宁和吉林，以及华南的江苏、上海和浙江等省市，这些区域是我国主要的粮食生产区，耕地面积广阔，各种产品在这些区域都能比较准确地提取出耕地范围，如表 2-2 所示。从 200~500m 的低山区域开始，数据一致性随着高程的增加逐渐降低。500~1500m 的中山区域主要分布在大兴安岭以西的内蒙古高原、新疆的塔里木盆地、黄土高原以及云贵高原，除内蒙古高原和塔里木盆地外，其他地区多山，且地形比较破碎，耕地提取难度较大，因此该区域的不一致性较高，即 40.16%。高程高于 1500m 的高山主要分布在西北区域的青藏高原，不一致性高达 70.76%。

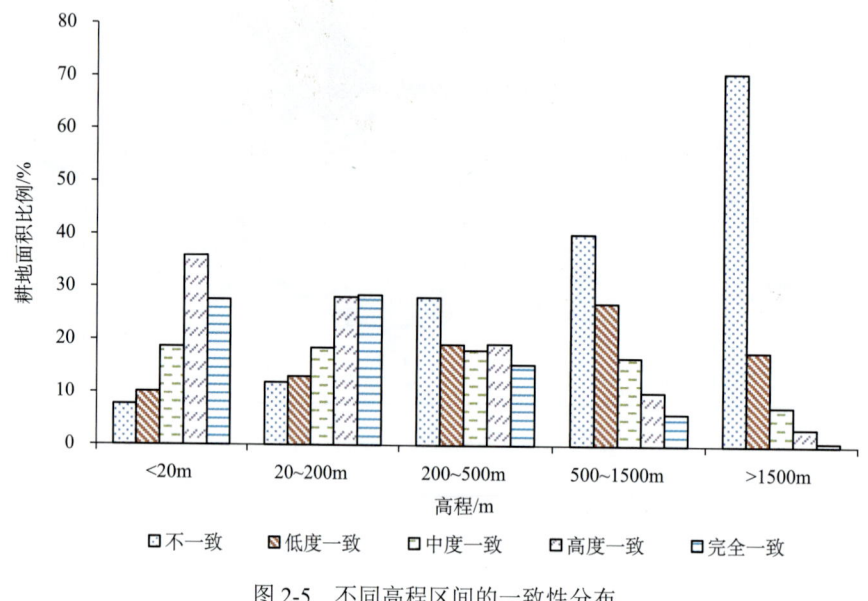

图 2-5 不同高程区间的一致性分布

坡度是耕地利用的主要影响因素之一，图 2-6 统计了不同坡度区间的空间一致性分布情况。总体上看，随着坡度的增加，5 种数据集间的一致性逐渐降低。坡度小于 2°的区域主要分布在我国各大平原和盆地，地势平缓，适合农业耕作，地理景观相对比较简单，因此耕地提取的一致性较好，高度一致和完全一致区域分别占 24.09%和 22.55%。在第 2 坡度区间，即 2°~6°，不一致性上升到 41.11%，完全一致性下降到 3.66%。15°~25°和坡度大于 25°的区域主要分布在青藏高原的山区，5 套数据集不一致性在这些区域所占比例较高，分别达到 77.09%和 81.92%。

2.3.4 结论

本节研究以中国的耕地类型为研究对象，对 2010 基准年 GlobeLand30、FROM-GLC、GlobCover、MODIS Collection 5 和 MODIS Cropland 这 5 套耕地制图产品进行了对比分析。结果表明，无论是耕地数量计算，还是耕地空间位置描述，GlobeLand30 耕地数据

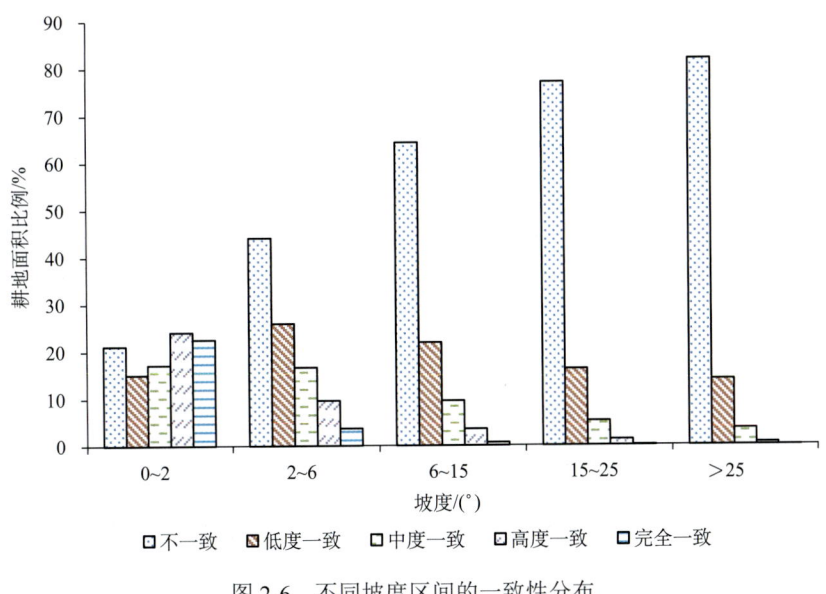

图 2-6 不同坡度区间的一致性分布

集总体上要优于其他 4 套耕地数据产品。单从耕地数量对比看，各省份 5 套产品计算的耕地面积比例都有所差异；和统计数据相比，GlobeLand30 计算的各省和区域耕地面积比例与耕地统计数据吻合度最高，MODIS Collection 5 和 FROM-GLC 次之，MODIS cropland 和 GlobCover 的吻合度较低。在空间位置精度方面，GlobeLand30 耕地数据集精度最高，其次是 FROM-GLC 和 MODIS Collection 5，GlobCover 和 MODIS Cropland 的精度最低。5 套数据的空间分布一致性从农业主产区到草原牧区呈现逐渐降低的趋势，各个区域的一致性有所不同，且受高程和坡度影响明显。

一般认为，影像空间分辨率对地表覆盖遥感产品的制图精度影响较大（Hansen et al., 2000; Ban, 2015）。本节研究中的 GlobeLand30 和 FROM-GLC 都利用了相同空间分辨率的 30m 数据源，分类体系大体一致，但其分类方法存在较大差异，使得两类制图产品差异较大（Gong et al., 2013; Chen et al., 2015）。FROM-GLC 以计算机自动分类为主，可以快速获取全球地表覆盖制图产品；GlobeLand30 采用 POK 分类方法，在计算机自动分类的基础上加入了人工检核和知识修改，制图效率有所降低，但精度明显提升。同时，本研究也发现在耕地数量方面，空间分辨率最低的数据集 MODIS Collection 5 和统计数据的吻合度要高于数据集 FROM-GLC、GlobCover 和 MODIS Cropland；在空间位置精度方面，MODIS Collection 5 在中国区域的总体精度和 kappa 系数高于 GlobCover 和 MODIS Cropland。这表明在重点关注全球地表覆盖制图产品的空间分辨率的同时，也要重视利用适宜的分类技术方法，若采用合适的分类方法，较低空间分辨率数据也可以取得不错的制图结果。

本节研究发现，5 套耕地数据产品在我国华北和东北地区的制图一致性最好，这些区域是主要粮食产区，海拔较低，坡度较缓，耕地集中连片分布，地物类型较为单一，遥感影像可分性较好，即便利用空间分辨率较低的数据也可以取得较好制图效果。但是，西北和西南地区海拔较高、坡度大，复杂的地形因素使得地理景观破碎，耕地和其他地物混合较为严重，遥感光谱的可分离度较差，造成区域分类结果差异大，5 套耕地产品之间的空间分布一致性较差。如 FROM-GLC 在内蒙古将大量牧草地错分为耕地，MODIS Cropland 在东南和西南区域大量漏分耕地，GlobCover 在西南和西北区域无法很好区分耕地和其他植被类型。可见，这些耕地破碎、零散分布和混合像元严重区域将是耕地遥感制图将来需要重点关注的区域。

2.4 耕地遥感制图方法

基于遥感数据制图是大范围耕地分布提取的主要手段。一种方法是以遥感数据为基础，如 MODIS、Landsat 和 Sentinel 等，提取影像特征，利用机器学习的方法进行耕地制图；另一种方法是在已有遥感提取结果的基础上，结合其他各种数据源的优势，进行耕地分布制图。

2.4.1 基于遥感影像的耕地提取方法

耕地是农业土地系统的重要载体，目前基于遥感影像的提取方法可以分为两大类：地表覆盖全要素提取和耕地专题要素提取。耕地是重要的地表覆盖类型，常见的提取方法之一是对影像进行全要素分类，进而得到耕地图层，如前所述的各种地表覆盖产品。同时，为满足作物分类、作物估产等应用的需求，耕地也可作为专题要素单独提取。本节将重点讲述耕地专题要素的提取方法。

和水体、森林、草地等地表覆盖类型相比，耕地不仅具有地表覆盖类型的特征，同时也具有土地利用的特征，"同物异谱"和"异物同谱"现象普遍，成为限制耕地提取精度的重要因素。耕地光谱受作物类型、管理方式、物候期和地理景观等多种因素的影响。如图 2-7 所示，图 2-7（k）咖啡种植区耕地表现出和林地相似的光谱，和图 2-7（b）常见的耕地光谱差异较大。作物物候特征不同时，耕地光谱差异较大，如图 2-7（b）和 2-7（c）收割前后的耕地光谱不同，同时图 2-7（a）水稻在灌水期表现出水体特征。耕地所处地理景观不同，光谱有所差异，如图 2-7（d）、图 2-7（f）、图 2-7（g）、图 2-7（l）山区的耕地地块破碎，以混合像素居多，光谱差异较大。

针对耕地的同物异谱和异物同谱问题，基于时间序列数据进行提取是目前的主流方法。MODIS 数据时间分辨率较高，已被广泛应用于耕地的提取。例如，Pittman 等（2010）基于 2000~2008 年每 16 天的 MODIS 时间序列数据，利用分类树的方法得到耕地概率分布结果，然后基于 FAO 耕地面积统计数据，筛选耕地像素，进而得到全球耕地分布图。为充分利用 NDVI 时间序列曲线的特征，Teluguntla 等（2017）基于 MODIS 每 16 天的 NDVI 时间序列数据（MOD13Q1），利用丰富的地面样本数据构建光谱库，建立定量光谱匹配技术，结合基于规则的影像分类方法，提取澳大利亚耕地分布数据，并在此数据基础上，进行了休耕地、雨养/灌溉耕地、耕地复种指数的专题要素制图。MODIS 数据虽然时间分辨率较高，但是空间分辨率较低，难以刻画耕地分布的细节信息。

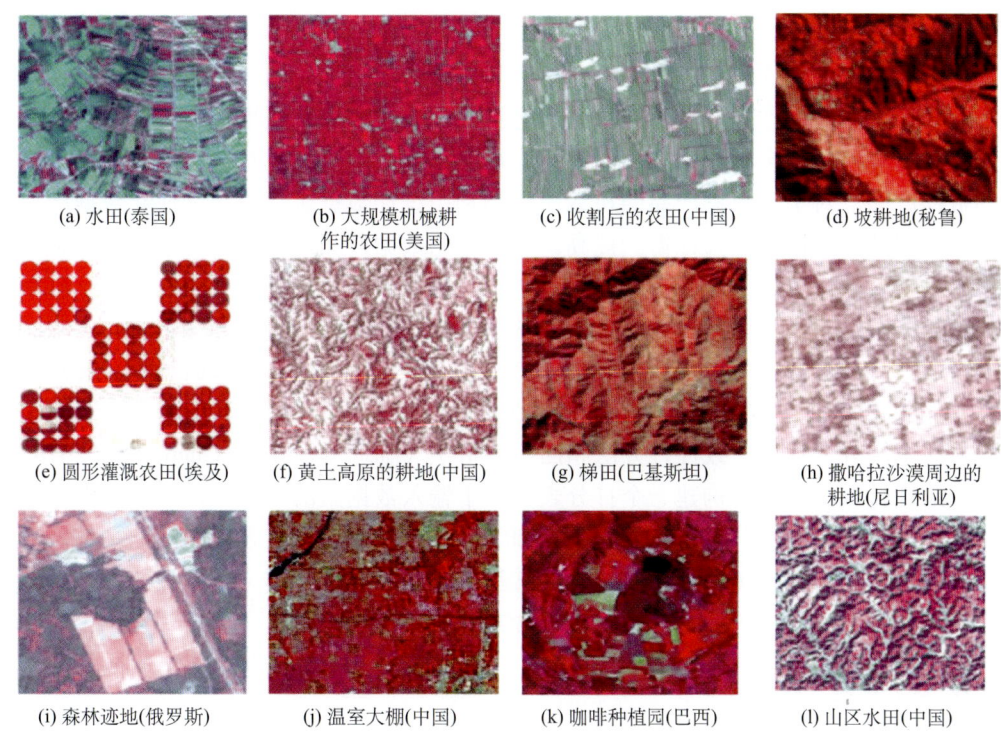

图 2-7 耕地的同物异谱现象

随着 Landsat 和 Sentinel 系列卫星数据的免费共享,基于高时空分辨率数据的耕地制图逐渐成为趋势。在全球尺度,Cao 等(2016)以 Landsat 数据为主,辅助 MODIS 时间序列数据,基于 POK 三层提取方法,即首先进行像素级多特征优化,然后进行对象级自动提取,最后利用专家知识对分类结果进行检核,在此基础上进行了 GlobeLand30 全球 2000 年和 2010 年耕地分布制图。Sentinel 卫星在 2015 年发射,和 Landsat 数据相比,具有更高的时间和空间分辨率,逐渐成为研究的热点。Belgiu 等(2018)基于 Sentinel-2 时间序列数据,利用 TWDTW 分析方法,进行像素和对象相结合的耕地分布提取。由于时空分辨率的提升,数据量增大,给运算速度、数据存储和处理时间带来了巨大挑战。针对这一问题,耕地制图从传统的单机版制图发展到基于 Google Earth Engineering(GEE)和云计算的快速制图。Teluguntla 等(2018)基于 2013~2015 年 Landsat 8 时间序列数据,基于 GEE 的云计算平台,利用随机森林机器学习方法,提取了中国和澳大利亚两个国家的耕地分布数据。

2.4.2 基于遥感产品与统计数据融合方法

全球及区域尺度的地表覆盖遥感制图通常费时费力,是一项艰巨的任务。尽管付出了巨大的努力,这些数据产品仍由于传感器、分类方案和分类方法的不同而存在很大的空间不一致性。这些地表覆盖/耕地数据产品之间的不确定性限制了它们在研究和管理中的应用。而且,由于耕地形态复杂多样,遥感影像获取受时空及气象因素影响,基于单一遥感数据源的制图效果往往并不理想（陈迪等，2016）。而多源遥感数据因其长时间大范围的特点，有效地弥补了单一遥感数据源的缺陷，为耕地空间分布的提取提供了新的途径。多源遥感数据产品与统计数据融合是将不同来源的遥感数据集和统计数据，通过一定的数学算法，将多源数据产品的时空分辨率、精度等进行互补综合，从而得到一个新的数据产品，对于新数据产品的耕地面积则利用统计数据进行校正，使新数据产品的耕地面积与统计数据的相关性得到提高。多源遥感数据产品通常为多种来自不同国家和组织的全球及区域尺度的地表覆盖遥感数据集。这些数据集传感器不同、空间分辨率不同、分类算法不一，空间上和数量上都存在较大的不一致性（Lu et al., 2016）。多源遥感数据产品与统计数据融合可以有效解决以上问题，得到精度更高的数据产品（See et al., 2015），同时新数据产品与统计数据的相关性也得到提高。基于遥感数据产品与统计数据融合方法主要分为数据一致性打分法和回归分析法（陈迪等，2016; Chen et al., 2019）。数据一致性打分法主要是构建一个打分表，基于输入数据集的一致性，选取置信度高的像素点进行融合。回归分析法是首先建立训练样本和输入数据集之间的回归关系，然后用它来预测无样本区存在耕地的概率，通常基于大量的训练样本。以下具体介绍这两类主流的遥感数据产品与统计数据结合的融合方法。

1. 基于数据一致性打分方法

基于数据一致性的融合是在多源遥感数据权重设置的基础上，分析多源遥感数据间的一致性，建立融合决策规则，从而对多源遥感数据源进行融合，关键是如何建立融合的决策规则。表2-4列出了基于数据一致性分析的融合方法代表性论文。早在2006年，Jung等（2006）提出了一种模糊一致性打分方法，生成一个新的1km空间分辨率全球地表覆盖产品，实现了MODIS、GLC2000、DISCover等多源数据融合，结果表明融合结果能更好地表达异质性区域的地表覆盖类型，具有较好的空间一致性。但该方法认为所有参与融合的数据具有相同的权重，主观因素决定性强，属于一种定性的数据融合方法。Ramankutty等（2008）对两套全球土地覆盖数据GLC2000和MODIS进行空间一致性分析，找出两类数据的一致性及异质性区域，然后以农业统计资料为训练样本，对一致性较差的区域进行重新分类，获得了2000年全球耕地和草地数据集。Schepaschenko等（2011）以俄罗斯为研究区域，提出了一种基于适宜性指数的融合方法，该方法可融合遥感、统计和野外调查数据，生成地表覆盖数据。融合生成的数据具有详细的分类体系，并且能够应用于生物化学模型的参数设置。Fritz等（2011）使用了优化模糊一致性打分法生成全球耕地分布图。根据不同耕地数据间的一致性情况设置权重，在产品叠置分析的基础上计算不同一致量下耕地的面积，确定和统计数据较接近的一致量。在最佳一致量的基础上，细化耕地产品排列组合，按照产品权重，对不同的产品组合进行打分。按照分值计算融合后的耕地面积，并比较和统计数据的接近程度，直到找出和统计数据最吻合的耕地组合为止。利用该方法研制了空间一致性较高、精度较好的耕地产品数据。Waldner等（2015）提出基于多指标分析的融合方法，将多源数据的一致性、精度、置信水平等作为指标分别进行打分，利用得分来决定数据的权重，进而对重叠区域中得分高的数据集进行融合。此法需要足够的专家知识，预先知道各个指标之间一致性高低的区域，而且对于地理位置的误差敏感性很高。Lu 等（2017）使用一种新的分层优化方法将 GlobeLand30、CCI-LC、MODIS Collection 5、MODIS Cropland 和 GlobCover 2009 五套耕地产品进行融合，结合统计数据进行校正生成了 2010 年中国的融合耕地分布图。此方法原理是根据不同耕地产品的一致性和精度，设置权重并进行打分设置。按照分值，从高到低计算耕地面积，直至和统计数据最吻合为止。主要流程分为输入产品精度评估，打分表设置和统计数据校正三个关键步骤，即首先利用训练样本对输入产品进行精度评价，根据总体精度，确定相应的权重；再根据产品一致性及精度设置打分表；最后以统计数据为基准，计算不同一致量下耕地的叠加面积，并且和统计数据进行比较，确定和统计数据较接近的分值组合。

表 2-4 基于数据一致性分析的融合方法代表性论文

数据源	研究区	空间分辨率	融合过程	文献来源
GLC2000，MODIS，IGBP DISCover	全球	1km	利用模糊一致性打分法进行多源数据集融合制图	Jung et al., 2006
GLC-2000，MODIS VCF，GIS 数据，统计数据	俄罗斯	1km	建立融合信息系统进行多源数据集融合制图	Schepaschenko et al., 2011
GLC-2000，MODIS，GlobCover2005，GEOCOVER，Cropland probability layer	全球	1km	对遥感数据产品进行一致性分析，设置权重，建立融合规则	Fritz et al., 2011; Fritz et al., 2015
FROM-GLC，GlobCover2009 等，区域数据集（Corine Land Cover 等），各国数据集	全球	250m	多指标分析，对不同数据集进行打分，设置权重，进行融合	Waldne et al., 2015
GlobeLand30，CCI-LC，MODIS Collection 5，MODIS Cropland，GlobCover 2009，统计数据	中国	500m	利用分层优化融合方法将 5 套耕地产品进行融合，并利用统计数据进行校正	Lu et al., 2017

2. 基于回归分析方法

基于回归分析的融合是建立训练样本和数据集之间的回归关系，预测无样本区域耕地/地表覆盖类型出现的概率，从而得到融合结果。该方法的关键在于需要地表人量的训练数据建立回归模型。回归分析在全球及区域尺度的融合制图上已有广泛的应用。表 2-5 列出了基于回归分析的融合方法代表性论文。Dendoncker 等（2007）选择了土壤含水量、土壤厚度、土壤质地、温度、坡度、预测位置的地表覆盖类型数量和水源的距离作为解释变量，构建了一种 Logistic 回归模型，预测了比利时土地覆盖类型的空间分布特征。Kinoshita 等（2014）融合了 MOD12C4、MOD12C5、GLC2000、UMD、GLCNMO 和 GlobCover 六种数据产品，通过 Logistic 回归建立了全球地表覆盖和百分比地图。Song 等（2014）利用全球和区域地表覆盖产品 GLCC、GLC2000、GlobCover、MODIS VCF、UMD LC、MODIS LC 建立回归树模型进行融合，得到一幅北美洲森林覆盖百分比产品。See 等（2015）用 MODIS Collection 5、GLC2000 和 GlobCover 三种数据，利用地理加权回归 Logistic 函数建立训练样本和数据集之间的回归关系，预测无样本区的地表覆盖类型，分别得到空间分辨率为 1km 的两种全球所有地表覆盖数据。第一种数据中，地理加权回归用于决定每个位置上的最佳地表覆盖产品；第二种数据中，地理加权回归只用于在三种产品出现分歧的地方，决定最佳地表覆盖类型，而其他地方则用那些地表覆盖地图的一致来决定最佳地表覆盖类型。结果表明，融合精度在森林类别上最高，而且第一种数据精度更高。Schepaschenko 等（2015）利用了和 See 等（2015）相同的融合方法，但输入的数据源为 GLC2000、GLCNMO、GlobeCover、MODIS LC 和 Regional mosaics 等地表覆盖数据，以及 MODIS VCF、Landsat VCF 和 Hansen's TC 等森林覆盖数据，得到森林概率分布图和森林覆盖百分比图，再以森林概率图为掩膜，与森林覆盖百分比图相乘，得到"最佳估测"森林覆盖图。

表 2-5　基于回归分析的融合方法代表性论文

数据源	研究区	空间分辨率	融合过程	文献来源
USGS-Hydro1k DEM, PELCOM, 坡度, 土壤数据, 气象数据, 土地利用比例数据	比利时	1.1km	构建空间自相关的 Logistic 回归模型，预测不同地表覆盖类型的空间分布	Dendoncker et al., 2007
GLC2000, MOD12C5, MOD12C4, GLCNMO, UMD, GlobCover	全球	5′	利用 Logistic 回归模型预测地表覆盖类型	Kinoshita et al., 2014
GLCC, GlobCover GLC2000, UMD LC, MODIS LC, MODIS VCF	北美	5km	利用回归树模型将全球和区域地表覆盖产品进行融合	Song et al., 2014
Land cover（MODIS LC, Regional mosaics GLC2000, GlobeCover, GLCNMO），Tree cover（Hansen's TC, Landsat VCF, MODIS VCF）	全球	1km	利用 GWR Logistic 回归模型，预测无样本区的森林覆盖比例	Schepaschenko et al., 2015
GlobCover, GLC2000, MODIS Collection 5	全球	1km	利用 GWR Logistic 回归模型，预测无样本区的地表覆盖类型	See et al., 2015

2.5　案例 1：基于多套耕地产品和地理加权回归模型的中国耕地制图

多源遥感数据产品融合是将不同来源的遥感数据集，通过一定的数学算法，将多源数据的时空分辨率、精度等进行互补综合，从而得到一个新的数据集。多源遥感数据产品通常为多种来自不同国家和组织的全球及区域尺度的地表覆盖遥感数据集，如美国波士顿大学研制的 MODIS Collection 5 数据产品（Friedl et al., 2010）、中国科学院地理科学与资源所研制的中国土地利用遥感监测数据集（Zhang et al., 2014）和国家基础地理信息中心研制的 GlobeLand30 数据集（Chen et al., 2015）等。这些数据集传感器不同、空间分辨率不同、分类算法不一，空间上存在较大的不一致性（Lu et al., 2016）。多源遥感数据产品融合可以有效解决以上问题，得到精度更高的数据产品（See et al., 2015）。

不同数据融合方法基于不同的原理，受到不同的因素影响，具有自身独特的特性。Chen 等（2019）衡量训练样本、输入数据集和景观地貌等不同因素对以地理加权回归模型（geographical weighted regression，GWR）和优化模糊一致性打分法为代表的现有的两大类主流遥感数据产品与统计数据结合的融合方法的影响程度，分析比较其优缺点和区域适宜性。研究显示，融合方法的选择取决于输入数据（样本数据和耕地遥感数据集）、景观地形和应用目的。当训练样本数量较大时，地理加权回归模型的总体精度高于优化模糊一致性打分法。优化模糊一致性打分法对于输入耕地遥感数据集的质量和地形地貌变化更为敏感。从生产用于全球经济、生物物理和其他土地利用模型的全球或区域大尺度耕地空间分布图这一角度而言，优化模糊一致性打分法由于将耕地作为土地利用类型处理，与统计数据相关性更强，是最优的选择。从生产高精度大尺度耕地比例图及空间分布图这一角度而言，地理加权回归模型由于与高分辨率影像的耕地比例观测值更接近，是最优的选择。

本案例的目的是获取精度最高的中国最优耕地分布，由于地理加权回归模型可以获得总体精度更高、与高分辨率影像耕地比例相关性更高的中国耕地分布图（Chen et al., 2019），因此选择采用地理加权回归模型进行中国耕地融合制图。

2.5.1 多源数据收集与预处理

1. 多源数据的收集

本案例用到了 7 套来自不同国家和组织的地表覆盖遥感数据集：GlobeLand30，CCI-LC，GlobCover 2009，MODIS Collection5，MODIS Cropland，Unified Cropland，NLUD-C 2010（中国土地利用遥感监测数据集），它们在空间分辨率、数据源、时间覆盖、分类方法和精度等方面存在显著差异。例如，MODIS Cropland 是利用决策树分类对耕地进行概率计算，然后设定阈值，根据耕地面积统计确定耕地范围（Pittman et al., 2010）；Unified Cropland 数据是根据时效性、图例、分辨率和置信度四个维度，结合最适合的产品生产的（Waldner et al., 2015）；NLUD-C 数据利用 Landsat TM/ETM+影像，采用人机交互方法进行解译（Ning et al., 2018; Zhang et al., 2014）。本案例采用的七套数据集的时间范围基本都在 2010 年左右，其中 CCI-LC 数据集是 2008~2012 年时间段，Unified Cropland 数据是 2014 年。

本案例采用的 2010 年基准年中国范围内样本数据与 2.3.2 节中采用的样本数据一致。与 2.3.2 节中不同的是，本案例不仅获取样本数据的地理位置信息和地表覆盖类型信息，还对样本的耕地比例进行了估算。对于每一个样本（像素），采用 Google Earth 影像在 500m×500m 像素范围内估算其耕地比例。随机选取 70%作为训练样本，30%作为验证样本（图 2-8）。

2010 年中国各省耕地面积统计数据来源于第二次全国土地调查，是中国官方的国家统计数据。此数据的耕地面积是根据由遥感影像绘制的调查底图估算的，且耕地定义与 FAO 使用的耕地定义相似。

2. 多源数据产品的预处理

地表覆盖数据集的预处理包括：投影转换、耕地定义转换和空间分辨率标准化三个步骤。首先，利用最近邻重采样将所有数据集转投影成地理坐标系统 CGS_WGS_84。由

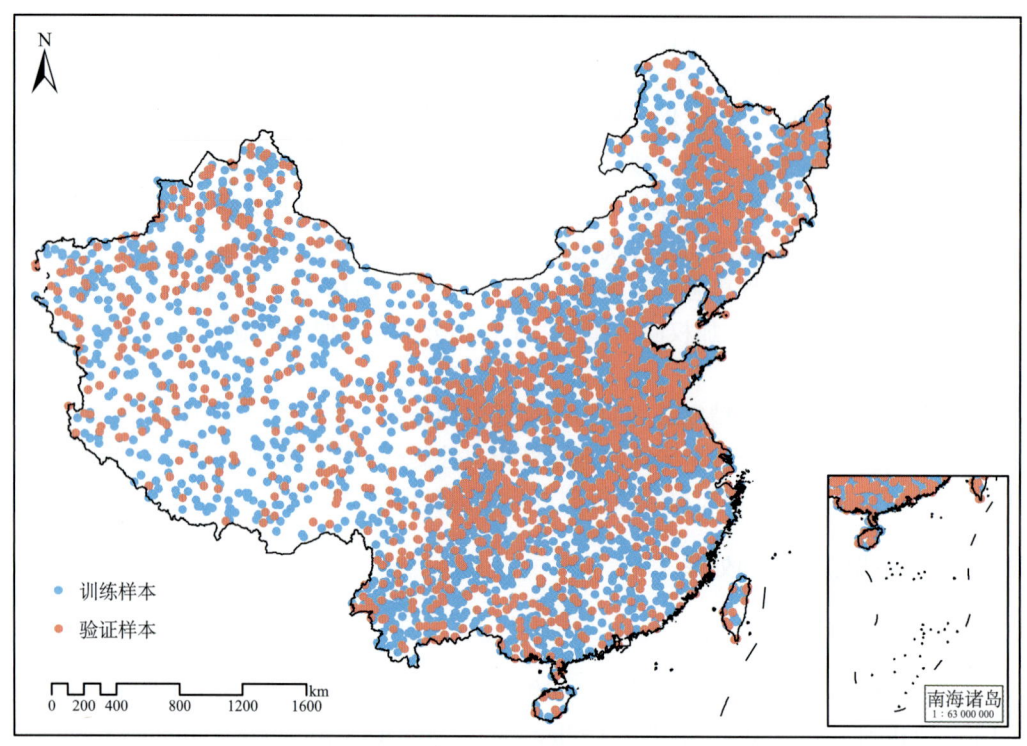

图 2-8 耕地训练样本和验证样本分布

于不同数据集的分类方法与耕地定义大不相同,因此在进一步处理前要进行耕地定义转换。FAO 耕地定义为可耕种地与永久作物。耕地定义转换即以 FAO 耕地定义为准,提取各产品的相关耕地类型,并按照定义设定耕地比例(Schepaschenko et al., 2015)。根据 Schepaschenko 等(2015)和 Lu 等(2017)的方法,纯的耕地类型,通常具有较高的精度,因此被分配了较高的百分比权重,而精度较低的混合耕地类型,则被分配较低的权重。例如,GlobCover2009 包括 4 种耕地类型,其中 2 种纯的耕地类型的耕地比例设置为 100%,2 种混合耕地类型的耕地比例设置为 60% 和 35%。研究选用 7 套数据集进行耕地融合制图,依据 7 套遥感数据集的耕地定义与 FAO 定义的相近程度设置输入数据集的耕地比例,如表 2-6 所示。

空间分辨率标准化即将不同分辨率的遥感数据集重采样为 500m。以 MODIS Cropland 250m 空间分辨率数据为例,重采样为 500m 后,1 个 500m 网格里包含 4 个 250m 网格,则重采样后的网格内的耕地比例为包含的 4 个网格耕地比例的平均值。若为 300m 空间分辨率,则先重采样为 50m,再重采样为 500m。保持整数倍的变换即可求出重采样后的耕地比例。

表 2-6 7 套数据集耕地比例设置

数据集	耕地定义	耕地比例/%
GlobeLand30	耕地	100
Unified Cropland	耕地	100

续表

数据集	耕地定义	耕地比例/%
NLUD-C 2010	耕地	100
CCI-LC	雨养耕地	100
	草本覆盖	80
	乔木或灌木覆盖	80
	灌溉耕地	90
	混合耕地（>50%）/自然植被（乔木、灌木、草本覆盖）（<50%）	60
	混合自然植被（乔木、灌木、草本覆盖）（>50%）/耕地（<50%）	35
MODIS Collection 5	耕地	100
	耕地/自然植被混合类型	60
GlobCover2009	灌溉耕地	100
	雨养耕地	100
	耕地（50%~70%）/植被（20%~50%）混合	60
	植被（50%~70%）/耕地（20%~50%）混合	35
MODIS Cropland	耕地	100

2.5.2 地理加权回归模型运行

1. 地理加权回归模型概念及原理

GWR 是由 Fotheringham 等（1998）提出的一种空间分析方法，它将区位信息和平滑技术纳入回归模型，用回归原理研究具有空间分布特征的两个或多个变量之间数量关系，是一种用于建模空间变化关系的局部线性回归模型，其回归参数随地理位置的变化而变化。GWR 为数据集中的各要素构建了一个独立的方程，用于合并各目标要素的带宽范围内的要素的因变量和解释变量。带宽的形状和范围取决于用户输入的核类型、带宽方法、距离以及相邻要素数等参数。GWR 用于处理包含数百个要素的数据集，以便获得最佳结果，通常不适用于小型数据集。

GWR 在回归过程中考虑了自变量的地理位置，观测值采用距离加权，因此距离研究位置越近，对参数估计的影响越大。GWR 的权即为待估点所在地理位置到其各观测点位置之间的距离函数。GWR 模型如式（2-4）所示：

$$y_i = \beta_0(u_i, v_i) + \sum_{t=1}^{n} \beta_t(u_i, v_i) X_{it} + \varepsilon_i \tag{2-4}$$

式中，(u_i, v_i) 为第 i 个样本点的坐标；$\beta_0(u_i, v_i)$ 为常数项；$\beta_t(u_i, v_i)$ 为第 i 个样本点的第 t 个回归系数，为地理位置函数；ε_i 为第 i 个样本点的随机误差；y_i 为训练样本点 i 通过高分辨率 Google Earth 影像观测的耕地比例；n 为输入数据集个数。回归系数的估计采用加权最小二乘，计算如式（2-5）所示：

$$\beta_t(u_i, v_i) = \left(X^\mathrm{T} W(u_i, v_i) X \right)^{-1} X^\mathrm{T} W(u_i, v_i) Y \tag{2-5}$$

式中，X 为自变量矩阵；X^T 为 X 的转置；$W(u_i, v_i)$ 为空间权重矩阵，由回归点与观测点之间的空间距离单调递减函数值组成，其对角元素表示 i 附近观测的地理权重。空间权重矩阵是 GWR 模型的核心，空间权重函数的正确选择对于 GWR 模型参数的正确估计非常重要。空间权重函数的选择通常有以下几种类型：①距离阈值法，即选取合适的距离阈值，将数据点与回归点之间的距离与阈值进行比较，若大于阈值则权重为 1，否则为 0；②距离反比法，此方法在回归点本身也是样本数据点的情况下，会出现回归点观测值权重无穷大的情况，从样本数据中剔除会降低参数估计的精度，因此应用时需对其进行修正；③高斯函数法；④双平方距离衰减函数法（bi-square）。本案例利用基于双平方距离衰减函数的自适应核函数获取地理权重。Y 是因变量的矩阵。bi-square 空间权重函数计算如式（2-6）：

$$W(i,j) = \begin{cases} \left[1 - \left(\dfrac{d_{ij}}{b}\right)^2\right]^2, & d_{ij} < b \\ 0, & \text{其他} \end{cases} \quad (2\text{-}6)$$

式中，d_{ij} 为样本点间的欧氏距离；b 为最优带宽，带宽方法参数选择有 AIC_c 或 CV 两种，此时 GWR 将查找最佳距离（对于固定核）或最佳相邻要素的数目（对于自适应核）。此案例中最优带宽由 AIC 信息准则决定。当 AIC_c 达到最小时的 b 值就是最优带宽，AIC_c 计算如式（2-7）：

$$\text{AIC}_c = 2m\ln(\hat{\sigma}) + m\ln(2\pi) + m\frac{m + \text{tr}(S)}{m - 2 - \text{tr}(S)} \quad (2\text{-}7)$$

式中，AIC_c 为 AIC 的修正估计值；m 为训练样本个数；$\hat{\sigma}$ 为随机误差项方差的极大似然估计，$\hat{\sigma} = \dfrac{\text{RSS}}{m - \text{tr}(S)}$；$\text{tr}(S)$ 为 GWR 的帽子矩阵 S 的迹，它是带宽 b 的函数。

2. 总体研究方案

回归分析方法首先建立训练样本和输入数据集之间的回归关系，然后用回归关系来预测无样本地区存在耕地的概率。本案例以 GWR 为代表进行基于回归分析法的中国耕地融合制图。在利用 GWR 进行耕地融合之前，首先对融合的七套预处理后的耕地遥感数据集进行精度评定并计算输入耕地遥感数据集与耕地比例观测数据、耕地面积统计数据之间的一致性。表 2-7 显示了预处理后 7 套数据集总体精度、与观测耕地比例相关性、与耕地面积统计数据相关性。对输入数据集进行精度评估后，按照精度高低进行排序。

表 2-7　预处理后 7 套数据集总体精度、与观测耕地比例相关性、与耕地面积统计数据相关性

耕地遥感数据集	总体精度/%	与观测耕地比例的 R^2	与耕地面积统计数据的 R^2
Unified Cropland	81.18	0.68	0.79
GlobeLand30	77.76	0.60	0.80
NLUD-C	76.76	0.55	0.83
MODIS Collection 5	76.58	0.38	0.74

续表

耕地遥感数据集	总体精度/%	与观测耕地比例的 R^2	与耕地面积统计数据的 R^2
CCI-LC	75.69	0.36	0.58
MODIS Cropland	71.86	0.27	0.44
GlobCover 2009	69.50	0.23	0.38

在全局回归模型中（如普通最小二乘法回归），当两个或多个变量具有多重共线性时（即当存在两个或多个冗余变量或者这些变量共同提供同一信息时），结果通常是不可靠的。GWR 为数据集中的各要素构建了一个局部回归方程。如果用于特定解释变量的值出现空间聚类，则可能存在局部多重共线性问题。因此，在对七套即将进行融合的数据集精度评定之后，先进行普通最小二乘法回归，然后检查每个解释变量的 VIF 值，排除回归存在的全局或局部多重共线性问题。首先获得一个正确指定的普通最小二乘法回归模型，然后使用同样的解释变量运行 GWR，计算训练样本点的回归系数，采用反距离加权（inverse distance weighted，IDW）插值法计算非训练样本所在像素的回归系数。最后利用构建的耕地融合线性回归模型计算得到整个研究区的耕地比例图，计算如式（2-8）：

$$y_k = a_{0(u_k,v_k)} + a_{1(u_k,v_k)} \times x_{1(u_k,v_k)} + \cdots + a_{n(u_k,v_k)} \times x_{n(u_k,v_k)} \qquad (2\text{-}8)$$

式中，y_k 为位置 k 的耕地覆盖；(u_k,v_k) 为位置 k 的二维向量；$x_1 \cdots x_n$ 为每一个输入耕地遥感数据集的耕地比例；a_0 和 $a_1 \cdots a_n$ 分别为截距和利用 IDW 插值计算得到的回归系数；n 为输入数据集个数。

以客观的方式评估融合方法的表现是耕地融合制图的基础，这有助于用户选择合适的融合方法并对结果不确定性进行评估。最常用的评估方法即利用验证数据比较融合结果的精度。本案例选取总体精度（overall accuracy，OA），kappa 系数（kappa）、决定系数（R^2）和均方根误差（RMSE）四个统计指标从空间精度、与观测耕地比例的一致性和与耕地面积统计数据一致性三个角度对融合结果进行精度评定。总体精度 OA 和 kappa 系数计算如下：

$$\text{OA} = \frac{h_c}{h} \times 100\% \qquad (2\text{-}9)$$

$$\text{kappa} = \frac{h\sum_{m=1}^{r} x_{mm} - \sum_{m=1}^{r}(x_{m+} \times x_{+m})}{h^2 - \sum_{m=1}^{r}(x_{m+} \times x_{+m})} \qquad (2\text{-}10)$$

式中，h_c 为正确分类的像素个数；h 为像素总数；r 为混淆矩阵行数；x_{mm} 为混淆矩阵对角线上的元素之和；x_{m+} 为 m 行的元素之和；x_{+m} 为 m 列的元素之和。决定系数用于评价融合耕地比例与观测耕地比例（即从 Google Earth 观测的耕地比例）的相关性，以及融合省级耕地面积与耕地面积统计数据的相关性。决定系数 R^2 和均方根误差 RMSE 的计算如下：

$$R^2 = 1 - \frac{\sum_{i=1}^{f}(p_i - o_i)^2}{\sum_{i=1}^{f}(o_i - \bar{o})^2} \quad （2-11）$$

$$\text{RMSE} = \sqrt{\frac{\sum_{i=1}^{f}(o_i - p_i)^2}{f}} \quad （2-12）$$

式中，p_i 为融合结果估算的耕地比例或耕地面积；o_i 为观测的耕地比例或耕地面积统计数据；$\bar{o}$ 为观测的耕地比例或耕地面积统计数据的平均值；f 为验证样本点个数。

2.5.3 中国耕地空间分布制图结果与精度评定

与全球范围内的其他回归方法相比，GWR 更适合观测结果，并已被广泛应用于包括构建融合地表覆盖/耕地数据在内的多种研究中（Comber et al., 2013; Schepaschenko et al., 2015; See et al., 2015）。根据 Chen 等（2019）的对比分析可以得出，相对于代表了数据一致性打分方法的优化模糊一致性打分法，GWR 可以获得总体精度更高、与高分辨率影像耕地比例相关性更高的耕地分布图。由于本案例的目的是获取精度最高的中国最优耕地分布，因此选择采用 GWR 方法进行中国耕地融合制图。

基于 GWR 的耕地融合比例图如图 2-9 所示。图例由灰色、绿色到蓝色分别代表耕地比例从 0 至 1。由图可知，中国耕地在东北平原、华北平原、长江中下游平原及四川盆地上分布比例较高，耕地的密度更大。在南方大部分地区，耕地也有广泛分布，但所占比例较低，呈现出较为稀松零碎的状态。利用验证样本的耕地比例观测值及耕地统计数据对基于 GWR 的融合耕地比例图（软分类）做相关性分析，融合结果与观测耕地比例 R^2 为 0.77，与观测耕地比例 RMSE 为 0.17；融合结果与耕地面积统计数据 R^2 为 0.60，与耕地面积统计数据 RMSE 为 2.02×10^4 km^2。

基于 GWR 的耕地融合分布图如图 2-10 所示。图中绿色部分为耕地，白色部分为非耕地。图 2-10 的耕地分布与图 2-9 的蓝色部分基本一致，中国耕地主要分布在东北平原、华北平原、长江中下游平原及四川盆地，这些地区同时也是中国重要的粮食主产区。利用验证样本对基于地理加权回归的融合耕地分布图（硬分类）做精度评定，总体精度达到 83.30%，kappa 系数为 0.67。融合结果的总体精度高于融合前每一个输入数据集的总体精度（表 2-7）。融合地图的制图精度、用户精度、错分误差和漏分误差如表 2-8 所示。

表 2-8 基于 GWR 的融合耕地分布图精度评定结果 （单位：%）

融合结果	制图精度	用户精度	错分误差	漏分误差
耕地	90.67	79.01	20.99	9.33
非耕地	75.94	89.07	10.93	24.06

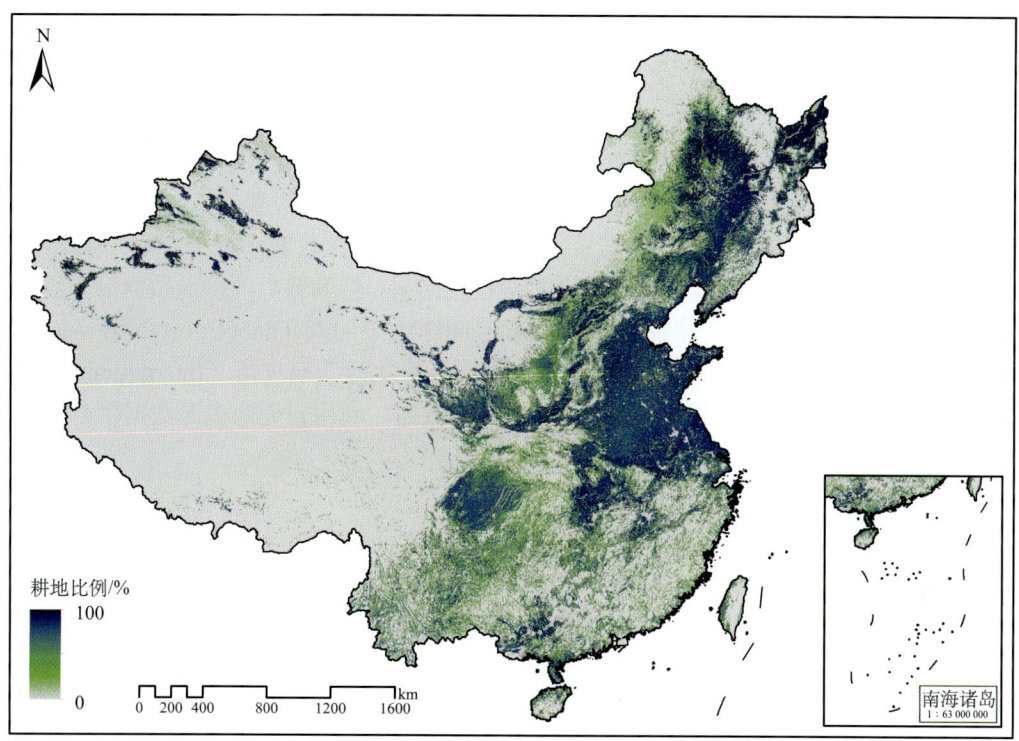

图 2-9 基于 GWR 的中国耕地融合比例图

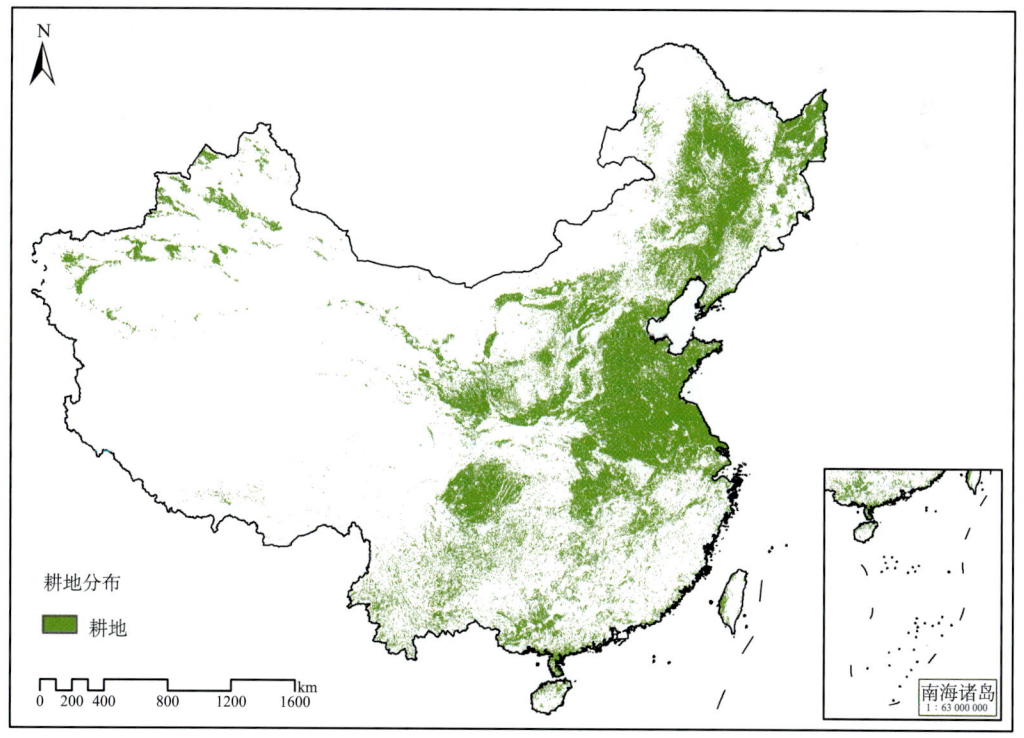

图 2-10 基于 GWR 的中国耕地融合分布图

2.6 案例 2：基于多源数据分层优化方法的全球耕地制图

本案例基于多源耕地产品的一致性，以统计数据为参考，建立自适应多源数据融合模型。首先，通过输入产品耕地估算面积和统计数据的比较，设置输入数据的权重，并建立自适应打分表，得到初步融合结果；然后利用多级统计数据，对初步融合数据进行自适应校正；在此基础上，建立规则整合多级校正结果，得到最后的耕地数据融合结果。本案例在 2010 基准年 5 套全球耕地产品 GlobeLand30、CCI-LC、GlobeCover 2009、MODIS C5 和 Unified cropland 的基础上，结合 FAO 和国际食物政策研究所（International Food Policy Research Institute，IFPRI）的多级耕地统计数据，利用自适应多源数据融合模型，进行全球耕地融合制图。

2.6.1 多源数据收集与预处理

本案例选用 5 套 2010 基准年的全球地表覆盖产品进行耕地制图融合，包括 GlobeLand30、CCI-LC、GlobCover 2009、MODIS C5 和 Unified Cropland，各产品的详细信息如表 2-1 所示。

本案例使用了国家、一级次国家和二级次国家三层统计数据。其中，国家级统计数据来自 FAO，次国家级统计数据来自 IFPRI。国家级耕地面积统计数据来自 FAOSTAT 数据库（http://www.fao.org/fa-ostat/en/#data/GC），该数据库中收集了全球 200 多个国家连续多年的耕地面积统计数据。为了确保 2010 年各国家耕地面积的准确性，选取 2009～2011 年连续 3 年的国家级耕地面积，然后取平均值，将其作为 2010 年各国家耕地面积的参考值。国家级耕地面积几乎覆盖了全球的所有国家。次国家耕地面积由 IFPRI 提供，该面积由某一地区的作物收获面积除以复种指数得到。其中一级次国家数据相当于我国的省级行政区划，可以覆盖全球大部分区域；二级次国家数据相当于我国的地市级行政区划，覆盖了全球部分区域。由于在某些区域只收集到部分的作物收获面积以及复种指数信息，因此次国家耕地面积有可能小于实际的耕地面积。

利用耕地样本数据对耕地融合结果进行精度评价和分析。本案例的耕地样本数据主要来源于清华大学研制 FROM-GLC 地表覆盖产品时使用的样本集（Gong et al.，2013；俞乐等，2014）。按照 FAO 耕地的定义，将样本集分为耕地和非耕地两大类，其中全球耕地样本 6390 个，非耕地样本 29962 个。

5 套数据集的坐标系统、空间分辨率和分类体系等各有不同，在数据融合之前，需要进行坐标转换、空间分辨率重采样和耕地定义统一等数据预处理。

5 套数据集在生产过程中都有严格的几何精度控制策略，如基于 Landsat 影像的 GlobeLand30 几何精度在 25m 以内，GlobCover 的几何精度在 150m 以内（Bontemps et al.，2009），相比之下，GlobeLand30 的几何精度最高，因此为了降低数据间几何精度差异的影响，以 GlobeLand30 数据的参考椭球为基准，将其他 4 套数据集统一到相同的 WGS-84 的地理坐标系统中。

对 5 类数据集的分类体系进行权重比例设置，提取耕地类别信息，重新划分为耕地和非耕地，剔除其余土地覆盖类别的影响。以 FAO 确定的耕地定义，以及生产者发布的产品精度评价为参考，选取各数据集中的耕地类型设置比例，并进行合并，如表 2-9 所示。GlobeLand30 仅包括了 1 种耕地类型，且耕地精度较高，因此设置 100%的权重比例。

表 2-9　耕地定义比例设置

数据集	耕地类型	耕地精度/%	比例设置/%
GlobeLand30	耕地	83.32	100
CCI-LC	雨养耕地	85	100
	灌溉耕地	88	100
	耕地（>50%）/植被（<50%）混合	68	60
	耕地（<50%）/植被（>50%）混合	63	40
GlobCover 2009	雨养耕地	81	100
	灌溉耕地	88	100
	耕地（>50%）/植被（<50%）混合	64	60
	耕地（<50%）/植被（>50%）混合	46	40
MODIS C5	耕地	83.3	100
	耕地和自然植被的混合	60.5	60
Unified Cropland	耕地	—	100

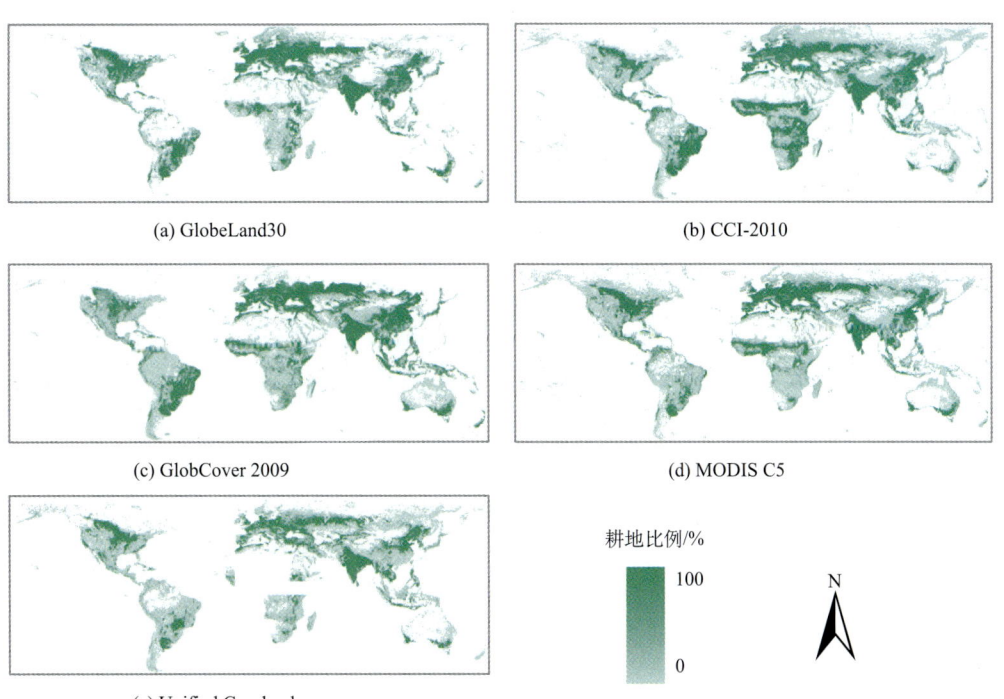

(a) GlobeLand30　　(b) CCI-2010

(c) GlobCover 2009　　(d) MODIS C5

(e) Unified Cropland

图 2-11　预处理后的 5 套地表覆盖数据

CCI-LC 数据集包括有 4 种类型，其中"雨养耕地"和"灌溉耕地"精度较高，且类型定义比较单一，设置 100%的权重比例，"耕地（>50%）/植被（<50%）混合"和"耕地（<50%）/植被（>50%）混合"类型属于混合类型，且精度较低，因此设置较低的权重比例，即 60%和 40%。类似的，对其他产品的耕地类型设置比例权重，进行耕地定义的统一。最后，计算每个 500m×500m 网格对应的耕地比例，将 5 套数据的空间分辨率统一到 500m（即 0.41667°）。图 2-11 是预处理后的 5 套数据。

2.6.2 多源数据分层优化融合方法

在耕地输入产品一致性的基础上，以耕地面积统计数据为参考，建立面向统计数据的自适应多源数据融合模型。首先，基于各耕地产品和统计数据的耕地面积比较，建立不同区域自适应的打分表，得到初步融合结果。其次，利用多级统计数据，对初步融合数据进行自适应校正。最后，建立规则，将多级校正结果整合，得到最后的耕地数据融合结果。

1. 自适应打分表构建

Fritz 等（2015）提出根据数据产品的精度构建产品组合的打分表，一方面需要大量的训练样本对输入产品的精度进行评估，另一方面打分表是静态的，通常一个区域的多个国家共用一个打分表，难以反应输入产品在不同国家的精度特征。针对这些问题，本案例提出了基于统计数据的自适应打分表设置方法，建立适应不同国家的动态打分表。

以国家为单元，估算产品 i 在国家 j 的耕地面积 $A_{i,j}$。由于采用的是地理坐标，每个网格对应的实际耕地面积从赤道到两极逐渐减少，因此首先利用等面积投影，计算每个网格对应的实际面积 a。然后利用式（2-13）计算耕地面积 $A_{i,j}$：

$$A_{i,j} = \sum p_{i,j} \times a_{i,j} \tag{2-13}$$

式中，$p_{i,j}$ 为预处理后的耕地比例；$a_{i,j}$ 为对应的耕地像素实际面积。

建立面积差异自适应指数 $\text{Diff}_{i,j}$

$$\text{Diff}_{i,j} = abs\left(\frac{A_{\text{FAO},j} - A_{i,j}}{A_{\text{FAO},j}}\right) \tag{2-14}$$

式中，$A_{\text{FAO},j}$ 是国家 j 的耕地统计数据。指数 $\text{Diff}_{i,j}$ 的值越小，表明产品 i 和统计数据越接近，那么将该产品赋予较高的权重；否则，和统计数据差别越大，给相应的产品赋予较低的权重。

根据不同产品在各个国家的权重，建立相应的打分表。假设产品#1 的自适应指数 $\text{Diff}_{i,j}$ 最小，设置较高的权重，其次是#2、#3 和#4，产品#5 的自适应指数值 $\text{Diff}_{i,j}$ 最大，设置最低的权重。根据这 5 套数据建立的打分表如表 2-10 所示，对于某一像素，当 5 套产品认为都是耕地，即耕地一致量是 5 的时候，该像素的耕地可靠性最好，在打分表中设置分值为 1；当耕地一致量是 4，即 4 套认为某像素是耕地，根据输入产品的权重，对不同的组合设置打分表，分值为 2~6。类似的，建立所有产品组合的打分表，整体分值在 1~32 之间，分值越小，认为是耕地的可能性越大；反之，可能性越小。

表 2-10 打分表构建

耕地一致量	分值	#1	#2	#3	#4	#5
5	1	1	1	1	1	1
4	1	1	1	1	1	0
	3	1	1	1	0	1
	…	…	…	…	…	…
	6	0	1	1	1	1
3	7	1	1	1	0	0
	8	1	1	0	1	0
	…	…	…	…	…	…
	16	0	0	1	1	1
2	17	1	1	0	0	0
	18	1	0	0	0	1
	…	…	…	…	…	…
	26	0	0	0	1	1
1	27	1	0	0	0	0
	28	0	1	0	0	0
	…	…	…	…	…	…
	31	0	0	0	0	1
0	32	0	0	0	0	0

2. 多级统计数据自适应校正

按照打分表值从低到高，计算相应的耕地累积面积，然后利用统计数据进行自适应校正，确定最优的分值组合。基于数据预处理和自适应打分表建立后，可得到基于 5 套输入产品的耕地分值分布图[图 2-12（a）]和耕地平均比例图[图 2-12（b）]，利用等面积投影得到每个格网对应的实际面积[图 2-12（c）]。从置信度较高的分值 1 开始，挑选相应分值的像素，计算分值 1 对应的耕地面积[图 2-12（d）]，然后和统计数据做比较，如果小于统计数据，则继续累加分值较低的 2[图 2-12（d）]对应的耕地面积，直到和统计数据的耕地面积比较吻合为止，以此确定出该区域的最优分值组合。提取最优分值组合对应的耕地像素，即得到统计数据校正后的耕地分布。本案例选用了 3 级统计数据，因此能得到国家级和两层次国家级统计数据校正的耕地融合初步结果。

3. 校正结果整合

利用统计数据自适应校正，得到国家级、1 级次国家级和 2 级次国家级三层初步融合的结果，建立整合规则，将这三层结果进行整合（图 2-13）。首先，将 1 级次国家级和 2 级次国家级的融合结果按照规则进行整合，得到次国家级融合结果，然后按照相同的规则整合国家级和次国家级的融合结果，得到最终的耕地融合结果。该整合过程的关键在于如何设置整合规则。

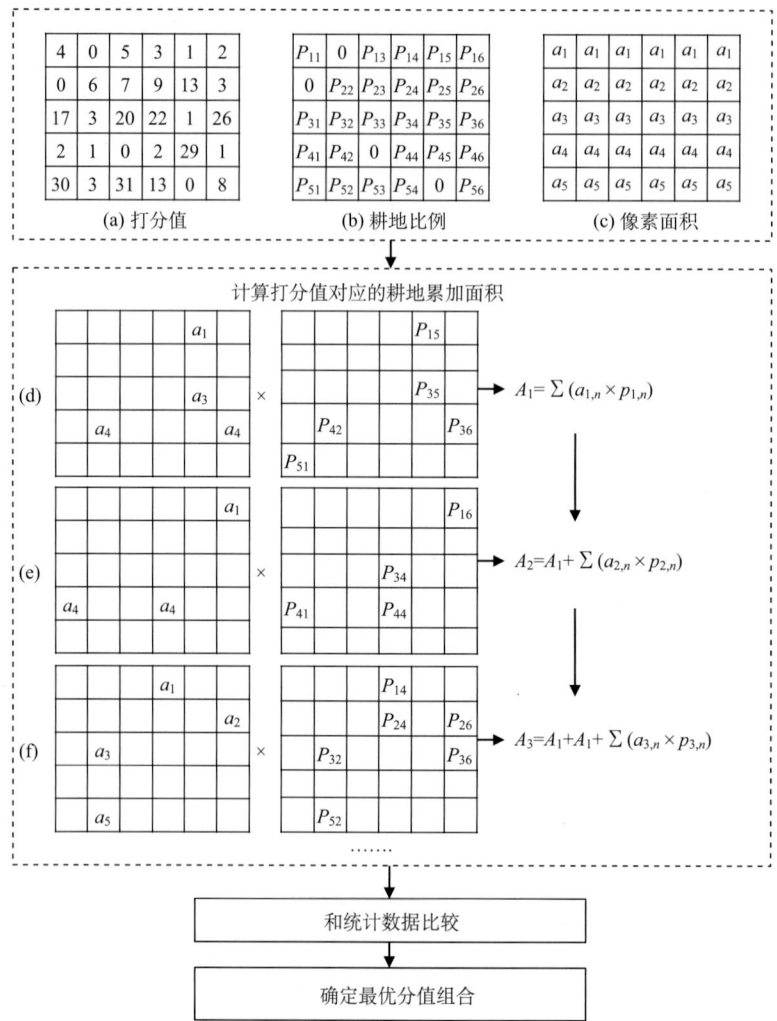

图 2-12　统计数据自适应校正流程

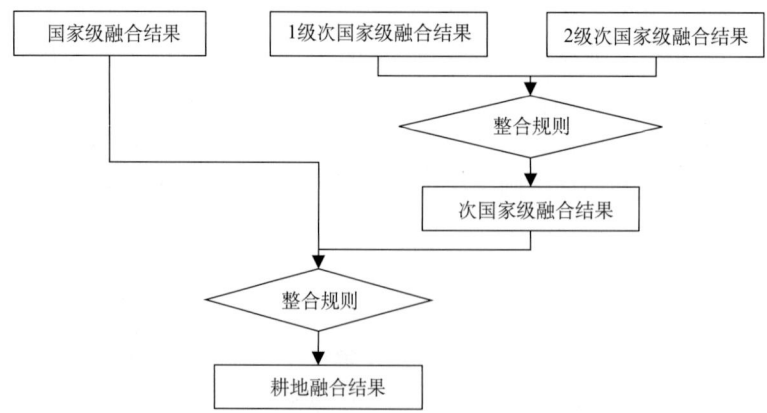

图 2-13　三层初步融合结果的整合流程

FAO 统计数据是目前世界上比较全面、综合，并且可信度较高的耕地统计数据集，已经广泛用于全球或区域尺度的耕地研究中。因此在进行多级融合结果整合时，首先要确保在国家尺度上，融合结果的耕地面积要和统计数据一致。IFPRI 通过区域上作物的收获面积和复种指数的比例估算得到次国家级的耕地面积，由于有些区域的作物收获面积并不能全部获得，因此估算的次国家级耕地面积可能不全面。因此，在进行多级融合结果整合时，要确保在次国家级尺度上，融合的耕地面积要大于或等于统计数据。

以国家级和次国家级数据整合为例，图 2-14 描述了融合规则的建立过程。图中红色表示国家级行政区划 H，蓝色表示国家内包含的子区域，即次国家级行政区划 a~f。假设 H 的国家级耕地面积统计数据是 2900，图 2-14（a）是国家级融合结果，叠合次国家级行政区划后得到各个子区域的耕地面积。图 2-14（b）是基于次国家级统计数据的融合结果，由于该级统计数据的不完整性，使得某些子区域没有融合结果，如子区域 a。在两级数据融合时，遵循如下规则：

If: 国家级融合面积<次国家级融合面积；
Then: 融合结果=次国家级融合面积；
Return: 融合数据校正过程；
with: 统计面积=国家级耕地面积-较大的次国家级耕地面积。

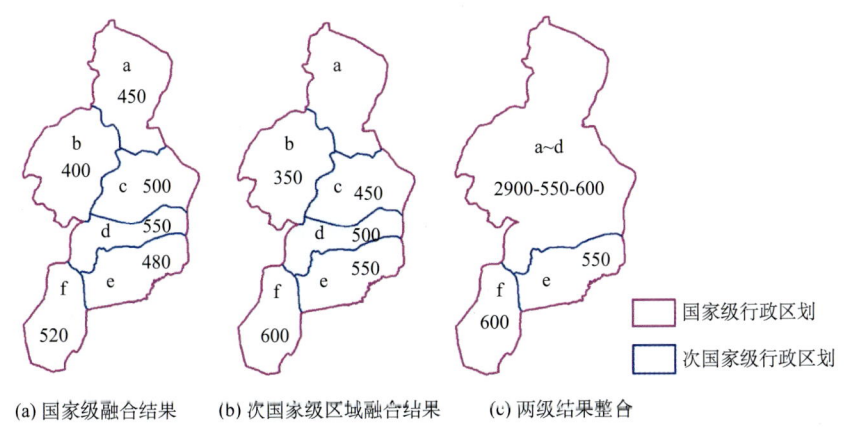

(a) 国家级融合结果　(b) 次国家级区域融合结果　(c) 两级结果整合

图 2-14　融合规则设置示意图

在图 2-14 中，子区域 e 和 f 的次国家级融合面积高于国家级融合面积，因此在最后的整合结果[图 2-14（c）]中，这两个区域以次国家级融合为准；对于其他区域 a~d，则用国家级耕地面积减去已确定子区域，以得到的耕地面积为准，再次进行剩余区域的统计数据校正（图 2-14），最后得到两级数据的整合结果。如果在所有子区域，国家级融合面积大于次国家级融合面积，则以国家级融合为最终结果。类似的，1 级次国家级和 2 级次国家级的融合规则同上所述。

2.6.3 融合结果与分析

基于自适应多源数据融合模型，评价各产品估算的耕地面积和统计数据的差异，建立自适应打分表，并利用 3 级统计数据分别进行校正，最后将 3 层校正结果整合，得到全球耕地融合结果。下面从国家、区域和全球三个尺度详细分析耕地融合结果。

1. 中国区域融合结果

图 2-15 是耕地比例分布图，可看出在平原和盆地区域，如华北平原、三江平原和四川盆地等地，地理景观一致性较好，各种产品都能比较准确的提取出耕地，因此这些区域耕地比例较高，输入数据的耕地一致性好，融合结果的置信度较高。在西北和华南的山区和丘陵地带，地形比较复杂，耕地和其他地物的混合比较普遍，这些区域遥感分类具有一定的不确定性，因此耕地比例相对较低，融合结果的置信度较差。

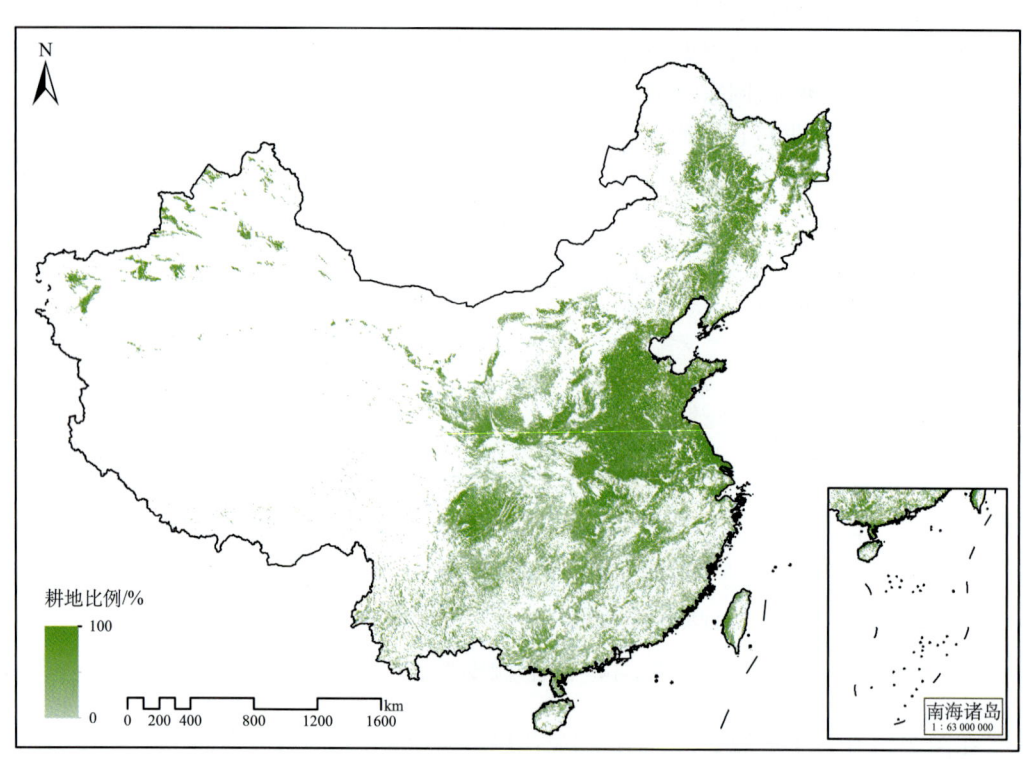

图 2-15 基于 5 套数据的中国耕地融合结果

利用基于检验样本的混淆矩阵对融合之后中国区域的耕地结果进行精度评价。耕地样本 1403 个，非耕地样本 1421 个，精度评价矩阵如表 2-11 所示。其中耕地和非耕地的错分率分别是 21.87%和 20.83%，漏分率分别是 20.81%和 21.89%，融合结果的总体精度是 78.65%，kappa 系数是 0.57。

表 2-11　中国区域耕地融合结果精度评价

指标		检验样本			
		耕地/个	非耕地/个	总量/个	错分率/%
融合结果	耕地/个	1111	311	1422	21.87
	非耕地/个	292	1110	1402	20.83
	总量/个	1403	1421	2824	
	漏分率/%	20.81	21.89		
		总体精度=78.65%，kappa 系数=0.57			

从分区和总体两方面，对耕地融合结果和 5 套输入数据进行精度对比分析。从图 2-16 中可看出，融合结果的总体精度高于输入的 5 套耕地产品。其中，GlobeLand30 在 5 套数据中总体精度最高，即 76.27%，其次是 MODIS C5（76.22%）和 CCI-LC（74.22%），GlobCover 2009 的耕地数据精度最低，即 70.50%。在各个分区中，除了华中和华南区域融合数据的精度略低外，其他区域融合结果精度都高于原始输入数据。由此可见，融合方法能够较好地兼顾输入数据的优势，提高耕地制图的总体精度和可靠性。

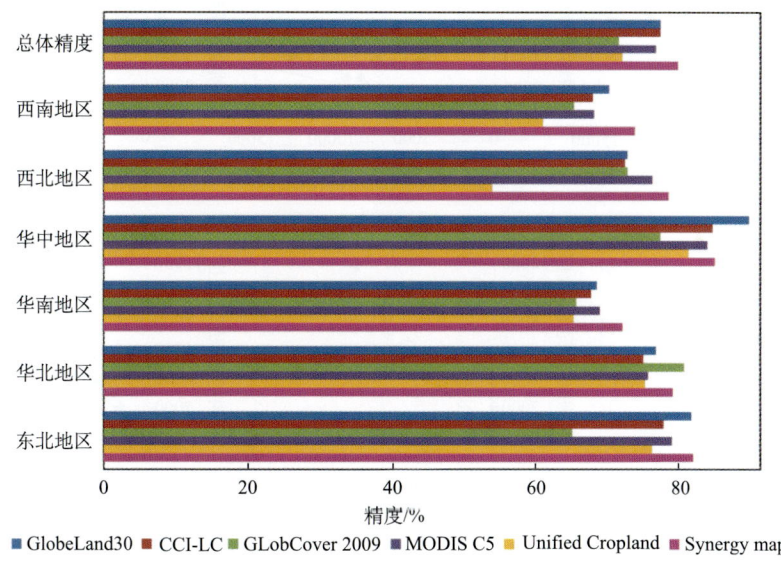

图 2-16　融合结果和输入产品的精度对比

除提高制图精度外，多源数据融合的另一个目的是提高耕地制图和统计数据的一致性。本文从均方根误差和相关性分析两方面，评估 5 套输入数据和融合数据的耕地数量与统计数据的总体离散度和吻合度。

图 2-17 显示了耕地估算面积和统计数据的均方根误差和相关系数，图中虚线表示 1∶1 线，实线是耕地估算面积和统计数据拟合的趋势线。GlobeLand30、FROM-GLC、GlobCover、MODIS C5、Unified Cropland、融合数据和统计数据的 RMSE 分别是 2010.32、12164.72、4151.58、1706.10、2511.76 和 388.82，RMSE 的值越大，表示和统计数据的

离散度越高；融合结果的 RMSE 最小，和统计数据的离散度最低。从图 2-17（f）可看出，融合结果的数据点大多数分布在 1∶1 线上及其附近；5 套输入数据中，GlobeLand30 和统计数据的离散度较低，如图 2-17（a）所示，大部分点在 1∶1 线及其附近，但也有少数点偏离度较大；CCI-LC 的 RMSE 值最高，统计数据的偏离度最大，如图 2-17（b）所示。GlobeLand30、FROM-GLC、GlobCover、MODIS C5、MODIS Cropland、融合数据和统计数据的相关系数分别是 0.96、0.02、0.22、0.82 和 0.22 和 0.98，相关系数越大，表示和统计数据的吻合度越好。融合结果估算的各省耕地面积和统计数据的吻合度最好，其次是 GlobeLand30，CCI-LC 的吻合度最差。通过离散度和吻合度的分析可看出，融合结果和统计数据的离散度最低，吻合度最高，因此耕地数量较为准确，与统计数据的一致性较好。同时，500m 空间分辨率的 MODIS C5 数据集和统计数据的相关系数高于 300m 分辨率的 CCI-LC 和 GlobCover，以及 250m 分辨率的 Unified Cropland，这表明在遥感影像制图方面，技术方法适宜时，低空间分辨率数据也可以取得不错的分类效果。

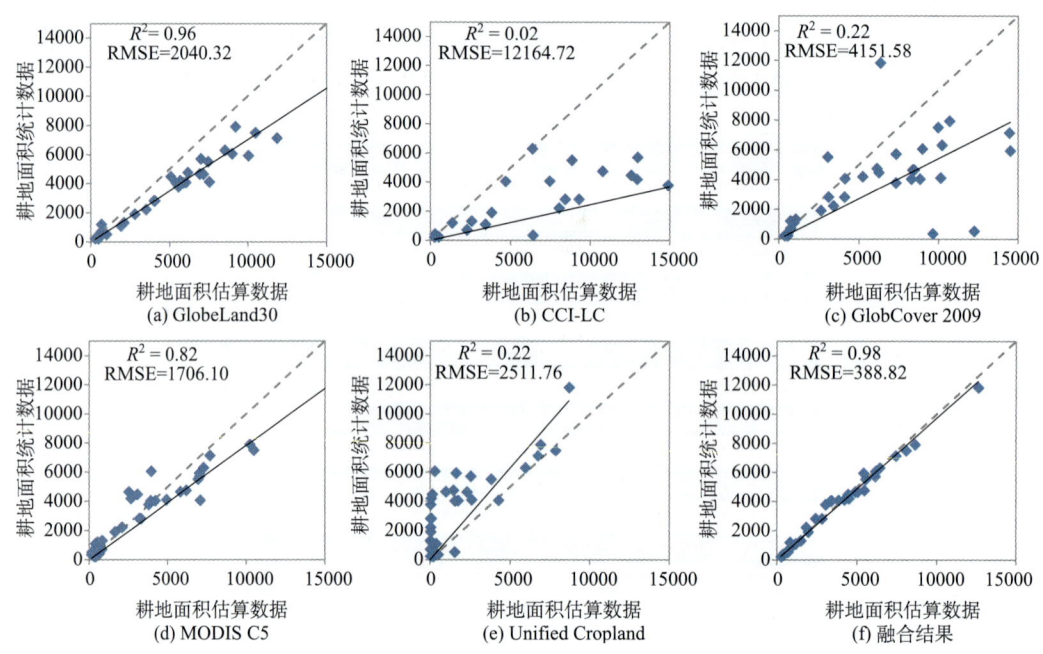

图 2-17　中国区域耕地估算面积和统计数据的相关性分析

2. 全球尺度融合结果

基于 5 套全球耕地制图产品和多级耕地面积统计数据，进行全球尺度的耕地制图融合，融合结果如图 2-18 所示。利用检验样本，在大洲和全球尺度，进行 5 套产品和融合结果的精度评价与对比。在北美洲、欧洲、南美洲和亚洲区域，融合结果的精度高于输入产品。在全球尺度，融合结果精度是 90.8%，高于所有输入产品的精度（表 2-12）。

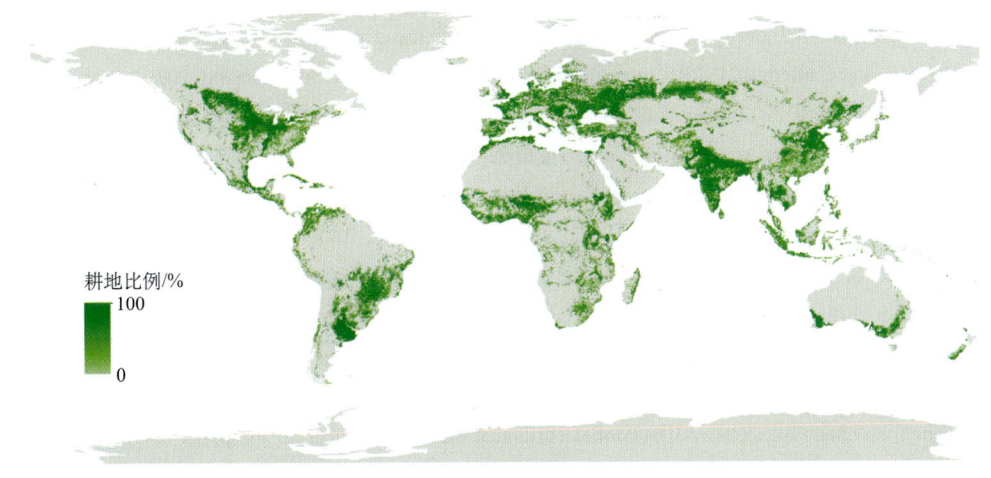

图 2-18 全球耕地融合结果

表 2-12 融合结果和 5 套输入产品在区域和全球尺度的精度 （单位：%）

区域	CCI	GlobCover	GlobeLand30	MODIS C5	Unified Cropland	融合结果
北美洲	90.4	87.4	92.1	90.0	92.3	92.4
南美洲	78.8	78.9	90.1	87.5	89.7	89.4
欧洲	89.7	87.5	87.1	89.4	88.6	93.7
非洲	79.1	83.1	89.9	88.7	86.1	89.1
大洋洲	93.9	88.3	95.4	95.0	95.4	96.5
亚洲	82.6	77.5	86.0	86.7	84.9	88.3
全球	84.5	83.0	89.3	88.8	88.1	90.8

参 考 文 献

曹鑫, 陈学泓, 张委伟, 等. 2016. 全球 30m 空间分辨率耕地遥感制图研究. 中国科学: 地球科学, 46(11): 1426-1435.

陈迪, 吴文斌, 陆苗, 等. 2016. 基于多源数据融合的地表覆盖数据重建研究进展综述. 中国农业资源与区划, 37(9): 62-70.

陈迪, 吴文斌, 周清波, 等. 2018. 亚洲耕地利用格局十年变化特征研究. 中国农业科学, 51(6): 1106-1120.

陈军, 陈晋, 廖安平, 等. 2014. 全球 30m 地表覆盖遥感制图的总体技术. 测绘学报, 43(6): 551-557.

胡琼, 吴文斌, 项铭涛, 等. 2018. 全球耕地利用格局时空变化分析. 中国农业科学, 51(6): 1091-1105.

李蓓蓓, 方修琦, 叶瑜, 等. 2010. 全球土地利用数据集精度的区域评估——以中国东北地区为例. 中国科学: 地球科学, 40: 1048-1059.

杨永可, 肖鹏峰, 冯学智, 等. 2014. 大尺度土地覆盖数据集在中国及周边区域的精度评价. 遥感学报, 18: 453-475.

俞乐, 王杰, 李雪草, 等. 2014. 基于多源数据集成的多分辨率全球地表覆盖制图. 中国科学: 地球科学, 44: 1646-1660.

Ban Y, Gong P, Giri C. 2015. Global land cover mapping using earth observation satellite data: recent progresses and challenges. ISPRS Journal of Photogrammetry and Remote Sensing, 103: 1-6.

Bartholome E, Belward A. 2005. GLC2000: a new approach to global land cover mapping from Earth observation data. International Journal of Remote Sensing, 26: 1959-1977.

Belgiu M, Csillik O. 2018. Sentinel-2 cropland mapping using pixel-based and object-based time-weighted dynamic time warping analysis. Remote Sensing of Environment, 204: 509-523.

Bonan G, Levis S, Kergoat L, et al. 2002. Landscapes as patches of plant functional types: an integrating concept for climate and ecosystem models. Global Biogeochemical Cycles, 16(2): 1-23.

Bontemps S, Defourny P, Bogaert E, et al. GLOBCOVER 2009. Products description and validation report. https: //core. ac. uk/download/pdf/11773712. pdf[2018-02-08].

Cao X, Chen X, Zhang W, et al. 2016. Global cultivated land mapping at 30 m spatial resolution. Science China Earth Sciences, 59(12): 2275-2284.

Chen D, Lu M, Zhou Q, et al. 2019. Comparison of two synergy approaches for hybrid cropland mapping. Remote Sensing, 11: 213.

Chen Jun, Chen Jin, Liao A, et al. 2015. Global land cover mapping at 30 m resolution: a POK-based operational approach. ISPRS Journal of Photogrammetry and Remote Sensing, 103: 7-27.

Comber A, See L, Fritz S, et al. 2013. Using control data to determine the reliability of volunteered geographic information about land cover. International Journal of Applied Earth Observation and Geoinformation, 23: 37-48.

Defourny P, Kirches G, Brockmann C, et al. 2018. Land Cover CCI: Product User Guide Version2. http: // maps. elie. ucl. ac. be/CCI/viewer/download/ESACCI-LC-PUG-v2. 5. pdf [2018-02-08].

Dendoncker N, Rounsevell M, Bogaert P. 2007. Spatial analysis and modelling of land use distributions in Belgium. Computers, Environment and Urban Systems, 31: 188-205.

Di Gregorio A, Jansen L. 2000. Land Cover Classification System, Concepts and User Manual. GCP/RAF/287/ITA Africover. Food and Agriculture Organization of the United Nations Publishing Service, Rome.

Foody G M. 2010. Assessing the accuracy of land cover change with imperfect ground reference data. Remote Sensing of Environment, 114: 2271-2285.

Fotheringham A S, Charlton M E, Brunsdon C. 1998. Geographically weighted regression: a natural evolution of the expansion method for spatial data analysis. Environment and Planning A, 30: 1905-1927.

Friedl M, McIver D, Hodges J, et al. 2002. Global land cover mapping from MODIS: algorithms and early results. Remote Sensing of Environment, 83: 287-302.

Friedl M, Sulla-Menashe D, Tan B, et al. 2010. MODIS collection 5 global land cover: algorithm refinements and characterization of new datasets. Remote Sensing of Environment, 114: 168-182.

Fritz S, See L, McCallum I, et al. 2015. Mapping global cropland and field size. Global Change Biology, 21(5): 1980-1992.

Fritz S, You L, Bun A, et al. 2011. Cropland for sub-Saharan Africa: a synergistic approach using five land cover datasets. Geophysical Research Letters, 38: L04404.

Giri C, Pengra B, Long J, et al. 2013. Next generation of global land cover characterization, mapping, and monitoring. International Journal of Applied Earth Observation and Geoinformation, 25: 30-37.

Gong P, Wang J, Yu L, et al. 2013. Finer resolution observation andmonitoring of GLC: first mapping results with Landsat TM and ETM+ data. International Journal of Remote Sensing, 34(7): 2607-2654.

Hansen M, Defries R, Townshend J, et al. 2000. Global land cover classification at 1 km spatial resolution using a classification tree approach. International Journal of Remote Sensing, 21: 1331-1364.

Jung M, Henkel K, Herold M, et al. 2006. Exploiting synergies of global land cover products for carbon cycle modeling. Remote Sensing of Environment, 101(4): 534-553.

Kinoshita T, Iwao K, Yamagata Y. 2014. Creation of a global land cover and a probability map through a new map integration method. International Journal of Applied Earth Observation and Geoinformation, 28: 70-77.

Lotsch A, Tian Y, Friedl M, et al. 2003. Land cover mapping in support of LAI and FPAR retrievals from EOS-MODIS and MISR: classification methods and sensitivities to errors. International Journal of Remote Sensing, 24: 1997-2016.

Loveland T, Belward A. 1997. The IGBP-DIS global 1 km land cover data set, DISCover: first results. International Journal of Remote Sensing, 18: 3291-3295.

Lu M, Wu W, You L, et al. 2017. A synergy cropland of china by fusing multiple existing maps and statistics. Sensors, 17: 1613.

Lu M, Wu W, Zhang L, et al. 2016. A comparative analysis of five global cropland datasets in China. Science China-Earth Sciences, 59: 2307-2317.

McConnell W, Moran E, Brondizio E, et al. 2000. Meeting in the middle: the challenge of meso-level integration. Proceedings of an International Workshop, 17-20 October, 2000, Ispra, Italy.

Myneni R, Hoffman S, Knyazikhin Y, et al. 2002. Global products of vegetation leaf area and fraction absorbed PAR from year one of MODIS data. Remote Sensing of Environment, 83: 214-231.

Ning J, Liu J, Kuang W, et al. 2018. Spatiotemporal patterns and characteristics of land-use change in China during 2010-2015. Journal of Geographical Sciences, 28: 547-562.

Pittman K, Hansen M, Beckerreshef I, et al. 2010. Estimating global cropland extent with multi-year MODIS data. Remote Sensing, 2: 1844-1863.

Ramankutty N, Evan A T, Monfreda C, et al. 2008. Farming the planet: 1. Geographic distribution of global agricultural lands in the year 2000. Global Biogeochemical Cycles, 22: GB1003.

Running S, Loveland T, Pierce L, et al. 1995. A remote sensing based vegetation classification logic for global land-cover analysis. Remote Sensing of Environment, 51: 39-48.

Schepaschenko D, McCallum I, Shvidenko A, et al. 2011. A new hybrid land cover dataset for Russia: a methodology for integrating statistics, remote sensing and in situ information. Journal of Land Use Science, 6(4): 245-259.

Schepaschenko D, See L, Lesiv M, et al. 2015. Development of a global hybrid forest mask through the synergy of remote sensing, crowdsourcing and FAO statistics. Remote Sensing of Environment, 162: 208-220.

See L, Schepaschenko D, Lesiv M. 2015. Building a hybrid land cover map with crowdsourcing and geographically weighted regression. ISPRS Journal of Photogrammetry and Remote Sensing, 103: 48-56.

Song X, Huang C, Feng M, et al. 2014. Integrating global land cover products for improved forest cover characterization: an application in North America. International Journal of Digital Earth, 7(9): 709-724.

Teluguntla P, Thenkabail P, Oliphant A, et al. 2018. A 30-m landsat-derived cropland extent product of

Australia and China using random forest machine learning algorithm on Google Earth Engine cloud computing platform. ISPRS Journal of Photogrammetry and Remote Sensing, 144: 325-340.

Teluguntla P, Thenkabail P, Xiong J, et al. 2017. Spectral matching techniques(SMTs)and automated cropland classification algorithms(ACCAs)for mapping croplands of Australia using MODIS 250-m time-series(2000–2015)data. International Journal of Digital Earth, 10(9): 944-977.

Waldner F, Fritz S, Di Gregorio A, et al. 2015. Mapping priorities to focus cropland mapping activities: fitness assessment of existing global. Regional and National Cropland Maps. Remote Sensing, 7(6): 7959-7986.

Wu W, Shibasaki R, Yang P, et al. 2008. Validation and comparison of 1km global land cover products in China. International Journal of Remote Sensing, 29(13): 3769-3785.

Zhang X, Friedl M, Schaaf C. 2006. Global vegetation phenology from Moderate Resolution Imaging Spectroradiometer(MODIS): evaluation of global patterns and comparison with in situ measurements. Journal of Geophysical Research-Biogeosciences, 111: G04017.

Zhang Z, Wang X, Zhao X, et al. 2014. A 2010 update of National land use/cover database of China at 1∶100000 scale using medium spatial resolution satellite images. Remote Sensing of Environment, 149: 142-154.

第 3 章　灌溉耕地遥感制图

3.1　引　言

耕地的空间分布信息帮助人们了解耕地的数量和分布，但这显然已不能满足当前研究与应用的需要。随着人口日益增加、资源的相对紧缺、环境的持续变化，以及人们对生活水平要求的提高，人类需要更加精细的管理耕地资源，从战略设计上平衡农业、资源、环境和其他产业，达到优化资源配置、提高产出效率和降低消极影响的目的。

水无疑是农业所需自然资源中最重要的部分。水不仅是影响作物生长最主要的因素也是人类生产生活的必需要素之一，还是当今供应日益紧张又不可再生的资源。灌溉是人为使用自然降水外利用其他水源补充植被所需水分的技术措施。相应地，灌溉农业的概念有广义和狭义两种（Muramatsu et al., 2017），前者指水浇地，强调的是灌溉措施对作物的水分、养分等生长因素和高产稳产的调节及保障作用；后者与绿洲农业相近，由于在降雨稀少的干旱或半干旱地区脱离灌溉无法发展农业，强调农业对灌溉的依赖性。与灌溉农业对应的是雨养农业，指在没有灌溉条件的地区，仅依赖天然降水开展的农业生产活动，又称旱作农业。此外，还有种植水稻、莲藕和荸荠等水生作物的耕地，需要在作物生长期特定时段蓄水。这一类耕地如果需要人工额外补充水分，也被认为属于灌溉农业。相较非淹水灌溉农田，该类耕地对水的消耗尤其突出，同时也考虑到该类耕地对人类主要口粮之一——水稻的绝对贡献，因此往往被单独研究。因此，本章内容在需要区分淹水和非淹水灌溉耕地时，将后者称为水浇地；无特殊说明时，灌溉耕地包含水田和水浇地。

粮食产量增加和对水资源的消耗是灌溉最直观的影响。过去半个多世纪里，在耕地面积只增加12%的情况下，全球粮食产量增加了一倍以上，这极大程度上得益于灌溉技术的普及（Gleick, 2013）。但灌溉农业也消耗了全球近2/3可用淡水资源，在当今淡水资源紧缺的大背景下（Rosegrant et al., 2002; Shiklimanov, 2000），大量消耗淡水引发的问题随之而来：一方面，平衡农业、工业、生态环境和生活用水成为水资源管理领域的重要课题（Foley et al., 2011）；另一方面，关于优先灌溉还是雨养农业的讨论在农业研究系统内部不绝如缕，虽然发展比雨养耕地多一倍产出的灌溉耕地是满足人口和消费增长带来的粮食需求最有效的途径之一（Wu et al., 2010），但同时，灌溉通过改变地表和地下水的分配，间接地使地表能量平衡发生变化，继而影响大气对流、降雨分布甚至局地气候（Gordon et al., 2005）。而当水分分布发生变化时，会对水资源分配产生影响。这无疑会对水资源紧缺问题有着推波助澜的效果。因此，准确掌握灌溉耕地的数量和空间分布及其变化信息，对粮食安全、水资源管理和气候变化领域的工作开展有重要的参考价值。水稻是世界三大主粮之一，水田在粮食供应和水分消耗中的地位相比水浇地有过之而无不及。占全球耕地面积10%的水田为超过50%世界人口的主要热量来源，同时也占淡水资源消耗量的 30%以上（Lawston et al., 2017）。因此，如前所述水田的时空分布及变化信息在前述相关领域常被单独提及。此外，作为水禽越冬的重要栖息地，水田在致病性禽流感病毒的传播中也扮演了重要角色（Löw et al., 2017），故而水田的空间分布信息还受公共卫生领域学者关注。

对中国来说，灌溉农业供应了超过 3/4 的粮食和 9 成的经济作物，消耗国内淡水资源总量 70%以上。但与此同时，农业用水效率只有 30%～40%，不到发达国家的一半。而一些北方地区由于水资源短缺，不得不过度开采地下水用于灌溉。随着人口自然增长，人类对农产品品质提高的需求及自然灾害发生频率的增加，农业用水与环境的矛盾无疑会日趋尖锐。因此，平衡粮食生产与环境影响，发展高效绿色的可持续农业是中国必然的战略选择。从全球尺度来看，中国不仅是粮食生产大国，还拥有世界上规模最大的灌溉工程，中国农业的一举一动必然为世界所关注，了解中国乃至全球不同类型耕地数量和空间分布信息对国内和国际均具有重要的现实意义。

传统的田野调查费时费力，显然已不能满足如今对空间信息快速、广泛、经济和准确的需求。遥感观测以其覆盖范围广、影像更新快和低成本的优势成为当前区域灌溉耕地提取的主要手段。发展历程来看，利用遥感技术区分灌溉和雨养耕地的研究迄今已逾 40 年（Iizumi et al., 2017; Velpur et al., 2009; Yang et al., 2017）：在 21 世纪前，以试验性质在局地尺度进行研究，集中在美国和印度等农业大国的典型农业区，主要通过参考物候资料对有限的遥感影像资源——如 Landsat 和航拍图片等进行优选，依赖人工解译完成提取，使得研究成果具有地域覆盖面小、分辨率高和精度较高的特点。20 世纪 90 年代，基于实地调查数据的计算机分类算法被逐步引入，但研究范围仍局限在局地尺度，以方法探索为主要目的。2000 年前后，多种分辨率的遥感数据源、更丰富的光谱特征数据和更高效的计算机分类算法使在流域、盆地和平原等区域尺度的高效运算成为可能，适宜不同研究尺度的中低空间分辨率遥感数据源如 MODIS，AVHRR 和 SPOT 等陆续替代 Landsat 成为主流，分类特征逐步多元，聚类、随机森林、神经网络等计算机自动分类也已取代人工解译，Gao 等（2018）新的高分辨率影像也逐步进入研究者的视野。从已公开的全球灌溉耕地分布数据产品来看，产品生产方式历经非遥感数据融合、非遥感与遥感数据融合、单一乃至多源遥感影像分类，总体上产品数量有限；洲际研究尤其以美国为主，更小尺度研究还是相对集中在对灌溉有相当依赖性的农业国家。相比作物识别、地表覆盖等相似领域，区分灌溉和雨养耕地所用的方法还十分有限。我国相关研究起步较晚，在技术和数据发展方面有着相似的历程，成熟产品也相对较少。

总体而言，灌溉耕地空间分布制图几乎与遥感农业应用研究发展同步，但相对作物识别、产量估测和灾害监测等，灌溉耕地空间分布制图进展相对缓慢。由于数据来源、特征选择、分类或分配算法和地理时空尺度等因素的差异，现有研究也比较零散。本章分为：①首先以时间为轴，介绍现有制图产品，通过对比分析，使读者对该领域有宏观把握；②随后回到研究的基本原理和方法层面，使读者了解制图的基本技术流程；③最后辅以相关研究案例，达到帮助读者理解原理和方法的目的。

3.2 主要灌溉耕地数据集

3.2.1 GMIA 和 MIRCA2000

全球灌溉面积地图（global map of irrigated area, GMIA）是全球尺度灌溉耕地专门制图的。该系列共 5 个版本：1.0 版由德国卡塞尔大学环境系统研究中心推出，通过算法将联合国粮农组织的灌溉耕地数据和各国灌溉耕地分布状况层层空间化至网格，提出灌溉耕地面积及其占网格面积百分比（图 3-1）。但数据状况的不统一导致最终产品的一致性较差，产品空间分辨率只有 0.5°，且实际的数据基准年也不统一（Petra and Siebert, 1999, 2000）。

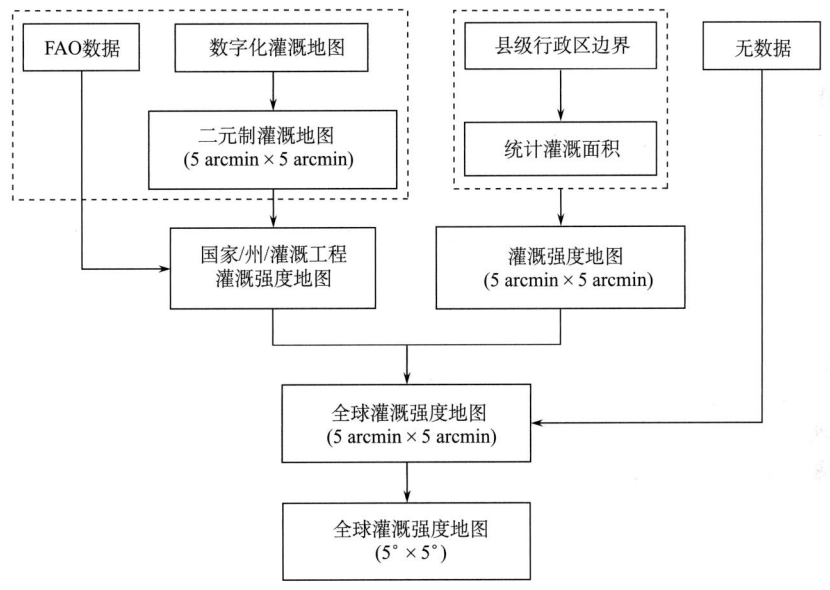

图 3-1 GMIA 1.0 生产流程

在 2~3 版本中，卡塞尔大学与 FAO 合作，更新了拉丁美洲和欧洲的图层（Siebert et al., 2001），并在后来的 2.1 版本（Siebert et al., 2002）、2.2 版本（Siebert et al., 2005b）和 3.0 版本（Siebert et al., 2005a）中分别更新了非洲、大洋洲、亚洲和北美洲。得益于算法改进，这一系列产品的分辨率提高到了 5 arcmin，其中 3.0 版本不仅进一步改良了算法，为非洲、欧洲和拉丁美洲的数据更新及汇总打下基础，还采用两种指标对计算结果进行了评价（Siebert et al., 2006, 2007a）。5.0 版本中（Siebert et al., 2013）增加了"水源"（Siebert et al., 2010）和"有效灌溉面积"，并将数据时间向后推进了 10 年（图 3-2）。

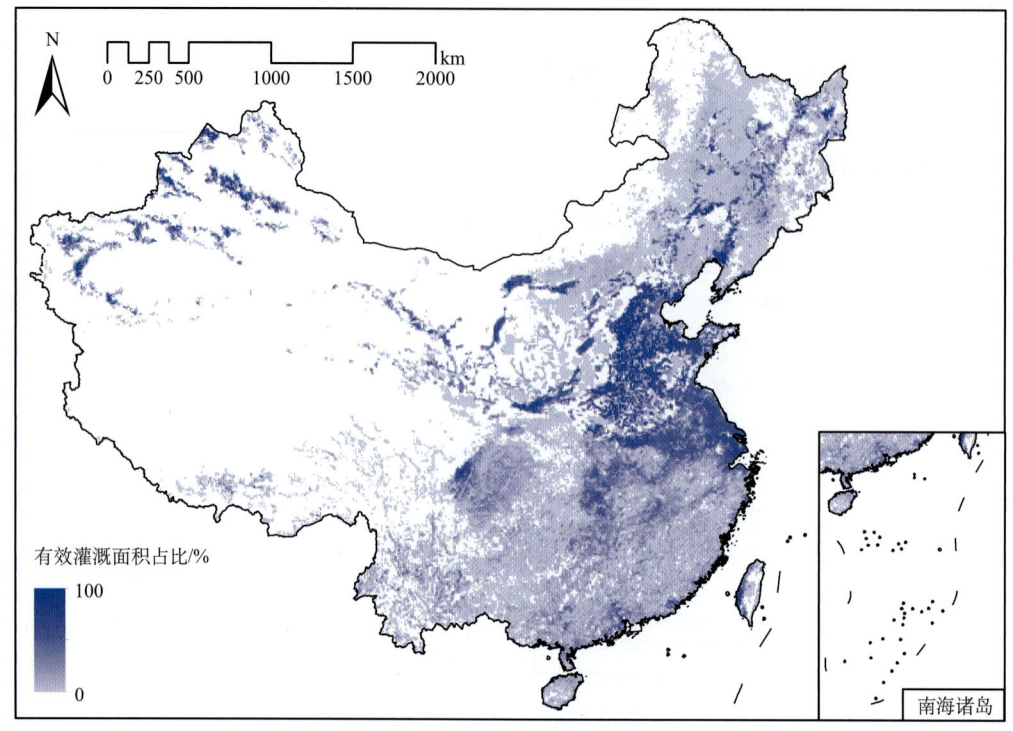

图 3-2 GMIA 5.0（中国部分）

全球灌溉和雨养面积月度变化地图（global monthly irrigated and rainfed cropland areas, MIRCA）（Portmann et al., 2010）利用遥感作物制图产品和物候资料等，从作物类型和时间上细化了 GMIA4.0（Siebert et al., 2007b）的成果，且和统计数据有较高的一致性。通过 MIRCA 所含的灌溉/雨养、月度作物类型、收获面积等图层，用户能够获取比 GMIA 更多的衍生信息，如需水作物的类型、时间和灌溉强度，以及亩产估算等。

3.2.2 GIAM 和 GMRCA

全球灌溉面积地图（global irrigated area map, GIAM）（Thenkabail et al., 2009）和全球雨养耕地面积地图（global map of rainfed cropland areas, GMRCA）（Biradar et al., 2009）也提供了作物和水源信息，但没有反映作物在年度时间轴上的变化。它们融合了多种遥感参量来明确耕地、林地、草地和灌木地范围，针对这些土地利用类型和作物的分类因完全采用了影像分类技术，空间分辨率相对 GMIA 也有了明显提高。

3.2.3 GRIPC

全球雨养、灌溉和淹水耕地图（global rainfed, irrigated and paddy coplands, GRIPC）（Meghan et al., 2015）在遥感自动分类的基础上考虑了统计数据，因此在部分地区有数量精度的优势（图 3-3）。

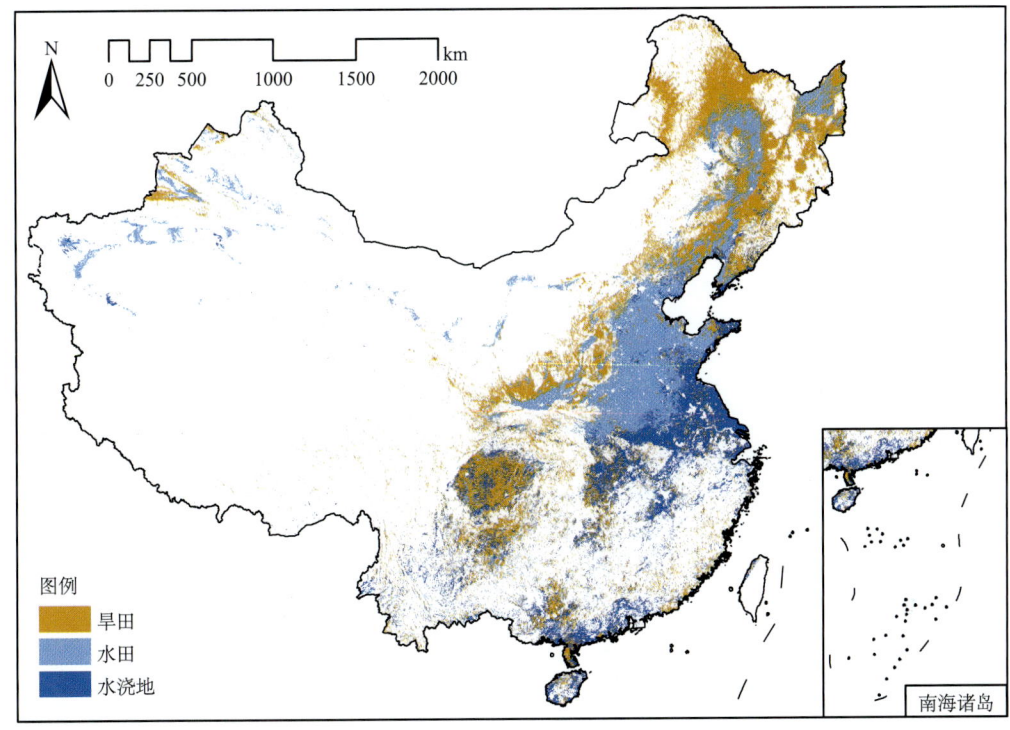

图 3-3　GRIPC（中国部分）

3.2.4　其他产品

近年来，为服务多种研究或应用，一些非灌溉专题数据产品也将灌溉耕地纳入分类体系中，如分别以作物分布和综合土地覆盖为主要目的的全球食物安全分析数据集（global food security ayalysis datasets, GFSAD 30）（Thenkabail et al., 2016）和 GlobCover（Arino et al., 2007）等，耕地被分为灌溉和雨养相关的几个亚类。

GlobCover（图 3-4）是欧洲航天局（European Space Agency, ESA）"全球覆盖工程"的推出，考虑了全球地理分区，结合监督分类和非监督分类，将地表覆盖分为包含灌溉耕地等在内的 22 个类型，其分类系统与英国 LCCS 分类系统一致，目前有 2005（Arino et al., 2008）和 2009（Bontemps et al., 2009）两个版本。

GFSAD30（图 3-5）是美国国家航空与航天局（National Aeronautics and Space Administration, NASA）为提供全球高分辨率耕地及其水资源利用信息的项目。由 NASA "全球食物安全支持分析数据"工程参考 Biggs 等（2006）、Thenkabail 等（2007，2010）和 Salmon 等（2015）针对作物和灌溉分布多项专题研究的成果经算法汇总得到，因此分类体系中同时包含了主要作物和灌溉信息。

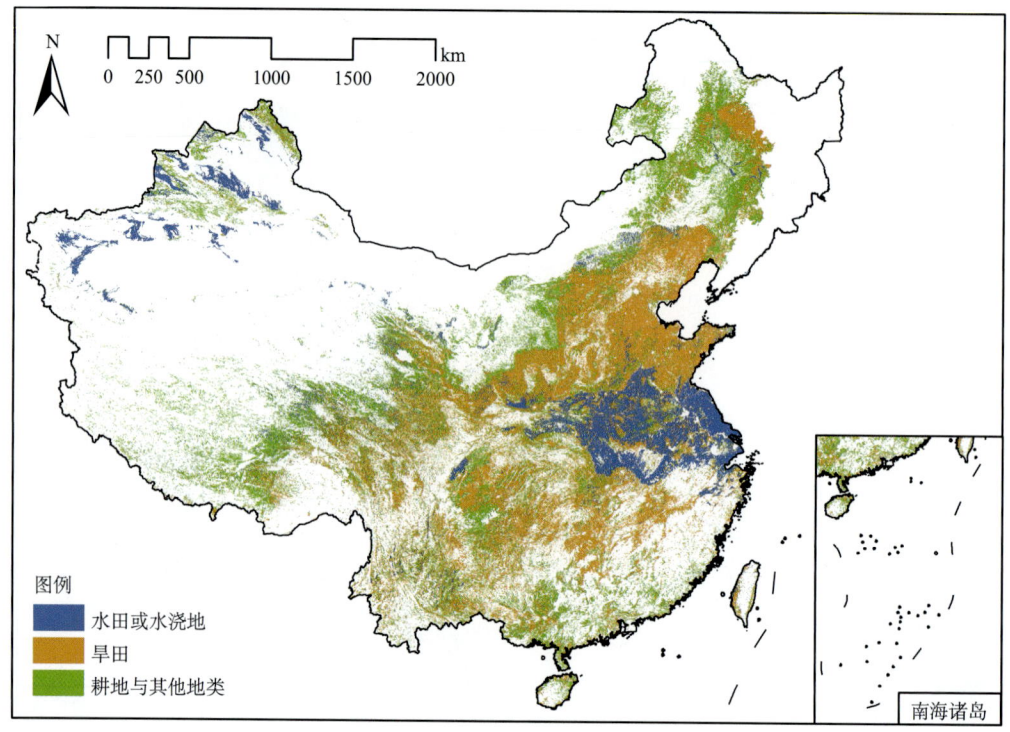

图 3-4　GlobCover（2005，中国部分）

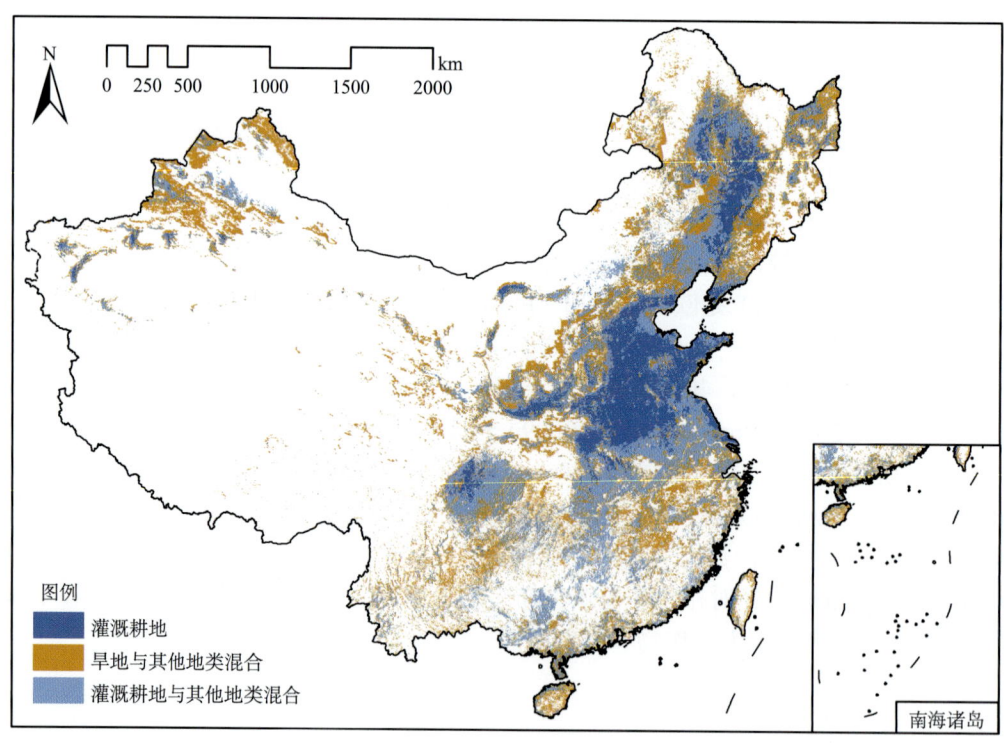

图 3-5　GFSAD30（中国部分）

3.2.5 数据产品的对比

由前述可知，由于生产方法和数据来源不同，灌溉耕地含义会首当其冲地体现产品差异。这在早期以统计数据为数量限制生产的 GMIA 和 MIRCA 中体现最为明显——部分地区或国家由于统计口径不一致，"灌溉耕地"包含了"有效灌溉耕地"和"实际灌溉耕地"；发展到 MIRCA 时，又有了"收获面积/灌溉收获面积"。这些数据产品常作为其他研究的输入数据，如生产力估算（Iizumi et al., 2017; Lawston et al., 2017; Löw et al., 2017; Muramatsu et al., 2017）等，因此其精度缺陷常成为输出结果的主要误差来源之一。通过交叉对比，了解产品优势和产品间差异对于未来数据生产和使用具有现实意义（Yang et al.,2017）。笔者以点带面，对 GMIA、GRIPC、GlobCover（2005 年版）和 GFSAD 等就中国从数量和空间角度进行对比分析（Yang et al., 2017）。

这些产品陆续制作于 2008~2011 年，所依据的数据多早于生产年份，因此可将 2005 年产品作为基准与其他产品进行对比。研究只提取了 4 套数据中的灌溉相关像元（表 3-1）。基于同样的考虑，研究利用 GMIA 建立空间格网后，采用分区统计法逐一计算不同数据产品中目标类别在格网内的占比。

表 3-1 空间分布数据基本信息

产品	基准年	分辨率	耕地类别及含义	灌溉面积换算系数
GMIA	2005	5′	AEI*：有效灌溉面积	
			AAI：实际灌溉面积	
GRIPC	2005	500 m	雨养耕地：雨养，并且不淹水	
			灌溉耕地*：使用人工水源并且不淹水的耕地	0.65
			淹水田*：最少淹水 2 周	0.65
GlobCover	2005	300 m	淹水或灌溉作物*	0.71
			雨养作物	
			混合类 1*：耕地（50%~70%耕地）	0.6*IP
			混合类 2*：耕地（20%~50%耕地）	0.35*IP
GFSAD	2010	1 km	灌溉耕地*：任何形式的灌溉	0.6
			雨养耕地：完全雨养，有的会有一些耕地碎片	
			混合类*：耕地（40%~60%）	0.5*IP

注：*指灌溉相关像元；（1）不同分辨率的纯净像元换算系数根据 Velpuri 等（2009）对 250 m、500m、10 km 分辨率产品的研究结果插值得到；（2）没有灌溉信息的像元，根据像元类型标记的耕地比例的平均值和像元所在省份的有效灌溉率（IP）得到，IP 为有效灌溉面积与耕地总面积的商，相关数据来源于《中国统计年鉴》

受混合像元问题的影响，遥感影像产品对耕地面积估算偏大是普遍现象，因此研究在区域和省级尺度上采用灌溉耕地占总灌溉面积的比例替代绝对面积进行比较；从空间位置角度，研究以像元灌溉比例>0%作为标准，将灌溉百分比网格图二值化，所有二元制地图空间叠加后获得灌溉耕地空间一致性分布图（图 3-6）；此外，也评价了灌溉情况模糊的混合耕地像元（mosaic cropland pixel，MCP）对结果的影响。

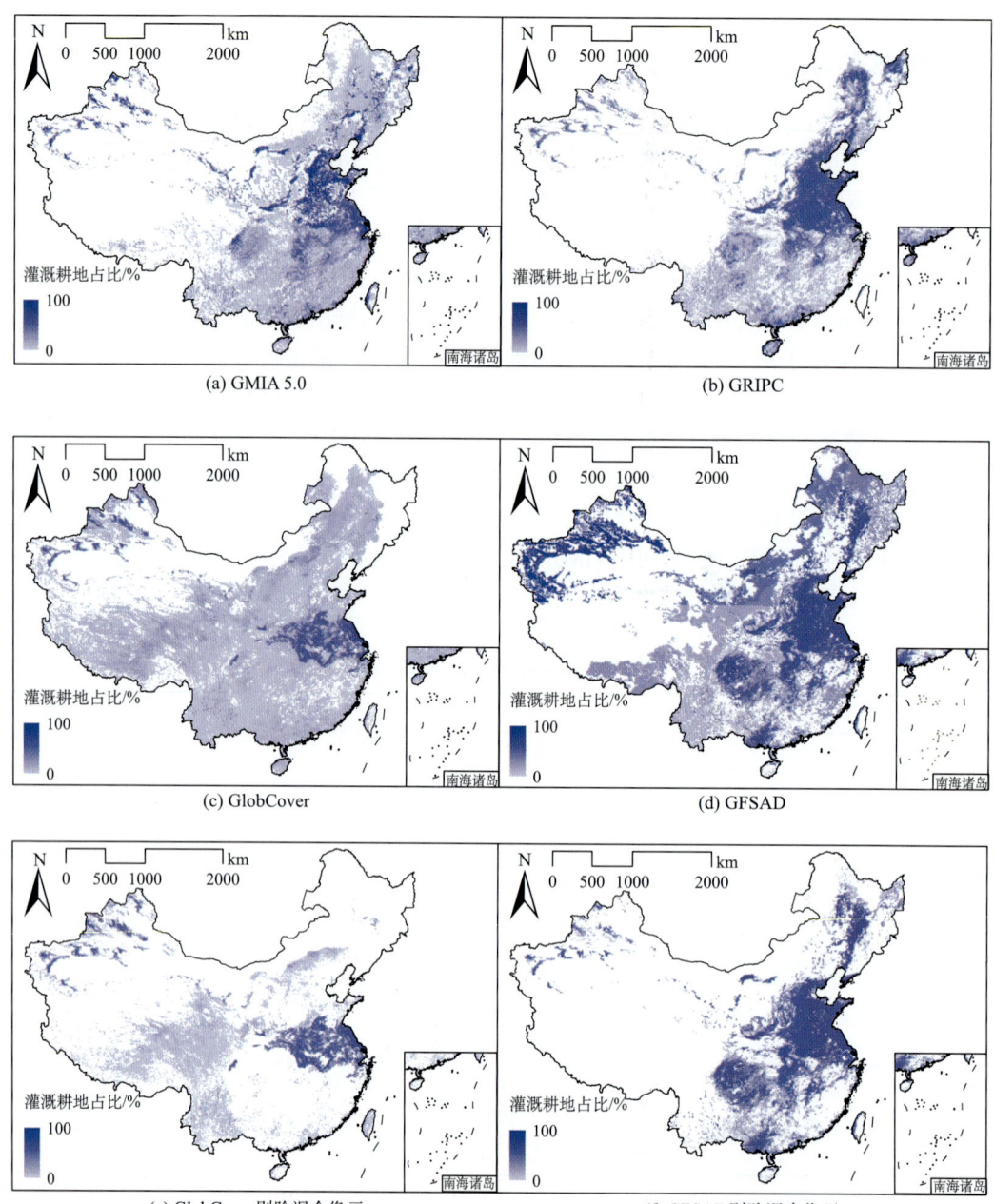

图 3-6　GMIA 5.0、GRIPC、GlobCover 和 GFSAD（5 arcmin×5 arcmin）

图 3-7（a）为各产品在不同地区的灌溉耕地面积占比。在 GMIA 中，华北地区的灌溉耕地面积占比明显高于其他地区，为 27.74%；其他地区的灌溉耕地面积由高到低排列依次为中部、东北、东南、西北和西南，极差为 5.58%。GRIPC 的区域灌溉耕地面积占比序列与 GMIA 一致，但华北绝对比例更高，近 1/3；东北地区同比西南地区也略有增加。西北地区是 GlobCover 和 GFSAD 最主要的灌溉耕地集中区，分别占到 1/3 和 1/4，

这一点与 GMIA 或 GRIPC 差异较大。此外，中部是四套产品数量比例差异最小的地区（14.24%~16.99%），其他地区由于 GlobCover 或 GFSAD 与 GMIA 和 GRIPC 的差异，灌溉耕地面积绝对占比的极差均在 6% 以上，西北地区极差最高，为 24.28%。

表征在拟合曲线上[图 3-7（b）]展示了各省数据点与拟合曲线的相对位置，和拟合曲线与理想曲线的相对位置。GMIA 中绝大部分数据点均匀紧密地分布在拟合曲线两侧，整体离散水平最低，与统计数据的吻合程度最高；GRIPC 与 GFSAD 仍有大部分数据点在曲线两侧分布，但与拟合曲线的距离明显比 GMIA 远；GlobCover 的数据点大部分集中在曲线下方，与拟合曲线距离更远，数据的分散程度最高，与统计数据的吻合水平最低。

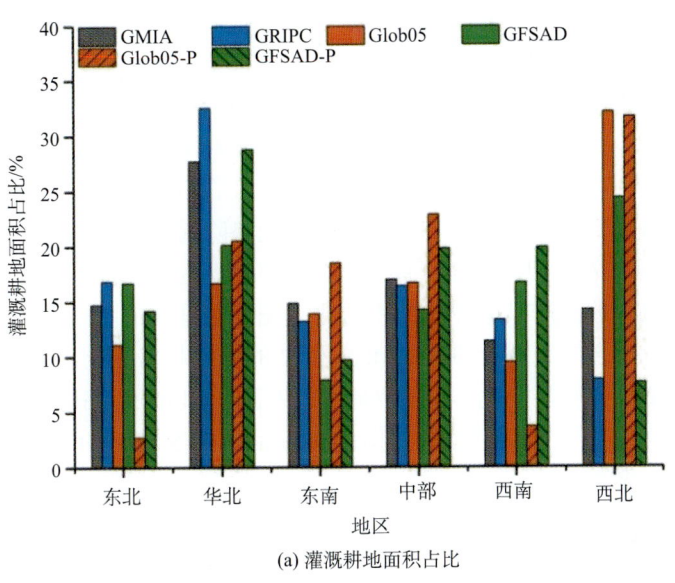

(a) 灌溉耕地面积占比

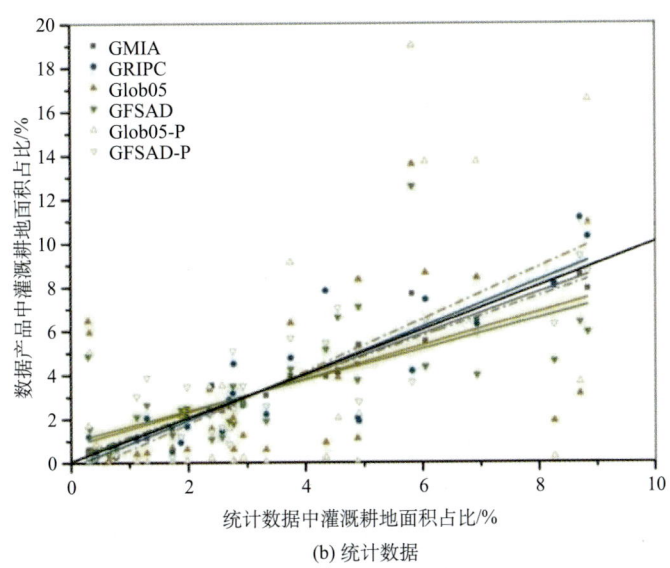

(b) 统计数据

图 3-7 灌溉耕地面积占比与统计数据的对比

Glob05 为 GlobCover（2005）缩写；Glob05-P 和 GFSAD-P 分别为 Glob05 和 GFSAD 只保留纯净耕地像元的计算结果

图 3-8 展示的是四套产品二值化后耕地网格的灌溉一致性。地块平整集中的主要粮食产区，如东北三省东部、黄淮海平原、四川盆地、长江流域以及西北诸省的灌区等，以完全一致或高一致性水平像元为主。这些地区与统计资料和分类研究中所展示的灌溉耕地集中区域一致，对灌溉耕地的提取效果通常也较好。在这些地区周边，一致性随着与灌溉耕地集中区距离的增加逐步降低，高一致和部分一致水平的像元比例增加，直至较低一致性水平像元逐步占据优势，典型表现在华北至西北间的区域，灌溉农业与雨养农业交错带，这些地区往往在耕地产品对比中一致性也不理想（Lu et al., 2016）。具体到产品上，GlobCover 对整体不一致像元的贡献率接近 60%，GFSAD 次之，超过 35%。它们同时也是各个区域不一致像元的主要来源。GRIPC 对不一致性贡献最少；GMIA 在东南和中部与其他产品的不一致性明显高于其他地区。

笔者也对混合耕地像元影响这些产品灌溉面积和一致性进行了统计。在本节研究的计算框架下，这些不完全是耕地的像元对 GlobCover 和 GFSAD 灌溉耕地面积的贡献分别占到了 58.72%和 67.49%。具体到区域尺度，它们是 GlobCover 中华北、东南、中部和西北灌溉耕地的主要来源，而在 GFSAD 中的优势除前述四区域外，还包括了华中地区（图 3-7）。体现在省级尺度数据（图 3-7）上，表现为拟合曲线斜率明显增加。表明剔除 MCP 后，原先数据产品中灌溉面积占比较统计数据低的省份在增多。但表征数据离散和拟合水平的拟合曲线统计参量 RMSE 和 R 的变化趋势不同（表 3-2），GlobCover 中 RMSE 上升，R 没有明显变化，说明剔除 MCP 后的 Glob05（Glob05-P）数据更分散，但与统计数据相关关系不变；相应地，剔除 MCP 后的 GFSAD（GFSAD-P）数据更集中，与统计数据相关性更高。

表 3-2　省级数据拟合曲线的 RMSE 和 R

项目	GMIA	GRIPC	GlobCover	GFSAD	Glob05-P	GFSAD-P
RMSE	0.50	1.37	3.05	1.97	4.47	1.34
R	0.96	0.80	0.29	0.46	0.32	0.75

MCP 对四套产品空间一致性的影响也显而易见，主要有 3 种情况：一是在区域尺度保持了一致性优势的，这些地区与图 3-8 中高一致性水平地区基本重合；二是一致性水平维持了较低水平甚至变得更低的，主要发生在东北和西北，这一变化的主要来源是 GlobCover 和 GFSAD；三是不同类型的一致性水平变化相对均匀的，典型的是东南和西南地区，导致这一状况的，不止有 GlobCover 和 GFSAD 中的 MCP，也有 GMIA 和 GRIPC 原产品中分布零散的耕地像元。

上述结果体现了以下 3 点。

（1）统一数据资源和清晰分类体系的必要性。受益于分类中统计数据的应用，GMIA 和 GRIPC 与参考数据的吻合水平较高。但二者也具有明显差异，可能的原因是 GMIA 数据来源于官方统计结果，与参考数据吻合程度更高。而 GRIPC 的主要统计数据来源为 MIRCA 2000 作物分布图，数据时效性不及 GMIA，其含义上也更接近实际灌溉面积。

第 3 章 灌溉耕地遥感制图

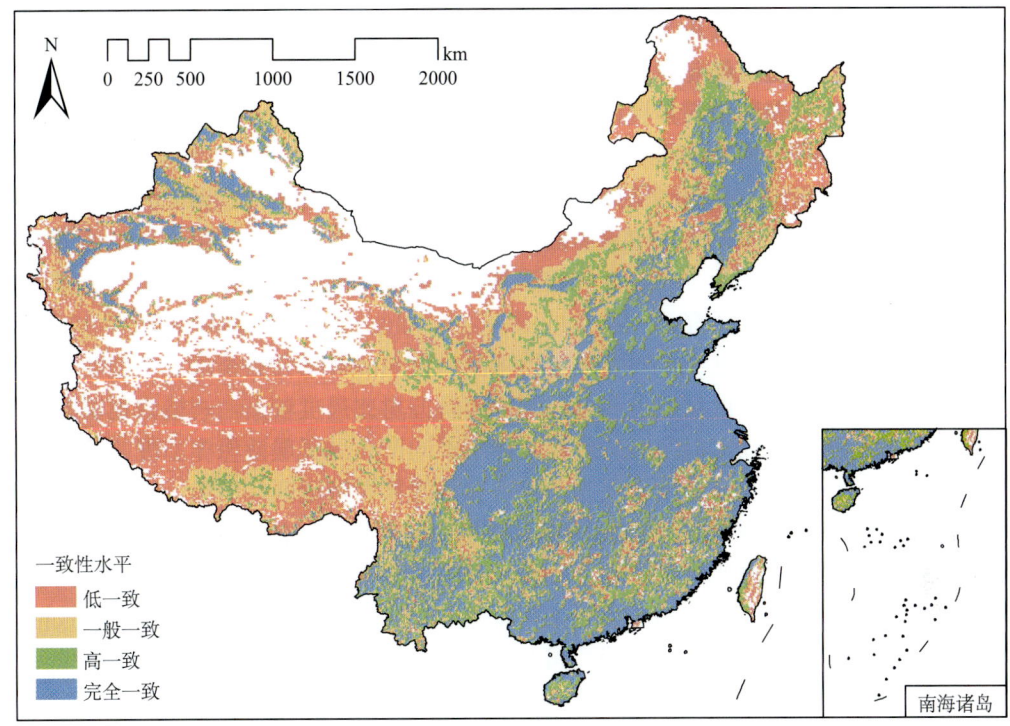

(a) 空间一致性

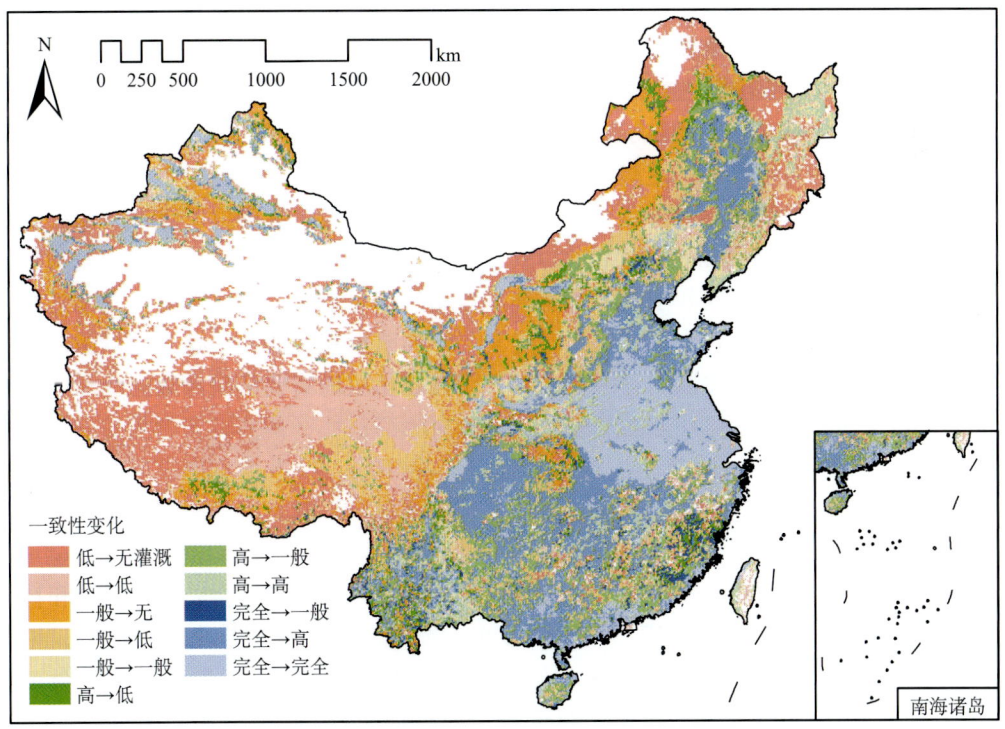

(b) 去掉混合耕地像元后空间一致性变化

图 3-8 四套灌溉耕地产品空间一致性及其变化（5 arcmin×5 arcmin）

（2）数量限制的优势。由于混合像元问题，高估目标类别的绝对面积是遥感影像分类的通病。常用的改善方法是将像元乘以比例系数后再计算绝对面积。但由于不同产品分辨率、分类系统以及区域的多样性，获取换算系数成为难点。Velpuri 等（2009）发现不同分辨率或类型灌溉耕地的换算系数不一致，对比 Yang 等（2017）与前述 Velpuri 等（2009）对于相同分辨率下灌溉耕地的换算系数的研究，其结果也不一致。利用遥感影像特征在空间上重建统计数据有效改善了这一问题。事实上，早已有大量研究采用这一方式制作不同类型的土地利用分布图，但就灌溉耕地的讨论有限，对遥感参量的选择和分配规则的把握还需要深入研究。

（3）对像元信息准确性以及对非典型地区灌溉耕地提取研究的需求。从空间角度，通常情况下一致性高的地区精度也高，但因本节研究对比尺度较大，网格内地块空间信息没有被较好反映，因此对低空间一致性区域中不同产品的表现持保守态度。基于同样的原因，灌溉耕地的分散分布反而成为优势，如东南和西南地区。但是，空间对比结果表明 Glob05 和 GFSAD 纯净耕地像元对灌溉耕地空间分布规律的描述明显不足，考虑混合像元后，数量和空间对比结果都没有改善。表明本节研究框架下 MCP 同时提供了正确和错误信息。由于不一致像元 95%以上都源于 MCP，故而剔除 MCP 后像元一致性水平变化也主要发生在 MCP 集中区域。然而，受限于特征参量和分类方法对该类像元的表征水平，这部分信息还不能准确提取。

这些要求可能会随着将来为满足农业制图产品的精细、多样化需求得以逐步实现。表现在全球制图中，GFSAD 是一个典型。其产品设计上涵盖了当前农业遥感制图研究的多个方面：①耕地；②主要作物；③以灌溉为代表的管理方式；④种植强度（包括单季、双季、三季和持续耕作）；⑤耕地变化；⑥亩产；⑦水资源利用效率等。一方面，与水相关的农业遥感研究已然涵盖了用水、需水、旱涝灾害监测和预警、空间资源分布和匹配的各个环节；另一方面，这些研究也陆续有相关产品发布——整合"一张图"已有了良好的技术和数据基础。同时，一些综合性的研究也渐次崭露头角（Chen et al., 2017; Ragettli et al., 2018; Xie et al., 2019）。如 Ozdogan 和 Gutman（2008）指出，灌溉制图的两个发展方向：一是在时间和空间上具有高度自动化和可重复、较高的鲁棒性以适应区域多样的农业生产（灌溉行为）模式；二是立足于高质量和客观的遥感观测以服务于大区域问题的决策和动态变化监测。因此，相关研究还相应地需要从整合数据资源、挖掘特征参量和完善制图方法等几方面加强。

3.3 灌溉耕地制图理论依据

灌溉作为人工参与农田管理的一种方式，其空间分布格局自然会受自然条件和社会经济条件的影响。具体而言，灌溉用水的多少，灌溉时机和次数是由作物种类、生长状态、当地水热资源和灌溉基础设施条件共同决定的，反映的是作物-自然-社会三者的联系。更直接地，需要灌溉和能够提供灌溉是灌溉行为发生的充分必要条件（图 3-9）。

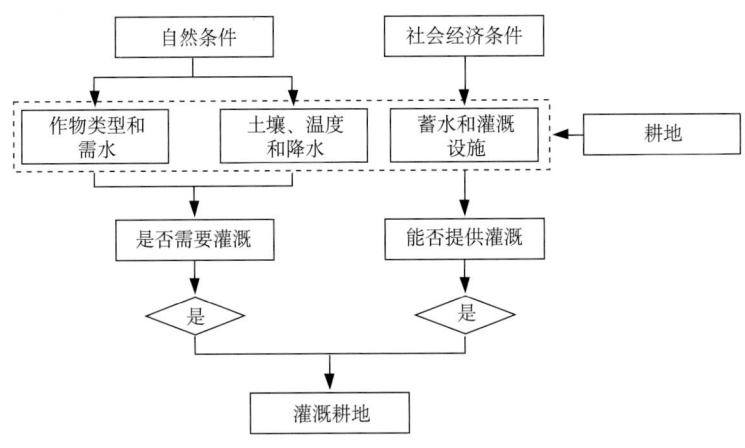

图 3-9 灌溉发生的判断

具体地，我们可以从实验设计中变量控制的角度来理解如何从耕地中区分灌溉和雨养耕地（表 3-3）。但由于在不同地区，水源和设施分布差异较大，比如灌溉水的来源（年际变化，地表或地下，引水或蓄水，灌溉工程的辐射能力），因此利用遥感技术来获取灌溉耕地空间信息主要基于灌溉需求和灌溉效果。这些特征可以大致分为 3 类：①地理特征；②植被与土壤特征；③植被与土壤特征的时序变化。

表 3-3 区分灌溉和雨养耕地

指标	直接关联信息	间接关联参量
能否提供（灌溉条件）	水源，设施	地形
是否需要（灌溉需求）	降水，作物需水	地形，气候
差异（灌溉结果）	植被或土壤水分（变化）	植被长势（变化），地表温度（变化）

在上述特征中，地理特征如降水、高程和坡度，作物物候规律等分别表征了对水分的获取和贮留条件，以及水分需求的时间和水平；植被特征如长势、水分及它们的时序变化表征了植被或土壤在不同水分条件下的状态和波动。在接下来的 3.4 节，将依次阐述如何应用这些特征所涉参量，来区分灌溉和雨养耕地。

3.4 灌溉耕地制图特征参量

3.4.1 地理特征参量

灌溉耕地分布与地理环境密切相关，尤其在社会经济条件不发达的地区，灌溉耕地空间分布格局直接由降水、地形等地理环境因子决定。因此，地理环境参量往往成为灌溉耕地制图中考虑的重要特征之一。具体应用上主要是根据这些特征采取分层分类的策略，对目标区域进行划分。如降水、坡度、海拔和水源分布等，是耕地获取水源能力的直接或间接反映，可以根据它们获取灌溉耕地空间分布的部分先验知识。在降雨明显不能满足作物生长的干旱地区，如伊朗（Toomanian et al., 2004），没有灌溉就没有农业；

类似地，董婷婷（2009）、高占义和穆建新（2003）认为通过年降水量能基本确定中国农业的完全灌溉区，同时前者也发现西北地区的灌溉耕地都分布在近水源地区（董婷婷等，2009）。Dheeravath 等（2010）将印度耕地按照降雨和海拔分为 6 个区，并分别分类。在新西兰等农业规模化和生产水平较高的地区，高海拔或高坡度的耕地往往不利于获取水源或储留水分，或因分布零散而难以统一管理，往往被排除在灌溉区域外（Pairman et al.，2011）。还可将这些特征结合农业生产规律，精简优化遥感数据特征，如结合研究区降雨无特定规律和家畜啃食植被对牧场植被 NDVI 会产生影响的特点，参考连续 3 年遥感影像数据以降低分类误差（Pairman et al.，2011）。

不同生长期作物对水分的需求不同，降水的多少或时间与作物需求不吻合，是灌溉发生的必要条件。通过比较雨季发生时间和作物规律，Kamthonkiat 等（2005）认为研究区降水在时间上分布集中，难以满足当年第二季作物需要，因此推断当地双季种植区必定是需要灌溉的，这一推论也被部分学者在其他地区所验证（Biggs et al.，2006；Pervez et al.，2014）。然而，印度等具有丰富天然降水的地区却可以较好满足单季作物甚至多季作物种植需要，因此需要注意利用地理特征所得规律的普适性的问题。作物需水涉及具体作物或生长期，它们与降水时间或多寡的对应也是需要考虑的问题，因此这一先验知识多在降水条件较极端的地区，根据分类目的（如春季灌溉/夏季灌溉作物、水稻田等），对作物进行大致归类后再行判断（Beltran et al.，1998）。

此外，一些地理特征也可能被直接设计在算法中。由于灌溉对相关设施的需求以及相对规范的管理，使得灌溉耕地会具有地势平坦规律的特点而具备一定的纹理特征。但它们在灌溉耕地提取中的应用有限。已有研究中，董婷婷等（2009）对中国北方的水浇地和旱地在分形纹理特征和地形特征上讨论较深入，以它们为主要分类依据的研究也取得了较好的效果（Dong et al.，2010）。

3.4.2 植被与土壤特征参量

植被具有特定的光谱特征，灌溉引起的土壤水分和植被生长状况差异是利用遥感进行灌溉耕地识别的主要理论基础。灌溉行为直接改变了植被和土壤的水分含量，因此水分敏感波段的较强吸收、植被水分或土壤湿度等植被或土壤理化性质在降雨高峰期外的改变，是对灌溉最直接的反应。Keene 和 Conley（1980）利用夏季灌溉作物比休耕地和收获后耕地在红色波段反射率低的特点，在美国 Kansas 的耕地底图上较好地提取了灌溉耕地；Thenkabail 及其合作者在特定时间节点上，红色-近红外波段特征空间分布的差异对不同土地覆盖类型进行聚类来达到目的（Thenkabail et al.，2009）。

其次，充足的水分条件下植被的正常蒸腾作用和土壤蒸散发作用会带走部分热量，植被冠层和土壤表面温度是植被水分含量或干旱胁迫程度的间接反映。Idso 和 Jackson（1981）据此设计了作物缺水指数（crop stress of water index，CSWI），利用植被冠层温度对植被水分亏缺情况进行判断，但 CWSI 在植被不完全覆盖区对植被水分情况的反应能力不理想。Moran 等（1994）针对这一缺陷，在能量平衡双层模型的基础上，以地表温度是冠层温度与土壤表面温度线性加权及土壤与植被冠层之间不存在感热交换作为假设，建立地表温度和空气温度的差值与地表植被覆盖率的关系，提出了水分亏缺指数（wet deficit index, WDI)。CSWI 和 WDI 被国内一些学者（董婷婷等，2009; Dong et al., 2008）应用于灌溉耕地提取，对比分析发现，WDI 的识别效果要优于 CSWI。Xiang 等（2019）则采用地表水分指数（land surface water index, LSWI）区分灌溉耕地和与其形态接近的自然植被。必须指出的是，水分亏缺水平的变化是灌溉和自然降水双重影响的结果，要避开降水高峰期才可以更好反映灌溉行为的发生。此外，温度变化直接表征了能量传递，利用能量平衡计算植被的水分需求水平和满足程度，也可以估算灌溉面积（Akbari et al., 2007）。Boken 等（2004）也认为反映热量的波段在灌溉耕地提取中提供了有效信息。

从灌溉的结果来看，水分是作物长势最主要的决定因素，相同作物在灌溉耕地的生长状况往往要优于雨养耕地（Wardlow et al., 2008），其生长状况甚至与作物种类和轮作方式无关（Yang, et al., 1998; Pervez et al., 2010）。作为反映作物长势最主要的参数，植被指数被广泛应用于灌溉耕地识别之中。有研究表明归一化植被指数 NDVI 与水分会呈现较好的正相关关系，灌溉耕地区域植被通常具有更高或出现较早的 NDVI 峰值（Pervez et al., 2010），这在半干旱或干旱地区表现尤为突出。据此，利用灌溉作物与雨养作物的物候或者长势差异，应用某一个或几个时间点的 NDVI 特征参量就能够识别灌溉耕地（Eckhardt et al., 1990; Idso et al., 1981; Shamal et al., 2014）。除 NDVI 外，部分学者也分析了 EVI、绿度指数（green index, GI）等植被指数对灌溉的敏感性，Gitelson 等（2005）发现在植被关键生长期，GI 对灌溉更为敏感，Ozdogan 和 Gutman（2008）与 Gitelson 结论一致，同时他们还认为宽动态范围的植被指数、增强型植被指数对灌溉的敏感性也要优于 NDVI，但这些指标都还未实际应用于灌溉耕地提取。

3.4.3 时间特征参量

耕地植被特征不仅包括特定单一时间点的特征，也包括整体生长周期的特征，提取效果不仅与影像获取时间有关，还与影像数量的多寡密切相关（Pax-Lenney et al., 1997）。在灌溉和雨养耕地的作物物候、生长或水分状况存在明显差异的情况下，单一时间点的植被参量可以作为划分灌溉耕地的主要特征（Beltran et al., 1998），这一方式对特征的时间选择要求较高且规则使用范围十分局限。随着研究区域情况复杂性增加，从时间尺度上扩展特征参量成为必然。一方面，不同时期的影像逐步加入到分类计算中以建立更为复杂的分类规则；另一方面，将特征参数在作物特定或完全生长期的变化轨迹作为一个整体特征进行聚类。

Thenkabail 等（2005）在采用单一时间点上近红外和红色（NIR-RED）特征空间分布进行聚类时，产生了大量冗余类别，通过增加各类别在不同时相的 NIR 与 RED 信息，分析他们在 NIR-RED 特征空间内的变化轨迹，逐步将类别进行融合提炼，得到了较好的灌溉耕地识别效果；Biggs 等（2006）将时序 NDVI 进行最大值合成后利用 ISOCLASS 方式进行聚类后，再进行类别的合并；Thenkabail 等（2007）尝试应用光谱匹配技术，利用具有时间信息的样本点，建立了灌溉和雨养耕地的标准时序光谱数据库，提取了无样本数据历史年份的灌溉耕地分布。此外，综合多种时序-光谱特征，构建新的特征参量也是有效识别灌溉耕地的方法改进方向之一。Kogan（2001）兼顾植被生长和温度，提出了植被健康指数（vegetation health index, VHI），并认为基于 VHI 比 NDVI 提取灌溉耕地效果更好。Boken 等（2004）的研究支持了 Kogan 的结论，认为在作物生长期内，VHI 与灌溉相对 NDVI 呈现更高的正相关，但同时也指出了这一相关性在不同地区的差异。此外，Abuzar 等（2015）的研究也遵循了这一思路。

3.5 灌溉耕地制图方法

根据方法思路可将灌溉耕地制图方法分为两类。一类以遥感数据作为主要特征来源进行提取或分类。早期的小区域研究中，以依据专家知识进行的人工解译为主，从遥感影像上直接提取灌溉耕地。利用作物关键生长期的彩色合成影像（Heller et al., 1979）或灌溉引起的耕地在特定波段的不同反射率（Keene et al., 1980），勾绘出灌溉耕地的范围，甚至利用不同作物物候差异直接判断耕地的灌溉与否。选择最适宜时期的影像是该方法的关键所在。人工解译方法的主要贡献是发现了一些特定波段（如红色和近红外）在识别灌溉耕地中的作用，但并未发挥遥感低成本和高效率的技术优势（Ozdogan et al., 2010）。近年来，随着计算技术的发展，直接利用遥感影像或土地覆盖产品对像元进行分类成为主流。这些分类方法的划分体系有参数和非参数分类、监督和非监督分类以及面向像元/亚像元和面向对象分类（贾坤等，2011），以及按照学习模型层次而划分的浅层学习和深度学习（余凯等，2013）。另一类利用灌溉相关特征的分布信息，将统计数据分配至空间格网或区划。随着遥感和相关数据产品的丰富，不同算法、不同数据源或特征的融合技术，也成为适应大区域复杂条件下灌溉耕地空间分布提取的重要技术（表3-4）。但总体上，用于制作灌溉耕地分布图的方法相比土地覆盖监测和作物提取仍然十分有限。本节以最常见的分类方法划分体系，监督和非监督分类（董婷婷，2010）对已使用在区分非灌溉和灌溉耕地中的分类方法进行简要阐述。

表 3-4 灌溉耕地空间分布制图中用到的典型方法

制图思路	方法类别	典型方法	优点	缺点
遥感特征提取分类	监督分类	阈值法	规则清晰、计算简单	需要优选特征，连续数据处理能力差
		最大似然法	处理多特征参量	参数分布假设不合理时表现欠佳
		随机森林	不需优选特征	分类过程难以控制，结果受特征分级影响大
		BP 神经网络	自学能力强，非线性处理能力高	运算速度慢，对学习结果无记忆
		像元分解计算	改善混合像元问题	规则适应范围有限
	非监督分类	K-MEANS	快速简单	初始中心选择对结果影响大
		ISODATA	能自动迭代进行合并或分裂	难以控制聚类数量
空间数据重建		非遥感数据融合	与统计数据吻合程度较高	产品更新慢分辨率不高
		非遥感与遥感数据融合	对样本依赖少计算效率高	参量表现的地域差异大

3.5.1 监督分类

监督分类通过已知类别的样本提取的目标类别特征来建立规则，确定像元类别，是一个匹配过程。其中最为常见的是阈值法，其应用主要有单一特征的单一阈值和单一特征的多时相阈值决策树等两种方式。在一些灌溉与雨养耕地特征差异明显的地区，仅凭特定的作物生长或灌溉时段就能够达到分类目的，如农业即等同于灌溉农业的伊朗（Akbari et al., 2007），又如灌溉水稻的水分需求高峰与降雨集中时段错开的泰国（Kamthonkiat et al., 2005）。但这种情况并不普遍，更多的地区需要考虑多种作物的物候差异，必须结合不同农作物的生长规律在不同时段划定多个阈值进行分层，逐步决策。如Ozdogan等（2003, 2006）分析了土耳其南部当地的作物种类和物候特征后，选取夏季中后期的9景影像计算NDVI，根据实地调查数据的统计结果设定阈值，对Harran平原和GAP灌溉工程的灌溉面积变化进行了分析；Ozdogan和Gutman（2008）在对美国的研究中采取了类似的方式，利用多时相GI构建了决策树。以上研究都集中在生产模式较为单一或管理规范的地区，在地理和气候条件差异大、生产形式多元的地区，还需要结合分层分类策略或多种特征在二维空间上分类，比如澳大利亚Ramo-Darling盆地灌溉水系和设施发达，管理规范，半干旱的气候使灌溉植被与雨养植被在长势和水分含量上差异明显，Abuzar等（2015）据此选取作物关键生长期影像，设定NDVI与昼夜温差的阈值区分灌溉和雨养耕地。阈值分类规则清晰简单、易于实现，但需要对特征进行优选，且不擅长处理连续数据。随机森林通过随机抓取训练样本和选择特征组合成多个决策树，弥补了这一缺陷。Machwitz等（2010）在阿姆河三角洲的灌溉耕地提取中就使用了这一方法，他们分析了当地的耕作模式、主要作物物候期和土地覆盖类型的特征参量时序变化规律，将MODIS产品中的EVI、NDVI、RED、BLUE、MIR等特征指数或波段反射率根据作物生长期分为5个时间段作为特征，放入随机森林进行分类，不仅区分了灌溉和雨养耕地，而且将棉花和水稻等主要作物和沙漠等其他地类一次提取成功。但Machwitz之后鲜有学者再利用这一方法提取灌溉耕地，且属性数据级别划分方式会明显影响随机森林的分类结果，即便规避了特征优选，类似"黑匣子"的随机方式却使其分类规则不清晰，分类过程难以控制，因此还需要更多的深入研究。最大似然分类是最早引入灌溉耕地提取中的自动分类方法之一，但应用不多，常作为其他算法的对照标准（董婷婷，2009）。它根据训练样本建立的判别特征集来判断像元归属为某一类的概率，将分类对象归为概率最大的一个类别。如Beltran和Belmonte（1998）在西班牙Lamancha选取5月和8月的单景NIR影像识别了夏季/春季灌溉作物和冬季/春季作物。此外，最大似然法在同时利用多特征参量进行细致分类时比决策树更有优势。如Heller等（2012）选取印度Krishna盆地GREEN、RED、NIR和RED 4个波段在11月、1月和3月的5景影像，根据制图需要把最大似然法分层操作3次，区分了雨养水田、甘蔗（灌溉）、灌溉/雨养轮作田和灌溉/雨养单季耕地；又如EL-Magd和Tanton（2003）将同样的操作重复了7次，将Landsat中的7个波段的反射率曲线作为整体，只利用8月中一个日期的影像就提取了作物种类和灌溉信息。此外，BP神经网络分类也得以尝试，且Dong等（2008）在对中国水浇地的提取研究中认为它分类效果优于最大似然法，她还和Wang（Dong et al., 2010）利用这一方法在分型纹理特征和地形特征的基础上较好地区分了中国北方的水浇地和旱地。

总体上，监督分类方法优势在于能够利用先验知识明确锁定对象类别。但对训练样本的依赖限制了应用。一方面，在对研究区域地域特点、农业生产习惯和水平缺乏经验的情况下，样本采集中容易漏掉一些出现概率小的类别。事实上，当前研究中对样本的收集也确实集中于研究区域内的主要农作物，如印度 Krishna 盆地的棉花和水稻，土耳其的棉花、谷子和玉米（Ozdogan et al., 2006）, 伊朗的大麦、小麦、水稻和蔬菜（Akbari et al., 2007）等，对小宗作物考虑不周。同时，训练样本的有限的覆盖范围使分类规则普适性不高，难以满足大区域制图的需求，Boken 等（2004）在美国两个县分别对比了 VHI 和 NDVI 与像元灌溉比例的关系，不仅认为得到的回归方程在干旱地区效果更好，而且在两个试验县得到的回归参数也不同；在阿富汗，根据 NDVI 建立的决策模型中参数在不同省份要进行调整以适应地区差异（Pervez et al., 2014），但在伊朗 Isfahan 能够直接利用 NDVI 计算像元灌溉比例（Akbari et al., 2007），泰国 SuphanBuri 灌溉与雨养耕地的 NDVI 峰值却没有差异。此外，样本采集耗时耗力也是监督分类方法被诟病的原因之一。上述分类方法都是对像元"非此即彼"的二元划分不能避免混合像元的问题，计算像元属于某一类别的概率或像元中每一类别的比例是目前改善混合像元问题的常用方式，即所谓"软分类"（任武等, 2011），但由于其需要实地样本来建立像元成分的计算方式，因此该文也将其归于监督分类。该方法在灌溉制图中主要体现为计算像元内的灌溉比例。一是利用遥感产品得到与灌溉有关的特征参数来计算单个像元的灌溉比例。例如，灌溉面积与昼夜温度（Ozdogan et al., 2008），或者区域各个地类和灌溉面积的统计数据（Biggs et al., 2006）之间的回归关系。二是融合较高分辨率分类产品和较低分辨率产品，利用干旱地区植被（灌溉耕地）面积与相关波段的直接相关性，建立高分辨率影像与低分辨率影像中遥感参量的数学关系直接进行低分辨率影像像元内植被覆盖面积的计算（Toomanian et al., 2004）；甚至直接采取人工解译方式获取高分辨率分类结果作为真值，对低分辨率的分类结果直接估算（Biggs et al., 2006）。同时，在一些研究中即使采取了非监督或监督分类的方式，但在农业区与自然地理分区难以区分的地区，一些学者依然会采取类似软分类的表达形式，例如"灌木和灌溉耕地"等。

3.5.2 非监督分类

非监督分类被等同于聚类，即进行像元的单一或多个特征在一维或多维空间上某种距离的计算，将距离较近像元自动归为一类，这是一个查找过程。从特征的角度，以 Thenkabail 等（2005）在印度 Ganges 和 Indus 流域的研究最为全面：他们首先选取 5 月某期单景影像，对像元在 RED-NIR 二维空间上进行聚类，得到了近 100 个类别；然后增加 RED 和 NIR 在其他时期的影像，利用像元在 RED-NIR 空间分布的移动轨迹再次聚类，初步合并第一步中产生的类别；最后利用 NDVI 时序曲线和作物物候规律得到最终聚类结果。不仅如此，他们还对灌溉作物不同波段组合的二维空间分布和多波段曲线进行分析，并认为 SWIR 和 NIR 在灌溉作物中提供的信息对分类提供了最有效的信息。其他类似研究都只选取了多波段反射率或者 NDVI 时序数据进行聚类，不再赘述。

但是，聚类结果不等于分类结果，其判定过程类似监督分类。首先，需要真值或样本作为参考对象。这一过程分为用户控制和根据真值样本数据进行特征匹配。前者与人工解译类似，如 Thelin 和 Heimes（1987）；后者与监督分类的"匹配"类似，但匹配原则不是"符合哪类的条件就属于哪类"而是"与哪类更像就归入哪类",因此也能够较好地处理连续数据。Gumma 等(2011)对加纳的研究中,除了实地调查数据,还结合了 Google Earth 的人工解译结果。其次没有人工或样本约束使聚类结果的数量难以控制。以上表明,非监督分类应等同于"查找+匹配",难以完全脱离真值样本。事实上在大区域制图研究中,多元的区域地理特征或农业生产规律增加了灌溉耕地提取的难度,非监督分类与监督分类结合是常用的模式,以适应引入的多时相和类型的特征参量。聚类不受样本限制的特点弥补了监督分类样本收集和普适性的问题,监督分类又控制和补充聚类的结果。有些学者则认为多年份样本数据不仅具有高参考价值,并且一定程度上消除了天气等偶然因素对数据质量的消极影响,如 Machwitz 等(2010)为了制作无样本数据的历史年份的灌溉分布图,利用研究当年采集的样本数据建立的标准光谱库来判定历史年份的光谱聚类结果,据此认为,对历史数据的充分挖掘可能会提高非监督分类的应用范围。

3.5.3 数据融合

多源数据融合有 3 种形式:非遥感数据融合、非遥感数据与遥感数据融合及多源遥感数据融合(陈迪等,2016)。目前灌溉耕地制图中使用到的主要为前两种。非遥感数据融合基于统计数据、相关地物或地理特征空间分布数据,以目标类别的统计数据作为总量约束,利用统计收集的相关特征数据建立空间分配规则,将统计数据分配至空间格网单元。在灌溉耕地分布制图中,建立分配规则的依据通常是灌溉设施分布、作物复种指数等影响灌溉耕地空间分布的特征量(Petra et al., 2000),是目前全球灌溉耕地制图的主要方法。其产品与统计数据吻合程度较高,但分辨率低、更新慢。Pervez 和 Brown(2010,2014)在美国灌溉耕地提取中遵循了同样的思路,首次基于遥感影像得到的植被指数特征来决定统计灌溉面积的分配次序,即非遥感数据与遥感数据的融合。这一改进扬弃了基于统计数据建立分配规则的传统,能够有效提高制图效率和产品分辨率;基于前人实验结果和少量地面检验数据建立的分配规则是行之有效的,其降低了分类规则对训练样本的依赖;他们以较小行政单位(县)作为分类的基本单元,一定程度上规避了大区域制图中气候和农业生产模式的多样性对分类的影响。Zhu 等(2009)和 Wriedt 等(2014)的研究也采取了同样方式,但选择或者构建的判别指标不同。多源遥感数据融合是综合多种平台影像以丰富分类特征提高分类精度的有效手段,目前有少量研究讨论了灌溉耕地中同一参量在不尺度下数值的数学关系,并体现在所谓"软分类"中,但还没有研究针对不同影像资源提供的不同尺度和光谱特征信息的应用进行讨论。

3.6 案例:融合遥感与非遥感数据的中国灌溉耕地制图

第 3.3~3.5 小节分别阐述了利用遥感制图技术获取灌溉耕地空间信息的理论和方法基础,但由于遥感数据受分辨率、观测时间和天气等的影响,影像数据往往需要去噪,来过滤无效信息和提取放大有效信息——这是遥感数据处理中一个较为专业的领域,因此本章选用较为简单的方法作为案例,来展示整个制图过程。

3.6.1 理论依据

水分是影响植被长势最主要的因素之一，因此植被长势的参量可以反映生长期内植被水分的供给状况。NDVI 峰值是作物长势状况的重要参考，灌溉作物往往比雨养作物具有更高的 NDVI 峰值。因此，相同作物内或部分不同作物间，NDVI 峰值大的耕地像元成为灌溉耕地的概率较高，甚至与耕作模式或作物种类无关，在降水不足时表现尤为明显（Pervez et al., 2010）。同时，由于地块信息由像元内部种植结构和作物种类决定，而相同种植区或局地尺度的作物种类较固定，使得局地尺度下地块信息较固定。根据上述理论基础，Pervez 等（2010，2014）提出以 NDVI 峰值为分类依据，在局地尺度下对灌溉统计数据进行空间重建，获取灌溉耕地空间分布。

3.6.2 数据准备

本部分所用数据包括县级灌溉面积统计数据、时间序列 NDVI 数据、耕地的空间分布数据和用于精度验证的参考数据。

（1）县级灌溉面积统计数据来自全国各省、市和自治区统计年鉴中的有效灌溉面积（area of effective irrigation，AEI）。其中香港、澳门和台湾不包含在内。部分区县级行政区数据不全，采用地市 AEI 面积总量减去辖区内其他县级行政区数据相减得到，并作为整体进行计算。

（2）时间序列 NDVI。来自 NASA 的 MODIS 13Q1 植被指数产品。经波段运算后由月度最大合成得到。像元和时间分辨率分别为 250m 和 16d。原始数据的预处理采用 MODIS 专用数据处理软件 MRT 进行拼接和转投影。

（3）中国大陆耕地空间分布。采用的是 30m 空间分辨率的全球地表覆盖数据产品 GlobeLand30，具体介绍在本书第 2 章 2.2.1 部分，不再赘述。

（4）精度验证数据为来自中国科学院资源环境数据中心的中国土地利用覆盖产品。该产品的耕地类别包含了水田、水浇地和旱田，其中水田和水浇地与（1）所述 AEI 内涵一致。

3.6.3 技术流程

该方法的技术流程如图 3-10 所示，主要包括两部分。一是耕地 NDVI 时序数据重建及峰值提取。采用一种基于移动窗口的加权回归方法（Pervez et al., 2010; Swets et al., 1999），重构 NDVI 时序数据，以降低观测条件的不利影响。该方法根据当前时间的 NDVI 与两侧相邻 NDVI 数值的大小关系赋予不同的权重，经剔除异常值、滑动窗口线性回归来重构 NDVI 时序曲线，然后基于重构的时序数据提取当前耕地像元的 NDVI 峰值。二是区域耕地像元灌溉潜力排序和空间迭代。基于前述理论基础，局地尺度下作物品类和耕作模式的一致性使得能够通过长势较好地区分灌溉和雨养作物（Leff et al., 2004），故以县作为基本地块单元，在县域内根据步骤一中得到的 NDVI 峰值，从大至小对耕地像元进行排序，作为像元得到灌溉的可能性的描述，NDVI 峰值越大，则受到灌溉的可能性越高。然后，根据排序结果对像元个数逐次累加，并将像元累加后对应的面积与当前县灌溉统计面积进行对比。如此迭代,当两者数量基本一致时停止迭代,参与迭代计算的像元被认为是灌溉耕地像元。

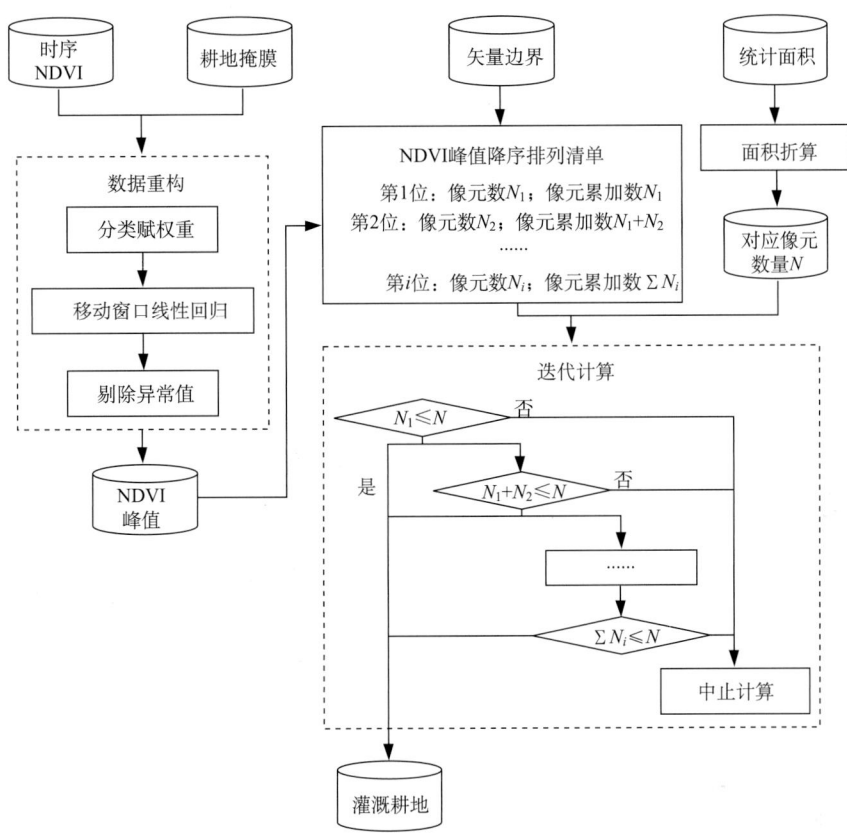

图 3-10　NDVI 峰值融合统计数据获取灌溉耕地空间信息

3.6.4　制图结果与精度评价

图 3-11 是利用 Pervez 等的方法得到 2010 年中国灌溉耕地空间分布图。可以看出,中国农业可以河北最北端全广西中部最南端一线为分野:东侧以灌溉农业为上,且从北至南逐步分散;西侧以雨养为主,灌溉耕地总量有限,局地集中。

本节研究方法分类结果的总体数量精度较高(表 3-5)。经统计,面积相对误差(relative error,RE)小于 5%全国县比例超过 90%,约 1/4 的县统计灌溉面积与分类结果的偏差趋近于 0 或没有灌溉分布;RE 超过 30%的县占 4.23%,主要集中分布在山西省,其他分布在河南、湖北、上海、湖南、广东、内蒙古和西藏。

本节研究中制图的绝对误差以负误差为主(表 3-5),与 Pervez 等的结果一致。同时,负误差在不同水平内的分布比例都远高于正误差,后者对应的相对误差绝大部分小于 5%。原因是当区域内有足够耕地像元参与分配时,误差的绝对值只取决于灌溉耕地面积大小,而绝大部分出现正误差的县,出现在灌溉面积较大的地区。各省自身的绝对误差取决于各个县市占省内灌溉面积比例及其数量误差,可分为 4 种情况:一是省内各区县误差绝对数值均匀,能够反映全省总体误差水平,如山西省;二是省内各区县正负误差在数量和绝对值分布上都较均匀,汇总计算得到省份相对误差接近于 0,如天津、吉林等;三是少数区县绝对误差过大,极值被凸显,影响本省数量精度。如湖北虽然整体误差与山西相近,但主要来自于 20%的区县。广东、陕西、上海、黑龙江等也属此列。四是各县绝对误差正负相互抵消,极值被掩盖,如内蒙古自治区。

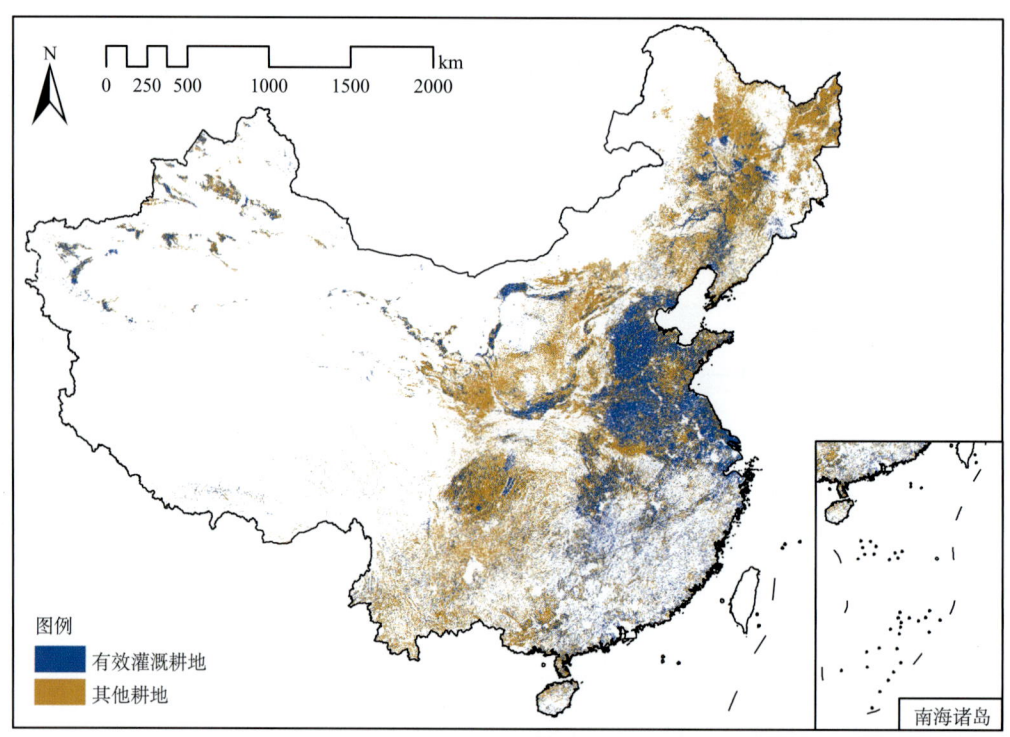

图 3-11 2010 年中国有效灌溉耕地分布

表 3-5 2010 年不同省份的灌溉耕地面积、灌溉率及数量误差统计结果

分区	省份	有效灌溉耕地面积 /km²	灌溉率 /%	相对误差/%		绝对误差/%	
				本节研究	对比产品 GMIA	本节研究	对比产品 GMIA
东北	内蒙古	30 275.00	42.36	0	22.30	0.59	6 751.33
	辽宁	15 375.40	37.64	5.93	11.53	−911.22	1 772.78
	吉林	17 268.00	31.20	0.01	4.75	−1.87	820.23
	黑龙江	38 752.20	32.76	9.21	0.98	−3 570.62	379.77
华北	北京	2 114.20	91.25	0.03	92.62	−0.67	1 958.17
	天津	3 446.10	78.13	0	11.72	0.13	403.88
	河北	45 480.10	71.99	2.88	8.64	−1 308.03	3 929.48
	山西	12 741.50	31.42	36.41	19.16	−4 639.23	2 441.27
	山东	49 553.00	65.94	0.85	10.34	−421.03	5 123.78
	河南	50 809.60	64.10	1.56	0.36	−793.08	182.91

续表

分区	省份	有效灌溉耕地面积/km²	灌溉率/%	相对误差/%		绝对误差/%	
				本节研究	对比产品GMIA	本节研究	对比产品GMIA
东南	上海	2 010.00	82.38	14.23	44.57	−286.10	895.86
	江苏	38 197.40	80.18	4.31	4.75	−1 647.85	1 814.38
	浙江	14 509.80	75.54	0.01	3.77	−2.13	547.02
	广东	18 724.60	66.15	9.47	65.76	−1 773.76	12 313.30
	福建	9 675.10	72.74	0.45	1.82	−43.91	176.09
	海南	2 437.90	33.51	0.03	36.42	0.82	887.88
华中	安徽	35 197.80	61.43	2.48	2.30	−873.40	809.55
	湖北	23 797.80	51.02	34.41	18.48	−8 189.66	4 397.83
	湖南	27 390.00	72.28	2.46	2.53	−674.71	692.97
	江西	18 523.90	65.52	0	3.53	0.28	653.89
西南	广西	15 230.50	36.11	2.06	2.09	−313.60	318.32
	重庆	6 852.50	30.65	0	2.44	0.20	167.20
	四川	25 531.10	42.93	0	3.33	−0.49	850.19
	贵州	11 317.20	25.23	0.02	1.51	1.94	−170.89
	云南	15 884.20	26.16	0	6.21	−0.17	986.41
西北	西藏	2 370.30	65.55	20.60	120.75	−488.36	2 862.14
	陕西	12 848.70	31.72	8.77	12.40	−1 126.63	1 593.24
	甘肃	17 284.50	37.10	0	30.83	−0.13	5 328.81
	青海	2 516.70	46.37	0	117.98	0.07	2 969.20
	宁夏	4 646.00	41.97	0	20.07	−0.02	932.45
	新疆	37 216.00	90.23	0.01	48.28	−3.95	17 967.88

注：灌溉比例为有效灌溉面积除以耕地面积。耕地面积为全国第二次土地调查结果，来源于中国统计年鉴（2011）

不同省份灌溉耕地的空间精度如表3-6所示。全国总体精度为64.20%，各省精度极差为48.35%。以本节首段所述河北北端至广西南端为分野——精度居全国前列的省区多居于东侧，并由北向南精度逐渐降低；北部的东北3省的分类精度总体上不高于全国平均水平；西部各省精度与地域走向无明显关联，仅甘肃、宁夏分类效果较好。

表3-6 空间精度及对比 （单位：%）

省（市、自治区）	本节	对比	省（市、自治区）	本节	对比
北京	52.44	91.16	湖北	54	68.41
天津	69.37	98.72	湖南	69.85	53.66
河北	74.71	71.86	广东	45.36	64.54
山西	39.86	60.63	广西	43.4	53.88
内蒙古	56.62	63.10	海南	34.05	63.73
辽宁	59.79	59.47	重庆	51.00	42.70
吉林	67.19	56.37	四川	60.48	53.31

续表

省（市、自治区）	本节	对比	省（市、自治区）	本节	对比
黑龙江	63.63	50.37	贵州	39.17	57.20
上海	90.64	91.47	云南	58.68	44.12
江苏	78.28	81.15	西藏	—	—
浙江	74.96	88.35	陕西	54.18	69.51
安徽	70.91	95.94	甘肃	74.26	75.00
福建	31.21	61.73	青海	35.58	—
江西	69.31	68.75	宁夏	79.56	89.81
山东	72.03	73.58	新疆	64.42	94.29
河南	73.63	76.94			

参 考 文 献

陈迪，吴文斌，陆苗. 2016. 基于多源数据融合的地表覆盖数据重建研究进展综述. 中国农业资源与区划, 37(9): 62-70.

董婷婷. 2009. 中国水浇地和旱地的遥感分类及其景观格局研究. 北京：中国科学院遥感应用研究所博士学位论文.

董婷婷，王振颖，武玉峰. 2010. 水浇地与旱地分类的研究进展. 遥感信息, 4: 129-134.

董婷婷，左丽君，张增祥. 2009. MODIS 数据的水浇地提取. 遥感学报, 13(3): 528-534.

高占义，穆建新. 2003. 中国的灌溉发展及其作用. 日本京都：第三届世界水论坛.

贾坤，李强子，田亦陈. 2011. 遥感影像分类方法研究进展. 光谱学与光谱分析, 31(10): 2618-2623.

任武，葛咏. 2011. 遥感影像亚像元制图方法研究进展综述. 遥感技术与应用, 26(11): 33-44.

余凯，贾磊，陈雨强，等. 2013. 深度学习的昨天、今天和明天. 计算机研究与发展, 50(9): 1799-1804.

Abuzar M, McAllister A, Whitfield D. 2015. Mapping irrgated farmlands using vegetation and thernmal thresholds derived from Landsat and ASTER data in an irrigation district of Australia. Photogrammatric Engineering and Remote Sensing, 81(3): 229-238.

Akbari M, Toomanian N, Droogers P, et al. 2007. Monitoring irrigation performance in Esfahan, Iran, using NOAA satellite imagery. Agricultural Water Management, 88: 99-109.

Arino O, Bicheron P, Achard F, et al. 2008. GLOBCOVER: The Most Detaild Portrait of Earth. European Space Agency Leuven, Netherlands.

Arino O, Gross D, Ranera F, et al. 2007. GlobCover: ESA service for global land cover from MERIS. IEEE International Geoscience and Remote Sensing Symposium Barcelona, Spain.

Beltran C M, Belmonte A C. 1998. Irrigated crop area estimation using landsat TM imagery in La Mancha, Spain. Photogrammatric Engineering and Remote Sensing, 67(10): 1177-1184.

Biggs, T W, Thenkabail P S, Gumma M K. et al. 2006. Irrigated area mapping in heterogeneous landscape with MODIS time series, ground truth and census data, Krishna Basin, India. International Journal of Remote Sensing, 27(19): 4245-4266.

Biradar C M, Thenkabail P S, Noovjipady P. et al. 2009. A global map of rainfed cropland areas(GMRCA)at the end of last millennium using remote sensing. International Journal of Applied Earth Observation and

Geoinformation, 11(2): 114-129.

Boken V K, Honngenboom G, Kogan F N, et al. 2004. Potential of using NOAA-AVHRR data for estimating irrigated area to help solve an interstate water dispute. International Journal of Remote Sensing, 25(12): 2277-2286.

Bontemps S, Bogaert E V, Defourny P, et al. 2009. GlobCover2009 Products Description Manual, Version 1.0. Available online: http: //ionial. esrin. esa. int[2017-05-27].

Brown J F, Pervez M S. 2014. Merging remote sensing data and national agricultural statistics to model change in irrigated agriculturae. Agricultural systems, 127: 28-40.

Chen Y, Lu D, Luo L, et al. 2017. Detecting irrigation extent, frequency, and timing in a heterogeneous arid agricultural region using MODIS time series, Landsat imagery, and ancillary data. Remote Sensing of Environment, 204: 197-211.

Dheeravath V, Thenkabailb P S, Chandrakanthac G, et al. 2010. Irrigated areas of India derived using MODIS 500 m time series for the years 2001-2003. ISPRS Journal of Photogrammetry and Remote Sensing, 65(1): 42-59.

Dong T, Jiang M, Qian F, et al. 2008. Researching on extracting irrigated land in northern China based on MODIS data. IEEE Earth Observation and Remote Sensing Applications(EORSA), International Geoscience and Remote Sensing Symposium, International Workshop on Earth Observation and Remote Sensing Applications.

Dong T, Wang Z. 2010. A new method to distinguish between irrigated dry land and rain-fed dry land using multi-temporal MODIS and ancillary data: an application example in China. International Conference on Image Analysis and Signal Processing, 393-398.

Eckhardt D W, Verdin J P, Lyford G R. 1990. Automated update of an irriagted lands GIS using SPOT HRV imagery. Photogrammatric Engineering and Remote Sensing, 56(11): 1515-1522.

EL-Magd I A, Tanton T W. 2003. Improvements in land use mapping for irrigated agriculture from satellite sensor data using a multi-stage maximum likelihood classification. International Journal of Remote Sensing, 24(21): 4.

Foley J A, Ramankutty N, Brauman K A, et al. 2011. Solutions for a cultivated planet. Nature, 478(7369): 337-342.

Gao Q, Zribi M, Escorihucla M J, et al. 2018. Irrigation mapping using Sentinel-1 time series at field scale. Remote Sensing, 10(9): 1495.

Gitelson A A, Vina A, Ciganda V, et al. 2005. Remote estimation of canopy chlorophyll content in crops. Geophysical Research Letters, 32(8): 1-4.

Gleick P H. 2003. Global freshwater resources: soft-path solutions for the 21st Century. Science, 302(5650): 1524-1528.

Gordon L J, Steffen W, Jonsson B F, et al. 2005. Human modification of global water vapor flows from the land surface. Processings of the National Academy of Sciences of the United States of America, 102(21): 7612-7617.

Gumma M K, Nelson A, Thenkabail P S, et al. 2011. Mapping rice areas of South Asia using MODIS multitemporal data. Journal of Applied Remote Sensing, 5(1): 053547.

Heller E, Rhemtulla J M, Lele S, et al. 2012. Mapping crop types, irrigated areas and cropping intensities in heterogeneous landscapes of Southern India using multi-temporal medium-resolution imagery: Implications for assessing water use in agriculture. Photogrammatric Engineering and Remote Sensing, 78(8): 815-827.

Heller R C, Johnson K A. 1979. Estimating irrigated land acerage from Landsat imagery Photogrammtric Engineering and Remote Sensing, 45(10): 1379-1386.

Idso S B, Jackson R D, PinterJr P J, et al. 1981. Normalizing the stress-degree-day parameter for environment variability. Agricultural Meteorology, 24: 45-55.

Iizumi T, Furuya J, Shen Z, et al. 2017. Nishimori. Responses of crop yield growth to global temperature and socioeconomic changes. Science Reports, 7(1): 7800.

Kamthonkiat D, Honda K, Turral H, et al. 2005. Discrimination of irrigated and rainfed rice in a tropical agricultural system using SPOT VEGETATION NDVI and rainfall data. International Journal of Remote Sensing, 26(12): 2527-2547.

Keene K M, Conley C D. 1980. Measurement of irrigated acreage in western Kansas from Landsat imagery. Environmental Geology, 3(2): 107-116.

Kogan F N. 2001. Operational space technology for global vegetation assessment. Bulletin of the American Meteorological Society, 82(9): 1949-1964.

Lawston P M, Santanello J A, Franz T E, et al. 2017. Assessment of irrigation physics in a land surface modeling framework using non-traditional and human-practice datasets. Hydrology and Earth System Sciences, 21: 2953-2966.

Leff B, Ramankutty N. 2004. Geographic distribution of major crops across the world. Global Biogeochemical Cycles, 18(1): 231-254.

Löw F, Biradar C, Fliemann E, et al. 2017. Assessing gaps in irrigated agricultural productivity through satellite earth observations-A case study of the Fergana Valley, Central Asia. International Journal of Applied Earth Observation and Geoinformation, 59: 118-134.

Lu M, Wu W, Zhang L, et al. 2016. A comparative analysis of five global cropland datasets in China. Science China-Earth Sciences, 59: 2307-2317.

Machwitz M, Blothe J H, Klein D, et al. 2010. Mapping of large irrigated areas in Cnetral Asia using MODIS time series. Remote Sensing for Agriculture, Ecosystems, and Hydrology, SPIE, 7824: 1-12.

Meghan S J, Friedl M A, Frolking S, et al. 2015. Global rainfed, irrigated and paddy croplands: a new high resolution map derived from remote sensing, crop inventories and climate data. International Journal of Applied Earth Observation and Geoinformation, 38: 321-334.

Moran M S, Clarke T R, Inoue Y, et al. 1994. Estimating crop water deficit using the relation between surface-air temperature and spectral vegetation index. Remote Sensing of Environment, 49(3): 246-263.

Muramatsu K, Ono K, Soyama N, et al. 2017. Determination of ice paddy parameters in the global gross primary production capacity estimation algorithm using 6 years of JP-MSE flux observation data. Journal of Agricultural Meteorology, 73: 119-132.

Ozdogan M, Gutman G. 2008. A new methodology to map irrigated areas using multi-temporal MODIS and ancillary data: an application example in the continental US. Remote Sensing of Environment, 112(9): 3520-3537.

Ozdogan M, Woodcock C E, Salvucci G D. 2003. Monitoring changes in irrigated lands in southeastern

Turkey with remote sensing. IEEE Geoscience and Remote Sensing Symposium, IGARSS, 3: 1570-1572.

Ozdogan M, Woodcock C E, Salvucci G D, et al. 2006. Changes in summer irrigated crop area and water use in Southeastern Turkey from 1993-2002: implications for current and future water resources. Water Resource Management, 20(3): 467-488.

Ozdogan M, Yang Y, Allez G. et al. 2010. Remote sensing of irrigated agriculture: opportunities and challenges. Remote sensing, 2(9): 2274-2304.

Pairman D, Belliss S E, Cuff J, et al. 2010. Detection and mapping of irrigated farmland in Canterbury, New Zealand. IEEE International Geoscience and Remote Sensing Symposium: 696-699.

Pax-Lenney M, Woodcock C E. 1997. The effect of spatial resolution on the ability on to monitor the status of agricultural lands. Remote Sensing of Environment, 61(2): 210-220.

Pervez M S, Brown J F. 2010. Mapping irirgated lands at 250m scale by merging MODIS data and national agricultural statistics. Remote Sensing, 2: 2388-2412.

Pervez M S, Budde M, Rowland J. 2014. Mapping irrigated areas in Afghanistan over the past decade using MODIS NDVI. Remote Sensing of Environment, 149: 155-165.

Petra D, Siebert S. 1999. A Global Digital Map of Irrigation. Center of Environmental Systems Research, University of Kassel.

Petra D, Siebert S. 2000. A digital global map of irrigated areas. Icid Journal, 49(2): 55-66.

Portmann F T, Siebert S, Doll P. 2010. MIRCA2000—Global monthly irrigated and rainfed crop areas around the year 2000: a new high-resolution data set for agricultural and hydrological modeling. Global Biogeochemical Cycles, 24(1): 2013-2024.

Ragettli S, Herberz T, Siegfried T. 2018. An unsupervised classification algorithm for multi-temporal irrigated area mapping in central Asia. Remote Sensing, 10(11): 1823.

Rosegrant M W, Ca X. 2002. Appraisal and assessment of world water resources. Water International, 27:1.

Salmon J M, Frield M A, Frolking S, et al. 2015. Global rain-fed, irrigated, and paddy croplands: a new high resolution map derived from remote sensing, crop inventories and climate data. International Journal of Applied Earth Observation and Geoinformation, 38: 321-334.

Shamal S A M, Weatherhead K. 2014. Assessing spectral similarities between rainfed and irrigated croplands in a humid evvironment for irrigated land mapping. Outlook on Agriculture, 43(2): 109-114.

Shiklimanov I A. 2000. Appraisal and assessment of world water resources. Water International, 25(1): 11-32.

Siebert S, Burke J, Faures J M, et al. 2010. Groundwater use for irriagtion—a global inventory. Hydrology and Earth System Sciences, 14: 1863-1880.

Siebert S, Doll P. 2001. A Global Digital Map of Irrigated Areas-an Update for Latin America and Europe. Center for Environmental Systems Research, University of Kassel, Germany.

Siebert S, Doll P, Hoogeveen J. 2007a. Global map of irriagted areas version2. 1: updates for Africa and Oceania. Center for Environmental Systems Research, University of Kassel, Germany, Food and Agricultural Organization of the United Nations, Rome, Italy.

Siebert S, Doll P, Hoogeveen J, et al. 2005a. Development and validation of the global map of irrigation areas. Hydrology and Earth System Sciences, 9: 535-547.

Siebert S, Feick S, Hoogeveen J. 2005b. A Digital Global Map of Irrigated Areas: an Update for Asia. Hohann Wolfgang Goethe University, Frankfurt an Main, Germany and FAO, Rome, Italy.

Siebert S, Henrich V, Frenken F, et al. 2013. Update of the Digital Global Map of Irrigation Areas (GMIA) to Version 5. Institute of Crop Science and Resource Conservation, University of Bonn, Germany; Land and Water Division, Food and Agriculture Organization of the United Nations, Rome, Italy.

Siebert S, Hoogeveen J, Frenken K. 2006. Irrigation in Africa, Europe and Latin America: Update of the Digital Global Map of Irrigation Areas to Version 4. Johann Wolfgang Goethe University, Frankfurt am Mian, Germany and FAO, Rome, Italy.

Siebert S, Petra D, Jippe H. 2007b. Global Map of Irrigation Areas Version 4. 0. 1. FAO Land and Water Digital Media Ser. 34 FAO, Rome.

Swets D, Reed B C, Rowland J, et al. 1999. A Weighted Least-squares Approach to Temporal Smoothing of NDVI . Portland, Oregon: Proceedings of 1999 ASPRS Annual Conference, From Image to Information.

Thelin G P, Heimes F J. 1987. Mapping irrigated cropland from Landsat data for determination of water use from the high plains aquifer in parts of Colorado, Kansas, Nebraska, New Mexico, Oklahome, South Dakota, Texas and Wyoming. Geological Survey Frofessional Paper.

Thenkabail P S, Biradar C M, Noovjipady P, et al. 2009. Global irrigatd area map(GIAM), derived from remote sensing, for the end of the last millennium. International Journal of Remote Sensing, 30(14): 3679-3733.

Thenkabail P S, Hanjra M A, Dheeravath V, et al. 2010. A holistic view of global croplands and their water use for ensuring global food security in the 21st century through advanced remote sensing and non-remote sensing approaches. Remote Sensing, 2: 211-261.

Thenkabail P S, Krishna M, Turral H. 2007. Spectral matching techniques to determine historical land-use/land-cover 9LULC)and irrigated areas time-series 0.1 degree AVHRR pathfinder datasets. Photogrammatric Engineering and Remote Sensing, 73(9): 1028-1040.

Thenkabail P S, Schull M, Turral H. 2005. Ganges and Indus river basin land use/land cover(LULC)and irrigated area mapping using continuous streams of MODIS data. Remote Sensing of Environment, 95(3): 317-341.

Thenkabail P S, Teluguntla P, Xiong J, et al. 2016. NASA MEaSUREs Global Food Security-Support Analysis Data(GFSAD)Crop Mask 2010 Global 1 km V001. NASA EOSDIS Land Processes Distributed Active Archive Center Sioux Falls, SD, United States.

Toomanian N, Gieske A S M, Akbary M. 2004. Irrigated area determination by NOAA-Landsat upscaling techniques, Zayandeh River Basin, Isfahan, Iran. International Journal of Remote Sensing, 25(22): 4945-4960.

Velpuri N M, Thenkabial P S, Gumma M K, et al. 2009. Influence of resolution in irrigated area mapping and area estimation. Photogrammatric Engineering and Remote Sensing, 75(12): 1383-1395.

Wardlow B D, Egbert S L. 2008. Large-area crop mapping using time-series MODIS 250m NDVI data: an assessment for the U. S. central great plains. Remote Sensing of Environment, 112(3): 1096-1116.

Wriedt G, Velde M V D, Aloe A, et al. 2009. A European irrigation map for spatially distributed agricultural modelling. Agricultural Water Management, 96: 771-789.

Wu P, Jin J, Zhao X. 2010. Impact of climate change and irrigation technology advancement on agricultural water use in China. Climate Change, 100(3-4): 797-805.

Xiang K, Ma M, Liu W, et al. 2019. Mapping irriagted areas of Northeast China in comparison to natural vegetation. Remote Sensing, 11: 825.

Xie Y, Lark T J, Brown J F, et al. 2019. Mapping irrigated cropland extent across the conterminous United States at 30 m resolution using a semi-automatic training approach on Google Earth Engine. ISPRS Journal of Photogrammetry and Remote Sensing, 155: 136-149.

Yang L M, Wylie B K, Tieszen L L, et al. 1998. An analysis of relationships among climate forcing and time-integrated NDVI of grasslands over the US northern and central Great Plains. Remote Sensing of Environment, 65(1): 25-37.

Yang Y, Xiao P, Feng X, et al. 2017. Accuracy assessment of seven global land cover datasets over China. ISPRS Journal of Photogrammetry and Remote Sensing, 125: 156-173.

Zhu X, Zhu W, Zhang J, et al. 2014. Mapping irriagted areas in China from remote sensing and statistical data. IEEE Journal of Selected Topics in Applied Earth Observations and Remote Sensing, 7(11): 4490-4504.

第4章 农业种植制度遥感制图

4.1 引　　言

4.1.1 耕地复种指数

耕地复种指数描述的是单位面积耕地一年几熟或几年几熟的种植方式，体现了耕地在时间和空间上的集约化利用（左丽君等，2009），本质反映了人类-自然复合关系。一方面，耕地的复种可能性受到区域的气候、高程等自然资源环境承载的约束，人类技术进步和管理措施提升一定程度上会改变自然环境的约束阈值；另一方面，耕地复种的实现程度受到技术、品种、经济、管理等人类活动因子影响，也会正向或负向反馈于自然生态环境。因此，耕地复种指数具有自然性、社会性的双重属性，其研究的核心目的在于科学理解和解释这种复杂的人类-自然耦合关系，进而科学服务于农业可持续发展目标。

耕地复种指数作为耕作制度或农作制中衡量耕地集约化利用程度的重要指标，既是农学学科的研究范畴，也是地理学科的研究范畴，具有多学科交叉的特点。经过多年、多学科的融合发展，耕地复种指数研究包括复种指数的格局与过程探测、功能与效应分析、优化与调控等3个核心研究内容。格局与过程探测研究是基础，是后两者研究的前提；功能与效应分析是核心，是格局与过程研究的延伸，也是优化与调控的依据；优化与调控是目标，实现过程和功能的权衡，以及人类-自然的协调发展。每个核心研究内容涉及的研究对象和研究方向具有多样性和复杂性，研究数据涵盖遥感、地面观测、社会经济统计等多源数据集，研究方法从定性描述向定量模拟、单一方法向综合模型进行转变。可见，耕地复种指数研究需要自然科学、工程科学和社会科学等多个学科门类的综合、交叉和集成，才能更好揭示其复杂现象的科学本质。

耕地复种是人类对土地资源持续开发利用和不断干预的过程。耕地复种指数的格局与过程是指不同耕地单元复种指数的空间分布关系与演变过程。格局是复种指数的外在表象，过程是复种指数变化的内在机理。格局影响过程，过程改变格局。因此，科学弄清耕地复种指数的数量大小、空间分布、区域差异及其时空变化过程是耕地复种指数研究的首要任务。耕地复种指数可分为潜在复种指数和实际复种指数。潜在复种指数是指充分利用水、土、光和热等自然资源时能达到的最大复种指数，其估算方法包括农业气候法、作物生长模型法和经济学模型法（左丽君等，2009）。实际复种指数是指受经济、政策、人力和技术条件等因素制约下所实现的实际复种水平。早期采用统计法估算实际复种指数，即利用行政区划单元的播种面积和耕地面积统计数据计算实际复种指数。随着对地观测技术的快速发展，遥感监测法迅速成为区域实际复种指数监测的主流方法，其理论依据是时间序列遥感数据变化可以较好描述年内作物从生长到成熟、衰落等周期性活动过程（唐鹏钦等，2010; Canisius et al., 2007）。

受自然生态环境和社会经济条件的双重影响，耕地复种指数格局始终处于持续变化过程之中，直接驱动复种指数的功能和效应发生变化。耕地复种指数的功能和效应是指耕地复种行为所表现出的能力、功效和对资源环境的扰动和破坏。复种指数的功能属性和效应属性往往相伴而生，功能多具有特定的效应，效应也会影响功能的发挥，两者共同对社会-经济系统和自然生态系统产生重要影响。因此，全面分析耕地复种指数时空变化的功能和效应成为耕地复种指数研究的核心内容。耕地复种指数首先影响农业土地系统能够提供的产品、服务和功能，尤其是粮食产出，同时也会反馈于农田生态环境。一方面，多熟种植一定程度上提高资源利用效率（逄焕成等，1998），如缓和区域水循环（Spera et al., 2016），充分利用水资源并保证作物高产高效（胡兵辉等，2015; 赵印英，2004），可以改善农田土壤生态环境（徐宁，2013）。但一味通过提高复种指数维持耕地高产，导致肥料和农药等生产投入增加，加大了水土资源的承载压力，带来显著的环境效应，尤其以负面效应为主，威胁到农业生产的可持续发展（张新焕等，2012; Bommarco et al., 2013）。

面对国家粮食安全战略需求、生态安全基本约束的新形势，在继续严格保护耕地数量、轮作休耕养地的同时，提升耕地复种指数、走耕地内涵式集约利用模式，是我国未来粮食增产和确保国家粮食安全的重要策略（吕晓等，2015）。耕地复种指数提升有助于高效利用有限的耕地资源、增加单位土地面积的产出能力，但需要以最低的资源消耗和生态环境为代价。因此，需要在科学层面系统开展耕地复种潜力优化配置研究，实现可持续、合理地挖掘复种潜力。耕地复种指数的优化和调控实际上是对资源、环境和生态的扰动过程，具有"双刃剑"效应。可见，需要综合考虑耕地集约化利用与资源、环境、生态的相互关系，进行不同区域、不同系统之间的权衡优化，建立耕地集约利用和科学保护协同、资源节约型和环境友好型相结合的可持续复种模式（费罗成等，2009; 石淑芹等，2017; Kuemmerle et al., 2013）。因此，耕地"可持续集约化"的科学概念应时而生，即"提高现有耕地单位面积产出的同时，减轻并最小化集约化利用过程对生态环境的压力和影响"（Foley et al., 2011; Pretty et al., 2014）。但是，如何科学推进可持续性集约化利用仍待深入研究（Garnett et al., 2013; Rockstrom et al., 2017），尤其需要强化可持续性评估、障碍性因子分析和系统性优化调控等方面的科学研究。首先，可持续性科学评估是优化调整的基本前提，其核心目标是实现耕地复种利用与自然生态本底特征、经济社会发展需求相匹配。其次，障碍性因子分析是优化调整的科学依据，其关键在于科学理解耕地复种指数提升的各种影响因素及其作用过程和机制。最后，系统性优化调控是在耕地复种可持续性评估和障碍因子分析的基础上，研究提出耕地复种指数持续高效利用的调控策略。

4.1.2 耕地物候参数

物候现象包括各种植物的发芽、展叶、开花、结实、叶变色、落叶，动物的蛰眠、复苏、始鸣、交配、繁育、换毛、迁徙，以及一些非生物现象，如初霜、终霜、结冰、消融、初雪、终雪等（竺可桢等，1999）。物候现象与环境条件密切相关，它不仅可以反映出当地、当时的环境条件,而且能够反映过去一段时间内环境条件的积累,被称作环境变化的积分仪(方修琦等,2002)。物候现象出现的早晚综合地反映了气候、水文、土壤等环境因子的变化,因此也被称作自然环境变化的综合指示器(葛全胜等,2003)。研究物候是为了认识自然现象随季节变化的规律,以服务于生产生活以及科学研究等。

进行物候观测和积累较长时期的观测记录,是开展物候规律研究和应用的基础。我国最早的物候记录出现在春秋战国甚至更早的《夏小正》中,后世的诸多典籍中更是包含了丰富的物候信息。我国现代物候学的创始人竺可桢先生曾用历史文献中记载的物候资料,重建了中国5000年来的气候变迁规律。目前最长的物候观测数据为日本自9世纪就开始记录的京西花园每年樱花盛开的时间(葛全胜等,2010)。现代物候观测是建立在一定的规范和标准之上的,按照统一观测方法建立物候观测网,对不同地区的物候现象进行同步观测。有组织的物候观测开始于18世纪中后期的欧洲,当时瑞典植物分类学家林内曾对瑞典境内的植物物候进行了科学、系统的观测。此后,许多国家都建立了物候观测网,其中最具有代表性的是德国于20世纪20年代开始创建的国际物候观测园。我国的物候观测网于1963年建立,由中国科学院地理研究所领导,约有60个观测点,并规定全国共同观测46种动植物(木本植物33种、草本植物2种、动物11种),资料以年报形式出版。此外,自1991年以来国家气象局系统也基于全国范围内的农业气象站点开展了农作物物候期的观测和记录。

遥感观测克服了传统地面物候观测站点和覆盖范围有限的缺点,实现了由点向面的空间尺度转换,是对地面物候观测的有益补充(Fisher et al., 2007; Studer et al., 2007)。遥感技术的应用使得原来由于地形、交通等因素制约而无法到达的地区也能够开展对物候的动态监测,同时也使物候观测的对象从某种特定植被转变为包含不同植被类型的生态系统层面(辛景峰等,2001)。研究发现,生态系统层面的物候现象与气候变化有着十分密切的联系(Chen et al., 2002)。借助遥感手段获得的物候信息可以有效监测与生态系统有关的气候参数,有利于了解气候变化对生态系统的影响及其周期性变化规律(武永峰等,2005)。物候遥感观测能够反映出植被的季节性生长发育过程及其年际变化特征,揭示植被季节性现象与环境周期性变化之间的相互关系,进而服务于农业生产、全球变化和生态学应用等方面(李荣平等,2006)。

目前,不断丰富的遥感对地观测数据正日益成为物候观测的主要信息源,在不同时间和空间尺度的植被物候动态变化研究中发挥着重要的作用(张学霞等,2003)。利用从遥感数据中提取的植被物候信息可以从较大尺度上研究整个植被生态系统的物候特征,强化人们关于生物圈与大气圈相互作用机理的认识,深入了解全球变化及其与陆地生态系统的关系(范广洲等,2010)。此外,遥感观测获取的植被物候还是陆面过程模型和用于模拟植被生产力及其类型变化的动态植被模型的重要参数,是指示气候和自然环境变化的重要指标(王连喜等,2010)。物候遥感观测研究已成为当前的热点之一,在农业生产管理、全球变化监测以及生态环境模拟等领域具有十分重要的意义(Chen et al., 2005)。

4.2 农业种植制度遥感提取的理论基础

传统的物候信息获取是以地面观测为基础的，主要依靠人工观察和记录，尽管简单易行但是费时费力，且易受到观测者主观认识差异的影响和观测站点空间分布的限制，难以进行大尺度的时空变化分析（张峰等，2004）。遥感观测具有宏观、高效和便捷的特点，能够提供覆盖范围广、时间序列长的多时相重复对地观测，从遥感数据中获取物候信息逐渐成为物候研究的重要手段（陈效逑等，2009）。观测对象的综合性决定了遥感所获取的物候信息与地面观测记录获取的物候信息有所不同，有的研究者称之为地表物候（Brown et al., 2010; Hudson et al., 2011; Julien et al., 2009）。植被作为地表生态系统的主体，其物候特征在地表物候中占有十分重要的地位，当前的物候参数遥感提取研究主要关注植被物候。

典型植被的反射波谱特性曲线具有明显而且独特的规律性。在可见光波段，植被的反射和透射都很低，受到叶绿素的影响，在 $0.45\mu m$ 蓝光和 $0.67\mu m$ 红光处各存在一个吸收带，而在 $0.55\mu m$ 绿光处则形成一个小反射峰。在近红外波段，从 $0.7\mu m$ 附近开始植被的反射率陡然增加，在 $0.8\sim1.1\mu m$ 形成一个高的反射率平台，这是叶片细胞结构多次散射造成的（刘良云，2014）。植被指数是由多光谱遥感数据经过空间变换或者不同波段之间的线性、非线性组合构成，其原理正是利用了植被的光谱特征，通过强化可见光（主要是红光）与近红外波段反射率之间的差异来反映植被的生长状况（王正兴等，2003；王正兴等，2006）。随着植被的生长，叶绿素吸收和叶片细胞结构反射增强，红光反射率减少，近红外反射率增加，由红光和近红外波段组合构成的植被指数逐渐增大；当植被生长达到顶峰时，对应的植被指数也达到生长期内的最大值；在持续一段时间后植被开始进入衰退阶段，随着叶片的枯萎，叶绿素吸收和叶片细胞结构反射减弱，红光反射率增加，近红外反射率减少，由红光和近红外波段组合构成的植被指数也逐渐减小（张明伟，2006）。因此，时间序列的植被指数曲线可以表征植被生长期内的变化特征，以非常直观的形式反映了植被从生长开始到结束的整个生理过程（张峰等，2004）。

植被是覆盖地表的植物群落的总称，植被物候则是指植物群落物候现象的总体表现。星载多光谱传感器的重复观测能够提供植被指数时间序列数据，为大中尺度的植被物候观测创造了有利条件（武永峰等，2008）。地面的植物物候观测往往是基于单株植物或物种进行的，而遥感观测得到的是像元内的植物群体所组成的植被物候特征。Moulin 等（1997）用休眠期、生长期和衰老期 3 个阶段来定义植被的整个周期循环，Zhang 等（2003）则以返青期、成熟期、衰老期和休眠期 4 个阶段描述植被生长的年内动态情况。这些阶段之间的转换对应着植被形态的变化，在时间序列植被指数曲线上对应着植被指数由低到高至最大值，然后再逐渐降低的全过程。从遥感数据中获取植被物候信息主要是基于时间序列植被指数进行的，以生长周期内不同阶段之间的转换为特征来描述植被的物候现象，并据此判断出植被的关键物候期。

4.3 时间序列植被指数重构方法

由于受太阳高度角、大气作用、云雨天气和观测几何等因素的干扰(Narasimhan et al., 2010),时间序列 NDVI 曲线会呈现锯齿状的不规则形态,无法直接用于植被物候参数提取。因此,需要采用合适的方法对时间序列 NDVI 曲线进行去噪重构,减少噪声带来的异常值干扰,重构得到平滑的时间序列 NDVI 曲线。

目前用于时间序列重构的常用方法有:Savitzky-Golay 滤波法(SG)、非对称高斯函数拟合法(asymmetric Gaussian,AG)、双逻辑斯谛函数拟合法(double-logistic,DL)、时间序列谐波分析法(harmonic analysis of time series,HANTS)等(张晗等,2014; Savitzky et al., 1964)。

4.3.1 非对称高斯函数拟合法

非对称高斯函数拟合法(AG)是一种由局部拟合到整体拟合的方法,使用高斯函数来分段模拟植被的生长过程,最后通过平滑连接各段高斯拟合曲线实现时间序列的重构(Jonsson et al., 2002)。其主要过程大致可以分为区间提取、局部拟合和整体连接 3 个步骤。首先提取原始时序数据曲线中的谷值和峰值,采用高斯函数分别拟合曲线的左右部分。针对曲线突出部分拟合效果欠佳的问题,将曲线划分成左边谷值区、中部峰值区与右边谷值区,分别用不同的局部拟合函数进行描述,最后再利用各局部拟合函数构建整体拟合函数。局部拟合函数为

$$f(t) = f(t; c_1, c_2, a_1, \cdots, a_5) = c_1 + c_2 g(t; a_1, \cdots, a_5) \tag{4-1}$$

式中,$f(t)$ 为高斯函数;c_1 和 c_2 控制曲线的基准和幅度;a_1 决定峰值和谷值的位置;a_4、a_5 和 a_2、a_3 分别控制曲线左、右部分的宽度和陡峭度。整体拟合函数为

$$F(t) = \begin{cases} \alpha(t) f_L(t) + (1-\alpha(t)) f_L(t), t_L < t < t_C \\ \beta(t) f_C(t) + (1-\alpha(t)) f_R(t), t_C < t < t_R \end{cases} \tag{4-2}$$

式中,$[t_L, t_R]$ 是时序数据中待拟合部分的变化区间;$f_L(t)$、$f_C(t)$ 和 $f_R(t)$,分别代表 $[t_L, t_R]$ 区间内左边谷值、中间峰值及右边谷值对应的局部拟合函数;$\alpha(t)$ 和 $\beta(t)$ 为介于 0 和 1 之间的剪切系数。通过整体拟合函数将局部拟合函数连接起来是该方法的关键之一,这种从局部到整体的拟合策略避免了整体数据对局部拟合的干扰,拟合后的曲线更加接近真实情况。

4.3.2 双逻辑斯谛函数拟合法

双逻辑斯谛函数拟合法(DL)同样是基于从局部到整体的拟合思想,处理过程与 AG 相类似,区别之处在于局部拟合函数为双逻辑斯谛形式且比 AG 函数少一个参数(Jönsson et al., 2004)。DL 拟合的局部拟合函数为

$$f(t) = f(t; c_1, c_2, a_1, \cdots, a_4) = c_1 + c_2 g(t; a_1, \cdots, a_4) \tag{4-3}$$

式中，$g(t;a_1,\cdots,a_4)$ 为双逻辑斯谛函数，c_1 和 c_2 控制曲线的基准和幅度；a_1、a_2 和 a_3、a_4 分别控制曲线左、右部分的拐点位置及拐点处的变化速率，整体拟合函数与 AG 拟合相同。

4.3.3 Savitzky-Golay 滤波法

Savitzky-Golay（SG）滤波法是 Savizky 和 Golay 于 1964 年提出的，它是一种通过局部多项式回归模型来平滑时序数据的时域低通滤波方法（Chen et al., 2004）。SG 滤波的基本思想是基于多项式，在滤波窗口内利用最小二乘法对数据进行最佳拟合，可以简单地理解为一种加权平均算法，权重由在一个滤波窗口范围内做最小二乘拟合的多项式次数来决定（蔡天净等，2011）。SG 滤波公式为

$$Y_j' = \frac{\sum_{i=-n}^{n} C_i Y_{j+1}}{N} \tag{4-4}$$

式中，Y 为原始数据；Y' 为拟合值；C_i 为第 i 个点的权重；$N=2n+1$ 为滤波窗口的大小。SG 滤波法对滤波窗口的大小非常敏感，滤波窗口的宽度设置偏小容易产生大量冗余数据，反之则可能遗漏一些细节信息（顾娟等，2006）。另外，拟合多项式的次数也会对平滑效果产生影响，次数较低时结果较为平滑，当次数较高时则会导致过度拟合。

4.3.4 时间序列谐波分析法

时间序列谐波分析法（HANTS）的核心算法是傅立叶变换和最小二乘法，先借助傅立叶在时间域和频率域的正反变换实现曲线的分解和重构，再通过最小二乘的迭代拟合算法去除受云污染较严重的时序 NDVI 值，最后进行反复迭代达到时序 NDVI 曲线去云重构的目的（Roerink et al., 2010）。该算法公式为

$$y(t_j) = \tilde{y}(t_j) + \varepsilon(t_j) \quad (j=1,2,\cdots,N) \tag{4-5}$$

$$\tilde{y}(t_j) = a_0 + \sum_{i=1}^{nf}[a_j\cos(2\pi f_i t_j) + b_i\sin(2\pi f_i t_j)] \tag{4-6}$$

式中，y 为原始序列；$\tilde{y}$ 为重构后的序列；ε 为错误序列；t_j 为 j 时刻 y 的观测值；nf 为不同频率的波数；a_0 为零频率的系数；a_j 和 b_i 为有频率的三角函数分量的系数。

4.4 农业种植制度关键参数提取方法

4.4.1 阈值法

用气候数据对生长季开始的估计和 NDVI 值之间有很大的相关性。当 NDVI 值低于 0.1 时，植被生长季不可能开始。Eleonora 等（2001）在研究亚洲季风气候区不同植被类型的生长季时，把一年中 NDVI 值大于 0.099 的最长连续日期的开端作为生长季的开始日期。Groten 等（2002）用 1984～1993 年的 NDVI 时间序列监测 Burkina Faso 的生长季时，把每 10 天 NDVI 增值的最小值作为生长季开始阈值。Li 等（2003）分别利用 0.1、

0.15、0.2、0.25、0.3、0.35 对内蒙中部的草甸草原和典型草原的生长季长度做出估测，通过比较最后选定 0.1 作为草原生长季开始的最小阈值。估计生长季结束的日期与生长季开始的日期相类似。Justice 等（1985）把 0.099 作为阈值来确定，Eleonora 等（2001）把一年中不同类型植被的 NDVI 值大于 0.099 的最长连续日期的结束作为植被生长季的结束日期。生长季长度是指一年中不同类型植被的 NDVI 值大于 0.09、0.099、0.1、0.17、0.2 的最长连续日期（Eleonora et al., 2001）。

该方法比较简单，能够分析出所有植被类型整个生长季变化的天数，且与地面实测数据相结合，能产生误差较小的结果。但由于受土壤、植被类型、影响亮度的影响，生长季阈值大小很难确定，而且用同一阈值确定不同地区或不同植被类型的生长季开始和结束时间，会产生与实际有很大差异的结果。

4.4.2 时间序列法

1. 平滑移动平均方法

平滑移动平均方法把 NDVI 曲线突然升高当作植被重要光合活动开始的标志，该方法先用移动平均算法提取 NDVI 时间序列曲线，再比较确定与既定趋势的偏离。其计算式（Hoff, 1983）如下：

$$Y_t = \left(X_t + X_{t-1} + X_{t-2} + \cdots + X_{t-(w-1)}\right)/w \tag{4-7}$$

式中，Y_t 为时间 t 的移动平均值；X_t 为时间 t 的平滑 NDVI 值；w 为移动平均的时间间隔。

为了确定 NDVI 时间序列数据变化的趋势，产生基于像元的平滑 NDVI 时间序列和移动平均值的两条曲线，比较实际观测值与作为预报值的移动平均计算结果。生长季的开始定义为当平滑时间序列曲线与呈逐渐增加的趋势并达到一年中 NDVI 最大值的移动平均曲线相交所对应的日期。生长季结束日期的估测方法与上述类似，即平滑时间序列曲线与呈逐渐降低趋势并达到一年中 NDVI 最小值的移动平均曲线相交所对应的时间（Reed et al., 1994）。根据移动平均方法，基于 NDVI 数据，Schwartz 等（2002）计算了生长季的开始日期，Li 等（2003）估测了内蒙古中部草甸草原和典型草原的生长季长度。Yu 等（2003）在此基础上发展了一种增强的方法，利用两个辅助的阈值监测植被生长开始日期，为植被生长开始日期的估计。

该方法可以对代表植被生长的 NDVI 数据做出预报，表明生长季内 NDVI 的变异性，较容易分析不同植被类型的生长季开始和结束日期。但移动平均的时间间隔大小难以确定，甚至对某些地区 NDVI 数据预报会产生错误的结果，从而估计出错误的生长季。

2. NDVI 平均值法

Hogda 等（2001）在研究芬诺斯坎底亚的气候变化对生长季的影响时，利用 15 天的 NDVI 合成数据计算基于像元的 1982~1998 年的 NDVI 平均值，提取每年的代表植被的像元 NDVI 曲线，把逐渐升高的经过 NDVI 平均值的曲线值作为每年植被的生长季开始阈值,与这个阈值对应 15 天中的一天作为植被生长季的开始日期。这种方法保证了在 17 年中时间变化的敏感性。

该方法以平均值为阈值,与生长季开始有最好的相关性,用此阈值计算生长季开始日期的偏差较低。然而,不同年份植被生长状况有很大的差异,故对植被生长状况不同的年份均用同一阈值估计的生长季与实际有一定的偏差。

3. 季节的 NDVI 中点法

Schwartz 等(2002)基于 1990~1999 年空间分辨率为 1km 的两周合成 NDVI 数据计算了植被生长季的开始日期,把生长季开始的阈值定义为 9 个每年的季节 NDVI 中值。季节的 NDVI 中值是基于每个像元的 NDVI 最大值和最小值之间的中值。用季节的 NDVI 中点法确定生长季开始和结束的步骤如下:①提取所有 NDVI 时间序列,去除受云影响的噪声点;②把 NDVI 时间序列连成一条光滑曲线;③计算 NDVI 中值,此中值与 NDVI 时间序列曲线的两个交点就是生长季开始和结束的阈值。

该方法在监测落叶林的生长季变化方面优于平滑移动平均法。由于不同的年份有不同的生长季阈值,该方法可以监测植被生长季的年际变异性,但在某些年份可能会有很大的平均误差。并且该方法对传感器纠正有很大的敏感性,易受传感器校正的影响。

4. 最大变化斜率法

基于 NDVI 数据,Yu 等(2003)提出利用最大变化斜率方法计算植物返青期。NDVI 最大变化斜率所对应的时间必须在植物生长期内,还需根据实际情况设定其他的一些限定条件。最大变化斜率的公式如下:

$$\Delta\text{NDVI}_t = \text{NDVI}_t - \text{NDVI}_{t-1}, \quad \theta_t = \text{artg}(\Delta\text{NDVI}_t) \tag{4-8}$$

$$\Delta\text{NDVI}_{t+1} = \text{NDVI}_{t+1} - \text{NDVI}_t, \quad \theta_{t+1} = \text{artg}(\Delta\text{NDVI}_{t+1}) \tag{4-9}$$

式中,NDVI_{t+1} 为 $t+1$ 时间的 NDVI 值;NDVI_t 为 t 时间的 NDVI 值;NDVI_{t-1} 为 $t-1$ 时间的 NDVI 值;θ_t 为 t 时间的斜率所对应的倾角变化值。计算不同区域的植被生长期内所有时间的 NDVI 斜率所对应的倾角变化值,最大的倾角变化值所对应的时间就是植被的生长季开始的时间。植被生长季结束日期与开始日期的计算方法相同。

该方法考虑了 NDVI 时间序列曲线的变化特征,加入一些限定条件能提高模拟精度,但限定条件具有区域的适用性,为大尺度的模拟带来困难。

4.4.3 物候累计频率法

物候累计频率法是利用植物物候资料,以候为基本时段计算物候现象在各候中发生的频率和累计频率,绘制出物候累计频率曲线。根据曲线上的明显拐点,将曲线划分为几个变化速率由快到慢,再到快,进而再到慢的明显转折阶段,由此确定出一级景观季相演变阶段的起止日期。在此基础上,参照频率曲线的波动特征,又细分出次级景观季相演变阶段(陈效述等,1999)。利用该方法确定地面单站植物群落的物候生长季节,再确定各站生长季起止日期对应的当地像元内的 NDVI 阈值,最后以这些阈值为遥感指标确定具有相似气候而没有物候资料地区的树木物候生长季节（Chen et al., 2000, 2001）。

该方法利用从整体上反映植被冠层季节特性的植物群落物候资料进行分析，将NDVI数据与地面植物的观测数据有机结合，从而确定生长季。然而，物候资料直接影响这种方法的运用，在某些缺少物候资料的气候区内，植被生长季节很难确定。

4.4.4 主成分分析法

1. 奇异值分解与模型结合方法

Tucker 等（2001）在研究 45°~75°N 区域的 1982~1999 年植被生长季变化趋势时，基于每年 40 张 7 天 NDVI 合成影像，先平滑数据和最小化 NDVI 值的变异性，即对影像求空间平均值，再在 1°×1°的区域上用奇异值分解确定生长季的时相图，根据 Badhwar 等（1982, 1984）提出的方法在 NDVI 时相图上确定生长季的开始、生长率、峰值、生长季的结束，其计算式如下：

$$\log(\text{NDVI}) = \log(p_1) + p_3(\log(t) - \log(p_2)) + p_4(p_2^2 - t^2) \quad (4\text{-}10)$$

式中，p_1 为 NDVI 与时间的比率；p_2 表示生长季开始与结束的近似值；p_3 与峰值有关；p_4 是植被的生长率。为了获得生长季的结束日期，把每个时相图分成两半，用前一半时相图的方法，分析后半部分确定生长季的结束。p_2 在 1°×1°的栅格单元上确定后，在大于 1°×1°的区域上，用矢量回归的方法，将 p_2 值应用于 11.2km 的栅格单元。

该方法平滑了 NDVI 数据，最小化了 NDVI 变异性，可以监测生长季开始、结束和长度的空间变化，且方差贡献最大第一主分量代表了 NDVI 随时间的主要演变特征。然而，如果第一主分量的方差贡献率较小，则不能用于生长季估测，并且只能估计同一区域所有植被类型的生长季，不能估计某种植被类型的生长季。

2. 正交函数检验分析方法

对 NDVI、温度和降水变化数据进行经验正交函数分析，可以利用 NDVI 经验正交函数时间曲线进行区域尺度植被的生长季阶段划分（温刚等，2000）。经验正交函数分析基本原理是把包含 n 个空间点（变量）的场随时间变化进行分解，每一时间点上某一要素在分析地域上的分布可以表达为一个向量，这个向量由该要素在这个 n 个空间点上的数值按空间顺序排列构成（黄嘉佑，2000; Tucker et al., 2001）。温刚等（2000）利用 NDVI 经验正交函数时间曲线进行中国东部季风区的植被生长季阶段划分。在植被物候的年变化中，NDVI 经验正交函数存在一些转折点。因此，在排除了月尺度以下的短波干扰后，可以对此时间曲线进行速度变化分析，一次导数反映了物候的变化速度，二次导数反映了物候速度的变化状况。

该方法用方差贡献最大第一主分量代表了 NDVI 随时间的主要演变特征，可以监测植被生长季开始、结束和长度的空间变化。但只能估计同一区域所有植被类型的多年平均生长季，且如果第一主分量的方差贡献率较小则不能用于生长季估测。

4.4.5 曲线拟合法

曲线拟合法先将时间序列划分成逐渐增加和减小的时间序列，即把 NDVI 序列影像分成两部分，前一段是逐渐增加的时间序列，后一段是逐渐减小的时间序列。再利用曲线基于每个像元拟合每段的植物物候期，所用拟合曲线的函数公式如下（Badhwar et al., 1982; Badhwar, 1984; Myneni et al., 1998）：

$$y(x) = a\left(\frac{x}{b}\right)^p \exp\left[q\left(b^2 - x^2\right)\right] \tag{4-11}$$

式中，x 为从 1 月开始算起的天数；y 为时间 x 的 NDVI 值；a、b、p、q 为四个估计参数；a 为春季植被变绿前的 NDVI 值；b 为春季植被变绿的日期；p 为时间序列中 NDVI 最大值。如果拟合秋季植物的枯黄期，把后半段的时间序列反序拟合，式中参数 b 就是植物的枯黄期。

该方法不需要确定阈值，只考虑 NDVI 曲线的变化特征，可用于大尺度乃至全球的植被物候监测。由于采用分段式拟合，可灵活用于不同植被类型的物候监测。然而，如果 NDVI 时间序列曲线起伏变大，拟合曲线很难接近于实际曲线，拟合精度大为降低，并且不容易监测出当 NDVI 值接近于裸地阈值时植被生长开始和结束的日期。

4.5 案例 1：基于 MODIS 和 GF 数据融合的耕地复种频率提取——以鄱阳湖区域为例

4.5.1 MODIS 和 GF 数据融合

1. STARFM 融合方法

本案例采用自适应时空数据融合模型（spatial and temporal adaptive reflectance fusion model，STARFM），对 MODIS 和 GF-1/WFV（GF）数据进行融合来构建高时空分辨率的地表反射率数据集（Gao et al., 2006），其流程如图 4-1 所示。

STARFM 是常用的时空数据融合模型。若忽略大气校正差异和地理位置错误对 MODIS 和 GF 数据的影响，一个异质的 MODIS 像元在 t 时刻的地表反射率（M_t）可以用对应时间和位置的 GF 同质像元的地表反射率和丰度表示：

$$M_t = \sum G_t^i \times A_t^i \tag{4-12}$$

式中，i 为与 MODIS 像元相对应的 GF 像元的位置；t 为数据获取的时间；G_t^i 为 GF 像元的地表反射率；A_t^i 为 GF 像元的丰度。由式（4-12）可得，这些有限的已知条件无法保证 GF 数据的地表反射率由 MODIS 数据计算得到。STARFM 模型假设 MODIS 数据的像元的地表反射率可根据 GF 数据的同质像元的地表反射率来推算，那么寻找目标像元的同质像元十分关键。

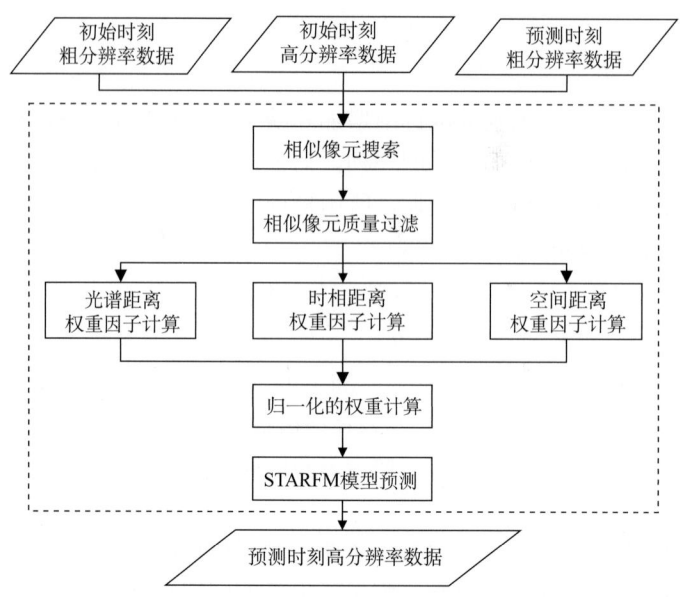

图 4-1 STARFM 时空数据融合模型原理图

当 MODIS 数据和 GF 数据具有相同的影像大小、像元大小和坐标系统时,MODIS 同质像元的地表反射率 $[M(x_i,y_i,t_k)]$ 与对应位置 GF 像元的地表反射率 $[G(x_i,y_i,t_k)]$ 可表示为

$$G(x_i,y_i,t_k) = M(x_i,y_i,t_k) + \varepsilon_k \tag{4-13}$$

式中,(x_i,y_i) 为同质像元的空间坐标位置;t_k 为影像的获取时间;ε_k 为两套数据中对应位置的地表反射率差值。那么,t_0 时刻的 MODIS 像元和对应位置 GF 像元的地表反射率关系可表示为

$$G(x_i,y_i,t_0) = M(x_i,y_i,t_0) + \varepsilon_0 \tag{4-14}$$

如果地表覆盖、系统误差等在 t_0 到 t_k 期间均没有发生变化,即 $\varepsilon_k = \varepsilon_0$,那么由式(4-13)和式(4-14)可得

$$G(x_i,y_i,t_0) = M(x_i,y_i,t_0) + G(x_i,y_i,t_k) - M(x_i,y_i,t_k) \tag{4-15}$$

然而,至少有三种因素会导致假设条件不符合:①地表覆盖从 t_0 到 t_k 期间会发生变化;②MODIS 像元不是同质的,可能对应的 GF 像元是混合的地表覆盖;③从 t_0 到 t_k 期间的地表覆盖状态和双向反射分布函数(BRDF)的变化会改变反射率。实际上这三种因素十分常见,导致假设条件不成立,目标像元的同质像元往往不存在。因此,在模型的应用中通常用目标像元邻近的相似像元去替代同质像元。

随着数据融合模型的发展,寻找相似像元的方法逐渐成熟,其中非监督分类法和阈值法是比较常用的方法。非监督分类法是指在数据融合前对 GF 影像进行分类,被分到同一类的像元就是相似像元。本节研究采用的是阈值法。该方法是指在一个合适的移动窗口内,若 GF 影像的目标像元与某个邻近像元的地表反射率差异在阈值范围内,该邻近像元就是目标像元的相似像元。具体可用式(4-16)表示:

$$\left|G(x_i,y_i,t_k)-G(x_{w/2},y_{w/2},t_k)\right|<2\times G_{std}(t_k)/C \quad (4\text{-}16)$$

式中，w 为用于搜索的移动窗口大小；$(x_{w/2},y_{w/2})$ 为邻近像元的位置；$G_{std}(t_k)$ 为 GF 影像的整体标准差；C 为移动窗口中的地表覆盖的类别。

为保证数据融合结果的精度，需要去除质量不达标的相似像元。当相似像元与移动窗口中心像元之间的距离小于移动窗口中目标像元与中心像元的距离时，该相似像元的质量达标，反之则为质量不达标。为减小数据预处理带来的系统误差，加入不确定性因子 σ_l 和 σ_m 更好地规定相似像元。假设 MODIS 和 GF 地表反射率的不确定性因子分别是 σ_{lm} 和 σ_{mm}，并且所有地表反射率的测量都是独立的。MODIS 和 GF 地表反射率光谱差异的不确定性可表示为

$$\sigma_{lm}=\sqrt{\sigma_l^2+\sigma_m^2} \quad (4\text{-}17)$$

两个 MODIS 地表反射率时相差异的不确定性可表示为

$$\sigma_{mm}^2=\sqrt{\sigma_m^2+\sigma_m^2}=\sqrt{2}\sigma_m \quad (4\text{-}18)$$

考虑到相似像元的不确定性后，可以修正一个合格的相似像元：

$$S_{ijk}<\max(\left|G(x_{w/2},y_{w/2},t_k)-M(x_{w/2},y_{w/2},t_k)\right|+\sigma_{lm} \quad (4\text{-}19)$$

$$T_{ijk}<\max(M\left|(x_{w/2},y_{w/2},t_k)-M(x_{w/2},y_{w/2},t_0)\right|+\sigma_{mm} \quad (4\text{-}20)$$

通过引入邻近像元的相似像元，t_0 时刻中心像元的地表反射率可以用一个加权函数来计算：

$$G(x_{w/2},y_{w/2},t_0)=\sum_{i=1}^{w}\sum_{j=1}^{w}\sum_{k=1}^{n}W_{ijk}\times\left(M(x_i,y_i,t_0)+G(x_i,y_i,t_k)-M(x_i,y_i,t_k)\right) \quad (4\text{-}21)$$

式中，n 是移动窗口包含的相似像元个数；W_{ijk} 为衡量相似像元对目标像元贡献程度的权重系数，它是由相似像元与移动窗口中心像元之间的光谱距离（S_{ijk}）[式（4-22）]、时相距离（T_{ijk}）[式（4-23）]和空间距离（D_{ijk}）[式（4-24）]三个权重因子共同确定的。

$$S_{ijk}=\left|G(x_i,y_i,t_k)-M(x_i,y_i,t_k)\right| \quad (4\text{-}22)$$

$$T_{ijk}=\left|M(x_i,y_i,t_k)-M(x_i,y_i,t_0)\right| \quad (4\text{-}23)$$

$$D_{ijk}=1.0+\sqrt{(x_{w/2}-x_i)^2+(y_{w/2}-y_i)^2}/A \quad (4\text{-}24)$$

式中，(x_i,y_i) 为相似像元的空间坐标位置；A 为用于调节空间距离的权重系数。

光谱距离是指在相同时间内 MODIS 数据的像元与对应位置 GF 数据的相似像元之间的光谱差异。若光谱距离越小，则说明 GF 数据的相似像元与其目标像元差异越小，应赋予越高的权重系数。时相距离是指不同时间内 MODIS 数据的对应像元之间的反射率差异。若时相距离越小，则说明该时间段内地表覆盖没有发生明显变化，应赋予越高的权重系数。空间距离是指 GF 数据的相似像元和目标像元在空间位置上的距离差异。若空间距离越小，则说明两者相离越近，应赋予更高的权重系数。

综合光谱距离、时相距离和空间距离，获得总的权重系数为

$$C_{ijk} = S_{ijk} \times T_{ijk} \times D_{ijk} \qquad (4\text{-}25)$$

最后用归一化的反向距离作为权重函数：

$$W_{ijk} = \left(\frac{1}{C_{ijk}}\right) \Big/ \sum_{i=1}^{w}\sum_{j=1}^{w}\sum_{k=1}^{n}\left(\frac{1}{C_{ijk}}\right) \qquad (4\text{-}26)$$

2. 数据融合结果

基于所能获取的 46 个时相的 MODIS 数据和 11 个时相的高质量无云 GF 数据（2015-01-01、2015-01-22、2015-02-12、2015-03-12、2015-04-14、2015-06-27、2015-08-03、2015-09-09、2015-10-03、2015-10-23、2015-12-16），将其作为初始输入数据，利用 STARFM 模型分别对红光（Red）和近红外（NIR）波段进行融合，构建 2015 年具有 8 天时间分辨率 16m 空间分辨率的红光和近红外波段地表反射率的高时空分辨率数据集。

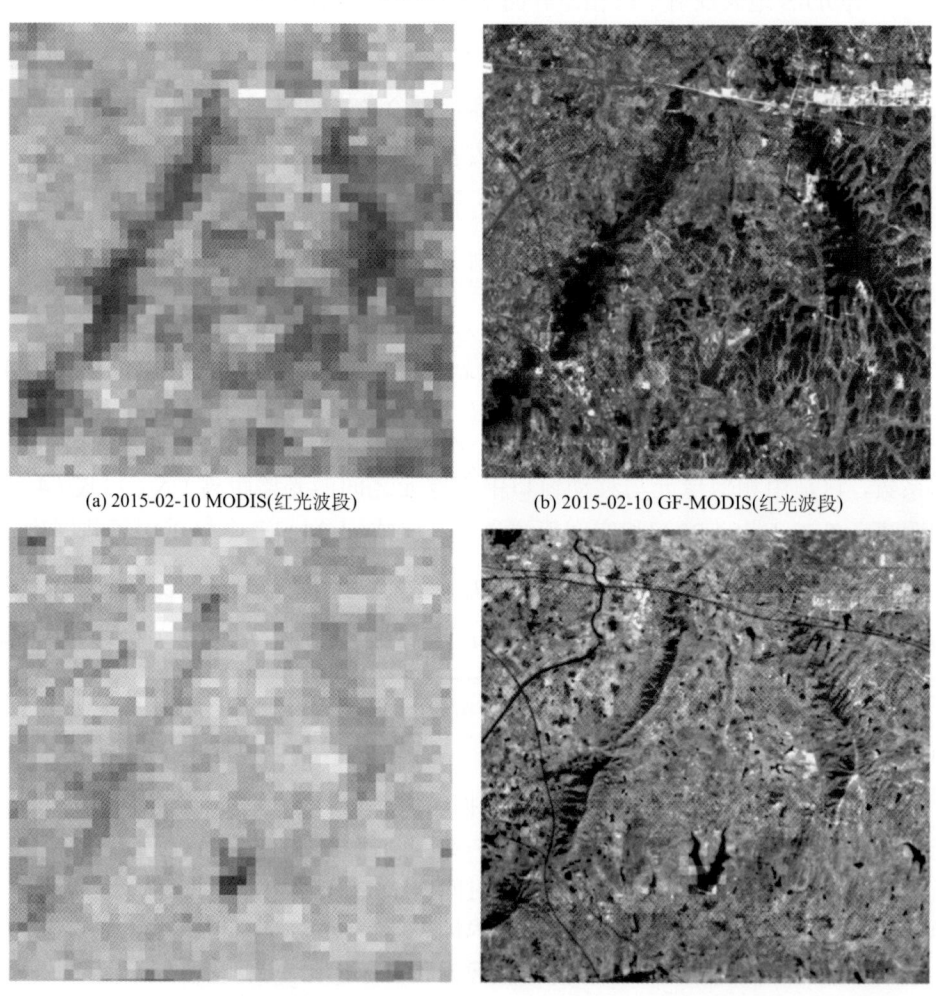

图 4-2　MODIS 原始影像与对应时刻融合影像（2015-02-10）

以 2015-02-12 时的 GF 影像为例，描述融合的结果和效果。将该影像作为初始时刻高空间分辨率输入影像时，选取与它时间上最为接近的第 41 天 MODIS 影像作为初始时刻高时间分辨率的输入影像，根据时间差最小原则对 2015-02-02 到 2015-02-26 时间段内的 MODIS 影像进行融合预测。

为清楚地展示 MODIS 影像融合前后的结果，在研究区随机截取一片示例区（图 4-2）。可见，融合影像巧妙利用了 GF 数据的高空间分辨率优势，将对应 MODIS 数据的 250m 混合模糊像元进行了细化分解，使得融合影像的空间分辨率大大提高，增加了融合影像的清晰度和可读性。

3. 数据融合结果的精度验证

为了评价影像融合的精度，将研究区获得的 11 个时相的 GF 红光波段和近红外波段的真实影像与对应时间的融合影像进行视觉对比和相关性分析（表 4-1）。同样，为了清楚地展示融合的结果和效果，在研究区随机截取一片示例区[图 4-3（a）、图 4-3（b）、图 4-3（d）、图 4-3（e）]，可得融合影像与 GF 影像的红光波段和近红外波段的相关性系数均为 0.87[图 4-3（c）、图 4-3（f）]。

表 4-1 GF 影像与对应融合影像的相关性系数

日期	相关性系数	
	Red 地表反射率	NIR 地表反射率
2015-01-01	0.86	0.87
2015-01-22	0.90	0.91
2015-02-12	0.87	0.87
2015-03-12	0.75	0.79
2015-04-14	0.67	0.71
2015-06-27	0.45	0.62
2015-08-03	0.49	0.49
2015-09-09	0.59	0.83
2015-10-03	0.59	0.85
2015-10-23	0.75	0.84
2015-12-16	0.45	0.61

总体而言，融合影像与真实影像的相关性系数大部分达到了 0.7 以上，说明融合效果总体良好，且较多较均匀的输入数据大大减小了预测时间的跨度，从而提升了总体融合精度。利用时空数据融合模型可以将 GF 影像高空间分辨率的细节分布优势与时序 MODIS 产品高时间分辨率的时间信息优势有效地结合在一起。基于该模型获得的高时空融合数据 GF-MODIS 既可以对 GF 数据缺失的时间序列影像进行有效补充，又可以对 MODIS 数据缺少的空间细节信息进行有效细化。

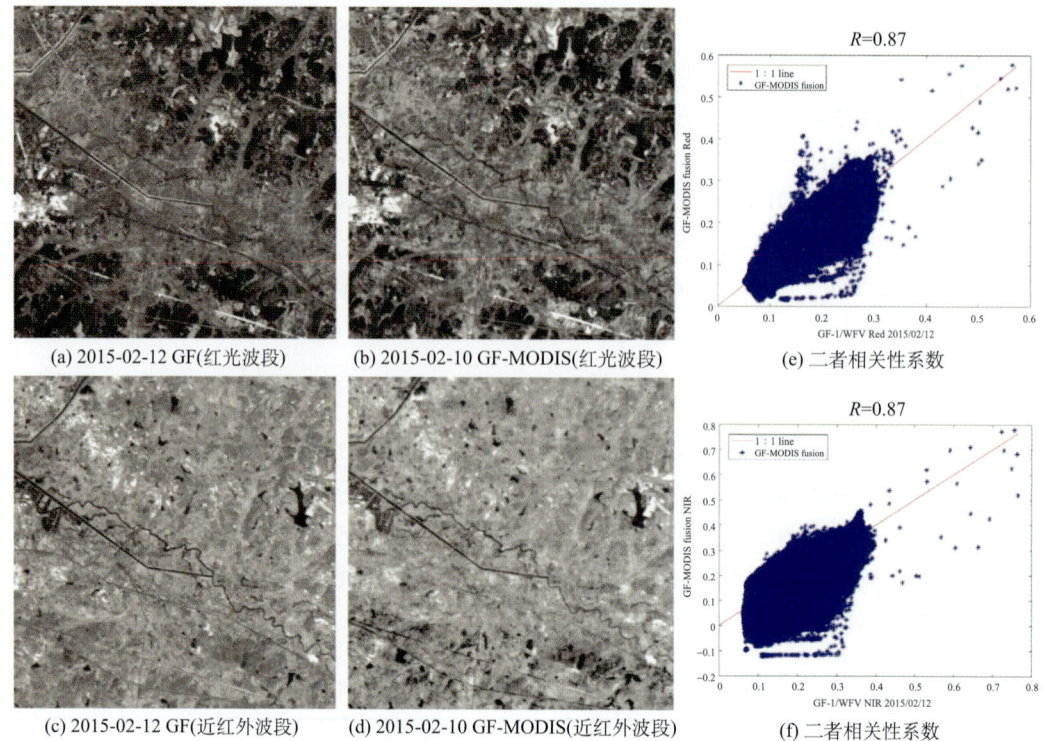

图 4-3 GF-MODIS 融合结果对比及相关性分析（以 2015-02-12 Red 为例）

4.5.2 基于二次差分法提取种植频率

基于 NDVI 重构曲线进行峰值的频数提取，采用二次差分法来寻找曲线上所有的波峰。假设一个像元中的 N 个值是 N 个离散点元素，这些元素共同构成了离散点系列 S。首先，取系列 S 中每前后两个元素的差值构成新的离散点系列 $S1$ [式(4-27)]，该系列包含 $N-1$ 个元素：

$$S1 = \text{diff}(S) \tag{4-27}$$

式中，diff 为一个比较函数，表示取前后两个元素的差值。

其次，判断系列 $S1$ 中各个元素值的正负情况构成新的离散点系列 $S2$ [式(4-28)]。判断方法为：如果 $S1$ 的某个元素值小于 0，则将该元素的值赋为 -1；如果 $S1$ 的某个元素值大于等于 0，则将该元素的值赋为 1。

$$S2 = \text{sign}(S1) \tag{4-28}$$

式中，sign 为一个符号函数，表示判断元素值的正负。

再者，再次利用比较函数取系列 $S2$ 中每前后两个元素的差值构成新的离散点系列 $S3$。

$$S3 = \text{diff}(S2) \tag{4-29}$$

最后，计数系列 $S3$ 中值为 -2 的元素[式(4-30)]。最终所求的极大值个数便是元素值为–2 的个数。

$$\text{Number} = \text{num}(S3 = -2) \tag{4-30}$$

式中，num 是一个计数函数，表示计算某特定元素值的个数。

波峰个数即为种植频率数。但部分区域仅单纯计算峰值数目可能造成种植频率监测的误差，因为时序 NDVI 曲线会由于数据质量异常而出现噪声波峰。因此，根据研究区作物的物候特征，确立了以下对真实波峰进行判定取舍的约束条件：①为了剔除作物生育期之外的"假峰"以及越冬作物的"冬前锋"，将峰值出现的时间规定为 2～10 月；②根据已有研究论证，所有峰值大小均应不小于 0.35（梁守真等，2012）；③多峰型频率提取时，当两邻近峰的时间间隔小于 60 天（卞新民等，1999），或者两邻近峰峰值差小于最大峰值的 40%（高应波等，2015）时，二者为同一季作物形成的峰值。

4.5.3 种植频率提取结果和精度验证

1. 实验设计

复种指数（multiple cropping index，MCI）是一个区域内收获面积和耕地面积的比值，而复种频率（multiple cropping frequency，MCF）直接衡量一个地块的复种次数。因此，复种指数可以是任意数值，而复种频率只能是整数。由于复种是指一块地上一年内种收一季以上作物的种植方式，所以复种频率更接近复种的原始定义。

研究区耕地地块破碎且作物生长快速变化，遥感影像的时间和空间分辨率不同都会影响复种频率的观测结果。本案例基于 MODIS 和 GF 数据设计了三个不同尺度的比较实验：①高时间低空间分辨率尺度（MODIS）：仅基于 MODIS 数据观测复种频率。MODIS 具有较高时间分辨率的特点，通常能满足农业监测，但其较低的空间分辨率将不可避免地出现大量的混合像元；②低时间高空间分辨率尺度（GF）：仅基于 GF 数据观测复种频率。GF 具有较高的空间分辨率，但其时间分辨率远远低于 MODIS；③高时间高空间分辨率尺度（GF-MODIS）：基于 GF 和 MODIS 融合数据观测复种频率。GF-MODIS 既具有 MODIS 的高时间分辨率的特点又具有 GF 的高空间分辨率的特点。最后对三个尺度的复种频率观测结果进行比较。具体流程如图 4-4 所示。

2. 复种频率观测结果

基于三个不同的尺度，本节研究对进贤县的复种频率分别进行了观测和制图。三个尺度下，研究区一年一熟都占主导。在不包括休耕地的情况下，一熟的比例最大，分别是 90.38%、70.32%和 64.85%，二熟的比例较少，分别是 9.54%、29.27%和 33.62%，三熟的比例十分少，仅在 0.08%和 1.53%之间。一熟在 MODIS、GF 和 GF-MODIS 的观测比例中是依次减少的，而二熟和三熟分别是依次增加的（表 4-2）。

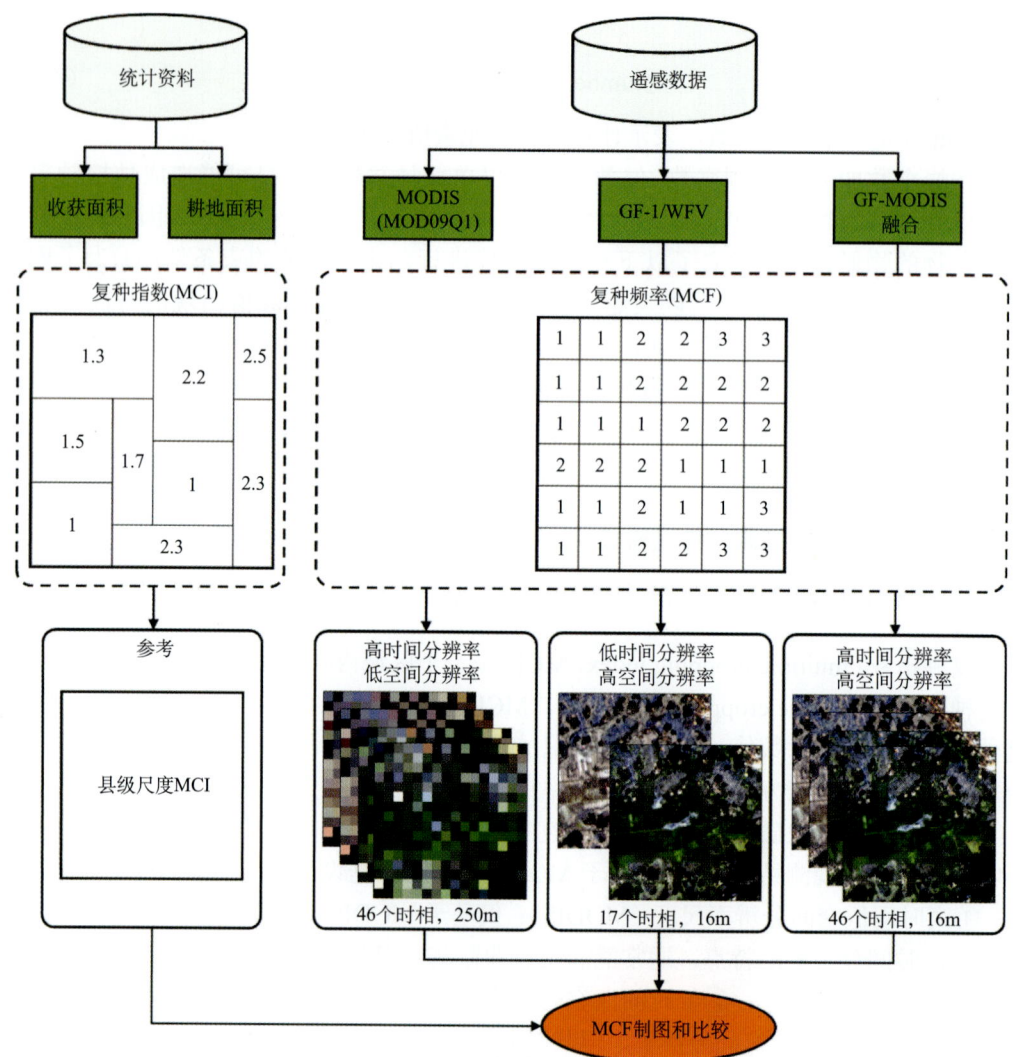

图 4-4　复种指数与复种频率的区别以及三个比较实验的设计框架

表 4-2　基于 MODIS、GF 和 GF-MODIS 融合数据观测复种频率

项目	MODIS		GF		GF-MODIS	
	比例	比例	比例	比例	比例	比例
休耕地	14.38%	（不包括休耕地）	1.01%	（不包括休耕地）	1.33%	（不包括休耕地）
一熟	77.38%	90.38%	69.61%	70.32%	63.99%	64.85%
二熟	8.17%	9.54%	28.97%	29.27%	33.17%	33.62%
三熟	0.07%	0.08%	0.41%	0.41%	1.51%	1.53%
耕地面积/km²	1300		1099		1095	

从空间上看，基于 MODIS 的观测结果中一熟占主导，二熟在中部和东部有一些分布，西部和南部有零星分布[图 4-5（a）]。与基于 MODIS 的观测结果相比，基于 GF 和

基于 GF-MODIS 的观测结果大不相同。两个尺度的二熟观测结果尽管在具体位置上有所不同,但总体上在西部和南部的分布都更加集中。同时,这两个尺度都观测到了更多零星分布的三熟,尤其是基于 GF-MODIS 的观测结果在东南角有三熟的集中分布[图 4-5(b) 和图 4-5(c)]。

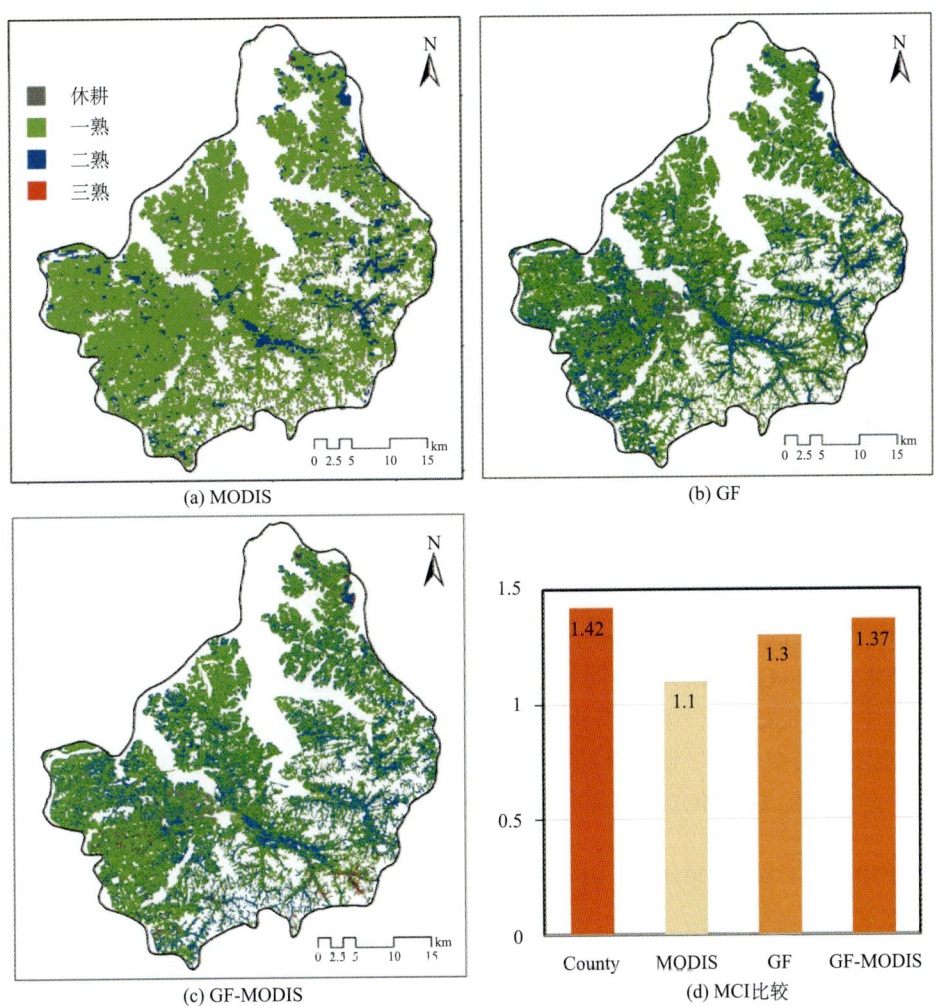

图 4-5　基于 MODIS(a)、GF(b)和 GF-MODIS(c)的复种频率制图以及与复种指数(d)的比较

3. 复种频率观测结果的精度验证

先在空间上进行精度验证。基于 MODIS、GF 和 GF-MODIS 观测结果的精度评定结果如表 4-3 所示。基于 MODIS 的观测结果的总体精度(62.11%)和 kappa 系数(0.34)都是最低的。基于 GF 的观测结果比基于 MODIS 的观测结果好,总体精度为 78.88%,kappa 系数为 0.65。基于 GF-MODIS 的观测结果是三者中最好的,总体精度为 90.06%,kappa 系数为 0.84。

表 4-3 基于 MODIS、GF 和 GF-MODIS 观测结果的精度评定

MCF	MODIS				GF				GF-MODIS			
	一熟	二熟	三熟	制图精度/%	一熟	二熟	三熟	制图精度/%	一熟	二熟	三熟	制图精度/%
一熟	63	6	0	91.30	58	11	0	84.06	64	4	1	92.75
二熟	33	35	0	51.47	13	54	1	79.41	8	57	3	83.82
三熟	22	0	2	8.33	1	8	15	62.50	0	0	24	100
用户精度/%	53.39	85.37	100	—	80.56	73.97	93.75	—	88.89	93.44	85.71	—
总体精度/%			62.11				78.88				90.06	
kappa			0.34				0.65				0.84	

再在区域上进行总体比较。将基于像元的复种频率结果汇总到整个县，MODIS、GF 和 GF-MODIS 汇总后的复种指数依次为 1.10、1.30 和 1.37。基于统计数据计算得到的复种指数是 1.42，GF-MODIS 的汇总结果与其最接近，其次是 GF 的汇总结果，而 MODIS 的汇总结果稍微有些偏离[图 4-5（d）]。

4.5.4 种植频率提取的时空不确定性比较

1. 时空不确定性结果

根据精度验证的结果可知 GF-MODIS 数据的观测结果精度最高，故以其作为参照，将 MODIS 和 GF 的观测结果分别与其进行叠加分析。

表 4-4 表明，GF-MODIS 中的一熟在 MODIS 观测结果中有 92.86%是一熟，在 GF 观测结果中有 76.65%是一熟。考虑一熟在 GF-MODIS 全部观测结果中所占的比例，MODIS 观测结果中一熟一致的全局比例为 60.21%，GF 观测结果中一熟一致的全局比例为 49.71%。同样，GF-MODIS 中的二熟在 MODIS 观测结果中有 14.86%是二熟，在 GF

表 4-4 MODIS、GF 观测结果分别与 GF-MODIS 观测结果一致与不一致的比例（以 GF-MODIS 观测结果为参照）

参照（GF-MODIS）		比较	MODIS/%		GF/%	
			组内	全局	组内	全局
一熟	64.85%	一熟 – 一熟	92.84	60.21	76.65	49.71
		一熟 – 二熟	7.09	4.59	23.17	15.03
		一熟 – 三熟	0.07	0.05	0.18	0.12
二熟	33.62%	二熟 – 一熟	85.05	28.59	60.06	20.19
		二熟 – 二熟	14.86	5.00	39.30	13.21
		二熟 – 三熟	0.09	0.03	0.64	0.21
三熟	1.53%	三熟 – 一熟	86.66	1.33	18.47	0.28
		三熟 – 二熟	13.18	0.20	76.33	1.17
		三熟 – 三熟	0.16	0.00	5.20	0.08
		总体一致性	—	65.21	—	63.00

观测结果中有 39.30%是二熟。GF-MODIS 中的三熟在 MODIS 观测结果中仅有 0.16%是三熟，在 GF 观测结果中有 5.20%是三熟。总的来说，MODIS 与 GF-MODIS 观测结果总体一致性为 65.21%，比 GF 与 GF-MODIS 观测结果的略微高一点。这很大程度上归因于 MODIS 和 GF-MODIS 观测结果中一熟一致的情况占很高的比例。GF 和 GF-MODIS 观测结果中二熟和三熟的分布一致性更高。

从空间上看，一熟一致的区域在两个比较结果中都占主导（图 4-6）。然而，MODIS 与 GF-MODIS 观测结果的比较中，西南部的一熟一致性非常高[图 4-6（a）]，这在很大程度上解释了 MODIS 与 GF-MODIS 观测结果总体一致性高的原因（表 4-4）。相反，GF 与 GF-MODIS 观测结果的比较中，东南部的二熟和东南角的三熟具有较高的一致性[图 4-6（b）]。

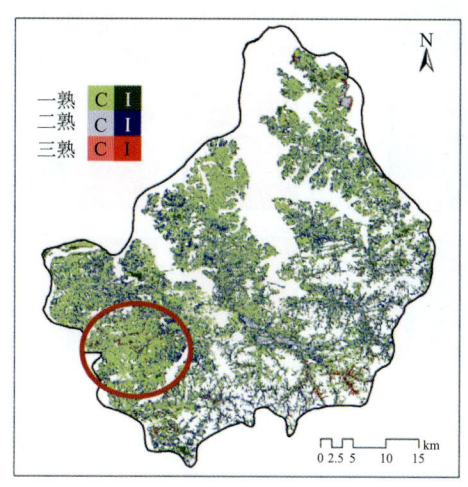 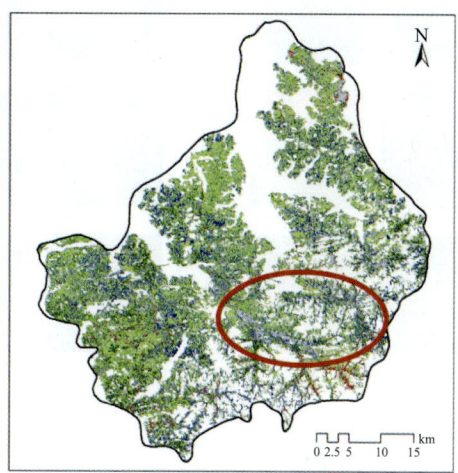

(a) 与MODIS观测结果比较　　　　　　　(b) 与GF观测结果比较

图 4-6　MODIS 观测结果（a）、GF 观测结果（b）分别与 GF-MODIS 观测结果一致性的空间分布（以 GF-MODIS 观测结果为参照）

C 表示一致，I 表示不一致

2. 时空不确定性原因

基于 GF-MODIS 数据的复种频率观测结果不仅具有最高的精度，且最接近基于统计数据的复种指数。这说明复种频率的观测结果会受时间和空间分辨率的影响。

首先比较 MODIS 和 GF-MODIS 的观测结果讨论不同空间分辨率带来的不确定性。MODIS 的空间分辨率是 250m，而 GF-MODIS 的空间分辨率是 16m。这意味着 MODIS 每一个像元都对应着约 225 个 GF-MODIS 像元。关于 MODIS 数据应用中的混合像元问题（Liu et al., 2018）和中国南方农业景观破碎化的现实（Yu et al., 2018），本节研究量化研究混合像元的影响问题。由图 4-7 可知，MODIS 和 GF-MODIS 观测结果叠加后表明，只有几个 MODIS 像元与对应 GF-MODIS 像元的熟制信息完全一样。相反，MODIS 观测结果中任何一个熟制的像元对应 GF-MODIS 像元的熟制信息可以是一熟和二熟的混合,可以是一熟和三熟的混合,也可以是二熟和三熟的混合,甚至可以是一熟、二熟和三熟的混合。这也证实了本节研究的假设,即基于 MODIS 数据观测复种频率有严重的"混合像元"问题。因此,景观格局和复种模式都极为复杂的中国南方地区不能用 MODIS 观测复种频率。

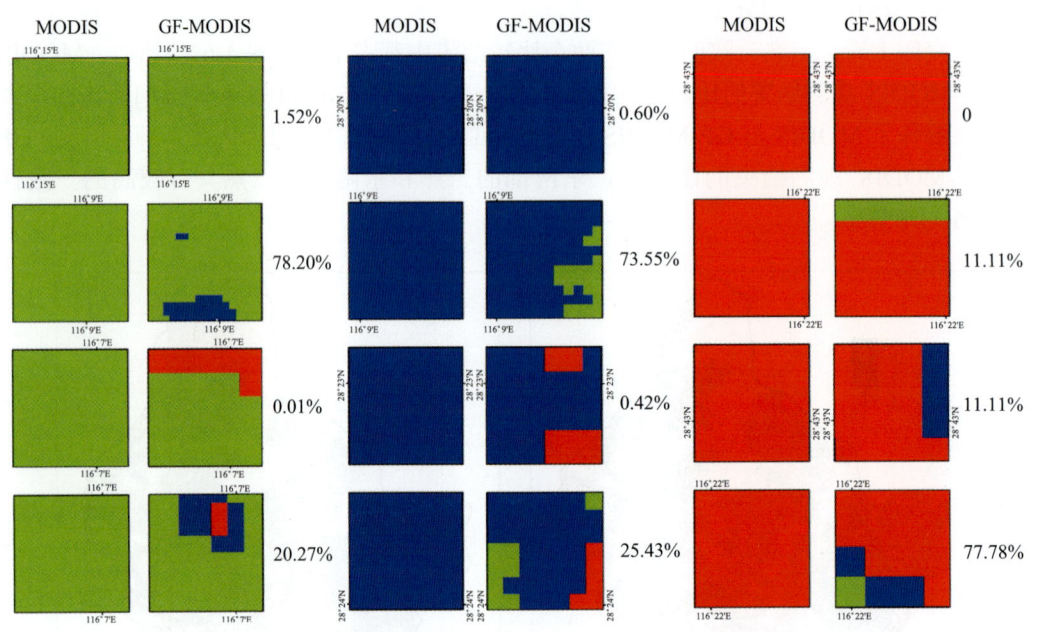

图 4-7 研究区空间分辨率产生不确定性的典型示例

绿色表示一熟区,蓝色表示二熟区,红色表示三熟区

前人研究表明,混合像元主要与地形特征有关。因此,本节研究分别统计了不同海拔高度和不同坡度等级下熟制一致性的分布情况,然而并没有发现任何显著的特征。可见,混合像元问题除了常见的地形特征外,还需要关注别的影响因子。根据实地调研的现象可知,本节研究区地处南方,地块细碎,土地权属复杂,相邻地块权属不同、种植作物不同的现象十分常见。两年三熟区种植方式灵活,一熟二熟普遍频繁交叉出现(图 4-8),农民的种植选择往往比地形因素产生的影响更大(李鹏等,2015)。因此,未来研究中应适当把地块大小和权属考虑到复种频率观测的研究中。

其次比较 GF 和 GF-MODIS 的观测结果讨论不同时间分辨率带来的不确定性。本节研究中 GF 数据的时间分辨率约为 21 天,而 GF-MODIS 数据的时间分辨率为 8 天。这意味着 GF-MODIS 的观测频率几乎是 GF 的 3 倍。考虑到作物生长快速变化的特征,本节研究假设 GF 数据在作物生长关键期的缺失信息容易导致熟制误判。由图 4-9 可知,有 20.19%的区域在 GF-MODIS 观测结果中被分为二熟,而在 GF 观测结果中被分为一熟。这可能是因为 GF-MODIS 数据的 NDVI 值在 5 月中旬到 6 月下旬之间较低,因而出现了低谷形成两个波峰,GF 数据则没有这样的低值,因而只形成了一个波峰(图 4-9,第二行)。此外,GF-MODIS 观测结果中有 1.17%被分为三熟,而 GF 数据没有观测到第一个生长季(图 4-9,第六行)。在实地调研时,了解到当地农民会种红花草来增加土地

图 4-8 研究区两年三熟频繁交叉的典型示例

肥力。红花草通常在秋季套播于晚稻田中,来年春季直接翻于地下用作早稻的基肥,是我国稻田最主要的冬季绿肥作物。由于信号不明显,使用粗时间分辨率数据就很难观测到这种短的生长季。这也证实了本节研究的假设,即更高的时间分辨率数据观测多熟种植十分必要。然而,本节研究发现有 15.03%的区域在 GF-MODIS 观测结果中被分为一熟,而在 GF 观测结果中被分为二熟。这似乎违背了高时间分辨率能更好地观测多熟种植的规律。通过对 GF 数据的重新核查,发现 6 月下旬到 8 月下旬之间用了两个年份的影像,分别是 2015 年两景和 2016 年一景补充影像。这可能导致了无法被平滑的异常值(图 4-9,第四行)。最根本的原因是较粗糙的时间分辨率通常需要相邻年份的图像来补充,而这种补充数据来提高数据时间分辨率的方法可能会引入不确定性,甚至导致数据错误和熟制误判。这也证实了本节研究的假设,即更高的时间分辨率数据十分重要。

4.6 案例 2:基于 MODIS 双星的耕地物候参数提取——以中国北方区域为例

4.6.1 MODIS 双星数据协同

1. MODIS 双星数据协同的有利条件

MODIS 传感器搭载于 Terra 和 Aqua 两个卫星平台。两颗卫星都是太阳同步极轨卫星,Terra 在地方时上午过境,Aqua 在地方时下午过境。两者在数据采集时间上互相配合,加上夜间过境数据,这样 MODIS 每天就可以获取最少 2 次白天和 2 次夜晚的数据

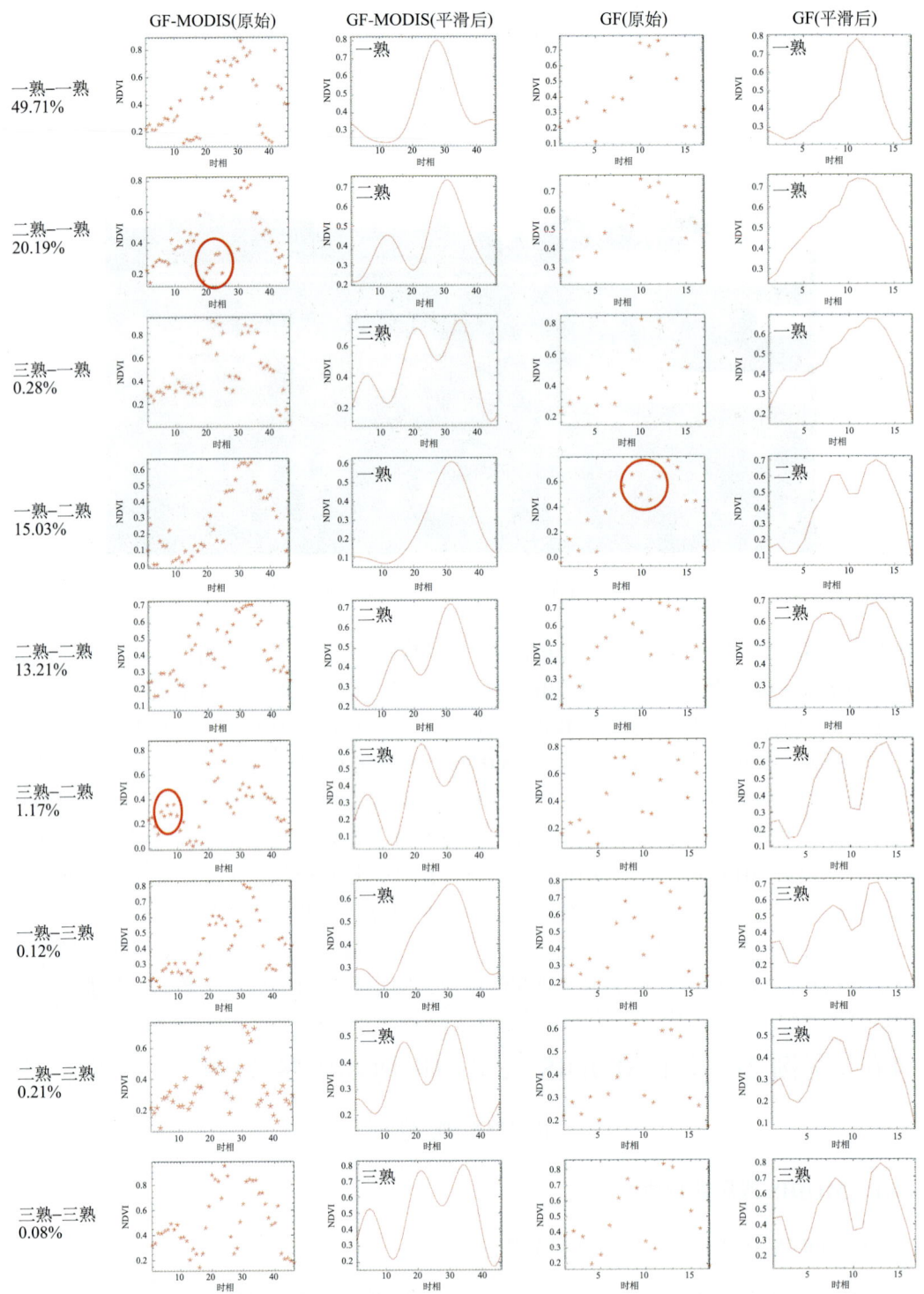

图 4-9 研究区时间分辨率产生不确定性的典型示例

更新。这样的观测频率无论是对地球系统的综合研究还是对陆地、海洋和大气等的专门研究都有较高的实用价值。对某一个像元来说，当 Terra 过境时观测数据受到云干扰，等到 Aqua 过境时则可能获得无云的数据（王静等，2008）。尽管由于数据获取时间不同会存在观测几何上的差异，但经过了植被指数合成中的 BRDF 校正后，这种差异对植被监测的影响十分有限。过去大量针对植被的研究都只是用到了 Terra-MODIS 数据，而 Aqua-MODIS 数据则很少涉及。研究如何充分利用 Terra 和 Aqua 提供的数据资源，发挥 MODIS 双星平台的优势是一个非常有意义的方向。

除了 30 天合成数据和 CMG 数据之外，NASA 从 MODIS 第五代（C5）植被指数产品开始为每一个像元值都提供了实际观测日期信息，这在当前的各种植被指数产品中是一个创新。借助该信息用户就能够知道像元在某时段的取值究竟来自合成周期中的哪一天，从而使由于多天数据合成所引入的时相误差得以量化，为减小时间分辨率对物候参数提取的影响创造了有利条件。另一个新加入的信息为像元可靠性描述，在该数据层中各像元的数据质量被划为 4 个等级，按照质量由高到低分别用 0、1、2、3 表示，背景值则用 –1 来填充，如表 4-5 所示。当用户对数据产品的质量等级划分要求不高时，就可以通过参考该数据层快速得到质量控制信息，省去了用 LDOPE 工具分解植被指数质量描述数据的麻烦。

表 4-5　MODIS 植被指数产品像元可靠性描述

DN 值	含义	说明
–1	填充值	像元未被处理
0	质量好	具有极大可信度
1	质量较好	质量比较可靠
2	冰雪覆盖	受冰雪覆盖噪声影响
3	云掩	受大气云层影响，目标被遮盖

对来自 Terra 和 Aqua 卫星的 MODIS 数据 16 天合成产品进行半合成期错位处理是第五代植被指数产品的又一个与众不同之处。在第四代及之前的植被指数产品中，来自 Terra 和 Aqua 卫星的 MODIS 数据都是按照相同的日期进行合成。由于两种植被指数合成产品之间差异非常小，多数情况下用户只选择其中的一种，加上多天合成本来已经丢弃了一部分数据，这样就造成了数据资源的浪费。半合成期错位处理是指将来自 Terra-MODIS 的数据仍然保持从儒略日期的第 1 天开始合成，而对来自 Aqua-MODIS 的数据则将起始合成日期推迟 8 天，即从第 9 天开始，使得两种数据产品之间形成一个 8 天的重叠时段，如图 4-10 所示。

2. 改进的 MODIS 双星数据合并方案

数据的时间分辨率影响物候参数提取的关键在于多天合成数据所引入的时相误差，其本质是实际观测日期与名义观测日期之间的差异。尽量减小这种差异是从提高数据时间分辨率角度改善物候参数提取结果的主要依据，也是 MODIS 双星平台数据协同所要解决的核心问题。将经过半合成期错位处理的 MOD13A2 和 MYD13A2 植被指数产品直接合并虽然可以得到一个时间分辨率为 8 天的时间序列，但并没有完全解决这一核心问题。因此需要对上述方案加以改进，目的是尽可能多地保证所取像元值的实际观测日期落在 8 天的合成周期范围内。

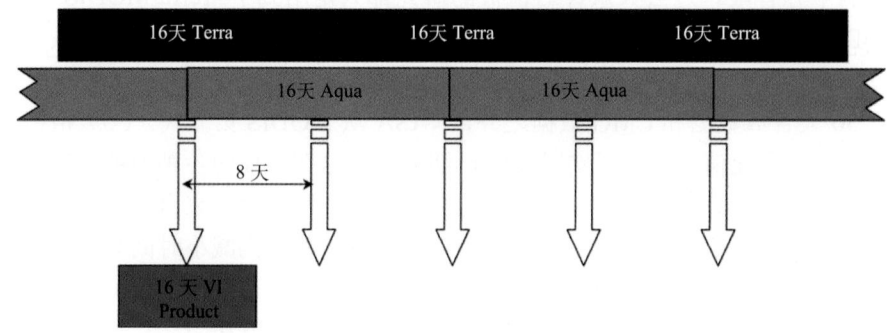

图 4-10　Terra 和 Aqua 数据半合成期错位示意图

在半合成期错位的同时必然存在一个半合成期重叠，利用两种数据相互重叠的 8 天作为合成时段，当一种数据的实际观测日期不在该时段内时还有另一种数据能够加以补充，增加了像元值的实际观测日期落在 8 天合成周期内的概率。当然，在这种设想下每一个 8 天重叠期内还可能出现两种数据的实际观测日期都在或者都不在该时段内的情况，当二者都在时需要对它们进行取舍，当二者都不在时则需要设法进行填充。数据质量是进行取舍的首要标准，这时就可以根据数据产品所提供的像元可靠性描述信息从中选择质量更好的观测数据；如果二者的数据质量属于相同等级，基于大气影响通常减小植被指数观测值的考虑，认为其中数值较大的质量更好。当需要进行填充时，数据的实际观测日期肯定位于该重叠时段的前后时段，由于植被生长是一个循序渐进的逐渐变化过程，因此可以取前后时段观测值的平均值作为该时段的观测值。为了评价合并后数据的质量，可以继续使用所取观测值的像元可靠性描述信息；当合并后的像元取平均值时，认为其数据质量与前后时段质量较低的观测值相同。

用 DOY 表示实际观测日期（day of year），PR 表示像元可靠性（pixel reliability），MOD 表示 Terra 数据，MYD 表示 Aqua 数据，MCD 表示 Terra 和 Aqua 数据合并得到的数据，按上述过程绘制 MOD13A2 和 MYD13A2 植被指数产品生成 8 天时间分辨率 NDVI 时间序列的方案流程图，如图 4-11 所示。因为合成周期为 MOD13A2 和 MYD13A2 数据相互重叠的 8 天，所以基于该方案得到的 MCD 数据起始合成日期为一年中的第 9 天。

3. MODIS 双星 NDVI 合并数据来源分析

MOD13A2 和 MYD13A2 每年有 23 期数据，因为最后一期数据合成周期并非为 16 天，所以在生成 8 天时间分辨率 NDVI 时只用前 22 期数据，再减去 DOY001-008 二者无重叠的那一期，全年共有 43 期数据。在东北三省范围内逐像元统计 43 期数据中 NDVI 值分别等于 $NDVI_{MOD}$、$NDVI_{MYD}$ 以及它们平均值的期数所占的比例，如图 4-12 所示。

第 4 章　农业种植制度遥感制图

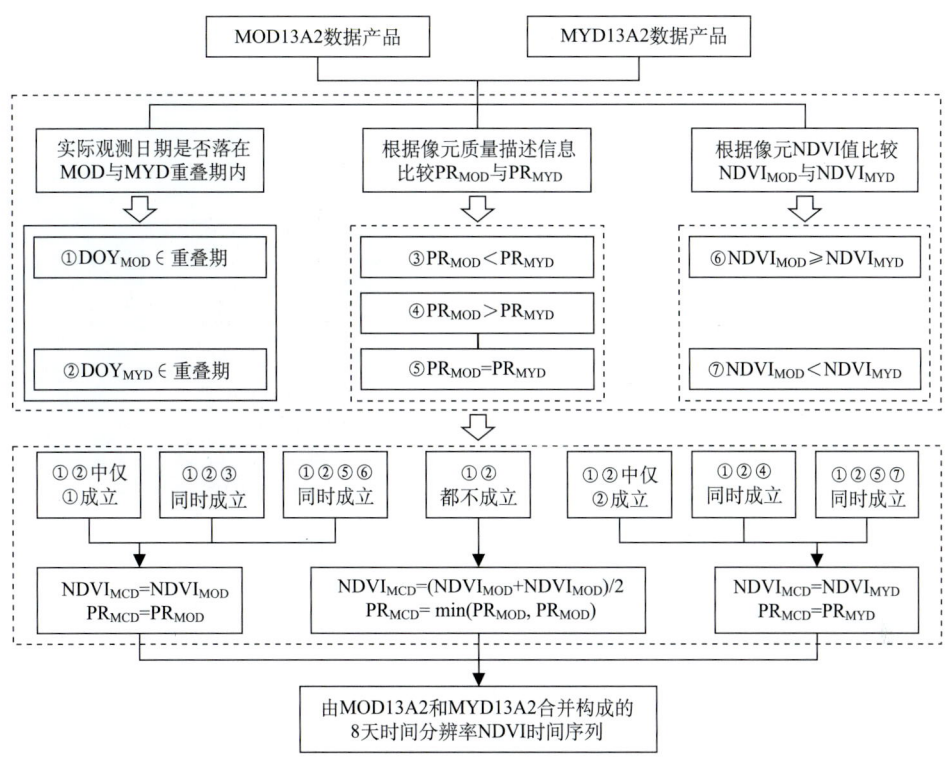

图 4-11　MOD13A2 和 MYD13A2 植被指数产品生成 8 天时间分辨率 NDVI 时间序列流程图

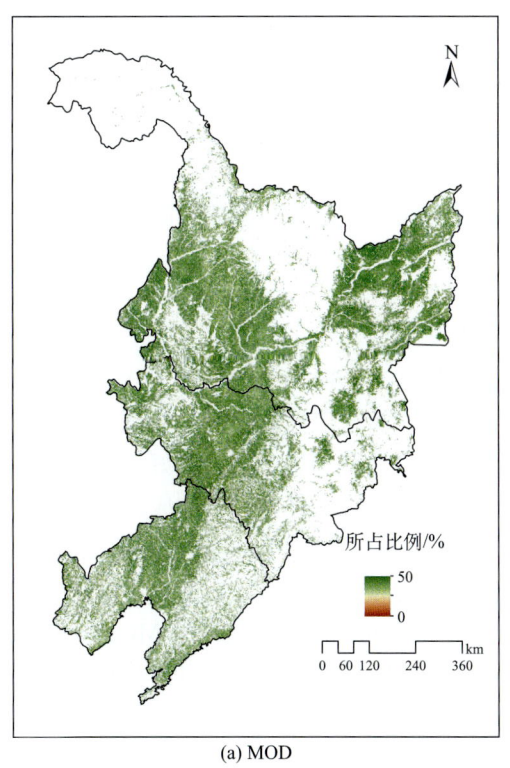

(a) MOD

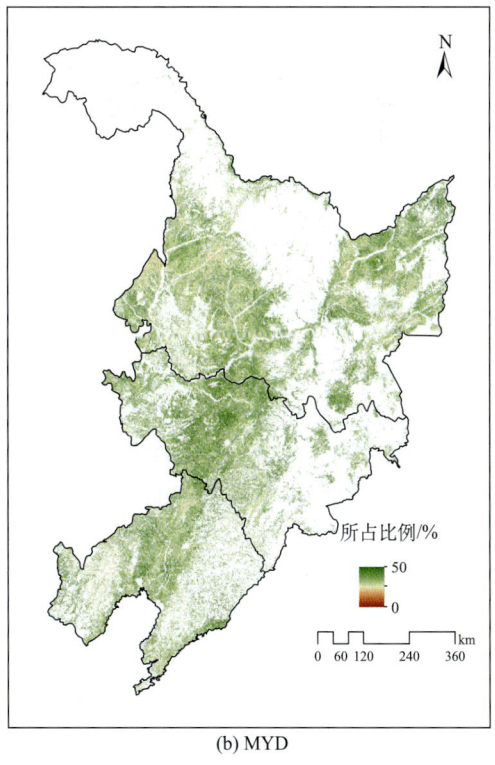

(b) MYD

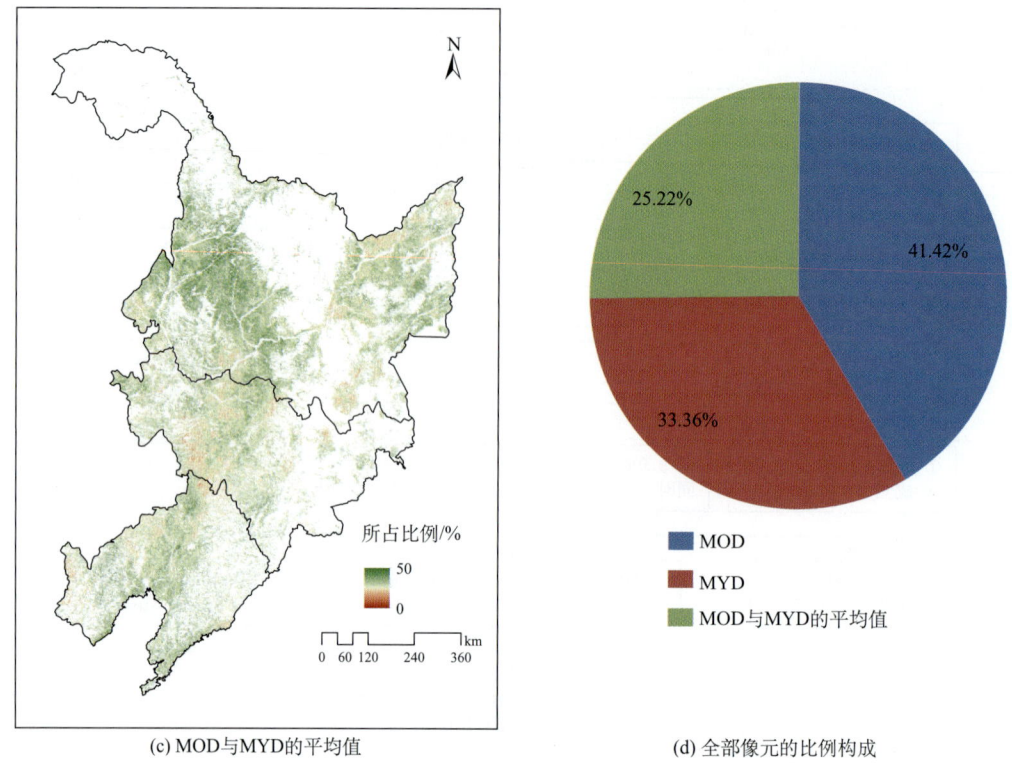

(c) MOD与MYD的平均值　　　　　(d) 全部像元的比例构成

图 4-12　合成数据中 MOD、MYD 和二者平均值所占比例的空间分布及全部像元数据来源比例构成

从图中可以看出，对于绝大多数像元来说来自 MOD 的数据所占比例最高，来自 MYD 的次之，二者平均值所占比例最低。对所有像元全年 43 期数据而言[图 4-12（d）]，Terra 观测数据占 41.42%，Aqua 观测数据占 33.36%，二者的平均值占 25.22%。上述结果说明生成的 8 天 NDVI 序列在数据源上具有比较合理的结构，对来自 Terra 和 Aqua 数据都有所采用，取二者平均值的数据仅占了约 1/4，在尽可能保持原有观测数据的同时在最大程度上减小了实际观测时间与名义观测时间的差异。

4. MODIS 双星观测数据一致性检验

由 MOD13A2 和 MYD13A2 半合成期错位数据构建 8 天时间分辨率的 NDVI 序列，由于两种数据互相补充，因此要求二者之间具有比较好的一致性。在常见的植被指数产品来源传感器中，Terra-MODIS 和 Aqua-MODIS 的一致性在理论上应该最好，因为它们是由相同的传感器观测得到的。而不同的传感器由于在波段设置、光谱响应、卫星平台参数等方面存在差异，因此所获取的观测数据之间差异往往也比较大（彭代亮等，2010）。两个 MODIS 传感器虽然在设计上完全相同，但是在实际生产制造过程中也不可避免地会出现细微的差别。而且由于 Terra 和 Aqua 发射时间不同，所搭载的两个 MODIS 传感器在性能衰减程度上也会有所不同，另外，两个 MODIS 传感器在观测时间和观测几何上也有区别。这些因素都有可能影响 Terra 和 Aqua 观测数据之间的一致性，因此需要对所用的 MOD13A2 和 MYD13A2 数据之间的一致性进行检验。

为了尽量避免其他因素对检验结果造成影响，根据数据产品中所提供的实际观测日期和像元可靠性描述信息，只选择两种数据实际观测日期相同且数据质量为最好的像元值进行对比。提取各合成时段内 MOD13A2 和 MYD13A2 像元可靠性 DN 值同为 0 的数据，形成高质量像元掩膜。对比 MOD13A2 和 MYD13A2 各像元的实际观测日期，将二者相同的像元提取出来形成观测时间掩膜。把两种掩膜与 NDVI 数据进行叠加即可提取出符合要求的数据。基于像元水平的 2005 年东北三省 Terra-MODIS 与 Aqua-MODIS 的 NDVI 对比及其偏差绝对值的分布比例如图 4-13 所示。从图 4-13（a）中可以看出，两种数据对比结果的散点图集中分布在 1∶1 线附近，线性回归方程斜率接近 1，截距接近 0，回归系数达到 0.99 以上，说明二者之间具有很好的一致性。从图 4-13（b）中可以看出，有 95.33%的像元偏差绝对值小于 0.05，99.86%的像元偏差绝对值小于 0.1，进一步证明了两种数据之间的一致性良好。

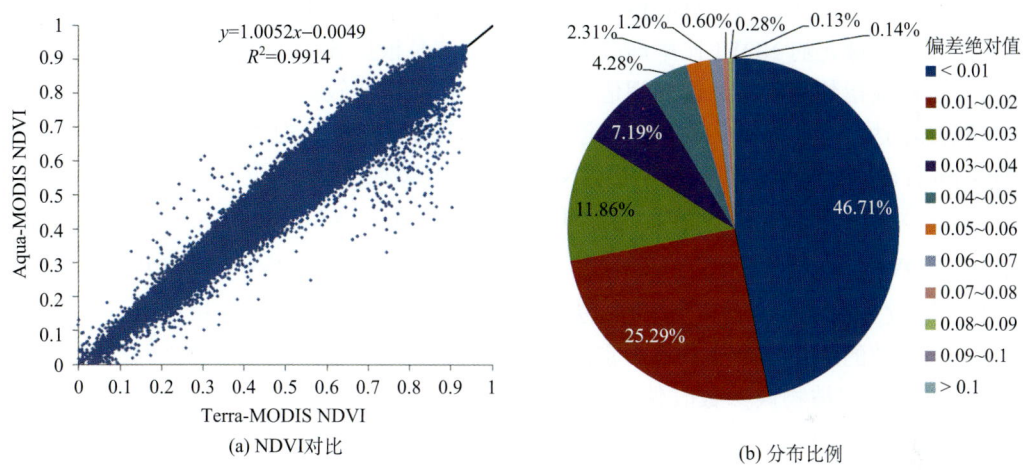

图 4-13　2005 年东北三省 Terra-MODIS 与 Aqua-MODIS 的 NDVI 对比及其偏差绝对值的分布比例

4.6.2　基于阈值法提取关键物候参数

阈值法的最大特点是用植被指数达到某一个阈值所对应的日期来确定物候期，操作简单且灵活性强，能满足大范围和快速提取物候参数的要求，是目前最常用的物候参数提取方法。阈值法包括固定阈值法和动态阈值法，接下来对这两种阈值法分别进行简要介绍。

以 NDVI 为例，固定阈值法是用预先设定的某一固定值作为阈值来确定植被生长季节的开始和结束日期。Justice 等（1985）将 0.099 认为是植被生长季开始的 NDVI 阈值，Fischer（1994）和 Markon 等（1995）在基于 NDVI 估计植物生长期开始时分别使用了 0.17 和 0.09 的阈值。这几种预先设定的固定阈值都是针对 NDVI 的，特别是当研究区域内具有不同的土壤背景和植被类型时，难以确定一个统一的最佳阈值。为了克服传统固定阈值法的缺陷，White 等（1997）结合气象物候模型与遥感物候观测，基于特定的生物群落生态系统提出了 NDVI 比率阈值法。该方法通过 NDVI 比率模型利用原来的 NDVI 时序曲线生成一条 NDVI 比率时序曲线，然后针对 NDVI 比率设定多个阈值来确定植被的生长开始和结束日期并计算生长季长度，其中生长季长度变化最小时所对应的生长开始和结束日期即为所求。NDVI 比率模型的计算公式为

$$\text{NDVI}_{\text{ratio}} = \frac{\text{NDVI} - \text{NDVI}_{\min}}{\text{NDVI}_{\max} - \text{NDVI}_{\min}} \tag{4-31}$$

式中，$\text{NDVI}_{\text{ratio}}$ 为输出的 NDVI 比率；NDVI 为原时间序列中的值；$\text{NDVI}_{\max}$ 和 $\text{NDVI}_{\min}$ 分别为时间序列中的最大值和最小值。NDVI 比率阈值法虽然仍使用固定阈值，但通过计算 NDVI 比率曲线考虑了不同像元土壤背景和植被类型的差异。White 等（1997）的研究结果表明，用 NDVI 比率阈值法对植物生长开始日期的计算值与实际观测值之间误差较小。

动态阈值法同样是为了克服传统固定阈值法的缺陷而提出的，区别于 NDVI 比率阈值法计算各个像元的 NDVI 比率曲线，动态阈值法是根据各个像元用一种动态变化的方法来确定植被指数阈值的。比例阈值法是动态阈值法中比较典型的方法，它是将 NDVI 增长和减小达到当年 NDVI 振幅一定比例所对应的时刻定义为生长季开始和结束时间（Jönsson et al., 2002, 2004）。比例阈值 $\text{NDVI}_{\lim}$ 的计算公式为

$$\text{NDVI}_{\lim} = (\text{NDVI}_{\max} - \text{NDVI}_{\min}) \times C \tag{4-32}$$

式中，$\text{NDVI}_{\max}$ 为整个生长季 NDVI 的最大值；$\text{NDVI}_{\min}$ 为 NDVI 曲线上升或下降阶段的最小值；C 为比例参数。比例阈值法虽然能够消除不同土壤背景和植被类型的影响，但在比例参数的选择上仍然具有一定的经验性。20%是一个比较常用的比例参数，许多研究者在提取植被物候参数时使用了该比例阈值（吴文斌等，2009a；于信芳等，2006；Heumann et al., 2007）。针对某些植被生长季 NDVI 曲线不对称的问题，可将生长季开始和结束时的比例参数分别设置（宋春桥等，2011）。除了比例阈值法之外，动态阈值法还包括植被指数中值/均值阈值法，即针对每个像元的植被指数时序数据，用全年的植被指数中值（Schwartz et al., 2002）或均值作为阈值来确定植被的生长开始和结束日期（Hogda et al., 2001）。

TIMESAT 中提供了固定阈值和比例阈值两种方法用于物候参数提取，从上述分析可以看出比例阈值法相对于固定阈值法存在明显的优势。本节研究采用比例阈值法分别基于 MOD、MYD 和 MCD 植被指数进行耕地物候参数提取，结合地面物候观测数据以及研究区部分先验知识，将生长季开始期和结束期的比例参数分别设置为 5%和 50%。

4.6.3 耕地物候提取结果

在对 MOD、MYD 和 MCD 时间序列植被指数分别进行重构的基础上，提取了东北三省耕地的生长季开始期、峰值期、结束期以及生长季长度等主要物候参数。其中生长季开始期和结束期通过 TIMESAT 利用比例阈值法提取，生长季峰值期即 NDVI 达到最大值时所对应的日期，生长季长度则用结束期减去开始期得到。在东北三省地区，由于冬季长期冰雪覆盖所导致的 NDVI 连续低值会使 NDVI 时序曲线在上升和下降阶段的最

小值严重偏低,当采用比例阈值法时可能会出现所提取生长季开始期和结束期分别比实际提前和推迟的结果。为了避免这种情况的发生,在对主要耕地物候参数提取时只使用了每种数据 3～10 月的时序曲线。所提取的物候参数除生长季长度用天数之外,其余全部用儒略日来表示。

1. 耕地生长季开始期的空间格局

图 4-14 是分别基于 MOD、MYD 和 MCD 三种数据提取的东北三省耕地生长季开始期的空间分布。三种数据提取结果中大部分地区的空间格局都表现出非常相似的特征,存在差异的地区主要集中在松嫩平原北部和三江平原中部。在上述地区中基于 MOD 数据提取的生长季开始期较早的区域面积略微大于 MYD 结果,而其他地区 MOD 结果则比 MYD 结果提前 5 天左右。MCD 数据提取结果较前两者而言空间异质性有所减弱,表现为较早的生长季开始期推迟和较晚的生长季开始期提前。

整体上看三种数据所提取的耕地生长季开始期具有相对一致的空间分布规律:黑龙江省东部和南部的零星区域、吉林省中南部以及辽宁省东部地区的耕地生长季开始期相对较早,多分布在第 90～120 天;其他大部分区域耕地生长季开始期则相对较晚,主要分布在第 120～150 天,少部分地区的耕地生长季开始日期甚至要到第 150 天以后。该空间格局特征与吴文斌等(2009b)利用 NOAA-AVHRR 数据提取的结果和李正国等(2011)利用 SPOT-VGT 数据得到的结果非常一致,说明了本节研究所提取的耕地物候参数具有一定的可靠性。与自然植被生长季开始期从南向北逐渐推迟的空间特征不同,耕地生长季开始期的南北差异并不明显,这是因为除气候条件外作物类型及品种的差异也会导致物候期发生变化。三江平原东部和松嫩平原北部地区主要种植一季稻,相比其他地区的春玉米、春小麦和大豆而言出苗期要早一些。另外在辽宁省东部山区等一些耕地分布较为零散的地区,由于本节所采用的遥感数据空间分辨率为 1km,因此这些区域表现出较早的生长季开始期也可能是受到自然植被的影响。

2. 耕地生长季峰值期的空间格局

图 4-15 是分别基于 MOD、MYD 和 MCD 三种数据提取的东北三省耕地生长季峰值期的空间分布。三种数据提取结果中 MOD 和 MYD 的空间格局比较接近,存在差异的地区主要为黑龙江省松嫩平原、吉林省和辽宁省中部,其中在松嫩平原地区所提取的耕地生长季峰值期 MOD 比 MYD 表现得稍晚,但在吉林省和辽宁省中部地区则略早一点。而基于 MCD 数据提取的耕地生长季峰值期在绝大多数地区与前两者相比明显提前,从数值上看提前的幅度为 5～10 天左右。

与生长季开始期一样,尽管三种数据结果在数值上存在差异,但是整体的空间分布规律仍然相似。从空间分布特征的角度看,松嫩平原的东部和北部边缘地区、辽宁省和吉林省中部及东南部山区耕地生长季峰值期出现较早,主要分布时段在 MOD 和 MYD 三江平原和辽河平原的部分地区及辽宁省东南沿海地区耕地生长季峰值期则相对较晚,

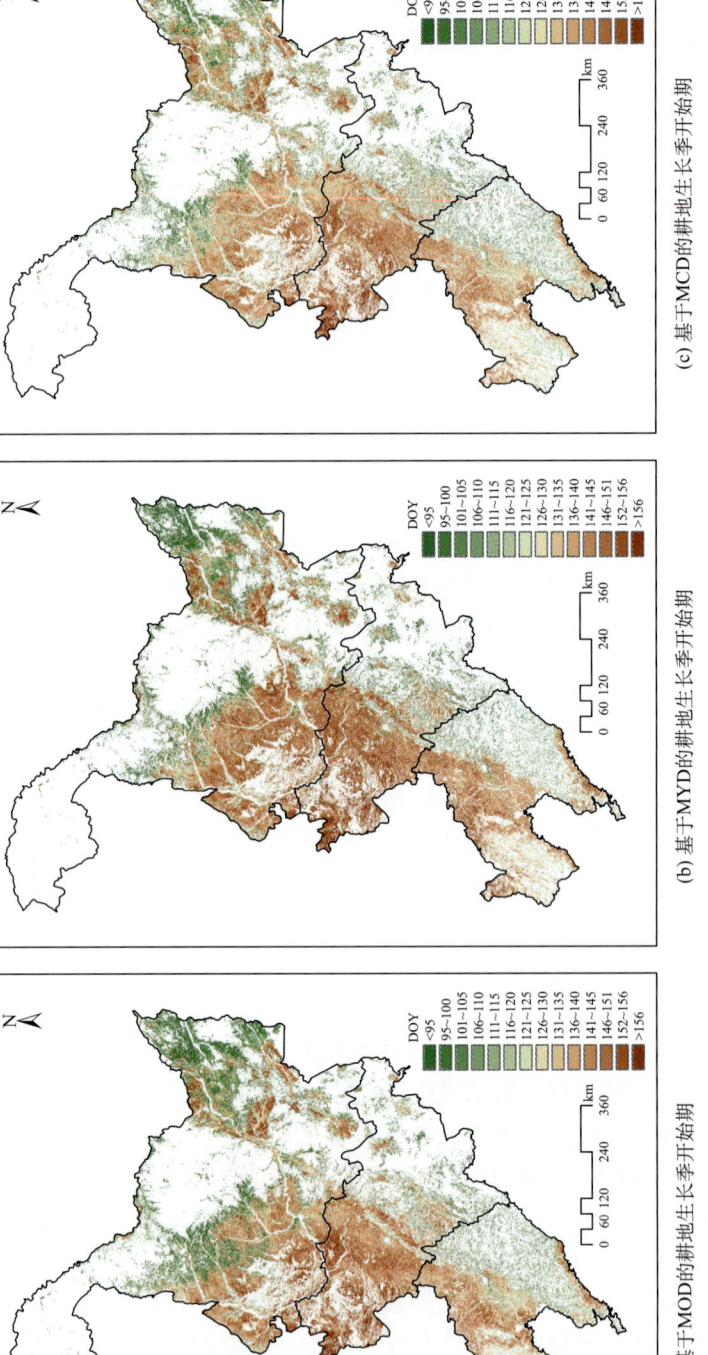

图 4-14 分别基于 MOD、MYD 和 MCD 三种数据提取的东北三省耕地生长季开始期空间分布图

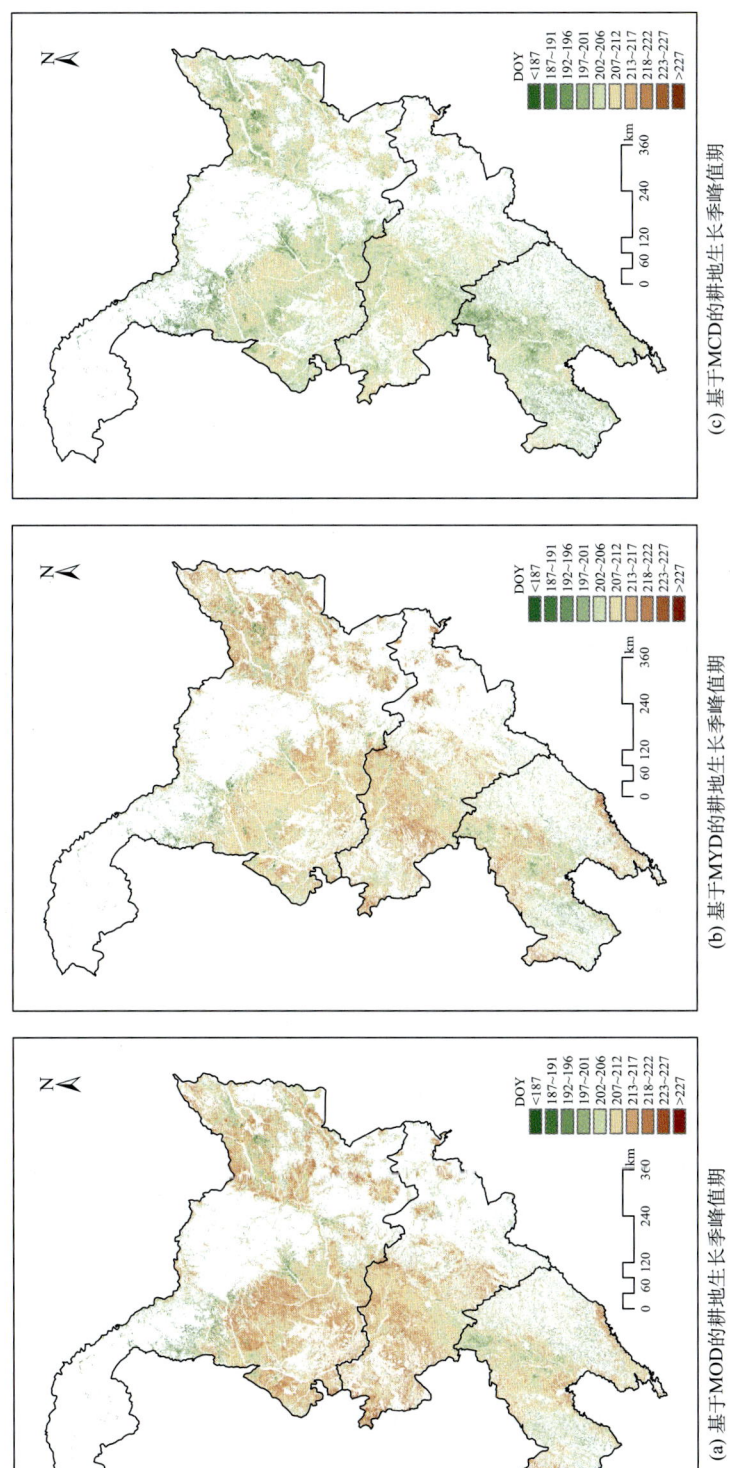

图 4-15 分别基于 MOD、MYD 和 MCD 三种数据提取的东北三省耕地生长季峰值期空间分布图

在 MOD 和 MYD 提取结果中主要分布在第 213～222 天，而在 MCD 提取结果中主要为第 207～212 天；其余大部分地区的耕地生长季峰值期处于一个适中的水平，在 MOD 和 MYD 提取结果中主要分布在第 202～212 天，而在 MCD 提取结果中主要为第 197～206 天。上述空间分布特征主要受作物种植类型的影响，生长季峰值期出现较早的地区主要作物类型很可能为春小麦，由于其生育期较短，一般在 6 月下旬到 7 月上旬即开始进入抽穗期；春玉米的抽雄期则在 7 月下旬，对应耕地生长季峰值期适中的地区；一季稻的生育期较长，通常 8 月上旬才会进入抽穗期，因此耕地生长季峰值期出现较晚的区域很可能大面积种植了一季稻。至于三种数据结果之间的差异则需要用地面观测数据进行检验。

3. 耕地生长季结束期的空间格局

图 4-16 是分别基于 MOD、MYD 和 MCD 三种数据提取的东北三省耕地生长季结束期的空间分布。从图中可以看出利用 MOD、MYD 和 MCD 数据提取的耕地生长季结束期在数值上依次出现提前的趋势，每一个比上一个提前的幅度大约为 5 天。三种结果中差异较大的地区主要在松嫩平原和三江平原的大部分地区，上述地区中基于 MOD 数据提取的耕地生长季结束期较晚的区域面积最大，MYD 次之，MCD 最小，三者之间的差异非常明显。与生长季开始期相类似，MCD 数据结果较前两者而言也表现出空间异质性减弱，即提取结果中较早的生长季结束期推迟和较晚的生长季结束期提前。

除了差异较大的松嫩平原和三江平原的大部分地区之外，在其他区域三种数据所提取的耕地生长季结束期的空间分布规律同样表现出相类似的特征。特别是在吉林省和辽宁省中部的大部分区域 MOD 和 MYD 提取结果的空间格局基本上一致，其中中西部地区耕地生长季结束期主要分布在第 244～273 天，而在吉林省中南部以及辽宁省东部地区相对晚一点，多数为第 274 天以后。MCD 数据结果在上述地区与前两者趋势相接近，所不同的是在时间上提前了约 5～10 天。在三江平原地区，MOD 结果中大部分区域耕地生长季结束期主要分布在第 270 天以后，MYD 结果中在西北部出现了于第 240 天前后结束生长季的区域，而 MCD 结果中大部分地区耕地生长季结束期分布在第 244～269 天。在松嫩平原地区，MOD 结果中除了北部大范围区域耕地生长季结束期主要分布在第 270 天以后外，其余地区主要为第 244～273 天；MYD 结果中生长季结束期大于第 270 天的区域只有松嫩平原北部边缘，并有部分地区早于第 244 天；MOD 结果中则只有边缘区域生长季结束较晚为第 260 天前后，其余地区与 MYD 结果相似。

4. 耕地生长季长度的空间格局

图 4-17 是分别基于 MOD、MYD 和 MCD 三种数据提取的东北三省耕地生长季长度的空间分布。

第4章 农业种植制度遥感制图

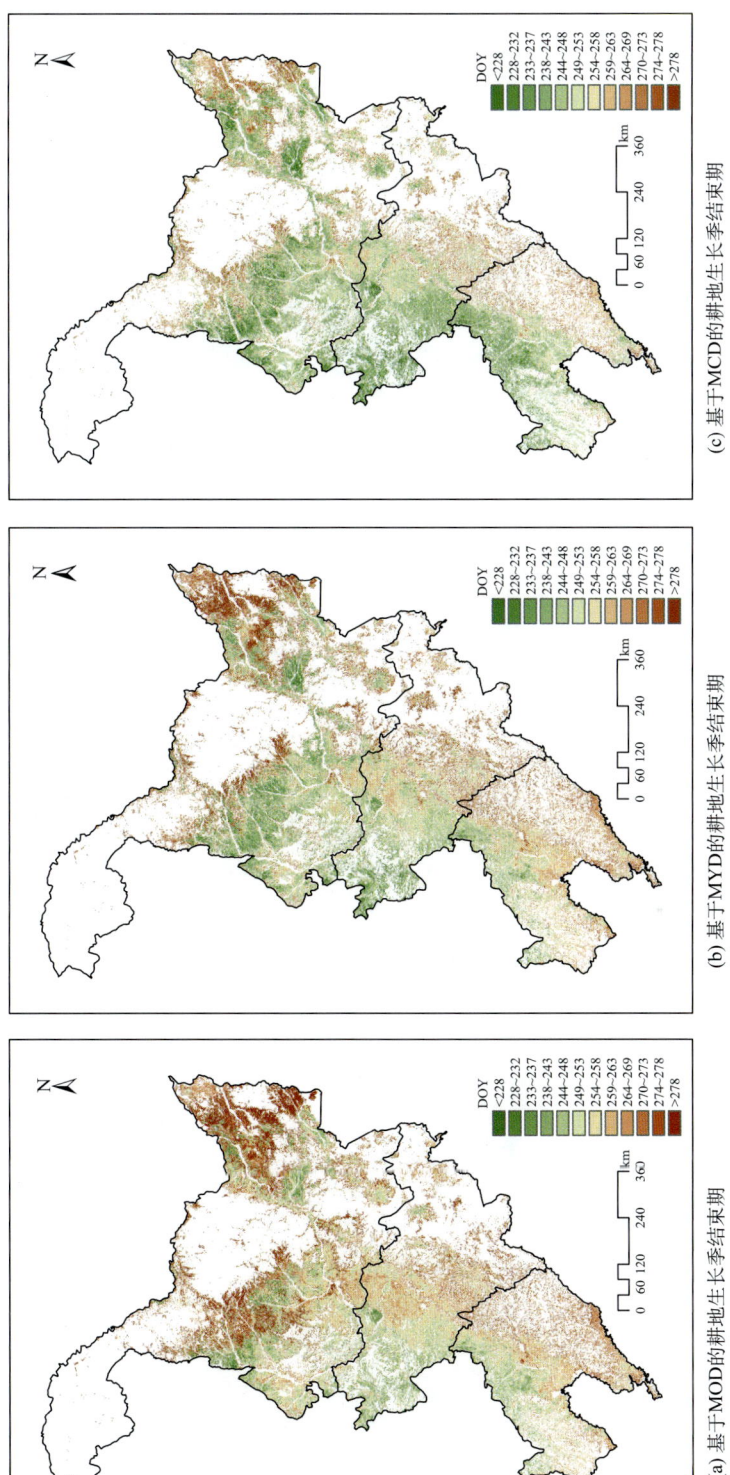

图 4-16 分别基于 MOD、MYD 和 MCD 三种数据提取的东北三省耕地生长季结束期空间分布图

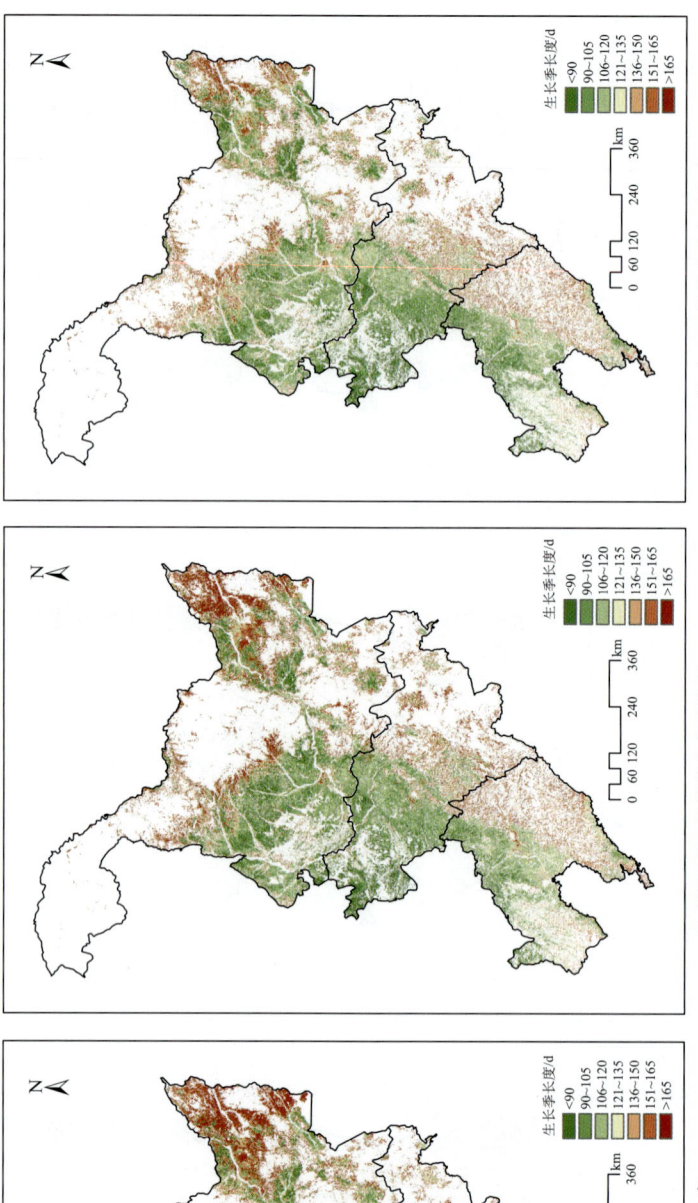

图 4-17 分别基于 MOD、MYD 和 MCD 三种数据提取的东北三省耕地生长季长度空间分布图

三种数据所提取的耕地生长季长度在空间格局上与 4.6.3 中第 3 节中得到的耕地生长季结束期表现出高度的一致性。这是因为耕地生长季长度是由生长季结束期减去开始期计算得到的，而由 4.6.3 中第 1 节的对比分析结果可知，整体上三种数据所提取的耕地生长季开始期在大部分地区的空间格局都表现出非常相似的特征，所以得到的耕地生长季长度结果的区别主要由生长季结束期之间的差异引起。在 MOD 数据结果中，松嫩平原北部、三江平原大多数地区、吉林省中南部和辽宁省东部地区耕地生长季长度为 135～165 天，部分区域甚至达到 165 天以上；其他地区的耕地生长季长度则主要为 90～135 天，也有少部分地区小于 90 天。MYD 数据结果中松嫩平原只有北部的少量耕地、三江平原的东部和中部的部分耕地、吉林省中南部以及辽宁省东部地区生长季长度达到 150 天以上，其他地区则主要为 90～120 天。MCD 数据结果中三江平原东部、松嫩平原北部、吉林省中南部以及辽宁省东部地区的部分耕地生长季长度为 136～165 天，其他地区的耕地生长季长度则主要分布在 90～135 天，同样也有少量耕地生长季长度小于 90 天。

4.6.4 耕地物候提取结果的精度验证

由 4.6.3 节的分析结果可知，基于 MOD、MYD 和 MCD 三种数据得到的东北三省耕地生长季开始期、峰值期、结束期和生长季长度等物候参数的空间格局之间存在着一定的差异。为了得知究竟哪种数据提取的结果更加接近真实情况，需要用地面物候观测数据进行验证和比较分析。本节研究用于耕地物候参数提取结果验证的地面物候观测数据来自 76 个站点，每个站点都有各自的代表性作物（玉米、小麦、大豆和水稻四大作物中的一种）。所提取的耕地生长季开始期、峰值期、结束期和生长季长度四种关键耕地物候参数分别对应着地面物候观测记录中的作物出苗期、抽穗期、成熟期和生育期天数。

1. 地面物候观测数据统计分析

对来自地面站点物候观测记录中各种作物的出苗期、抽穗期、成熟期和生育期天数进行分析汇总，前三种物候期分别统计出现的最早日期、最晚日期和平均日期，对生育期天数则统计最短时间、最长时间和平均时间。由地面观测得到的东北三省主要作物物候参数的基本特征如图 4-18 所示。

从出苗期的分布特征来看，一季稻的出苗期最早，主要分布在 4 月下旬，最早日期甚至到 4 月上旬，而最晚日期到 5 月上旬，时间跨度约 24 天；春小麦出苗期次之，主要分布在 5 月上旬，最早和最晚日期分别出现在 4 月下旬和 5 月下旬，二者之差也为 24 天；春玉米的出苗期多在 5 月中旬，最早的记录为 5 月上旬，最晚记录到 5 月下旬，时间跨度达到 28 天；大豆的出苗期最晚，多数为 5 月下旬，最早和最晚记录分别出现在 5 月中旬和 6 月上旬，出苗期分布相对前三种作物集中一些，时间跨度为 17 天。春小麦和春玉米的出苗期重叠时段较多，而一季稻和大豆的出苗期之间没有重叠的部分。整体而言，研究区主要作物的出苗期从 4 月上旬一直到 6 月上旬，总体时间跨度为 50 天左右。

从抽穗期的分布特征来看，春小麦的抽穗期最早，主要分布在 6 月下旬，最早日期记录为 6 月上旬，而最晚日期到 7 月上旬，时间跨度约 24 天；春玉米抽穗期次之，主要分布在 7 月下旬，最早和最晚日期分别出现在 7 月中旬和 7 月下旬，分布较为集中，时间跨度约为 16 天；一季稻的抽穗期最晚，多数在 8 月上旬，最早的记录为 7 月下旬，最晚记录到 8 月中旬，时间跨度达到 27 天。春玉米和一季稻的抽穗期之间存在部分重叠区间，而春小麦的出苗期与前两者之间不存在重叠部分。整体而言，研究区主要作物的抽穗期从 6 月上旬一直到 8 月中旬，总体时间跨度为 70 天左右。大豆的生长过程中不存在抽穗期，一般以进入结荚期表示生殖生长阶段的开始，但研究区 2005 年的地面物候观测数据中大豆的结荚期记录不完整，因此没有参与统计。

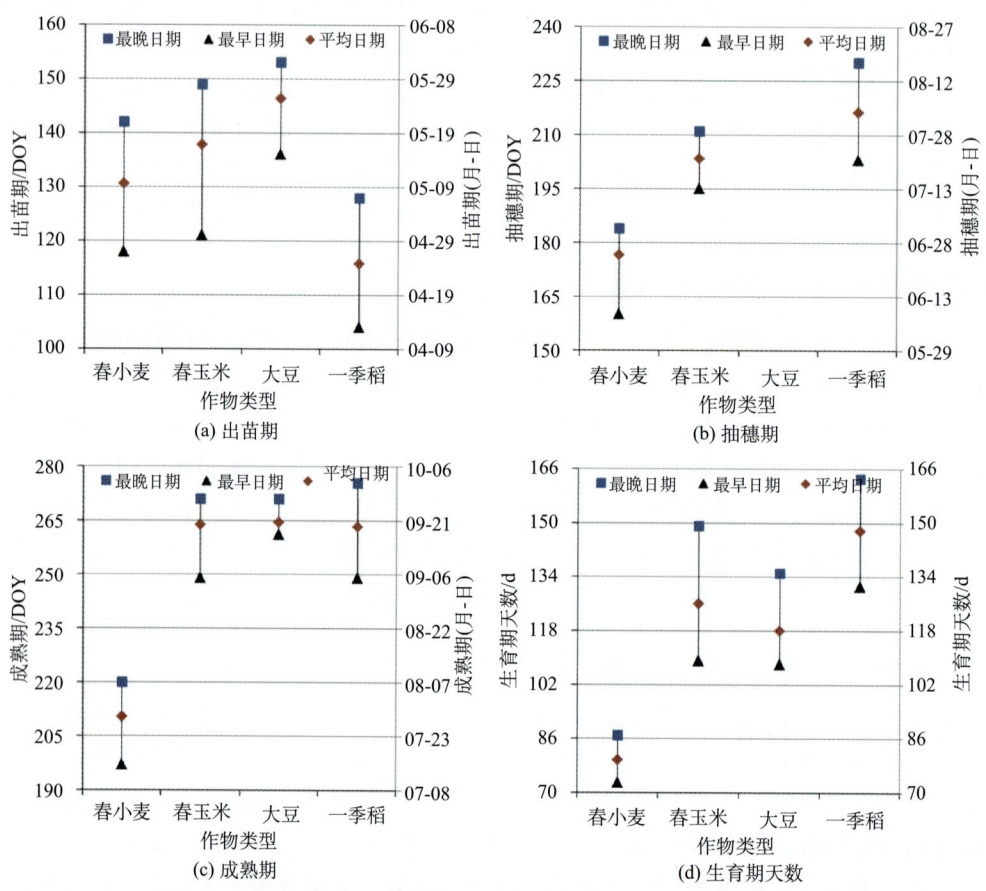

图 4-18　由地面观测资料统计得到的东北三省四大作物主要物候参数的基本特征

（a）、（b）、（c）左边纵轴是以儒略日（DOY）表示，右边纵轴为对应的日期（月-日），（d）两边纵轴的单位相同，只是为了形式统一而设置双坐标轴

在东北三省的四大作物中，春小麦为夏收型，而春玉米、一季稻和大豆都是秋收型，因此研究区内的作物成熟期表现出比较明显的夏秋两季分布特征。从成熟期的分布情况来看，春小麦的成熟期最早，平均日期在 7 月下旬，最早日期记录为 7 月中旬，而最晚日期到 8 月上旬，时间跨度约 23 天；另外三种作物的成熟期非常接近，主要分布在 9 月中下旬，其中春玉米的成熟期最早为 9 月上旬，最晚为 9 月下旬，时间跨度约 20 天；大豆的成熟期最早为 9 月中旬，最晚为 9 月下旬，分布相对集中，时间跨度约为 10 天；一季稻成熟期的最早和最晚日期分别出现在 9 月上旬和 10 月上旬，二者之间相差约 27

天。整体而言，夏收作物成熟期在7月下旬到8月上旬，时间跨度为23天；秋收作物成熟期在9月上旬到10月上旬，总体时间跨度27天。

生育期天数是用作物的成熟期减去出苗期计算得到的，由于各种作物的出苗期存在比较明显的先后次序，因此不同作物的生育期天数之间也存在较大差异。从生育期的长度来看，春小麦的生育期最短，大约为80天，最短的生育期记录为73天，最长的为87天；一季稻的生育期最长，大约为150天，最短的生育期记录为131天，最长的为163天；春玉米比大豆的生育期略长一点，两者主要为120～130天，其中春玉米生育期最短和最长时间记录分别为109天和149天；大豆的生育期最短时间为108天，最长时间为135天。整体而言，研究区内不同区域春小麦生育期的变化幅度最小，春玉米的变化幅度最大。生育期变化幅度除与地域分布有关之外，早熟和晚熟品种的差异也会导致同一作物生育期长度存在不同。

2. 耕地物候参数提取结果验证对比

地面物候观测数据一方面能为遥感提取物候参数提供必要的先验知识，另一方面也可以作为遥感提取结果验证的参考依据。遥感提取结果可以覆盖地面没有观测记录的更大区域，是二维面上的信息，地面观测记录是一维的点信息，两者直接进行对比可能会存在一些问题。为此，在对耕地物候参数遥感提取结果进行验证时需要对数据进行预处理。具体的操作是，根据所选的76个农业气象站点位置确定站点所在像元，然后提取周边5×5像元范围内所有耕地像元的物候参数计算平均值，以此作为与该站点观测记录相对应的耕地物候参数遥感提取结果。

基于MOD数据提取的耕地物候参数与76个地面站点观测记录的对比情况如图4-19所示。两者之间在区分作物类型以及全部站点条件下的相关系数如表4-6所示。对于生长季开始期，大豆站点两者的相关系数最高为0.81，春小麦站点最低为0.27，春玉米和一季稻的相关系数居中，分别为0.42和0.40，全部站点的整体相关系数达到0.70。对于生长季峰值期，春小麦站点两者的相关系数最高为0.77，春玉米和一季稻非常接近，分别为0.57和0.56，全部站点的整体相关系数为0.88（不包括大豆）。对于生长季结束期，仍然是春小麦站点相关系数最高为0.84，大豆站点次之为0.82，春玉米和一季稻站点则分别为0.45和0.44，全部站点的整体相关系数达到0.92。对于生长季长度来说，大豆站点相关系数最高为0.82，春小麦站点次之为0.76，春玉米和一季稻站点较低，分别为0.30和0.38，全部站点的整体相关系数为0.82。

表4-6 基于MOD数据提取的耕地物候参数与地面站点观测数据的相关系数

站点作物类型	生长季开始期	生长季峰值期	生长季结束期	生长季长度
春小麦	0.27	0.77	0.84	0.76
春玉米	0.42	0.57	0.45	0.30
大豆	0.81	—	0.82	0.82
一季稻	0.40	0.56	0.44	0.38
全部站点	0.70	0.88	0.92	0.82

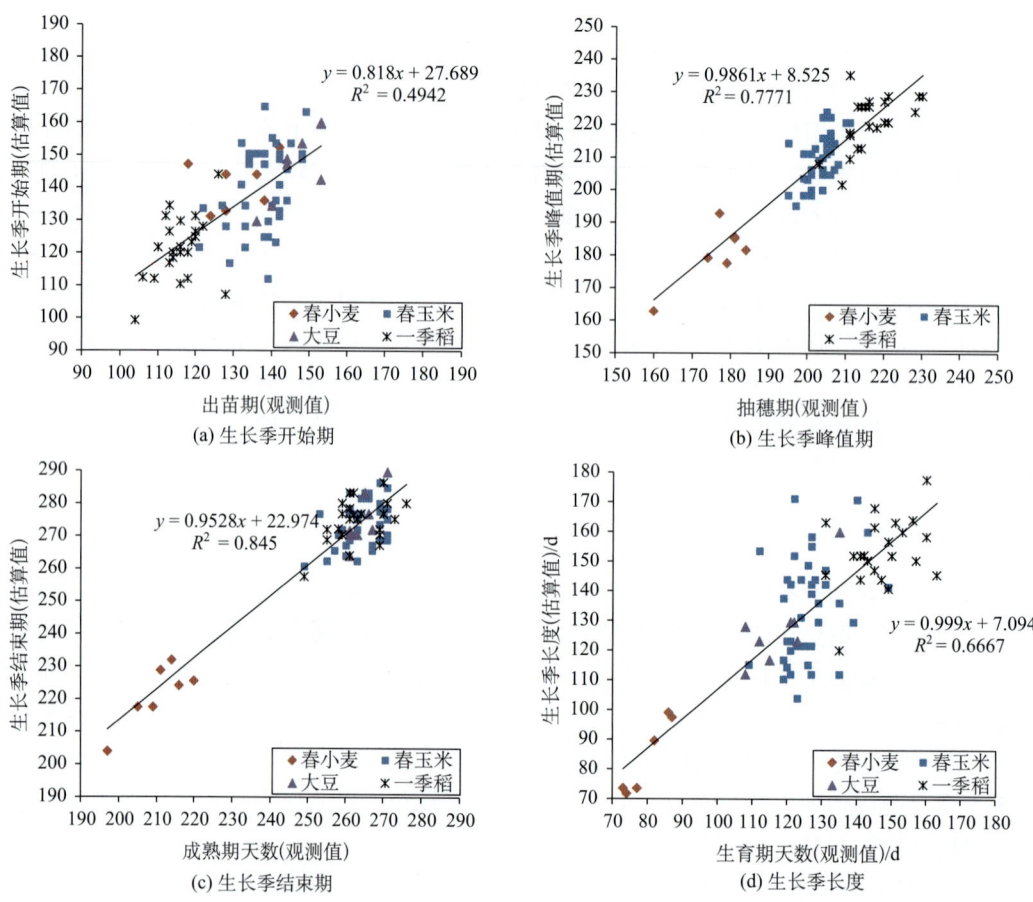

图 4-19 基于 MOD 数据提取的耕地物候参数与地面站点观测数据对比的散点图

基于 MYD 数据提取的耕地物候参数与 76 个地面站点观测记录的对比情况如图 4-20 所示。两者之间在区分作物类型以及全部站点条件下的相关系数如表 4-7 所示。对于生长季开始期,大豆站点两者的相关系数最高为 0.55,春小麦站点最低为 –0.10,春玉米和一季稻站点的相关系数分别为 0.32 和 0.20,全部站点的整体相关系数达到 0.77。对于生长季峰值期,春小麦站点两者的相关系数最高为 0.90,一季稻次之为 0.70,春玉米最低为 0.61,全部站点的整体相关系数为 0.91(不包括大豆)。对于生长季结束期,仍然

表 4-7 基于 MYD 数据提取的耕地物候参数与地面站点观测数据的相关系数

站点作物类型	生长季开始期	生长季峰值期	生长季结束期	生长季长度
春小麦	–0.10	0.90	0.81	0.17
春玉米	0.32	0.61	0.42	0.22
大豆	0.55	—	0.51	0.38
一季稻	0.20	0.70	0.35	0.15
全部站点	0.77	0.91	0.88	0.80

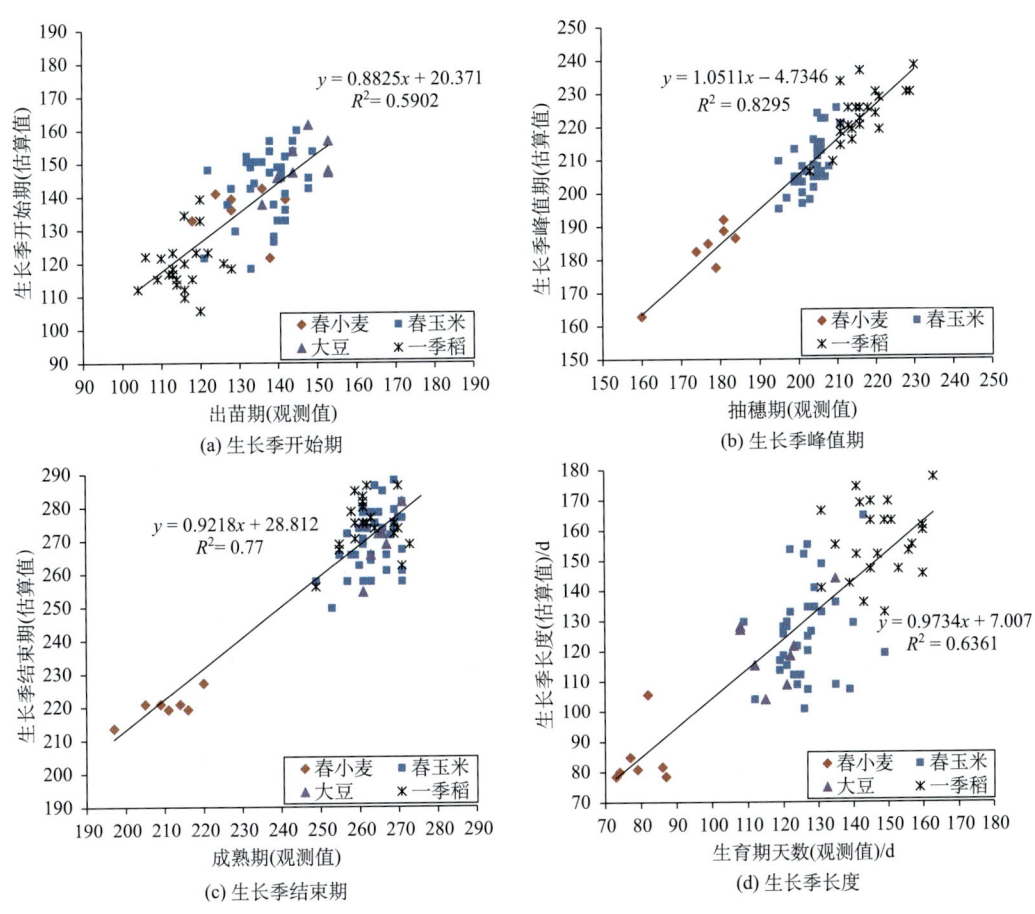

图 4-20 基于 MYD 数据提取的耕地物候参数与地面站点观测数据对比的散点图

是春小麦站点相关系数最高为 0.81，大豆站点次之为 0.51，春玉米和一季稻站点则分别为 0.42 和 0.35，全部站点的整体相关系数达到 0.88。对于生长季长度来说，大豆站点相关系数最高为 0.38，春玉米站点次之为 0.22，春小麦和一季稻站点较低，分别为 0.17 和 0.15，全部站点的整体相关系数为 0.80。

基于 MCD 数据提取的耕地物候参数与 76 个地面站点观测记录的对比情况如图 4-21 所示。两者之间在区分作物类型以及全部站点条件下的相关系数如表 4-8 所示。对于生长季开始期，一季稻站点两者的相关系数最高为 0.81，大豆站点次之为 0.79，春小麦和春玉米站点的相关系数分别为 0.51 和 0.40，全部站点的整体相关系数为 0.81。对于生长季峰值期，春小麦站点两者的相关系数最高为 0.86，春玉米和一季稻站点相关系数分别为 0.66 和 0.62，全部站点的整体相关系数达到 0.91（不包括大豆）。对于生长季结束期，仍然是春小麦站点相关系数最高为 0.89，大豆站点次之为 0.64，春玉米和一季稻站点则分别为 0.45 和 0.47，全部站点的整体相关系数仍为 0.91。对于生长季长度来说，一季稻站点相关系数最高为 0.73，大豆站点次之为 0.71，春小麦站点为 0.66，春玉米站点最低为 0.18，全部站点的整体相关系数为 0.85。

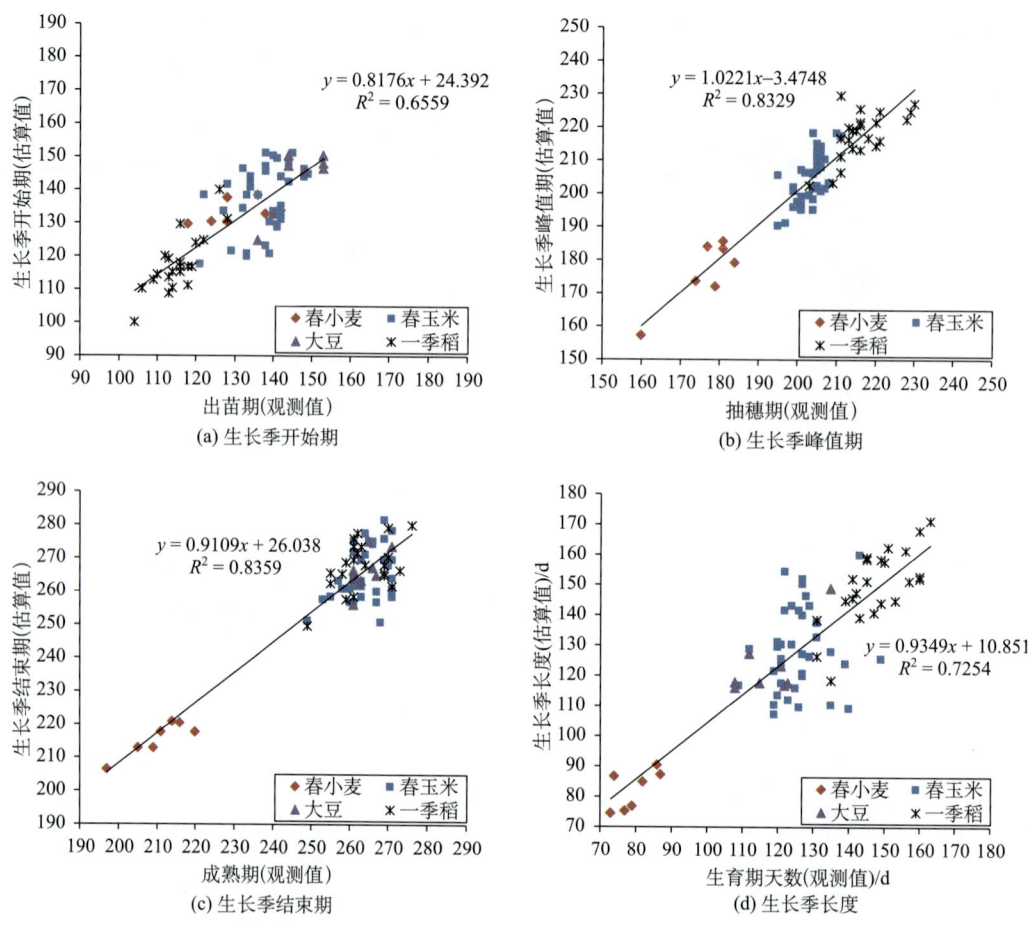

图 4-21 基于 MCD 数据提取的耕地物候参数与地面站点观测数据对比的散点图

表 4-8 基于 MCD 数据提取的耕地物候参数与地面站点观测数据的相关系数

站点作物类型	生长季开始期	生长季峰值期	生长季结束期	生长季长度
春小麦	0.51	0.86	0.89	0.66
春玉米	0.40	0.66	0.45	0.18
大豆	0.79	—	0.64	0.71
一季稻	0.81	0.62	0.47	0.73
全部站点	0.81	0.91	0.91	0.85

3. 误差分析及比较结论

由上一节的分析可知，基于 MOD、MYD 和 MCD 数据提取的各耕地物候参数与地面观测资料之间都存在着一定的相关性。从图 4-19 至图 4-21 中也可以看出，无论用哪种数据提取的耕地物候参数与地面物候观测资料之间都存在着一定的误差。从理论上讲MCD 数据由 MOD 和 MYD 组合而成，在保证数据质量的同时提高了时间分辨率，所得的结果误差应该最小。为考查在选择最佳重构方法的基础上利用 8 天时间分辨率的 MCD 数据能否提高耕地物候参数提取结果的质量,需要对三种数据提取的物候参数结果进行误差分析,看 MCD 提取结果与 MOD 和 MYD 数据相比是否能够减小误差。除了使用的相关系数(R)之外,另外采用了平均绝对误差(MAE)和均方根误差(RMSE)共三个指标来定量描述所提取的耕地物候参数的误差大小。

$$R = \frac{\mathrm{cov}(P_{\mathrm{rs}}, P_{\mathrm{obs}})}{\sqrt{\mathrm{var}(P_{\mathrm{rs}}) \cdot \mathrm{var}(P_{\mathrm{obs}})}} \tag{4-33}$$

$$\mathrm{MAE} = \frac{|P_{\mathrm{rs}} - P_{\mathrm{obs}}|}{N} \tag{4-34}$$

$$\mathrm{RMSE} = \sqrt{\frac{\sum_{i=1}^{N}(P_{\mathrm{rs}} - P_{\mathrm{obs}})^2}{N}} \tag{4-35}$$

式中,P_{rs} 和 P_{obs} 分别为遥感提取和地面观测的物候参数;$\mathrm{cov}(P_{\mathrm{rs}}, P_{\mathrm{obs}})$ 为遥感提取结果与地面观测数据之间的协方差;$\mathrm{var}(P_{\mathrm{rs}})$ 和 $\mathrm{var}(P_{\mathrm{obs}})$ 分别为遥感提取结果和地面观测数据各自的方差;N 为地面观测站点的个数。

MOD、MYD 和 MCD 三种数据所提取的耕地生长季开始期、峰值期、结束期和生长季长度等主要物候参数与地面观测数据之间的相关系数汇总如表 4-9 所示。从表中可以看出,MCD 数据结果在春小麦站点的生长季开始期、春玉米站点的生长季峰值期、一季稻站点的生长季开始期、结束期和生长季长度以及全部站点的生长季开始期和生长季长度上与地面观测数据之间的相关系数比 MOD 和 MYD 数据结果高,在其他情况下则与前两者之一相等或低于前两者。因此仅仅依靠相关系数很难判定孰优孰劣。

表 4-9 基于不同数据提取的耕地物候参数与地面站点观测数据的相关系数比较

站点作物类型	生长季开始期			生长季峰值期			生长季结束期			生长季长度		
	MOD	MYD	MCD	MOD	MYD	MCD	MOD	MYD	MCD	MOD	MYD	MCD
春小麦	0.27	−0.10	0.51	0.77	0.90	0.86	0.84	0.81	0.89	0.76	0.17	0.66
春玉米	0.42	0.32	0.40	0.57	0.61	0.66	0.45	0.42	0.45	0.30	0.22	0.18
大豆	0.81	0.55	0.79	—	—	—	0.82	0.51	0.64	0.82	0.38	0.71
一季稻	0.40	0.20	0.81	0.56	0.70	0.62	0.44	0.35	0.47	0.38	0.15	0.73
全部站点	0.70	0.77	0.81	0.88	0.91	0.91	0.92	0.88	0.91	0.82	0.80	0.85

表 4-10 和表 4-11 分别为基于 MOD、MYD 和 MCD 三种数据所提取的耕地生长季开始期、峰值期、结束期和生长季长度等主要物候参数与地面观测数据之间的平均绝对误差和均方根误差。从表中可以看出,无论是针对某一种作物类型的站点还是全部站点,MCD 数据所提取的耕地物候参数的平均绝对误差和均方根误差与 MOD 和 MYD 数据结果相比都有不同程度的减小。尽管在有些情况下,误差的提高并不明显,如大豆站点的生长季开始期均方根误差仅比 MOD 数据结果提高了 0.3 天,但在其他大多数情况下 MCD

数据结果较小的误差仍然足以说明基于 8 天时间分辨率的 MCD 数据的确能够提高耕地物候参数提取结果的质量。

表 4-10 基于不同数据提取的耕地物候参数与地面站点观测数据的平均绝对误差比较

站点作物类型	生长季开始期			生长季峰值期			生长季结束期			生长季长度		
	MOD	MYD	MCD	MOD	MYD	MCD	MOD	MYD	MCD	MOD	MYD	MCD
春小麦	11.09	10.91	6.54	5.20	5.91	4.14	11.11	9.94	5.89	8.54	8.23	3.63
春玉米	10.04	10.00	8.21	7.21	5.90	5.13	10.63	8.98	6.08	14.60	12.65	12.42
大豆	6.23	6.05	5.57	—	—	—	10.38	7.83	3.75	9.80	9.93	7.78
一季稻	8.79	7.54	4.33	6.30	7.38	4.71	11.56	13.50	7.12	10.49	13.06	7.97
全部站点	9.36	8.92	6.61	6.69	6.40	4.89	10.93	10.32	6.13	12.29	12.08	9.78

表 4-11 基于不同数据提取的耕地物候参数与地面站点观测数据的均方根误差比较

站点作物类型	生长季开始期			生长季峰值期			生长季结束期			生长季长度		
	MOD	MYD	MCD	MOD	MYD	MCD	MOD	MYD	MCD	MOD	MYD	MCD
春小麦	13.94	12.00	7.30	6.88	6.82	4.72	12.08	10.95	6.31	11.05	10.55	5.29
春玉米	12.03	11.68	9.28	9.13	7.92	5.86	12.68	10.58	7.50	18.62	15.95	14.79
大豆	6.54	7.04	6.22	—	—	—	11.64	8.97	4.76	12.75	11.92	9.01
一季稻	10.61	9.28	5.54	8.44	9.20	5.99	13.27	15.04	8.36	12.86	16.44	8.62
全部站点	11.35	10.62	7.83	8.69	8.28	5.80	12.70	12.00	7.44	15.87	15.30	11.96

参 考 文 献

卞新民, 冯金侠. 1999. 多元多熟种植制度复种指数计算方法探讨. 南京农业大学学报, 22(1): 14-18.
蔡天净, 唐瀚. 2011. Savitzky-Golay 平滑滤波器的最小二乘拟合原理综述. 数字通信, 1: 63-68.
陈效述, 曹志萍. 1999. 植物物候期的频率分布型及其在季节划分中的应用. 地理科学, 19(1): 21-27.
陈效述, 王林海. 2009. 遥感物候学研究进展. 地理科学进展, 28(1): 33-40.
范广洲, 贾志军. 2010. 植物物候研究进展. 干旱气象, 28(3): 250-255.
方修琦, 余卫红. 2002. 物候对全球变暖响应的研究综述. 地球科学进展, 17(5): 714-719.
费罗成, 程久苗, 王秉建, 等. 2009. 耕地集约利用研究进展展望. 土壤, 41(5): 696-702.
高应波, 柳钦火, 李静, 等. 2015. 基于时序植被指数特征时相识别的多熟制耕地提取新方法. 遥感技术与应用, 30(3): 431-438.
葛全胜, 戴君虎, 郑景云. 2010. 物候学研究进展及中国现代物候学面临的挑战. 中国科学院院刊, 25(3): 310-316.
葛全胜, 郑景云, 张学霞, 等. 2003. 过去 40 年中国气候与物候的变化研究. 自然科学进展, 13(10): 42-47.
顾娟, 李新, 黄春林. 2006. NDVI 时间序列数据集重建方法述评. 遥感技术与应用, 21(4): 391-395.
胡兵辉, 王维, 张红芳. 2015. 干热河谷旱地覆盖间作两熟种植模式的水分效应. 水土保持学报, 29(1): 274-278.

黄嘉佑. 2000. 气象统计分析与预报方法. 北京: 气象出版社.

李鹏, 肖池伟, 封志明, 等. 2015. 鄱阳湖平原粮食主产区农户水稻熟制决策行为分析. 地理研究, 34(12): 2257-2267.

李荣平, 周广胜, 张慧玲. 2006. 植物物候研究进展. 应用生态学报, 17(3): 3541-3544.

李正国, 唐华俊, 杨鹏, 等. 2011. 基于时序植被指数的东北地区耕地生长季特征识别与应用研究. 北京大学学报(自然科学版), 47(5): 882-892.

梁守真, 马万栋, 施平, 等. 2012. 基于 MODIS NDVI 数据的复种指数监测——以环渤海地区为例. 中国生态农业学报, 20(12): 1657-1663.

刘良云. 2014. 植被定量遥感原理与应用. 北京: 科学出版社.

吕晓, 牛善栋, 李振波, 等. 2015. 中国耕地集约利用研究现状及趋势分析. 农业工程学报, 31(18): 212-224.

逄焕成, 陈阜. 1998. 黄淮平原不同多熟模式生产力特征与资源利用效率研究. 自然资源学报, 13(3): 199-206.

彭代亮, 黄敬峰, 孙华生, 等. 2010. 基于 Terra 与 Aqua MODIS 增强型植被指数的县级水稻总产遥感估算. 中国水稻科学, 24(5): 516-522.

石淑芹, 曹玉青, 吴文斌, 等. 2017. 耕地集约化评价指标体系与评价方法研究进展. 中国农业科学, 50(7): 1210-1222.

宋春桥, 柯灵红, 游松财, 等. 2011. 基于 TIMESAT 的 3 种时序 NDVI 拟合方法比较研究——以藏北草地为例. 遥感技术与应用, 26(2): 147-155.

唐鹏钦, 姚艳敏, 吴文斌, 等. 2010. 基于遥感技术的耕地复种指数研究进展. 中国农业资源与区划, 31(2): 21-27.

王静, 郭铌. 2008. Terra MODIS 和 Aqua MODIS 波段反射率及植被指数比较. 生态学杂志, 27(10): 1711-1717.

王连喜, 陈怀亮, 李琪, 等. 2010. 植物物候与气候研究进展. 生态学报, 20(2): 447-454.

王正兴, 刘闯, 陈文波, 等. 2006. MODIS 增强型植被指数 EVI 与 NDVI 初步比较. 武汉大学学报(信息科学版), 31(5): 407-410.

王正兴, 刘闯, Huete A. 2003. 植被指数研究进展: 从 AVHRR-NDVI 到 MODIS-EVI. 生态学报, 23(5): 979-987.

温刚, 符淙斌. 2000. 中国东部季风区植被物候季节变化对气候响应的大尺度特征: 多年平均结果. 大气科学, 24(5): 676-682.

吴文斌, 杨鹏, 唐华俊, 等. 2009a. 过去 20 年中国耕地生长季起始期的时空变化. 生态学报, 29(4): 1777-1786.

吴文斌, 杨鹏, 唐华俊, 等. 2009b. 基于 NDVI 数据的华北地区耕地物候空间格局. 中国农业科学, 42(2): 552-560.

武永峰, 何春阳, 马瑛, 等. 2005. 基于计算机模拟的植物返青期遥感监测方法比较研究. 地球科学进展, 20(7): 724-731.

武永峰, 李茂松, 宋吉青. 2008. 植物物候遥感监测研究进展. 气象与环境学报, 24(3): 51-58.

辛景峰, 宇振荣, Driessen P M. 2001. 利用 NOAA NDVI 数据集监测冬小麦生育期的研究. 遥感学报, 5(6): 442-447.

徐宁. 2013. 稻田复种轮作系统的作物生产力、生态环境效应及能流物流特征研究. 南昌: 江西农业大学.

于信芳, 庄大方. 2006. 基于 MODIS NDVI 数据的东北森林物候期监测. 资源科学, 28(4): 111-117.

张峰, 吴炳方, 刘成林, 等. 2004. 利用时序植被指数监测作物物候的方法研究. 农业工程学报, 20(1): 155-159.

张晗, 任志远. 2014. 多种时序 NDVI 重建方法比较与应用分析. 中国农业科学, 47(15): 2998-3008.

张明伟. 2006. 基于 MODIS 数据的作物物候期监测及作物类型识别模式研究. 武汉: 华中农业大学学位论文.

张新焕, 杨德刚, 王昌燕, 等. 2012. 基于地块尺度的耕地集约利用与环境压力关系——以塔里木河流域 780 个地块为例. 中国生态农业学报, 20(5): 635-642.

张学霞, 葛全胜, 郑景云. 2003. 遥感技术在植物物候研究中的应用综述. 地球科学进展, 18(4): 534-544.

赵印英. 2004. 作物组合种植高效用水试验. 山西农业科学, 32(1): 72-75.

竺可桢, 宛敏渭. 1999. 物候学. 长沙: 湖南教育出版社.

左丽君, 张增祥, 董婷婷, 等. 2009. 耕地复种指数研究的国内外进展. 自然资源学报, 24(3): 553-560.

Badhwar G D. 1984. Use of LANDSAT-derived profile features for spring small-grains classification. International Journal of Remote Sensing, 5(5): 783-797.

Badhwar G D, Austin W W, Carnes J G. 1982. A semi-automatic technique for multitemporal classification of a given crop within a Landsat scene. Pattern Recognition, 15: 217-230.

Bommarco R, Kleijn D, Potts S G. 2013. Ecological intensification: harnessing ecosystem services for food security. Trends in Ecology and Evolution, 28(4): 230-238.

Brown M E, de Beurs, K, Vrieling A. 2010. The response of African land surface phenology to large scale climate oscillations. Remote Sensing of Environment, 114(10): 2286-2296.

Canisius F, Turral H, Molden D. 2007. Fourier analysis of historical NOAA time series data to estimate bimodal agriculture. International Journal of Remote Sensing, 28(24): 5503-5522.

Chen J, Jönsson P, Tamura M, et al. 2004. A simple method for reconstructing a high-quality NDVI time-series data set based on the Savitzky–Golay filter. Remote Sensing of Environment, 91(3-4): 332-344.

Chen X, Hu B, Yu R. 2005. Spatial and temporal variation of phenological growing season and climate change impacts in temperate eastern China. Global Change Biology, 11(7): 1118-1130.

Chen X, Pan W. 2002. Relationships among phenological growing season, time-integrated normalized difference vegetation index and climate forcing in the temperate region of eastern China. International Journal of Climatology, 22(14): 1781-1792.

Chen X, Tan Z, Schwartz M D. et al. 2000. Determining the growing season of land vegetation on the basis of plant phenology and satellite data in Northern China. International Journal of Biometeorology, 44: 97-101.

Chen X, Xu C, Tan Z. 2001. An analysis of relationships among plant community phenology and seasonal metrics of normalized difference vegetation index in the northern part of the monsoon region of China. Intermational Journal of Biometeorol, 45: 170-177.

Eleonora R, Akihoko K, Ketut W. 2001. NDVI - derived length of the growth period estimations for different vegetation types in Monsoon Asia. IECI Chapter Japan Series, 3: 106-109.

Fischer A. 1994. A model for the seasonal variations of vegetation indices in coarse resolution data and its inversion to extract crop parameters. Remote Sensing of Environment, 48: 220-230.

Fisher J I, Mustard J F. 2007. Cross-scalar satellite phenology from ground, Landsat, and MODIS data. Remote Sensing of Environment, 109(3): 261-273.

Foley J A, Ramankutty N, Brauman K A, et al. 2011. Solutions for a cultivated planet. Nature, 478(7369): 337-342.

Gao F, Jeff M, Matt S, et al. 2006. On the blending of the Landsat and MODIS surface reflectance: predicting daily Landsat surface reflectance. IEEE Transactions on Geoscience and Remote Sensing, 44(8): 2207-2218.

Garnett T, Appleby M C, Balmford A, et al. 2013. Sustainable intensification in agriculture: premises and policies. Science, 341(6141): 33-34.

Groten S M E, Ocatre R. 2002. Monitoring the length of the growing season with NOAA. International Journal of Remote Sensing, 23(14): 2797-2815.

Heumann B W, Seaquist J W, Eklundh L, et al. 2007. AVHRR derived phenological change in the Sahel and Soudan, Africa, 1982-2005. Remote Sensing of Environment, 108(4): 385-392.

Hoff J C. 1983. A Practical Guide to Box-jenkins Forecasting. Belmont, CA: Lifetime Learning Publications.

Hogda K A, Karlsen S R, Solheim I. 2001. Climatic change impact on growing season in Fennoscandia studied by a time series of NOAA AVHRR NDVI data. Proceedings of IGARSS, 3: 1338-1340.

Hudson Dunn A, de Beurs K M. 2011. Land surface phenology of North American mountain environments using moderate resolution imaging spectroradiometer data. Remote Sensing of Environment, 115(5): 1220-1233.

Jönsson P, Eklundh L. 2002. Seasonality extraction by function fitting to time-series of satellite sensor data. IEEE Transactions on Geoscience and Remote Sensing, 40(8): 1824-1832.

Jönsson P, Eklundh L. 2004. TIMESAT—a program for analyzing time-series of satellite sensor data. Computers and Geosciences, 30(8): 833-845.

Julien Y, Sobrino J A. 2009. Global land surface phenology trends from GIMMS database. International Journal of Remote Sensing, 30(13): 3495-3513.

Justice C O, Townshend J R G, Holben B N, et al. 1985. Analysis of the phenology of global vegetation using meteorological satellite data. International Journal of Remote Sensing, 6(8): 1271-1318.

Kuemmerle T, Erb K, Meyfroidt P, et al. 2013. Challenges and opportunities in mapping land use intensity globally. Current Opinion in Environmental Sustainability, 5(5): 484-493.

Li X, Chen Y, Fan Y, et al. 2003. Detecting inter- annual variations of vegetation growth based on satellite-sensed vegetation index data from 1983 to 1999. Proceedings of IGARSS, 5: 3263-3265.

Liu W, Dong J, Xiang K, et al. 2018. A sub-pixel method for estimating planting fraction of paddy rice in Northeast China. Remote Sensing of Environment, 205: 305-314.

Markon C J, Fleming M D, Binnian E F. 1995. Characteristics of vegetation phenology over the Alaskan landscape using AVHRR time-series data. Polar Record, 31: 179-190.

Moulin S, Kergoat L, Viovy N, et al. 1997. Global-scale assessment of vegetation phenology using NOAA/AVHRR satellite measurements. Journal of Climate, 10(6): 1154-1170.

Myneni R B, Tucker C J, Asrar G, et al. 1998. Interannual variations in satellite-sensed vegetation index data from 1981 to 1991. Journal of Geophysical Research: Atmospheres, 103(D6): 6145-6160.

Narasimhan R, Stow, D. 2010. Daily MODIS products for analyzing early season vegetation dynamics across the North Slope of Alaska. Remote Sensing of Environment, 114(6): 1251-1262.

Pretty J, Bharucha Z P. 2014. Sustainable intensification in agricultural systems. Annals of Botany, 114(8): 1571-1596.

Reed B C, Brown J F, VanderZee D, et al. 1994. Measuring phenological variability from satellite imagery. Journal of Vegetation Science, 5(5): 703-714.

Rockstrom J, Williams J, Daily G, et al. 2017. Sustainable intensification of agriculture for human prosperity and global sustainability. Ambio, 46(1): 4-17.

Roerink GJ, Menenti M, Verhoef W. 2010. Reconstructing cloudfree NDVI composites using Fourier analysis of time series. International Journal of Remote Sensing, 21(9): 1911-1917.

Savitzky A, Golay M J E. 1964. Smoothing and differentiation of data by simplified least squares procedures. Analytical Chemistry, 36(8): 1627-1639.

Schwartz M D, Reed B C, White MA. 2002. Assessing satellite-derived start-of-season measures in the conterminous USA. International Journal of Climatology, 22(14): 1793-1805.

Spera S A, Galford G L, Coe M T, et al. 2016. Land-use change affects water recycling in Brazil's last agricultural frontier. Global Change Biology, 22(10): 3405-3413.

Studer S, Stockli R, Appenzeller C, et al. 2007. A comparative study of satellite and ground-based phenology. International Journal of Biometeorology, 51(5): 405-414.

Tucker C J, Slayback D A, Pinzon J E, et al. 2001. Higher northern latitude normalized difference vegetation index and growing season trends from 1982 to 1999. International Journal of Biometeorology, 45(4): 184-190.

White M A, Thornton P E, Running S W. 1997. A continental phenology model for monitoring vegetation responses to interannual climatic variability. Global Biogeochemical Cycles, 11(2): 217-234.

Yu F, Price K P, Ellis J, et al. 2003. Response of seasonal vegetation development to climatic variations in eastern central Asia. Remote Sensing of Environment, 87(1): 42-54.

Yu Q, Hu Q, van Vliet J, et al. 2018. GlobeLand30 shows little cropland area loss but greater fragmentation in China. International Journal of Applied Earth Observation and Geoinformation, 66: 37-45.

Zhang X, Friedl M A, Schaaf C B, et al. 2003. Monitoring vegetation phenology using MODIS. Remote Sensing of Environment, 84(3): 471-475.

第 5 章 农作物遥感制图的特征选择策略

5.1 引　　言

特征变量的选择是决定农作物遥感制图精度最重要的环节之一。特定的分类目标总是和相应的特征或特征组合相联系，只有选择合适的特征变量，才能具备区分地物的前提条件（贾坤等，2013）。与常见的土地利用覆盖分类类似，光谱特征、时相特征、空间特征，及其他辅助特征也都是农作物遥感识别的主要特征变量。

农作物光谱特征易受农作物类型、生长季、长势状况以及田间管理（播种、施肥、灌溉、品种更替）等影响，导致"同物异谱"现象尤为突出，严重制约农作物遥感识别的精度（Peña-Barragán et al., 2011）。然而，不同农作物具有特定的生长规律和物候特征，同一作物在不同生长时期光谱特征不同，同一生长期的不同作物光谱也具有差异（Wardlow et al., 2008）。因此，充分利用农作物的典型季相节律特征是目前区分农作物与农作物、农作物与其他绿色植被的关键理论依据（胡琼等，2015）。此外，农作物与其他地物类型在影像中呈现出来的纹理特征、结构特征、几何特征以及上下文层次特征等均不尽相同，充分利用农作物空间特征也是基于遥感技术识别农作物的重要方法。除了光谱、时相和空间特征，地形、温度、各类专题图等其他方面信息也是农作物遥感制图中重要的辅助数据特征。在农作物遥感分类研究中，辅助数据的使用一般分为两种：第一，将辅助特征例如数字高程模型（digital elevation model, DEM）看成是一个数据波段合并到光谱或空间特征中；第二，利用辅助特征信息进行第一层次的粗分类或者用作农作物分类后处理，从而提高分类精度（贾坤等，2013）。例如，程乾等（2005）利用坡度信息与 MODIS 数据进行复合，获得的水稻精度比单独利用 MODIS 数据高出了 20%。Zhong 等（2014）在农作物物候信息基础上引入积温信息，显著提高了美国堪萨斯州地区农作物识别精度。

然而，不同维度的特征变量往往难以同时兼得。例如，农作物的季相节律特征与空间特征难以通过同一种卫星遥感影像提取。表征季相节律特征需要高时间分辨率的卫星遥感影像（如 MODIS 影像），而这类影像的空间分辨率往往较低，易导致混合像元问题，也就更难以刻画农作物详细的空间形态特征。同时，不同农作物的生长形态特征、生理生化特征、季节变化规律皆不尽相同，它们区别于其他地物的典型特征各异。对于特定农作物而言，若其特有的生理生化特征和结构参数特征能够恰当的构建和选择为遥感分类特征变量，将会大幅度提高该农作物遥感识别的精度，并且使构建的特征变量更具理论基础和物理解释性。因此，需要根据识别的具体农作物目标和应用需求，选择合适的卫星遥感影像或其他辅助数据，再根据该数据源的特征，构建合适的农作物遥感识别特征变量。例如，对于大区域农作物遥感制图，可以选用长时间序列 MODIS 影像，根据 MODIS 丰富的光谱波段和逐日的观测频率，构建"多光谱"和"长时序"特征变量，从不同信息维度充分反映不同农作物之间的物候特征差异，最大化农作物之间的分离性。

由于无关特征和冗余特征的存在，分类信息并不是越多越好。大量研究证明分离多类地物往往只需依靠低维度的有用信息，增加额外信息不但不会增加分类精度，反而会增加模型的复杂性并降低模型的效率，也就是"维数灾难"现象（Carrão et al., 2008）。同时，每个特征并非在分类中贡献了同等信息量，不同特征变量在不同地物类型识别中的重要性具有优先次序（Hu et al., 2014）。因此，有必要理解特征的质量和数量对于农作物遥感识别的影响机制，为农作物遥感识别提供理论支撑。另外，要找出农作物遥感识别的最佳特征变量组合，则需要在构建多维特征变量的同时，采取合适的特征选择策略筛选出质量和数量均优的农作物特征组合，从而提高农作物遥感制图的效率和精度。Dash 和 Liu（1997）从搜索策略和评价准则这两个角度对特征选择算法进行了系统划分。根据搜索策略，特征选择通常包含：完全搜索式、启发搜索式以及随机搜索式等；依据评价准则，特征选择可以划分为：信息度量、距离度量法、分类错误率度量、一致性度量、关联性度量等（史蕾，2018）。不同的搜索策略结合不同的评价准则，形成具有不同适用性的特征选择方法，广泛应用于不同地物类型的遥感识别研究中。然而，针对农作物遥感识别研究，应根据具体的制图目标和制图区域的特点，构建丰富的候选特征变量，充分捕获农作物识别的关键信息，同时匹配合适的特征选择策略，从而自动、高效率地筛选出农作物遥感制图最优的特征子集。

5.2 农作物遥感识别特征类型

5.2.1 光谱特征

农作物的反射光谱特性是农作物遥感识别的基本物理基础。和其他绿色植被一样，农作物在可见光的蓝光和红光波段有 2 个吸收带，其反射率较低；在 2 个吸收带之间的可见光绿光波段有一个明显的反射峰；在 1.1μm 近红外波段范围内反射率达到高峰，形成植被的独有特征；在中红外波段（1.3~2.5μm）因绿色植物含水量的影响，吸收率大增，反射率大大下降，在水吸收带形成低谷（李静等，2005）。农作物的这些光谱特征常常会因为农作物类型、生长季、长势状况以及田间管理等不同而有所差别（Van Niel et al., 2004; White et al., 2015）。农作物的光谱信号与叶绿素含量、叶片含水量、冠层结构以及它们随时间变化的规律等密切相关。

为了增强或突出信息，土地覆盖分类研究通常采用由不同光谱波段运算得到的光谱植被指数作为特征变量参与分类。其中，归一化差值植被指数（NDVI）和增强型植被指数（EVI）广泛用于监测植被年际或年内的变化研究，已经成为反映植被生长状态和冠层结构的重要指示器（Arvor et al., 2011; Eastman et al., 2013）。然而，对于农作物而言，其在一年内会经历多个物候生长阶段（如出苗、拔节、抽穗、成熟等），并在不同物候历阶段呈现出完全不同的生物物理特性。因此，植被生长状态和冠层结构未必是某些农作物遥感识别最显著的生物物理特征，这也意味着 NDVI 和 EVI 未必是农作物遥感识别最敏感的光谱指标。比如，大量研究证明由近红外和短波红外组合的陆表水分指数（LSWI）

是叶面积含水量和田间含水量最敏感的植被指数,尤其是在水稻移栽和灌水期,水稻的LSWI值表现出异常于其他农作物的"特征"(Clauss et al., 2016; Xiao et al., 2006),因此,LSWI通常被认为是水稻遥感识别最重要的光谱特征。此外,对于农作物种植结构复杂的研究区域而言,仅利用由红光波段和近红外波段组合的NDVI和EVI很难剥离不同农作物、不同物候期的光谱差异。因此,有必要根据具体农作物对象,选取能反映该农作物独特生长特性的一种或多种光谱植被指数,用作分类器的输入变量。在先验知识或农学知识不足时,尽可能构建多个光谱植被指数,再采取合适的特征选择策略,自动筛选出该农作物最敏感的光谱植被指数,进而高效率和高精度地识别该农作物。表5-1列出了目前常用于土地覆盖分类研究的光谱植被指数以及对应的计算公式、描绘的参量和相关的参考文献。

表 5-1 目前常应用于土地覆盖分类的光谱植被指数

植被指数(VI)	计算公式	描绘的参量	参考文献
绿度指数(greenness index, G)	$\dfrac{Green}{Red}$	叶色素,绿色植物	Gitelson et al., 2002
绿色植被指数(green vegetation index, VIgreen)	$\dfrac{Green-Red}{Green+Red}$	叶色素,绿色植物	Peña-Barragán et al., 2011
陆表水分指数(LSWI)	$\dfrac{NIR-SWIR}{NIR+SWIR}$	含水量,残留物覆盖	Xiao et al., 2006
归一化植被指数(NDVI)	$\dfrac{NIR-Red}{NIR+Red}$	植被状况,冠层结构	Rouse et al., 1973
增强型植被指数(EVI)	$2.5\times\dfrac{NIR-Red}{NIR+6Red-7.5Blue+1}$	植被状况,冠层结构	Pan et al., 2012
绿色归一化植被指数(green NDVI, GNDVI)	$\dfrac{NIR-Green}{NIR+Green}$	植被状况,冠层结构	Gitelson and Merzlyak, 1996
重归一化植被指数(renormalized difference vegetation index, RDVI)	$\dfrac{NIR-Red}{\sqrt{NIR+Red}}$	植被状况,冠层结构	Rougean and Breon, 1995
比值植被指数(simple ratio index, SRI)	$\dfrac{NIR}{Red}$	植被状况,冠层结构	Jordan, 1969
修正型比值指数(modified simple ratio, MSR)	$\dfrac{(NIR/Red)-1}{\sqrt{NIR/Red+1}}$	植被状况,冠层结构	Chen, 1996
修正型叶绿素吸收反射率指数(modified chlorophyll absorption in reflectance index, MCARI)	$[(NIR-Red)-0.2(NIR-Green)]\times(NIR/Red)$	叶色素,植被状况	Daughtry et al., 2000
转换型叶绿素吸收反射率指数(transformed chlorophyll absorption in reflectance index, TCARI)	$3[(NIR-Red)-0.2(NIR-Green)\times(NIR/Red)]$	叶色素,植被状况	Haboudance et al., 2002
三角植被指数(triangular vegetation index, TVI)	$\sqrt{120(NIR-Green)-200(Red-Green)}$	叶色素,植被状况	Broge and Leblanc, 2000

续表

植被指数（VI）	计算公式	描绘的参量	参考文献
归一化衰败指数（normalized differential senescent vegetation index, NDSVI）	$\dfrac{SWIR-Red}{SWIR+Red}$	植被状况、含水量、残留物覆盖	Zhong et al., 2014
归一化剩余指数（normalized different residue index, NDRI）	$\dfrac{Red-SWIR}{Red+SWIR}$	植被状况、含水量、残留物覆盖	Gelder et al., 2009
归一化耕作指数（normalized difference tillage index, NDTI）	$\dfrac{SWIR_{1600}-SWIR_{2100}}{SWIR_{1600}+SWIR_{2100}}$	非光合成分，残留物覆盖	Vandeventer et al., 1997

5.2.2 时相特征

时相特征是农作物遥感识别的另一重要属性（Foerster et al., 2012）。由于每个农作物都有特定的种植时间和固定的季相节律特征（图 5-1），如何利用农作物的物候特征成为准确识别农作物的核心问题（Loew et al., 2013）。目前，农作物遥感识别的第一种方式是：采用单一时相即农作物最关键物候期的影像提取农作物。如 Mathur 和 Foody（2008a, 2008b）等采用 2003 年 9 月份的 IRS-1D（Indian remote sensing satellite）影像识别水稻和玉米。这种采用单一时相的方法效率高、操作简单。然而，这种方法很难客观判断"最佳"影像，并且无法避免云雨天气对最佳影像的影响（Carrão et al., 2008）。同时，当研究区域种植结构复杂时，单一影像很难分离有着相似季相节律特征的不同农作物，从而，往往导致获取的农作物精度不够。对比之下，采用长时间序列影像的农作物遥感识别方

图 5-1 不同农作物的物候历特征（以黑龙江省农作物为例）

法能够很好地识别农作物物候动态变化特征,显著提高了单一影像方法的精度(Wardlow et al., 2007)。尽管先前大量研究证实了长时间序列遥感影像识别农作物的优势,但是该方式也面临一些局限性。因为事实上并不是每个时间序列点的影像在识别农作物的过程中都提供了有用的分类信息,即并不是每景影像在分类过程中都贡献了同等价值,过多冗余的时相信息或者包含噪声的时相信息参与分类都会限制分类的效率和精度。因此,有必要理解时相特征的质量和数量对于农作物遥感识别的影响机制。

5.2.3 空间特征

空间特征是包含地形、地貌、水文、植被等自然要素在内的地物特征在影像中的真实反映(Yu et al., 2006)。除了农作物、植被自身的属性特征有差异,它们所处的生存环境也不同,这使得它们在影像中呈现出来的纹理特征、结构特征、几何特征以及上下文层次特征等均不尽相同。因此,高效合理地利用作物的这些空间特征也能实现作物与作物、作物与绿色植被的区分。随着图像处理技术的快速发展,空间特征已成为了辅助光谱特征、时相特征进行农作物遥感制图的重要手段,特别对于抑制"同物异谱"现象有较突出的效果(贾坤等,2013; Patil et al., 2013)。高分辨率的遥感影像能够充分表征地物的空间特性。目前高分辨率遥感卫星数据,如高分二号(GF2)、WorldView、QuickBird、RapidEye 等逐步成为遥感应用的主体。与中低空间分辨率遥感数据相比,高空间分辨率遥感影像大幅度减少了混合像元的比例,刻画的光谱特征更为精准,能清晰地呈现农作物的轮廓边界以及内部的纹理特征,对于提高农作物的识别精度有十分积极的作用(黄昕,2009; 王娜,2017)。表 5-2 展示了常用于土地覆盖分类的空间特征及计算公式。

表 5-2 解译对象的空间特征

特征类型	特征名称	计算公式	备注
形状特征	面积	$A = \sum_{i=1}^{n} a_i$	a_i 为每个像元真实的面积;n 为图斑内像元数目
	周长	$bl = \sum_{i=1}^{n} e_i$	e_i 为每个像元真实的长度;n 为图斑与周围图斑相接边界的像元数目
	长度	$l = \text{length} \times e_i$	length 为图斑最小外接矩形对应的长度;e_i 为每个像元真实的长度
	宽度	$w = \text{width} \times e_i$	width 为图斑最小外接矩形对应的宽度;e_i 为每个像元真实的长度
	长宽比	$\gamma = \dfrac{l}{w}$	l 为图斑的长度;w 为图斑的宽度
	密度	$d = \dfrac{\sqrt{n}}{\sqrt{\text{Var}(x) + \text{Var}(y)}}$	n 为图斑像元的数目;x,y 为像元坐标
	形状指数	$\text{si} = \dfrac{bl}{4\sqrt{A}}$	bl 为图斑的周长;A 为图斑的面积
纹理特征	熵	$\text{ENT} = -\sum_{i=0}^{L-1}\sum_{j=0}^{L-1} p(i,j) \cdot \ln p(i,j)$	L 表示灰度级
	能量	$\text{ASM} = \sum_{i=0}^{L-1}\sum_{j=0}^{L-1} p^2(i,j)$	L 表示灰度级

续表

特征类型	特征名称	计算公式	备注
纹理特征	相关	$COR = \dfrac{\sum_{i=0}^{L-1}\sum_{j=0}^{L-1} ij p(i,j) - \mu_x \mu_y}{\sigma_x \sigma_y}$	μ_x、μ_y、σ_x、σ_y 分别为 p_x 和 p_y 的均值和标准差；p_x 和 p_y 分别为灰度共生矩阵中每行和每列灰度总和
	同质度	$HOM = \sum_i \sum_j \dfrac{p(i,j)}{1+(i-j)^2}$	略
	对比度	$CON = \sum_{i=0}^{L-1}\sum_{j=0}^{L-1}(i-j)^2 \cdot p(i,j)$	L 为灰度级
	熵 GLDV	$ENT = -\sum_{k=0}^{L-1} V(k) \times \ln(V(k))$ 假定 $0 \times \ln(0) = 0$	$V = \sum_{i,j=0}^{L-1} p(i,j)$ $k = \lvert i-j \rvert$
	能量 GLDV	$AMS = \sum_{k=0}^{L-1} V(k)^2$	
	对比度 GLDV	$CON = \sum_{k=0}^{L-1} V(k) \times k^2$	

5.3 农作物遥感识别特征利用方式

5.3.1 基于单一特征

选取某个特征变量（如 EVI），采用阈值法分离不同农作物是基于遥感技术识别农作物较常用的方法策略。阈值法就是分析比较不同农作物"光谱-时序"曲线特征，找出每类作物识别最适宜的时间点；基于专家知识或已有的先验知识，找出每类作物最佳区分点的光谱特征量阈值，构建阈值法模型实现每类作物的识别和提取。如黄青等（2010）在分析农作物的物候特征和 NDVI 时序变化特征的基础上，找出了东北三省主要农作物类型识别的关键期，通过物候历以及农情野外监测数据对作物识别阈值进行迭代修正和调整，构建了东北地区农作物种植结构遥感提取模型；张霞等（2008）根据玉米、小麦 MODIS 增强型植被指数（EVI）时序曲线所表现的物候规律，确定了 4 个物候关键期变量，即作物起始生长时间（T_{onset}）、生长峰值时间（T_{peak}）、EVI 达到最大值（EVI_{peak}）时间和生长终止时间（T_{end}）；结合专家知识确定了关键期变量的阈值，成功识别出华北平原冬小麦与玉米空间分布及轮作方式。张健康等（2012）通过比较各个作物 MODIS EVI 曲线中各个时序点的最大值、最小值和平均值，找出各个作物识别的关键期以及相应的阈值，再辅以 TM 监督分类的结果，较好提取出了黑龙港地区农作物种植结构；Foerster 等（2012）协同 1986～2002 年间不同季节的三十五景 Landsat TM/ETM+影像构建作物 NDVI 时序曲线，通过分析不同作物在各个时序点的光谱标准差取值差异，设置合理的阈值成功绘制出德国东北部 12 种农作物的空间分布图。

近年来，一些针对单一特征变量处理或分类的新方法，如数据融合法、傅里叶变换法和反向传播算法（back propagation，BP）等，也在农作物种植结构提取中日益得到应用。例如，何馨（2010）采用小波变换对时序 MODIS NDVI 和 TM NDVI 进行融合，融合后的 NDVI 既保证了原有时间序列的光谱特征，空间分辨率也从 250m 提高至 30m，提高了单一 NDVI 特征量提取种植结构的精度；蔡学良等（2009）同样将 ETM+影像与时序 MODIS NDVI 影像进行融合，利用融合后的 24 景时间序列 NDVI 数据，较好提取了漳河灌区的水稻、油菜、小麦空间分布信息及其轮作方式。Zhang 等（2008）运用快速傅里叶变换对 MODIS NDVI 时序曲线进行处理，选取曲线均值、1~3 级谐波的初始相位及振幅比例作为作物识别的参数，实现了华北地区玉米、棉花及轮作方式的识别。熊勤学等（2009）选取夏秋作物轮作期和 MODIS NDVI 均值为标准，采用分层方法区分秋收作物区与其他区，利用 BP 神经网络法进行分类，有效地提取出湖北省江陵县中稻、晚稻、棉花三种作物类型；郝卫平等（2011）通过分析时序 MODIS NDVI 影像，采用非监督分类算法（iterative self-organizing data analysis technique algorithm, ISODATA）以及光谱耦合技术得到了东北三省农作物种植结构的空间分布。表 5-3 整理列出了上述基于单一特征量的农作物遥感识别方法及其代表性论文。

基于单一特征量的时间序列影像提取农作物的方法操作简单、效率高，其引入了农作物的时间变化特征，在不同农作物的区分和识别中具有明显优势，在农作物种植结构比较简单的区域提取效果较好。然而，该方法也存在一些不足。例如，该方法通常选择 EVI 或 NDVI 作为特征量，特征量的选取具有较强的主观性，缺乏特征量的敏感性分析。另外，单一的 EVI 或 NDVI 特征量对于作物类型复杂多样的区域存在局限性，因为该特征量未必是所有作物识别的最优特征量，使得不同农作物提取的精度差异较大。

表 5-3 基于单一特征量的时间序列影像方法识别农作物的代表性论文

研究区域	农作物类型	数据源	特征量	分类方法	文献出处
华北平原	玉米、棉花	MODIS	归一化差值植被指数	快速傅里叶变换	Zhang et al., 2008
湖北漳河灌区	水稻、油菜、小麦	MODIS and ETM+	归一化差值植被指数	非监督分类与光谱耦合技术	蔡学良等, 2009
湖北江陵县	水稻、棉花	MODIS	归一化差值植被指数	BP 神经网络	熊勤学等, 2009
东北三省	春玉米、春小麦、大豆、一季稻	MODIS	归一化差值植被指数	阈值法	黄青等, 2010
华北平原	冬小麦、玉米	MODIS	增强型植被指数	阈值法	张霞等, 2010
河南原阳县	玉米、水稻、花生、大豆	MODIS and TM	归一化差值植被指数	小波变换、最小距离	何馨等, 2010
东北三省	水稻、玉米、大豆	MODIS and ETM+	归一化差值植被指数	非监督分类与光谱耦合技术	郝卫平等, 2011
黑龙港	小麦、棉花、玉米、蔬菜、果树	MODIS and TM/ETM+	增强型植被指数	阈值法	张健康等, 2012
德国东北部	冬黑麦、冬小麦、油菜、玉米等 12 种	TM/ETM+	归一化差值植被指数	阈值法	Foerster et al., 2012

5.3.2 基于多特征参量

针对单一 EVI 或 NDVI 特征量方法的不足，越来越多研究尝试利用多个光谱时序特征量来更好捕获每类作物区别于其他作物的特性，实现农作物空间分布信息的准确提取。基于时间序列影像多光谱特征参量也常用阈值法，例如，李鑫川等（2013）除构建主要农作物的 EVI 和 NDVI 时序曲线外，还综合考虑了红波段、近红外波段等多个光谱波段的时序曲线，共同确定不同农作物识别的主要特征及相应的阈值取值，较好获取了大豆、玉米、水稻和矮瓜等四大作物的种植结构空间分布图；林文鹏等（2006）结合 EVI 和 LSWI 作为特征参量，利用地面采样点来确定不同作物识别特征参量的阈值，实现了玉米、大豆、棉花、水稻和花生等主要秋季作物的提取。郝鹏宇等（2012）组合 2011 年多期 Landsat TM 与 HJ-1A/B CCD1/2 影像构建宽范围动态植被指数（wide dynamic range vegetation index, WRDVI）、EVI 和 NDVI 曲线，通过植被指数线性转换、曲线相似性比较，迭代计算出各个作物识别关键期的光谱阈值，较好实现了新疆博乐市农作物种植面积自动提取。

随着数据挖掘技术的迅速发展，一些新的非参数分类器，如集成 boosting 算法的 See5.0、回归决策树、随机森林等也广泛应用到农作物遥感提取中。此类分类器能够同时分析海量特征参量，综合多种特征量的组合优化，挖掘不同作物识别的最佳特征量及阈值，可以克服阈值法中特征量及阈值选取的主观性。例如，Wardlow 等（2008）采用逐层分类法提取了农作物空间分布信息：首先利用非监督分类 ISODATA 方法提取出耕地与非耕地，结合 15 个时间序列点的 MODIS NDVI 特征量，采用 See 5.0 决策树在耕地层面中识别出了苜蓿、夏季作物、冬小麦和休耕地，最后再基于 13 个时间序列点的 MODIS NDVI 特征量区分出了夏季作物中的玉米、高粱和大豆。

此外，NDVI、EVI 以及单波段光谱特征以外的纹理特征、地形（如高程、坡度和坡向信息等）、土壤、作物分布环境等特征量，也逐渐被引入到农作物遥感识别中，两者结合可以较好改善农作物空间分布信息的提取精度。例如，Peña-Barragán 等（2011）对 Aster 影像进行面向对象分割，构建对象的时序植被指数——VIgreen、NDVI、GNDVI、TCARI 和 TVI 等，以及纹理特征——GLCM 同质性、GLCM 非相似性和 GLCM 熵等，共计 336 个特征量，最后利用决策树实现加利福尼亚州优洛县 13 种作物组成的种植结构的自动提取。美国国家农业统计中心在 AWIFS 和 Landsat TM 的时序光谱波段特征量基础上，引入了高程等作为输入特征量，采用 See5.0 决策树实现了美国 48 个州农作物空间分布的准确提取，产品精度超过 85%（Boryan et al., 2011）；Zhong 等（2014）采用随机森林分类器对光谱特征量（光谱单波段）、物候参量（EVI）、物候指数（NDSVI 和 NDTI）、累积积温（GDD）等多个特征量，以及它们之间的组合进行测试，发现物候参量参与分类能够降低作物制图对地面数据的要求，且四类特征量共同参与分类能获得最高的整体分类精度。Chang 等（2007）通过引入地表温度，结合 MODIS 7 个时序单波段和时序 NDVI，作为最终的输入特征量，基于回归树分类器提取出美国主产区的玉米和大豆空间分布面积。Biradar 等（2009）整合多时序 AVHRR 及 SPOT VEGETATION 影像，基于高程、降雨、温度等多特征量对影像进行分割，结合非监督分类及简单决策树依次识别出全球 9 类雨养作物。基于相似的特征量组合和分类方法，Thenkabail 等（2009）也在同年提取出全球 28 种灌溉作物的空间分布信息，整体精度达 90%以上。表 5-4 整理列出了上述基于多特征量的农作物遥感识别方法及其代表性论文。

表 5-4 基于多特征量的时间序列影像识别农作物的代表性论文

研究区域	农作物类型	数据源	特征量	分类方法	文献出处
北京市	玉米、大豆、棉花、水稻、花生	MODIS	增强型植被指数、陆表水分指数、光谱波段	阈值法	林文鹏等，2006
美国农业主产区	玉米、大豆	MODIS	光谱波段、归一化差值植被指数、陆表水分指数	分类回归树	Chang et al., 2007
美国中央大平原	苜蓿、冬小麦、夏作物	MODIS	归一化差值植被指数、光谱波段	See5.0	Wardlow et al., 2008
全球	28 类灌溉作物	AVHRR 和 SPOT VGT	光谱波段、归一化差值植被指数、地面高程、降雨、温度等	非监督分类、光谱匹配技术、决策树	Thenkabail et al., 2009
全球	9 类雨养作物	AVHRR 和 SPOT VGT	光谱波段、归一化差值植被指数、地面高程、降雨、温度等	影像分割、非监督分类、光谱耦合技术、决策树	Biradar et al., 2009
加利福尼亚州优洛县	燕麦、黑麦、小麦、苜蓿等 13 种作物	ASTER	绿波段指数、归一化差值植被指数、绿度归一化植被指数、转换型植被指数、灰度共生矩阵同质性	分类回归树	Peña-Barragán et al., 2011
美国 48 个州	玉米、大豆、高粱、小麦等 24 种作物	AWIFS, Landsat 和 MODIS	光谱波段、归一化差值植被指数、高程	See5.0	Boryan et al., 2011
堪萨斯州多尼芬县	玉米、大豆	TM/ETM+	光谱波段、增强型植被指数、归一化差值衰变指数、归一化耕作指数、累积积温	随机森林	Zhong et al., 2014
黑龙江农场	大豆、玉米、水稻、矮瓜	HJ-1B CCD1/2 和 HJ-1A CCD1/2	增强型植被指数、归一化差值植被指数、光谱波段	阈值法	李鑫川等，2013
新疆博乐市	棉花、葡萄、打瓜、玉米	HJ-1A CCD1/2, HJ-1B CCD1, TM 和 MODIS	增强型植被指数、归一化差值植被指数、重归一化植被指数	阈值法	郝鹏宇等，2013

基于时间序列影像多特征量的农作物空间分布信息提取方法较好利用了多维特征向量的集成优势，可以有效地解决混合作物交界处和内部光谱混合或变异的问题，适用于农作物种植结构复杂区域。然而，特征向量的增加会降低数据处理和运算的效率，也会带来误差的累积，因此，如何确定适宜的特征量数量以及选取合适的特征量是需要重点考虑的研究内容。此外，如何实现不同特征量，尤其是光谱和非光谱特征量之间的整合及尺度协同，也是该方法需重点解决的问题。

5.3.3 基于特征量的统计模型

基于时间序列影像的农作物遥感识别得到的多是硬分类结果。然而,在我国很多区域,地块破碎、地形多样,种植结构复杂,混合像元现象突出,农作物遥感识别存在很多难点问题。如果农作物的种植面积与光谱-时序曲线存在某种定量的相关关系,可以通过建立作物光谱-时序曲线与面积丰度之间的定量函数关系,实现农作物种植面积及空间分布的准确提取。基于这一假设,部分学者采用数理统计方法探索农作物种植面积与光谱-时序曲线之间的定量关系,取得了较理想的结果。如 Pan 等(2012)以冬小麦为研究对象,通过对样本及其植被指数时序曲线分析发现,每个像元内部冬小麦种植面积比例与冬小麦 EVI 时序曲线上的 4 个关键物候期存在很高的关联性;通过构建冬小麦丰度与关键物候期之间的多元回归模型,实现了对整个区域冬小麦分布的自动定量化提取。Lobell 等(2004)假定每个像元由多种作物混合而成,并将单个光谱特征时序曲线视为光谱曲线,曲线每个时序点视为单个波段;利用线性光谱分解原理(即每个像素的光谱值是多种作物的光谱值的综合结果),每个像元的每个时序光谱值由像元内不同作物相应的时序光谱值共同作用形成,通过构建相应的多元线性模型可计算出每个像元内部的作物丰度。基于相似的时相分解原理,Ozdogan(2010)采用独立分量分析法提取出了位于美国内布拉斯加州、堪萨斯州、土耳其西北部 3 个农业区的夏季作物和冬季作物,同参考数据相比,各个区的分类结果均方根误差均低于 30%。Atzberger 等(2013)以神经网络能够自主学习 NDVI 时序曲线与端元丰度之间的非线性关系为理论基础,构建神经网络算法,基于意大利托斯卡尼区域 1988~2001 年间 AVHRR NDVI 影像进行作物识别,提取出的夏季和冬季作物种植面积同 TM/ETM+分类结果相比,均方根误差仅为 10%;基于相同的神经网络亚像素分解方法,Verbeiren 等(2008)利用时序 SPOT-VEGETATION NDVI 影像成功提取出比利时冬小麦和玉米的空间分布,同农作物统计数据的相关系数分别达 0.85 和 0.95,研究表明基于神经网络的亚像素分解方法优于常规的光谱线性分解方法。表 5-5 整理列出了上述基于特征量统计模型的农作物面积提取方法及其代表性论文。

表 5-5 基于特征量统计模型法提取农作物面积的代表性论文

研究区域	农作物类型	数据源	特征量	模型原理	文献
美国墨西哥亚基河、南部大平原	小麦、夏季作物	MODIS	光谱波段	时相分解模型:每个像元的每个时序光谱值由像元内部多种农作物相应时序光谱值共同作用而成,可构建相应的多元线性模型计算农作物亚像素面积	Lobell et al., 2004
比利时	冬小麦、玉米	SPOT-VEGETATION	NDVI	神经网络模型:神经网络算法能够学习和表达输入变量与输出变量之间的任何非线性关系。基于此,可构建神经网络模型表征时序光谱曲线与农作物端元丰度之间的非线性关系	Verbeiren et al., 2008

研究区域	农作物类型	数据源	特征量	模型原理	文献
美国内布拉斯加州与堪萨斯州3个农业区	夏季作物、冬季作物	MODIS	NDVI	独立分量分析模型：每个低空间分辨率像元的每个时序光谱值由像元内部不同农作物相应时序光谱值共同作用而成，基于此，在无作物光谱信息及分解过程等先验信息下，根据特定的统计模型可从混合像元中分离出单一农作物的光谱	Ozdogan et al., 2010
北京通州、江苏沭阳	冬小麦	MODIS	EVI	CPPI指数模型：每个像元内部农作物种植面积与MODIS EVI时序曲线关键物候期存在定量函数关系，可构建多元回归模型反映两者之间的定量关系	Pan et al., 2012
意大利托斯卡尼	夏季作物、冬季作物	AVHRR	NDVI	神经网络模型：神经网络算法能够学习和表达输入变量与输出变量之间的任何非线性关系。基于此，可构建神经网络模型表征时序光谱曲线与农作物端元丰度之间的非线性关系	Atzberger et al., 2013

基于光谱-时序特征量构建的统计模型一定程度上解决了混合像元问题，使得农作物种植面积提取精度更高。然而，这种经验或半经验模型的稳定性、普适性还需要进一步评估。

5.4 农作物遥感识别特征自动优选方法

5.4.1 基于分离指数的特征优选方法

Somers 等（2010）提出了光谱分离指数（separability index，SI），定义为类间光谱异质性与类内光谱异质性的比值。在他们的研究中，SI 被用于分析高光谱数据不同植被物种的光谱分离性，从而指导植被物种选择最优的遥感识别特征（Somers et al., 2012; Somers et al., 2013）。研究结果表明基于 SI 指数产生的最优特征能以较低的时间成本和计算成本得到较优的分类精度。类对 SI 指数被定义为

$$\text{SI}_{ij}(m,n) = \frac{\Delta \text{inter}(i,j)}{\Delta \text{intra}(i,j)} = \frac{|\bar{u}_i - \bar{u}_j|}{1.96 \cdot (\sigma_i + \sigma_j)} \tag{5-1}$$

式中，$\bar{u}_i$ 和 $\bar{u}_j$ 分别为类别 i（如水稻）和类别 j（如玉米）在光谱影像 m 和时间序列点 n 中的平均光谱值；σ_i 和 σ_j 为相对应的标准差。$|\bar{u}_i - \bar{u}_j|$ 反映了类间光谱异质性，$(\sigma_i + \sigma_j)$ 反映了类内光谱异质性。更高的类间光谱异质性和更低的类内光谱异质性将会产生更高的类对分离指数 SI，从而产生更好的分类效果。类对 SI 指数计算将被用于所有的时序光谱特征 F (m, n)，其中 m 属于光谱波段 $\{\text{Spectrum}1, \text{Spectrum}2, \cdots, \text{Spectrum}m\}$，$n$ 属于时间点 $\{\text{Time}1, \text{Time}2, \cdots, \text{Time}n\}$。基于计算的类对 SI_{ij}，可以分析任意两类地物类对分离指数 SI_{ij} 在光谱和时间二维特征空间中的变化规律。

与广为熟知的 Jeffries-Matusita（JM）距离相比，SI 指数不要求总体研究对象符合正态分布且对值域范围没有限制，这些优点使它相比 JM 指数具有更广的应用范围（Zhang et al., 2006），同时更能反映不同特征的优先级次序，从而有助于理解何种光谱或时相特征是作物最优识别的特征。然而类对 SI_{ij} 指数仅适用于计算两类类别之间的分离性（例如，本土物种和入侵物种），难以处理多类别分离性问题。

对于 JM，通常有两种方法将其扩展到全局分离指数，从而选取最优的特征。第一种方法：计算所有类对分离性的平均值，最大的平均值对应的特征为最优特征（Bruzzone et al., 1995; Carrão et al., 2008）。第二种方法：计算所有类对分离性的最小值，最大的最小值对应的特征则为最优特征（Bruzzone et al., 1995; Herold et al., 2003）。理论来说，这两者方法也适用于扩展类对 SI 指数到全局指数。

平均值法计算所有类对分离指数群的平均值，然而最小值法计算所有类对分离指数群的最小值。SI_{ave} 和 SI_{min} 的计算公式分别表示为

$$SI_{ave}(m,n) = 2\sum_{i=1}^{C'}\sum_{j>i}^{C'} \rho_i \cdot \rho_j \cdot SI_{ij} \quad (5\text{-}2)$$

$$SI_{min}(m,n) = \min_{i=1\&j>i}^{C'} SI_{ij} \quad (5\text{-}3)$$

式中，m 代表的是光谱影像；n 代表的是时序点，SI_{ij} 是式（5-1）中计算的类对分离指数，C' 是研究的地物类别总数。ρ_i 和 ρ_j 分别是类别 i 和类别 j 的先验概率（Bruzzone et al., 1995）。类似于类对的分离指数 SI_{ij}，所有特征分别采用 SI_{ave} 和 SI_{min} 方法计算对应的全局分离指数。计算得到的全局分离性结果以光谱时序二维矩阵表示，这些产生的二维全局分离性矩阵直观反映了特征 $F(m, n)$ 对于区分特定农作物的总体能力，并展示了各个农作物遥感识别的特征重要性排序，从而为不同农作物特征优选提供了信息指导。

5.4.2 光谱-时相特征自动优选方法

光谱-时相特征自动优选（spectro-temporal automatic feative selection, STAFS）算法的核心目标是从一组候选的光谱和时相特征群里，自动优选出兼顾特征质量和数量的特征子集（Hu et al., 2019）。STAFS 方法包含两个部分：第一部分，扩展类对分离指数到全局分离指数，基于全局分离指数分析不同特征对特定农作物的分离性。第二部分，通过平衡特征的光谱分离性和特征之间的信息冗余，采用冗余循环消减策略剔除次要特征，保留最优的光谱时相特征子集。STAFS 的输入数据是多个类别的样本数据和关联的特征集。

1. 计算全局的 SI 指数

首先采用类对分离指数计算某一目标农作物（例如玉米）与其他农作物类型（例如水稻，大豆，小麦等）和自然植被（例如林地，草地）之间的类对分离性。随后，基于计算的类对分离指数 SI_{ij}，采用平均值法计算每个特征的全局分离指数。类对 SI_{ij} 分离指数和平均值法的全局 SI_{global} 指数的计算原理和公式参见 5.4.1 节。目标农作物在所有候选特征中的全局分离性结果将以横坐标为光谱波段，纵坐标为时序点的二维矩阵表示，该

矩阵从分离性角度展示了特征的重要性排序。

2. 迭代优化删除冗余特征

全局分离性矩阵虽然展示了特征的重要性排序，但由于特征之间包含了不同程度的信息冗余，这种信息冗余一定程度上会削弱有用信息的叠加，因此，并不是最优的特征组合一起输入就能产生最高的分类精度（Hu et al., 2016）。STAFS 方法通过综合考虑特征的光谱分离性和特征之间信息冗余，自动迭代优选出最优的光谱时相特征子集。以 5 个时序植被指数（EVI, LSWI, NDSVI, NDTI, VIgreen）为测试数据，STAFS 方法采用相关性决定系数 R^2，计算特征之间的相关性，其计算公式如下：

$$R^2 = \frac{\text{Cov}(F(m_1, n_1), F(m_2, n_2))^2}{\text{Var}(F(m_1, n_1)) \times \text{Var}(F(m_2, n_2))} \quad (5\text{-}4)$$

$m_1, m_2 = \{\text{EVI, LSWI, NDSVI, NDTI, VIgreen}\}, n_1, n_2 = \{65, 73, 81, \cdots, 297, 305\}$

式中，$F(m_1, n_1)$，$F(m_2, n_2)$ 分别为候选特征集中的任两个特征影像；$\text{Var}(F(m_1, n_1))$ 和 $\text{Var}(F(m_2, n_2))$ 分别为这两个特征影像的方差；$\text{Cov}(F(m_1, n_1), F(m_2, n_2))$ 为这两个特征影像光谱之间的协方差。

图 5-2 展示了 STAFS 方法进行特征选择的整个流程。①首先，基于全局分离性矩阵 $\text{SI}_{\text{global}}$ 对特征进行排序，删除得分最低的 10%的特征（分离性低的特征往往包含了比较多的噪声，从而降低分类精度）。②其次，挑选出分离性最高的特征 $F(m_h, n_h)$，计算该特征与其他所有剩余特征之间的相关性 R^2。③判断相关系数 R^2 是否大于相关系数阈值 $(1–q \times k)$，这里 k 为迭代的次数（第一次迭代，k 等于 1；第二次，k 等于 2，…），q 控制了相关系数随着循环下降的速率。这里设 q 为 0.02。如果计算的相关系数 R^2 大于该阈值 $(1–0.02 \times k)$，则从全局分离性矩阵中删除该特征 $F(m_i, n_i)$；如果小于该阈值，则继续保留特征 $F(m_i, n_i)$。④计算完特征 $F(m_h, n_h)$ 与所有特征之间的相关系数后，将特征 $F(m_h, n_h)$ 增加到最终优选特征库中，同时从全局分离矩阵 $\text{SI}_{\text{global}}$ 中删除该特征 $F(m_h, n_h)$。⑤如果全局分离矩阵中还存有特征，继续增加 k，并且重复步骤②～④，直至矩阵中没有剩余任何特征。经过这个过程，将会产生一组农作物遥感识别的最优光谱时序特征子集。

5.4.3 基于随机森林分类模型的特征优选方法

1. 随机森林分类模型

随机森林是由一系列的 CART（classification and regression tree）决策树组合而成的，为了产生决策树，需要生成独立且同分布的随机向量，使用训练特征集生成树，其中随机向量是相互独立且同分布的向量，决定了树的生长过程。最终由所有决策树投票决定最终输出。其结构如图 5-3 所示：

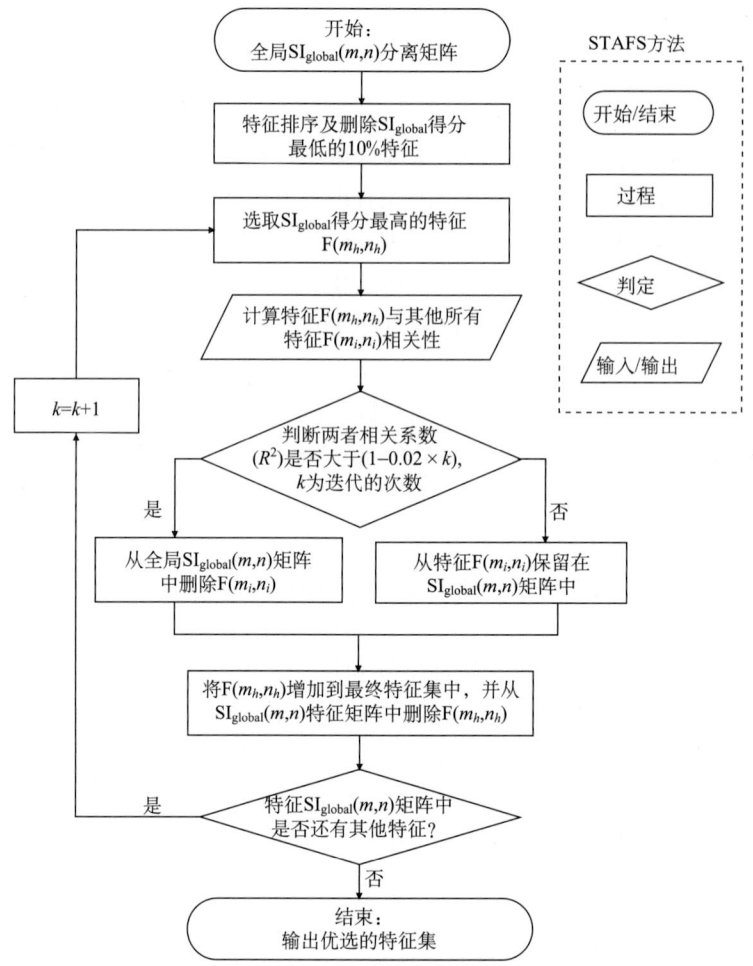

图 5-2 STAFS 方法选取农作物最优光谱时相特征的流程

$F(m_h, n_h)$ 是全局分离性 SI_{global} 最高的特征,其中 m 属于 {EVI, LSWI, NDSVI, NDTI, VIgreen},n 属于 {65, 73, 81,…, 289, 297, 305}。$F(m_i, n_i)$ 是除去 $F(m_h, n_h)$ 外剩余的所有特征量

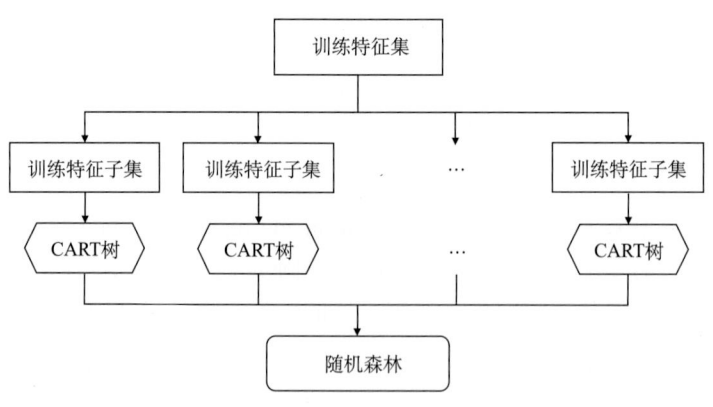

图 5-3 随机森林结构图

随机森林分类算法（random forest，RF）是加利福尼亚大学 Breiman 于 2001 年开发完成的一种基于 CART 决策树的有效的机器学习方法（Leo，2001），是组合式的自学习集成方法。随机森林可以被看成是 boost aggregating 集成思想与特征随机选取思想两者组合而来，即利用 bootsrap 重抽样方法从原样本中随机抽取若干样本，分别为各 bootsrap 样本构建决策树并综合多棵决策树的预测投票得出最终预测结果。建立在决策树基础上的随机森林，有更强的数据挖掘、泛化能力和更理想的分类效果。RF 能在不做特征选择、数据整理的条件下处理上千维的海量特征数据，在各类别样本容量分布不平衡的情况下保持分类误差平衡，并且通常能抵制并检测出训练样本集的异常值，无需预处理。同时，随机森林的树是由随机方式独立生成的，能抑制过拟合。目前，国内对随机森林的理论研究居多，在农情监测实际应用研究尚少，因此系统地梳理随机森林模型优化和应用研究具有重要的学术意义。

随机森林的基础分类器为决策树，是树状预测模型，基本原理和过程如下：首先随机选取训练样本集。原始全体训练特征库的集合是根节点，通过多次随机、可重复的采样方式，从原训练集获取多套 bootstrap 特征集。其次随机选取分裂属性集。按特定的属性，从 bootstrap 特征集中随机选择一定数量样本将数据集合空间分割，用迭代法将数据分配到子集空间中实现决策树的构建。通过搜索分割函数的参数空间以寻求最大信息增量下的最佳参数，树中的每个内部节点都是一个分裂问题，该过程旨在选取最好的分裂方式进行分裂。从树的根节点到叶节点的每一条路径都形成一个分类，通过统计训练特征集直方图估算达到该叶节点分类标签的类别分布，每个终节点均是带有分类标签的数据集合。当达到最大树深度或者直到不能通过继续分割获取更大的信息增益为止，能够将全部训练数据准确地分类，或所有属性都被用到为止。通过训练值采样和随机选取特征变量产生随机森林对特征集训练的随机性。事实上，分割函数在很大程度上决定随机森林模型的特性和表现。最后集合多棵决策树的预测结果投票决定观测样本的类别属性，即对象被判定为类别 i 的概率可用式（5-5）计算：

$$p(i) = \frac{k_i}{k} \tag{5-5}$$

式中，k 为分类过程中生成的树的总数；k_i 为对象被判定为类型 i 的频数（Loosvelt et al.，2012）。

2. 向后逐步特征剔除法

随机森林模型在产生土地覆盖分类图的同时也能产生清晰的特征重要性排序，这个优势使它成了土地覆盖分类领域应用最广泛的机器学习模型之一（Chan et al.，2008；Song et al.，2017）。通常情况下，随机森林随机地生成几百个甚至几千个分类树，然后选择重复程度最高的树（也即得票最高的树）作为最后的分类结果。每次抽样生成自助样本集，全体样本中不在自助样本中的剩余样本通常称为袋外数据（out-of-bag，OOB）。OOB 数据被用来预测分类的准确性，将每次的预测结果进行汇总来估计错误率，最终 OOB 用于评估组分分类器的正确性（Rodriguez-Galiano et al.，2012；Song et al.，2017）。

随机森林计算某个特征 X 重要性的过程主要包含三步：①对于随机森林中的每一棵

随机树，使用相应的袋外数据 OOB 计算它的袋外数据误差，记为 errOOB1；②对袋外数据 OOB 所有样本的特征 X 随机地加入干扰噪声，也就是随机地改变样本在特征 X 处的值，然后计算它的 OOB 数据误差，记为 errOOB2。③若随机森林中有 Ntree 棵树，那么特征 X 的重要性可表示为= $\sum \sqrt{errOOB2 - errOOB1}$ / Ntree。总的来说，随机森林中认为某个特征重要的核心原则为：给某个特征随机地加入外来噪声之后，若 OOB 误差大幅度增加，对应的袋外准确率大幅度降低，则认为此特征 X 被对样本的分类结果影响很大，相应地，它的特征重要性程度就很高。

基于此原理，随机森林通常有两个指标来表征特征的重要性：平均不纯度降低（mean decrease impurity, MDI）和平均准确率降低（mean decrease accuracy, MDA）。对于随机森林，通常采用方差或者最小二乘法拟合。训练每一棵决策树时候，可以计算出每个特征减少了多少树的不纯度。因此，对于每一个决策树森林，可以计算每个特征平均减少的不纯度，并将平均减少的不纯度作为特征的重要性得分值。平均准确率下降（MDA），也通常被称为平均误差增加，在 R 中对应的指标为平均误差增长率（increase mean squared error, InMSE%），它指的是当删除（不选用）某个特征 X 时，计算对应的袋外准确率，若准确率下降的幅度大，即误差增长的幅度大，则说明这个特征对分类结果非常重要，反之，若不选用某个特征或者改变它的特征度量顺序对结果的精度影响很小，则说明该特征重要性比较低（Loew et al., 2013；Rodriguez-Galiano et al., 2012）。这里的随机森林分类模型采用 MDA，即 R 中的"InMSE%"指标来表征特征的重要性。

随机森林在产生分类结果的同时，也产生了各个特征的重要性得分。这个特征重要性排序仅显示了不同特征对产生这一分类结果的优先级，并没有对分类结果起到真正的指导意义。因此，如何真正使用这些特征重要性得分，让其指导分类器产生更优的分类结果，是值得思考的问题。已有研究探索了利用随机森林识别重要特征的策略，一般分为"向前选择"（Rodriguez-Galiano et al., 2018）和"向后剔除"（Zanella et al., 2017）。"向前选择"核心理论是优先选择重要性得分最高的特征，依次增加重要的特征量，直到满足循环结束条件。"向后剔除"核心理论是对于所有的特征，根据特征重要性排序，依次删除重要性得分最低的特征，直到达到循环结束条件。

利用随机森林模型和"向后剔除"特征优选策略进行农作物分类，流程如图 5-4 所示。

第一步，将所有候选特征作为自变量，基于训练样本和随机森林分类模型识别整个区域的农作物。

第二步，根据特征重要性得分值（InMSE%）对候选特征进行排序。删除得分最低的 t %个特征。筛选过后剩余的特征成为新的自变量，再次基于随机森林分类模型识别整个区域农作物。

第三步，对于每一次循环产生的农作物分类图，基于验证样本进行精度评定。采用均方根误差（root mean squared error, RMSE）定量描述精度。

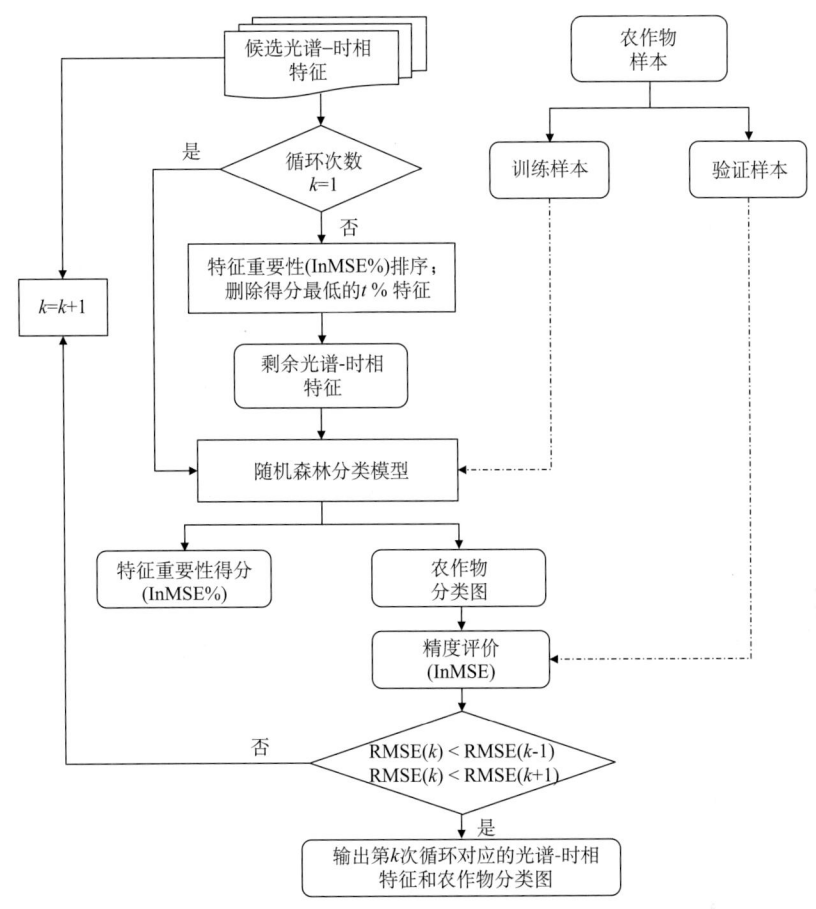

图 5-4 基于随机森林分类模型和"向后剔除"策略选取农作物最优特征的过程

第四步,比较第 k 次循环与第 k–1 次以及 k+1 次循环的精度,当第 k 次循环的 RMSE 均低于相邻两次的 RMSE,则循环结束。此时第 k 次循环对应的特征组合包含的有用信息最多同时冗余信息最少,对应的光谱-时相特征组合为农作物最优特征子集,产生的农作物分类图为相对最优的结果。

t 决定了每次迭代特征删减的个数,影响整个最优解求解过程的效率和求解结果,为了分析最优特征对 t 的敏感度,分别测试 t=2, 4, 6, 8, 10 时获取的最优特征以及对应的 RMSE。将最低 RMSE 对应的 t 值生成的农作物分类图作为最终基于遥感方法产生的农作物识别结果。

5.5 光谱和时相特征对农作物识别的影响评估

评估和理解光谱时相特征对于农作物遥感识别的影响机制,从而为后期农作物遥感识别的特征选择过程提供科学的理论依据和支撑,是当前农作物遥感识别的重要科学问题。本章节选取黑龙江为研究区域,以 5 个时序的植被指数(VIgreen, EVI, NDSVI, NDTI,

LSWI）为主要分析数据源。通过设置不同的特征情景组合，采用支持向量机（support vector machine, SVM）分类和相应的精度评定方法，分析和比较农作物分类精度，从特征数量和质量的角度分析光谱和时相特征对农作物遥感识别的影响机制。

5.5.1 特征情景设计

为了评估光谱和时相特征对于农作物遥感识别的相对重要性和影响机制，本章节设计了 10 组不同光谱和时相特征变量的组合。表 5-6 列出了这 10 组特征情景（feature scenario, FS）具体特征组成和相应的特征数量。这 10 组特征情景将基于相同的训练样本进行支持向量机分类，并采用相同的验证样本进行精度评定。这些特征情景产生的分类精度将被用来比较和分析光谱和时相特征对于农作物遥感识别的相对重要性和影响机制。

表 5-6 10 组特征情景的概述

特征类型	特征情景	特征变量	特征大小
单光谱和单时相	FS1	$SxTy$, x=EVI, y=217	1
多光谱和单时相	FS2	$SxTy$, x=EVI, LSWI, NDSVI, NDTI, VIgreen, y=217	5
单光谱和多时相	FS3	$SxTy$, x=EVI, y=65, 81, …, 273, 289	15
	FS4	$SxTy$, x=EVI, y=65, 73, …, 281, 289	30
未优化的多光谱和多时相	FS5	$SxTy$, x 和 y 基于图 5-6 随机选取特征	5
	FS6	$SxTy$, x 和 y 基于图 5-6 随机选取特征	10
优化的多光谱和多时相	FS7	$SxTy$, x 和 y 基于图 5-6 选取的前 5 名特征	5
	FS8	$SxTy$, x 和 y 基于图 5-6 选取的前 10 名特征	10
	FS9	$SxTy$, x 和 y 基于图 5-6 选取的前 15 名特征	15
	FS10	$SxTy$, x 和 y 基于图 5-6 选取的前 20 名特征	20

注：S 代表光谱特征；T 代表时相特征

FS1：单一影像作为输入。第 217 天的 EVI（此时黑龙江大部分农作物已经处于或即将进入农作物生殖阶段）被选择用于后续的 SVM 分类。FS1 特征情景代表单一光谱时相特征，也被用于后续特征情景的对照组。

FS2：在同一天（217 天）的五个植被指数（VIgreen, EVI, NDSVI, NDTI, LSWI）作为特征输入。这组特征情景代表了"多光谱单时相"的特征组合情况。

FS3-4：FS3 由 8 天时序的 EVI 构成，全年共 30 景影像作为输入。FS4 由 16 天时序的 EVI 构成，全年共 15 景影像作为输入。这两组特征情景均代表了"多时相单光谱"的特征组合情况。此外，设置不同数量的 FS3 和 FS4 是为了分析在光谱质量相同的情况下，光谱数量对农作物识别精度的影响。

FS5-6：不同的光谱时相特征作为输入。这些特征是从候选光谱时相特征库 F（m, n）中随机选取，其中光谱特征 m 属于{EVI, LSWI, NDSVI, NDTI, VIgreen}，时相特征 n 属于{65, 73, 81, …, 289, 305}。这两组特征代表了未优化的"多光谱多时相"特征组合情况。

FS7-10：不同的光谱时相特征作为输入。这些特征分别是基于图 5-4 特征重要性排序优选出的排名前 5、前 10、前 15 和前 20 的特征组合。这四组特征情景代表了经过特征优化的"多光谱多时相"情况。此外,设置这四组不同特征数量是为了进一步分析特征质量优化后,特征数量对农作物遥感识别的精度影响。

5.5.2 基于不同特征的农作物识别

图 5-5 展示了光谱-时相类对 SI_{ij} 分离矩阵,其中横坐标代表了光谱维度,即 5 个植被指数,纵坐标代表了时间维度,即 31 个时间序列点。图 5-5 中展示的格网越红,表明该特征对应的类对 SI_{ij} 越高,即相对应的两类类别在该特征中的可分离性越高。总体上,SI_{ij} 矩阵表明了类对分离指数在光谱(5 种植被指数)和时相(31 个时序点)二维特征空

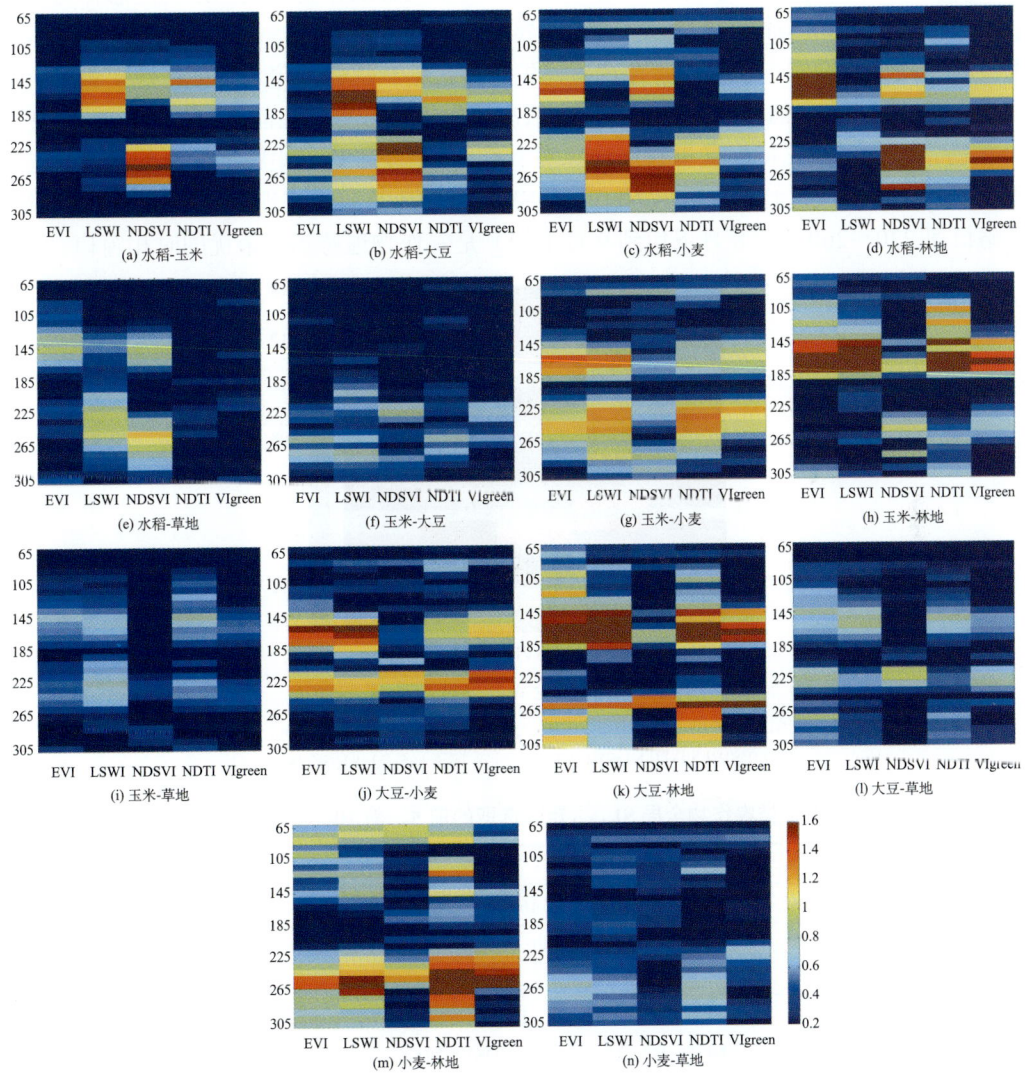

图 5-5 农作物和自然植被的光谱-时相类对分离矩阵

横坐标代表光谱植被指数,纵坐标代表时相。矩阵中每个格网代表两类地物在特征量 $F(m, n)$ 中的类对分离性,其中 m 属于{EVI, LSWI, NDTI, NDSVI, VIgreen},n 属于{65, 73, 81, ⋯, 289, 305}

间中的变化。这些分离指数的动态变化规律反映了农作物的季相节律特征，这正呼应了 Somers 等（2013）的研究成果，即他指出 SI 指数能很好刻画地物光谱随时间变化的规律。例如，在儒略日 130～155 天期间（五月下旬），黑龙江水稻正处于移栽期，这时水稻田里的土壤含水量显著大于玉米地的土壤或叶片含水量。与之呼应的是，"水稻-玉米"分离矩阵正好在对应时期的 LSWI 中展现了较高的 SI_{ij}，同时，大量研究证明 LSWI 是叶面积含水量和土壤含水量的重要敏感指标。此外，从图 5-5 中可发现，不同光谱时相特征展现了完全不同的 SI_{ij}，这也说明了农作物遥感识别需采用多光谱多时相特征，因为多光谱多时相特征能较好捕获不同农作物的物候特征差异，从而提高分类精度。

图 5-6 表示的是所有农作物的全局分离性矩阵。该矩阵是采用"最小值"策略计算得到的全局分离性值，表示特定特征 $F(m, n)$ 对于区分农作物与其他地物的总体可分离能力。矩阵中不同特征全局 SI_{global} 值的差异表明并不是所有的特征在农作物分类过程中都贡献了同等的价值，它们之间存在着优先次序，这种优先次序为特征优选提供了重要依据。基于图 5-6 中的特征重要性排序，依次选取了特征重要性前 5、前 10、前 15 和前 20 的特征进行后续支持向量机农作物分类。表 5-7 展现了这四组特征情景的具体光谱时相特征。整体上，我们可以看出 NDTI、LSWI 和 EVI 是农作物识别最重要的光谱特征，儒略日第 230～260 天（8 月下旬到 9 月上旬）是农作物遥感识别最优的时相窗口。

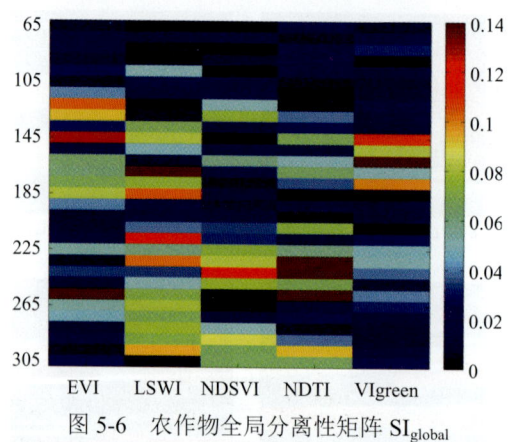

图 5-6　农作物全局分离性矩阵 SI_{global}

横纵坐标分别代表光谱植被指数和时相。矩阵中每个格网代表两类地物在特征量 $F(m, n)$ 中的全局分离性，其中 m 属于 {EVI, LSWI, NDTI, NDSVI, VIgreen}，n 属于 {65, 73, 81,…, 289, 305}

表 5-7　基于多类农作物全局 SI_{global} 矩阵选取的前 5、前 10、前 15 和前 20 名特征

特征	SI_{global}
前 5 名特征	(EVI, 257)　(LSWI, 169)　(NDTI, 233/241&257)
前 10 名特征	(EVI, 145/257)　(LSWI, 169/217)　(NDTI, 233/241/257)　(NDSVI, 241)　(VIgreen, 145/161)
前 15 名特征	(EVI, 121/145/257)　(LSWI, 169/185/217/233/297)　(NDTI, 233/241/257)　(NDSVI, 241)　(VIgreen, 145/161/177)
前 20 名特征	(EVI, 121/129/145/185/257)　(LSWI, 169/185/217/233/297)　(NDTI, 233/241/257/297)　(NDSVI, 233/241/289)　(VIgreen, 145/161/177)

注：灰色标注是该特征情景较上一个特征情景增加的新特征

5.5.3 特征质量对农作物识别影响

10组特征情景基于SVM得到黑龙江2011年农作物空间分布图(图5-7)。这些农作物空间分布图对应的用户精度和制图精度如图5-8所示。结果表明特征情景1精度最低,其用户精度和制图精度均低于50%。这个现象表明单一影像难以有效识别农作物,尤其是在我国地块破碎、种植结构复杂的区域。当逐渐往FS1上面增加特征光谱或时相特征

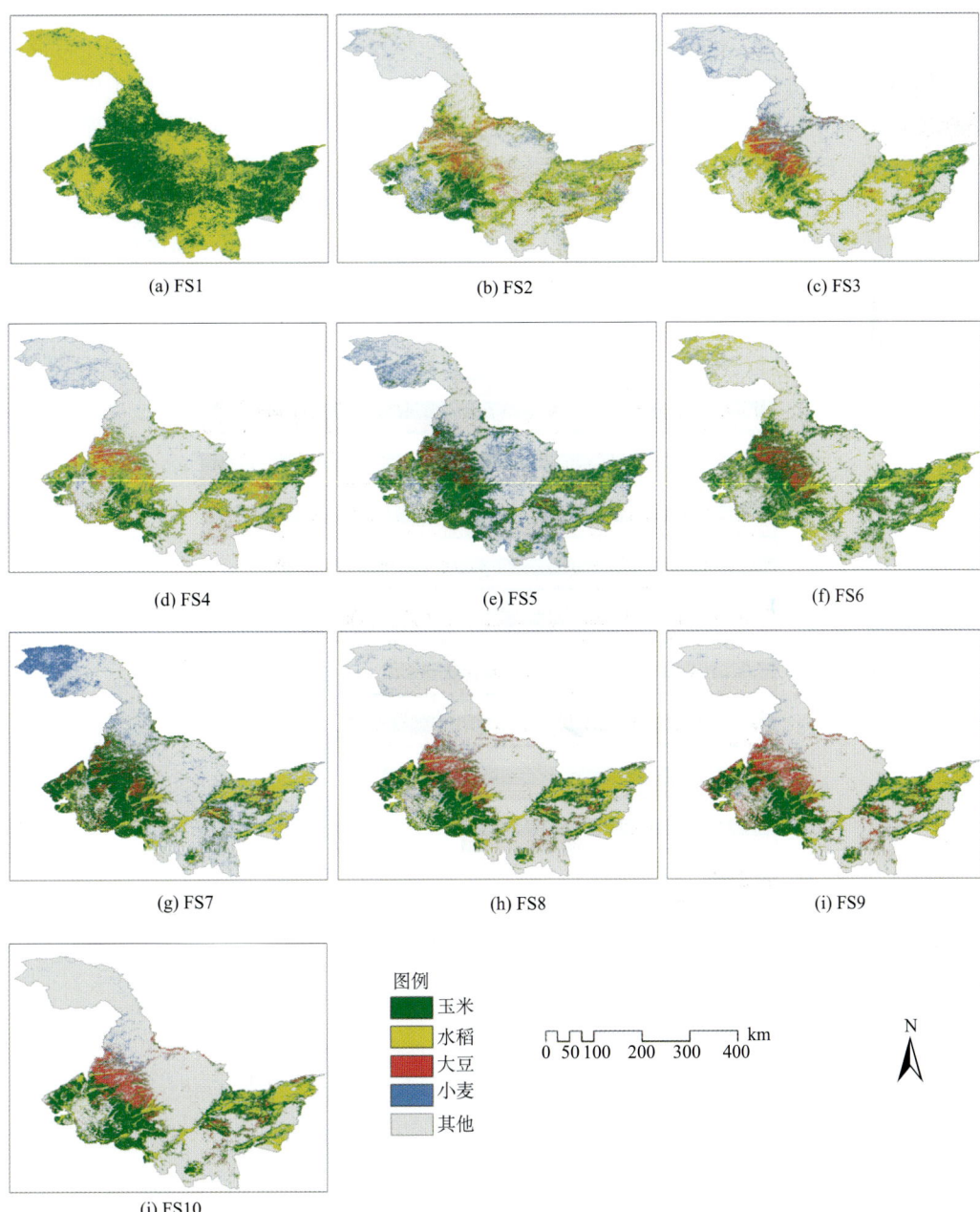

图 5-7　10组特征情景基于支持向量机分类得到的农作物空间分布图

时，即变成特征情景 FS2 或者特征情景 FS3 时，分类精度显著增加。然而，"多光谱多时相"特征组合的 FS5，FS6，FS7，FS8，FS9 和 FS10 产生的分类精度分别显著高于"多光谱单时相"的 FS2 以及"单光谱多时相"的 FS3。这一现象表明了光谱多样性和时间多变性均在农作物遥感识别中发挥了重要作用，它们的结合使用能产生最佳的分类精度。

图 5-8 结果同时表明经过特征优化后的光谱时相特征组合（FS7，FS8，FS9 和 FS10）显著高于未经过特征优化的组合（FS5 和 FS6），这表明了特征优选策略有助于提高农作物分类的精度。然而，对比之下，采用"时序影像叠加"策略的特征情景 FS3 和 FS4 的分类精度并没有高于这些优选的特征组合。这进一步说明了并不是每个光谱时序特征在农作物分类中都贡献了同等价值，而是存在特定的光谱和时相特征在农作物识别过程中发挥了至关重要的作用。此精度结果反映出的现象与上一节中特征重要性的排序结果相呼应。此外，FS3 和 FS4 较低的分类精度也暗含着时间分辨率并不是农作物精准识别的必要因素，只要保留关键物候期对应的影像，就在很大程度上保证了较为理想的分类精度。更为重要的是，上述现象也给予如下启示：由于云雨天气导致的时间序列影像丢失，从而导致农作物识别的时相信息丢失的缺憾，可通过特征优选策略或者增加不同维度的光谱特征（如增加近红外或者短波红外信息）来弥补。

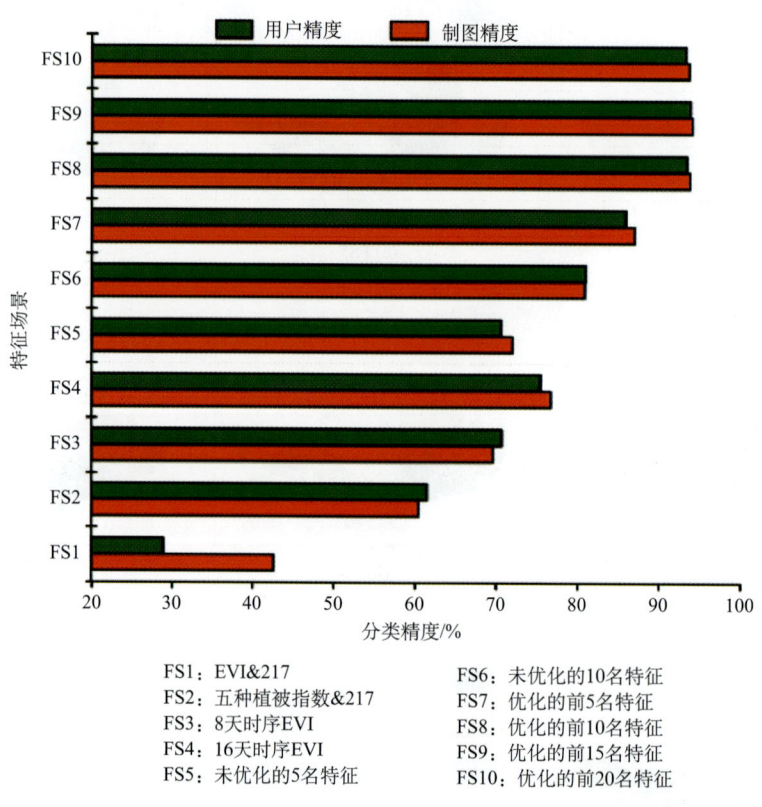

图 5-8　10 组特征情景基于支持向量机分类得到的精度结果

5.5.4 特征数量对农作物识别影响

除了特征质量，特征数量是影响分类精度的又一重要指标（Hansen et al., 2014）。正如我们预期，在特征质量一致的前提下，具有 30 个特征数量的 FS4 因其较多的特征数量，其分类表现明显优于只有 15 个特征数量的 FS3。然而，拥有更多特征数量并不意味着拥有更多有用的分类信息，冗余的特征信息不但不会增加精度，反而会增加模型的复杂度从而降低模型运算的效率。从图 5-8 中可观察到，只拥有最优的 5 个特征的 FS7 的分类精度竟然高于具有 15 个特征量的 FS3，以及具有 30 个特征量的 FS4 和具有 10 个特征量的 FS6。这意味着经过特征优选的特征组合即使只有很少的数量却仍包含足够多的有用的分类信息。相似的结论曾被 Loew 等（2013）报道过，他指出特征优选不仅能提高分类的精度，同时能够降低分类的时间和数据存储空间。

尽管识别一个地物需要一定数量的有用信息，但是当信息量达到一定程度时，增加额外的特征并不会提高分类精度。从图 5-8 中可发现，农作物的分类精度在拥有最优的 10 个特征的 FS8 中保持了相对稳定，随着特征数量的增加，农作物的分类精度在特征情景 FS9 中达到了峰值，此时制图精度为 94.03%，用户精度为 93.77%，此后，随着特征数量继续增加，精度在 FS10 中出现了下降。这一现象就是著名的维数灾难现象（Loew et al., 2013；Pal, 2013），表明了过多特征数量对土地利用分类的负面影响。对于优化后的特征 FS7-FS10，农作物的分类精度在特征数量为 10 的时候就达到了饱和。这种精度过早饱和的情况很大程度上归功于本节研究基于分离指数的特征重要性排序结果的准确性与稳定性，致使优选出来的光谱时序特征能以较少的特征数量包含足够多的能分离不同农作物的有用信息。总体来说，通过特征优选来减少分类的特征数量是提高农作物遥感识别精度和效率的重要策略。另外，当难以弄清哪些时相和光谱特征是哪些农作物最优识别的特征时，即当无法明晰特征质量对农作物分类精度的影响时，增加特征数量也是一种提高农作物分类精度的行之有效的办法，然而，此时需把握特征数量的度，警惕维数灾难现象。

总体来说，光谱多样性和时序多变性对农作物遥感识别均很重要，尤其是当它们联合使用时，能产生较高的分类精度。然而，本节研究中并没有评定光谱和时相哪一个属性是农作物遥感识别的最优特征属性，因为优选出来的特征均同时包含"光谱"和"时相"双重属性。比如，图 5-6 显示儒略日第 169 天 LSWI 是区分农作物的最优特征量。此外，光谱多样性和时序多变性能够相互补充，从而提供识别特定农作物所需的必要信息。例如，增加不同光谱域的光谱特征能够弥补因云雨天气导致时相信息丢失的损失。反之，拉长时间序列也能弥补因光谱传感器本身限制导致的光谱信息不足的缺陷。

尽管这里是以 MODIS 为研究数据，探讨光谱和时序特征对农作物分类的影响机制。但是，本节研究阐述的光谱和时相特征利用策略更适合于目前一些中高分辨率影像，例如，Landsat 8/OLI 和 GF1/WFV。这类高空间分辨率数据更容易出现光谱信息不足或者时相信息丢失的情况，因此，合理开展光谱时相特征利用策略对基于这类影像的农作物遥感识别研究更为必要。

5.6 案例1：基于STAFS方法的玉米最优特征筛选

本案例以黑龙江为测试区域，以 5 个时序植被指数（EVI, LSWI, NDSVI, NDTI, VIgreen）为测试数据，以玉米为研究对象。STAFS 算法包含两大部分：第一部分，基于 SI 全局分离指数进行特征重要性排序；第二部分，结合特征的相关性和分离性迭代删除冗余特征量。经过 STAFS 优选的特征子集采用支持向量机分别进行软分类和硬分类。

5.6.1 STAFS方法参数化过程

1. SI_{ave} 和 SI_{min} 计算

根据式（5-1），计算类对 SI_{ij} 指数，其中 m 属于{EVI, LSWI, NDTI, NDSVI, VIgreen}，n 属于{65, 73, 81, …, 289, 305}。针对所有 155 个特征，均计算相应的 SI_{ij}，并分析类对分离性在光谱（5 个植被指数）和时序（31 个时序点）二维空间中的变化规律。根据式（5-2）和式（5-3），分别计算所有特征的全局分离指数 SI_{ave} 和 SI_{min}，其中 C' 为 6，ρ_i 和 ρ_j 均为 0.17。

本案例不仅关注单一农作物的全局分离性在光谱和时相二维特征量中的变化，同时也关注随着目标农作物的数量增加，这种分离性的变化规律是否发生改变。因此，这里探讨两种情况：当目标对象是单一农作物（比如，水稻）时，只有与该单一农作物相关的类对分离指数 SI_{ij}（例如，水稻-玉米，水稻-大豆，水稻-林地……）才被用于计算 SI_{ave} 和 SI_{min}；当研究目标是所有农作物时，除去与农作物无关的 $SI_{forest-grassland}$ 外，所有的类对分离指数将被用于计算 SI_{ave} 和 SI_{min}。计算得到的全局分离性结果将以 5 个植被指数为横坐标，31 个时序点为纵坐标的二维矩阵表示。这些产生的二维全局分离性矩阵直观反映了特征 $F(m, n)$ 对于区分特定农作物的总体能力，并展示了各个农作物遥感识别的特征重要性排序，从而为不同农作物特征优选提供了信息指导。为了定性评估 SI_{ave} 和 SI_{min} 方法优选出的特征解释能力，通过可视化比较全局分离性值在二维特征空间中的变化规律与真实的农作物物候历特征，一方面检验特征优先级排序是否能反映农作物季相节律特征，另一方面检验最优的特征是否表达了农作物关键的物候阶段。

2. 支持向量机实现软分类和硬分类

对于 STAFS 优选出的 34 个光谱时序特征，采用支持向量机进行分类。我们采用五倍交叉验证和格网搜索能力（Kaya, 2013；Peña et al., 2015）计算最佳的参数 C 和 gamma。这里特别使用了 LibSVM（library for support vector machines）（Chang et al., 2011）执行 SVM 分类，因为 LibSVM 能得到玉米软分类结果，即每个像素为类别的置信概率，这个概率定量了每个像素分为玉米的不确定性。LibSVM 采用一种改进的普朗特后验概率计算分类结果的置信概率 r_{ij}（Peña-Barragán et al., 2011；Wu et al., 2004）：

$$r_{ij} = P(i|i \text{ or } j, x) = \frac{1}{1+e^{A\hat{f}+B}} \quad (5\text{-}6)$$

其中，A 和 B 为通过负对数似然函数最小化求解生成；$\hat{f}$ 为基于训练数据得到的分类器决策值。概率回归模型假设（零均值）的分布误差用于预测，而最大似然用于估计尺度参数（Loew et al., 2013）。软边距方法放宽了要求，即同一类的所有数据点都需要位于分离超平面的同一侧（Piiroinen et al., 2015）。这些分类生成连续的概率地图，其中的值范围从 0 到 1，通过分配给每个像素最高的后验概率的类，这些值可以转换成离散的值，即实现从软分类到硬分类转换。

5.6.2 玉米最优特征和识别结果

1. 分离玉米与其他地类的类对最优特征

图 5-9 展示了玉米（黑线）与其他地物类型（虚线）在不同植被指数中的平均光谱曲线，其中横坐标代表了整个农作物生长的儒略日，纵坐标代表了植被指数的光谱值。每个植被指数对应了某种植被物理和生物属性，它们随时间变化的规律反映了农作物的季相节律特征。图中的阴影区代表了玉米对应的植被指数光谱标准差。从图中可发现，玉米在不同植被指数不同时间段表现出的光谱特征均不同，这也证实了采用多光谱多时序影像进行农作物遥感识别的必要性。

玉米与其他地物类型的类对分离指数 SI_{ij} 计算结果如图 5-10 所示。这些类对分离矩阵显示了玉米与其他类别在光谱和时相二维特征空间中的变化。该图表示玉米-水稻、玉米-小麦、玉米-林地的分离性显著高于玉米-大豆和玉米-草地。玉米和大豆均属于旱地作物，具有相似的种植环境和相似的物候历生长阶段，这些相似的特征导致了它们之间较低的可分性。然而，由于黑龙江的草地类型多样且不同区域草地长势不同，导致整个黑龙江草地光谱类内异质性大，从而加大了草地与玉米的光谱重叠区域，因而限制了草地与玉米之间的分离性。同时，图 5-10 也显示 5 月下旬到 6 月上旬（儒略日 140~180 天）是区分玉米与其他地物类型（除大豆和草地外）的最优时相窗口。此外，玉米的生殖生长阶段（儒略日 220~255 天），即其他地物也渐渐衰老的时候，也是区分玉米与其他地物类型的最佳时期。

2. 识别玉米的全局最优特征

玉米在不同特征中的全局分离性结果 SI_{global} 如图 5-11（a）显示，该矩阵由图 5-10 的 5 个类对分离矩阵采用平均值法计算生成，其中每个格网代表的是该特征区分玉米与其他所有类别的总体能力。研究结果表明 LSWI 和 NDTI 是识别玉米最优的光谱特征，儒略日（140~180 天）和（220~255 天）是识别玉米的最优时相窗口。

尽管从特征分离性的角度来看，SI_{global} 矩阵中分离性最高的特征为最优的光谱时相特征，然而，由于这些高分离性的最优特征之间存在不同程度的信息冗余，它们的组合未必能产生最高的分类精度。因此，STAFS 核心部分即是剔除信息冗余的"次要"特征，

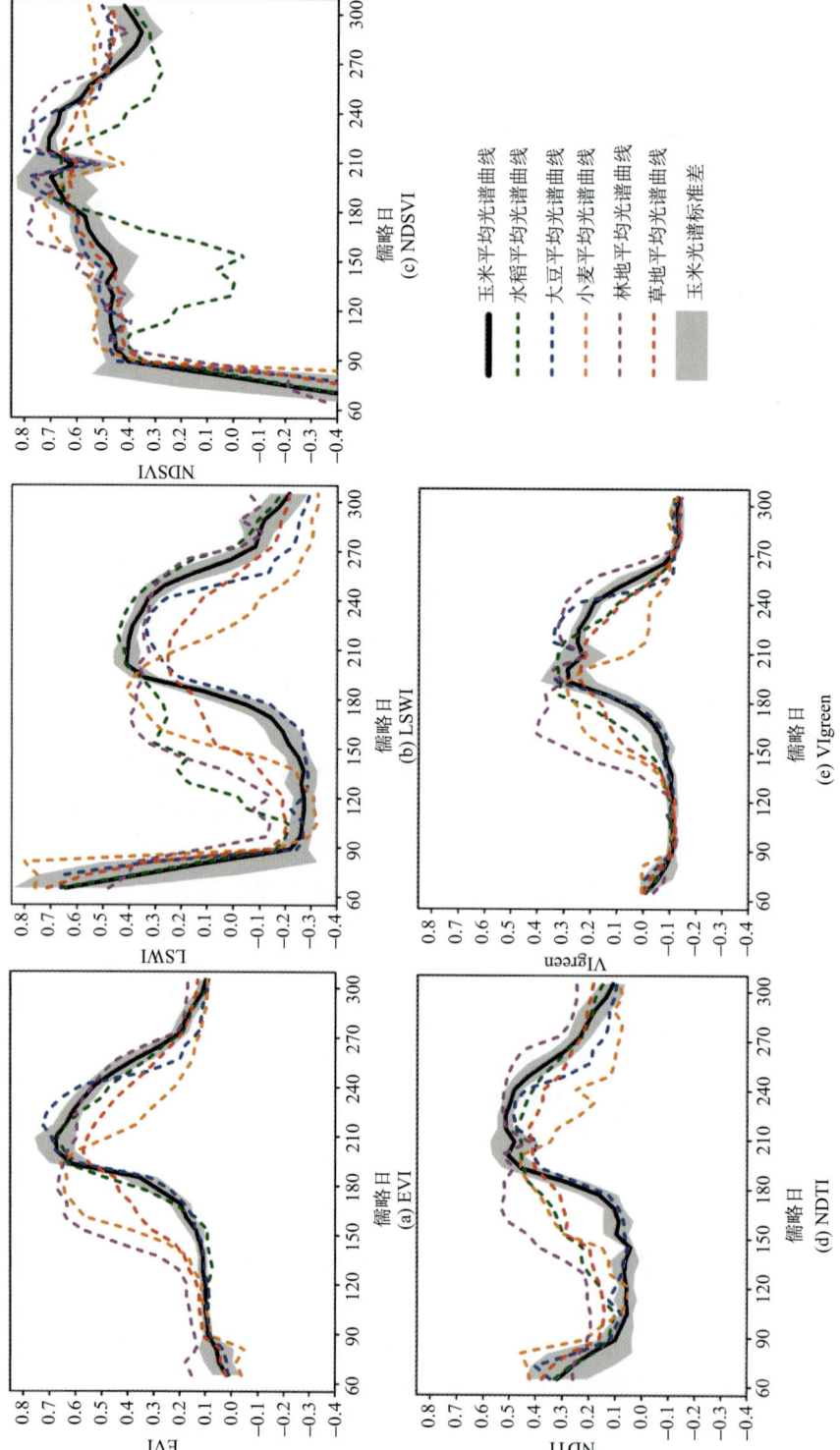

图 5-9 玉米与其他五类地物（水稻，大豆，小麦，林地和草地）的时序光谱曲线

实曲线代表了玉米平均光谱值，虚曲线代表了其他类型的平均光谱值。灰色阴影区代表了玉米的光谱标准差

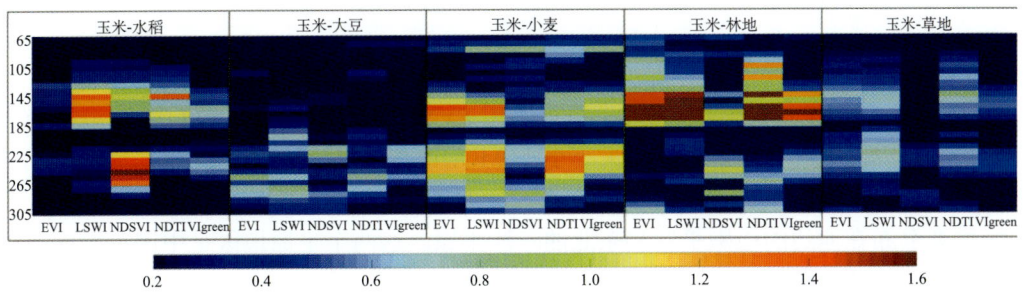

图 5-10 玉米与其他五类地物之间的光谱-时序类对分离矩阵

横坐标和纵坐标分别代表植被指数和时间序列。格网每个值代表了特征的 F(m,n) 对于区分玉米与其他地类的能力，其中 m 属于 {EVI, LSWI, NDSVI, NDTI, VIgreen}，n 属于 {65, 73, 81, ⋯, 289, 297, 305}

通过计算特征之间的相关性，同时顾及特征的分离性，选出既具有高分离性又具有低信息冗余的特征子集。图 5-11（b）显示了 155 个特征彼此之间的相关系数 R^2。通过结合特征全局分离性结果 [图 5-11（a）] 与特征相关性计算结果 [图 5-11（b）]，最终迭代优选出最优的 34 个光谱时序特征子集，如图 5-11（c）所示。观察这 34 个最优特征可发现，F（LSWI, 140～180）和 F（NDTI, 140～170）整体上是玉米遥感识别最优的特征。

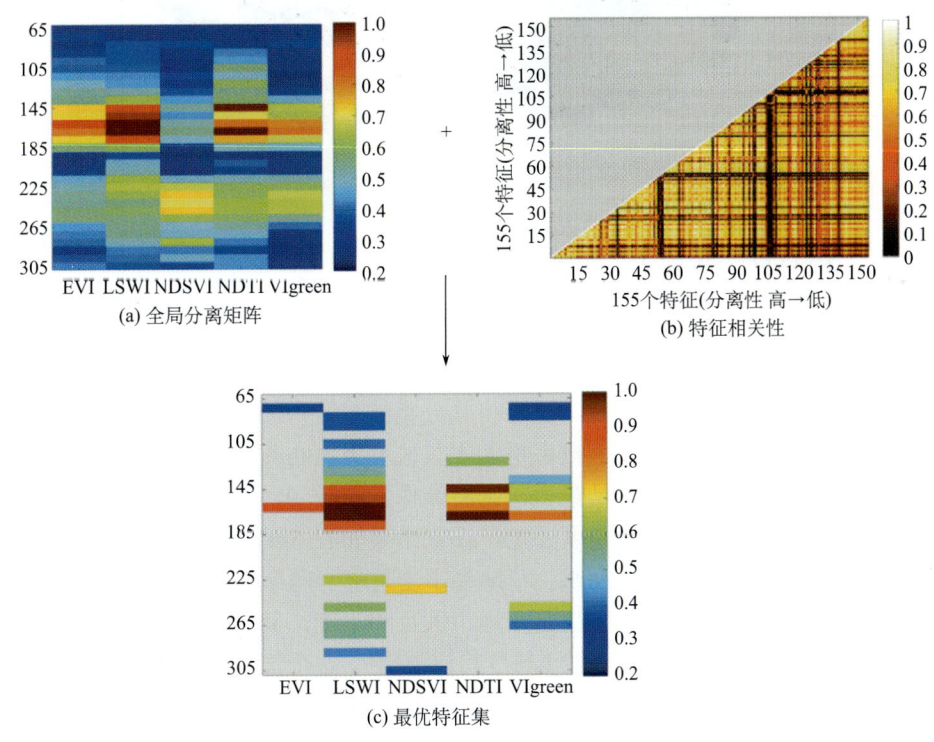

图 5-11 STAFS 特征优选结果

（a）玉米光谱-时序全局分离性矩阵，其中横坐标和纵坐标分别代表植被指数和时间序列点。格网每个值代表该特征区分玉米与其他地物类型的总体分离能力。（b）155 个特征之间的相关性决定系数。横纵坐标分别代表的是根据全局分离性从高到低排序的 155 个特征。格网代表的是横纵坐标对应的成对特征之间的相关系数决定系数（R^2）。由于对称关系，以对角线为界显示了一边的相关性研究结果。（c）经过 STAFS 特征选择策略优选的最优光谱时相特征子集。横纵坐标分别如同（a）代表植被指数和时间序列点

3. 玉米识别结果和识别精度

图 5-12 展示了基于最优的 34 个特征采用 SVM 软分类得到的黑龙江玉米概率分布图。由于黑龙江大部分玉米地地块大小小于 MODIS 的空间分辨率，因此，这个概率图刻画了农作物分类的不确定性同时反映了黑龙江农业景观的异质性。正如预期，黑龙江玉米主要分布在西边的松嫩平原和东北的三江平原。这两个平原地区是中国重要的产粮基地，其玉米地块较黑龙江其他地区大。

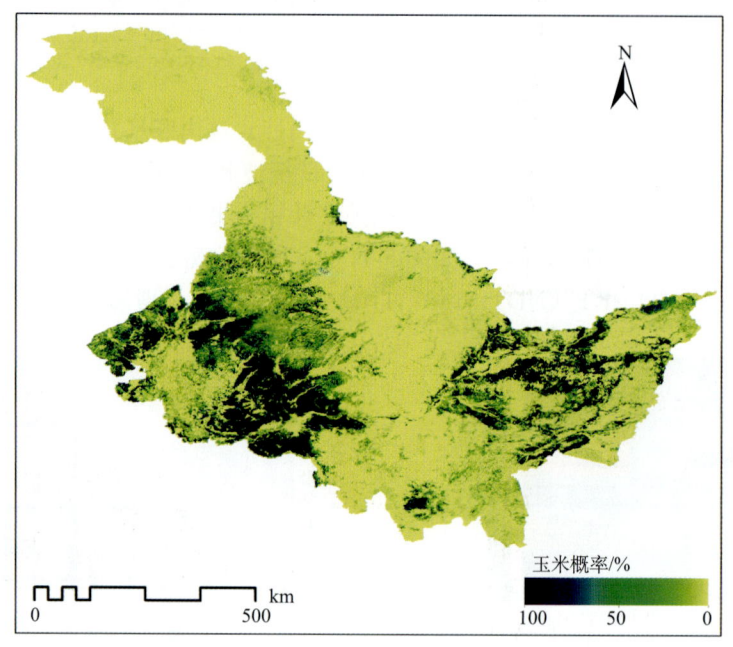

图 5-12 基于 STAFS 优选的 34 个特征和 SVM 软分类得到的黑龙江玉米概率分布图

为了评定玉米的空间位置精度，需要将软分类结果转为硬分类结果：对于每个像素的软分类结果，若玉米在该像素的概率是大于其他五类地物类型，将该像素赋予 1，即为玉米类别；若玉米像素概率不是最大，则将该像素赋予 0，即为非玉米。对于硬分类结果，采用传统的混淆矩阵进行精度评定，评定结果如表 5-8 所示。评定结果显示：玉米的用户精度和制图精度均高于 90%；草地和小麦是唯一两个制图精度小于 90% 的地物类型；与玉米最容易混淆的地物类型是草地、大豆和小麦，其中小麦和草地包含了最大的漏分错误（真实代表是小麦，但是预测是其他类别）。这个混淆矩阵的结果与类对分离性 SI_{ij} 结果非常一致，即 SI_{ij} 矩阵显示玉米与水稻，小麦和林地的分离性最高，与大豆和草地的分离性最小。

除了采用 STAFS 优选的 34 个特征进行分类，本章节同时采用了另外两组传统的特征集进行分类，①STAFS 第一阶段选出的前 34 个特征（分离性最高的特征，但是未剔除信息冗余）；②31 个时序的 EVI。图 5-13 为这 3 种特征子集采用同一批验证样本产生的分类精度对比结果。该图显示基于 STAFS 产生的 34 个特征子集产生的用户精度和制图精度均较其他两种特征子集高。该结果表明了特征优化对于农作物分类的重要性，同时也突出了 STAFS 在农作物特征选择上的明显优势。

表 5-8 基于 STAFS 方法优选的 34 个特征进行支持向量机分类得到的混淆矩阵

参考数据	分类数据							
	玉米	水稻	大豆	小麦	林地	草地	其他	PA /%
玉米	**381**	0	4	0	2	13	0	95.25
水稻	7	**335**	0	0	0	8	0	95.71
大豆	4	0	**65**	0	0	1	0	92.85
小麦	3	0	2	**39**	1	5	0	78.00
林地	0	1	0	0	**172**	6	1	95.54
草地	7	1	0	1	2	**39**	0	78.00
其他	0	0	0	0	1	3	**156**	97.50
UA/%	94.77	99.40	91.53	97.50	96.62	52.00	99.36	

注：PA 代表制图精度，UA 代表用户精度。对角线加粗的值表明是指从验证数据集中正确分类成该类别的数量

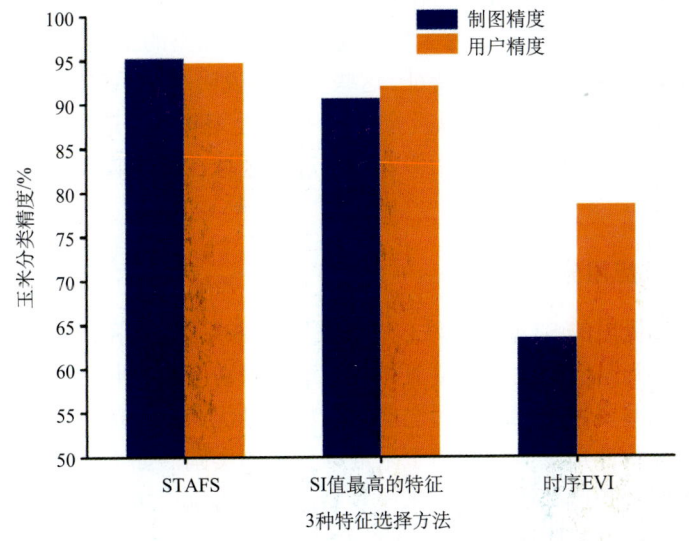

图 5-13 3 种不同特征子集基于支持向量机分类得到的玉米用户精度和制图精度的对比结果

（1）基于 STAFS 优选的 34 个特征；（2）基于图 5-11（a）选取的 34 个全局分离性最高的特征，该特征未经过信息冗余处理；（3）31 景间隔 8 天、覆盖农作物生长周期的时序 MODIS-EVI

5.6.3 玉米最优特征解释性

由于时序遥感影像能够捕获不同农作物因物候差异导致的光谱反射率差异，因此，时序分析法已经成为目前农作物遥感识别的最主流方法。然而，大部分研究仅采用简单的时序堆叠方法来利用物候特征，较少研究在分类器运行之前对时序影像进行特征优化。在本章节研究中，我们提出了一种新型的光谱时序特征自动优选方法，该方法不仅能对特征重要性进行相对排序，同时能够自动剔除一些包含信息冗余的次要特征。

STAFS 方法一个明显的优势在于产生的特征重要性排序很好地呼应了农作物物候历特征。例如，前面 5.6.2 节中显示了玉米遥感识别的两个重要的物候历时期。第一个是玉米三叶期接近七叶期（儒略日 140~180 天），即玉米地的光谱主要由少量的绿色植被和土壤背景光谱综合而成。这个时期，水稻已经被移栽出去且水稻田有大量的灌溉水。水稻与玉米地含水量的不同使得它们在该时期 LSWI 中的类对分离指数 SI_{ij} 显著不同。众所周知，EVI 是刻画植被长势、叶面积指数的重要指标（Arvor et al., 2011; Clark et al., 2010）。然而，在儒略日 140~180 天期间，林地正处在冠层生长的顶峰时期，小麦正处于拔节到抽穗阶段，小麦和林地的植被覆盖度均明显高于玉米。与之响应的是，玉米与小麦、林地在该阶段的 EVI 中也具有很高的分离性。

玉米遥感识别第二个重要的时相窗口是玉米的乳熟期到成熟期阶段（儒略日 220~255 天），这时候玉米变黄和变干的叶子贡献了玉米与其他类别显著的光谱差异性。例如，玉米和水稻在该阶段的高分离性可以解释为：水稻较玉米提前进入了衰老阶段，其叶片变黄和干枯的速度均显著提前于玉米，导致两者植被叶绿素含量以及叶片含水量显著不同，因此，它们在该阶段的 NDSVI 中展现了显著的差异。另外，在该阶段，玉米和小麦在多个光谱植被指数，如 LSWI、NDSVI 和 EVI 中均有较高的可分性。这主要由于该阶段小麦已经被收割完了，小麦地有大量的麦草秸秆和裸露的土地，这些与仍然处于"绿色"的玉米地有着明显不同的光谱特征。这些例子均说明了 STAFS 能高效地识别有利于农作物分类的光谱时相特征。类对以及全局 SI 分离性矩阵不仅适用于黑龙江省，也能泛化应用到别的研究区域，能为具有相似农业景观的区域在影像收集和特征选择方面提供重要的信息指导。

5.6.4 STAFS 泛化应用分析

尽管我们这里提出的 STAFS 方法仅在黑龙江玉米遥感识别研究中测试，但是该方法完全可以扩展应用到其他土地利用覆盖类型的遥感识别问题。研究结果证实了 STAFS 方法能显著进行特征重要性排序，从而选出农作物的最优识别特征。例如，类对分离性矩阵（图 5-10）从分离性角度显示的与玉米最难分离的类别（如大豆和草地）与混淆矩阵（表 5-8）从分类精度角度显示的与玉米最容易混淆的类别保持了高度一致。

除了清晰的特征重要性排序机制，STAFS 方法通过平衡特征的分离性和信息冗余，能产生高的空间位置精度和面积总量精度。同传统的特征选择方法相比，STAFS 展现出的较高精度再次证实了它在农作物光谱时相特征选择中的优势。这种明显的精度优势主要由于 STAFS 优选的特征具有相对较少的特征子集却包含相对多的玉米关键分类信息，这种特征子集较信息冗余的一组特征子集相比，更有利于分类器去解译这些特征信息，因此，STAFS 产生了更高的农作物分类精度。由于农作物的物候历特征以及农业景观特点会随着区域的变化而变化，这些黑龙江玉米优选的特征未必是其他农作物以及其他研究区域最优的特征。然而，又由于 STAFS 的特征优选过程是完全自动化的，因此，一旦给予高质量的农作物参考训练数据集，STAFS 就能扩展应用到其他区域和其他地物类型。此外，经过 STAFS 优选的特征为未来大区域农作物监测研究中遥感影像的收集提供了重要的借鉴价值。

本案例另外一个创新点在于结合 STAFS 特征选择方法和 SVM 软分类进行了农作物遥感识别。传统的研究多采用 SVM 的硬分类，较少使用软分类。基于 SVM 软分类得到的概率分布图反映了黑龙江区域耕地的空间异质性，为研究耕地面积和地块大小的变化提供了重要信息（Colditz et al., 2012）。在未来研究中，将会重点探究基于 SVM 软分类得到的亚像素概率分布图背后隐藏的景观异质性现象。

5.6.5 STAFS 扩展性分析

本案例以黑龙江为研究区域，以时序 MODIS 为研究影像，证实了 STAFS 方法在农作物遥感识别特征选择中的巨大潜力。未来 STAFS 方法将被扩展应用到其他研究区域和其他农作物类型，在 STAFS 进行泛化应用之前，有 3 个方面可以进一步提升：①本案例采用平均值法将类对 SI_{ij} 合并成全局分离指数 SI_{global}。未来可比较平均值和最小值法在 STAFS 方法上的差异，从而为不同区域选择合适的 SI 指数扩展法开展 STAFS 方法。②未来需要对相关系数阈值（$1-q\times k$）中的递减系数 q 进行敏感性分析。q 被证实对 STAFS 最后选取的特征质量和数量均存在一定的影响（Somers et al., 2013）。本案例中，q 设置为 0.02。未来其他区域的拓展研究需要根据具体研究对象的特征以及相关候选特征的数量来测试最佳的 q。③STAFS 目前仅局限于处理一季的农作物类型，难以解决多熟制农作物类型的识别问题。未来对于种植熟制多样的区域，STAFS 方法需要融合时相分割策略来解决两季或三季农作物识别问题。

农作物样本的质量和数量代表性也是影响特征选择和分类结果的关键因素（Hao et al., 2014）。然而，对于没有中高分辨率农作物参考分类图的区域，如何收集农作物训练样本成了最具挑战的问题之一（Fritz et al., 2015; Zhong et al., 2014）。然而，由于传感器技术的快速发展，目前各类中高分辨率遥感数据，如 Landsat（Roy et al., 2014）、Sentinel（Radoux et al., 2016）、GaoFen（Song et al., 2017）等数据的免费和快速获取成为可能。因此，如何使用这些中高分辨率数据进行小区域作物精准分类，从而为低分辨率数据（visible infrared imaging radiometer suite, VIIRS）的大区域农作物遥感识别提供样本是未来需要重点解决的问题之一。

5.7 案例 2：基于随机森林模型的农作物特征选择

本案例以我国黑龙江省北安市境内粮豆种植主产区作为研究区域，采用单一时相高空间分辨率高分一号（GF-1）遥感数据的光谱和纹理特征集提取研究区域农作物种植结构。首先在值域范围内对随机森林模型重要参数 mtry 和 ntree 进行参数寻优，构建随机森林模型，并利用最佳单时相窗口和输入特征变量特征分离性，进行基于光谱特征集和光谱加纹理特征集的农作物种植结构提取及精度检验。

5.7.1 随机森林模型构建与参数优化

随机森林是一种多决策树组合分类器，详见 5.4.3 节。泛化能力是指经过训练后的随机模型对同一分布中未在训练集中出现的样本做出正确反映的能力。泛化精度越高，则学习性能越好，反之，泛化误差越高则性能越差。模型参数优化的目标是要降低随机森林的泛化误差以提高集成的精确，为此优化随机森林分类模型的决策树的数量和决策树内部节点随机选择属性的个数两个变量的原则如下：分类树内部节点处的平均泛化误差尽量小，且树之间平均差异度尽量大。随机森林的参数优化与模型改进研究有效地提高森林的泛化能力，降低泛化误差上界。因此，如何正确评估、优化随机森林模型参数与特征空间改变对森林误差上界的影响，是随机森林应用的重点与难点。本案例的研究调用 R 语言的 RandomForest 包，对包含 28 万余个对象的待识别数据进行随机森林建模和参数优化。建模过程中通过遍历比较、观察可视化图等方法进行参数优化，以实现随机森林建模，完成基于单时相 GF-1 的北安市农作物种植结构遥感提取。

本案例中随机森林建模与参数优化的实现分三步。首先，特征数据库预处理。基于不同时相下，对应的野外调查样本分别建立包含农作物类型特征和光谱特征的特征库。要获得较好的集成分类性能，需要优化随机森林分类模型的决策树的数量（ntree）和决策树内部节点随机选择属性的个数（mtry）两个变量。Gislason 等（2006）提出常规较优的 mtry 参数参考值应为 $\sqrt{p}$，其中，p 为训练特征集中的特征变量的总和，是 R 语言的"RandomForest"包中 randomforest 函数中 mtry 参数的默认值。然而针对不同的特征集输入，最适宜模型的 mtry 值也存在差异，选择合适的 mtry 参数值可以降低随机森林模型的预测错误率，在训练集中，可以根据分类误差最小，选择最适合的 mtry 值。因而，研究中采用遍历比较法确定最优 mtry 值。依据 Gao 等（2015）研究结果确定决策树分支时随机抽样的变量个数 mtry 的取值范围为{1,5,10,15,20,25}。接着，优化 ntree 参数的取值。ntree 参数是指示森林中决策树的数量。ntree 值设置过低会导致误差率偏高，而 ntree 值过高会增加模型复杂度、降低计算效率。因此，在 mtry 的每一次取值下，选择 ntree 的区间范围为：1 至 10 之间步长为：1；10 至 100 之间步长为 10；100 至 1000 之间步长为 100。其中，采用 bootstrap 重抽样技术从原始光谱特征集数据集中随机抽取 70%训练集建立分类树，决策树均不进行剪枝。如图 5-14 所示，呈现了模型预测精度与 ntree、mtry 的关系。

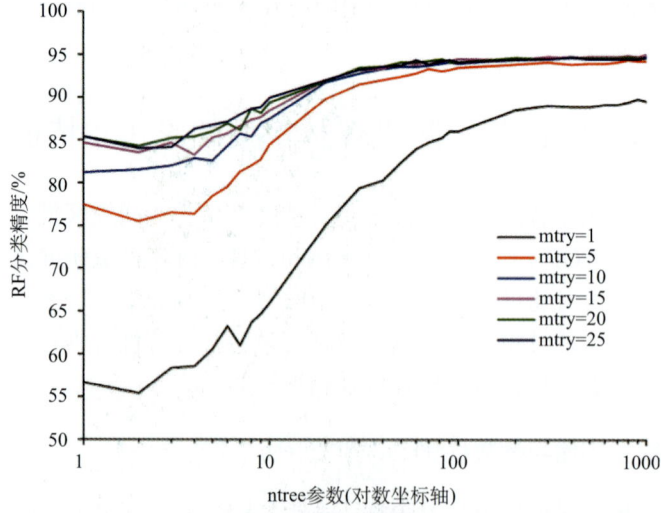

图 5-14　ntree 与 mtry 参数取值对随机森林模型预测精度的影响

采取 10 次（k=10）交叉验证的方法，对不同 ntree、mtry 参数取值组合重复执行 20 次，去掉结果中的最大值和最小值后取平均值作为最后的精度估计，精度的波动性验证了在随机森林中，分类树的多样性与准确性特性决定了森林决策效果。从图中可以看出：内部节点随机选择属性的个数（mtry）和优化决策树的数量（ntree）两个参数的取值可以提升随机森林模型的预测精度。随着在 mtry、ntree 取值的增大随机森林精度也不断地得到提高，然而当 ntree 在 1~10 范围内取值时，分类模型精度波动上升；在 10~100 范围内取值时，随机森林模型误差率降低速度较快，在 ntree>100 后模型精度提高幅度不大，达到 1000 以后，精度趋于稳定，不同的 mtry 值对模型精度的提升不再敏感。并在相同的 ntree 值时，精度随着 mtry 取值的增大而提高。在不同光谱特征集、光谱纹理特征集支持下，均得到了相同的趋势和结论。在确保模型预测的可信度，且不影响计算效率的情况下，研究选择使用 1000 作为 ntree 取值，mtry 值设为 5。

5.7.2 随机森林特征重要性打分

1. 随机森林特征重要性度量指标

充分利用高分辨率遥感影像的时空特性，提高分类精度和分类效率，逐渐成为当前高分辨率遥感影像信息提取技术的热点。GF-1 WFV 遥感影像作为新数据源，其光谱、纹理对农作物种植结构的刻画能力鲜有研究，因此开展单一时相窗口下的光谱特征、纹理特征变量分离性研究具有重要科学价值。R 语言中随机森林可以调用函数对特征重要性进行度量，实现特征重要性排名，得到特征重要程度的相对关系。基尼指数（Gini index）是随机森林算法常用的实现特征重要性度量的指标，统计了特征空间中变量特征作为分割特征的次数，即基于该特征作为分割特征的频度表明它的重要性程度。

基尼指数作为分割节点效果的度量指标，度量特征在某种分割方式下的分割效果，是决策树中常用的特征重要性评价指标，避免类似统计分割次数那样粗粒度的评价方式。基尼指数揭示了不同特征分割同一个决策节点时，不同的分割方式之间的相对关系。若分割效果越好则基尼指数越小。基尼指数进行线性累加或者加权线性累加作为特征的最终得分，这种方式得到的特征得分被称为 Gini 重要性。特征分割决策节点对应的基尼指数本身是实数，经过累加后的结果仍为实数，且能够精确到多位小数，因此特征得分统计是一种细粒度的对比分析。

利用基尼指数计算分割效果时，假设集合 T 中包含 N 个不同农作物类别，那么计算 Gini 系数指标公式为

$$\text{Gini}(T) = 1 - \sum_{i=1}^{N} p_i^2 \tag{5-7}$$

式中，p_i 表示在样本集合 T 中 i 类农作物类型出现的频率，如果 T 在所选特征变量 t 下分为 T_1 和 T_2 两个样本子集，那么划分后两个样本子集的 Gini 系数和如式（5-8）所示：

$$\text{Gini}_{\text{split}(t)}(T) = \frac{S_1}{S}\text{Gini}(T_1) + \frac{S_2}{S}\text{Gini}(T_2) \tag{5-8}$$

式中，S_1 和 S_2 分别为 T_1 和 T_2 的样本个数，S 为 T 的样本个数。Gini 系数定义如式（5-9）：

$$\text{Gini} = \text{Gini}(T) - \text{Gini}_{\text{split}(t)}(T) \tag{5-9}$$

基尼指数平降低值（mean decrease Gini，MDG）表征构建决策树过程中，通过考究特征在袋外样本上节点的分割效果，重新排列计算特征的基尼重要性，从而反应特征的重要性程度和分离性。MDG 通过基尼指数计算每个光谱、纹理特征变量对决策树上每个节点的观测值的异质性影响，该值越大表示该变量的重要性越大。

2. 特征重要性归因分析

在建树过程中，每个分裂节点处选取候选特征变量中使得 Gini 系数最小的属性作为该节点的分裂属性。通过基尼指数计算每个变量对分类树上每个节点的观测值的异质性影响，该值越大表示该变量的重要性越大。基于参数优化的随机森林模型对不同时间窗口下，根据 Gini 指标分别列出了 16 维特征空间内蓝、绿、红和近红光谱特征，以及其纹理特征对农作物识别的刻画能力结果，如图 5-15 所示，对象的光谱特征变量用"Mean_特征波段名称+月份"的形式表述，B、G、R、N 分别代表蓝光波段、绿光波段、红光波段、近红外波段特征变量；数字 4、5、7、9 分别代表 GF-1 数据获取的季节；纹理特征变量 ENT、Diss、Cor 分别代表熵、非相似性和相关性。

MDG 反映的是随机森林模型在特定的空间特征集内不同特征相对的贡献率，因此主要分析结果中特征量的排序即可。从图 5-15 可以看出，不同时间窗口下，不同的光谱、纹理特征对各异的农作物类型识别有不同的特征响应。总的来说，光谱特征参与随机森林模型预测中 Gini 指数平均降低值整体高于纹理特征，尤其是 GF-1 近红外波段光谱特征在玉米、大豆、水稻、春麦等农作物生长过程中的遥感识别里承担着重要角色。按照农作物类型来看，特征空间变量对农作物类型的识别能力具体表现为：

（1）图 5-15（a）可以看出，对于玉米来说，在可识别的时间窗口中，近红与红波相对比蓝、绿两个光谱特征的 MDG 高，并且在农作物类型复杂的 7 月，纹理特征的基尼指数平降低值整体比 9 月的重要性突出。原因在于该时期内玉米处于七叶至乳熟的过渡阶段，顶部穗呈白褐色，特定的时间窗口内，玉米生长状态与形态与其他三个作物差异显著，在特征空间中的响应表现为玉米的异质性高，纹理区域有较大的熵值，故 ENT_G 排在纹理集的首位。在玉米的成熟期，其他作物也相继成熟，农作物细胞内叶绿素含量逐步降低，叶片干黄枯萎，玉米与其他农作物光谱差异程度逐渐降低，因而光谱特征的重要性降低，在植株高度、形态结构的差异导致的纹理特征重要性提高，MDG 离散度增大。

（2）图 5-15（b）来看，就大豆而言，近红外光谱特征值对其识别与提取占绝对主导地位。依据物候历，大豆在 7 月末处于开花结荚期，叶片繁茂，豆与荚均呈绿色，绿色叶片浓密度高于玉米，且与玉米、水稻等农作物形态结构差异明显，大豆对红光吸收及绿光的反射强于玉米、水稻、春麦。对比图 5-15（a）、（c）、（d）的光谱重要性发现同一时期内，蓝、绿、红光谱波段的对其他三种作物的相对重要，而在大豆的识别中重要性弱化了些。因而纹理特征组与 GF-1 的红、绿、蓝波段的 MDG 值域范围差异不大。然而，在大豆成熟期，Diss_N 特征优势凸显出来，原因在于收获季内，大豆植株矮小，覆盖度低，与土壤背景的对比度高，异质性纹理大，所以引入 Diss_N 纹理特征的重要性凸显出来。

（3）图 5-15（c）可以看出，水稻受其生活环境因子的影响，其纹理特征的 MDG 值较低（<15），并且在 7 月和 9 月两个时间窗口中，GF-1 四个光谱特征的 MDG 值均高于纹理特征。并且受种植习惯的影响，水稻通常种植于"大田"里，及种植规模大，连续度高，因而在空间分布上，影像灰度相关性高、异质性低，因此在两个时相窗口中纹理特征 MDG 值域范围集中，且分离性的提高主要依据光谱特征库。此外，9 月水稻的成熟度高于玉米、大豆，此时水稻叶片叶绿素浓度比其他作物类型少，叶黄素迅速增多，光合作用较弱，故对红光反射率较其他作物及自然植被高，因而光谱特征表现出来的强弱决定了水稻与其他农作物类型的可分性，光谱特征重要性整体偏高。

（4）图 5-15（d）上，春麦的识别期早于其他三种农作物类型，并且在其他作物尚未出苗的 5 月，春麦的植被覆盖特征明显，MDG 值离散程度最大，并且农作物作为特殊植被类型，与其他地表覆盖类型光谱反射特征和空间自相关差异显著，因此，近红外光谱波段与相关性纹理 MDG 高。在 7 月时相窗口下，进入农作物覆盖高郁闭度期，光谱特征的重要性排名顺序为近红、蓝、红、绿，并且由于春麦处于成熟收获季，田块地表不均一，残留有干枯的落叶及秸秆，整个田地的植被覆盖度、光合作用、含水量等较其他作物差异较大，空间上灰度相关性差异明显，所以 GF-1 的 Cor_N 特征分离性高。同时，其空间的同质性与异质性差异也增强。

（5）图 5-15（e）概括了基于光谱纹理特征集对农作物类型的集合在不同时相窗口中的贡献能力。4 月受冰雪覆盖的影响，特征集的 MDG 值普遍较低，表明特征剥离能力弱；5 月的时相里，MDG 离散程度较高；随着时间的推移，农作物地表覆盖类型丰富程度越来越高，光谱交叉现象越发明显，其剥离能力逐步降低。

（6）图 5-15（f）是对包括人造覆盖、林地、草地、水体、道路等其他地表覆盖类型随着时间的推移，特征空间对其的剥离能力逐步减退。

综上所述，光谱特征反映了农作物的季相节律特征，然而，从特征空间集重要性评价结果来看，由于 GF-1 近红波段 900nm 附近对农作物植被叶片含水量敏感，近红波段在不同植被类型的各时间窗口下占主导地位,其纹理特征的重要性也具有时间变化规律，并且纹理信息对于不同农作物类别的分类精度提升是有针对性的。例如，由于 7 月农作物冠层密闭度高，纹理特征上 MDG 值均呈现出高度聚集的状态说明在农作物种植结构复杂的时间窗口，各纹理特征的识别能力差异不大；9 月中农作物类型处于成熟期，纹理特征的分散程度相对较高，将空间关系应用于进行纹理分析作为重要的辅助，克服光谱交叉重叠的影响。

5.7.3 基于不同特征组合的农作物识别结果

农作物的生长发育是一种物质积累过程，它包括多个生育期，因而时间窗口的选择是农作物种植结构提取的关键技术环节（黄敬峰等，2002；欧文浩等，2010）。在农作物生育期全过程内不同物候期获取的遥感影像中，GF-1 遥感影像呈现的光谱信息依据季相信息而发生不断的变化。恰当的时间窗口可以强化农作物光谱类内异质性及类间差异性，弱化环境因子的干扰，减少高分遥感信息中的不确定性，降低机器学习难度（黄敬峰等，2002）。农作物时间窗口的选择过程基于目标农作物的多时相遥感信息，结合农作物物候历确定时间窗口。

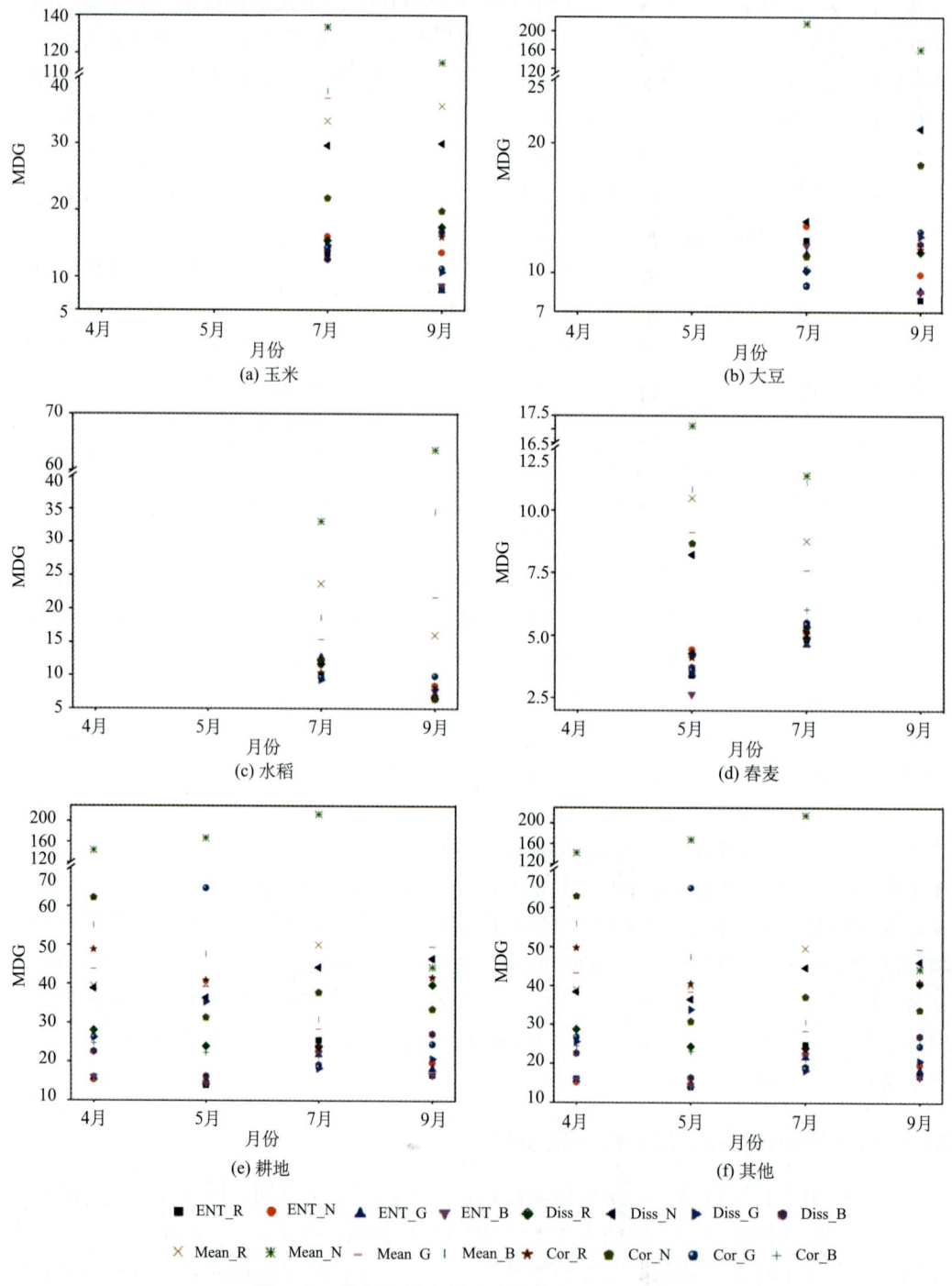

图 5-15　特征空间变量对农作物类型的识别能力

在 GF-1 时间窗口选择的结果支持下，按照随机森林模型参数优化的结果，分别提取基于光谱特征集和光谱加纹理特征集作为输入的农作物种植结构（表 5-9），其中情景设置命名规则为"RF_月份+特征类型"的表述形式，时相数据选取的时间窗口为 9 月；S 代表光谱特征变量，ST 代表光谱与纹理信息。按照以上描述的提取方案，得到研究区时相窗口内农作物空间分布信息（图 5-16）。为了验证利用 GF-1 数据提取的结果，将分类后的结果与地面验证样本计算混淆矩阵，单时相随机森林分类总体精度和 kappa 系数见混淆矩阵（表 5-10）。

表 5-9 单时相 GF-1 农作物种植结构情景设置

情景设置	特征类型	特征变量	变量数量
RF_9S	光谱	Mean_B9, Mean_G9, Mean_R9, Mean_N9	4
RF_9ST	光谱-纹理	Mean_B9, Mean_G9, Mean_R9, Mean_N9, ENT_B9, ENT_G9, ENT_R9, ENT_N9, DIS_B9, DIS_G9, DIS_R9, DIS_N9 COR_B9, COR_G9, COR_R9, COR_N9	16

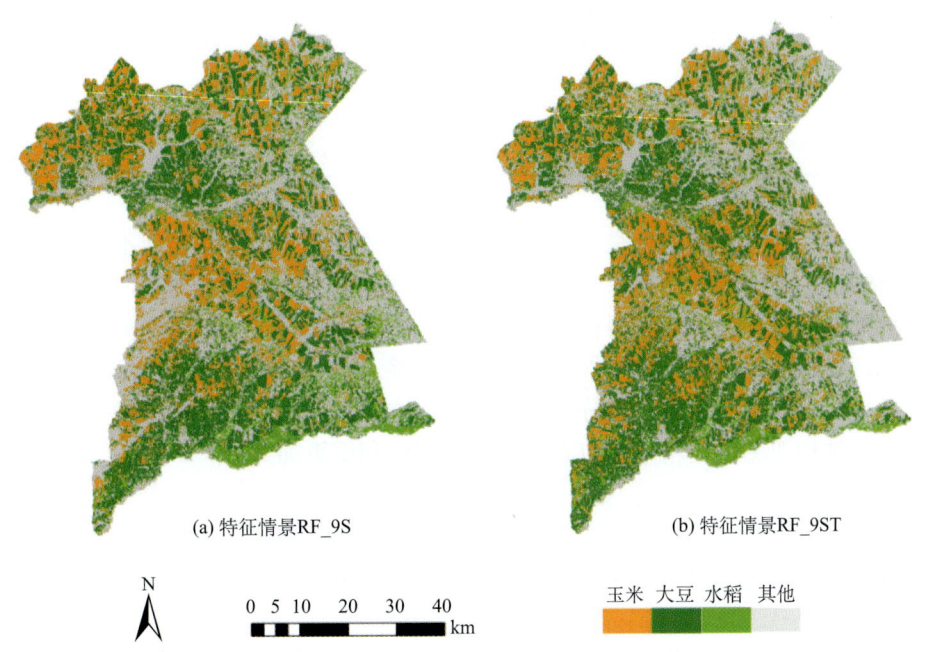

(a) 特征情景RF_9S (b) 特征情景RF_9ST

图 5-16 基于单时相数据的农作物种植结构提取结果

从图 5-16 看，两情景下研究区域在北部农作物典型、地块面积大、地块作物较为单一，因而整体分类精度比较高，仅在农作物交叉种植、结构复杂区域以及地块边缘分类效果存在差异，而在南部其他地物类型与农作物类型混淆严重。从表 5-10 可以看出，情景 RF_9S 和情景 RF_9ST 的分类精度都超过 80%，其中增加纹理特征的情景 RF_9ST 分类方法优于情景 RF_9S 分类效果，分类总体精度达到 85.81%，kappa 系数为 0.8016。随机森林算法注重对光谱信息的深入分析和挖掘，引入纹理特征后增加了农作物间空间差异的信息量，分类识别的针对性更强，充分利用玉米、大豆、水稻等作物间空间灰度变化差异，弥补了农作物生育期光谱重叠问题，逐步分层提取，明显改善了分类的精度。

由表 5-10 不难发现：农作物种植结构遥感提取比单一作物空间分布遥感提取复杂得多，单纯依靠光谱特征难以取得理想效果。引入纹理特征后，玉米和大豆错分率下降，识别精度分别提升了 2.86%和 3.57%，水稻识别精度基本持平。

表 5-10　基于 RF 模型的单时相农作物种植结构提取混淆矩阵

情景设置组	农作物类型	玉米	大豆	水稻	其他	UA/%
RF_9S	总体精度=82.97%; kappa 系数= 0.7625					
	玉米	105	1	0	4	95.45
	大豆	3	125	0	5	93.98
	水稻	6	2	29	10	61.70
	其他	26	12	9	121	72.02
	PA/%	75.00	89.29	76.32	86.43	
RF_9ST	总体精度=85.81%; kappa 系数= 0.8016					
	玉米	109	1	1	4	94.78
	大豆	6	130	0	4	92.86
	水稻	7	0	29	7	67.44
	其他	18	9	8	125	78.13
	PA/%	77.86	92.86	76.32	89.29	

综上所述，随着遥感影像空间分辨率的提升，传统的光谱方法显现不足，单纯的光谱特征空间已经不能有效描述农作物地表覆盖空间上细节化的差异信息，然而纹理特征能使这种细微信息和块状信息得以表达。随机森林算法注重对光谱-纹理高维特征空间的学习训练，使得难以识别和错分的农作物地块能够通过结合纹理特征信息的方式大幅提高分类精度。在面向对象的图像分析与信息提取中，光谱与纹理多特征融合有助于提高农作物种植结构遥感分类精度，使其对遥感数据的利用更加充分。

参 考 文 献

蔡学良, 崔远来. 2009. 基于异源多时相遥感数据提取灌区作物种植结构. 农业工程学报, 25(8): 124-130.

程乾, 王人潮. 2005. 数字高程模型和多时相 MODIS 数据复合的水稻种子面积遥感估算方法研究. 农业工程学报, 21:89-92.

郝鹏宇, 牛铮, 王力, 等. 2012. 基于历史时序植被指数库的多源数据作物面积自动提取方法. 农业工程学报, 28(23): 123-131.

郝卫平, 梅旭荣, 蔡学良, 等. 2011. 基于多时相遥感影像的东北三省作物分布信息提取. 农业工程学报, 27(1): 201-207.

何馨. 2010. 基于多源数据融合的玉米种植面积遥感提取研究. 南京: 南京信息工程大学硕士学位论文.

胡琼. 2018. 基于时序 MODIS 影像的农作物遥感识别方法研究. 北京: 中国农业科学院博士学位论文.

胡琼, 吴文斌, 宋茜, 等. 2015. 农作物种植结构遥感提取研究进展. 中国农业科学, 48(10):1900-1914.

黄敬峰, 王人潮, 蒋亨显, 等. 2002. 基于 GIS 的浙江省水稻遥感估产最佳时相选择. 应用生态学报, (03): 290-294.

黄青, 唐华俊, 周清波, 等. 2010. 东北地区主要作物种植结构遥感提取及长势监测. 农业工程学报, 26(9): 218-223.

黄昕. 2009. 高分辨率遥感影像多尺度纹理、形状特征提取与面向对象分类研究. 武汉: 武汉大学博士学位论文.

贾坤, 李强子. 2013. 农作物遥感分类特征变量选择研究现状与展望. 资源科学, 35(12): 2507-2516.

李静, 柳钦火, 刘强, 等. 2005. 基于波谱知识的 CBERS-02 卫星遥感图像棉花像元识别方法研究. 中国科学 E 辑: 信息科学(S1): 141-155.

李鑫川, 徐新刚, 王纪华, 等. 2013. 基于时间序列环境卫星影像的作物分类识别. 农业工程学报, 29(2): 169-176.

林文鹏, 王长耀, 储德平, 等. 2006. 基于光谱特征分析的主要秋季作物类型提取研究. 农业工程学报, 22(9): 128-132.

欧文浩, 苏伟, 薛文振, 等. 2010. 基于 HJ-1 卫星影像的三大农作物估产最佳时相选择. 农业工程学报, 26(11): 176-182.

史蕾. 2018. 面向对象的高分辨率遥感影像特征选择与分类研究. 武汉: 武汉大学博士学位论文.

王娜. 2017. 江苏省主要农作物遥感识别特征的时空效应研究. 北京: 中国科学院大学博士学位论文.

熊勤学, 黄敬峰. 2009. 利用 NDVI 指数时序特征监测秋收作物种植面积. 农业工程学报, 25(1): 144-148.

张健康, 程彦培, 张发旺, 等. 2012. 基于多时相遥感影像的作物种植信息提取. 农业工程学报, 28(2): 134-141.

张霞, 焦全军, 张兵, 等. 2008. 利用 MODIS_EVI 图像时间序列提取作物种植模式初探. 农业工程学报, 24(5): 161-165.

Arvor D, Jonathan M, Meirelles M S O E, et al. 2011. Classification of MODIS EVI time series for crop mapping in the state of Mato Grosso, Brazil. International Journal of Remote Sensing, 32(22): 7847-7871.

Atzberger C, Rembold F. 2013. Mapping the spatial distribution of winter crops at sub-pixel level using AVHRR NDVI time series and neural nets. Remote Sensing, 5(3): 1335-1354.

Biradar C M, Thenkabail P S, Noojipady P, et al. 2009. A global map of rainfed cropland areas (GMRCA) at the end of last millennium using remote sensing. International Journal of Applied Earth Observation and Geoinformation, 11(2): 114-129.

Boryan C, Yang Z, Mueller R, et al. 2011. Monitoring US agriculture: The US Department of Agriculture, National agricultural statistics service, cropland data layer program. Geocarto International, 26(5): 341-358.

Broge NH, Leblanc E. 2000. Comparing prediction power and stability of broadband and hyperspectral vegetation indices for estimation of green leaf area index and canopy chlorophyll density. Remote Sensing of Environment, 76(2): 156-172.

Bruzzone L, Roli F, Serpico S B. 1995. An extension of the Jeffreys-Matusita distance to multiclass cases for feature selection. IEEE Transactions on Geoscience and Remote Sensing, 33(6): 1318-1321.

Carrão H, Gonçalves P, Caetano M. 2008. Contribution of multispectral and multitemporal information from MODIS images to land cover classification. Remote Sensing of Environment, 112(3): 986-997.

Chan J C, Paelinckx D. 2008. Evaluation of Random Forest and Adaboost tree-based ensemble classification and spectral band selection for ecotope mapping using airborne hyperspectral imagery. Remote Sensing of Environment, 112(6): 2999-3011.

Chang C, Lin C. 2011. LIBSVM. ACM Transactions on Intelligent Systems and Technology, 2(3): 1-27.

Chang J, Hansen M C, Pittman K, et al. 2007. Corn and soybean mapping in the United States using MODIS time-series data sets. Agronomy Journal, 99(6): 1654-1664.

Chen J. 1996. Evaluation of vegetation indices and modified simple ratio for boreal applications. Canadian Journal of Remote Sensing, 22: 229-242.

Clark M L, Aide T M, Grau H R, et al. 2010. A scalable approach to mapping annual land cover at 250 m using MODIS time series data: a case study in the Dry Chaco ecoregion of South America. Remote Sensing of Environment, 114(11): 2816-2832.

Clauss K, Yan H, Kuenzer C. 2016. Mapping Paddy Rice in China in 2002, 2005, 2010 and 2014 with MODIS Time Series. Remote Sensing, 8(5): 434.

Colditz R R, López Saldaña G, Maeda P, et al. 2012. Generation and analysis of the 2005 land cover map for Mexico using 250m MODIS data. Remote Sensing of Environment, 123: 541-552.

Dash M, Liu H. 1997. Feature selection for classification. Intelligent Data Analysis, 1: 131-156.

Daughtry C S T, Walthall CL, Kim MS, et al. 2000. Estimating corn leaf chlorophyll concentration from leaf and canopy reflectance. Remote Sensing of Environment, 74: 229-239.

Eastman J R, Sangermano F, Machado E A, et al. 2013. Global trends in seasonality of normalized difference vegetation index (NDVI), 1982—2011. Remote Sensing, 5(10): 4799-4818.

Foerster S, Kaden K, Foerster M, et al. 2012. Crop type mapping using spectral–temporal profiles and phenological information. Computers and Electronics in Agriculture, 89: 30-40.

Fritz S, See L, Mccallum I, et al. 2015. Mapping global cropland and field size. Global Change Biology, 21(5): 1980-1992.

Gao T, Zhu J, Zheng X, et al. 2015. Mapping spatial distribution of larch plantations from multi-seasonal Landsat-8 OLI imagery and multi-scale textures using random forests. Remote Sensing, 7(2): 1702-1720.

Gelder B K, Kaleita A L, Cruse R M. 2009. Estimating mean field residue cover on midwestern soils using satellite imagery. Agronomy Journal, 101(3):635-643.

Gislason P O, Benediktsson J A, Sveinsson J R. 2006. Random forests for land cover classification. Pattern Recognition in Remote Sensing, 27(4): 294-300.

Gitelson A, Merzlyak MN. 1996. Signature analysis of leaf reflectance spectra: algorithm development for remote sensing of chlorophyll. Journal of Plant Physiology, 148: 494-500.

Gitelson A A, Kaufman Y J, Stark R, et al. 2002. Novel algorithms for remote estimation of vegetation fraction. Remote Sensing of Environment, 80(1): 76-87.

Hansen M C, Egorov A, Potapov P V, et al. 2014. Monitoring conterminous United States (CONUS) land cover change with Web-Enabled Landsat Data (WELD). Remote Sensing of Environment, 140: 466-484.

Hao P, Wang L, Niu Z, et al. 2014. The potential of time series merged from Landsat-5 TM and HJ-1 CCD for crop classification: a case study for Bole and Manas Counties in Xinjiang, China. Remote Sensing, 6(8):

7610-7631.

Herold M, Gardner M E, Roberts D A. 2003. Spectral resolution requirements for mapping urban areas. IEEE Transactions on Geoscience and Remote Sensing, 41(9): 1907-1919.

Hu Q, Sulla-Menashe D, Xu B, et al. 2019. A phenology-based spectral and temporal feature selection method for cropmapping from satellite time series. International Journal of Applied Earth Observation and Geoinformation, 80: 218-229.

Hu Q, Wu W, Song Q, et al. 2016. Extending the pairwise separability index for multicrop identification using time-Series MODIS images. IEEE Transactions on Geoscience and Remote Sensing, 54(11): 6349-6364.

Jordan C F. 1969. Derivation of leaf area index from quality of light on the forest floor. Ecology, 50: 663-666.

Kaya G T. 2013. A hybrid model for classification of remote sensing images with linear SVM and support vector selection and adaptation. IEEE Journal of Selected Topics in Applied Earth Observations and Remote Sensing, 6(4): 1988-1997.

Leo B. 2001. Random forest. Machine Learning, 45(1): 5-32.

Lobell D B, Asner G P. 2004. Cropland distributions from temporal unmixing of MODIS data. Remote Sensing of Environment, 93(3): 412-422.

Loew F, Michel U, Dech S, et al. 2013. Impact of feature selection on the accuracy and spatial uncertainty of per-field crop classification using Support Vector Machines. ISPRS Journal of Photogrammetry and Remote Sensing, 85: 102-119.

Loosvelt L, Peters J, Skriver H, et al. 2012. Impact of reducing polarimetric SAR input on the uncertainty of crop classifications based on the random forests algorithm. IEEE Transactions on Geoscience and Remote Sensing, 50(10): 4185-4200.

Mathur A, Foody G M. 2008a. Crop classification by support vector machine with intelligently selected training data for an operational application. International Journal of Remote Sensing, 29(8): 2227-2240.

Mathur A, Foody G M. 2008b. Multiclass and binary SVM classification: implications for training and classification users. IEEE Geoscience and Remote Sensing Letters, 5(2): 241-245.

Ozdogan M. 2010. The spatial distribution of crop types from MODIS data: temporal unmixing using Independent Component Analysis. Remote Sensing of Environment, 114(6): 1190-1204.

Pal M. 2013. Hybrid genetic algorithm for feature selection with hyperspectral data. Remote Sensing Letters, 4(7): 619-628.

Pan Y, Li L, Zhang J, et al. 2012. Winter wheat area estimation from MODIS-EVI time series data using the Crop Proportion Phenology Index. Remote Sensing of Environment, 119: 232-242.

Patil A, Ishwarappa R K. 2013. Classification of crops using FCM segmentation and texture, color feature. World Journal of Science and Technology, 2(10): 1.

Peña M A, Brenning A. 2015. Assessing fruit-tree crop classification from Landsat-8 time series for the Maipo Valley, Chile. Remote Sensing of Environment, 171: 234-244.

Peña-Barragán J M, Ngugi M K, Plant R E, et al. 2011. Object-based crop identification using multiple vegetation indices, textural features and crop phenology. Remote Sensing of Environment, 115(6): 1301-1316.

Piiroinen R, Heiskanen J, Mõttus M, et al. 2015. Classification of crops across heterogeneous agricultural landscape in Kenya using AisaEAGLE imaging spectroscopy data. International Journal of Applied Earth

Observation and Geoinformation, 39: 1-8.

Radoux J, Chome G, Jacques D C, et al. 2016. Sentinel-2's potential for sub-pixel landscape feature detection. Remote Sensing, 8: 1-28.

Rodriguez-Galiano V F, Chica-Olmo M, Abarca-Hernandez F, et al. 2012. Random Forest classification of Mediterranean land cover using multi-seasonal imagery and multi-seasonal texture. Remote Sensing of Environment, 121: 93-107.

Rodriguez-Galiano V F, Luque-Espinar J A, Chica-Olmo M, et al. 2018. Feature selection approaches for predictive modelling of groundwater nitrate pollution: an evaluation of filters, embedded and wrapper methods. Science of The Total Environment, 624: 661-672.

Rougean J L, Breon F M. 1995. Estimating PAR absorbed by vegetation from bidirectional reflectance measurements. Remote Sensing of Environment, 51: 375-384.

Rouse J W, Haas R H, Schell J A, et al. 1973. Monitoring vegetation systems in the Great Plains with ERTS. Proceedings of the Earth Resources Technology Satellite Symposium NASA SP-351, Washington D C, USA, 1: 309-317.

Roy D P, Wulder M A, Loveland T R, et al. 2014. Landsat-8: science and product vision for terrestrial global change research. Remote Sensing of Environment, 145: 154-172.

Somers B, Asner G P. 2012. Hyperspectral time series analysis of native and invasive species in Hawaiian Rainforests. Remote Sensing, 4(12): 2510-2529.

Somers B, Asner G P. 2013. Multi-temporal hyperspectral mixture analysis and feature selection for invasive species mapping in rainforests. Remote Sensing of Environment, 136: 14-27.

Somers B, Delalieux S, Verstraeten W W, et al. 2010. An automated waveband selection technique for optimized hyperspectral mixture analysis. International Journal of Remote Sensing, 31(20): 5549-5568.

Song Q, Hu Q, Zhou Q, et al. 2017. In-season crop mapping with GF-1/WFV Data by combining object-based image analysis and random forest. Remote Sensing, 9(11): 1184.

Thenkabail P S, Biradar C M, Noojipady P, et al. 2009. Global irrigated area map (GIAM), derived from remote sensing, for the end of the last millennium. International Journal of Remote Sensing, 30(14): 3679-3733.

Van Niel T G, Mcvicar T R. 2004. Determining temporal windows for crop discrimination with remote sensing: a case study in south-eastern Australia. Computers and Electronics in Agriculture, 45(1): 91-108.

Vandeventer A P, Ward A D, Gowda P H, et al. 1997. Using thematic mapper data to identify contrasting soil plains and tillage practices. Photogrammetric Engineering and Remote Sensing, 63(1): 87-93.

Verbeiren S, Eerens H, Piccard I, et al. 2008. Sub-pixel classification of SPOT-VEGETATION time series for the assessment of regional crop areas in Belgium. International Journal of Applied Earth Observation and Geoinformation, 10(4): 486-497.

Wardlow B D, Egbert S L. 2008. Large-area crop mapping using time-series MODIS 250 m NDVI data: an assessment for the US Central Great Plains. Remote Sensing of Environment, 112(3): 1096-1116.

White E V, Roy D P. 2015. A contemporary decennial examination of changing agricultural field sizes using Landsat time series data. Geography and Environment, 2(1): 33-54.

Wu T F, Lin C J, Weng R C. 2004. Probability estimates for multi-class classification by pairwise coupling. Journal of Machine Learning Research, 5: 975-1005.

Xiao X, Boles S, Frolking S, et al. 2006. Mapping paddy rice agriculture in South and Southeast Asia using multi-temporal MODIS images. Remote Sensing of Environment, 100(1): 95-113.

Yu Q, Gong P, Clinton N, et al. 2006. Object-based detailed vegetation classification with airborne high spatial resolution remote sensing imagery. Photogrammetric Engineering and Remote Sensing, 72(7): 799-811.

Zanella L, Folkard A M, Blackburn G A, et al. 2017. How well does random forest analysis model deforestation and forest fragmentation in the Brazilian Atlantic forest? Environmental and Ecological Statisticas, 24(4): 529-549.

Zhang J, Feng L, Yao F. 2014. Improved maize cultivated area estimation over a large scale combining MODIS-EVI time series data and crop phenological information. ISPRS Journal of Photogrammetry and Remote Sensing, 94: 102-113.

Zhang J, Rivard B, Sánchez-Azofeifa A, et al. 2006. Intra- and inter-class spectral variability of tropical tree species at La Selva, Costa Rica: Implications for species identification using HYDICE imagery. Remote Sensing of Environment, 105(2): 129-141.

Zhang M, Zhou Q, Chen Z, et al. 2008. Crop discrimination in Northern China with double cropping systems using Fourier analysis of time-series MODIS data. International Journal of Applied Earth Observation and Geoinformation, 10(4): 476-485.

Zhong L, Gong P, Biging G S. 2014. Efficient corn and soybean mapping with temporal extendability: a multi-year experiment using Landsat imagery. Remote Sensing of Environment, 140: 1-13.

第 6 章 基于中低空间分辨率影像的农作物制图

6.1 引 言

目前农作物种植面积遥感监测信息源主要包括高空间分辨率数据和中低空间分辨率数据。近年来，随着数据处理技术和计算性能的提升，高空间分辨率遥感数据逐步向大区域应用方向发展，但其目前主要应用于小区域作物的精细识别（Böhler et al., 2019；Neigh et al., 2018），中低空间分辨率数据仍然是大区域农作物空间分布监测的主要信息源（Massey et al., 2017；Skakun et al., 2017）。中低空间分辨率数据具有两大特点：一是重返周期短，观测频率高；二是空间细节描述不足，"混合像元"现象严重（Huang et al., 2016；Liu et al., 2018a）。如何充分考虑上述特点，扬长避短，建立基于中低空间分辨率的农作物种植面积和空间分布信息提取方法是大区域农作物遥感制图迫切需要解决的科学问题之一。

一方面，针对农作物具有季相节律性和物候变化规律性的特点，利用中低分辨率遥感信息构建光谱-时相特征变量，可以实现不同农作物类型的识别。目前通常采用两种方式构建特征变量：一是"单时间多光谱"，二是"长时序单光谱"。作物光谱特征受到作物类型、生长季、长势状况以及田间管理等多因素影响，使得"同物异谱、同谱异物"现象突出（Peña-Barragán et al., 2011；Zhong et al., 2019）。上述两种方式均未兼顾农作物识别的"长时序"和"多光谱"两大关键属性，难以剥离在整个生长季期间光谱特征相似的两类作物（Hu et al., 2017；Wardlow et al., 2008）。因此，如何基于中低空间分辨率数据优化构建光谱和时相特征变量、充分刻画作物季相节律特征，成为区分农作物类型、农作物与其他绿色植被的关键难点之一（张喜旺等，2013；Dong et al., 2015）。同时，在构建长时序和多光谱特征量的同时，需要采用合适的特征选择策略筛选出质量和数量均优的农作物特征组合，从而提高农作物丰度信息提取的精度和效率。

另一方面，针对中低空间分辨率数据的"混合像元"问题，可以通过建立线性或非线性回归模型，利用遥感特征变量估算区域农作物种植面积丰度（像元内农作物面积百分比）信息（Ozdogan, 2010；Pan et al., 2012）。诸多研究通过建立长时间序列中低分辨率遥感影像与农作物丰度的定量函数关系，采用线性或非线性回归模型来实现农作物种植面积及空间分布的准确提取（Atzberger et al., 2013）。Lobell 等（2004）利用光谱线性分解原理，建立 MODIS 每个时相 NDVI 值与农作物丰度之间的多元线性模型，绘制了墨西哥雅基河流域的农作物丰度分布图。Pan 等（2012）研究发现 MODIS 像元内部冬小麦种植面积与冬小麦 EVI 时序曲线上的 4 个关键物候期存在很高的关联性，通过构建冬小麦丰度与关键物候期 EVI 之间的多元回归模型，自动提取大范围冬小麦面积百分比。已有的这类农作物丰度估算多元回归模型往往通过事先设定函数形式，采用"逐步回归"策略从候选的特征变量中逐步删减或增加变量，直到达到显著性检验或残差平方要求（Liu et al., 2008）。它们对自变量具有较强的解释性，适用于候选特征较少的情况（Somers et al., 2009）。但当候选变量较多时（如>50），该类方法操作烦琐，且难以克服协变量之间复杂的交互作用，限制了农作物丰度提取的精度和效率（Liu et al., 2018）。因此，如何针对构建的大量候选特征集，充分挖掘农作物关键的识别信息，实现最优特征变量自动化和高效率筛选，是目前基于低分辨率遥感影像提取农作物丰度亟须解决的技术难题。

尽管遥感技术是目前农作物空间分布信息提取的主要手段，但是由于训练样本、大气干扰、影像预处理、机器学习算法等多方面的不确定性，农作物的遥感识别精度受到限制（Brown et al., 2009；Foody et al., 2010）。协同遥感数据与其他数据源也成了目前农作物制图的重要方法手段。农作物种植面积统计数据是土地科学领域应用最广泛的数据，具有农作物类型多样、覆盖区域广、准确率较高、长时间连续记录等特点（Monfreda et al., 2008）。诸多学者已经认识到农业统计数据的优势，并成功将遥感数据与统计数据结合研制大区域农作物丰度空间分布图。已有的这些研究通常基于全球土地覆盖分类产品中的耕地空间分布位置来定位目标农作物的空间位置，以农作物面积统计数据为基准待分配总额，通过建立一些约束条件，采用数学优化模型对农作物总面积进行空间分配（Fischer et al., 2012；Ramankutty et al., 2008）。虽然以上模型在大区域农作物或耕地制图研究中取得了重要进展，填补了全球尺度农作物空间分布图的空白，但也存在明显不足。它们多局限于利用数学模型实现统计数据的空间化表达（You et al., 2014），较少将面积统计数据引入修正遥感估算的农作物丰度，难以实现空间位置精度和面积总量精度均优的农作物分布图。可见，如何利用统计数据或其他源数据提升像元级农作物种植面积提取精度，也是中低空间分辨率作物制图需要突破的重要问题之一。

总的来说，长时间序列的中低空间分辨率遥感影像能充分表征农作物季相节律特征，是目前大区域农作物遥感制图的主要数据源。充分挖掘和利用光谱-时相信息，捕获不同农作物在生长季期间的关键物候特征，是大区域准确提取农作物丰度信息的重要突破口。此外，通过合理协同其他数据源（如统计数据），充分发挥多源数据组合利用的优势，是提高农作物遥感制图精度的重要途径，可突破传统遥感技术对农作物制图结果的不确定性瓶颈，是大区域农作物遥感制图研究的迫切需求。

6.2　中低空间分辨率遥感数据

6.2.1　MODIS 卫星影像

1. MODIS 传感器及其卫星平台

当今全球环境变化研究中的关键问题是明确地球大气圈、水圈、岩石圈与生物圈之间的相互作用和相互影响。为了实现对大气和地球环境变化的长期观测与研究，美国国家宇航局（National Aeronautics and Space Administration, NASA）建立了陆地观测系统（earth observing system, EOS），承担对地球陆地、海洋、大气以及三者交互作用的长期观测任务。Terra 是 EOS 观测计划中的第一颗卫星，在美国（国家宇航局）、日本（国际贸易与工业厅)、加拿大(空间局、多伦多大学)的共同合作下于1999年12月18日成功发射。Terra在拉丁语中表示"地球、土地",由于卫星每天地方时间上午10:30过境,因此被称为地球观测的第一颗上午星(EOS-AM1)。EOS观测计划中的第二颗卫星为Aqua,是由美国、巴西和日本共同合作研制的,其拉丁语意思是"水",卫星于2002年5月4日发射成功。为了与Terra卫星在数据采集时间上相互配合,Aqua卫星每天地方时间下午1:30过境,称为地球观测的第一颗下午星(EOS-PM1)。Terra和Aqua均为太阳同步极轨卫星。

MODIS中文全名是中分辨率成像光谱仪,属于扫描成像的辐射计系统,是Terra和Aqua卫星上搭载的主要传感器之一,双星平台相互配合,每1~2天其观测数据即可覆盖整个地球表面。MODIS传感器共有36个波段,扫描宽度为2330km,包括三种星下点空间分辨率,分别为250m(第1波段和第2波段)、500m(第3~7波段)和1000m(第8~36波段)。其中前7个波段主要用于陆地产品的开发,主要特征如表6-1所示。与AVHRR(advanced very high resolution radiometer)和SPOT VEGETATION相比,MODIS在传感器性能方面有了许多改善,其最大空间分辨率提升到了250m,光谱分辨率也大大提高。此外,与前两种传感器相比,MODIS波段的带宽相对较窄,从而可见光波段对叶绿素将更加敏感,同时也减小了水汽吸收对近红外波段的影响,这样就大大改进了观测植被指数的质量。MODIS凭借其自身的优势,在提高人们对全球陆地、海洋和大气变化的认识,帮助科学家研究全球环境和气候变化的程度、原因,加深研究者对自然过程与人类活动相互影响过程的理解,以及协助环境保护的政策制定者做出正确决策等方面发挥了重要作用(卫炜,2015)。

表6-1 MODIS传感器前7个波段的主要特征

波段	波长范围/nm	对应波段	空间分辨率/m	光谱灵敏度/[W/$(m^2 \cdot um \cdot sr)$]	信噪比
1	620~670	可见光(红)	250	21.8	128
2	841~876	近红外	250	24.7	201
3	459~479	可见光(蓝)	500	35.3	243
4	545~565	可见光(绿)	500	29.0	228
5	1230~1250	近红外	500	5.4	74
6	1628~1652	短波红外	500	7.3	275
7	2105~2155	短波红外	500	1.0	110

2. MODIS标准植被指数产品

NASA根据相关规范和数据分级标准,对MODIS数据按照一定的空间分辨率和时间分辨率连续开发了一系列标准数据产品。根据内容的不同分为0级(未经处理的、包括全部数据信息在内的原始数据)和1级数据产品(赋予定标参数的)。在1B级数据产品之后,又划分了2~4级数据产品,主要包括陆地标准数据产品、大气标准数据产品和海洋标准数据产品等三种类型,共计44种标准数据产品类型。在陆地标准数据产品中,

MOD13 和 MYD13 系列分别代表来自 Terra 和 Aqua 卫星的 MODIS 栅格化植被指数产品。

MODIS 产品开发小组利用传感器可见光和近红外通道的反射率数据，在经过辐射定标、云检测、大气订正、角度订正和网格化投影等处理的基础上，计算、合成并生产出植被指数产品，包括两种类型的植被指数：NDVI 和 EVI。NDVI 自 AVHRR 开始已经积累了长时间序列的历史数据，是目前使用得最为广泛的植被指数。EVI 则是在 MODIS 基础上发展起来的植被指数，通过削弱叶冠背景信号和降低大气的影响来改善对植被的监测，在高生物量地区更加适用。两种植被指数互为补充，在全球植被监测以及冠层生理参数提取中发挥了积极的作用。MODIS 植被指数产品在合成时采用了新的设计思想，即在一定时段内优先选择靠近星下点的无云像元，尽可能减小残云、暗影和大气的影响，并应用双向反射分布函数（bidirectional reflectance distribution function, BRDF）模型将观测几何订正到一致的观测和太阳角条件下，从而在仪器特性和地表特性限制的条件下尽可能增加空间和时间的覆盖度，同时保证了合成数据的质量和一致性（Solano et al., 2010）。

当前 MODIS 提供的植被指数为第 5 代数据产品，相比其第 4 代数据产品在数据结构、处理方法和数据内容方面都有所改进。其中包括增加了气候模型栅格（climate modeling grid, CMG）植被指数系列产品，因此第 5 代 MODIS 植被指数共包括 6 种产品，提供 16 天和 30 天两种时间分辨率，以及 250m、500m、1km 和 5.6 km 四种空间分辨率。所有的植被指数产品都是以 2 级逐日地表反射率标准产品（MOD09 和 MYD09 系列）为基础经过一定的加工和处理得到的。其中 250m 和 500m 的 16 天合成产品可以在计算逐日植被指数的基础上直接进行合成；而 1km 的 16 天合成产品则需要先根据 MODIS 聚合算法将分辨率降低后再进行合成，在此基础上对落在每个自然月内的 16 天合成数据在时间上进行加权平均得到 30 天合成产品；5.6 km 的 CMG 产品则是由 1km 产品在空间上进行平均得到。

6.2.2 VIIRS 卫星影像

S-NPP 卫星是建设下一代卫星观测系统中至关重要的一步，它于 2011 年 10 月 28 日在范登堡空军基地，通过德尔塔 II 运载火箭发射升空，开始了它观测地球的任务。S-NPP 卫星运行轨道为太阳同步轨道，轨道高度 829km，分别于当地时间凌晨 1:30（升交点）和下午 1:30（降交点）穿过赤道，轨道周期 102.8 分钟，每天大约绕地球 14 圈；其设计寿命为 7 年，计划任务年限为 5 年。S-NPP 卫星由 6 个部分组成，包括航天器、5 个遥感传感器载荷、地面支持设备和模拟器。其中，5 个遥感传感器包括可见红外成像辐射计（visible infrared imaging radiometer, VIIRS）、高级微波辐射计（advanced technology microwave sounder, ATMS）、云和地球辐射能量探测系统（cloud and earth radiant energy system, CEREES）、臭氧绘图分析仪（ozone mapping and profiler suite, OMPS）、跨轨道红外探测器（cross-track infrared sounder, CrIS）。VIIRS 传感器主要关注云和地表的变化信息，其他 4 个传感器都倾向于关注大气和地球辐射的相关信息。

VIIRS 为摆扫式辐射计，沿扫描方向视场角 112.56°，刈幅宽 3060km，几乎每 12 个小时全球覆盖一次。VIIRS I 波段数据的标准空间分辨率是 375m，因为 VIIRS 是摆扫式传感器，其星下点像元大小为 375m×375m，随着扫描角的增加，其视场大小也在不断增加，这会导致越靠近扫描边缘，像元大小越大。这个问题也存在于 MODIS、AVHRR 以及其他一些传感器中。为了解决这个问题，VIIRS 采用了独特的聚合方式，使像元大小始终保持 375m×375m。聚合方式在三个不同的区域有所不同，在第一个区域（从星下点到 31.59°扫描角），3 个沿扫描方向（跨轨道方向）的原始采样像素聚合成 1 个 LIB 数据的像素。在第二个区域（31.59°~44.68°扫描角）2 个原始采样像素聚合成 1 个像素。在第三个区域（44.68°~56.06°）1 个原始采样像素聚合成 1 个像素。5 个 I 通道的数据在被发送到地面站之前就在卫星上聚合完成。

VIZRS 有 22 个波段，光谱范围 0.412~12.01μm，包括 16 个中等分辨率波段（M1~M16），星下点空间分辨率 750m，5 个影像分辨率波段（I1~I5），星下点空间分辨率 375m，和一个全色（day-night band, DNB）波段，在整个扫描范围内都有 750m 的空间分辨率。M 波段包括 11 个反射波段（reflective solar bands，RSB）和 5 个热辐射波段（thermal emissive bands，TEB）。I 波段包括 3 个 RSB 和 2 个 TEB。详细的波段设置如表 6-2 所示（程良晓，2017）。

表 6-2　VIIRS 传感器的波段详细信息

波段	中心波长/μm	波段宽度/μm	波长范围/μm	属性	星下点空间分辨率
M1	0.412	0.02	0.402~0.422	可见光/反射率	750m
M2	0.445	0.018	0.436~0.454		
M3	0.488	0.02	0.478~0.488		
M4	0.555	0.02	0.545~0.565		
M5	0.672	0.02	0.662~0.682		
M6	0.746	0.015	0.739~0.754	近红外	
M7	0.865	0.039	0.846~0.885		
M8	1.240	0.020	1.23~1.25	短波红外	
M9	1.378	0.015	1.371~1.386		
M10	1.61	0.06	1.58~1.64		
M11	2.25	0.05	2.23~2.28		
M12	3.7	0.18	3.61~3.79	中红外	
M13	4.05	0.155	3.97~4.13		
M14	8.55	0.3	8.4~8.7	远红外	
M15	10.763	1.0	8.4~8.7		
M16	12.013	0.95	11.54~12.49		
DNB	0.7	0.4	0.5~0.9	可见光/反射率	750m
I1	0.64	0.08	0.6~0.68	可见光/反射率	375m
I2	0.865	0.039	0.85~0.88	近红外	
I3	1.63	0.06	1.58~1.64	短波红外	
I4	3.74	0.38	3.55~3.93	中红外	
I5	11.45	1.9	10.50~12.40	远红外	

VIIRS 系列数据具有视域广、多光谱、高时间分辨率、可重复覆盖的特点，与 EOS 系列卫星 Terra 和 Aqua 相比，NPP 具有更高的时间分辨率，并能够提供夜晚成像波段，广泛用于气象、海洋、林业、环境、自然灾害监测等领域，有助于对全球表面的情况进行实时监测和全方位了解。因此，VIIRS 的这些特点决定其在大区域尺度和全球尺度的生态环境研究与应用领域中将发挥重要作用。

VIIRS 数据经过处理生成多种标准数据产品，标准数据产品根据内容的不同分为 0 级、1 级数据产品，在 1B 级数据产品之后，划分 2~4 级数据产品，包括：陆地标准数据产品、大气标准数据产品和海洋标准数据产品等三种主要标准数据产品类型。其中地表反射率产品数据（陆地 2 级产品数据）是经过了大气校正、薄云去除、云检测及气溶胶订正后得到的 8 天合成数据，分辨率为 1km，由 VIIRS 的 M1~9 共 9 个波段组成。

6.2.3 AVHRR 卫星影像

AVHRR 是用于红外测量的卫星传感器。AVHRR 装载于美国海洋大气局系列极轨卫星（national oceanic and atmospheric administration, NOAA）上（范海燕，2005）。NOAA-AVHRR 遥感数据已被证明是极有价值的区域及全球植被研究的数据库源，已经在全球及区域尺度上进行的土地覆盖变化研究中显示出其他数据无法替代的作用（郑玉坤，2002）。AVHRR 数据具有以下四个方面的特点：

短周期重复观测。极轨卫星 NOAA 等具有中等重复周期，约 0.5~1 天覆盖全球一次，时间分辨率高有助于捕捉地面快速动态变化信息，如日变化频繁的大气海洋动力现象等，有利于高密度动态遥感研究，也大大增强了获取无云影像的能力。同时，成像面积大，有利于获得宏观同步信息，减少数据处理容量，AVHRR 扫描带宽约 2800km（陆地卫星 MSS 则 185km），一幅 512×512 像元的影像，将覆盖 563km×563km（空间分辨率 1.1km）的区域（Landsat 同幅影像仅为 40.5km×40.5km），同等容量数据下，NOAA 卫星地面覆盖面积是 Landsat 的 194 倍。

数据时间序列长（10 年以上）。NOAA 系列极轨卫星的 AVHRR 已积累了 12 年的全球数据库，该数据库提供覆盖全球的六种数据，即每日数据集、组合数据库集、辅助数据文件、气候研究数据库集、浏览数据集及校正数据集，这些数据为全球变化研究提供了极大支持。

波谱分辨率较高。有 5 个光谱通道（表 6-3），其中第一通道、第二通道的光谱值对植物叶绿素的吸收峰和高反射峰反映尤为明显，从而使气象卫星遥感用于地表植被的研究有了很大发展。美国在进行世界性农业状况估价以及大面积作物估产中大量运用 NOAA/AVHRR 数据提供的雨量、温度、湿度数据以及土壤表面温度等植物遥感方面的辅助信息源，这是用陆地卫星资料所无法做的。

空间分辨率较粗（1km）。由于 NOAA/AVHRR 扫描带宽（2800km），地球曲率、大气和目标方向反射特征以及传感器扫描角和太阳高度角的差异均对数据影响较大，因此，NOAA/AVHRR 也存在空间分辨率低、数据变形大、几何畸变较严重等问题（戴激光，2006）。

表 6-3 AVHRR 仪器特性及主要用途

通道序号	波长/μm	空间分辨率/km	属性	主要用途
1	0.58～0.68	1.09	可见光	白天图像、植被、冰雪
2	0.725～1.00	1.09	近红外	白天图像、植被、水/陆边界、大气校正
3a	1.58～1.34	1.09	热红外	白天图像、土壤湿度、云雪判识、干旱监测、云相区分
3b	3.55～3.93	1.09	热红外	下垫面高温点、夜间云图、森林火灾
4	10.30～11.30	1.09	热红外	昼夜图像、海表和地表温度
5	11.50～12.50	1.09	热红外	昼夜图像、海表和地表温度

6.2.4 SPOT-VEGETATION 卫星影像

VEGETATION（VGT）传感器于 1998 年 3 月由 SPOT4 搭载升空，从 1998 年 4 月开始接收用于全球植被覆盖观测的数据。它拥有十分完善和高效的图像地面处理机构体系。Vegetation 系统包括五个部分：地面接收站，它负责接收全球范围每天的遥感图像；规划和控制中心，负责对卫星的调控；图像质量监视中心，负责监视图像质量以及向处理中心提供图像校正参数与方法；图像处理及存档中心，负责数据的处理、分析、产品发布等；发行组织，作为用户与处理中心的交易平台。它给用户提供一个简单并具有多时相特征的地面太阳辐射测度方法，通过中央存档和处理或是从当地接收站接收数据对全球或区域进行连续的观测，通过卫星系统的更新得到一个长期精确的校正数据组，并利用 SPOT 系列卫星搭载的高分辨率传感器进行地面参数的多尺度转换的方法研究（辜智慧，2003）。目前，VEGETATION 数据主要由瑞典的 Kiruna 地面站负责接收，由位于法国 Toulouse 的图像质量监控中心负责图像质量并提供相关参数，最终由位于比利时佛莱芒技术研究所（Flemish Institute for Technological Research）的图像处理与存档中心负责预处理成逐日 1km 全球数据，并负责全球 VEGETATION 数据存档与用户订单。

VGT 传感器采用的是线阵列传感器推扫式扫描技术，天底空间分辨率为 1.15km，星下视场角为 50.5°，扫描宽度为 2200 公里。VGT 提供全球每天的 1km 数据。每日过境时间为当地 10：30。近赤道附近 90%的地区可以每天成像，还有 10%的在第二天成像，而纬度高于 35°的所有地区每天至少成像一次。VGT 传感器有蓝、红、近红外和短波红外 4 个波段，用于全球或者区域尺度上的陆地植被变化监测（吴文丽，2012），其主要特性参数如表 6-4 所示（刘尧峣，2015）。

表 6-4 SPOT-VGT 传感器特性参数

传感器特征	具体参数
视场角	101°
地面叉幅宽	2250km
轨道高度	830km
轨道倾角	98.72°
瞬时视场	星下点为 1.15km，偏离星下点 50°为 1.13km
绝对位置像元分辨率	1350km

续表

传感器特征	具体参数
像元几何重叠	<0.5km
蓝光通道	0.43~0.47μm
红光通道	0.61~0.68
近红外通道	0.78~0.89
短波红外通道	1.58~1.75
绝对定标	<5%

目前，VEGETATION 数据在土地利用土地覆盖变化、农业生产力监测、灾害影响、森林监测、全球变化等方面都已经有了应用实例。有些应用是在 VEGETATION 计划的最初就已经预定，如农作物、森林、土地覆盖、地表水文的监测和生物圈生产力的评价。而有一些应用则是出乎意料的，如在雪的覆盖特征和二向性反射影响方面的应用。另外，产品在辐射精度和几何精度方面的质量也给更加广泛的应用创造了条件（辜智慧，2003）。

6.3 长时间序列遥感影像处理

6.3.1 长时序遥感影像收集与预处理

1. MODIS 数据的获取和预处理

NASA 从 2000 年 4 月开始正式对外发布 MODIS 数据，对传感器扫描获得的原始数据通过非加密的 X 波段进行广播，地面接收站可以免费接收使用。与此同时 NASA 也提供了从互联网上下载 MODIS 数据产品的服务，例如 MODIS 的陆地产品就可以从 LPDAAC 工作组的官方网站（https://lpdaac.usgs.gov）下载。

为了适应产品需要，MODIS 植被指数采用 Sinusoidal 投影系统进行发布，该投影系统将全球分为 36×18 个块并以此为基础对数据进行处理和存储，每一个块大小约为 1200×1200km。在该投影系统下每个块的位置可以用横坐标和纵坐标来唯一确定，左上角的块坐标为 h00v00，右下角的块坐标为 h35v17，如图 6-1 所示。MODIS 植被指数产品的分发采用了 HDF-EOS 格式，这种数据格式使得在一个文件中可以包含多种类型的数据，如栅格图像数据、科学数据集和信息说明数据等，以方便用户对信息的提取。

为了能够有效地处理和使用 HDF-EOS 格式的 MODIS 分块数据，NASA 开发了专门的处理工具 MRT 进行图像拼接和投影转换等操作，并且提供了对数据的空间子集和波段子集进行处理的选项。MRT 由重采样和镶嵌两个工具构成，可以通过图形用户界面和命令行两种方式运行，其中图形用户界面简单、友好、易于操作，但是当需要处理大量的数据时使用命令行则更为便捷。MRT 支持的输出投影系统多达 14 种，基本涵盖了常见的投影方式，在重采样时可以选择 nearest neighbor、bilinear 和 cubic convolution 三种方式，经过处理后的数据也可以输出为三种格式：raw binary、Geo TIFF 和 HDF-EOS。在 MRT 中，当选定了某种输出投影方式后，还需要对一些投影参数进行设置。

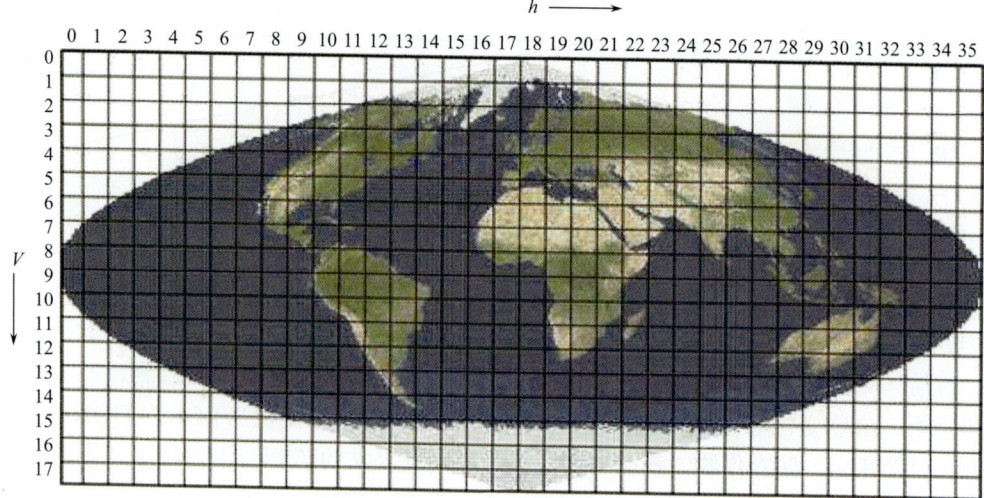

图 6-1　MODIS Sinusoidal 投影的全球分块

2. VIIRS 数据的获取和预处理

NPP 数据为免费使用的公益性数据，可以在 NOAA 的 CLASS 网站（http://www.nsof.class.noaa.gov/saa/products/welcome）下载研究区域的 NPP 各传感器的数据。NPP 数据在接收处理后快速进入 CLASS 数据服务系统，过境后 3～6 小时内能在 CLASS 网站下载。最新数据也可以通过 FTP 服务器（ftp://ftp-npp.class.ngdc.noaa.gov）或 MODIS/NPP 数据综合服务网站（http://ladsweh.nasco-m.nasa.gov/data/search）下载。

NPP/VIIRS 卫星遥感数据使用 HDF5 作为数据存储格式，HDF5 是 HDF 系列格式的最新版本，通过索引可以方便、快捷地访问数据内容（沙依然·外力，2017）。在未进行投影转换的 VIIRS 影像中，因地球曲率的影响，如图 6-2 所示，会导致成像的远地点相较于近地点发生畸变，从而导致领结效应的产生，如图 6-3 所示。VIIRS 数据中自带坐标信息，所以可以利用 ENVI 软件进行投影转换，以修正图像的领结效应（武彬，2016）。

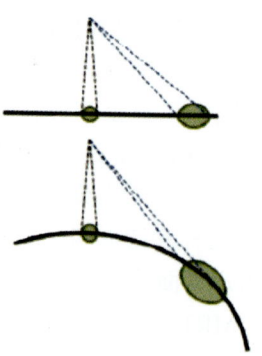

图 6-2　地球曲率对成像的影响

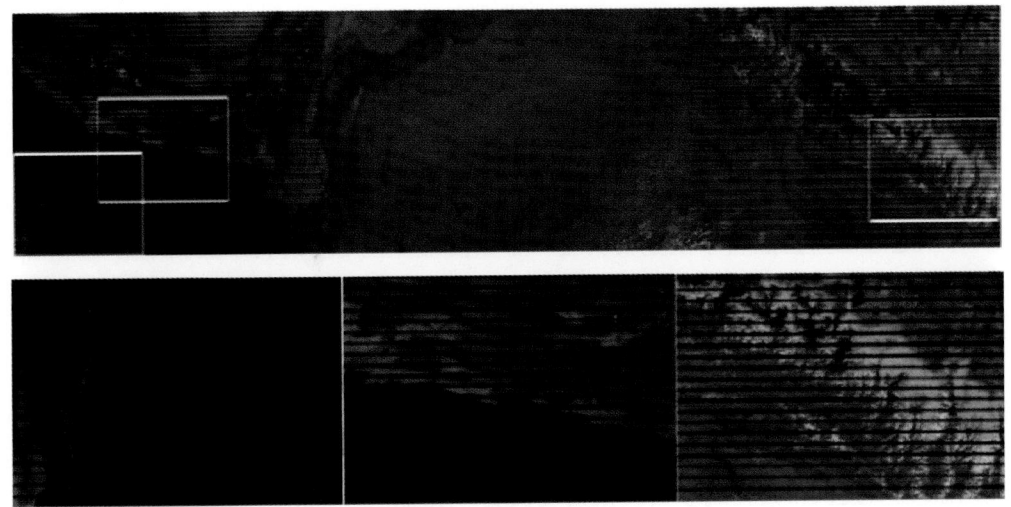

图 6-3 图像的领结效应

3. AVHRR 数据的获取和预处理

2004 年，在国家科技部和国家气象局的支持下，建成了中国风云卫星数据广播共享平台，该共享平台由国家卫星气象中心对下属三个卫星地面站北京、广州、乌鲁木齐所接收的覆盖亚洲地区的卫星数据汇集、处理，并经中卫一号通信卫星，以 DVB-S 技术体制向亚洲用户广播，所有安装 DVB-S 用户站系统的用户可以共享以下卫星数据：中国 FY-1D，美国 NOAA，日本 MASAT-1R，美国 EOS/terra-Aqua 数据（孙秀邦，2008）。

遥感数据的辐射定标是遥感信息定量化关键的一步，是在遥感信息获取、仪器设计和运行中均要考虑的重要问题。一般在发射前仪器要严格进行定标，将仪器的输出转换为辐射值，有的在仪器内装内定标系统。NOAA/AVHRR 数据的 1、2 通道是在发射前进行定标，3、4、5 通道有内定标系统。但是由于仪器在空间中的老化、污染和性能变化，必须随时进行定标和校准。通常设立定标实验场，选择典型的均匀稳定目标，用高精度仪器在地面进行同步测量，从而对仪器进行定标（高华东，2007）。利用式（6-1）可以将通道数值转化为辐射亮度值和反射亮度值：

$$I = \text{scale} \times (N - \text{offset}) \tag{6-1}$$

式中，I 为辐射/反射亮度值；N 为图像的有效记数值；scale 为定标增益；offset 为定标偏移量。

NOAA 卫星过境时，实时接收其轨道图，即原始的 1A 资料，然后对 1A 数据进行预处理，做预处理时，截取所在研究区域的 1A 资料，进行数据格式变换，形成新的数据集，即 1B 格式数据集。对原始 1A 资料及 1B 格式资料进行多次分析，然后根据每颗卫星实时的轨道仰角，选取资料不同的投影范围。投影方式可采用麦卡托投影方式，即一种等角圆柱投影方式，其变换公式如下：

$$X = R \times \varphi \tag{6-2}$$

$$Y = R\ln\{\tan(\pi/4 + \theta/2)[(1 - E\sin\theta)/(1 + E\sin\theta)]E/2\} \qquad (6\text{-}3)$$

式中，R 为地球半径；φ、θ 为经纬度；E 为地球偏心率；X、Y 分别为投影后的横坐标和纵坐标。

4. SPOT-VEGETATION 数据的获取和预处理

可以通过国家自然科学基金委员会"中国西部环境与生态科学数据中心"（http://westdc.westgis.ac.cn）来获取 SPOT-VEGETATION 数据集。SPOT-VGT 数据包括原始产品（VGT-P）和合成产品（VGT-S）两类。

VGT-P（Prototype）数据产品主要为科研人员提供高质量的物理量原型数据，便于他们研建算法和应用模型。数据经过严格的系统误差订正并重采样为经纬网投影，像元分辨率 1km，像元亮度值是地物在大气顶层的反射率。除提供四个波段原始数据外，还根据用户需要提供相关辅助参数，如大气状况、系统信息（太阳的天底角、方位角、视场角、接收时间）和地形数据等（章明，2009）。

VGT-S（Synthesis）产品是经过大气纠正的地表反射率数据，并运用多波段合成技术来获得空间分辨率为 1km 的归一化植被指数产品。VGT-S 产品包括每天合成的 4 个波段的光谱反射率及 NDVI 数据集（S1）和每 10 天合成的 4 个波段的光谱反射率及 10 天最大化 NDVI 数据集（S10）两种。VGT-S1 数据经过大气校正、辐射校正和几何校正以及状态标识等处理；VGT-S10 数据则以 VGT-S1 为基础，利用最大值合成法在每个月的上、中、下旬（即第 1～10 天，第 11～20 天，第 21～月末日）生成（黄方，2008）。同时 S10 还被重采样成 4km 分辨率（S10-4）和 8km 分辨率（S10-8）数据集。VGT-S 产品以其高时间分辨率而被广泛使用。

由于通常我们使用的 SPOT-VGT 源数据预处理已经包括了大气校正，辐射校正和几何校正，所以在使用该数据的时候，只需要进行图像配准（包括经纬度校正、定义投影坐标系等）。

此外，原始 VGT 经大气校正、辐射校正和几何校正后合成的数据界于 $-1\sim1$ 之间，为了便于存储，将 $-1\sim-0.1$ 的数值设置为 -0.1，再通过式（6-4）将 NDVI 转换成 $0\sim250$ 之间的灰度值（digital number, DN）（徐慧，2011）：

$$DN = (NDVI + 0.1)/0.004 \qquad (6\text{-}4)$$

在数据预处理过程中，必须按式（6-5）将 DN 值转换为真实的 NDVI 值（杜灵通等，2009；侯西勇等，2010）：

$$NDVI = 0.004DN - 0.1 \qquad (6\text{-}5)$$

VEGETATION 产品还给用户提供了一个所有像素的云状态文件，包括云、冰雪和海陆状况等。其采用的监测方法是将每个波段反射率与定义的阈值相比较，如果像素对应的各波段的值都高于设定的阈值则定义为云，其阈值设置为：$B_0=674$；$B_2=549$；$B_3=521$；$MIR=328$；冰或雪的定义则是该像素各波段反射率相应高于 B_0、B_2、B_3 阈值但低于 MIR 阈值。

从 2001 年 5 月 11 号起，VGT 产品有了一些改变，在云的监测上增加了不确定一类，定义阈值修改为：对 $B_0<493$ 或 MIR<180 定义为晴，$B_0>720$ 和 MIR>320 定义为云，其余的则认为不确定。用于冰和雪的监测方法则需要和 5 个阈值进行比较，其改进效果经验证很小。另外在辐射精度校正、大气校正等数据精度质量上都有一些提高。这些改进对 VEGETATION 数据产品的连续性并不存在影响（辜智慧，2003）。

6.3.2 长时序植被指数构建

到目前为止，前面章节中所提到的中低空间分辨率遥感数据包括 MODIS、VIIRS、AVHRR 以及 SPOT-VGT 影像的陆地数据产品都开发有相应的植被指数产品（表 6-5）。

表 6-5 部分已知现有的遥感数据植被指数产品

产品数据源	产品名称	产品 ID	产品内容
MODIS	全球 250m 植被指数 16 天合成产品	MOD/MYD13Q1	EVI/NDVI
	全球 500m 植被指数 16 天合成产品	MOD/MYD13A1	
	全球 1km 植被指数 16 天合成产品	MOD/MYD13A2	
	全球 1km 植被指数 30 天合成产品	MOD/MYD13A3	
	全球 5.6km CMG 植被指数 16 天合成产品	MOD/MYD13C1	
	全球 5.6km CMG 植被指数 30 天合成产品	MOD/MYD13C2	
VIIRS	全球 1km 植被指数 16 天合成产品		EVI/NDVI
AVHRR	全球 5km 植被指数每日合成产品	AVR13C1	NDVI
SPOT-VGT	全球 1km 植被指数每日合成产品	VGTS1	NDVI
	全球 4km/8km 植被指数 16 天合成产品	VGTS10	

除了利用现有的植被指数产品，也可以通过影像数据的波段计算来构建植被指数。以 MODIS 陆地三级标准数据产品——地表反射率产品（MOD09A1）为例，基于 MOD09A1 的 7 个单波段数据计算 5 个不同光谱域组合的植被指数，分别为：可见光-可见光组合的绿度指数（VIgreen），可见光-近红外组合的增强型植被指数（EVI），可见光-短波红外组合的归一化差值衰老指数（NDSVI），近红外-短波红外组合的陆表水分指数（LSWI），短波红外-短波红外组合的归一化耕作指数（NDTI）。这五个植被指数广泛用于农作物遥感识别研究中，分别刻画了农作物不同的生物物理特征，如叶绿素含量、含水量以及冠层结构等特征。这些不同光谱域波段组合的时序植被指数能最大限度地捕获不同农作物关键物候特征差异，从而最大限度地提高不同农作物的可分离性。这五个植被指数的计算公式、反映的生物物理参量以及主要代表性文章参见表 6-6。

表 6-6 基于 MOD09A1 单波段计算得到的植被指数

光谱区间	植被指数（VI）	基于 MOD09A1 计算公式	描绘的参量	参考文献
可见光-可见光	绿色植被指数（VIgreen）	$\dfrac{B_4 - B_1}{B_4 + B_1}$	叶色素，绿色植物	（Peña-Barragán et al., 2011）
可见光-近红外	增强型植被指数（EVI）	$2.5 \times \dfrac{B_2 - B_1}{B_2 + 6 \times B_1 - 7.5 \times B_3 + 1}$	植被状况，冠层结构	（Pan et al., 2012）

续表

光谱区间	植被指数（VI）	基于 MOD09A1 计算公式	描绘的参量	参考文献
近红外-短波红外	陆表水分指数（LSWI）	$\dfrac{B_2 - B_6}{B_2 + B_6}$	含水量，残留物覆盖	（Xiao et al., 2006）
可见光-短波红外	归一化衰败指数（NDSVI）	$\dfrac{B_6 - B_1}{B_6 + B_1}$	植被状况，含水量，残留物覆盖	（Zhong et al., 2014）
短波红外-短波红外	归一化耕作指数（NDTI）	$\dfrac{B_6 - B_7}{B_6 + B_7}$	非光合成分，残留物覆盖	（Vandeventer et al., 1997）

植被指数是多光谱遥感数据经过空间变换或者不同波段之间的线性、非线性组合构成，其基本原理是利用植被的光谱特征，通过强化可见光（主要是红光）与近红外波段反射率之间的差异来反映植被的生长状况（王正兴等，2003）。时间序列植被指数能够较好反映植被的季节性生长发育过程，是监测不同尺度植被覆盖及其动态变化特征，提取植被生长季开始、生长最盛和结束等物候信息，描述全球气候变化及陆地生态系统响应的重要工具（Zhang et al.，2003）。然而，星载传感器在数据采集和处理过程中受到各种因素（如太阳高度角、传感器观测角、云、水汽和气溶胶等）干扰，使得植被指数时序曲线波动大并出现许多噪声（李儒等，2009）。因此，在进行各种趋势分析和信息提取之前，有必要先对时间序列植被指数进行去噪和平滑处理，即时序植被指数重构（吴文斌等，2009）。

尽管目前大多数植被指数产品都采用了最大值合成法来部分消除一些干扰因素的影响（Taddei et al.，1997），但是得到的时序植被指数仍然存在大量的噪声。为此，研究者提出了许多时序植被指数重构方法，总体上可以归为滤波方法和函数拟合方法两大类。滤波方法分为时域滤波和频域滤波，时域滤波是在一个给定大小的滤波窗口内，采用某种方法对数据中的噪声进行处理，滤波窗口的大小与最终的滤波效果有关，是一种局部处理的方法；频域滤波则是通过数学变换将数据从时间域转换到频率域，噪声通常存在于高频部分，利用一个低通滤波器即可实现去噪，是一种整体处理的方法。函数拟合方法则是通过某种形式的函数对时序数据曲线进行最小二乘拟合，用拟合后的平滑曲线代替原来的时序数据曲线来实现平滑去噪。同样，函数拟合方法也存在局部处理和整体处理之分，其中经过局部拟合后的曲线还需要一个整体函数将它们连接起来以构成最终的拟合曲线。常用的滤波方法包括 Savitzky-Golay 滤波法、最佳指数斜率提取法、滑动中值/均值滤波法和基于傅里叶/小波变换的频域低通滤波法等；而常用的函数拟合方法包括非对称高斯函数拟合法、双 Logistic 函数拟合法和傅里叶函数拟合法等。这些方法有其各自的特点和区域适宜性，而事实上不同的重构方法也并没有绝对意义上的优劣之分，它们针对不同的研究区域状况和遥感数据特点各具优势（宋春桥等，2011a，2011b）。

6.3.3 长时序多光谱特征优选

时间序列植被指数中蕴含着作物的生长和枯萎的年循环规律，经过重构的植被指数时间序列曲线能够指示其内部作物生长的年内动态变化特征，遥感提取物候特征就是在时序植被指数的基础上进行的。根据作物生长过程中植被指数曲线的变化特征，当作物开始生长时植被指数曲线初始阶段的上升速率急剧增加，因此作物生长季开始期可以用指数曲线从左侧的最小值增长到某一水平所对应的日期来表示。当作物生长最旺盛时植被指数将保持在一个比较高的水平，因此生长季峰值期可以用植被指数曲线达到最大值时所对应的日期来表示。作物生长季结束期与生长开始期相类似，可以用植被指数曲线下降到距离右侧最小值的某一水平所对应的日期来表示。作物的生长季长度即从生长季开始期到结束期之间的时间长度。

以冬小麦的 EVI 植被指数曲线为例（图 6-4），可以看出，在冬小麦的一个完整物候期内有 4 个物候期与其他植被（包括其他作物）有明显的区别，称之为关键物候期（潘耀忠等，2011）。第一，播种期（A 点的 T_1 时段）：表现为裸地信息；第二，第一波峰期（B 点的 T_2 时段）：表现为典型植被信息；第三，第二波峰期（C 点的 T_3 时段）：表现为强植被信息；第四，收割期（D 点的 T_4 时段）：表现为裸地信息。利用这 4 个关键物候期的特征植被指数的组合，完全可以区分冬小麦与其他同期植被。

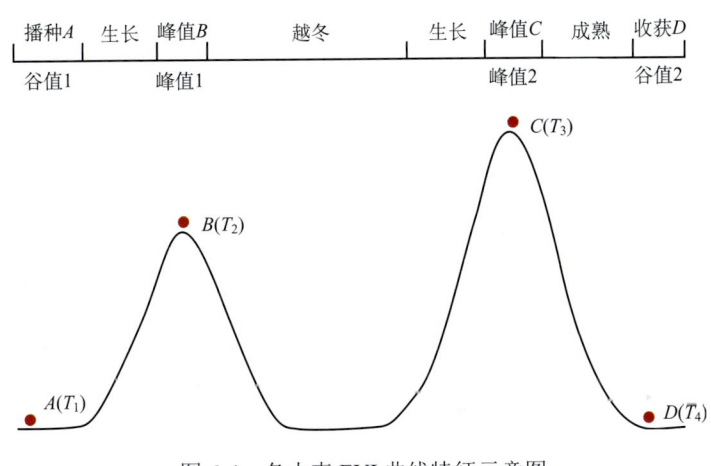

图 6-4 冬小麦 EVI 曲线特征示意图

对于单峰的其他作物而言，例如水稻等，T_2 和 T_3 时段表现为同一个强植被波峰期。孙华生（2009）在进行水稻信息提取时，利用转折点法从平滑后的时间序列植被指数曲线中找出 EVI 的最小值和最大值，作为判断水稻移栽期和抽穗期的依据；再计算出最大值与最小值的差值 ΔEVI，然后利用植被指数相对变化阈值法，通过判断 EVI 变化的相对幅度来判断分蘖期；在 EVI 达到最大值后，采用最大变化斜率法判断减少量最大的时期来识别成熟期。

利用遥感技术除了能够提取作物的生长季开始、峰值和结束等以时间节点描述的关键物候期之外，还可以得到一些与作物产量、生长速度以及季节变化模式等相关的物候特征，包括生长季植被指数累积增量和总量、生长季植被指数变化幅度、生长与凋零速率以及不对称性等。生长季植被指数累积增量反映了作物在生长季内的生产能力，而累积总量则可以用于估算净第一生产力。生长速率是指作物在生长季开始到峰值期间的植被指数增长速率，凋零速率正好相反。不对称性通常用生长季植被指数的上升期与下降期的比值来表示，当不对称值高时往往对应着对耕地作物的收获行为。任建强等（2010）

利用时序归一化植被指数 NDVI 构成的冬小麦生长过程曲线提取 MODIS NDVI 阶段性累积特征参数，并用生殖生长关键阶段和营养生长关键阶段对应的 NDVI 累积参数比值 HI_{NDVI_SUM} 构建了用于反演冬小麦收获指数的参数，并建立了参数 HI_{NDVI_SUM} 与冬小麦实测收获指数的定量关系，利用上述定量关系实现作物收获指数空间信息的提取，经过对反演冬小麦收获指数的精度验证后得出结论：利用构建参数 HI_{NDVI_SUM} 在区域范围内反演冬小麦收获指数可以取得较好的效果。张霞等（2010）利用地面测量数据间接对 MODIS EVI 数据进行了样本提取和验证，并结合冬小麦物候信息，将冬小麦植被指数时间曲线参量化为生长速率、衰减速率和峰值与休眠期比值，建立华北平原冬小麦的面积提取模型，从而获得了比较满意的华北地区冬小麦提取结果。表 6-7 列举了通过遥感提取的部分作物物候参数及其农业含义（李正国等，2012）。

表 6-7 遥感提取的部分作物物候参数及其农业含义

物候参数	定义描述	农业含义
生长季开始期	植被指数曲线从最小值增长至某一水平对应的日期	作物的出苗或返青期
生长季峰值期	植被指数曲线达到最大值时所对应的日期	作物的抽穗期
生长季结束期	植被指数曲线从最大值下降至某一水平对应的日期	作物的收获期
生长季长度	从开始期到结束期之间的时间长度	作物的生长周期
生长季植被指数累积增量	生长季内植被指数曲线与最小值均值之间的面积	生长周期内作物的生产量
生长季植被指数累积总量	生长季内植被指数曲线与零值之间的面积	生长周期内作物的生物量
生长季植被指数变化幅度	生长季内植被指数曲线的变化幅度	作物的生长态势
生长速率	植被指数曲线从生长季开始至峰值的变化速率	作物营养生长的速度
凋零速率	植被指数曲线从生长季峰值至结束的变化速率	作物发育成熟的速度
不对称性	生长季内植被指数上升期与下降期的比值	作物的收获行为

物候参数遥感提取方法大体上分为阈值法、曲线特征法和数学分析法 3 类。阈值法的最大特点是用植被指数达到某一个阈值所对应的日期来确定物候期；曲线特征法主要是对经过函数拟合得到的数据曲线进行分析，根据其变化特征来获取物候参数；数学分析法则是通过数学模型或数学变换的手段来提取包含在时序植被指数中的物候信息。曲线特征法和数学分析法虽然能有效反映不同作物生长历程的差异，但是其计算过程复杂且结果的精度受数据质量的影响较大，在大区域物候特征提取方面的应用受到限制。相比之下阈值法操作简单且灵活性强，适合大范围和快速提取物候参数的要求，是目前最常用的物候参数提取方法。阈值法包括固定阈值法和动态阈值法。

以 NDVI 为例，固定阈值法是用预先设定的某一固定值作为阈值来确定植被生长季节的开始和结束日期。Justice 等（1985）将 0.099 认为是植被生长季开始的 NDVI 阈值，Fischer（1994）和 Markon 等（1995）在基于 NDVI 估计植物生长期开始时分别使用了 0.17 和 0.09 的阈值。这几种预先设定的固定阈值都是针对 NDVI 的，特别是当研究区域内具有不同的土壤背景和植被类型时，难以确定一个统一的最佳阈值。动态阈值法是为了克服传统固定阈值法的缺陷而提出的，区别于 NDVI 比率阈值法计算各个像元的 NDVI 比率曲线，动态阈值法是根据各个像元用一种动态变化的方法来确定植被指数阈值的。

比例阈值法是动态阈值法中比较典型的方法，它是将 NDVI 增长和减小达到当年 NDVI 振幅一定比例所对应的时刻定义为生长季开始和结束时间（Jönsson et al., 2002, 2004）。除了比例阈值法之外，动态阈值法还包括植被指数中值/均值阈值法，即针对每个像元的植被指数时序数据，用全年的植被指数中值（Schwartz et al., 2002）或均值作为阈值来确定植被的生长开始和结束日期（Hogda et al., 2001）。

6.4 亚像元农作物面积百分比提取方法

6.4.1 硬分类与软分类定义

将图像上的某个像元分到某一确定类别的分类方法称为确定性分类，又称为硬分类。传统的分类方法都属于硬分类。硬分类技术是将一个像元中各地物类别的百分比最大的那个，即丰度最大，归属于该像元。

相对于硬分类技术，软分类即软分类技术起步较晚。虽然超谱图像的光谱分辨率有很大提高，但是其像元对应的地物目标的空间分辨率却较低，如 AVIRIS 的空间分辨率为 20m×20m，这样在一个像元内可能包含两种或两种以上地物目标，即像元是混合的。当感兴趣的目标不足一个像元或几个像元时，所研究分析的对象则主要以混合像元为主。如果仅将一个混合像元归属为某一类，势必带来一定的分类误差导致分类精度下降，从而影响分析结果的后续应用（杨希明，2007）。软分类技术即混合像元分解，需要将像元中的每一个地物类别对应的百分比含量表示出来，结果得到的是各个地物的丰度图。

6.4.2 光谱线性分解方法

线性光谱混合模型（linear spectral mixture model, LSMM）是混合像元分解中常用的一种方法，其原理是利用线性关系进行分解，得到一个像元内各地物的类型比例。图像中每一个像元的反射率值是由该像元内的每种地物反射率（即该类地物纯净像元的反射率）的线性组合而来。其中每种地物类型（纯净端元）在该像元内所占的面积比（丰度）作为线性方程的权重系数，即在线性混合模型中，每一光谱波段中单一像元的反射率表示为它的端元组分特征反射率与各自丰度的线性组合（赵英时，2003）。线性分解模型公式为

$$a_i = \sum_{j=1}^{m} p_{ij} f_j + \varepsilon_i \tag{6-6}$$

$$\sum_{j=1}^{m} f_j = 1 \quad\quad 0 \leqslant f_i \leqslant 1 \quad\quad 2 \leqslant m \leqslant n \tag{6-7}$$

式中，a_i 为混合像元的反射率；p_{ij} 为第 i 个波段第 j 个端元组分的反射率；f_j 为该像元第 j 个端元组分的丰度；ε_i 为第 i 波段的误差；n 为波段数；m 为选定的端元组分数。

满足限制条件公式（6-7）才可求解式（6-6），即一个像元内端元组分丰度值总量为 1，丰度值不能小于 0 或者大于 1；端元组分数 m（地物类型）应该小于或者等于波段数 n，并且所选的地物类型互不相关。

线性模型利用基本端元组分的平均光谱 p_{ij}，通过建立线性方程来求解端元组分在像

元中的面积比例（丰度）f_i，线性光谱混合模型最终表现为各端元组分在像元中所占比例（丰度值）的图像和以均方根误差表示的残余误差图像。评价模型用均方根误差（RMSE），要保证误差均方根为最小。

$$\text{RMSE} = \left[\frac{1}{n}\sum_{i=1}^{n}\varepsilon_i^2\right]^{\frac{1}{2}} \qquad (6-8)$$

基于线性混合光谱模型的混合像元分解步骤主要包括数据降维、端元提取、丰度估计三部分。混合像元分解中端元提取目的是提出像元中含有的端元种类，而丰度估计表示端元的分布和比例，其中端元提取是混合像元分解的关键。

1. 数据降维

在分解混合像元时，第一步是进行数据降维，删除一些噪声较大的波段，进行大气校正等等，以降低数据的复杂度和提高结果的精度（吴昌原，2014）。目前常用的降维算法有主成分分析法（principle component analysis，PCA）、最大噪声比变换法（maximum noise fraction，MNF）和奇异值分解法（singular value decomposition，SVD）等。

主成分分析：该方法研究用少数几个主要成分来表达原有信息，同时保证最少的信息丢失。波段过多的图像数据会使解混算法效率下降。主成分分析法通过对原图像进行先行变换，提取其中主要的成分，从而降低数据量，提高算法效率。这种方法消除了图像相邻波段之间的相关性，同时包含了原图像的主要方差，使用较少的数据量保存了原图像的信息。

最大噪声比变换：该方法由 Green（1988）提出，MNF 是通过两个矩阵变换（协方差矩阵变换和主成分变换）来进行数据降维。前者首先要获取图像中噪声的协方差矩阵，将该矩阵进行去对角化和标准化，消除波段之间相关性。经过变换的噪声协方差矩阵即为图像的变换矩阵。通过得到的变换矩阵对原图像进行变换，然后再做主成分变换。

奇异值分解：该方法是通过将原数据矩阵分解为三个低秩矩阵的乘积来降低数据量。PCA 在处理波段高度相关的图像时可能会失效，而 SVD 可以胜任这项工作。

2. 端元提取

端元的选择一般采用两种方法：从影像中直接获取和从光谱库中或野外实测获取。从光谱库中获取端元光谱面临一些难题（齐建成，2009）：①对应研究区域的波谱库较难获取；②必须将灰度图像转化为反射率图像；③端元选择不唯一；④由于实际影像受大气、地形等的影响，光谱库中获取的端元与光谱数据中的真实端元存在较大差别，即使对光谱图像数据进行各种纠正进一步消除这些因素的影响，也不会与光谱库数据或野外实测光谱很好地吻合。因此，从影像中直接获取端元光谱是目前端元提取的主要途径，其优点是：①获取的端元与影像数据具有相同的度量尺度，能更准确地代表区域内的地物；②简单易行，精度较高，能够满足实际应用的需要。

从影像中获取端元的传统方法是利用人机交互手段选取端元光谱，这种方法很难获取完整的端元光谱，且不利于遥感影像的快速处理，因此，学者们提出了一系列端元自动提取方法。端元提取算法的分类方法较多,根据是否假定光谱数据中存在纯像元,端元提取算法可以分为两类:端元识别算法(endmember identification algorithm,EIA)和端元生成算法(endmember generation algorithm,EGA),EIA 直接从光谱数据中提取端元(即假定影像中存在纯像元),算法的理论一般比较简单,而 EGA 是从光谱数据中产生端元,算法过程较为复杂。对于多/高光谱数据而言,由于地面分辨率等因素的限制,在大多数情况下,数据中并不存在纯像元,因此,相对而言,EGA 提取的端元精度较高。根据端元提取的不同顺序,可以将端元提取算法分为:同时端元提取算法(simultaneous endmember extraction algorithm,SMEEA)和序列端元提取算法(sequential endmember extraction algorithm,SQEEA)。从技术上考虑,SMEEA 提取端元的算法比较好,这是因为端元被同时提取出来而相互影响较小,而 SQEEA 序列地提取端元,前面提取的端元很可能会影响后续端元提取的精度,然而,SMEEA 一般为穷尽搜索,所以同时将全部端元提取出来需要较大的计算量、效率较低;而 SQEEA 最大的优势在于可以降低算法的计算量。表 6-8 列出了各种端元提取算法的详细信息以作比较。

表 6-8 端元提取算法的比较

端元提取方法	自动	降维方法	使用空间信息	使用光谱库	EIA	SMEEA
MVT	是	PCA	否	否	否	是
PPI	否	MNF	否	否	是	是
ORASIS	是	—	否	否	否	否
N-FINDR	是	MNF/PCA	否	否	是	是
IEA	是	—	否	否	否	否
CCA	是	—	否	否	否	否
AMEE	是	—	是	否	是	否
ICE	是	MNF	否	否	否	是
SMACC	是	—	否	否	是	是
VCA	是	SVD	否	否	是	是
SGA	是	MNF/PCA	否	否	是	是
SPA	是	—	是	否	是	是
OSP	是	—	否	否	是	是
SC-NMF	是	—	否	否	否	是
MVC-NMF	是	PCA	否	否	否	是
APS-NMF	是	—	否	否	否	是

大多数端元提取算法都认为每种端元的光谱具有唯一性,但是由于地形起伏、光照变化等因素的影响,端元光谱并不具有唯一性,Bateson 等(2000)提出了端元束的概念,即用一束光谱来代表一类端元,利用模拟退火算法生成端元束,最后使用端元子空间代替单个光谱来表示某种地物;Roberts 等(1998a)提出了多端元光谱混合分析算法,其核心原理为:每个像元均是由端元子集而不是唯一的端元集来表示,混合像元分解时从端元集中选取使得均方根误差最小的向量作为最优端元。

3. 丰度估计

端元提取后，利用图像的光谱数据及端元光谱可以实现丰度估计。基于线性光谱混合模型的丰度估计最常见解法为最小二乘方法。按照模型系数受何限制，最小二乘方法可以分为四种：非限制性最小二乘（unconstrained least squares，UCLS）、非负限制性最小二乘（non negativity constrained least squares，NCLS）（Charles et al., 1995; Rasmum et al., 1997）、一限制性最小二乘（sum to one constrained least squares，SCLS）（Ashton et.al., 1998; Settle et al., 1993）和全限制性最小二乘（fully constrained least squares，FCLS）（Heinz et al., 1999, 2001; Ashton et al., 1998）。采用 UCLS 时，模型系数不受任何限制，所得的解不能反映各端元在像元中的真实比例；采用 NCLS 时，模型系数要满足非负要求，即各端元在像元中的比例必须大于或等于 0；采用 SCLS 时，模型系数要满足各端元在像元中丰度之和为 1 的要求；采用 FCLS 时，模型系数要同时满足 NCLS 和 SCLS 的要求。实验研究表明，限制性最小二乘方法的精度要比非限制性最小二乘高（Chang et al., 2003）。此外，Heinz 等（1999）在对全限制性最小二乘进行了深入研究的基础上，提出一种非监督的全限制性最小二乘算法。Chang 等（2000）对这四种最小二乘方法的优缺点进行了分析，对它们在目标探测、混合像元分解等领域的不同应用进行了讨论。为了将端元内部的光谱矢量变化引入到 LSMM 中，吴波（2006）利用总体最小二乘算法（total least squares，TLS）扩展了传统的最小二乘线性混合模型，提高了混合像元分解的精度。由于各波段对最小二乘误差的贡献并不相同，Chang 等（2006）对加权的限制性最小二乘方法进行了研究，并给出了四种有效的权矩阵。

丰度估计与端元提取也可以同时实现，如 SMACC、IEA、SC-NMF、MVC-NMF 等算法在迭代过程中同时获取端元及其对应的丰度，在满足一定条件后算法终止。该类算法一般计算量比较大、效率较低，但获取的端元及其丰度的精度相对更高。

线性混合分解模型构模简单，物理含义明确，理论上也有较好的科学性，但其不足的方面体现在：当典型地物选取粗糙时，会带来较大误差；难以获得某种地物的纯净像元光谱值作为参照光谱值，特别当区域内地物类型复杂时，将导致结果误差偏大，所以在某些情况下用线性模型获得的分类结果并不理想（蔡薇，2010）。

6.4.3 光谱非线性分解方法

当混合像元内物质元素尺寸比较小，入射光存在多次反射或折射时，将会与多种物质发生作用，导致非线性混合。实际在大多数情况下，各种地物的光谱信息是通过非线性形式混合的（李二森, 2011）。非线性混合模型包括概率模型、几何光学模型、随机几何模型和模糊分析模型。

1. 概率模型

概率模型是由 Marsh 等提出的近似最大似然法。这种模型只有在两种地物混合条件下使用。利用线性判别分析和端元光谱产生一个判别值，根据判别值的范围将像元分为不同的类别。假设如果构成的混合像元端元组分只有两种类型，分别为 x 和 y，那么可以使用式（6-9）表示其中的一个端元组分所占混合像元的面积比：

$$p_y = 0.5 + 0.5 \frac{d(m,x) - d(m,y)}{d(x,y)} \tag{6-9}$$

式中，p_y 为端元组分 y 在混合像元中所占的面积比例；$d(x,y)$ 为端元组分 x，y 之间的距离；$d(m,x)$ 为混合像元 m 和端元组分 x 之间的距离；$d(m,y)$ 为混合像元 m 和端元组分 y 之间的距离；当计算出来的值小于 0 时，p_y 设为 0；当计算出来的值大于 1 时，p_y 设为 1；这样，就可以把混合像元归类为端元组分 x 或者 y 两种类型。

该模型是利用线性判别分析，根据端元光谱产生的判别值设定判别值的范围，达到分解像元的目的。该模型具有较大局限性，仅在已确定两种地物混合的条件下使用。若能对线性判别方法加以适当改进，或许该算法可以适用于两种以上地物混合的情况。

2. 几何光学模型

几何光学模型适用于冠状植被地区（Charles et al., 1999），它把地面看成由树及其投射的阴影组成。几何光学模型通过对植被进行一系列的划分，将它们表示为规则的几何体（如圆锥或椭球体等）：光照地面（G，太阳直射的地面）、阴影地面（Z，树阴影下的地面）、植被光照面（C，太阳照射下的植被，也成树冠）和植被阴影面（T，处于阴影下的植被），并认为混合像元是这四种几何体（端元）与相应面积比例的混合。其公式（6-10）如下：

$$R = (A_G R_G + A_Z R_Z + A_C R_C + A_T R_T) / A \tag{6-10}$$

式中，R 为混合像元反射率；A 为混合像元面积；A_G、A_Z、A_C、A_T 分别为不同类型 4 个基本组分所占的面积，R_G、R_Z、R_C、R_T 分别为反射率。

此模型中的端元都为几何体，而几何体的划分与树冠、树高、树密度、太阳入射角和观测角等因素都有关。这些因素将会影响端元的面积比例，且将大大提高对模型和算法的要求。因此在实际应用中往往要将模型适当简化为规则圆锥、椭球体等几何体，如树木在像元中或像元间随机分布的分布假设遵循泊松分布（Possion），树高分布函数已知等。树冠主要由树种的形状、大小来替代，因此树冠的形状常被假设为相同的几何形状，而观测角有时设为星下点的观测角。

3. 随机几何模型

随机几何模型（Charles et al., 1999）与几何光学模型相类似，像元反射率表示为树冠、阴影（树影下的树和地面）、背景地面四种基本组分，即面积权重的线性组合公式：

$$R(\lambda, x) = \sum_i f_i(x) R_i(\lambda, x) \tag{6-11}$$

$$\sum_i f_i(x) = 1 \tag{6-12}$$

式中，x 为像元中心位置的坐标；λ 为波长；$R_i(\lambda, x)$ 是第 i 类覆盖的平均反射率；$f_i(x)$ 为在 x 位置第 i 类组分的百分比；$i=1,2,3,4$，分别代表光照植被面（C）、阴影植被面（T）、光照背景面（G）、阴影背景（Z）四种状态。

随机几何模型与线性模型均认为某一像元的反射率是其各个基本端元组分反射率的线性组合，并且认为端元组分百分比和为 1，但是线性模型处理的是二维平面实体，而几何模型处理的是三维空间几何特征。与几何光学模型相比，随机几何模型将大量的土壤和植被参数当作随机变量处理，而在几何模型中则需引入诸多当地景观的几何参数。

4. 模糊分析模型

模糊模型是在模糊集合的理论上建立的，一个像元是与多个类型相联系，而不是确定地分到某一类别中，用数值 0~1 进行表示（Wang, 1990）。原理是把不同种的地物类别看成一个模糊集合，模糊集合中的元素为每个像元，每一个像元都有一组隶属度值与之相对应，隶属度代表的是该像元中所包含此种的地物类别面积的百分比。根据选择的样本像元来计算不同种地物类别的模糊协方差矩阵和模糊均值矢量，然后对每个像元进行模糊的监督分类，并求得混合像元中每一种地物类别在该像元中所占面积百分比。不同种地物类型模糊均值的矢量 μ_j^*[式(6-13)]、不同种地物类型模糊协方差的矩阵 $\sum_j^*$[式(6-14)]为

$$\mu_j^* = \frac{\sum_{i=1}^{n} f_j(X_i)X_i}{\sum_{i=1}^{n} f_j(X_i)} \tag{6-13}$$

$$\sum_j^* = \frac{\sum_{i=1}^{n} f_j(X_i)(X_i - \mu_j^*)(X_i - \mu_j^*)^\tau}{\sum_{i=1}^{n} f_j(X_i)} \tag{6-14}$$

式中，n 为样本总数，$f_j(X_i)$ 为第 i 个样本地物属于第 j 类地物隶属度；X_i（$i=1,2,3,\cdots,n$）为样本像元值的矢量。

用 μ_j^* 代替均值矢量，用 $\sum_j^*$ 代替协方差矩阵，对各像元进行模糊的监督分类，求出各地物隶属度函数：

$$f_j(X) = \frac{P_j^*(X)}{\sum_{j=1}^{m} P_j^*(X)} \tag{6-15}$$

$$P_j^*(X) = \frac{1}{(2\pi)^{n/2} \left|\sum_j^*\right|^{1/2}} \exp\left[-1/2(X_i - \mu_j^*)^\tau \sum_j^{*-1}(X_i - \mu_j^*)\right] \tag{6-16}$$

式中，波段数为 n，预先设定地物的类别数为 m。

模糊分类方法简单，可操作性好，能够深入定量分析，确定任一像元属于某种地物隶属度，来推算该像元内某类地物所占比例（李剑萍等，2000；Foody，1996）。但是由于通过地面调查、航片及高分辨率卫星影像求出的样本隶属度必定会存在误差，因此求出的样本模糊均值矢量和模糊协方差矩阵必然也存在误差。

6.4.4 时相线性分解方法

时相线性混合模型与光谱线性混合模型类似，同样是利用线性关系进行混合像元分解。时相线性混合模型是利用影像的时间序列反射率来估算一个像元内某种作物的丰度，该模型公式的表示形式与光谱线性混合模型相同：

$$a_i = \sum_{j=1}^{m} v_{ij} f_j + \varepsilon_i \tag{6-17}$$

$$\sum_{j=1}^{m} f_j = 1 \qquad 0 \leqslant f_j \leqslant 1 \qquad 2 \leqslant m \leqslant n \tag{6-18}$$

式中，a_i 为混合像元的反射率；m 为端元组分数；n 为时序波段组合数（波长数×日期数）；v_{ij} 为第 i 个组合数第 j 个端元组分的反射率；f_j 为第 j 个端元组分的丰度；ε_i 是第 i 个时序波段组合的误差。

评价模型用均方根误差 RMSE[式(6-19)]或平均偏差 Bias[式(6-20)]表示：

$$\text{RMSE} = \left[\frac{1}{n} \sum_{i=1}^{n} \varepsilon_i^2 \right]^{\frac{1}{2}} \tag{6-19}$$

$$\text{Bias} = \sum_{i=1}^{n} \frac{\varepsilon_i}{n} \tag{6-20}$$

所有像元分解方法的成功都依赖于选择合适的端元组分。端元组分之间的差异太小通常会导致不稳定的解决方案，从而导致噪声和不准确的百分比图像。但是，太少的端元组分将无法正确模拟像元反射率，导致较大的误差。目前研究中，已有几种方法来解决这些问题。Roberts（1998b）等对每个像元应用了数百种不同的模型，每个模型包含从光谱数据库中选择的两到三个端元组分，然后为每个像元选择 RMSE 值最低的单个模型。该方法关注于候选端元组分光谱之间的微小差异，以基于每个像元来调整模型，并且通过 RMSE 来评价模型的误差。Asner 和 Lobell（2000）使用反射率的线性组合来减少相似的端元组分（如所有绿色植被）之间的差异。我们发现仅使用三个端元组分（绿色植被，非光合植被和土壤）的单一模型能够准确地估计其在多类图像中的占比，这是因为端元组分变异性降低了。

以基于 250mMODIS 数据的时相分解模型为例，可以仅根据红波段（Red），近红外波段（NIR），红波段和近红外波段，或两者的任意线性组合来定义端元组分，例如由两者线性组合得到的简单垂直植被指数（perpendicular vegetation index, PVI）（Richardson and Wiegand, 1977）：

$$\text{PVI} = \text{NIR} - \text{Red} \tag{6-21}$$

不能使用非线性指数来定义端元组分，例如 NDVI 或 EVI，因为它们不能保持端元组分和观测值之间的线性关系（Lobell and Asner, 2004）。对于一个具有 a 和 b 的两种端元组分的像元，观测 PVI 值将等于各端元组分 PVI 值适当形式的总和[式（6-22）]，而 NDVI 则为[式（6-23）]：

$$PVI = NIR - Red = (a\,NIR_1 + b\,NIR_2) - (a\,Red_1 + b\,Red_2)$$
$$= a(NIR_1 - Red_2) + b(NIR_2 - Red_2) \quad (6\text{-}22)$$
$$= a\,PVI_1 + b\,PVI_2$$

$$NDVI = \frac{NIR - Red}{NIR + Red}$$
$$= \frac{(a\,NIR_1 + b\,NIR_2) - (a\,Red_1 + b\,Red_2)}{(a\,NIR_1 + b\,NIR_2) + (a\,Red_1 + b\,Red_2)} \quad (6\text{-}23)$$
$$\neq a\,NDVI_1 + b\,NDVI_2$$

除了线性混合的假设外,式(6-17)假设每个像元的端元组分的光谱(这里使用"光谱"来表示跨多个波长和/或日期的反射率)是完全已知的。实际上,反射率可能会在不同的空间和时间上变化,即使对于狭义的端元组分也是如此。例如,小麦冠层的光谱并非在所有地点和年份都相同,而是根据环境和管理因素(如温度和种植日期)的变化而变化。因此,与大多数方法一样,我们不是利用单一光谱来定义端元,而是更倾向于将端元定义为一组光谱,它们代表了整个潜在变异范围(Asner and Lobell, 2000; Bateson et.al., 2000)。然后,可以使用蒙特卡罗抽样技术对由端元组分变异引起的端元组分丰度的不确定性进行量化(也就是说,从每个端元组分集合中随机选择一个光谱,对其丰度进行估计,并重复多次,以得出每个端元组分的丰度分布)。因此,端元组分丰度不是作为单个值估计的,而是作为一种概率分布,可用于构造适合于所需应用的置信区间(Lobell and Asner, 2004)。

6.4.5 地理加权回归模型方法

传统的普通最小二乘(ordinary least squares, OLS)回归(通常称为全局逻辑回归模型)假设自变量和因变量之间的关系在空间上是静止的,并且回归系数在空间上也是恒定的。OLS 模型结构可表示为

$$\hat{y}_i = \hat{\beta}_{0i} + \hat{\beta}_{1i} X_{1i} + \cdots + \hat{\beta}_{ni} X_{ni} + \varepsilon_i \quad (6\text{-}24)$$

式中,$\hat{y}_i$ 为因变量;X_{1i} 到 X_{ni} 为自变量;$\hat{\beta}_{0i}$ 为特定于位置点 i 的常数参量;$\hat{\beta}_{1i}$ 到 $\hat{\beta}_{ni}$ 为估计回归系数,ε_i 是 $N(0,\sigma^2)$ 分布的位置点 i 上的独立误差项;

地理加权回归模型(geographically weighted regression, GWR)是一种局部回归方法,它认为回归关系中的参数估计值可以取值于整个研究区域,从而允许参数估计值是位置点的函数。该模型的原理具体参见 2.5.2 节。

6.4.6 随机森林回归模型方法

基于 R 软件中的随机森林回归模型可以提取农作物的亚像素百分比。与传统的多线性回归模型和神经网络模型相比,随机森林因其强抗噪能力、高维特征处理能力以及清晰的特征重要性排序能力,可以作为提取农作物分布图的主要遥感方法(Song et al., 2017; van Beijma et al., 2014),详细参见 5.4.3 节。随机森林回归方法通过采用两种随机策略来减少预测的误差并降低训练样本中噪声的影响。第一种随机策略:"bagging"策

略（Bootstrap 聚合），随机森林在构建分类树的时候，会在原始数据集中随机地重新选择 n 个观测值（若因变量 Y 有 n 个观测值），其中有的观测值会被多次选择，有的观测值则可能一次都没被选到（Lopatin et al., 2016; Li et al., 2016），详见 5.4.3 节。第二种随机策略：随机森林随机地从 K 个自变量中随机地选择一部分自变量进行分类树节点（阈值）的确定（Kühnlein et al., 2014）。因此，每次构建的分类树都不是完全一样。随机森林模型工作流程如图 6-5 所示。

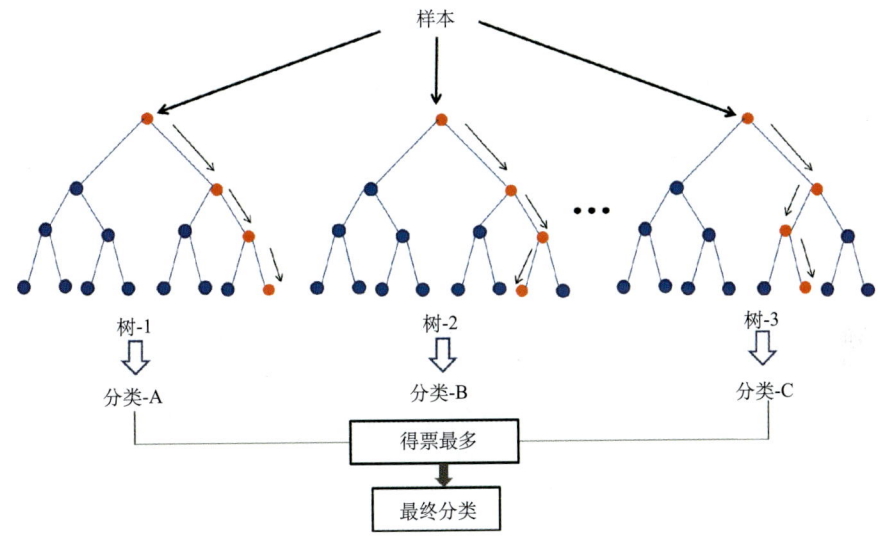

图 6-5 随机森林模型工作流程的简化图

随机森林通常有两个重要的参数：一是树节点预选的变量个数 mtry，一般默认为 $\sqrt{p/3}$，其中 p 为自变量的总个数。二是随机森林中树的总个数 ntree。研究显示，当 ntree>400 时，各分类情况 OOB 误差趋于稳定（van Beijma et al., 2014）。

6.5 案例 1：基于 MODIS 和地理加权回归模型的大豆丰度制图

本案例利用优化的 GWR 模型，基于时间序列的 MODIS 数据估算黑龙江省的亚像素大豆组分。使用 4000 个训练点来校准 GWR 模型，该 GWR 模型的因变量为基于 30m 大豆参考图估计的 250m MODIS 像素的大豆组分，候选输入特征为从儒略日 65～305 的总共 31 个时间序列 NDVI。通过最小化校正的 Akaike 信息准则（Akaike information criterion, AIC），使用前向逐步选择策略来选择最佳特征，得到的最佳 NDVI 时间特征即 GWR 模型的最终独立变量。评估 GWR 模型估算亚像素作物面积的精度有三种方法：①与基于 OLS 的结果进行比较；②利用基于 Landsat 的结果估算的大豆组分的 2000 个验证点进行评估；③与县级统计数据进行比较。

6.5.1 候选特征变量构建

使用从第 65～305 天（总共 31 个时间特征）的年度时间序列 NDVI 作为基本 GWR 模型的候选独立变量。使用前向逐步优化的方法（Gollini et al., 2015；Leung et al., 2000）从 GWR 模型的 31 个时间序列 NDVI 中选择最佳的自变量子集。该方法基于以下理论：将一个自变量加入到模型中，如果 AICc 值显著降低，则认为该自变量很重要（Gollini et.al., 2015）。整个过程可以通过以下三个步骤来实现：

步骤 1：首先校准所有可能的二元 GW 回归，然后依次根据因变量对单个解释变量进行回归。计算每种情况下的 AIC_c（本案例中运行 31 次）。选择最低 AIC_c 值的变量。

步骤 2：从剩余的 n-1 个特征中依次引入变量，并利用步骤 1 中得到的永久包含自变量构建新模型。计算步骤 1 和步骤 2 得到的 AIC_c 差值。选择使 AIC_c 减少最多的变量。将此变量加入到模型中。

步骤 3：重复步骤 2，直到候选变量中没有独立变量可以加入到模型中，此时的模型是最终模型。

执行此过程的 GWR 模型包中的函数是 model.selection.gwr，其中使用函数 model.sort.gwr 对 AIC_c 值进行排序，然后使用 model.view.gwr 直观地显示结果。图 6-6 显示了从候选 31 个特征中选择最佳特征的逐步选择策略的迭代过程，其中因变量（即 MODIS 像元内的大豆比例）位于涡旋的中心，而不同颜色的不同形状代表不同的自变量（即，在不同日期获得的 31 个 NDVI 值）。

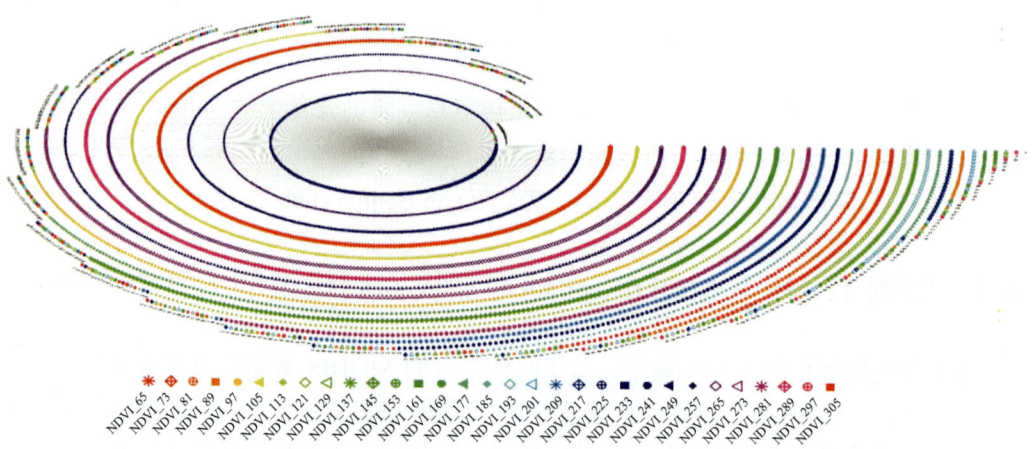

图 6-6 用于从 31 个候选 NDVI 变量中选择最佳 NDVI 特征（自变量）的前向逐步选择策略的迭代过程

因变量位于涡旋的中心；不同形状的不同符号表示不同的 NDVI 时间变量；向前逐步选择策略的迭代过程从第一个涡旋圆（内部）开始，到最后一个涡旋（外部）结束，其中每个涡旋圆中具有最大量的符号是该迭代的最佳 NDVI 变量

6.5.2 地理加权回归模型构建与优化

根据 6.4.5 节中介绍的方法构建地理加权回归模型，利用所选择的自变量的最佳子集，基于 4000 个训练像素运行 GWR 和 OLS 模型，然后使用校准模型来预测整个研究

区域的所有 MODIS 像素的大豆百分比。描述性统计包括总体 AIC_c、残差平方和（residual sum of squares, RSS）、R^2 和调整后的 R^2，用于反映模型拟合性能和 GWR 的空间不均匀性。然后，将 Leung 等（2000）提出的 F 检验统计检验方法用于测试 GWR 相对于 OLS 在拟合模型中的改进，并了解 GWR 模型中的每个变量是否显著变化。

为了测试 GWR 是否优于 OLS，我们使用了 Leung 等（2000）的 F_1 测试统计数据（Guo et al., 2008）。具体而言，如果零假设 H_0：对于给定数据，OLS 和 GWR 模型之间没有显著差异，则数量为 RSS_g/RSS_o 接近 1。否则，它往往很小。F_1 值可以计算为

$$F_1 = \frac{RSS_g / \sigma_1}{RSS_o / (n-p-1)} \quad (6\text{-}25)$$

其中，RSS_g 和 RSS_o 分别为 GWR 和 OLS 模型的剩余平方和；σ_1 为误差的标准差，也等于 RSS_g/σ_2 的均值，其中 σ_2 是常数方差；$n-p-1$ 为分母中的自由度；F_1 值的分布可以通过分子中的 σ_1^2/σ_2 自由度和分母中的 $n-p-1$ 自由度的 F 分布来近似。如果 F_1 值 $< F_1-\alpha\left(\frac{\sigma_1^2}{\sigma_2^2}, n-p-1\right)$，其中 α 是给定的显著性水平，则零假设将被拒绝，因此认为 GWR 模型在描述数据时明显优于 OLS。否则，我们将得出结论：与 OLS 模型相比，GWR 模型不能显著改善模型拟合。

为了检验每个变量在研究区域内是否有显著性差异，我们使用了 F_3 检验统计量（Guo et.al, 2008）。零假设为：$H_0: \beta_{1k} = \beta_{2k} = \cdots = \beta_{nk}$（对于给定的 k），F_3 值可计算为：

$$F_3(k) = \frac{V_k^2 / \gamma_1}{\hat{\sigma}^2} \quad (6\text{-}26)$$

式中，V_k^2 为一个统计量，可以反映给定参数集 β_{ik}；$i=1,2,\cdots,n$ 的空间变化。$\hat{\sigma}^2$ 是一个无偏见的 σ^2 估计值。它的分布可以用分子中的 γ_1^2/γ_2 自由度和分母中的 δ_1^2/δ_2 自由度的 F 分布近似。如果 $F_3 \geqslant F(\gamma_1^2/\gamma_2, \delta_1^2/\delta_2)$，拒绝 H_0；否则，接受 H_0。Leung 等（2000）提供了关于 F 检验统计检验方法的更多细节。

6.5.3 黑龙江大豆丰度分布图与精度评估

1. 精度评估

本案例使用以下三种方法来评定 GWR 模型估算亚像素作物面积的精度：首先是比较 GWR 和 OLS 的模型拟合结果（详见 6.5.2 节），其次是最传统的使用单独的验证数据进行准确性评估。用于校准 GWR 模型和评估预测结果的参考数据来自黑龙江省部分地区的大豆分布图，该地图是基于 2013 年 45 景无云 Landsat-8 OLI 图像，结合部分专家的目视解译下，进行监督分类产生的。对 341 个实地数据进行评估，得出该大豆分布图的精度为 93.84%，如图 6-7（a）所示（Xin et al., 2015）。将空间分辨率为 30m 的大豆分布参考图重新投影到 MODIS 标准正弦投影。然后，通过将 30m 大豆像素的数量除以 250m 网格单元内的 30m 像素的总数来计算每个 250m 网格的亚像素大豆百分比，如图 6-7（c）所示。最后，从重新采样的参考图中随机选择 4000 个样本点[图 6-7（b）]，以保证训练

数据在地理空间和值分布中的代表性。此 4000 个点的估计亚像素大豆组分的范围从 0 到 1，并且用作 GWR 模型的因变量的值。除了训练点之外，还将总共 2000 个点与估计的大豆组分放在一旁进行验证。

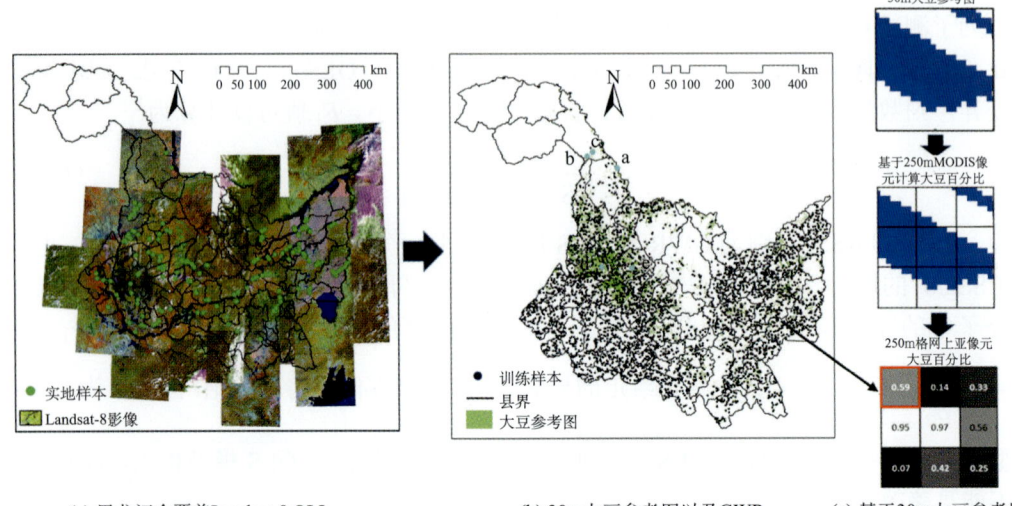

(a) 黑龙江全覆盖Landsat-8 OLI 影像和野外数据　　(b) 30m大豆参考图以及GWR 模型的4000个训练数据　　(c) 基于30m大豆参考图计算250m网格内大豆面积百分比的示例

图 6-7　研究区域与研究数据空间分布图

第三是将区域估计数与可用的国家统计数据进行比较。通过将预测值（0 到 1 之间）乘以每个像素的面积，将亚像素大豆面积百分比累积得到每个像素的大豆种植的总面积。然后，通过将行政边界矢量图与大豆种植区域图叠加，将得出的大豆种植面积与县级统计数据进行比较。通过计算若干统计测量值来量化这两个评估的结果，包括 RMSE[式（6-27）]，归一化均方根误差（normalized root mean square error, NRMSE）[式（6-28）]和 R^2[式（6-29）]：

$$\text{RMSE} = \sqrt{\sum_{i=1}^{k}(a_i' - a_i)/k} \tag{6-27}$$

$$\text{NRMSE} = \frac{\text{RMSE}}{y_{\max} - y_{\min}} \tag{6-28}$$

$$R^2 = \frac{\text{cov}(a, a')^2}{\text{var}(a)\text{var}(a')} \tag{6-29}$$

对于使用验证点的评估，a_i' 为 GWR 中大豆含量的估计值，a_i 为基于 Landsat 的参考图像累积的 250m 像素的大豆组分面积，验证点的数量 k 是 2000。$y_{\max}$ 为最大亚像素大豆百分比，而 $y_{\min}$ 为 2000 个验证点中的最小亚像素大豆百分比。对于使用统计数据的评估，a_i' 为 GWR 衍生的大豆种植面积，a_i 为统计数据，黑龙江县的数量是 80 个。$y_{\max}$ 和 $y_{\min}$ 分别为这 80 个县的最大面积和最小面积。

2. 黑龙江大豆分布图

图 6-8 显示了使用 MODIS-NDVI 时间序列从优化的 GWR 模型得到的大豆种植分布图，图中的值表示大豆组分所占的每个 MODIS 像素的比例，并且还可以反映田间异质性，因为其斑块尺寸小于 MODIS 的空间分辨率（250m）。正如预期的那样，大豆种植主要集中在靠近小兴安岭的西北部，这里是中国最重要的大豆产区之一。此外，三江平原东北部和黑龙江南部都有小部分的大豆种植。据报道，由于大量进口来自巴西和美国等国家的转基因大豆，这些地区的大豆种植面积在过去五年中大幅下降（Sun et al., 2015）。

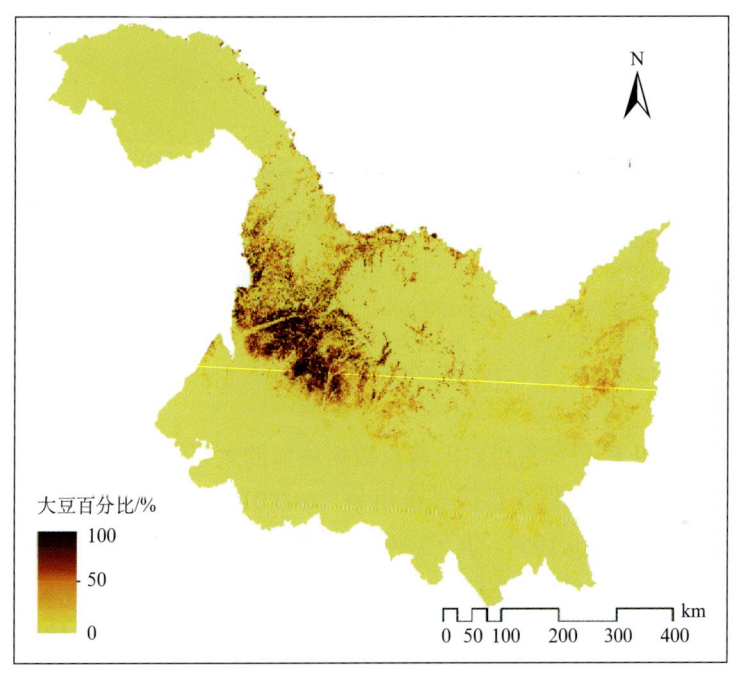

图 6-8　基于优化 GWR 模型的黑龙江省亚像素大豆种植比例图

从基于 Landsat 的大豆分布图中共选择 2000 个随机验证点，以空间扩展方式来评估基于 MODIS 影像的大豆分布范围。图 6-9 显示了大豆覆盖百分比每增加 10% 的直接差异比较。总的来说，由中值组成的回归线接近于预期的 1∶1 线，表明从时间序列 MODIS 数据得出的大豆种植的空间分布与基于 Landsat 数据得到的大豆分布图基本一致。然而，相对于 Landsat 数据，MODIS 数据结果低估了大于 0.2 的数值，而高估了小于 0.2 的数值。此外，与来自 MODIS 的大豆组分相对应的标准偏差的垂直条带表明，与其他大豆相比，比例在 0.4~0.6 之间的大豆具有较大的偏差。这些大的偏差主要出现在大豆和玉米的混合像元上。这是因为实地调查[图 6-7（a）]表明，黑龙江省的大豆田总是与玉米田相邻，有些甚至是间作。此外，之前的研究也表明了大豆和玉米之间存在高度的光谱混淆（Hu et al., 2016；Maxwell et al., 2004）。因此，这些玉米面积占比大的像元将显著降低大豆地区的识别度,从而增加回归偏差。

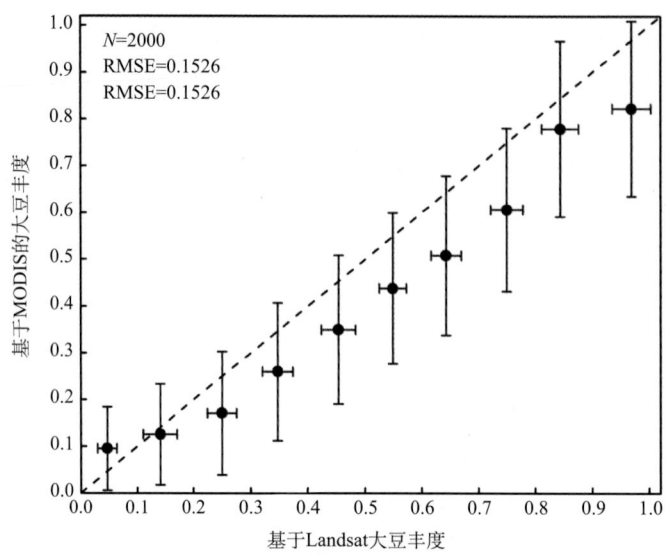

图 6-9 基于 2000 个验证样本的黑龙江 MODIS 与 Landsat 亚像素大豆百分比对比

大豆百分比每增加 10%(0~10%,10%~20%,20%~30%,30%~40%,40%~50%,50%~60%,60%~70%,70%~80%,80%~90%,90%~100%)的结果汇总。图中点表示每个单位中的大豆中位数比例。条带对应于来自 Landsat(水平方向)和 MODIS(垂直方向)的亚像素大豆百分比的标准偏差,可以反映回归偏差

根据优化的 GWR 模型和县级农业普查数据估算的大豆种植面积的比较如图 6-10 所示。两个大豆种植面积估计值在县级显著相关($\alpha<0.01$),R^2 为 0.80,80 个县的 RMSE 为 340.21km^2,NRMSE 为 0.1054。进一步观察该图可以发现,基于 MODIS 数据的 GWR 模型几乎都高估了大于 750km^2 的大豆面积,而低估了小于 500 km^2 的面积。

图 6-11 显示了黑龙江省各县基于 MODIS 和基于统计数据的大豆种植面积估计值差异的空间分布(大豆面积和百分比)。可以看出,这两个数据集之间的最大百分比差异出现在黑龙江省中部的宜春、鹤岗、遂陵、海伦、汤原、拜泉等大豆面积小于 500km^2 的县。高景观异质性和破碎地块是这些地区大豆和非大豆作物的光谱特征之间容易产生混淆的原因。总体而言,在黑龙江北部地区,基于 MODIS 数据的 GWR 模型高估了大豆种植面积。相比之下,使用 GWR 模型则略微低估了北部地区的大豆种植面积,如汕直、东宁、木林、林口和海林。回归偏差中明显的区域相似性可能是因为相邻区域在大豆种植中具有相似的光谱特征,因此它们可能在亚像素大豆组分和时间序列 NDVI 之间具有相似或相同的回归关系。应该注意的是,有些误差可能是由于普查数据的不确定性造成的,因为从抽样调查或与农民的沟通中获取的作物面积信息并不总是准确的(Peña-Barragán et al., 2011)。

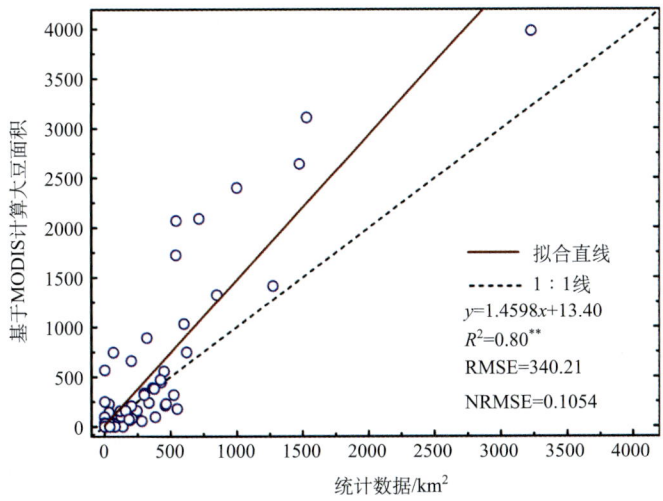

图 6-10 基于 MODIS 的大豆面积估计值与县级统计数据之间的回归比较

**表示在 $\alpha=0.001$ 水平时显著

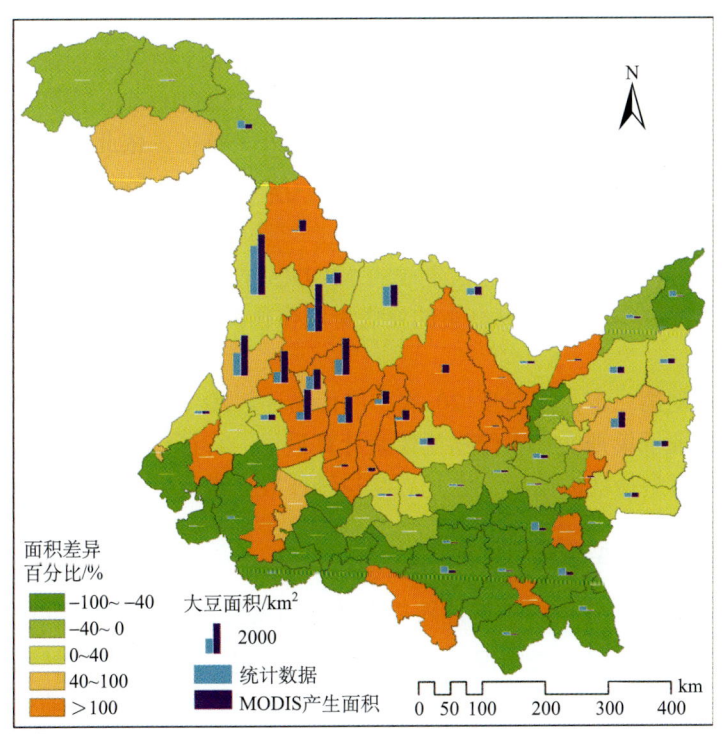

图 6-11 基于 MODIS 计算的县域大豆面积与统计数据的一致性空间分布

颜色显示两个估计值之间的百分比差异；柱状图表示 MODIS 计算值与统计数据的绝对大豆面积

6.6 案例2：基于 MODIS 和随机森林回归模型的作物丰度制图

本案例以黑龙江为研究区域，以时序 MODIS 影像和农作物面积统计数据为主要研究数据集，拟开展一种融合遥感数据与统计数据提取农作物亚像素的方法：首先，对 MODIS 衍生出的 5 个时序植被指数（VIgreen, EVI, NDSVI, NDTI, LSWI），结合随机森林特征打分法和向后剔除策略选出玉米、水稻和小麦亚像素回归的最优特征集；其次，基于各个农作物最优的特征集，再次采用随机森林回归模型提取 MODIS 亚像素的农作物分布结果；再次，采用 Landsat-based 农作物分布参考图和统计数据评估 MODIS 产生的农作物亚像素分布结果的空间和面积总量精度；最后，基于县级农作物面积数据，采用"面积逐步递减"策略，循环分配遥感与统计数据之间的面积差到每个 MODIS 像素，即实现用统计数据来优化遥感产生的农作物空间分布图的目的。

6.6.1 候选特征变量构建

对不同农作物的训练样本数据和关联的 155 个特征（5 个植被指数×31 个时序点），结合随机森林特征重要性指标（InMSE%）和向后删除策略，优选各个农作物最优的特征子集。该特征选择过程的流程图参见第 5 章的图 5-4。

该特征选择方法具体步骤如下：

第一步：将所有的 155 个候选特征进行随机森林回归。

第二步：根据特征的重要性得分（InMSE%）对这 155 特征进行排序。将得分降序排列，删除后 10%的特征。例如，第一次循环，删除 155×10%≈15 特征，保留 140 个特征；第二次循环，删除 140×10%≈14 特征，保留 126 个特征。依此类推。这里需要注意的是，树节点预选的变量个数 mtry，计算公式为 $\sqrt{p/3}$，p 为特征总数，由于每次迭代输入的特征总数不同，因此 mtry 不同。

第三步：对于每一次迭代，评估生成的 MODIS 农作物亚像素图的精度。基于各个农作物 4000 个验证样本点，计算产生的亚像素农作物图的相关性决定系数（R^2）和均方根误差（RMSE）。

第四步：重复第二步、第三步 20 次，停止循环。20 次迭代结果中，最高的 R^2 和 RMSE 对应的特征子集则为该农作物亚像素计算最优的特征集，生产的结果则为最终基于随机森林回归模型最优的结果。也是后续与统计数据进行融合的遥感结果。

6.6.2 随机森林回归模型构建与优化

根据 6.4.6 章节中介绍的方法构建随机森林回归模型，设置初始的 mtry 为 $\sqrt{p/3}$ =51，ntree 为 500，此情况下各分类情况 OOB 误差趋于稳定。尽管随机森林回归模型在土地覆盖分类系统中有广泛的应用，但是也存在着向均值回归的问题，即随机森林回归对高值易出现低估，对低值出现高估的现象（Zhang et al., 2012）。为了处理这个问题，本章节采用线性旋转方法来纠正随机森林回归模型产生的偏差，从而提高亚像素农作物分布图的结果。下面介绍该线性旋转偏差纠正方法的工作理论（Huang et al., 2016）。

将原始随机森林回归模型（纠正前）产生的农作物亚像素结果定义为 f_{RF}，基于该模型对偏差纠正后的训练样本 X' 进行回归，产生对应的结果 $\hat{Y}'$：

$$Y = f_{RF}(X) \tag{6-30}$$

$$Y' = f_{RF}(X') \tag{6-31}$$

式中，X 为训练样本中的特征量值（自变量）；Y 为对应的亚像素百分比。X' 为经偏差纠正后的特征量值，$\hat{Y}'$ 为对应的亚像素百分比（真实值 Y' 是已知量）。因此，随机森林回归模型产生的偏差等于 $\hat{Y}' - Y'$。基于线性旋转方法，偏差表示为

$$\text{Bias} = \hat{Y}' - Y' = a + bY' \tag{6-32}$$

变换符为

$$Y' = \frac{Y' - a}{b + 1} \tag{6-33}$$

基于式（6-32），结合农作物训练样本数据，计算相应的回归系数 a 和 b。将式（6-32）转换成式（6-33）得到最终真实的亚像素百分比 Y' 与未纠正前亚像素百分比 Y' 之间的关系，带入系数 a 和 b，即可计算最终纠正后的亚像素农作物百分比。

6.6.3 黑龙江农作物丰度分布图与精度评估

1. 随机森林回归模型精度评估

采用两种方法评定随机森林回归模型产生的农作物亚像素分布图的精度。一种是采用传统的来源于 Landsat 中高空间分辨率参考图的验证数据集（连续的值，农作物亚像素百分比）评定各个农作物的空间位置精度，另一种是比较黑龙江省 80 个县的农作物面积统计数据与基于遥感方法产生的农作物面积之间的一致性。对于第一种评定方法，基于各个农作物（水稻，玉米和小麦）4000 个验证样本点，采用回归分析模型，计算 MODIS 产生的亚像素百分比与基于 Landsat 得到的农作物百分比之间的 RMSE 和 R^2。对于第二种评定方法，首先将 MODIS 亚像素百分比（0~100%）乘以 MODIS 像素面积大小（$463.3 \times 463.3 \approx 214646 \text{ m}^2$），然后基于 ArcGIS 分区统计功能（zonal statistics as table）统计每个县各个农作物的面积总量。最后，评定遥感方法产生的面积总量与统计数据之间的一致性，计算两类数据集的 RMSE 和 R^2。

对于基于验证样本点的空间位置精度评定，a_i' 为基于随机森林回归模型得到的 MODIS 亚像素农作物百分比（0~100%）。a_i 为基于 Landsat 农作物参考图计算的 500m 格网的农作物百分比，k 为验证样本点的总数，即 4000。对于基于统计数据的面积总量精度评定，a_i' 为基于 MODIS 影像得到的县级农作物面积总量，a_i 为农作物面积统计数据，k 为黑龙江省县的总个数 80。

1) 基于 Landsat 分类结果的精度评估

基于 Landsat 产生的农作物分类参考图对 MODIS 产生的亚像素农作物分布图进行精度评估。两类数据集的比对结果如图 6-12 所示。整体上，随机森林回归模型结合 MODIS 时序影像产生了较满意的农作物分布结果，其平均值构成的直线基本接近 1∶1 线，即 MODIS 产生的农作物分布结果与 Landsat 农作物分布结果具有较高的空间一致性。对比这三类农作物各亚像素百分比区间的平均值（圆点）可发现，水稻和大豆的整体精度优于玉米，其均值线更接近 1∶1 线。然而，对比区间的上下四分位数而言（条带），水稻在区间上的值变异程度整体较玉米和大豆严重。这一现象可解释为：黑龙江水稻地块大

小明显高于大豆和玉米，其 MODIS 亚像素百分比均大于玉米和大豆，因此，水稻较大的值域特征使其回归出现的偏差的方差也大。

进一步观察图 6-12 可发现，同 Landsat 结果相比，这三类农作物，尤其是玉米和大豆，其 MODIS 结果的低值出现了"过计算"，高值出现了"欠计算"。这主要由于采用的线性旋转算法仅纠正了随机森林回归模型向均值回归的问题，并不能解决不同农作物本身固有的值特征引进的误差。对不同农作物的值域直方图（图 6-19 灰色标注）进行统计分析，可发现农作物亚像素百分比低于 20%的像素占据了整个影像的 80%，亚像素百分比大于 80%的像素总个数仅小于 5%。不同区间值的训练样本比例严重不均衡，尤其是低值过多、高值过少的训练样本组合，经随机森林回归模型进行预测后，导致了低值"过计算"，高值"欠计算"的现象。

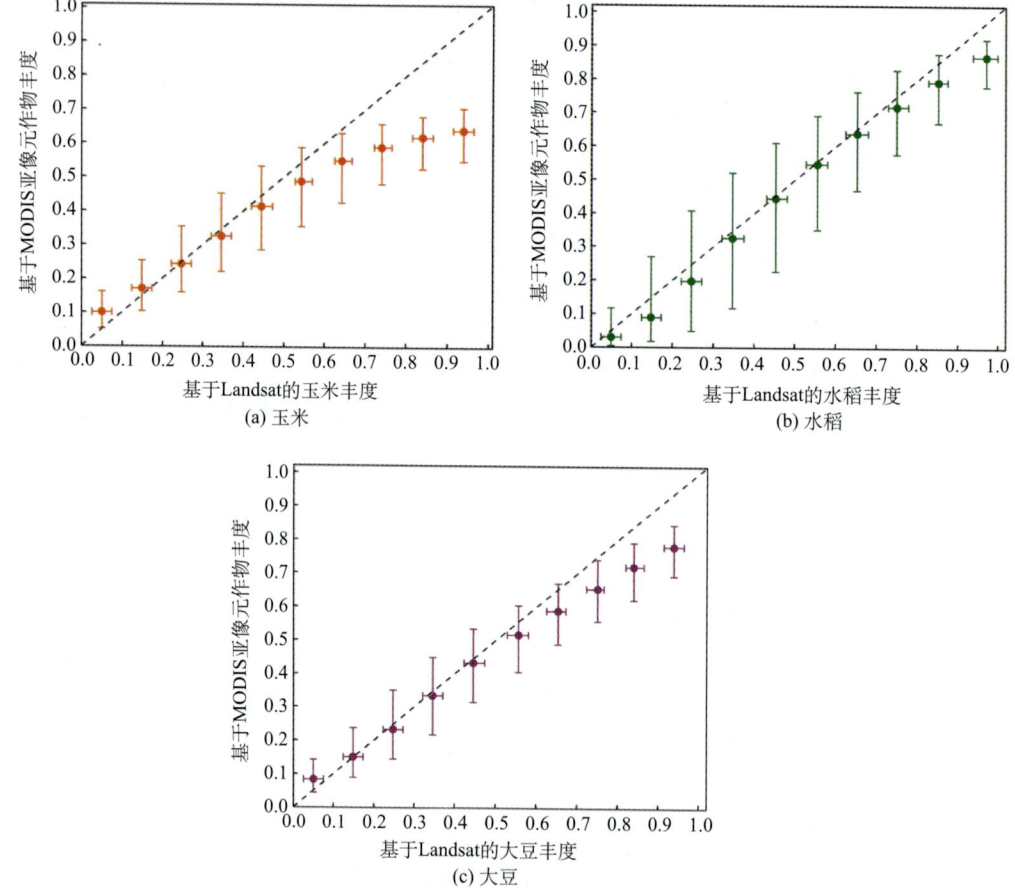

图 6-12 MODIS 产生的农作物亚像素百分比与 Landsat 农作物参考图的比对结果

以百分比 0.1 的间隔进行总结（0~0.1，0.1~0.2，0.2~0.3，0.3~0.4，0.4~0.5，0.5~0.6，0.6~0.7，0.7~0.8，0.8~0.9，0.9~1 逐步递增）。圆点表明的是该区间两类数据的平均值。柱子对应的是该区间 Landsat（水平方向）和 MODIS（竖直方向）值域的 1/4 和 3/4 分位数

2）基于县级统计数据的精度评估

图 6-13 为采用随机森林回归模型和时序 MODIS 影像产生的农作物面积总量在县级单元上与统计数据的比较结果。研究结果显示，MODIS 产生的亚像素农作物分布结果与统计数据具有较高的一致性，三类农作物（玉米、水稻和大豆）的 R^2 均高于 0.82。三类农作物中，水稻的面积总量精度最高，两类数据集之间的 R^2 达 0.9877，RMSE 仅为 71.18 km^2。对比之下，大豆基于 MODIS 产生的分类结果的面积总量精度最低，与统计数据之间的 R^2 仅为 0.8244，RMSE 为 266.01km^2。主要原因如下所述：黑龙江大豆的种植面积均小于玉米和水稻的种植面积，较小的种植面积，使得无论是统计数据还是遥感方法得到的大豆面积均包含了较大的不确定性，从而增加了遥感方法与统计数据之间的差异性。进一步观察图 6-13 发现，基于 MODIS 影像和随机森林回归模型产生的玉米面积总量出现了低估，即其基于遥感方法的结果整体上较统计数据偏低。

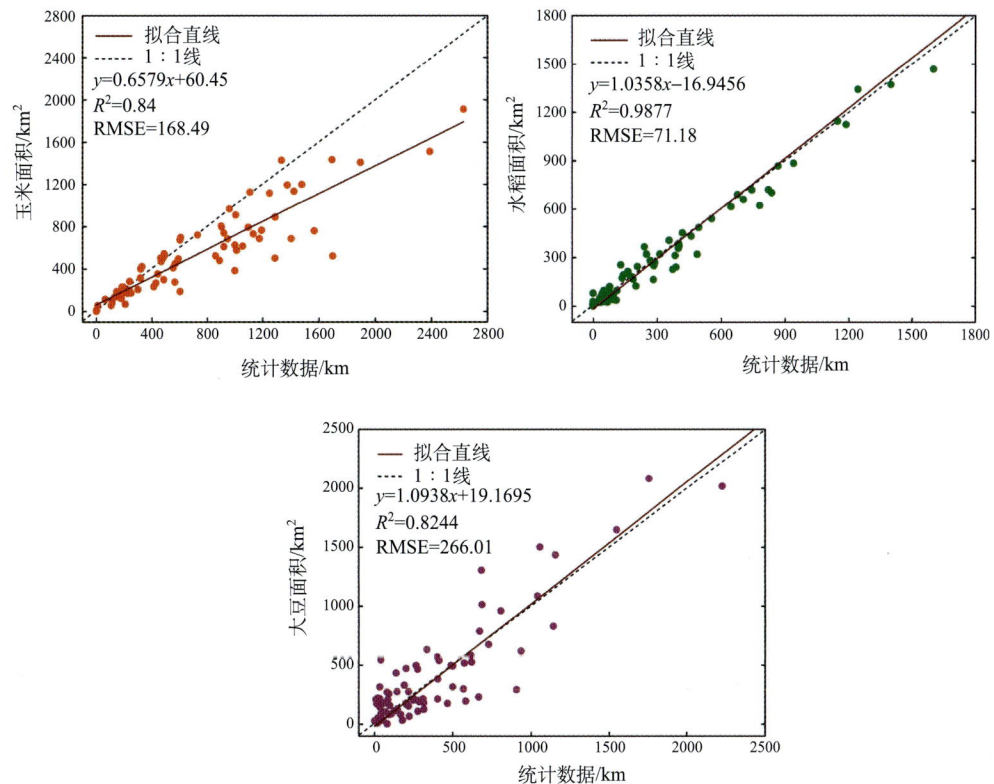

图 6-13 基于 MODIS 产生的农作物面积总量和县级统计数据的回归比较

2. 纠正后的 MODIS 亚像素分类图及精度评估

遥感方法产生的农作物空间分布图和农业统计数据各有优点。基于遥感方法得到农作物空间分布图能刻画农作物详细的空间位置信息。农业统计数据虽难以表征农作物的空间分布信息，但在农作物面积总量以及总量变化上具有较高的可靠性。基于以上理论，本案例将融入面积统计数据提高遥感产生的亚像素农作物百分比的精度，该策略的核心思想为：将遥感方法和统计数据产生的县级"面积差"，按照一定的分配原则分配给该县的每个 MODIS 像素。本案例采用"面积差逐步分配"（iterative area gap spatial allocation, IAGSA）策略，循环消除遥感方法与统计数据之间的农作物"面积差"。该策略主要分为以下几个步骤（以单一的县和单一的农作物为例）：

步骤 1：计算该县基于 MODIS 产生的农作物面积，A_M。

步骤 2：比较遥感结果和统计数据；计算遥感结果 A_M 与统计数据之间的面积差，A_{gap}；计算该县 MODIS 像素值（农作物百分比）小于 1 的像素总个数 N；

步骤 3：判定条件：是否两类数据集的面积差 $A_{gap}<5\%$ 或者 $N=0$？若是，则循环结束。若不是，计算面积调整系数 A_p。计算公式为式（6-34）。

步骤 4：判定条件：是否 A_p 小于 1？若 A_p 小于 1，所有的 MODIS 亚像素百分比乘以 A_p，并结束循环；若 A_p 大于 1，将所有的像素乘以 A_p，同时将所有大于 1 的 MODIS 像素变成 1，然后重复步骤 2 至步骤 4，直到满足某个循环结束条件。

$$A_p = \frac{A_C}{A_M} \tag{6-34}$$

式中，A_C 为县级农作物统计数据；A_M 为基于 MODIS 和随机森林回归模型产生的县级农作物面积。

该"面积差逐步分配"策略的工作流程如图 6-14 所示。本案例针对每个农作物类型（水稻、玉米和大豆），分别采用该策略对全省 80 个县进行处理，消除遥感结果与统计数据之间的"面积差"，从而提升 MODIS 亚像素农作物百分比的精度。

图 6-15（a）、图 6-15（b）、图 6-15（c）分别为采用时序 MODIS 影像和随机森林回归模型产生的 2011 年黑龙江省玉米、水稻和大豆亚像素百分比分布图；图 6-15（d）、图 6-15（e）、图 6-15（f）分别为对应的采用 IAGSA 方法进行"面积差"分配产生的新的玉米、水稻和大豆亚像素百分比分布图。观察图 6-15 可发现，玉米大部分分布在松嫩平原，少部分分布在三江平原，且分布在松嫩平原的玉米整体地块（具有更大的亚像素百分比值）较分布在三江平原的玉米地块大；然而，大部分水稻主要分布在三江平原，其 MODIS 亚像素百分比整体大于 0.5，即处在三江平原的水稻地块较大；对比之下，黑龙江大豆的种植面积明显少于玉米和水稻，其主要分布在邻近小兴安岭附近的西北地区。大豆是这三类农作物中地块最破碎的作物，其产生的 MODIS 亚像素大豆百分比含量较低。

采用遥感方法产生的农作物面积与统计数据之间存在着"面积差"。根据上一节中的 IAGSA 方法描述可知，遥感结果与统计数据之间的面积差主要分为三大类型，即"$A_{gap}<5\%$"，"$A_{gap}>5\%$ 与 $A_p<1$"和"$A_{gap}>5\%$ 与 $A_p>1$"。图 6-16 以玉米为例，在图 6-15 中选取了这 3 种情况的数组，分析它们在 IAGSA 方法使用前后的具体值变化。结果显示：对于"$A_{gap}<5\%$"情况，数组前后值域无变化。根据 IAGSA 方法，在"$A_{gap}<5\%$"即遥感与统计数据之间的面积差非常小时，可忽略两者之间微小的面积差异，即无需对遥感产生的农作物亚像素分布图进行调整；对于情况二："$A_{gap}>5\%$ and $A_p<1$"，即当遥感与统计数据之间的面积差较大时，同时当遥感计算的面积大于统计数据，需要对整个

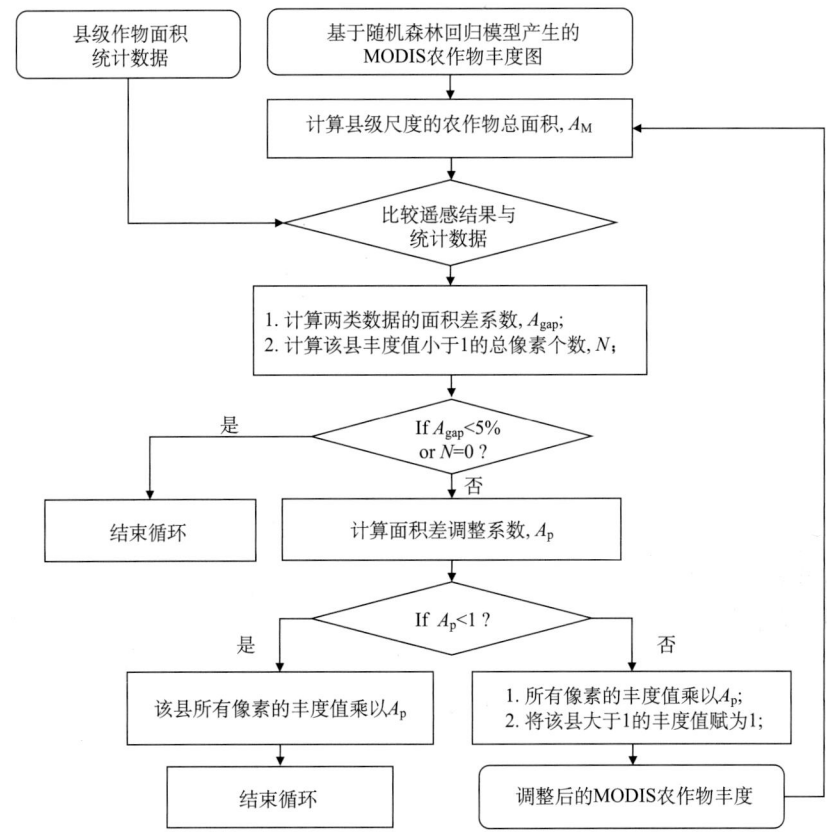

图 6-14 面积差空间迭代分配（IAGSA）方法对遥感结果与统计数据之间的
农作物面积差进行空间分配流程图

遥感结果进行面积缩小，整个县的 MODIS 农作物百分比值乘以相应的 A_p。观察图 6-16 中的 B 数组，可发现采用 IAGSA 方法后，亚像素百分比值整体上缩小了 124%；对于情况三："$A_{gap}>5\%$ and $A_p>1$"，即当遥感结果与统计数据之间的面积差较大时，同时当统计数据的农作物面积大于遥感产生的面积结果时，需要对整个遥感结果进行面积增大。根据 IAGSA 方法，首先将所有的农作物 MODIS 亚像素百分比乘以 A_p，其次，将亚像素百分比大于 1 的转成 1，直到达到 IAGSA 循环结束条件。观察图 6-16 中的数组 C，可发现经过 IAGSA 方法纠正后，MODIS 产生的结果整体上增大。但是这里需要注意的是，数组 C 仅为经过 IAGSA 的一次循环即达到结束条件的情况。然而，对于遥感数据显著小于统计数据时，可能需要多次 IAGSA 迭代循环才能彻底分为总的"面积差"。因此，"情况三"又可分为 1 次迭代、2 次迭代、n 次迭代，直到达到循环结束。

图 6-17 为采用 IAGSA 方法对遥感产生的结果进行调整前后，三类农作物 MODIS 亚像素百分比变化图。三类农作物中，玉米是经 IAGSA 方法调整后亚像素百分比变化最多的农作物，其次是大豆，水稻是结果变化最少的农作物。采用统计数据对遥感结果调整后，玉米在整个黑龙江的亚像素百分比呈现明显增长，尤其在松嫩平原，增长程度

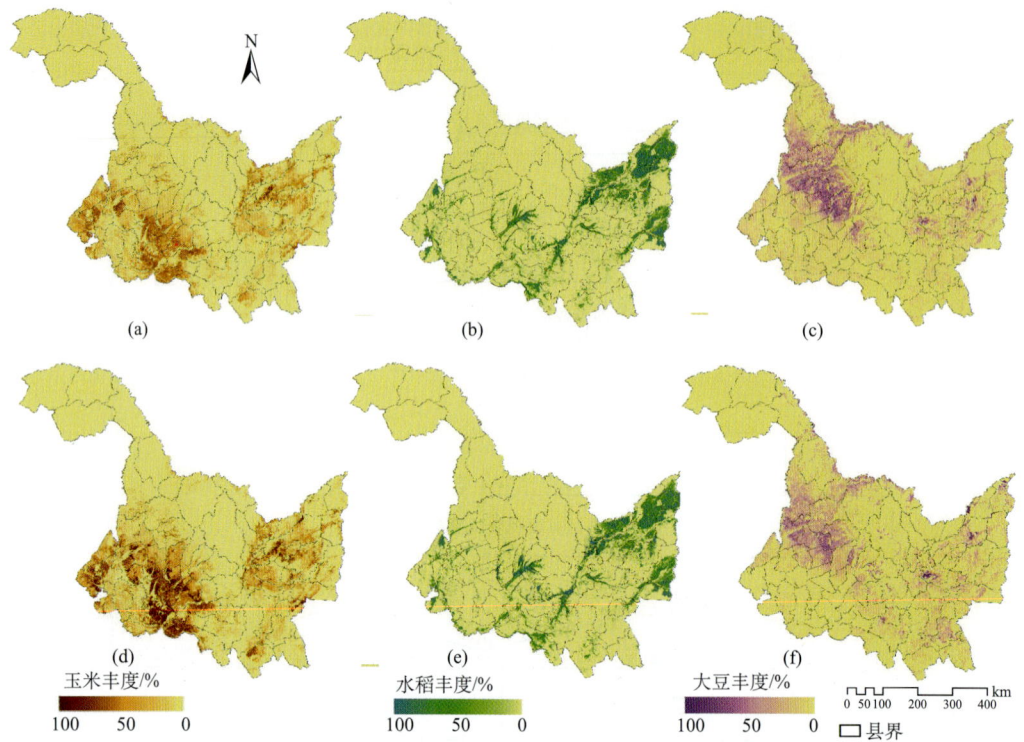

图 6-15 基于随机森林回归模型和县级 IAGSA 方法产生的 2011 年黑龙江省农作物丰度分布图

(a)、(b)、(c) 分别为玉米、水稻、大豆经县级统计数据采用 IAGSA 方法调整前的结果。(d)、(e)、(f) 分别为它们经 IAGSA 方法调整后的结果

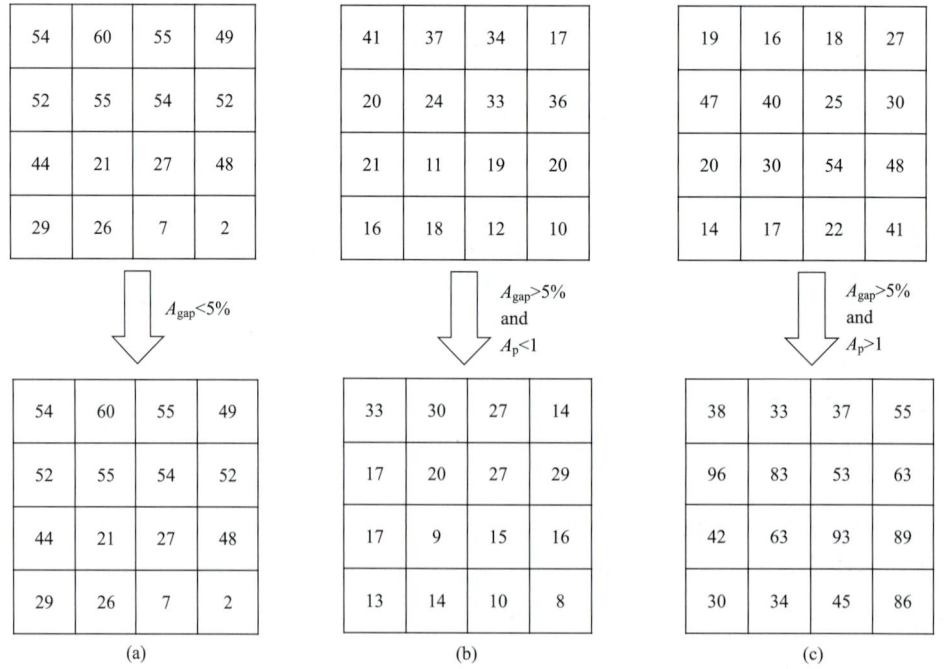

图 6-16 以玉米为例展示了经 IAGSA 方法调整前（上）和调整后（下）作物丰度的变化

(a)、(b) 和 (c) 代表了 IAGSA 方法的三种情况

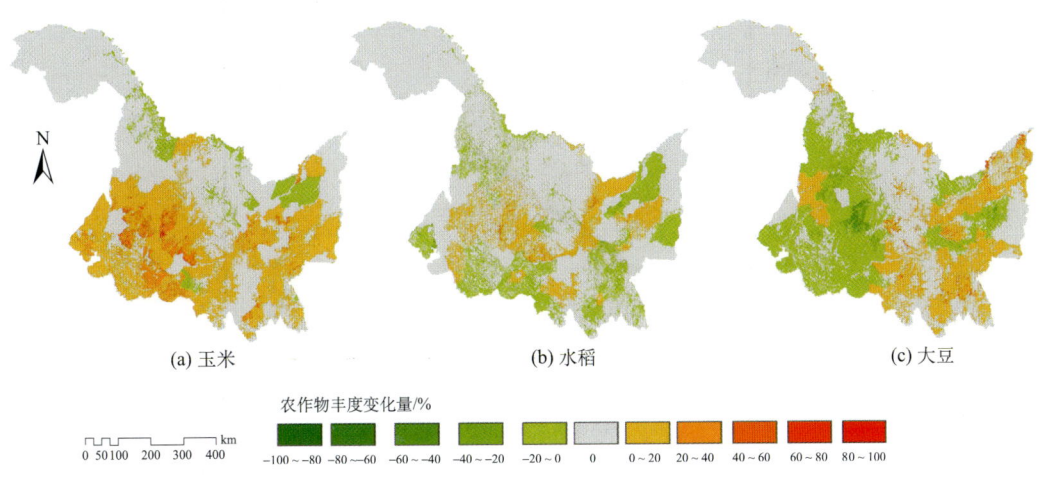

图 6-17 经 IAGSA 方法调整前后的农作物丰度变化图

显著大于其他区域。这个结果表明基于遥感产生的玉米面积总量显著低于统计数据；水稻整体上亚像素百分比下降，在黑龙江中部呈现小范围的增长，但无论是下降或是增长的幅度均较小；对于大豆而言，在松嫩平原及周边地区大豆 MODIS 亚像素百分比值均呈现微弱的下降，然而在东南地区大豆亚像素百分比均呈现微弱的增长。

将经过 IAGSA 方法调整后的农作物 MODIS 亚像素百分比，乘以 MODIS 像元大小，转换为像素面积，统计黑龙江各个县级的面积总量。将最新统计的农作物面积总量同统计数据比较，结果如图 6-18 显示。如期所料，经统计数据纠正后的最新遥感结果与统计数据在县级尺度上几乎完全一致，两者之间的 R^2 达 0.9996，RMSE 仅为 12.38km^2。除了比对纠正后的遥感结果与统计数据的面积一致性，我们这里还对 IAGSA 方法调整前和调整后的遥感结果的直方图进行了比对分析。如图 6-19 显示，将 MODIS 农作物亚像素比例分成 10 组区间（0~0.1, 0.1~0.2, 0.2~0.3, …, 0.9~1），分别统计各个区间值的频数。结果表明，整体上，经过 IAGSA 方法纠正前和纠正后的直方图变化较小。水稻是三类农作物中直方图特征变化最平缓的农作物不同区间的值均在纠正前和纠正后变化非常小。对于玉米而言，在 MODIS 亚像素百分比小于 0.2 的值域区间，IAGSA 纠正后的像素个数多于纠正前的像素个数，在大于 0.2 之后的区间，纠正后的像素个数整体小于纠正前的个数。对于大豆而言，在 MODIS 亚像素百分比小于 0.4 的值域区间，IAGSA 纠正后的像素个数少于纠正前的像素个数，在大于 0.4 之后的区间，纠正后的像素个数整体大于纠正前的个数。总的来说，纠正后的遥感结果不仅与农作物统计面积数据在县级尺度上高度一致，即消除了两者之间的"面积差"，同时，与未纠正前的遥感结果保持了较高的空间一致性。

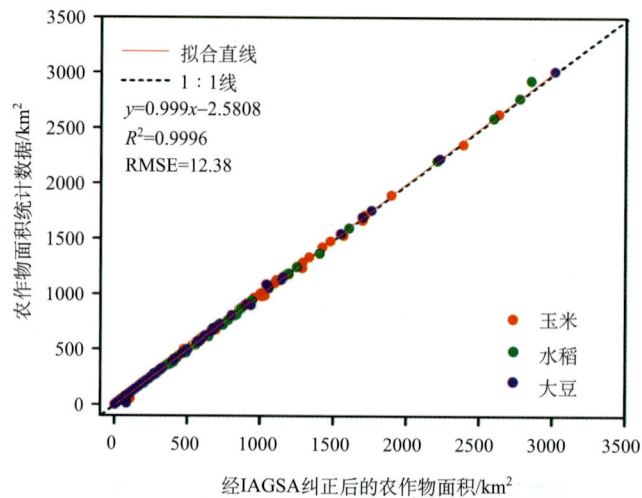

图 6-18　经 IAGSA 方法纠正后的 MODIS 农作物面积同县级统计数据的回归比较。

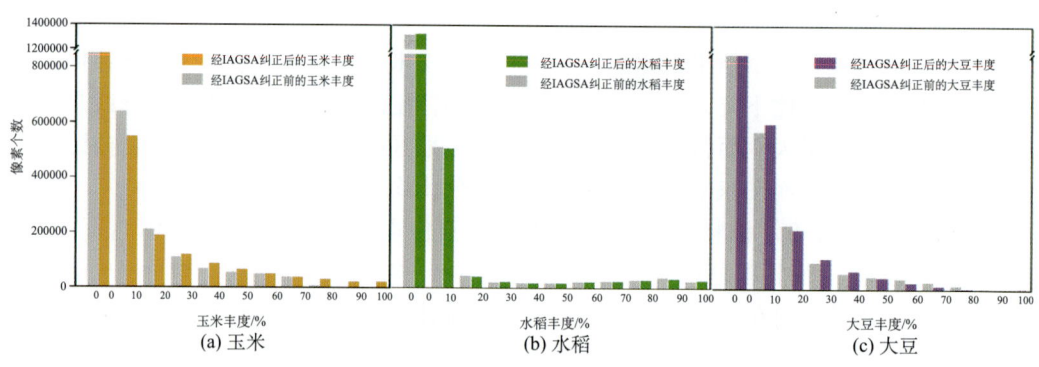

图 6-19　经 IAGSA 方法纠正前后产生的农作物丰度直方图对比

参 考 文 献

蔡薇. 2010. 基于 MODIS 遥感数据混合像元分解的小麦识别及其面积估算. 济南: 山东师范大学博士学位论文.

程良晓. 2017. 基于 VIIRS 数据的火点检测及秸秆焚烧对霾污染过程影响研究. 青岛: 山东科技大学博士学位论文.

戴激光. 2006. 基于 NOAA-AVHRR 的黄河源区 LUCC 研究. 兰州: 兰州大学博士学位论文.

杜灵通, 李国旗. 2008. 基于 SPOT-VGT 的宁夏盐池县近 8 年生态环境动态监测. 北京林业大学学报, 30(5): 46-51.

范海燕. 2005. NOAA/AVHRR 卫星数据处理及其网络式信息系统设计与实现. 青岛: 中国海洋大学博士学位论文.

高华东. 2007. NOAA/AVHRR 数据在森林火灾监测中的应用. 青岛: 中国海洋大学博士学位论文.

辜智慧. 2003. 中国农作物复种指数的遥感估算方法研究——基于 SPOT/VGT 多时相 NDVI 遥感数据. 北京: 北京师范大学博士学位论文.

侯西勇, 高猛, 常远勇, 等. 2010. 基于时空数据挖掘技术的黄河三角洲——莱州湾沿岸植被覆盖变化特征分析. 科研信息化技术与应用, 3: 50-60.

侯西勇, 应兰兰, 高猛, 等. 2010. 1998—2008 年中国东部沿海植被覆盖变化特征.地理科学, 30(5): 735-740.

黄方, 王平, 刘权. 2008. 松嫩平原西部植被覆盖动态变化研究.东北师大学报(自然科学版), 40(4): 115-120.

李二森. 2011. 高光谱遥感图像混合像元分解的理论与算法研究. 郑州: 解放军信息工程大学博士学位论文.

李剑萍, 郑有飞. 2000. 气象卫星混合像元分解研究综述.中国农业气象, 21(2): 44-47.

李儒, 张霞, 刘波, 等. 2009. 遥感时间序列数据滤波重建算法发展综述.遥感学报, 13(2): 335-341.

李正国, 杨鹏, 周清波, 等. 2009. 基于时序植被指数的华北地区作物物候期/种植制度的时空格局特征. 生态学报, 29(11): 6216-6226.

刘尧峣. 2015. 基于 Spot-Vegetation 数据的江西省植被指数变化研究. 北京: 中国地质大学博士学位论文.

潘耀忠, 李乐, 张锦水, 等. 2011. 基于典型物候特征的 MODIS-EVI 时间序列数据农作物种植面积提取方法——小区域冬小麦实验研究. 遥感学报, 15(3): 578-594.

齐建成. 2009. 多光谱图像混合像元分类技术研究. 郑州: 解放军信息工程大学博士学位论文.

任建强, 陈仲新, 周清波, 等. 2010. 基于时序归一化植被指数的冬小麦收获指数空间信息提取. 农业工程学报, 26(8): 160-167.

沙依然·外力. 2017. 基于新一代先进卫星遥感 AMSR2、VIIRS 数据融合积雪监测模型及应用研究. 南京:南京信息工程大学博士学位论文.

宋春桥, 游松财, 柯灵红, 等. 2011a. 藏北地区三种时序 NDVI 重建方法与应用分析. 地球信息科学学报, 13(1): 133-143.

宋春桥, 柯灵红, 游松财, 等. 2011b. 基于 TIMESAT 的 3 种时序 NDVI 拟合方法比较研究——以藏北草地为例. 遥感技术与应用, 26(2): 147-155.

孙华生. 2009. 利用多时相 MODIS 数据提取中国水稻种植面积和长势信息. 杭州: 浙江大学博士学位论文.

孙秀邦. 2008. 基于 NOAA/AVHRR 卫星数据的农业干旱遥感监测预警研究. 合肥: 安徽农业大学博士学位论文.

王正兴, 刘闯, Alfredo H. 2003. 植被指数研究进展: 从 AVHRR-NDVI 到 MODIS-EVI. 生态学报, 23(5): 979-987.

卫炜. 2015. MODIS 双星数据协同的耕地物候参数提取方法研究. 北京: 中国农业科学院博士学位论文.

吴波. 2006. 混合像元自动分解及其扩展模型研究. 武汉: 武汉大学博士学位论文.

吴昌原. 2014. 高光谱图像混合像元分解方法研究. 上海: 华东师范大学博士学位论文.

吴文斌, 杨鹏, 唐华俊, 等. 2009. 两种 NDVI 时间序列数据拟合方法比较. 农业工程学报, 25(11): 183-188.

吴文丽. 2012. 基于 SPOT/VEGETATION 影像小波变换的吉林省白城市土地覆被变化分析. 长春: 东北师范大学博士学位论文.

武彬. 2016. 基于 VIIRS-TVDI 的干旱区农田土壤湿度反演方法研究. 济南: 山东农业大学博士学位论文.

徐慧. 2011. 基于 SPOT VEGETATION 数据的长江流域植被覆盖变化特征分析. 武汉: 华中农业大学博士学位论文.

杨希明. 2007. 高光谱遥感图像分类方法研究. 哈尔滨: 哈尔滨工程大学博士学位论文.

张喜旺, 秦耀辰, 秦奋. 2013. 综合季相节律和特征光谱的冬小麦种植面积遥感估算. 农业工程学报, 29(8): 154-163.

张霞, 帅通, 杨杭, 等. 2010. 基于 MODIS EVI 图像时间序列的冬小麦面积提取. 农业工程学报, 26(S1): 220-224.

章明. 2009. 基于 Spot Vegetation 的海南岛植被类型 NDVI 变化特征研究. 重庆: 西南大学博士学位论文.

赵英时, 等. 2003. 遥感应用分析原理与方法. 北京: 科学出版社.

郑玉坤. 2002. 多时相 AVHRR-NDVI 数据的时间序列分析及其在土地覆盖分类中的应用. 北京: 中国科学院研究生院博士学位论文.

Ashton E A, Schaum A. 1998. Algorithms for the detection of sub pixel targets in multispectral imagery. Photogrammetric Engineering and Remote Sensing, 64(7): 723-731.

Asner G, Lobell D. 2000. A biogeophysical approach for automated SWIR unmixing of soils and vegetation. Remote Sensing of Environment, 74(1): 99-112.

Atzberger C, Rembold F. 2013. Mapping the spatial distribution of winter crops at sub-pixel level using AVHRR NDVI time series and neural nets. Remote Sensing, 5(3): 1335-1354.

Bateson C A, Asner G P, Wessman C A. 2000. Endmember bundles: a new approach to incorporating endmember variability into spectral mixture analysis. IEEE Transactions on Geoscience and Remote Sensing, 38(2): 1083-1094.

Böhler J E, Schaepman M E, Kneubühler M. 2018. Crop classification in a heterogeneous arable landscape using uncalibrated UAV data. Remote Sensing, 10(8): 1282-1302.

Brown K M, Foody G M, Atkinson P M. 2009. Estimating per-pixel thematic uncertainty in remote sensing classifications. International Journal of Remote Sensing, 30: 209-229.

Chang C. 2003. Hyperspectral Imaging: Techniques for Spectral Detection and Classification. New York: Kluwer.

Chang C, Heinz D C. 2000. Constrained subpixel target detection for remotely sensed imagery. IEEE Transactions on Geoscience and Remote Sensing, 38(3): 1144-1159.

Chang C, Ji B. 2006. Weighted abundance constrained linear spectral mixture analysis. IEEE Transaction on Geoscience and Remote Sensing, 44(2): 378-388.

Chang C, Wu C, Liu W et al. 2006. A new growing method for simplex based endmember extraction algorithm.IEEE Transactions on Geoscience and Remote Sensing, 44(10): 2804-2819.

Dong J, Xiao X, Kou W, et al. 2015. Tracking the dynamics of paddy rice planting area in 1986–2010 through time series Landsat images and phenology-based algorithms. Remote Sensing of Environment, 160: 99-113.

Fischer A. 1994. A model for the seasonal variations of vegetation indices in coarse resolution data and its inversion to extract crop parameters. Remote Sensing of Environment, 48(2): 220-230.

Fischer G, Nachtergaele F, Prieler S, et al. 2012. Global Agro-Ecological Zones (GAEZ v3.0) model documentation. International Institute for applied systems Analysis (IIASA), Laxenburg. Italy: Austria and the Food and Agriculture Organization of the United Nations (FAO).

Foody G. 1996. Approaches for the production and evaluation of fuzzy land cover classifications from remotely-sensed data. International Journal of Remote Sensing, 17(7): 1317-1340.

Foody G M. 2010. Assessing the accuracy of land cover change with imperfect ground reference data. Remote Sensing of Environment, 114: 2271-2285.

Green A A, Berman M, Switzer P, et al. 1988. A transformation for ordering multispectral data in terms of image quality with implications for noise removal. IEEE Transactions on Geoscience and Remote Sensing, 26(1): 65-74.

Heinz D C, Chang C. 2001. Fully constrained least squares linear spectral mixture analysis method for material quantification in hyperspectral imagery. IEEE Transactions on Geoscience and Remote Sensing, 39(3): 529-544.

Heinz D C, Chang C, Althouse M L G. 1999. Fully constrained least squares based linear unmixing. IEEE 1999 International Geoscience and Remote Sensing Symposium, IGARSS'99, Hamburg, Germany, 2: 1401-1403.

Hogda K A, Karlsen S R, Solheim I. 2001. Climatic change impact on growing season in Fennoscandia studied by a time series of NOAA AVHRR NDVI data. IEEE International Geoscience and Remote Sensing, 3: 1338-1340.

Hu Q, Ma Y, Xu B, et al. 2018. Estimating sub-pixel soybean fraction from time-series MODIS data using an optimized geographically weighted regression model. Remote Sensing, 10(4): 491.

Hu Q, Wu W, Song Q, et al. 2016. Extending the pairwise separability index for multicrop identification using time-series MODIS images. IEEE Transactions on Geoscience and Remote Sensing, 54: 6349-6361.

Hu Q, Wu W, Song Q, et al. 2017. How do temporal and spectral features matter in crop classification in Heilongjiang Province, China? Journal of Integrative Agriculture, 16(2): 324-326.

Huang X, Schneider A, Friedl M A. 2016. Mapping sub-pixel urban expansion in China using MODIS and DMSP/OLS nighttime lights. Remote Sensing of Environment, 175: 92-108.

Ichoku C, Karnieli A. 1999. A review of mixture modeling techniques for sub-pixel land cover estimation. Remote Sensing Reviews, (13): 161-186.

Jönsson P, Eklundh L. 2002. Seasonality extraction by function fitting to time-series of satellite sensor data. IEEE Transactions on Geoscience and Remote Sensing, 40(8): 1824-1832.

Jönsson P, Eklundh L. 2004. TIMESAT—a program for analyzing time-series of satellite sensor data. Computers and Geosciences, 30(8): 833-845.

Justice C O, Townshend J R G, Holben B N, et al. 1985. Analysis of the phenology of global vegetation using meteorological satellite data. International Journal of Remote Sensing, 6(8): 1271-1318.

Kühnlein M, Appelhans T, Thies B, et al. 2014. Improving the accuracy of rainfall rates from optical satellite sensors with machine learning: a random forests-based approach applied to MSG SEVIRI. Remote Sensing of Environment, 141: 129-143.

Lawson C L, Hanson R J. 1995. Solving Least Squares Problems. New Jersey: Prentice Hall, Inc, Englewood Cliffa.

Leung Y, Mei C L, Zhang W X. 2000. Statistical tests for spatial nonstationarity based on the geographically weighted regression model. Environment and Planning A, 32(1): 9-32.

Li W, Niu Z, Li Z, et al. 2016. Upscaling coniferous forest above-ground biomass based on airborne LiDAR and satellite ALOS PALSAR data. Journal of Applied Remote Sensing, 10(4): 46003.

Liu G, Miller J R, Haboudane D, et al. 2008. Crop fraction estimation from casi hyperspectral data using linear spectral unmixing and vegetation indices. Canadian Journal of Remote Sensing, 34: 124-138.

Liu W, Dong J, Xiang K, et al. 2018. A sub-pixel method for estimating planting fraction of paddy rice in Northeast China. Remote Sensing of Environment, 205: 305-314.

Lobell D B, Asner G P. 2004. Cropland distributions from temporal unmixing of MODIS data. Remote Sensing of Environment, 93(3): 412-422.

Lopatin J, Dolos K, Hernández H J, et al. 2016. Comparing Generalized Linear Models and random forest to model vascular plant species richness using LiDAR data in a natural forest in central Chile. Remote Sensing of Environment, 173: 200-210.

Markon C J, Flerning M D, Binnian E F. 1995. Characteristics of vegetation phenology over the Alaskan landscape using AVHRR time-series data. Polar Record, 31(177): 179-190.

Marsh S E, Switzer P, Kowalik W S, et al. 1980. Resolving the percentage of component terrains within single resolution elements. Photogrammetric Engineering and Remote Sensing, (8): 1079-1086.

Massey R, Sankey T T, Congalton R G, et al. 2017. MODIS phenology-derived, multi-year distribution of conterminous U.S. crop types. Remote Sensing of Environment, 198: 490-503.

Maxwell S K, Nuckols J R, Ward M H, et al. 2004. An automated approach to mapping corn from landsat imagery. Computers and Electronics in Agriculture, 43: 43-54.

Monfreda C, Ramankutty N, Foley J A. 2008. Farming the planet: 2. Geographic distribution of crop areas, yields, physiological types, and net primary production in the year 2000. Global Biogeochemical Cycles, 22(1): 1-19.

Neigh C S, Carroll M L, Wooten M R, et al. 2018. Smallholder crop area mapped with wall-to-wall WorldView sub-meter panchromatic image texture: A test case for Tigray, Ethiopia. Remote Sensing of Environment, 212: 8-20.

Ozdogan M. 2010. The spatial distribution of crop types from MODIS data: Temporal unmixing using independent component analysis. Remote Sensing of Environment, 114(6): 1190-1204.

Pan Y, Li L, Zhang J, et al. 2012. Winter wheat area estimation from MODIS-EVI time series data using the crop proportion phenology index. Remote Sensing of Environment, 119(3): 232-242.

Peña-Barragán J M, Ngugi M K, Plant R E, et al. 2011. Object-based crop identification using multiple vegetation indices, textural features and crop phenology. Remote Sensing of Environment, 115(6): 1301-1316.

Ramankutty N, Evan A T, Monfreda C, et al. 2008. Farming the planet: 1. Geographic distribution of global agricultural lands in the year 2000. Global Biogeochemical Cycles, 22: 1-19.

Rasmum B, Sijmen D J. 1997. A fast nonnegativity constrained least squares algorithm. Journal of Chemometrics, 11(5): 393-401.

Richardson A J, Wiegand C L. 1977. Distinguishing vegetation from soil background information. Photogrammetric Engineering and Remote Sensing, 43(12): 1541-1552.

Roberts D A, Gardener M, Regelbrugge J, et al. 1998a. Mapping the distribution of wildire using AVIRIS in the Santa Monica Mountains. Proceedings of the AVIRIS Earth Science Workshor, Pasadena, CA:

345-352.

Roberts D A, Gardner M, Church R, et al. 1998b. Mapping chaparral in the Santa Monica Mountains using multiple endmember spectral mixture models. Remote Sensing of Environment, 65(3): 267-279.

Schwartz M D, Reed B C, White M A. 2002. Assessing satellite-derived start-of-season measures in the conterminous USA. International Journal of Climatology, 22(14): 1793-1805.

Settle J J, Drake N A. 1993. Linear Mixing and the Estimation of Ground Cover Proportions. International Journal of Remote Sensing, 14(6): 1159-1177.

Skakun S, Franch B, Vermote E, et al. 2017. Early season large-area winter crop mapping using MODIS NDVI data, growing degree days information and a Gaussian mixture model. Remote Sensing of Environment, 195: 244-258.

Solano R, Didan K, Jacobson A, et al. 2010. MODIS Vegetation Index User's Guide (MOD13 Series). Tucson: Vegetation Index and Phenology Lab, University of Arizona.

Somers B, Delalieux S, Stuckens J, et al. 2009. A weighted linear spectral mixture analysis approach to address endmember variability in agricultural production systems. International Journal of Remote Sensing, 30(1): 139-147.

Song Q, Hu Q, Zhou Q, et al. 2017. In-season crop mapping with GF-1/WFV data by combining object-based image analysis and random forest. Remote Sensing, 9(11): 1184.

Sun J, Wu W, Tang H, et al. 2015. Spatiotemporal patterns of non-genetically modified crops in the era of expansion of genetically modified food. Scientific Reports, 5: 14180.

Taddei R. 1997. Maximum Value Interpolated(MVI): a maximum value composite method improvement in vegetation index profiles analysis. International Journal of Remote Sensing, 18(11): 2365-2370.

van Beijma S, Comber A, Lamb A. 2014. Random forest classification of salt marsh vegetation habitats using quad-polarimetric airborne SAR, elevation and optical RS data. Remote Sensing of Environment, 149: 118-129.

Wang F. 1990. Fuzzy supervised classification of remote sensing images. IEEE Transactions on Geoscience and Remote Sensing, (1): 194-201.

Wardlow B D, Egbert S L. 2008. Large-area crop mapping using time-series MODIS 250 m NDVI data: an assessment for the US Central Great Plains. Remote Sensing of Environment, 112(3): 1096-1116.

Xin R, Lu Z J, Liu Y, et al. 2015. Comparison on linear feature real width and interpretation width using landsat tm8 images and gf-1 images. Transactions of the Chinese Society of Agricultural Engineerng, 31(16): 196-205.

You L, Wood S, Wood U, et al. 2014. Generating global crop distribution maps: from census to grid. Agricultural Systems, 127: 53-60.

Zhang G, Lu Y. 2012. Bias-corrected random forests in regression. Journal of Applied Statistics, 39(1): 151-160.

Zhang X, Friedl M A, Schaaf C B, et al. 2003. Monitoring vegetation phenology using MODIS. Remote Sensing of Environment, 84(3): 471-475.

Zhong L, Hu L, Zhou H. 2019. Deep learning based multi-temporal crop classification. Remote Sensing of Environment, 221: 430-443.

第 7 章　基于中高空间分辨率影像的农作物制图

7.1　引　言

中高空间分辨率遥感数据因具有较好的光谱分辨率和空间分辨率、较高的分辨精度与目标识别可靠性，已广泛应用于农作物种植结构提取研究，无论是在信息提取理论和图像分析方法方面，还是在实践应用上都取得了长足的进展（贾坤等，2011；朱秀芳等，2007；Mcnairn et al.，2002）。近年来，随着卫星平台的不断更新和数据共享模式的成熟，遥感信息提取进入前所未有的遥感大数据时代。Landsat 历史存档和实时数据、中国高分辨率对地观测卫星数据以及欧空局 Sentinel-2A/B 卫星数据的获取与共享，为高精度中高空间分辨率的农作物种植结构提取提供了可能（Dong and Xiao，2016；Park et al.，2018）。目前中高空间分辨率 Landsat、Sentinel 等多光谱卫星数据，因其尚佳的光谱分辨率成为区域尺度农作物遥感制图较为理想的地表覆盖数据。合成孔径雷达（synthetic aperture radar，SAR）能全天时、全天候地获取数据，具有一定的穿透性，不同类型农作物在雷达图像上具有各异的后向散射特征，因此利用雷达数据多时相、多极化的特征对于识别农作物具有很大潜力，尤其能在多云多雨地区为农作物信息高效提取提供数据保障（Blaes et al.，2005）。Zhong 等（2014）对 177 景 Landsat TM/ETM+光谱变量、物候参数和累积积温（growing degree day，GDD）等多个特征量输入随机森林分类器对试验区玉米和大豆种植结构进行提取，研究发现将不同农作物生长过程中所需各异的总热量 GDD 变量引入，与时序光谱特征量结合分类，整体分类精度得到提高。Bouvet 等（2011）基于 ASAR 的 C 波段 HH/VV 双极化数据，采用阈值法提取了湄公河三角洲 13 个省双季稻、三季稻及双三季混合区种植结构图，并用统计数据验证，相关系数达 0.92。Mathur 等（2008）采用支持向量机分类器训练 24m 空间分辨率的 IRS-1D 多光谱波段特征量，以 90.66%的精度获取了印度旁遮普西南部棉花和水稻两大农作物的空间分布。李鑫川等（2013）用 SPLINE 算法对 HJ-CCD 影像插值去噪后重构时间序列后，基于决策树分层分类以 96.33%总体精度成功提取了黑龙江友谊农场种植结构。张楠楠（2012）以农作物的物候特征、两个时相的 CBERS-02CCD 影像提取的光谱特征和纹理特征建立农作物识别知识规则，监测山东省某市冬小麦、夏玉米和棉花等主要农作物空间分布和种植结构。马丽（2008）以黑龙江军川农场为研究区域，在 TM NDVI 数据支持下，结合辅助背景数据及专家知识建立决策树分类规则，提取了大豆、玉米和水稻的空间分布，总体精度达到 85.87%。

基于中等分辨率遥感数据的农作物空间分布提取，以作物类型更精细、种植模式更复杂和动态变化监测更及时为发展目标，为满足农业遥感领域多方面、多层次的应用需求发挥重要作用。然而中高空间分辨率数据重访周期通常较长，且易受云雨天气的影响，往往难以获得农作物识别最佳物候期的图像数据。基于少量时相中高分影像的分类很难辨识光谱相近的两种或多种作物，尤其作物识别的"关键物候期"特征缺失时，获取的农作物制图效果和精度往往较差。在中空间分辨率时序数据支持下，美国国家农业统计局实现了覆盖 48 个州的农作物空间分布信息提取，然而我国目前农业资源家底不清，尚缺乏一套中高分辨率农作物"一张图"。基于中等分辨率数据区域尺度的农作物种植结构解决的是"是不是"层面上的问题。

7.2 中高空间分辨率遥感数据

7.2.1 美国陆地资源（Landsat）系列卫星

美国陆地资源（Landsat）系列卫星是美国用于探测地球资源与环境的系列地球观测卫星系统，由美国航空航天局（NASA）和美国地质调查局（USGS）共同管理。自 1972 年起，Landsat 系列卫星陆续发射 8 颗（Landsat 6 发射失败）。自 Landsat 4 开始，卫星上增加了 TM 专题绘图仪（thematic mapper），该绘图仪采用 7 个波段，通过双向扫描目标地物、模拟信号模/数转换、256 个辐射亮度级的方式描述所获取的目标地物。

1. Landsat 5 卫星

Landsat 5 卫星于 1984 年 3 月发射升空，它是一颗光学对地观测卫星，有效载荷包括 TM 专题制图仪和 MSS 多光谱成像仪。Landsat 5 卫星所获得的图像是迄今为止在全球应用最为广泛、成效最为显著的地球资源卫星遥感信息源之一，同时 Landsat 5 卫星也是目前在轨运行时间最长的光学遥感卫星。Landsat 5 卫星轨道类型为近极地太阳同步轨道，重复周期为 16 天，轨道高度为 705km，轨道倾角 98.2°。TM 传感器主要参数如表 7-1 所示。

表 7-1　TM 传感器主要参数

波段	波长范围/μm	分辨率/m
蓝波段	0.45~0.52	30
绿波段	0.52~0.60	30
红波段	0.62~0.69	30
近红外波段	0.76~0.90	30
中红外波段	1.55~1.75	30
远红外波段	10.40~12.50	120
中红外波段	2.08~2.35	30

2. Landsat 7 卫星

Landsat 7 卫星于 1999 年 4 月发射升空。Landsat 7 卫星装备有增强型专题制图仪（enhanced thematic mapper plus，简称 ETM+），ETM+被动感应地表反射的太阳辐射和散发的热辐射，有 8 个波段的感应器，覆盖了从红外到可见光的不同波长范围。Landsat 7

除了在空间分辨率和光谱特性等方面保持与 Landsat 5 基本一致外，又增加了许多新的特性，因而受到了各国用户的普遍重视和欢迎。与 Landsat 5 卫星的 TM 传感器相比，ETM+增加了 15m 分辨率的一个波段，在红外波段的分辨率更高，因此有更高的准确性。2003年 5 月 31 起，Landsat 7 的扫描仪校正器出现异常，只能采用 SLC-off 模型（scan lines corrector，SLC）对数据进行校正。ETM+传感器主要参数如表 7-2 所示。

表 7-2　ETM+传感器主要参数

波段	波长范围/μm	分辨率/m
蓝波段	0.45~0.52	30
绿波段	0.52~0.60	30
红波段	0.63~0.69	30
近红外波段	0.76~0.90	30
中红外波段	1.55~1.75	30
远红外波段	10.40~12.50	60
中红外波段	2.09~2.35	30
全色波段	0.52~0.90	15

3. Landsat 8 卫星

Landsat 8 卫星于 2013 年 2 月发射升空。Landsat 8 卫星装备有陆地成像仪（operational land imager，OLI）和热红外传感器（thermal infrared sensor，TIRS）。OLI 被动感应地表反射的太阳辐射和散发的热辐射，有 9 个波段的感应器，覆盖了从红外到可见光的不同波长范围。与 Landsat 7 卫星的 ETM+传感器相比，OLI 增加了一个蓝色波段（0.433~0.453μm）和一个短波红外波段（1.360~1.390μm），蓝色波段主要用于海岸带观测，短波红外波段包括水汽强吸收特征，可用于云检测。TIRS 是有史以来最先进，性能最好的热红外传感器。TIRS 将收集地球热量流失，目标是了解所观测地带水分消耗，特别是干旱地区水分消耗。OLI 传感器和 TIRS 传感器参数分别如表 7-3 和表 7-4 所示。

表 7-3　OLI 传感器参数

波段	波长范围/μm	分辨率/m
海岸波段	0.43~0.45	30
蓝波段	0.45~0.51	30
绿波段	0.53~0.59	30
红波段	0.64~0.67	30
近红波段	0.85~0.88	30
短波红外 1	1.57~1.65	30
短波红外 2	2.11~2.29	30
全色波段	0.50~0.68	15
卷云波段	1.36~1.38	30

表 7-4 TIRS 传感器参数

波段	波长范围/μm	分辨率/m
热红外 1	10.60~11.19	100
热红外 2	11.50~12.51	100

7.2.2 欧盟哨兵（Sentinel）系列卫星

Sentinel"哨兵"系列卫星依托欧洲全球环境与安全监测系统项目，是欧洲空间局"哥白尼"计划空间部分的专用卫星系列。目前 Sentinel-1A/B、Sentinel-2A/B、Sentinel-3A/B 和 Sentinel-5P 共 7 颗卫星在轨运行，最新一颗 Sentinel-3B 于 2018 年 4 月发射升空。

1. Sentinel-1 卫星

Sentinel-1 卫星是由欧洲委员会（EC）和欧洲航天局（ESA）共同实施，针对哥白尼全球对地观测项目研制的首颗卫星，它是一个全天时、全天候雷达成像系统。Sentinel-1 基于 C 波段的成像系统分辨率最高 5m，幅宽达到 400km，具有双极化、短重访周期、快速产品生产的能力。其中，Sentinel-1A 卫星于 2014 年 4 月发射升空，经过一年左右的调试和预运行，在 2015 年 4~5 月期间，该卫星开始稳定运行，采用 12 天的重访周期进行全球成像，Sentinel-1B 也于 2016 年 4 月成功发射。目前两颗卫星同时运行，双星座将观测效率提高一倍，重访周期缩短至 6 天，赤道地区重访周期 3 天，北极 2 天。

Sentinel-1 拥有干涉宽幅模式、波模式两种主要工作模式，另有条带模式和超宽幅模式两种附加成像模式。其中，干涉宽幅模式幅宽 250km，地面分辨率 5m×20m；波模式幅宽 20km，图像分辨率 5m×5m；条带模式幅宽 80km，分辨率 5m×5m；超宽幅模式幅宽 400km，分辨率 20m×40m。不同成像模式参数如表 7-5 所示。

表 7-5 Sentinel-1 不同成像模式参数

模式	极化方式	空间分辨率	入射角/(°)	幅宽/km
干涉幅宽	HH+HV VH+VV HH VV	5m×20m	29-46	250
波浪	HH VV	5m×5m	22-35 35-38	20×20
超幅宽	HH+HV VH+VV HH VV	20m×40m	19-47	400
条带成像	HH+HV VH+VV HH VV	5m×5m	20-45	80

2. Sentinel-2 卫星

Sentinel-2A 卫星于 2015 年 6 月发射升空,Sentinel-2B 卫星于 2017 年 3 月发射升空。Sentinel-2A 和 Sentinel-2B 卫星组成 Sentinel-2 观测星座,运行于同一条轨道上,相位相差 180°,运行高度 790km,单星重访周期为 10 天,A/B 双星联合工作 5 天时间可以覆盖 84°S~84°N 的所有陆地、岛屿、海水领域,优化全球覆盖率和数据传输。目前,Sentinel-2 卫星数据主要用于全球高分辨率和高重访的陆地观测、生物物理变化制图、监测海岸和内陆水域以及风险和灾害制图等,并已对外发布共享。

Sentinel-2 搭载的有效载荷为多光谱成像仪(MSI),其工作光谱涵盖了可见光、近红外和短波红外共有 13 个波段,光谱范围为 0.4~2.4μm,光谱分辨率为 15~180nm,空间分辨率为 10~60m。其中,4 个可见光波段光谱分辨率为 10m,6 个近红外波段光谱分辨率为 20m,3 个短波红外波段空间分辨率为 60m,成像幅宽 290km,每轨最大成像时间为 40min,达到了前所未有的陆地监测高水平。Sentinel-2 传感器具体参数如表 7-6 所示。

表 7-6 Sentinel-2 传感器参数

波段	中心波长/μm	空间分辨率/m	波宽/nm
气溶胶波段	0.443	60	20
蓝波段	0.490	10	65
绿波段	0.560	10	35
红波段	0.665	10	30
植被红边波段	0.705	20	15
植被红边波段	0.740	20	15
植被红边波段	0.783	20	20
近红外波段	0.842	10	115
窄近红波段	0.865	20	20
水蒸气波段	0.945	60	20
卷云波段	1.375	60	20
短波红外	1.610	20	90

3. Sentinel-3 卫星

Sentinel-3 卫星为全球海洋和陆地监测卫星,是由 Sentinel-3A 和 Sentinel-3B,两颗卫星轨道相位差 180°的卫星组成的星座,是欧洲"哥白尼"计划的专用"哨兵"系列,主要任务是高精度测量海面地形、海洋和陆地表面温度及颜色,以支持海洋预测系统、环境和气候监测。

Sentinel-3 卫星是一个极轨、多传感器卫星系统,搭载的有效载荷主要包括光学仪器和地形学仪器。光学仪器包括海洋和陆地彩色成像光谱仪(OLCI)、海洋和陆地表面温度辐射计(SLSTR),提供地球表面的近实时测量数据,实现海洋重访周期小于 3.8 天,陆地重访周期小于 1.4 天。其中，海洋和陆地彩色成像光谱仪为中分辨率线阵推扫成像光谱仪，是欧洲"环境卫星"（Envisat）星载中分辨率成像仪（MERIS）的改进仪器，其幅宽为 1300km，视场 68.5°，海洋上空的分辨率为 1.2km，沿海区和陆地上空的分辨率为 0.3km；海洋和陆地表面温度辐射计是在"环境卫星"星载先进沿轨扫描辐射计（AATSR）基础上进行了改进，主要用于海洋和陆地表面温度观测，其可见光和红外谱段，与海洋和陆地彩色成像光谱仪谱段相同，其热红外通道的分辨率为 1km（天底点），可见光和短波红外通道的分辨率为 500m。

地形学仪器包括合成孔径雷达高度计（SRAL）、微波辐射计（MWR）、全球导航卫星系统（GNSS）接收机和精确定轨（POD）系统。合成孔径雷达高度计包含低分辨率模式（LRM）和合成孔径雷达模式 2 种雷达模式，是地形学有效载荷的核心仪器，主要用于获取地表高度、海浪高度和海风速度等数据。该仪器的雷达采用线性调频脉冲，地表高度测量的主频率是 13.575GHz、带宽 350MHz 的 Ku 频段和 5.41GHz、带宽 320MHz 的 C 频段；微波辐射计为天底点探测器，工作频率为 23.8GHz 和 36.5GHz，对应的 K、Ka 频段覆盖带宽均为 200MHz，该微波辐射计用于测量水蒸气和云含水量；全球导航卫星系统接收机是 GPS 星座或"伽利略"系统的双频仪器，能同时跟踪 12 颗卫星，用于提供精确定轨（POD）数据，并定期提供实时导航公告，导航定位精度为 3m；激光后向反射器为被动装置，由一组三角棱镜组成，通过激光测距技术可以确保卫星在地面的高精定位。

7.2.3 中国环境（HJ）系列卫星

中国环境（HJ）系列卫星全称为中国环境与灾害监测预报小卫星星座，是中国专门用于环境和灾害监测预报的对地观测卫星系统，该系统由两颗中分辨率光学小卫星（HJ-1A 卫星和 HJ-1B 卫星）和一颗合成孔径雷达小卫星 C 星组成。HJ-1A 卫星和 HJ-1B 卫星于 2008 年 9 月以"一箭双星"的方式发射升空，HJ-1A 星搭载了 CCD 相机和超光谱成像仪（HSI），HJ-1B 星搭载了 CCD 相机和红外相机（IRS）。HJ-1C 卫星于 2009 年发射升空，是中国首颗 S 波段合成孔径雷达卫星，与 HJ-1A 卫星、HJ-1B 卫星形成卫星系统。HJ 系列卫星拥有光学、红外、超光谱等不同探测方法，采取多颗卫星组网飞行的模式，每两天就能覆盖全球　次，实现大范围、全天候、全天时、动态监测生态环境和灾害，及时获取生态环境和灾害发生、发展过程，预测生态环境和灾害发展变化趋势，快速评估灾情，为紧急求援、灾后救助和重建工作提供科学依据。

1. HJ-1A 卫星

HJ-1A 卫星在可见光谱段范围内，采用多光谱和高光谱探测手段，形成对地大范围观测和高光谱遥感的能力，可以为灾害和生态环境发展变化趋势预测、灾情和环境质量进行快速评估提供数据支撑。

在 HJ-1A 卫星上装载了两台设计原理完全相同的 CCD 相机，单台 CCD 相机的幅宽为 360km，具有宽幅、中高分辨率的特点，适用于大范围中尺度覆盖监测。两相机以星下点对称放置，平分视场、并行观测、推扫成像，联合完成对地刈幅宽度为 700km。HJ-1A

卫星对全球覆盖一次需要 4 天（与 HJ-1B 卫星组网后需要 2 天），地面像元分辨率为 30m，其波谱范围为 0.43～0.90μm，分为 4 个波段，其波段光谱设置基本延续了美国 Landsat、法国 SPOT 及中巴资源卫星 CBERS 等系列卫星数据的光谱范围，能够满足绝大多数业务化遥感应用对光谱信息的需求。由于 HJ-1A 卫星使用的是可见光—近红外波段，CCD 相机无法在夜间和有云雾雪等天气条件下工作。利用 HJ-1A 卫星、HJ-1B 卫星 CCD 数据通过构建水体指数、植被指数、主成分多特征影像，用最大似然法监督分类，可以快速有效地提取主要的土地利用覆盖信息。

此外，HJ-1A 卫星还装载有一台超光谱成像仪，完成对地刈宽为 50km 的推扫成像。超光谱成像仪具有±30°侧视能力和星上定标功能，通过侧摆实现对全球重复观测，重访周期为 4 天，空间分辨率为 100m，幅宽为 50km，具有 115 个工作谱段，光谱范围为 0.459～0.956μm，平均光谱分辨率为 4.32nm。HJ-1A 卫星同时作为亚太多边合作小卫星（SMMS），装载泰国研制的 Ka 通信试验设备。该传感器与目前应用广泛的 EOS-MODIS、EO-1 Hyperion 等卫星相比，虽光谱范围窄，但光谱分辨率有所提高，地物识别和信息提取能力有所增强，能够满足大气成分探测、水环境监测以及植被生长状况监测等多种专题研究的开展。但受光谱范围限制，只能进行白天无云情况下的超光谱成像。HJ-1A 卫星传感器参数如表 7-7 所示。

表 7-7　HJ-1A 卫星传感器主要参数

有效载荷	波段	光谱范围/μm	空间分辨率/m	幅宽/km	侧摆能力	重访周期/d	数据传输速率/Mbps
CCD 相机	1	0.43～0.52	30	360（单台）700（双台）	—	4	120
	2	0.52～0.60					
	3	0.63～0.69					
	4	0.76～0.90					
高光谱成像仪	—	0.45～0.95（110～128 个谱段）	100	50	±30°		

2. HJ-1B 卫星

HJ-1B 卫星是环境与灾害监测预报小卫星星座的重要组成之一，也是一颗光学星，有效载荷为两台宽覆盖多光谱可见光相机和一台红外相机。HJ-1B 卫星搭载的多光谱可见光相机设计原理与 HJ-1A 卫星 CCD 相机完全相同，并且与 HJ-1A 卫星在同一轨道面内，呈 180°相位，可见光探测可完成对地重复观测 2 天的观测能力，高光谱探测通过侧摆可形成 4 天的重复观测能力。HJ-1B 卫星传感器的 4 个波段，光谱范围覆盖了近红外、短波红外、中红外和热红外谱段。仅有一个热红外波段，其星下点空间分辨率为 300m，波段范围为 10.5～12.5μm，幅宽为 720km。HJ-1B 卫星热红外波段的光谱范围和 Landsat TM 热红外波段的光谱范围（10.4～12.5μm）十分接近，并且都只有一个热红外波段。

在 HJ-1B 卫星上还装载有一台红外相机,完成对地幅宽为 720km、地面像元分辨率为 150m/300m、近短中长 4 个光谱谱段的成像。红外相机 4 天对全球覆盖一次,光谱范围为 0.75~12.5μm,分为 4 个波段,幅宽 720km,地面像元分辨率在近、中红外波段为 150m,10.5~12.5μm 处为 300m。在波段设置上,HJ-1B 上的红外相机与 Landsat、NOAA 及 FY 等系列卫星所搭载传感器的部分通道类似,利于进行森林火灾、地震、辐射及热岛等高温异常点监测,并且波段 3 和波段 4 具备夜间观测能力。HJ-1B 卫星传感器参数如表 7-8 所示。

表 7-8 HJ-1B 卫星传感器主要参数

有效载荷	波段	光谱范围/μm	空间分辨率/m	幅宽/km	侧摆能力	重访周期/d	数据传输速率/Mbps
CCD 相机	1	0.43~0.52	30	360(单台);700(双台)	—	4	60
	2	0.52~0.60					
	3	0.63~0.69					
	4	0.76~0.90					
红外多光谱相机	5	0.75~1.10	150(近红外)	720	—		
	6	1.55~1.75					
	7	3.50~3.90					
	8	10.5~12.5	300				

3. HJ-1C 卫星

HJ-1C 卫星于 2012 年 11 月发射升空。C 星上搭载有 S 波段合成孔径雷达,S 波段 SAR 雷达具有条带和扫描两种工作模式,成像带宽度分别为 40km 和 100km。HJ-1C 的 SAR 雷达单视模式空间分辨率为 5m,距离向四视分辨率为 20m,重访周期 31 天,视角范围在 25°~47°之间,辐射分辨率 3db,极化方式为垂直极化方式,在环境与灾害监测预报中发挥重要作用。

7.2.4 中国高分(GF)系列卫星

中国高分(GF)系列卫星是依托高分辨率对地观测系统重大专项(简称高分专项)建设实施。高分辨率对地观测系统工程是《国家中长期科学和技术发展规划纲要(2006—2020 年)》确定的 16 个重大专项之一,由国防科工局、总装备部牵头实施,是我国为精确、高效、大范围地获取高清晰度地表覆盖影像而设计研发的新一代高分辨率对地观测系统。"高分"系列卫星覆盖了从多光谱全色到高光谱,从光学到微波,从太阳同步轨道到地球同步轨道等多种类型,构成了一个具有高空间分辨率、高时间分辨率和高光谱分辨率能力的对地观测系统,编号为"高分一号"到"高分七号"。高分卫星发射升空,实现了中国亚米级高空间分辨率与高时间分辨率的有机结合。

1. GF-1 卫星

GF-1 卫星是中国高分辨率对地观测系统的第一颗低轨遥感卫星，突破了高空间分辨率、多光谱与宽覆盖相结合的光学遥感等关键技术。首星"高分一号"于 2013 年 4 月发射升空，实现了精度高、姿态稳定度高的控制技术，是一颗寿命高可靠卫星，能满足资源环境、精准农业、灾害监测领域研究数据支持需求，成为信息服务等方面不可或缺的重要手段，对提升我国卫星工程水平、提高高分辨率数据自给率，具有重大战略意义。

GF-1 卫星采用 CAST2000 小卫星平台技术，装载了 2 台分辨率为 8m/全色 2m 的多光谱高分辨率相机和 4 台分辨率为 16m 的多光谱宽幅相机（WFV1、WFV2、WFV3 和 WFV4 四个 WFV 传感器）。卫星轨道高度为 645km，高分相机侧摆 25°的可视范围为 700km，重访周期 4 天，不启用侧摆功能时，重访周期需 41 天。对于宽幅相机，卫星无需测摆就可 4 天重复覆盖全球一次。GF-1 卫星详细参数如表 7-9 所示。

表 7-9 GF-1 卫星详细参数

参数	WFV		PMS	
轨道类型	太阳同步回归轨道			
倾角/(°)	98.0506°			
轨道高度/km	645			
辐射量化值	10bit			
光谱范围/μm	0.45~0.52		多光谱	0.15~0.52
	0.52~0.59			0.52~0.59
	0.63~0.69			0.63~0.69
	0.77~0.89			0.77~0.89
			全色	0.45~0.90
空间分辨率/m	16		多光谱	8
			全色	2
时间分辨率/d	4		41	
幅宽/km	800（4 台相机组合）		60（2 台相机组合）	

GF-1 卫星地面接收系统由三亚接收站、密云接收站、牡丹江接收站和喀什接收站 4 个地面接收站组成。根据输入姿轨数据和处理流程的不同，其标准产品分为 1A 和 2A 级产品。

2. GF-2 卫星

GF-2 卫星于 2014 年 8 月发射升空。该卫星是我国自主研制的首颗空间分辨率优于 1m 的民用光学遥感卫星，标志着中国遥感卫星进入亚米级高分时代。GF-2 卫星搭载有两台高分辨率 1 米全色、4 米多光谱相机，同时还具有高辐射精度、高定位精度和快速姿态机动能力等特点。GF-2 卫星详细参数如表 7-10 所示。

表 7-10 GF-2 卫星详细参数

参数	参数设置	
轨道类型	太阳同步回归轨道	
倾角/(°)	98.0506	
轨道高度/km	645	
辐射量化值	10bit	
光谱范围/μm	多光谱	0.45～0.52
		0.52～0.59
		0.63～0.69
		0.77～0.89
	全色	0.45～0.90
空间分辨率/m	多光谱	3.2
	全色	0.8
时间分辨率/d	5	
幅宽/km	800（4 台相机组合）	45（2 台相机组合）

3. GF-3 卫星

GF-3 卫星于 2016 年 8 月发射升空，开始执行对地观测任务。该卫星搭载的传感器是 C 频段多极化合成孔径雷达，具有全极化电磁波收发功能。GF-3 卫星涵盖了聚束、条带、扫描、波浪、超精细等 12 种成像模式，可以获取空间分辨率从 1m 到 500m，幅宽 10km 到 650m、从单极化至全极化的 SAR 图像。不仅能够用于大范围资源环境及生态普查，还能够清晰地分辨出陆地土地覆盖类型和海面目标，既可探地，又可观海，达到"一星多用"的效果。GF-3 卫星详细参数如表 7-11 所示。

表 7-11 GF-3 卫星详细参数

参数	参数设置
轨道类型	太阳同步轨道
频段	C 频段
轨道高度/km	755
极化	单极化/双极化/全极化
成像模式	聚束、条带、扫描、波浪、超精细等 12 种成像模式
空间分辨率/m	1～500
成像幅宽/km	10～650
入射角范围/(°)	10～60

4. GF-6 卫星

GF-6 是一颗低轨光学遥感卫星，于 2018 年 6 月发射升空，是我国首颗精准农业观测的高分卫星。GF-6 卫星与 GF-1 卫星组网运行，实现了对我国陆地区域 2 天的重访观测，极大提高了遥感数据的获取规模和时效，有效弥补国内外已有中高空间分辨率多光谱卫星资源的不足，提升了国产遥感卫星数据的自给率和应用范围。

GF-6 卫星具有高分辨率、宽覆盖、高质量成像、高效能成像、国产化率高等特点，设计寿命 8 年，搭载了 2m 全色/8m 多光谱高分辨率相机、16m 多光谱中分辨率宽幅相机，2 米全色/8 米多光谱相机观测幅宽 90km，16m 多光谱相机观测幅宽 800km。高分六号 8 谱段采用自主研制的 CMOS 探测器，增加了红边波段，有效增强了对农作物的观测能力。

7.3 基于像素分类方法

基于像素的农作物制图是以像元为分类单元，通过分析农作物地表覆盖在遥感数据上呈现的光谱、时间和空间特性，识别像元农作物类型的过程。具体来讲，就是在像元尺度上，根据像元光谱信息、植被指数等特征因子，构建农作物地表覆盖分类规则，从而将其划分到某一农作物类型中。

1. 基于像素的农作物制图

随着空间技术的不断发展，基于像元的农作物遥感制图发挥了重要作用，无论在理论和方法方面，还是在实践方面都取得了长足的进展（Larranaga et al., 2011）。基于像元的农作物制图方法分为目视解译法和计算机自动分类法。

1）目视解译的农作物制图方法

目视解译也称目视判读，是农作物遥感制图最初的处理方法，是指利用农作物不同生长阶段在不同时相、不同波段组合呈现不同色彩的特点，专业解译人员通过直接观察或者借助判读仪器在遥感影像对特定的农作物类型进行信息提取的过程。具体而言，就是专业解译人员根据农作物特有的季相节律特征在遥感影像中呈现的特有的光谱空间和时间分布等反射特征，在最佳时间观测窗口下，通过适宜的波段组合方式，目视区分遥感影像中农作物的色彩、空间特征纹理细节、几何形状、空间位置、分布格局等差异，结合地学、作物学等相关规律以及解译者的知识和经验，采用对比分析、综合推理等方法，对目标农作物进行识别的技术方法。

目视解译法简单、方便，可以直接从影像中提取农作物空间分布信息，但是解译人员需要具备非常丰富的专业地学知识和野外实地调查经验，以便于将现实地物与影像上呈现的特征加以精确的匹配。该方法用于大范围农作物遥感制图时需要耗费大量的人力、物力和财力，且信息获取的周期过长，严重影响研究和应用的效率，结果具有较强的主观性。

2）计算机自动分类的农作物制图方法

计算机自动分类的农作物制图方法是针对中低空间分辨率遥感影像，在计算机系统的支持下，综合运用地学分析、模式识别、人工智能技术，根据影像中目标农作物的光谱、时相、植被指数等各种特征，通过选择特征变量、确定判别函数或判别规则，实现农作物专题信息的智能化获取。

在分类特征上,计算机自动分类的农作物制图方法依据的是同类农作物在相同地形、光照等条件下,在遥感影像上呈现出相同或者相似的光谱特征和空间特征,从而表现出同种农作物类型的相似性,即在特征空间中,同类农作物像元的特征向量聚集在一个区域,而不同农作物的像元特征向量聚集在特征空间的若干不同的区域中,每一个区域代表一种农作物类型。在分类算法上,利用最小距离法、最大似然法等监督与非监督分类器算法,分析比较遥感影像记录的农作物光谱特征相似性与差异性,将像元划分到某一农作物类别中。随着卫星传感器时空分辨率的不断提高与智能模式识别技术的迅速发展,非参数化的计算机自动识别分类器已被广泛应用于农作物种植结构提取中,极大地丰富了农作物制图的理论和方法(郑长春等,2008)。基于支持向量机、决策树、人工神经网络、专家系统方法、模糊集等智能算法的非参数分类算法,对特征数据分布形态没有正态分布的假设要求限制,分类效果和效率得到大幅提高。

传统的基于像元分类方法,易造成空间信息大量冗余、分类精度降低等现象,该影像分析方法未从本质上解决高分辨率遥感图像分类的弊端,基于像元的分析方法已无法适用于高空间分辨率遥感图像分类工作,所以注重与空间实体对应的影像分析技术被学者们越来越多地应用于高分辨率遥感图像的分类研究中。

2. 基于像素分类方法的适用范围及优缺点

基于像素分类的农作物制图方法广泛适合于中高分辨率的遥感影像。随着遥感影像空间分辨率的提升,对于光谱响应变异增大的高空间分辨率多光谱遥感影像而言,传统基于像元的遥感影像分析方法无法满足分类需求,存在诸多问题:随着空间分辨率的提高,光谱特征不如空间特征丰富,增加了同类之间的光谱异质性、减少了异类之间的光谱同质性,不易区分"同物异谱、同谱异物"的农作物,并且同一农作物类别内部纯像素较多,内部异质性增大,"椒盐现象"严重;仅利用光谱信息,忽略几何、纹理和空间信息,弱化了农作物植被类型类内和类间的空间、纹理结构以及相邻像元光谱之间的关联效应,忽视了影像的空间特征和拓扑关系,获得的信息十分有限,往往出现较多的错分、漏分情况;随着空间分辨率的提高,遥感影像的数据量成指数级增长,用传统方法对高分辨率影像进行信息提取运算量大、速度慢,不能满足遥感信息快速提取的要求;不同的地表覆盖类型在同一个尺度上提取,忽略了遥感应用中的尺度影响。

7.4 面向对象分类方法

7.4.1 面向对象的定义

与中低空间分辨率影像相比,高分辨率影像空间分辨率提高,一个像元所代表的地表实体的范围减小,混合像元减小,因此,有助于分类精度的提高。然而,在高分辨率遥感影像上,同一类农作物类型由相邻的若干像元组成,导致同一农作物类型内部的异质性增强,如果仅仅依靠光谱信息分类,会导致严重的"椒盐效应"。因此,传统的以像元为基本单元的图像分析方法，按照像元光谱特征判定每一个像元类别归属的方法，已经不能完全满足高分辨率遥感影像图像处理需求，对自动分类方法提出了新的挑战（张锦水等，2010；王久玲等，2014；Witharana et al., 2014）。

Kettig 等（1976）提出根据对象所表现出的整体性质作为影像的分析单元，设计了 ECHO 分类器，该分类器原理是将影像划分为同质性区域和非同质性区域，并对两类不同性质的区域分别采用窗口分类和像素级分类的方式，这也是最早起面向对象分类方法的雏形。Jimenez 等（2005）在 ECHO 分类器基础上，融入了非监督分类思想，提出了 UnECHO 方法。之后，Lu 等（2007）比较了 MLC 和 ECHO 对于高分辨率遥感影像在农业土地利用制图中的效果，分别获得了 92.4% 和 93.3% 的精度。针对高分辨率遥感影像的特点，Baatz 和 Schäpe（2000）率先提出了以对象替代像元作为分类的基本单元的遥感影像分析方法，其基本思想是在相关约束条件的限制下，通过区域合并将像元合并为具有相似特征的同质对象，在对象层面上提取属性特征，建立模糊判别规则，实现对同质性对象的地类判别归类。随着高分辨率影像的发展，面向对象分类方法越来越多地受到研究者的青睐。用面向对象的方法进行分类时，不仅依靠地物的光谱信息，还充分结合了地物的几何形状、分布位置、纹理等空间信息。面向对象的影像分析方法的基础是图像分割。商业化软件 eCogintion 自 2003 年问世以来，面向对象图像分析方法普遍植入于高分辨率影像信息提取中，受到越来越多的研究人员的广泛关注。

面向对象的遥感影像分析方法综合考虑了与空间地理实体对应的属性特征，包括光谱波段的统计特征、拓扑与相邻关系等一系列因素，以提升获取农作物布局与分布情况精度，使得区域范围内面向对象的遥感影像分析与信息提取技术在基于高分遥感数据源的农作物种植结构提取研究中发挥了重要作用（Maire et al., 2014）。针对高分辨率尺度的遥感数据光谱信息混杂和信息高度畸变问题，Dell'Acqau 等（2004）提出要提高高分辨率影像的土地覆盖与利用分类精度必须联合影像的光谱和空间信息的理念，以破解影像特征提取和模式分类上的瓶颈问题。除了灰度共生矩阵（GLCM）纹理以外，小波纹理特征也被用于面向对象图像分析方法中，以丰富地物信息，进而提高农作物分类精度（Durieuxa et al., 2007）。在多频多极化 SAR 影像数据支持下，Fukuda 等（1999）探讨了极化特征选择和特征降维的方法，发现 SAR 小波纹理特征有助于提升农作物物种识别的效果。黄慧萍（2003）采用面向对象的多尺度影像分割方法，深入探讨了 4m 高空间分辨率 IKONOS 和 30m 中等空间分辨率 TM 遥感影像等不同分辨率遥感影像的最优尺度，并以 90% 以上的总体精度自动提取了大庆市城市绿地覆盖信息。周春艳等（2008）在高空间分辨率影像 QuickBird 数据支持下，采用面向对象方法和模糊分类器相结合的技术，将光谱特征和形状特征融合参与分类，提取的农业区精度高达 91.60%，研究表明注重与空间实体对应的面向对象的图像分析方法在边缘效应明显的农业用地信息提取中具有优势。

随着卫星传感器对地观测能力的不断提升，遥感影像空间分辨率的提高使得目标农作物边缘轮廓更加清晰，空间细节信息更加丰富，融入面向对象的思想对基于中高空间分辨率遥感信息源的农作物种植结构信息提取效果尤为明显，从光谱和形状两方面刻画，有效地克服基于像元层次分类的不足，在遥感影像分析中具有巨大的潜力（Blaschke,

2010; Vancoillie et al., 2007)。

7.4.2 图像分割方法

面向对象方法研究的基本单元已不再是传统分类方法中的像元,而是经过图像分割后由像元合并而成的同质对象。图像分割就是根据地表覆盖类型在遥感影像上呈现出的光谱、纹理、相邻与拓扑等其他类型特征,将具有相同或者相似特征的相邻像元合并成一个对象的过程,该过程是面向对象图像分析的关键步骤,遵循影像分割对象内部特征属性同质性高、与相邻对象及其他对象之间异质性也高的基本原则,并以对象为影像处理的基本单元(Dronova et al., 2015; Laliberte et al., 2012)。图像分割的过程主要包括两方面的内容:选择合适的影像分割算法与优化分割尺度。

1. 选择合适的影像分割算法

影像分割分为基于边界的影像分割和基于区域的影像分割两类。前者是依据边界灰度不连续的点进行计算,有先检验点值再提取边界和先确定边界再提点两种过程。后者是根据整景影像的区域相似性,不断分裂,获取同质区域。分割算法受到了研究者的高度重视,至今已提出了大量的分割算法,如灰度直方图寻求阈值法、模糊均匀性的多层阈值选择法、区域相似性原理提出的聚类法、区域增长法、ECHO 的分算法、区域分裂法、基于边界和区域的混合分割算法、多尺度分割算法。诸多遥感影像分析软件也集成了面向对象分割的算法,目前受到普遍好评的是世界顶级图像分析公司 Definiens 公司出品的 eCognition 软件提供的抗噪声干扰又可边界保持性好的区域生长合并的分割方法。其中,多尺度影像分割算法是 eCognition 中最经典的分割算法之一,通过相关约束条件的限制,自下而上将原影像的像素逐步生成小的像斑,再由小像斑生成大像斑,完成区域合并的过程。合并的原则是通过一个潜在的优化算法,生成具有加权异质性最小的同质单元。每次合并过程的开展需建立在相邻原则的基础上,且合并过程取决于生成的新同质单元与原图斑相比异质性提高程度是否为最小,若最小的异质性提高超出合并阈值,则合并结束。多尺度影像分割可充分挖掘对象光谱特征、空间特征和语义信息等关系,在面向对象分类中被广泛应用。在多尺度分割算法中,光谱因子(color)以及形状因子(shape)是影响影像异质性的两种关键因子,而形状因子又包括光滑度异质性(smooth)与紧致度异质性(compactness)两个因子。

异质性的计算可表示为

$$f = w_{\text{color}} \cdot \Delta h_{\text{color}} + w_{\text{shape}} \cdot \Delta h_{\text{shape}} \tag{7-1}$$

式中,w_{color} 和 w_{shape} 分别表示光谱权重值和形状权重值,取值范围为 0~1,且 $w_{\text{color}} + w_{\text{shape}} = 1$;$\Delta h_{\text{color}}$ 和 Δh_{shape} 分别是光谱异质性值和形状异质性值。

光谱异质性公式可表示为

$$\Delta h_{\text{color}} = \sum c W_c \times \sigma_c \tag{7-2}$$

式中,c 为多光谱波段数量;W_c 多光谱波段的权重值;σ_c 为由 c 个波段灰度值构成的对象标准差。

形状异质性公式可表示为

$$\Delta h_{shape} = w_{compactness} \cdot \Delta h_{compactnesss} + w_{smooth} \cdot \Delta h_{smooth} \quad (7\text{-}3)$$

式中，$w_{compactness}$ 和 w_{smooth} 分别为紧致度值和平滑度值的权重，且 $w_{compactness} + w_{smooth} = 1$；$\Delta h_{smooth}$ 为平滑度异质性指标；$\Delta h_{compactness}$ 为紧致度异质性指标，变化程度与用于合并的两个对象所包含的像素数目、对象光谱的标准差等因素有关。

在实际应用多尺度分割算法的操作中，分割参数的设定主要包含以下几个因子：

1）波段权重的设置

在影像分割中由于涉及光谱异质性计算需要对波段权重进行设置，某个波段权重设置越大，则该波段被利用的信息越多。在实际分割中用户可以根据不同波段的特性及目标地物的大小，按需要调整波段之间的权重，eCognition 软件中默认的每个波段权重均为1。

2）异质性相关因子设置

异质性计算光滑度、紧致度两个属性，eCognition 中主要通过形状因子以及紧致度因子来实现，二者的设定范围为 0~1。颜色因子影响的是对象的光谱特征差异，形状因子影响的是对象几何特征的差异。形状因子越小，颜色因子就会越大，分割对象越细碎；而紧致度因子越大，对象边缘的平滑度越小，对象的边界形状越不规则。反之，设置的光滑度因子越大，生成对象的边界就越平滑。

3）分割尺度参数的设置

分割尺度参数是一个抽象的阈值，它决定影像分割结果对象允许的最大异质性，是由用户的设定来控制多尺度分割是否继续进行。一般来说，分割尺度参数设置得越小，分割生成的对象面积越小，对象个数越多。

2. 优化分割尺度

影像中不同地物异质性存在较大差异，很难通过单一分割尺度来实现所有不同地物之间的良好分割效果，这与影像的分辨率、位深等因素有较大关系。采用同一尺度对影像不同地物进行分割，在满足某种地物分割效果的情况下，会直接影响到其他地物分割的效果，这在高分辨率影像中体现尤为明显。

影像分割时尺度的选择至关重要，它直接决定影像对象的大小以及信息提取的精度。对每一幅影像进行多尺度分割都有其特定的、适宜的尺度。分割尺度不同，形成的多边形差异很大，尺度越小，生成的多边形越多，单个多边形的面积越小。最优分割尺度并不一定指某一个分割尺度值，可以是一个范围。对于面向对象影像分割来说，最适宜分割尺度的分割效果应该表现为：对象大小与地物目标大小尽量接近，对于一种特定的地物类型，最优分割尺度值是分割后的多边形能将这种地物类型的边界显示十分清楚，并且能用一个对象或几个对象表示出这种地物，对象边界的形状不能太过于破碎，具有相同类的对象的光谱差异性较小。尽管对于每种类型都有它最适宜的尺度，但因为进行分割层之间的叠加所需要的时间很长，所以选择的分割层要尽可能的少，要根据具体情况而定。

7.5 逐月优化的农作物制图策略

农业土地开发利用和土地覆盖改造,是"人-自然"交互的表现形式和结果(吴文斌等,2014)。受全球变化以及农业宏观决策等环境、政治、经济等因素影响,农作物种植结构以及对土地垦殖强度与规模形成动态变化和转换过程的耕地景观,农业土地利用及农作物空间格局处于动态变化之中(余强毅等,2013; Verburg et al., 2013)。农作物种植结构遥感提取是监测作物空间分布和种植面积的有效手段,然而历史的、年度的区域范围农作物面积预报和长势监测时效性低,难以满足对农作物参数评估、灾害预报、农业管理决策等业务高时效需求。

农作物具有季相节律性和物候变化规律性的特点,利用时间序列遥感数据的时相变化规律可以实现不同农作物类型的识别(黄青等,2010; Pan et al., 2011)。根据多时相农作物种植结构遥感制图时间间隔来划分,可以分为逐年和逐月两类。如 Estel 等(2015)在时序 MODIS NDVI 数据集支持下提取并平滑耕地物候曲线,通过对比耕地与休耕/弃耕地 NDVI 曲线的均值、方差等统计特征,分析曲线形态特征基础上,采用随机森林分类算法提取了 2001~2012 年连续 12 年的耕地与弃耕地空间分布,年际制图平均精度达 90.1%。再如,Boryan 等(2011)在 AWIFS 和 Landsat TM 的时序光谱波段特征量基础上,融入了高程信息等作为输入特征量,采用强学习能力的 See5.0 决策树实现了美国 48 个州玉米、大豆、高粱、小麦等 24 种农作物的准确提取,产品精度超过 85%。该成果来自美国农业部国家农业统计局(NASS/USDA)作物"一张图"(cropland data layer, CDL),是基于多时相遥感数据采用多阶段分类策略最典型的数据产品,实现了农作物空间分布图的制作和定期更新农作物空间分布(http://nassgeodata.gmu.edu/CropScape/)。2011 年该产品增加了 UK-DMC2、DEIMOS-1 等数据源作为补充,利用决策树分类等方法生产的高精度农作物逐月分布。事实上,多阶段逐月提取农作物空间分布研究尚少,多以长时间序列遥感数据观测年际间农作物空间分布(Li et al., 2014; Qi et al., 2015)。

及时获取农作物空间分布信息是区域作物长势监测、生长趋势评估和作物结构调整与优化的重要基础与数据支持,因而实时监测、实时评估、实时决策的农作物生长季内制图的需求日益增长(Villa et al., 2015)。目前大多数的农作物制图使用历史遥感数据进行"季后"制图,而忽视农作物生长"季中"空间分布的早期预报。随着遥感技术的发展,高分遥感信息已经成为农作物空间分布信息及动态监测业务化运行主要数据支撑,对不同农作物生长阶段、不同的作物种植格局信息提取的成为可能,从而实现农作物生长季内的作物空间分布定期预报、及时更新。

7.6 案例：基于 GF-1 数据与面向对象分类方法的多阶段农作物制图

本案例围绕探究高时间、高空间分辨率遥感数据在农作物生长过程制图中的应用价值开展研究。主要是针对农作物生长过程制图中早期特征不足和晚期信息冗余的难点，以黑龙江省北安市为研究区域，采用 2014 年中国首颗高时间、高空间分辨率卫星 GF-1 遥感数据集，通过逐月引入光谱-纹理特征，将研究区域内农作物识别类型逐步丰富，玉米、大豆、水稻、春麦等主要农作物空间分布提取精度逐步提高，实现了多阶段逐月优化的农作物生长过程制图分类策略。具体来讲，利用面向对象的方法，通过设置 10 组不同的特征情景组合，通过比较不同特征情景的精度，分析特征质量和数量对农作物分类的影响机制。采用随机森林分类算法，分析分割尺度、光谱和时相特征数量和质量对不同农作物生长阶段、不同的作物种植格局信息提取的影响机制，评估光谱和纹理特征对于农作物遥感识别的相对重要性，多阶段逐月优化的分类方法使得农作物识别精度得到了持续的提升，从而实现"顶层决策"的重要窗口北安市农作物生长季内的作物空间分布定期预报、及时更新。

本案例提出基于 GF-1 数据与面向对象分类方法的多阶段农作物制图方法（OBRFIC）。基于面向对象和特征优化的农作物空间分布年际制图旨在为农作物生长早期生成一系列的农作物生长季内空间分布图。研究区内早春、春季、夏季、秋季不同的农作物生长季节对应的分类系统如表 7-12 所示。具体的，当春季土地整理时，对耕地、非耕地类型进行区分。在可获取的农作物生长季内四五月份遥感影像支持下，提取春麦的空间分布信息。在农作物生长的夏季，玉米、大豆、水稻生殖生长达到顶峰、春麦成熟收割后，联合早春至夏季数据质量好的遥感影像对其当季的夏季作物种植格局进行提取。当水稻成熟、玉米乳熟到成熟、大豆结荚至成熟时期，对秋季的农作物种植格局进行提取。OBRFIC 方法是针对农作物生长过程中不同生长阶段的农作物种植格局进行的信息提取。

表 7-12 基于多时相逐月累积分类系统

ID	制图时期	分类系统
ES	早春	耕地、其他
SP	春季	春麦、非春麦、其他
SM	夏季	玉米、大豆、水稻、春麦、其他
AT	秋季	玉米、大豆、水稻、春麦-其他、其他

基于面向对象和特征优化的农作物空间分布年际制图的基本思路如图 7-1 所示，在时序累积的 GF-1 遥感数据集支持下，优化对象尺度上的特征，构建可泛化的特征子集，进行农作物生长过程制图。主要包括以下 3 个关键部分：①多尺度图像分割，获取同质单元；②特征空间优化，构建最优特征子集；③逐月优化制图，并进行精度验证。

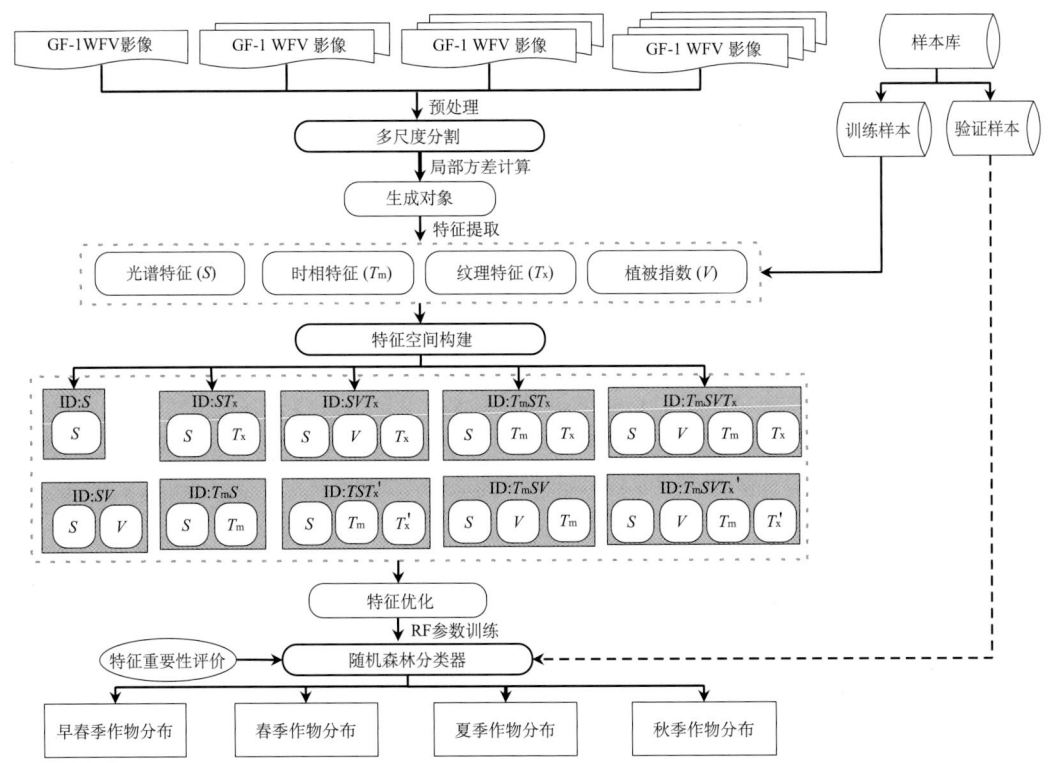

图 7-1 基于面向对象和特征优化的农作物空间分布年际制图方案流程图

7.6.1 数据准备

1. GF-1 数据收集及预处理

本案例采用 GF-1 卫星数据,其获取方法是通过登录资源卫星中心的数据分发平台进行查询和订购(http://218.247.138.121/DSSPlatform/index.html)。选取北安市东部农业生产集中区 2014 年 4 期无云数据,分别对应冰雪覆盖的休耕期(2014 年 4 月 24 日)、低植被覆盖度的春麦出苗期(2014 年 5 月 24 日)、高植被覆盖度的作物生长期(2014 年 7 月 25 日)和低植被覆盖度的成熟期(2014 年 9 月 24 日),相应的物候期分别为 115 天、146 天、207 天和 266 天。研究采用 GF-1/WFV 传感器蓝色、绿色、红色和近红外四个光学波段,空间分辨率为 16m,影像大小为 5449×6586。GF-1/WFV 图像的预处理主要包括正射纠正、辐射校正、大气校正和几何校正 4 个部分,预处理全部过程在 ENVI5.1 软件环境中完成。利用 30m 分辨率 DEM 数据进行正射校正。所有的影像均采用 UTM 投影,投影带号为 52N,地理坐标系为 WGS84 坐标系。根据 GF-1 载荷光谱响应函数及波段半波长信息,利用 ENVI 的 Flaash 模块进行大气校正,以消除大气、光照和气溶胶的散射等因素对地物反射的影响。

2. 地面样本数据的采集

根据研究区农作物生长物候历特点,开展野外调查工作。获取野外典型样本作物类型、玉米、大豆、水稻、春麦和其他地表覆盖(包括人造覆盖、林地、草地、水体、道路及其他土地利用类型)并且地块面积大于 $256m^2$ 的田块设置采样点。样点直接距离不少于 1km。在首次实地调查时除了记录外业调查样本的类别属性外,用 GPS 记录地理坐标,后续调查根据方位跟踪地表覆盖类型和属性。在 ArcGIS 软件平台中生成与 GF-1 遥感数据地理坐标、投影、地理位置匹配的野外样本数据集,用作训练预测模型的依据和精度检验的样本,并划分为训练和验证两组。2014 年的逐月样本包括的类型和数量如表 7-13 所示。

表 7-13 2014 年逐月样本包括的类型和数量

调查时间	地表覆盖类型	调查样本/个	训练样本/个	验证样本/个
2014 年 4 月 20 日	耕地	1121	789	332
	其他	656	516	140
2014 年 5 月 20 日	春麦	68	53	15
	非小麦	1053	736	317
	其他	656	516	140
2014 年 7 月 20 日	玉米	415	275	140
	大豆	474	334	140
	水稻	164	126	38
	春麦	68	53	15
	其他	656	516	140
2014 年 9 月 20 日	玉米	415	275	140
	大豆	474	334	140
	水稻	164	126	38
	春麦-其他	68	53	15
	其他	656	516	140

7.6.2 多尺度分割

GF-1/WFV 影像集的图像分割主要包含两步:①基于多尺度分割算法萃取农作物同质对象;②基于局部方差指标,选择最优分割参数。

第一步,基于多尺度图像分割算法,构建同质对象。基于 eCognition 平台,采样多尺度影像分割经典分割算法,按照一定的约束条件,像素合并小像斑,再由小像斑生成大像斑,自下而上逐步合并,直到整个区域合并完成。在进行多尺度分割时,光谱因子以及形状因子的选择直接影响影像分割效果,并且光滑度异质性与紧致度异质性两个因子形状因子共同组合描述形状因子。

在 eCognition 中,载入 GF-1 多波段影像数据后,采用多尺度分割算法,需要设定主要包含以下几个因子：波段权重、分割尺度参数、异质性相关因子，color、shape 和 compactness 因子，其值范围均为 0~1。研究实验中，设置尺度因子 scale 试值范围为 1~100，所选形状因子权重（shape）为 0.1、0.3、0.5、0.7、0.9，紧凑度权重 compactness 设为 0.1。部分代表性分割结果如图 7.2 所示。采用目视法，初步定性的判断分割效果来看：对于 scale 参数来说，一个抽象的阈值，总体上为 1~100，分割参数设置得越小，分割生成的对象面积越小，对象个数越多。目视看，当 scale=30，形状因子权重较小（光谱因子权重比较大），分割后的影像对象就越小。相反由于光谱信息缺乏，分割后的影像对象相对规则，但已导致失去地表覆盖的真实意义，因此所选择的形状因子权重不能太大（图 7-2）。

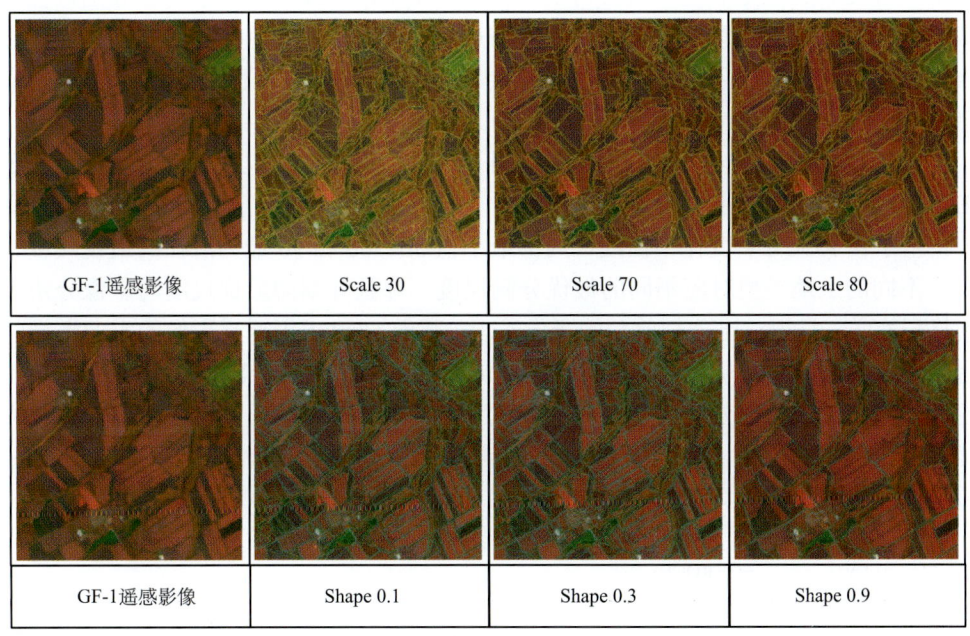

图 7-2　部分代表性分割结果

第二步，影像分割的关键在于确定最佳分割尺度。在多尺度分割中分割参数的选择至关重要，许多学者开展了构建最佳尺度选择的定量指标研究，提出了面积比均值法、最大面积法、目标函数法等确定最佳分割尺度的方法，但没有一种通用的尺度选择方法。当然，优化分割尺度参数时，由于分割过细导致同一目标地理实体被分割成众多个影像对象的"过分割"现象在面向对象图像分析中是可以接受的；相反"欠分割""分割不充分"是不能接受的。最优尺度是相对的，需要根据影像地表覆盖实际情况来决定最优的分割尺度。

以耕地为重点研究对象，边界清晰且稳定是耕地本身固有的特点，因此耕地最优的分割尺度是要能将地物类型的边界显示清楚，对象既不太破碎，边界也不模糊，减少数据量。基于此，研究借助 ESP 尺度评价工具可以定量评价耕地的最优分割尺度参数，并结合目视判别与地块匹配效果来选择耕地的最优分割尺度参数（Drăguţ et al., 2014）。

Drăgut 等（2010, 2014）基于认知网络语言理论针对 eCogniton 软件中多尺度分割算法开发了一种自动获取最佳分割效果尺度参数的工具。ESP 判别分割效果的基本指标是局部平均方法的变化率，其计算公式如下：

$$\text{ROC} = \left[\frac{\text{LV}_{(L)} - \text{LV}_{(L-1)}}{\text{LV}_{(L-1)}}\right] \times 100 \tag{7-4}$$

式中，$\text{LV}_{(L)}$ 为对象在 L 层的平均标准差（LV）；$\text{LV}_{(L-1)}$ 为在下一层（$L-1$）层中的平均标准差。采用的基本指标是循环分析值域范围内，在特定的形状因子与紧致度因子下，不同分割尺度参数设置下影像对象同质性的局部变化作为分割对象层的局部平均标准差（LV），并用 LV 的变化率值（rates of change of LV, ROC-LV）来指示对象分割最佳尺度参数。当 ROC-LV 曲线呈现局部峰值时，该点对应的分割尺度值即为最佳分割尺度。研究表明 ESP 针对影像上不同地表覆盖类型会在不同的分割尺度值出现峰值，得出的最优分割尺度往往并非只有一个（马浩然，2014）。

图 7-3 ROC 曲线呈现了不同土地类型对象的潜在最佳分割尺度，其中横坐标表示基于 ESP 工具计算的尺度参数，区间范围为 1～100，纵坐标表示对象局部方差及方差变化率值。基于该 ROC-LV 变化率曲线，局部最小值 30、60 和 90 最为潜在的最优尺度。峰值处，不同的土地类型对应不同的最优分割尺度。并且分割的最优尺度与影像分辨率、景观格局有关。目视对比分割前后的影像发现，基于 16mGF-1 遥感影像的农业主导的研究区域内分割分为三个层次：①具有清晰边界的作物地块最优分割尺度为 30；②块状结构的人造覆盖类型最优分割尺度为 60；③具有粗糙、不均匀纹理的冠层结构的森林类型最优分割尺度为 90。因此，基于多尺度分割方法，采用局部方差变化率指标，scale 为 30 是作物地块适宜的尺度参数。

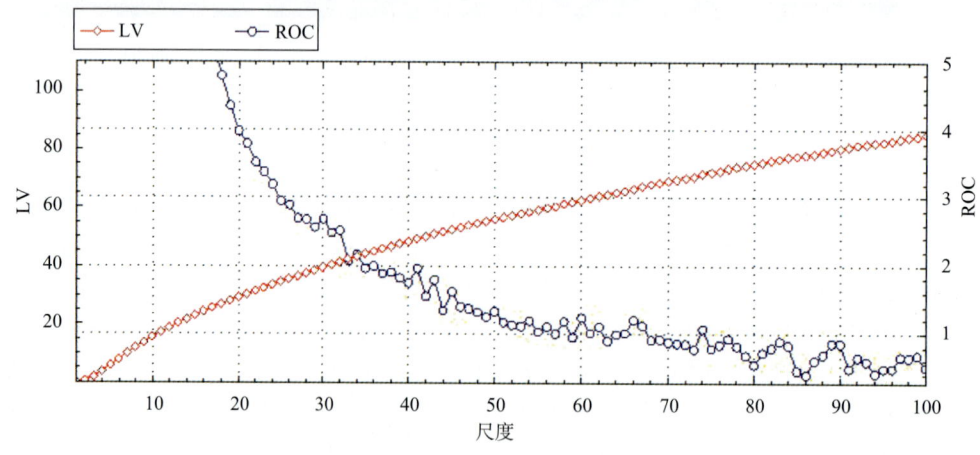

图 7-3 ESP 参数计算 ROC 曲线图

图 7-4 展示了 ESP 获取形状因子 shape 和紧致度因子 compactness 分别在为 0.1 时，计算出的最优分割尺度值。由图发现尺度（scale）取值为 30、60、90 时 ROC 曲线出现了峰值。结合以农作物种植结构提取为研究目标的要求，通过对比分割结果与 GF-1 数

据叠加发现，对象多边形与耕地类型的边界保持一致最佳，选择 30 为耕地适合分割范围适宜分割尺度参数。scale 取值为 60 和 90，分别是人造覆盖和水体适宜分割的尺度参数。图 7-3 中 ROC 曲线呈现了峰值处对应尺度下，形状因子 shape 在取值范围空间内，平均局部方差的变化规律。随着 shape 因子的增大，平均方差的值也增大，并当尺度因子 scale 较小时，对应的其平均局部方差也相对较小。因此，研究在面向对象的图像分析是，尺度因子 scale 选择 30，形状因子 shape 为 0.1。

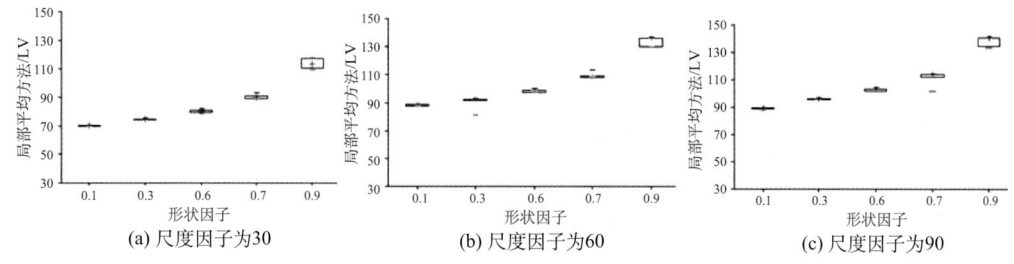

图 7-4　不同尺度下形状因子对分割效果的影响

7.6.3　多特征选择

由于 GF-1 遥感数据的空间分辨率达 16m，使得遥感图像包含更为丰富的农作物纹理和几何信息等空间信息（韩凝，2011；郝虑远，2014）。为高分辨率数据处理与应用等遥感图像信息提取技术、特征识别带来了新的挑战。以对象作为特征提取单元，一定程度上弱化了多个像素表达同一个地块使得像素之间具有的响应光谱关联效应，克服了"异物同谱、同谱异物"现象。因此，除了计算对象的光谱特征，还提取纹理特性，从而更加全面地描述分析对象以达到更好的分析效果，实现对农作物种植结构进行提取（表 7-14）。

表 7-14　面向对象的特征提取

特征类型	特征名称	计算公式	统计特征
光谱特征	平均光谱	$\dfrac{1}{\#P_{Obj}}\sum_{(x,y)\in P_{Obj}}c_k(x,y)$	对象光谱值
纹理特征	熵	$\sum_{i,j=0}^{N-1}P_{i,j}(-\ln P_{i,j})$	代表影像的无序程度。熵值越高，异质性越高。当影像特征为完全随机性纹理时，达到最大值
	异质性	$\sum_{i,j=0}^{N-1}P_{i,j}|i-j|$	局部对比度越高，其值越大
	相关性	$\dfrac{\sum_{i,j=0}^{N-1}(i-\mu_i)(j-\mu_j)P_{i,j}}{\sigma_i\sigma_j}$	相关性是影像灰度线性（关的度量。纹理同质性程度越高，线性相关值越高

注：P_{Obj} 为构成影像对象的像素集；$\#P_{Obj}$ 为构成对象包含的像素个数；$c_k(x,y)$ 为像素坐标为 (x,y) 处的影像上的光谱值；i 和 j 分别为共生矩阵的是行、列号；$P_{i,j}$ 是像素坐标为（处归一化值的光谱值；N 是共生矩阵的是行或列的总和值

为了评估时相特征（T_m）、纹理特征（T_x）、光谱特征（S）及植被指数（V）对于不同作物生长季内农作物种植结构的重要性和影响机制，本节研究设计了 10 组不同光谱、

植被指数、时相、纹理特征的组合。表 7-15 列出了这 10 组特征情景（FS）具体特征组成和相应的特征数量。这 10 组特征情景将基于生长季内的农作物类型训练样本进行随机森林分类，并采用相同的验证样本进行精度评定。这些特征情景产生的分类误差率将被用来比较和分析光谱、纹理和时相特征对于农作物遥感识别的相对重要性和影响机制。

（1）S：生长当季的四个光谱波段作为输入。S 特征情景代表单一光谱特征。

（2）ST_x'：生长当季可用的光谱波段及其生长当季的纹理特征作为特征输入。该组特征选择可用的四个光谱特征、相关性纹理特征、异质性纹理特征、熵纹理特征等。这组特征情景代表了"多光谱少纹理"的特征组合情况。

（3）SV：除了生长当季的光谱特征，NDVI、EVI、RVI、RI 也作为特征输入，以增强光谱信息。该特征组代表"多光谱、少时相、少纹理"特征组合情况。

（4）SVT_x'：生长当季可用的光谱特征、植被指数以及纹理特征作为输入特征。该组特征代表"多光谱、少时相、少纹理"的特征组合情况。

（5）T_mS：生长季内所有可用的光谱波段作为输入。该组特征代表"少光谱、多时相、少纹理"的特征组合情况。

（6）T_mST_x：生长季内所有可用的光谱波段及其纹理特征作为输入。该组特征代表"多光谱、多时相、多纹理"的特征组合情况。

（7）T_mST_x'：生长季内所有可用的光谱波段及其生长当季的纹理特征作为输入。该组特征代表"多光谱、多时相、少纹理"的特征组合情况。

（8）T_mSV：生长季内所有可用的光谱波段及其植被指数特征作为输入。该组特征代表"多光谱、多时相"的特征组合情况。

（9）T_mSVT_x：生长季内所有可用的光谱波段、纹理特征、植被指数特征作为输入。

（10）T_mSVT_x'：仅生长当季的纹理特征引入多时相光谱特征和植被指数特征库中。

表 7-15 10 组特征情景的概述

特征情景	ES				SP				SM				AT			
	S	T_m	T_x	V	S	T_m	T_x	V	S	T_m	T_x	V	S	T_m	T_x	V
S	4				4				4				4			
ST_x'	4		12		4		12		4		12		4		12	
SV	4			4	4			4	4			4	4			4
SVT_x'	4		12	4	4		12	4	4		12	4	4		12	4
T_mS					8	2			12	3			16	4		
T_mST_x					8	2	24		12	3	36		16	4	48	
T_mST_x'					8	2	12		12	3	12		16	4	12	
T_mSV					8	2		8	12	3		12	16	4		16
T_mSVT_x					8	2	24	8	12	3	36	12	16	4	48	16
T_mSVT_x'					8	2	12	8	12	3	12	12	16	4	12	16

图 7-5 展示了不同光谱、纹理、时相、植被指数组合下，10 中特种情景的平均分类误差率（MER），其中横坐标代表了生长季内维度，即 4 个农作物生长阶段，纵坐标代

表了光谱组合维度,即 10 种特征情景。图 7-5 中展示的格网越黄,表明该特征组合对应的生长季内分类误差越低,也即相对应的该特征情景在该生长季中的分离性越高。

总体上,10 种特征情景在各农作物生长季内均获得可接受的分类精度。所有 MER 均低于 0.30。随着光谱和空间信息的增加,MER 从 28.96%降低到 8.16%。单独使用光谱信息(S)分类效果最差。对比 S 与 ST_x 特征情景组发现,增加纹理信息并没有显著降低分类误差率,MER 降低幅度仅在 0.51%至 1.12%。尽管引入纹理信息增加了对农作物空间分布结构信息的描述,对光谱信息进行了补充,但额外的纹理信息并没有在早春季内提升分离性。植被指数,作为光谱信息的有效增强,对于可用光谱信息有限的作物生长早期内,可有效提升农作物分类精度。在使用生长当季单时相影像特征的 SVT_x 情景分类效果最佳,分类误差范围为 12.17%~21.26%。对比 T_mS 与 S 情景,当时相信息引入到农作物分类过程中,MER 降低至 2.89%~13.37%。多时相的植被指数能显著降低分类误差率,但多时相的纹理特征不如生长当季的纹理特征分离效果明显(对比 T_mST_x 与 T_mST_x')。相比之下,T_mSVT_x' 情景的农作物关键生长期内的分类误差最低,MER 为 8.16%~12.17%。相同特征组合结构,表明不同生长季内的时间尺度的可扩展性良好。

	ES	SP	SM	AT
S	15.01	14.39	28.96	20.32
ST_x'	15.80	13.27	27.78	19.81
SV	12.91	14.16	21.85	19.71
SVT_x'	12.17	12.40	21.26	17.76
T_mS		11.50	15.59	9.54
T_mST_x		12.55	20.66	11.63
T_mST_x'		12.52	18.00	9.61
T_mSV		10.20	11.93	8.31
T_mSVT_x		10.30	13.21	9.08
T_mSVT_x'		10.13	11.42	8.76

图 7-5 不同特征情景下农作物生长关键物候期内分类误差率

图 7-6 展示了排在前 40%的光谱-纹理特征在农作物生长过程中平均降低精度(MDA)。MDA 值的标准差波动范围均值 1.5 之内。在早春季中,光谱时序特征不足,纹理特征贡献大,纹理特征的 MDA 值高,特征变量 C_N_4 排在第三位[图 7-6(a)]。在春季具有相似的特征重要性排序格局,多时相的植被指数占有重要地位,并且生长季内的纹理特征比早春季提取的纹理特征贡献率大,排序靠前[图 7-6(b)]。当夏季作物生长达到峰值,RI 指数成为作物分类的重要特征,排序第一[图 7-6(c)]。从绿波段提取的纹理特征成为有效的辅助信息,提升作物类对的光谱可分性。当大量的纹理、光谱、时相、植被指数输入时,多时相的光谱和植被指数对提升分类精度起重要作用[图 7-6(d)]。春季绿波段和早春季近红外波段提取的相关性纹理特征对识别秋季作物空间分布效果较好。近红外波段对各个生长季分类贡献大。生长晚期,特征冗余,当季纹理特征对分类

贡献大。

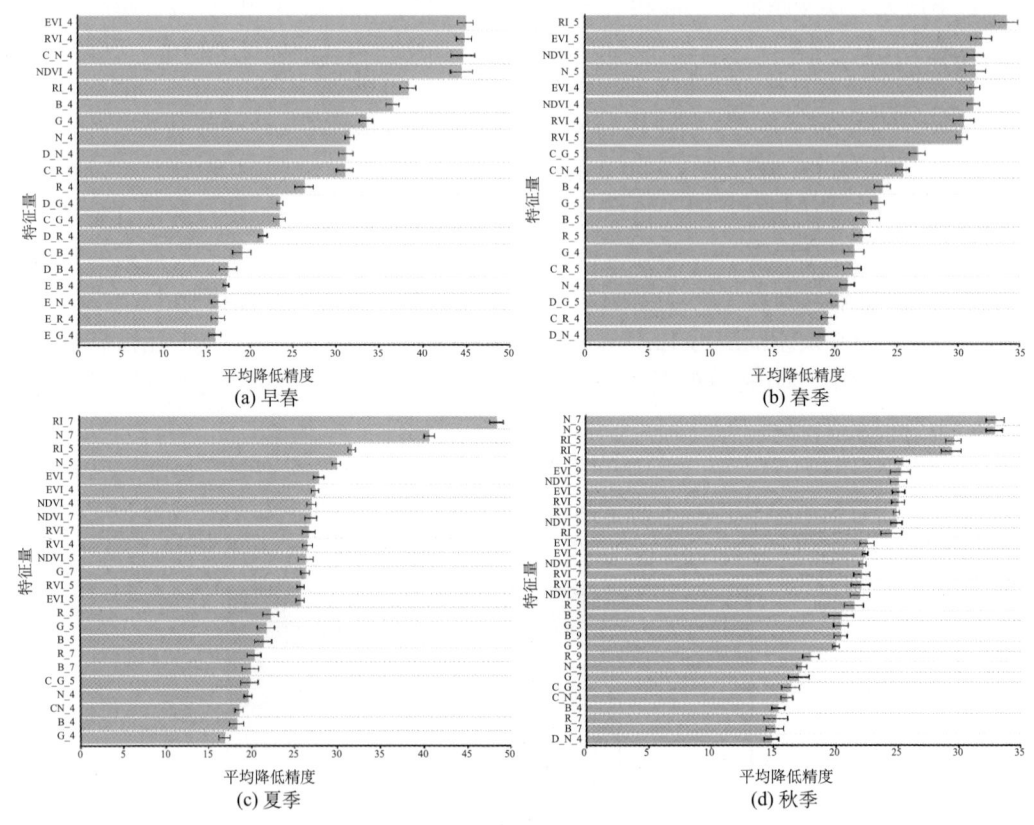

图 7-6 农作物生长季内特征重要性

7.6.4 随机森林分类模型参数化

随机森林是由一系列的决策树组合在一起投票决策，以期望得到一个"公平合理"推广能力的机器学习方法（Melville et al., 2018）。通过遍历比较、观察可视化图等方法进行参数优化，构建随机森林分类模型，实现生长季内农作物种植结构遥感提取。随机森林算法基于 OOB 误差，构建精度评价降低值 MDA 指标，度量高维特征空间变量重要性，描述在特定维度的特征空间中，当把一个特征变量变成随机数时，随机森林模型预测准确度的降低程度，该值越大表示该特征变量的重要性越高（Gao et al., 2015）。

本节研究中调用 R 语言的"randomForest"包，进行随机森林建模和参数优化。优化随机森林的关键是优选决策树的数量 ntree 和决策树内部节点随机选择属性的个数 mtry 两个变量。mtry 参数采用默认值，即 mtry 参数设置为 $\sqrt{p}$，p 为训练特征集中的特征变量的总和（Gislason et al., 2006）。ntree 参数指示森林中决策树的数量，其值设置过低会导致误差率偏高，过高会增加模型复杂度、降低计算效率。ntree 大于缺省值为 500 时，分类器性能稳定，因此 ntree 设置为 1000。70%训练集用于建立分类树，30%用于精度检验。采取 10 次（k=10）交叉验证法，测试分类器。利用重要性评价函数评估 MDA

值,该过程重复执行 20 次,去掉结果中的最大值和最小值后再取平均值,作为最后的 MDA 估计。不同的特征集基于 MDA 计算特征重要性结果,按照从大到小的顺序降序排列。

7.6.5 农作物识别结果及精度验证

图 7-7 展示了农作物生长过程不同物候阶段的农作物种植结构提取结果,各生长季内的总体分类精度均达 87%以上。耕地类似最先在早春季节识别,总体精度为 87.73%,kappa 系数为 0.7421(表 7-16),耕地分类的制图精度和用户精度均在 90%左右,非耕地类型的制图精度和用户精度低于 86%。春季春麦出苗时,通过早春和春季可用的遥感影像提取春麦的空间分布[图 7-7(b)],总体精度达 90.70%,kappa 系数达 0.8263。多个与农作物生长活力相关的植被指数,生长当季的纹理特征的引入,有效区分了小麦与非小麦地块。并以 92.38%的精度将非小麦地得以区分。玉米、大豆、成熟的春麦、水稻等夏季农作物空间分布图识别总体精度为 87.88%,kappa 系数为 0.8305。然而,春麦主要与其他类型混淆,由于春麦处于乳熟至成熟期,冠层覆盖度降低,春麦光谱反射率受土壤背景影响依然严重,并且与同期大豆类型相混淆。融入农作物成熟期光谱特征以及纹理特征,获得农作物种植结构如图 7-7(d)所示,总体精度较之前提高至 91.72%。玉米、大豆、水稻的制图精度分别提高了 8.26%、2.33%、12.92%。

表 7-16 农作物生长过程分类精度

生长季 ID	分类类型	UA/%	PA/%	总体精度/%	kappa 系数
ES	耕地	90.86	89.05	87.73	0.7421
	其他	82.95	85.60		
SP	非小麦	92.38	92.44	91.26	0.8263
	小麦	66.04	97.22		
	其他	88.76	86.09		
SM	玉米	85.81	89.39	87.88	0.8305
	大豆	89.22	90.85		
	水稻	77.98	78.23		
	小麦	64.15	97.14		
	其他	93.21	86.98		
AT	玉米	90.55	97.65	91.72	0.8839
	大豆	94.01	93.18		
	水稻	81.75	91.15		
	小麦-其他	73.59	95.12		
	其他	95.54	87.99		

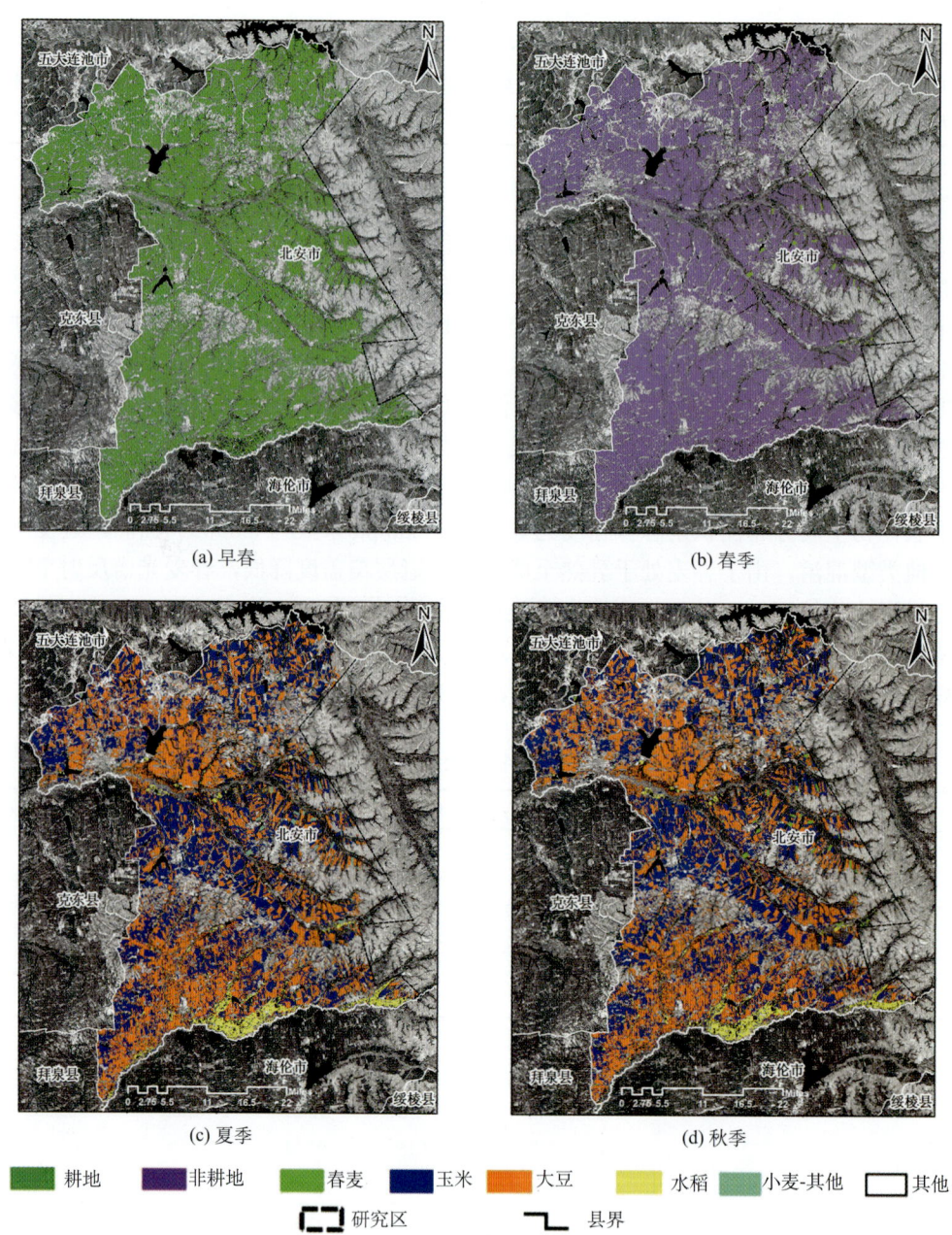

图 7-7 基于多时相数据 RF 的农作物种植结构提取结果

参 考 文 献

韩凝. 2011. 空间信息在面向对象分类方法中的应用——以 IKONOS 影像香框树分布信息提取研究为例. 杭州: 浙江大学博士学位论文.

郝虑远. 2014. 基于纹理分析的高分辨率影像面向对象分类研究. 北京: 北京师范大学博士学位论文.

黄慧萍. 2003. 面向对象影像分析中的尺度问题研究. 北京: 中国科学院研究生院博士学位论文.

黄青, 唐华俊, 周清波, 等. 2010. 东北地区主要作物种植结构遥感提取及长势监测. 农业工程学报, 26(9): 218-224.

贾坤, 李强子, 田亦陈, 等. 2011. 微波后向散射数据改进农作物光谱分类精度研究. 光谱学与光谱分析, 31(2): 483-487.

李鑫川, 徐新刚, 王纪华, 等. 2013. 基于时间序列环境卫星影像的作物分类识别. 农业工程学报, 29(2): 169-176.

马浩然. 2014. 基于多层次分割的遥感影像面向对象森林分类. 北京: 北京林业大学学位论文.

马丽, 徐新刚, 贾建华, 等. 2008. 利用多时相 TM 影像进行作物分类方法. 农业工程学报, 24(2): 191-195.

王久玲, 黄进良, 王立辉, 等. 2014. 面向对象的多时相 HJ 星影像甘蔗识别方法. 农业工程学报, 30(11): 145-151.

吴文斌, 杨鹏, 李正国, 等. 2014. 农作物空间格局变化研究进展评述. 中国农业资源与区划, 35(1): 12-20.

余强毅, 吴文斌, 杨鹏, 等. 2013. Agent 农业土地变化模型研究进展. 生态学报, 33(6): 1690-1700.

张锦水, 申克建, 潘耀忠, 等. 2010. HJ-1 号卫星数据与统计抽样相结合的冬小麦区域面积估算. 中国农业科学,(16): 3306-3315.

张楠楠. 2012. 基于知识推理的农作物空间分布监测方法研究. 测绘与空间地理信息, 35(9): 69-73.

郑长春, 王秀珍, 黄敬峰. 2008. 基于特征波段的 SPOT-5 卫星影像水稻面积信息自动提取的方法研究. 遥感技术与应用, 23(3): 294-299.

周春艳, 王萍, 张振勇, 等. 2008. 基于面向对象信息提取技术的城市用地分类. 遥感技术与应用, 23(1): 31-35.

朱秀芳, 贾斌, 潘耀忠, 等. 2007. 不同特征信息对 TM 尺度冬小麦面积测量精度影响研究. 农业工程学报, 23(9): 122-129.

Baatz M, Schäpe A. 2000. A multiresolution segmentation: an optimization approach for high quality multi-scale image segmentation. Journal of Photogrammetry and Remote Sensing, 58: 12-23.

Blaes X, Vanhalle L, Defourny P. 2005. Efficiency of crop identification based on optical and SAR image time series. Remote Sensing of Environment, 96(3): 352-365.

Blaschke T. 2010. Object based image analysis for remote sensing. ISPRS Journal of Photogrammetry and Remote Sensing, 65(1): 2-16.

Boryan C, Yang Z, Mueller R, et al. 2011. Monitoring US agriculture: the US Department of Agriculture, National agricultural statistics service, cropland data layer program. Geocarto International, 26(5): 341-358.

Bouvet A, Le Toan T. 2011. Use of ENVISAT/ASAR wide-swath data for timely rice fields mapping in the Mekong River Delta. Remote Sensing of Environment, 115(4): 1090-1101.

Dell'Acqua F, Gamba P, Ferrari A, et al. 2004. Exploiting spectraland sptaial information in hyperspectral urban data with high resolution. IEEE Geoscience and Remote Sensing Letters, 1(4): 322-326.

Dong J, Xiao X. 2016. Evolution of regional to global paddy rice mapping methods: a review. ISPRS Journal of Photogrammetry and Remote Sensing, 119: 214-227.

Drăguţ L, Csillik O, Eisank C, et al. 2014. Automated parameterisation for multi-scale image segmentation on multiple layers. ISPRS Journal of Photogrammetry and Remote Sensing, 88: 119-127.

Drăguţ L, Tiede D, Levick S R. 2010. ESP: a tool to estimate scale parameter for multiresolution image segmentation of remotely sensed data. International Journal of Geographical Information Science, 24(6): 859-871.

Dronova I, Gong P, Wang L, et al. 2015. Mapping dynamic cover types in a large seasonally flooded wetland using extended principal component analysis and object-based classification. Remote Sensing of Environment, 158: 193-206.

Durieuxa L, Kropáčeka J, de Grandia G D, et al. 2007. Object-oriented and textural image classification of the Siberia GBFM radar mosaic combined with MERIS imagery for continental scale land cover mapping. International Journal of Remote Sensing, 28(18): 4175-4182.

Estel S, Kuemmerle T, Alcántara C, et al. 2015. Mapping farmland abandonment and recultivation across Europe using MODIS NDVI time series. Remote Sensing of Environment, 163: 312-325.

Fukuda S, Hirosawa H. 1999. A wavelet-based texture feature set applied to classification of multifrequency polarimetric SAR images. IEEE Transactions on Geoscience and Remote Sensing, 37(5): 2282-2286.

Gao T, Zhu J, Zheng X, et al. 2015. Mapping spatial distribution of larch plantations from multi-seasonal Landsat-8 OLI imagery and multi-scale textures using random forests. Remote Sensing, 7(2): 1702-1720.

Gislason P O, Benediktsson J A, Sveinsson J R. 2006. Random forests for land cover classification. Pattern Recognition in Remote Sensing, 27(4): 294-300.

Jimenez L O, Rivera-Medina J L, Rodriguez-Diaz E, et al. 2005. Integration of spatial and spectral information by means of unsupervised extraction and classification for homogenous objects applied to multispectral and hyperspectral data. IEEE Transactions on Geoscience and Remote Sensing, 43(4): 844-851.

Kettig R L, Landgrebe D A. 1976. Classification of multispectral image data by extraction and classification of homogeneous objects. IEEE Transactions on Geoscience Electronics, 14(1): 19-26.

Laliberte A S, Browning D M, Rango A. 2012. A comparison of three feature selection methods for object-based classification of sub-decimeter resolution UltraCam-L imagery. International Journal of Applied Earth Observation and Geoinformation, 15: 70-78.

Larranaga A, Alvarez-Mozos J, Albizua L. 2011. Crop classification in rain-fed and irrigated agricultural areas using Landsat TM and ALOS/PALSAR data. Canadian Journal of Remote Sensing, 37(1): 157-170.

Li L, Friedl M, Xin Q, et al. 2014. Mapping crop cycles in china using MODIS-EVI time series. Remote Sensing, 6(3): 2473-2493.

Lu S, Oki K, Shimizu Y, et al. 2007. Comparison between several feature extraction/ classification methods for mapping complicated agricultural land use patches using airborne hyperspectral data. International Journal of Remote Sensing, 28(5): 963-984.

Maire G, Dupuy S, Nouvellon V, et al. 2014. Mapping short-rotation plantations at regional scale using MODIS time series: case of eucalypt plantations in Brazil. Remote Sensing of Environment, 152: 136-149.

Mathur A, Foody G M. 2008. Crop classification by support vector machine with intelligently selected training data for an operational application. International Journal of Remote Sensing, 29(8): 2227-2240.

Mcnairn H, Ellis J, van der Sanden J, et al. 2002. Providing crop information using RADARSAT-1 and satellite optical imagery. International Journal of Remote Sensing, 23(5): 851-870.

Melville B, Lucieer A, Aryal J. 2018. Object-based random forest classification of Landsat ETM+ and

WorldView-2 satellite imagery for mapping lowland native grassland communities in Tasmania, Australia. IEEE Journal of Selected Topics in Applied Earth Observations and Remote Sensing, 66: 46-55.

Pan Y, Li L, Zhang J, et al. 2011. Crop area estimation based on MODIS-EVI time series according to distinct characteristics of key phenology phases: a case study of winter wheat area estimation in small-scale area. Journal of Remote Sensing, 15(3): 578-594.

Park, S, Im, J, Park, S, et al. 2018. Classification and mapping of paddy rice by combining Landsat and SAR time series data. Remote Sensing, 10: 447.

Qi Z, Yeh A G, Li X, et al. 2015. Monthly short-term detection of land development using RADARSAT-2 polarimetric SAR imagery. Remote Sensing of Environment, 164: 179-196.

Vancoillie F, Verbeke L, Dewulf R. 2007. Feature selection by genetic algorithms in object-based classification of IKONOS imagery for forest mapping in Flanders, Belgium. Remote Sensing of Environment, 110(4): 476-487.

Verburg P H, Mertz O, Erb K H, et al. 2013. Land system change and food security: towards multi-scale land system solutions. Current Opinion Environmental Sustainability, 5(5): 494-502.

Villa P, Stroppiana D, Fontanelli G, et al. 2015. In-season mapping of crop type with optical and X-Band SAR data: a classification tree approach using synoptic seasonal features. Remote Sensing, 7: 12859-12886.

Witharana C, Civco D L, Meyer T H. 2014. Evaluation of data fusion and image segmentation in earth observation based rapid mapping workflows. ISPRS Journal of Photogrammetry and Remote Sensing, 87: 1-18.

Zhong L, Gong P, Biging G S. 2014. Efficient corn and soybean mapping with temporal extendability: a multi-year experiment using Landsat imagery. Remote Sensing of Environment, 140: 1-13.

第 8 章 基于高空间分辨率影像的农作物制图

8.1 引 言

米级甚至亚米级的高分辨率遥感影像可更好地表达作物的光谱特性、冠层纹理特性、空间特性。利用高分辨率遥感影像能分辨出地块内部更为细小的组成,为农业遥感中农作物制图提供了条件和基础。

农作物分类信息的及时、准确获取对于各级政府管理部门制定粮食政策,调整农业产业结构,确保国家粮食安全等均有重要意义。农作物种植信息在农作物种植面积监测与制图、作物长势监测与产量估算、农业灾害监测及生态环境信息监测等方面也有重要应用(申格等, 2018; 宋茜等, 2015; 余铭等, 2018; Freeman et al., 2015; Senthilnath et al., 2017)。农作物精细分类是智慧农业应用的重要内容,获得高精度的农作物分类情况逐步成为农业土地系统研究中的重要科学问题之一(胡琼等, 2015; 张正健等, 2016; 邹金秋, 2012; Freeman et al., 2015; Kussul et al., 2017)。

长期以来,我国农作物种植类型等重要农业统计数据,主要通过全面统计方法或抽样调查等传统方法获得,由分布在全国各地的农调队等,定期收集农作物种植种类信息、农作物播种面积信息、作物长势状况、受灾情况,逐级汇报或者直接上报到农业农村部,作为分析全国农业结构种植情况和采取对策的依据。采用人工 GPS 实测地面样方或 GoogleEarth 影像辅助调查时(刘佳等, 2015),由于调查人员的业务能力各不相同无法做到客观规范,在收集、处理及上报的过程中存在时间滞后的情况,采集的信息存在差异,且人工方法具有调查工作量庞大、财力和物力耗费高、调查周期长等诸多缺陷(杨邦杰等, 1997)。

卫星遥感技术具有可覆盖面积大、探测能力强及现势性强等特点,为快速准确获取作物种植分类信息提供了新的技术手段(陈仲新等, 2016; 王利民等, 2013)。近几年,遥感技术已经在农作物分类动态信息提取、作物分布制图中发挥了重要作用(张健康等, 2012)。但由于高分辨率的卫星重返周期长,特定时间及指定区域的数据无法保证,单一利用遥感进行农作物分类监测的精度无法满足要求,必须辅助以地面采样调查,实现农作物种植分类的精细提取。

无人机遥感技术的出现和发展,为种植信息采集提供了新思路(del Pozo et al., 2014; Mesas-Carrascosa et al., 2014; Rokhmana, 2015)。在中小尺度上,无人机遥感能发挥更大的作用,可以获取更精确的作物种植信息,对作物监测技术的发展和应用具有重大意义(Córcoles et al., 2013; Sona et al., 2016)。无人机遥感具备高分辨率、操作简单、获取数据快及低成本等特点,可以快速针对某一区域进行影像采集工作,并结合地面实测数据,完成该区域的作物种植信息监测任务,并为大范围遥感提供精度验证,成为卫星遥感和航空遥感的有益补充。无人机调查信息具有及时、客观与覆盖面大等特点,成为必不可缺的遥感监测信息源（Ballesteros et al., 2014; Lelong et al., 2008）。

准确获取农作物种植分布信息为农作物分类中遥感解译标志的建立及监测结果的质量检验提供科学依据，还可以作为卫星遥感影像覆盖区域的统计抽样样本。农作物类别的提取是进行农作物深度化解析、农业精准管理的决策依据（李广，2016; Li et al., 2017）。农作物类型提取的本质是遥感解译，通过不同作物在无人机影像上的光谱特性、纹理特性，获取作物类别、作物空间分布等种植信息（Michez et al., 2016; Yu et al., 2017）。在利用无人机农作物监测方面，国内外利用无人机监测洋葱、小麦、玉米及水稻等均有研究（褚洪亮等，2017; 丁雷龙等，2016; 董锦绘等，2016; 高林等，2016; 郭鹏等，2017; 韩文霆等，2017）。例如，Córcoles 等（2013）用多旋翼无人机搭载宾得 A40 相机获得洋葱影像，并确定表面覆盖作物，建立郁密度和叶面积指数的简单线性关系，估算洋葱的叶面积指数。该方法的主要优点是无损、简便、省时。李冰等（2012）利用无人机搭载 ADC 多光谱相机，对不同时相的田间小麦进行监测，为高分辨率图像覆盖度研究提供参考。田振坤等（2013）使用京商 260 遥控汽油直升机 KyoshoCaliberZG，搭载美国 Tetracam 公司的 ADCAir 冠层测量相机，以冬小麦为研究对象，使用 PixelWrench2 软件导出数据并计算波谱反射率及 NDVI，提出了一种快速分类提取方法。该方法具有较高的正确率和普适性，兼具快速和低成本的特点。在森林资源调查中，张园等（2011）利用千里眼固定翼无人机，搭载索尼 DSC-T90 相机，使用 WorldVeiw 卫片作为参考图进行无人机影像的几何校正，在 Arcgis 中矢量化影像以提取森林信息，总体精度达到 88.7%。此研究表明，无人机遥感在森林资源调查中是可行的，但存在固定翼无人机在森林中的起降问题。徐豪等（2009）对图像采用多项式校正，经几何纠正后，所获得的田块信息精度能满足精准农业的要求。Popescu 等（2016）使用 RGB 和 HSV 空间的 LBP 纹理特征实现无人机影像分割。Jin 等（2017）利用无人机影像估计了小麦植株密度，Milas 等（2016）使用无人机影像进行阴影分类。以上研究表明，无人机遥感在农业中有丰富的应用。

立足国内外已发表的农作物分类提取文献，通过深入分析和凝练，总结发现：利用遥感影像进行农作物分类方法主要分为基于光谱特征、纹理特征及空间特征。

农作物的光谱特征是农作物分类提取的出发点。根据植被在不同波段的吸收反射光谱特征，传统卫星遥感传感器波段主要包含四个多光谱波段，蓝色（450～510nm）、绿色（510～580nm）、红色（630～690nm）和红外波段（770～895nm），一些卫星数据平台可以提供免费可见光波段及多光谱波段数据，如 Landsat 7、MODIS、SPOT 等，但此类数据的空间分辨率较低（Landsat 30m，MODIS 500m），重访周期较长（Landsat 为 16 天，SPOT 为 26 天）。近年来，高分辨率卫星的开发及应用促进了精准农业的研究，如 GF 卫星系列、WorldView 系列、Sentinel 系列，但仍存在被动传感器无法穿透云层，分辨率无法满足田块尺度要求的问题。因此可以使用无人机平台解决卫星遥感由于天气原因带来的困扰，实现田块尺度精准监测。目前基于光谱特征的农作物分类方法主要是通过计算各类别光谱统计量，构造植被差异指数，并在这些植被差异指数的基础上通过统计学习实现农作物遥感分类。其中，汪小钦等（2015）构造了一种新的植被指数，并利用可见光波段差异植被指数提取了健康绿色植被信息。李鑫等（2017）提出了基于红绿波段的增强型红绿差值指数，对蓝藻信息识别可信度高。针对多光谱数据，刘伟等（2017）

结合 NDVI、NDWI 及均值特征确定了最佳特征组合，改善了裸地与沙石的区分。Peña 等（2013）使用六波段多光谱影像，实现了在玉米生长早期的杂草制图。Doi（2016）的人对多光谱影像进行彩色合成，增加了相似像元的可区分性。林志玮等（2018）使用无人机获取了大范围的植被图像，并采用多元 HoG 特征，使用逐像素的随机森林算法进行植被类型识别。结果表明：HoG 特征可以进行植被类型识别；在 20m 的航高下，植被类型识别率最高，为野外森林树种监控与管理提供了技术参考。牛亚晓等（2018）开发了一套无人机多光谱遥感图像采集系统，并采集了红、绿和近红外波段光谱信息。采用监督分类方法获得了田间尺度小麦覆盖度信息，结果表明：提取效果最好的是基于 NDVI 的分类阈值，提取结果绝对误差最小。张宏鸣等（2018）使用无人机影像采集系统，获取了高精度的正射影像、高程数据及坡度数据，并根据样本点构建训练样本集，使用支持向量机对渠系进行提取，实现了无人机影像渠系的高精度提取（张宏鸣等，2018）。鞠登磊等（2018）获取了四景不同高度的高光谱影像，在不同高度下，研究了地物高光谱特征的变化，并统计了不同时期、不同高度下地物的分类精度。结果表明：①植被光谱反射率在不同高度下存在差异；②光谱反射率在近红外波段降低；③使用 ISODATA 分类法可以进行地物的快速识别。

农作物的纹理特征是农作物分类提取的切入点。纹理具有一定的方向性、重复性和规律性。高分辨率影像更易获取地面物体的物理特征，如纹理、形状、方向等，在遥感分类研究中，基于图像纹理的局部空间变化特征起着重要作用。通过影像滤波提取纹理特征，可以实现在遥感影像中对特定作物的识别或分类（Milas et al., 2016; Popescu et al., 2016）。如李蕴雅（2016）建立相应的纹理规则集，基于无人机影像进行树冠的提取。郭鹏等（2017）使用可见光影像，选取亮度、饱和度和红色二阶矩作为最优分类特征对农田作物进行分类，分类精度明显高于颜色指数方法。李宗南等（2014）发现最适合区分正常和倒伏玉米的特征为基于灰度共生矩阵的红、绿、蓝色均值纹理特征，通过纹理特征提取的倒伏玉米面积结果更准确，提取误差低于基于色彩特征的提取方法。Böhler 等（2018）通过图像处理，统计均值、方差、熵等特征，利用随机森林算法实现了农作物分类。邹昆霖等（2018）使用无人机搭载可见光相机，对棉田及周边进行图像采集。通过植被指数特征和纹理特征，对比分析了不同特征对脱叶棉田、未脱叶棉田、冬小麦田及裸地的区分效果，结果发现：植被指数特征可有效区分出未脱叶棉田，纹理特征可有效区分裸地和脱叶棉田；利用光谱、纹理特征可有效的提取棉田面积。戴建国等（2018）通过无人机遥感获取的可见光影像，提取光谱、纹理特征并进行特征优选，对北疆主要农作物进行分类，结果表明：支持向量机分类效果最好，苜蓿、西葫芦、玉米和棉花作物分类精度均达到了 80%以上，可为农作物信息普查提供参考。薛牡丹等（2019）使用无人机获取正射影像和地形数据，在 0.5m 分辨率下，基于面向对象方法结合两种数据对梯田进行分割提取和面积统计，结果表明：利用光谱、纹理及地形信息使用 SVM 分类方法获得的分类结果较好。李明等（2018）通过无人机遥感获取水稻种植区域的图像，使用 Agisoft Photoscan 软件拼接图像，并分割试验区域，提取光谱、几何和纹理特征；建立识别水稻地块的二分类 Logistic 回归模型。结果表明：面积测算准确率高，水稻田块识别效果好。张超等（2017）获取高空间分辨率的无人机遥感影像数据，研究制种玉米纹理特征的计算尺度问题，通过对比分析，确定最适宜区分制种玉米与大田玉米的分辨率为 0.6～0.9m。最后采用 0.7m 分辨率影像进行方法验证，使用决策树方法获取制种玉米信息，为制种玉米田的高空间分辨率遥感管理提供支撑。

  农作物物理性状也可用于分类，不同农作物间的冠层结构差异非常明显，如高度、形态、叶倾角等。但传统遥感无法获得高分辨率冠层结构数据，随着无人机遥感及传感器技术的快速发展，使获取更多类型的数据成为可能，为农作物遥感分类提供了新的发展空间，如何从无人机影像中提取农作物物理性状成为新的研究热点（Zarco-Tejada et al.，2014）。其中，Kim 等（2017）通过手动采集地面控制点生成 TIN 模型进而生成 DEM 数据，计算了 DSM 和 DEM 的差值 NDSM（Normalized DSM），选择 RGB 波段、NDSM 和改进 NDVI 为特征，实现了地表覆盖类型分类。杨琦等（2017）采集了蔗糖全生育期的高清数码影像，建立各生育期作物表面模型（Crop Surface Models，CSMs），并提取株高，该方法表明 CSMs 提取的株高拥有较高的精度。Bendig 等（2014）证实了从 CSMs 提取的株高具有良好的精度，并建立了大麦株高与生物量的估算模型。Zhang 等（2015）使用无人机影像和数字表面模型提取空间信息，提取了树木、道路、水体等分布信息。Zisi 等（2018）利用多光谱、纹理、高度信息实现了杂草分布监测。Nevalainen 等（2017）从 RGB 点云中提取三维特征，结合多光谱特征进行树木分类。Yang 等（2017）使用 DSM 信息提取了水稻倒伏信息，验证了 DSM 信息有助于区分植被倒伏。毛智慧等（2019）任利用无人机 DSM 影像提取玉米倒伏信息，并验证了倾斜摄影获得的 DSM 精度优于正射摄影获取的 DSM。以上研究表明，利用无人机获取的数字表面模型可以提取地表信息，如作物株高信息等（Malambo et al.，2018）。目前，利用 DSM 数据作为分类特征分为两种处理，第一类是直接利用 DSM 作为分类特征进行分类；第二类是在农作物生长过程中，在研究区域内进行地面控制点采集，利用插值生成 DEM，通过 DSM 与 DEM 相减，获得相对高度特征。第一类方法会导致同一时期由于地形因素造成的不同作物表面高度相同从而形成误分类，第二类方法较难在大面积农田布设控制点。

  时序特征对农作物分类具有促进作用，由于作物的生长期不同，不同时间的遥感数据进行农作物分类的能力不同，农作物所处的物候期也是影响遥感分类的重要因素。史飞飞等（2018）利用 NDVI 时间序列数据与 HJ-1A 高光谱数据进行融合，提高了生育期较为接近的作物的识别精度。胡琼（2018）利用时序 MODIS 影像识别提取黑龙江省主要农作物，精度较好。顾晓鹤等（2010）采用小波变换方法，融合了 MODIS 和 TM 的 NDVI 时间序列数据，利用非监督分类器提取了秋季作物种植的空间分布情况；李颖等（2010）基于 TM 遥感数据，结合时相特征和光谱特征，采用最大似然法对冬小麦进行光谱特征聚类识别，识别精度为 92.39%。农作物不同的种植结构构成不同农作物的物候特征（Peña-Barragán et al.，2011），根据农作物种类选择遥感影像可提高分类结果。

  此外，针对不同的研究对象，遥感影像分辨率对分类结果也会产生影响。农作物在无人机遥感影像上的可分辨程度，并不完全取决于空间分辨率，其分辨结果与农作物的种类、大小及所处农田的亮度和结构有关。许多学者对不同分辨率影像数据进行了研究，其中 Momeni 等使用 Worldview-2 的 12 种不同空间及光谱特征，并利用三种不同分类方法（最大似然法、支持向量机和面向对象法）进行分类，得到 630 个比对结果，对城市土地覆盖类型分类结果进行分析，结果表明，在复杂城市环境中，空间分辨率对影像分类结果影像最大，高分辨率遥感数据以及超高分辨率遥感数据在研究土地覆盖信息中具有更大优势（Momeni et al., 2016）。Kamal 等（2015）利用 Landsat TM、ALOS AVNIR-2、WorldView-2 和 LiDAR 等数据在红树林特征绘图中也证明了更高的空间分辨率能绘制更详细的红树林信息。在农业遥感监测中，不同研究对象需要的空间分辨率不同，Deo 等（2018）将 Landsat 数据与统计数据结合，得出在分辨率为 1000m 时，可以为大尺度地面生物量反演提供可接受的准确度。Xu 等（2019）在中国东南部福建省长汀县和田盆地，研究遥感影像空间分辨率与土地覆盖分类之间的相关性，结果表明 4m 的空间分辨率更适合基于像素的土地覆盖分类。在不同的研究中，农业研究人员使用的无人机影像的分辨率不同。李昂（2018）使用分辨率为 1.7cm 的无人机遥感影像进行水稻产量估测研究；Lottes 等（2017）使用分辨率为 1.5cm 的无人机进行了农作物与杂草分类研究；Yang 等（2017）使用分辨率为 5.5cm 影像进行了水稻倒伏评估。以上研究表明在进行农作物研究时，不同研究对象选择无人机影像的分辨率不同，超高分辨率无人机影像应用前景广阔。

8.2 高空间分辨率遥感影像

8.2.1 QuickBird 卫星影像

QuickBird 卫星于 2001 年 10 月由美国 DigitalGlobe 公司发射，相比 IKONOS 具有更高的分辨率和更大的星上存储容量，单景影像数据幅宽达到了空前的 16.5km。卫星参数如表 8-1 所示，传感器参数如表 8-2 所示。

表 8-1 QuickBird 卫星参数

指标	参数
质量	1018kg（发射后）
半长轴	6828km
发射窗口	1851～1906 GMT（1451～1506 EDT）
发射工具	Delta II
星下点分辨率	0.61m
产品分辨率	全色 0.61～0.72m，多光谱 2.44～2.88m
产品类型	全色、多光谱、全色增强、全色+多光谱捆绑等
成像方式	推扫式成像
传感器	全色波段、多光谱
分辨率	0.61（星下点）2.44（星下点）
波长	450～900nm
量化值	11 位
星下点成像	沿轨/横轨迹方向（+/-25 度）
立体成像	沿轨/横轨迹方向

续表

指标	参数
辐照宽度	以星上点轨迹为中心,左右各 272km
成像模式	单景 16.5km×16.5km
条带	16.5km×165km
轨道高度	450km
倾角	98 度(太阳同步)
重访周期	1~6 天(1750px 分辨率,取决于纬度高低)

表 8-2 QuickBird 卫星传感器参数

波段	波长/nm
蓝	450~520
绿	520~600
红	630~690
近红外	760~900

QuickBird 卫星每年可以采集 7500 万 km^2 的卫星影像数据,截至 2007 年 WorldView-1 发射前,QuickBird 一直是采集性能最好、分辨率最高的商业遥感卫星。在中国境内每天至少有 2 至 3 个过境轨道,常常有多期存档数据可供选择。

2013 年初,QuickBird 卫星的轨道高度将由 482km 逐渐下降到 450km,并继续向用户传输高分辨率卫星图像及相关图像产品。随着时间的流逝,虽然 QuickBird 卫星延长了寿命,但是在 2014 年以后 QuickBird 卫星不再获取新的遥感影像数据。

8.2.2 Google Earth 卫星影像

Google Earth 的卫星影像,并非单一数据来源,而是整合了卫星影像与航拍数据。其卫星影像部分来自于美国 DigitalGlobe 公司的 QuickBird(快鸟)商业卫星与 EarthSat 公司(美国公司,影像来源于陆地卫星 Landsat 7 卫星居多),航拍部分的来源有 BlueSky 公司(英国公司,以航拍、GIS/GPS 相关业务为主)、Sanborn 公司(美国公司,以 GIS、地理数据、空中勘测等业务为主)等。

Google Earth(GE)上的全球地貌影像的有效分辨率至少为 100m,通常为 30m(例如中国大陆),视角高度(eye alt)为 15km 左右(即宽度为 30m 的物品在影像上就有一个像素点),但针对大城市、著名风景区、建筑物区域会提供分辨率为 1m 和 0.6m 左右的高精度影像,视角高度分别约为 500m 和 350m。目前提供高精度影像的城市多集中在北美和欧洲,其他地区往往是首都或极重要城市。中国大陆有高精度影像的地区有:北京、上海、香港、澳门、四川的潼川(即三台,31°04′105°09′)、黑龙江的大庆(46°35′125°00′)与宫棚子(45°46′124°52′)、库尔勒(Korla 41°45′86°08′),台湾地区已提供高精度影像的地区较多。

8.2.3 无人机航拍影像

无人机遥感监测系统包括无人机搭载平台以及遥感传感器。无人机搭载平台主要分为固定翼和多旋翼两种。无人机的主要特点是低成本、易操作、时效好,其中多旋翼无人机可以垂直起降,定点悬停,可搭载自稳云台,适用于小范围、多架次遥感数据获取;固定翼无人机航时长,抗风能力强、效率高,适用于中等尺度、高时效遥感数据获取(李德仁等,2014)。近几年来,无人机平台发展较快,国内外无人机厂商发布了多款无人机平台,其中极飞地理 C2000 多旋翼无人机单次续航时间长达 40min,可采集正射影像及多光谱图像等。大疆 M600 多旋翼无人机载重高达 6.0kg,为无人机行业应用提供可靠的高性能飞行平台。凌云 IIS 最大飞行时间 60min,最大测控半径 15km,满足外场快速作业的使用需求。此外中海达 iFly U5/U5R 固定翼无人机续航时间 2.5h,最大载荷为 1.5kg。eBee 是瑞士 SenseFly 公司研发的智能无人机系统,重量小于 700g,最大飞行时间 45 分钟。目前,垂直起降固定翼无人机发展迅速,垂直起降固定翼解决了一定的起飞场地限制,提高了固定翼的应用场景。

遥感信息获取传感器主要为可见光相机、多光谱相机及激光雷达等。Link 等(2013)利用固定翼无人机搭载成像光谱仪 MMS1,获取地面参照点反射均值,并对航迹、多光谱数据精度进行验证,结果表明此无人机平台作业执行准确,为精准农业提供硬件支持,但是因多光谱设备较重减少了飞行作业时间。叶子伟等(2015)利用固定翼无人机搭载佳能 5Dmark II 进行小城镇大比例尺数字正射影像图(digital orthophoto map, DOM)制作,并阐述了技术流程和方法,结果表明,利用无人机制作的 1:2000 数字正射图符合精度要求。高志国等(2015)采用 eBee 微型无人机航摄系统获取低空影像数据,进行了地形图试验分析。结果表明无人机具有明显的技术优势和良好的应用前景。曾跃(2016)使用无人机搭载 SonyA7R 相机,通过实践证明无人机在灾害监测方面具有很强的可用性。刘小龙(2013)通过构建的无人机遥感采集系统搭载 D90 相机,验证了无人机能够在一定程度上摆脱天气因素对农业遥感的限制,为后续的快速大范围获取农业信息提供了技术支持。Gómez-Candón 等(2014)使用 Olympus EP-1 相机在评定无人机影像拼接的精度中发现飞行高度及地面控制点的数量对影像拼接的质量极为重要。曹明兰等(2016)利用无人机航测系统搭载理光 DIGITALII 采集高空间分辨率影像,结果满足 1:500 数字正射图的质量要求,并减少了作业成本。郑长春等(2018)对无人机搭载 LiDAR 设备数据的获取、处理及精度验证等几个方面进行分析与总结,结果表明无人机 LiDAR 数据整体精度良好,满足 1:2000 地形图测量精度要求。以上研究表明,无人机技术大幅提高制图效率,为小区域大比例尺快速测绘提供新的技术手段,无人机遥感数据具备较好的优势和良好的应用前景。

由于无人机航摄资料与传统航摄资料在成像方式、像幅大小、飞行姿态等方面的区别,在采用无人机数码航摄资料进行空三加密测量、3D 数字产品生产时,不能完全沿用常规航摄资料的技术方案,必须在像控点布设、参数设定、平差计算等方面做出相应的调整,得出适合低空无人机航摄资料的最佳像控点布设及空三加密的解决方案。杨德芳等(2015)利用低空无人机航摄系统快速获取高分辨率的航空影像数据,利用"高分辨率遥感影像一体化测图系统 Pixel Grid"软件进行多种方案的加密计算，选择最佳的加密方案成果进行全数字摄影测图及编辑。最后采用 GPS-RTK 技术在野外采集地物点平面坐标及高程值与内业采集的地物点坐标及高程值进行对比，统计地物点中误差。实验结果满足航空摄影测量业内规范的成图要求。王同行等（2016）采用海南岛东方市鱼鳞州一带海岸线无人机高精度遥感影像，布设 3 种控制点，结果显示在海岸带无人机遥感地面控制点布设作业采用多排均匀布设控制点方法能有效提高遥感图精度，拼接成图的质量最优，与已知遥感影像比对点的位置最为吻合。

无人机遥感监测系统具有低成本、易操作、时效好等优点，但能与无人机配套使用的数据采集系统相当匮乏。无人机作业受有效载荷和续航时间的影响，导致无人机对搭载的传感器设备有一定要求，传统数据采集传感器具有质量大及体积大的特点，难以应用于无人机遥感系统中。现在，无人机遥感技术主要搭载一些较为简单的设备，使无人机遥感数据偏单一化。采用无人机数据获取高精度地面影像成为未来研究的热点。利用无人机遥感技术进行农作物面积样方调查，可搭载可见光或多光谱相机获得多源遥感数据，扩大监测范围，增加监测成果，提升样方调查速度。

无人机遥感影像信息提取包括：遥感数据的处理、遥感信息提取及信息验证。数据的处理包括：图像的匹配与拼接、图像的校正及配准等。按照目前无人机遥感的应用情况，单张无人机影像往往无法覆盖整个目标区域，为了提高无人机遥感影像的精度和覆盖范围，需要对获取的图像进行校正拼接等处理。于瑶瑶（2012）用特征匹配的方法，应用于无人机影像，实现了无人机影像快速拼接，验证了该方法的可行性。尹杰等（2011）从无人机遥感图像快速获取和处理方面入手，研究无人机航迹快速规划，航片的自动拼接与信息的智能提取等关键技术。无人机在航摄时，会发生航偏和姿态的变化，导致图像产生几何畸变，主要有共线方程校正法和多项式校正法几何精校正模型。共线方程法精度高，获得每个像元的坐标改正数，但通常无人机在航拍时飞行姿态不断变化，从而无法精确表达无人机外方位元素，导致共线方程法理论上的严密性难以实现。

8.3 针对高空间分辨率影像的特征构建

8.3.1 农作物可见光植被指数提取分析

通过计算机图像处理技术对遥感影像进行运算，获得用于遥感信息提取的特征变量。在农作物遥感分类过程中，光谱特征充当着重要角色。无人机遥感平台可以搭载可见光、多光谱、激光雷达等传感器，其中无人机可见光影像只含有红、绿、蓝 3 种颜色的灰度信息，不含对绿色植被识别较好的红边信息。进行可见光波段光谱分类特征提取，对 R、G、B 波段像元值进行波段运算，计算可见光植被指数，利用植被指数将不同作物的光谱信息与其他地物的光谱信息差异放大，从而提取出农作物分类的分布信息。

目前，基于可见光波段和近红外波段构建的植被指数达 100 余种，如 NDVI、RVI、DVI 和 EVI 等（Gevaert et al., 2017; Ponti et al., 2016），而仅基于 R、G、B 波段构建的植被指数较少（Xue et al., 2017），常见的可见光植被指数如表 8-3 所示。

表 8-3 可见光植被指数表达式

名称	简写	公式	出处
红绿比值指数	RGRI	$RGRI=\dfrac{\rho_{red}}{\rho_{green}}$	Verrelst et al., 2008
归一化绿蓝指数	NGBDI	$NGBDI=\dfrac{\rho_{green}-\rho_{blue}}{\rho_{green}+\rho_{blue}}$	Verrelst et al., 2008
归一化绿红指数	NGRDI	$NGRDI=\dfrac{\rho_{green}-\rho_{red}}{\rho_{green}+\rho_{red}}$	Meyer et al., 2008
过绿指数	ExG	$ExG=2\times\rho_{green}-\rho_{red}-\rho_{blue}$	Torres-Sánchez et al., 2014
可见光波段差异植被指数	VDVI	$VDVI=\dfrac{2\times\rho_{green}-\rho_{red}-\rho_{blue}}{2\times\rho_{green}+\rho_{red}+\rho_{blue}}$	汪小钦等, 2015

注：表中 ρ_{red}、ρ_{green}、ρ_{blue} 分别表示红、绿、蓝波段的像元值

统计不同植被指数影像中各类样本的均值和类间差异系数 D_w。计算公式如下：

$$D_w=\frac{M_1-M_2}{M_2} \tag{8-1}$$

式中，D_w 为类间差异系数；M_1 为第一类均值；M_2 为第二类均值。

8.3.2 农作物可见光纹理特征提取分析

在复杂农作物种植区，由于分辨率的提升减少了异物同谱的现象，但增加了同物异谱的现象。无人机可见光遥感可以更加细致的反映不同地物差异，具有较高的地物分辨能力。纹理是图像像元值在空间上的变化，不同农作物纹理不同。因此，用无人机遥感图像纹理特征提取作物分类信息存在一定的可行性。

高分辨率的无人机遥感数据减少了混合像元的出现，使得农作物的冠层形状、尺寸、结构等更加清晰。目前，研究人员探究了多种纹理滤波方法并用于农作物遥感数据分类，传统图像处理包含直方图匹配、局部直方图处理、直方图统计等。此外，不同滤波效果不同，均值滤波能降低图像中颜色的尖锐变化，降低噪声，中值滤波表现为能很好解决椒盐噪声。在概率统计滤波中，一阶概率统计滤波及二阶概率统计滤波应用广泛（韩文霆等, 2017；李宗南等, 2014）。其中，二阶概率统计是利用灰度共生矩阵来计算纹理值，即中心点在特定方向和距离窗口中出现的频率，具有较好的纹理提取效果。

纹理是大田种植农作物的基本特征，不同农作物的表征纹理不同，并非所有的滤波特征都能增强农作物之间的差异，需要根据不同作物和波段来判断。

8.3.3 农作物空间高度特征提取分析

无人机数字表面模型（digital surface model，DSM）是包含各种地物的表面高程信息，如建筑物顶层表面高度、植被冠层表面高度等，并不是植被覆盖区地面的高度。由于农作物物候历不同，在同一时期，作物生长状况不同，从而可以将作物高程信息作为农作物分类提取特征。

利用两个不同时期作物的 DSM 数据，生成差异数字表面模型（difference digital

surface model，DDSM），突出作物生长差异特征，可以将该特征引入农作物分类中。首先将两期 DSM 影像进行几何配准，然后将两个时期的数字表面模型进行差值计算，可获得差异数字表面模型，得到不同作物生长高度信息。

$$DDSM = DSM_1 - DSM_2 \tag{8-2}$$

式中，DSM_1 为早期 DSM；DSM_2 为晚期 DSM。基于双时相 DSM 计算 DDSM。

相比传统遥感提取的 DSM 信息，无人机遥感提取的 DSM 信息含有地表和作物的高程信息，考虑到作物冠层高度变化情况，对 DSM 做差值处理，得到差异数字表面模型，再根据作物冠层波动情况将 DDSM 影像进行滤波处理，得到不同农作物空间信息。

8.4 机器学习分类算法

遥感分类方法主要分类两类：非监督分类法和监督分类法。非监督分类是在遥感数据集中找到预先指定数量的统计聚类。这种方法可以在没有事先了解研究区的地面覆盖的情况下使用，但存在聚类并不总是等同于实际的分类类别，需要对分类结果进行分析后处理进而达到最终结果的问题。监督分类需要事先了解研究区地面覆盖类型概况，首先选取来自光谱曲线库或样本区域像素的光谱数据特征用于训练分类算法，经过训练后，该算法就可以应用于整个图像。

监督分类方法是利用已知类别的先验知识，在研究区域内选择一定数量的训练样本，训练分类器形成一定的判别规则，并利用判别规则实现对影像中地物的分类。常用的监督分类方法有 k 最近邻（k-nearest neighbor, KNN）分类算法、决策树法、随机森林和支持向量机算法等（Belgiu et al., 2016; Shadman Roodposhti et al., 2019; Ustuner et al., 2017）。

8.4.1 SVM 算法介绍

支持向量机（support vector machine，SVM）方法是一种收敛性好，构建简单的机器学习方法。支持向量机的基本模型是在特征空间上找到最佳的分离超平面使得训练集上正负样本间隔最大。SVM 是用来解决二分类问题的监督学习算法，当遇到线性不可分时，常用做法是将特征映射到高维空间中，在引入了核方法之后 SVM 也可以用来解决非线性问题。核函数能简化映射空间中的内积运算，避开直接在高维空间中进行计算，事先低维上进行计算，分类效果表现在高维上。SVM 在中小量样本规模的时候容易得到数据和特征之间的非线性关系，可以避免使用神经网络结构选择和局部极小值问题，可解释性强，可以解决高维问题。

8.4.2 深度学习算法

深度学习（deep learning）是机器学习（machine learning）领域中一个新的研究方向。深度学习是学习样本数据的内在规律和表示层次，这些学习过程中获得的信息对诸如文字，图像和声音等数据的解释有很大的帮助。它的最终目标是让机器能够像人一样具有分析学习能力，能够识别文字、图像和声音等数据。深度学习是一个复杂的机器学习算法，在语音和图像识别方面取得的效果，远远超过先前相关技术。

深度学习在搜索技术、数据挖掘、机器学习、机器翻译、自然语言处理、多媒体学习、语音、推荐和个性化技术，以及其他相关领域都取得了很多成果。深度学习使机器模仿视听和思考等人类的活动，解决了很多复杂的模式识别难题，使得人工智能相关技术取得了很大进步。

8.4.3 卷积神经网络算法

卷积神经网络（convolutional neural networks，CNN）于20世纪60年代提出，由Hubel和Wiesel在研究猫脑皮层中用于局部敏感和方向选择的神经元时发现。

CNN是目前深度学习最大的一个流派，其应用的优点在于避免了对图像的复杂前期预处理，可以直接处理原始图像。CNN核心在于"卷积"，传统机器学习中LBP、方向梯度直方图等特征都可以看作是卷积的一种特殊形式，"卷积"以不同的参数来描述不同的抽象程度特征，更接近于原始图像的"特征抽象"。卷积层是按照生物学神经元数据处理机制，每个神经元需要与前一层连接，用于特征提取。卷积层的功能是对输入数据进行特征提取，其内部包含多个卷积核，组成卷积核的每个元素都对应一个权重系数和一个偏差量，类似于一个前馈神经网络的神经元。卷积层参数包括卷积核大小、步长和填充，三者共同决定了卷积层输出特征图的尺寸，是卷积神经网络的超参数。其中卷积核大小可以指定为小于输入图像尺寸的任意值，卷积核越大，可提取的输入特征越复杂。卷积步长定义了卷积核相邻两次扫过特征图时位置的距离，卷积步长为1时，卷积核会逐个扫过特征图的元素，步长为n时会在下一次扫描跳过$n-1$个像素。由卷积核的交叉相关计算可知，随着卷积层的堆叠，特征图的尺寸会逐步减小，如16×16的输入图像在经过单位步长、无填充的5×5的卷积核后，会输出12×12的特征图。为此，填充是在特征图通过卷积核之前人为增大其尺寸以抵消计算中尺寸收缩影响的方法。常见的填充方法为按0填充和重复边界值填充。

在卷积层进行特征提取后，输出的特征图会被传递至池化层进行特征选择和信息过滤。池化层包含预设定的池化函数，其功能是将特征图中单个点的结果替换为其相邻区域的特征图统计量。池化层选取池化区域与卷积核扫描特征图步骤相同，由池化大小、步长和填充控制。池化（降采样）是获取一个区域内的典型特征，比如$n×n$像素范围的像素最大值或平均值，其意义在于能够对输入进行抽象描述，对特征进行降维。

激活层是神经网络的精髓，在CNN中被广泛采用的ReLU函数可以有效解决梯度扩散问题。激活层一般添加在卷积层或者池化层之后，没有明确的位置定义，一般对于简单的网络来讲，激活层通常可以不添加。常规解决"过拟合"问题的方法是模型平均，通过训练多个网络进行加权组合来进行规避，这样带来的问题是更大的计算量。

Dropout层的提出源于神经网络的一个大缺陷——"过拟合"，Dropout方法最早由Hinton提出，针对一次训练过程，网络中的神经元节点按照一定的概率进行权值更新，也就是说，神经元有可能仅保留权值参数，下一个训练过程再更新。按照一定的随机策略，使每一次训练的神经元并不相同，也就是说神经元节点轮流工作，这种随机过程又向人脑前进了一步。

卷积神经网络中的全连接层等价于传统前馈神经网络中的隐含层。全连接层位于卷积神经网络隐含层的最后部分，并只向其他全连接层传递信号。特征图在全连接层中会失去空间拓扑结构，被展开为向量并通过激励函数。全连接层直观理解为简化的数据计算，其意义在于求解，对于网络本身的贡献值是比较低的，大多数情况下，全连接层放在网络最后面，有时也会被省略。按表征学习观点，卷积神经网络中的卷积层和池化层能够对输入数据进行特征提取，全连接层的作用则是对提取的特征进行非线性组合以得到输出，即全连接层本身不被期望具有特征提取能力，而是试图利用现有的高阶特征完成学习目标。在一些卷积神经网络中，全连接层的功能可由全局均值池化取代，全局均值池化会将特征图每个通道的所有值取平均，即若有 7×7×256 的特征图，全局均值池化将返回一个 256 的向量，其中每个元素都是 7×7，步长为 7，无填充的均值池化。

卷积神经网络中输出层的上游通常是全连接层，因此其结构和工作原理与传统前馈神经网络中的输出层相同。对于图像分类问题，输出层使用逻辑函数或归一化指数函数输出分类标签。在物体识别问题中，输出层可设计为输出物体的中心坐标、大小和分类。在图像语义分割中，输出层直接输出每个像素的分类结果。

8.5 案例：基于无人机影像和 SVM 算法的农作物识别

8.5.1 研究区与数据

研究区为黑龙江省农业科学院民主研究基地，此基地具有丰富的监测数据和农业基础数据，为探究无人机遥感影像农作物分类提供了有利条件。以无人机遥感平台于 2017 年和 2018 年在基地获取的可见光遥感影像为基础数据，目视解译产品以及实地调查数据作为辅助数据，分别对影像数据及辅助数据进行预处理工作，保障研究结论的真实可靠性和研究方法的可重复性。

1. 研究区概况

研究区位于黑龙江省（图 8-1），黑龙江省位于 121°13′~135°06′E，43°25′~53°34′N 之间，是我国经度最东的和纬度最高的省份，黑龙江省地势复杂多样，其走势为交叉状，即西北、北部、东南部高，东部和西南部低。黑龙江省农业科学院民主研究基地，是国家级农业示范研究基地，位于黑龙江省哈尔滨市西北方向，处于 45°20′~46°20′N，126°15′~127°30′E 之间，属于中温带大陆性季风气候，四季分明，冬季多雪，春、秋过渡时间较短，夏季凉爽，年平均降水量约为 523mm，年平均气温为 4.2°C。基地面积约为 3.0km×2.5km，地形有较大起伏，测区内包含水稻、玉米、大豆及马铃薯等多类农作物。测区面积适中，作物类型多样，种植结构复杂度高，是检验作物分类算法的理想实验区域。

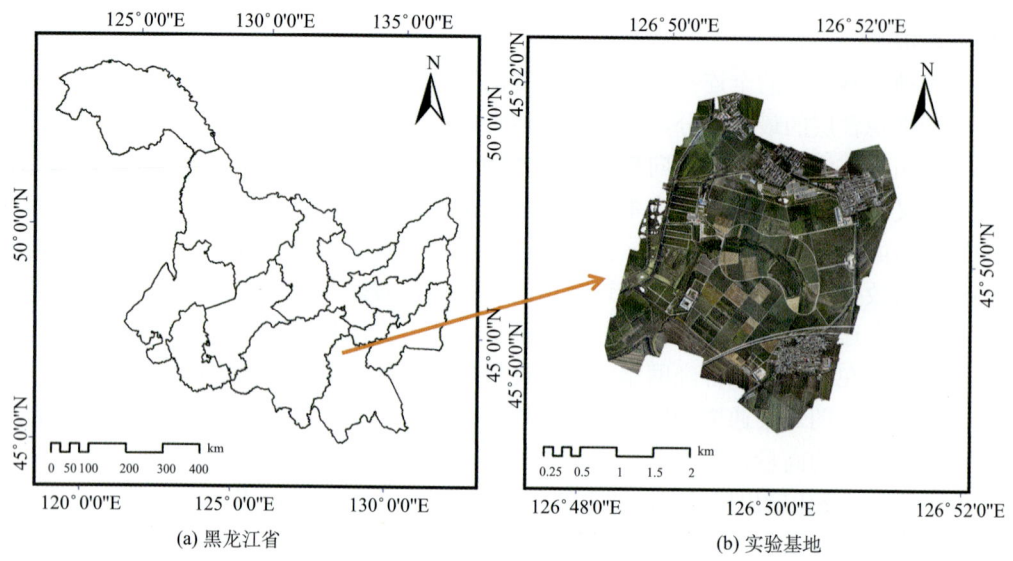

图 8-1 研究区位置示意图

2. 遥感数据获取与处理

本节研究使用北京禾壮慧农科技发展有限公司生产的手抛固定翼无人机操作系统采集遥感数据。此系统具有任务载荷空间大、携带方便、自主飞行等优点。同时，此系统可以搭载可见光相机、多光谱相机等传感器，可以对地面进行大面积长时间监测。此款无人机使用 EPO 复合材料，电池驱动，起飞重量为 4.4kg，飞行速度为 50～80km/h，任务载荷为 0.6～1.2kg，续航时间为 1.5～3h。

本节研究中所涉及的实验数据在该区域分两期进行采集，分别是 2017 年 8 月及 2018 年 6 月，图像获取设备为 SONY A7R 微单相机，无人机获取的影像为 RGB 图像，且在无人机航拍过程中，旁向、航向上的重叠率均达到 80%，满足生成 RGB 正射影像的要求。本节研究所选用的电脑为 Dell，处理器为 Intel（R）Core（TM）i5-6500 Cpu@3.20GHz，内存为 16.0GB，操作系统为 64 位 Windows10 系统。需要对无人机采集的单个航片进行拼接获得整个大区域影像。在对比分析 Bently 公司的 ContextCapture（Smart3D），俄罗斯 Agisoft 公司的 PhotoScan 以及瑞士 Pix4D 公司 Pix4D mapper 等软件后，选取 Smart3D 作为影像快速拼接工具。首先在 Smart3D 里利用单张照片 POS 数据，进行无人机航片的几何校正和地理信息配准，生成密集点云，最后得到整个大区域图像。具体过程可以分为以下四个步骤完成。

（1）将无人机航拍影像、POS 数据导入软件 Smart3D 中。

（2）两次空中三角测量，首先使用 POS 数据平差处理，完成相机校验及相对定向，再使用控制点数据完成模型的绝对定向。

（3）根据密集点云生成 3D 模型并赋予纹理。

（4）生成 DOM/DSM 数据并导出。

正射图像空间分辨率为 0.10 m，以 TIFF 格式存储；图像存储了地物红、绿、蓝 3

种色彩的灰度值，数值范围 0~255。

如图 8-2 所示，左侧展示的为部分原始影像，单张的可见光数据无法覆盖整个研究区域，所以需要对可见光影像进行拼接处理，在 Smart3D 中，输出正射 RGB 影像之前，必须经过空间建模，因此在获得正射影像的同时，还可以获取 DSM 影像，从处理后的影像中可以看出，由于水体的反射特性，造成了水体表面的空洞，也造成了 DSM 影像的空洞。

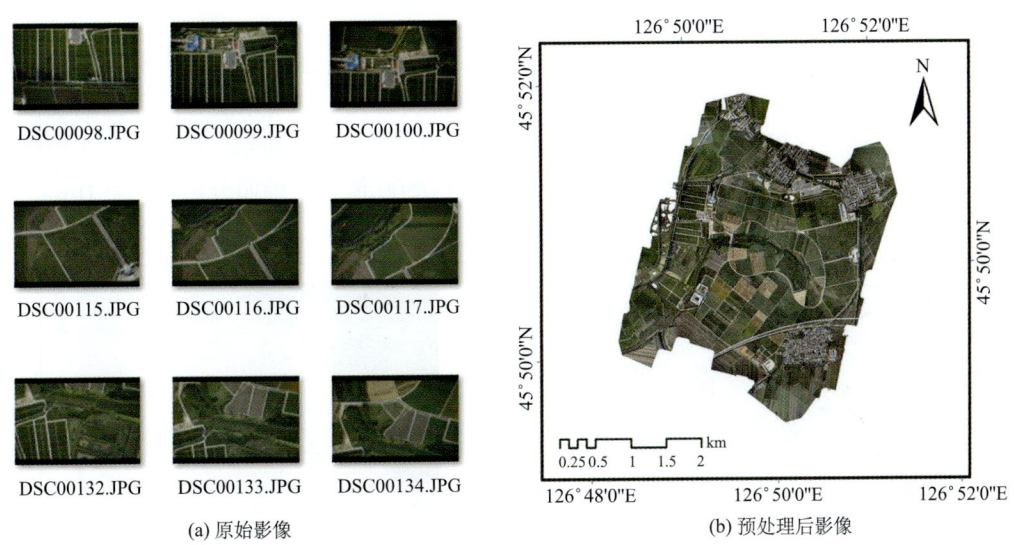

图 8-2　原始影像及预处理后影像

3. 地面数据采集与处理

本节研究在黑龙江省农业科学院民主研究基地工作人员以及黑龙江省农科院工作人员的帮助下，对研究区域进行地面调查，对试验区内农作物种植情况进行目视解译，获得真实的农作物分布信息（图 8-3）。将 DOM 作为底图进行矢量边界绘制，得到田块矢量边界。

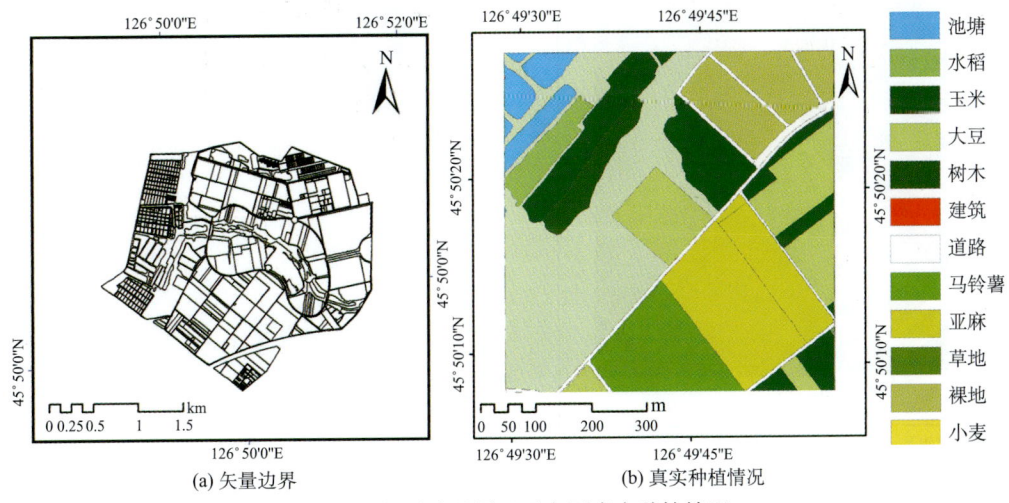

图 8-3　矢量边界图及研究区真实种植情况

通过目视解译，获得了农作物的真值信息，并且在 Arcgis 中以 DOM 为底图，采用人工绘制的方法，勾画出了田块的矢量边界，研究基地的西面与西北面位置为水稻田，其田块较小并且密集，地势较低。研究基地中部地势较低，多种植树木，东部及东北方向多种植玉米、大豆，南部地区种植大豆及蔬菜类较多。

4. 研究区域选择

本节研究影像分为两块，一块为研究区域，另一块为方法验证区域。利用 ENVI5.1 特征区域裁剪工具提取出研究区域，提取中国农科院研究生院哈尔滨分院周围地块作为研究区域。该研究区的 RGB 正射影像及数字表面模型如图 8-4 所示。其中研究区影像大小为 6000×6000 像素，验证区域影像大小为 7500×7500 像素，地面分辨率为 0.1m。

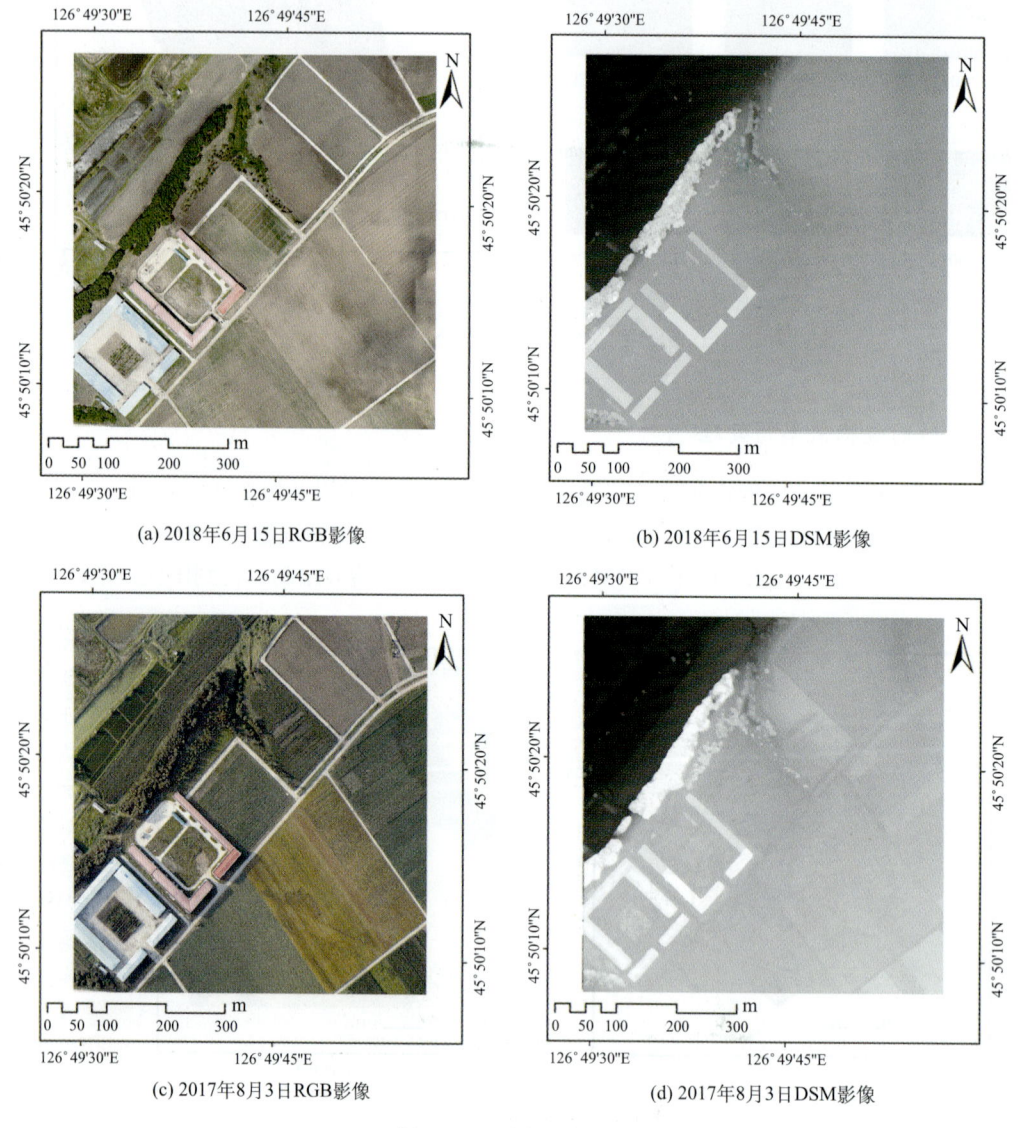

(a) 2018年6月15日RGB影像　　(b) 2018年6月15日DSM影像

(c) 2017年8月3日RGB影像　　(d) 2017年8月3日DSM影像

图 8-4　研究区域影像

图 8-4 表示的是研究区数据,从图 8-4(a)可以看出采集日期内,每个田块内的作物生长初期较矮,每个田块呈裸土状态,图 8-4(b)中颜色越深表明高度越低,颜色越浅表明高度越高,图中有一块明显的落差,呈条带状的不规则图形为树木,规则形状的为实验基地内的房屋,此外,DSM 影像在池塘区域存在空洞,本文将缺失的数据(水面)采用插值修补。图 8-4(c)表示的是 2017 年 8 月 3 号无人机遥感可见光数据,从中可以看出,池塘已经由绿色覆盖,水稻也已经长出,各个田块内作物生长茂盛,相同作物也存在颜色上的差异,这增大了分类的难度。图 8-4(d)表示的是 2017 年 8 月 3 号 DSM 数据,DSM 数据可以反映作物冠层高度。从图 8-4(d)中可以明显地看出,不同作物在 DSM 影像上的颜色深浅具有差异,作物的明显边界,并且在同一田块内,农作物的生长高度也不尽相同,表明 DSM 数据可以用来进行农作物分类特征。

图 8-5 的是方法验证区的数据,将 DSM 影像与可见光遥感影像对比,图 8-5(b)和图 8-5(d)中颜色越深表明高度越低,颜色越浅表明高度越高,图中的房屋比地面的

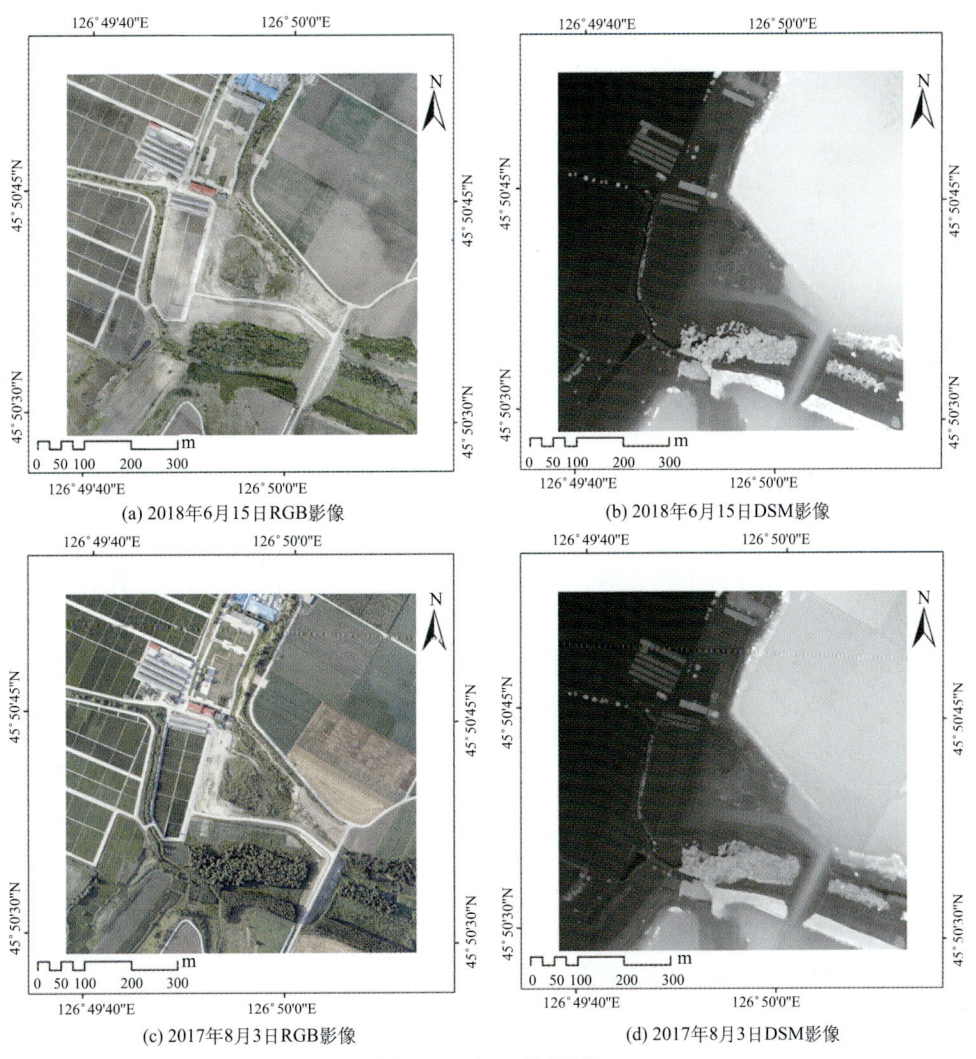

(a) 2018年6月15日RGB影像　　(b) 2018年6月15日DSM影像

(c) 2017年8月3日RGB影像　　(d) 2017年8月3日DSM影像

图 8-5　验证区域影像

颜色较浅，并且图中有许多白色圆圈，通过目视解译，这些圆圈表现为树木。从图 8-5（c）中可以看出，水稻也已经长出，各个田块内作物生长茂盛。对比作物生长初期的 DSM 数据可以发现 DSM 影像中存在线状边界，表明 DSM 数据可以用来提取农作物分类特征。

5. 分类样本选择

将研究区内地物分为 12 类，包括池塘、水稻、玉米、大豆、小麦、树木、裸地、草地、建筑、道路、马铃薯和亚麻。根据样方内含地物的面积大小选取相同比例的样点数，即面积占比大的地物，样点数也多。训练样本及测试样本如表 8-4 所示。

表 8-4 训练样本及测试样本

类别	训练样本/个	测试样本/个
池塘	300	100
水稻	200	100
玉米	300	200
大豆	400	150
树木	300	100
建筑	250	100
道路	400	150
马铃薯	150	100
亚麻	400	250
草地	300	100
裸地	200	100
小麦	500	200
合计	3700	1650

8.5.2 技术路线

研究首先提取并分析不同光谱、纹理特征，着重分析农作物空间物理性状，将光谱特征、纹理特征、空间特征结合作为最优分类特征，进而利用支持向量机方法对农作物进行分类提取，并评定分类结果。技术路线如图 8-6 所示。

首先，由无人机遥感影像计算可见光植被指数，进行图像滤波处理，提取传统光谱、纹理特征。其次，进一步对两期 DSM 处理，获得差异地表模型（DDSM），并对 DDSM 进行空间滤波。最后在 SVM 分类算法中利用优选特征进行农作物分类。

8.5.3 农作物分类特征的选取

1. 农作物可见光植被指数提取分析

本文使用的可见光植被指数如表 8-5 所示，计算结果如下。

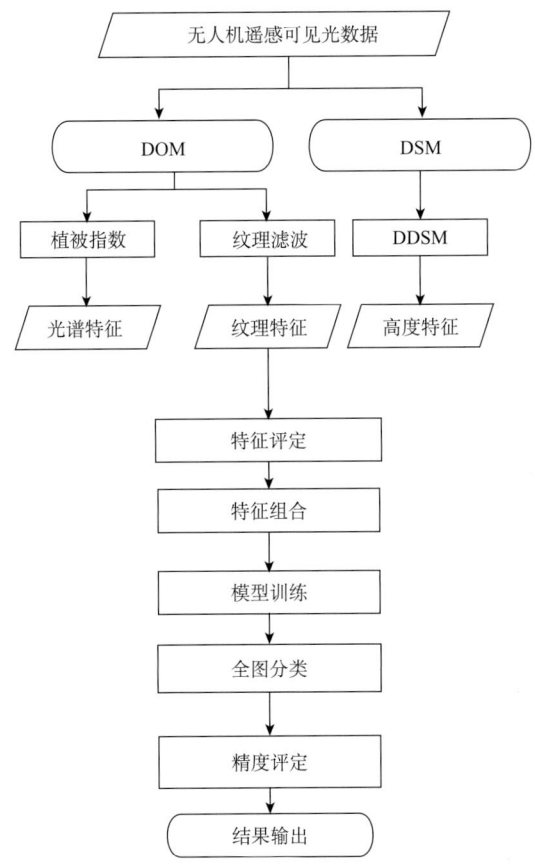

图 8-6 农作物分类研究技术路线图

表 8-5 水稻和其他作物不同可见光植被指数的差异系数

植被指数	亚麻	玉米	大豆	马铃薯	树木	草地
VDVI	0.74	0.37	0.20	0.25	0.30	0.21
RGRI	−0.35	−0.20	−0.12	−0.17	−0.21	−0.19
NGRDI	−2.20	0.66	−0.56	0.15	−0.35	−0.08
NGBDI	−0.66	−0.74	−0.87	−0.71	−0.76	−0.85
ExG	0.15	0.12	−0.16	−0.10	−0.12	−0.13

表 8-5 及图 8-7 展示的是水稻与其他作物的可见光植被指数差异系数，其中在 NGRDI 中，水稻和亚麻的差异系数最大，最大差异系数为–2.20；在 RGRI 中与亚麻的差异系数也是最大；在 NGBDI 中水稻与大豆差异最大，差异系数为–0.87，与草地及玉米差异系数为–0.85 及–0.74，并且在 NGBDI 中，与玉米、大豆、马铃薯、树木及草地的差异系数都较大。

表 8-6 及图 8-8 展示的是玉米与其他绿色植被的可见光植被指数差异系数，其中在 NGRDI 中，玉米和亚麻的差异系数最大，最大差异系数为–1.73；玉米与水稻的差异在 NGBDI 中最大，差异系数为 2.8；并且在 VDVI、RGRI、NGRDI、NGBDI 及 ExG 中，

玉米与马铃薯、树木、草地的差异系数都较小,最小值为 0.01;玉米与其他绿色植被的差异系数在 NGRDI 中较大。

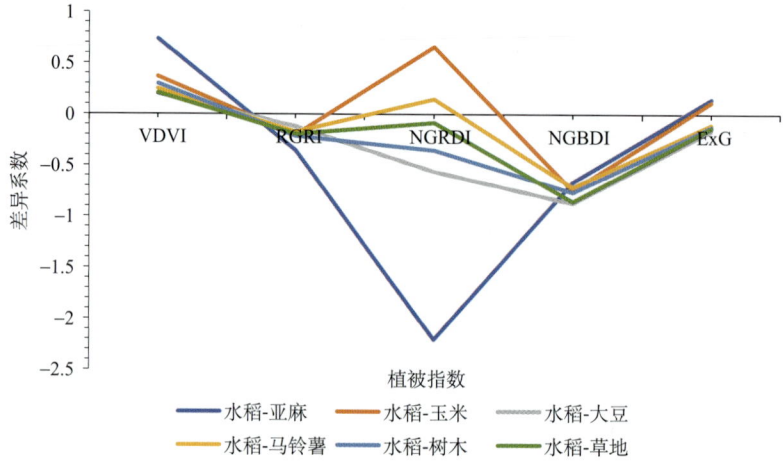

图 8-7 水稻和其他作物不同可见光植被指数的差异系数

表 8-6 玉米和其他作物不同可见光植被指数的差异系数

植被指数	亚麻	水稻	大豆	马铃薯	树木	草地
VDVI	0.26	−0.27	−0.13	−0.09	−0.05	−0.12
RGRI	−0.19	0.25	0.10	0.04	−0.01	0.01
NGRDI	−1.73	−0.40	−0.73	−0.31	−0.61	−0.45
NGBDI	0.28	2.80	−0.49	0.12	−0.11	−0.41
ExG	0.03	−0.10	−0.24	−0.19	−0.21	−0.22

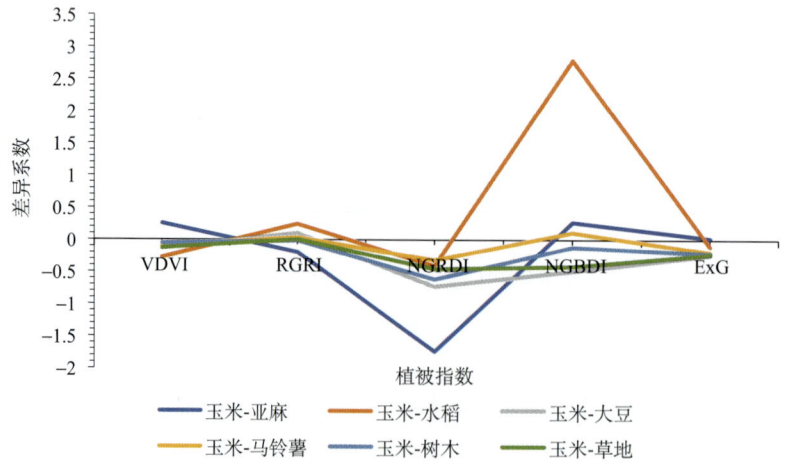

图 8-8 玉米和其他作物不同可见光植被指数的差异系数

表 8-7 及图 8-9 展示的是大豆与其他绿色植被的可见光植被指数差异系数，其中在 NGRDI 中大豆和亚麻的差异系数最大，最大差异系数为–3.71；大豆与水稻的差异在 NGBDI 中最大，差异系数为 6.49；并且在 VDVI、RGRI 中，大豆与亚麻、水稻、玉米、马铃薯和树木、草地的差异系数都较小，最小值为 0.01；大豆与其他绿色植被的差异系数在 NGRDI 中较大。

表 8-7 大豆和其他作物不同可见光植被指数的差异系数

植被指数	亚麻	水稻	玉米	马铃薯	树木	草地
VDVI	0.45	–0.17	0.15	0.04	0.09	0.01
RGRI	–0.26	0.14	–0.09	–0.06	–0.10	–0.08
NGRDI	–3.71	1.25	2.74	1.59	0.46	1.06
NGBDI	1.52	6.49	0.97	1.21	0.76	0.16
ExG	0.36	0.18	0.32	0.07	0.04	0.03

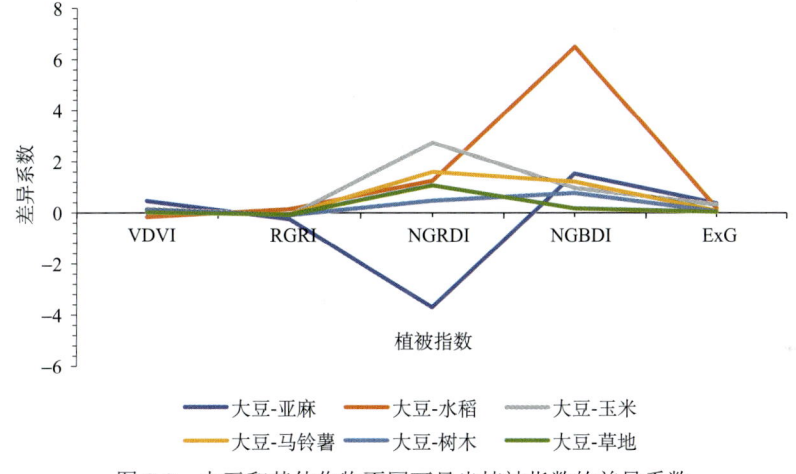

图 8-9 大豆和其他作物不同可见光植被指数的差异系数

图 8-7～图 8-9 反映的是玉米、大豆和水稻样本在可见光植被指数 VDVI、RGRI、NGRDI、NGBDI 及 ExG 中与其他绿色植被之间的差异系数，从中可以看出，在植被指数 NGRDI 中，玉米、大豆和水稻与亚麻差异系数较大，玉米、大豆、水稻与树木、草地的差异较小，从以上三图中发现，可以选择 NGRDI 作为优选特征进行分类，提高分类效果。

2. 农作物可见光纹理特征提取分析

本节研究通过 ENVI5.1 对数据进行二阶概率统计滤波，得到各波段的均值、方差、协同性、对比度、相异性、信息熵、二阶矩和相关性滤波影像，滤波窗口为 27×27。通过对农田地物纹理特征进行分析，评选适于区分不同地物覆盖类型的指标。

表 8-8 及图 8-10 展示的是水稻与其他绿色植被的 24 种纹理滤波特征的差异系数，

其中能看出明显的三个峰值，分别位于红（R）、绿（G）、蓝（B）波段的二阶矩特征，在 G 二阶矩特征下，水稻和大豆的差异最大，差异系数为 21.34，水稻与马铃薯和玉米的差异系数相当，分别为 17.32 和 17.65；其次，树木和草地与水稻的差异系数分别为 9.14 和 4.18；水稻与亚麻的差异系数较小，在 G 波段二阶矩纹理特征下差异系数为 1.37。此外，在其他纹理滤波特征下，水稻与其他绿色植被的差异系数较小。

表 8-8　水稻和其他作物不同纹理特征的差异系数

波段	特征	亚麻	玉米	大豆	马铃薯	树木	草地
R	均值	−0.57	−0.38	−0.34	−0.40	−0.41	−0.46
	方差	−0.50	−0.92	−0.92	−0.88	−0.92	−0.90
	协同性	0.14	1.67	1.50	1.46	0.64	0.83
	对比度	−0.31	−0.95	−0.93	−0.90	−0.81	−0.88
	相异性	−0.28	−0.82	−0.80	−0.76	−0.65	−0.72
	信息熵	−0.26	−0.52	−0.52	−0.49	−0.47	−0.47
	二阶矩	1.28	17.14	20.94	16.98	8.98	4.22
	相关性	−0.22	0.01	−0.07	−0.06	−0.30	−0.18
G	均值	−0.40	−0.26	−0.32	−0.34	−0.31	−0.37
	方差	−0.52	−0.92	−0.93	−0.89	−0.92	−0.90
	协同性	0.14	1.77	1.58	1.54	0.67	0.86
	对比度	−0.32	−0.95	−0.93	−0.91	−0.81	−0.89
	相异性	−0.27	−0.82	−0.79	−0.76	−0.64	−0.72
	信息熵	−0.25	−0.50	−0.51	−0.47	−0.46	−0.45
	二阶矩	1.37	17.65	21.34	17.32	9.14	4.18
	相关性	−0.21	0.03	−0.07	−0.05	−0.29	−0.16
B	均值	−0.13	−0.15	−0.23	−0.22	−0.19	−0.21
	方差	−0.58	−0.94	−0.95	−0.92	−0.90	−0.92
	协同性	0.14	1.69	1.50	1.46	0.58	0.82
	对比度	−0.36	−0.95	−0.94	−0.91	−0.81	−0.89
	相异性	−0.29	−0.82	−0.80	−0.76	−0.63	−0.72
	信息熵	−0.25	−0.52	−0.53	−0.49	−0.45	−0.46
	二阶矩	1.19	16.87	21.25	17.24	7.16	3.96
	相关性	−0.21	0.03	−0.10	−0.08	−0.27	−0.15

表 8-9 及图 8-11 展示的是玉米与其他绿色植被的 24 种纹理滤波特征的差异系数，其中玉米和水稻及亚麻的差异最大，明显的差异系数峰值位于红（R）波段的对比度特征，差异系数分别为 18.48 和 11.40；其次，在红（R）、绿（G）、蓝（B）波段影像对比度滤波下，玉米和树木的差异系数分别为 2.47、2.46 及 2.78；此外，玉米与草地、大豆在纹理滤波下差异系数较小。

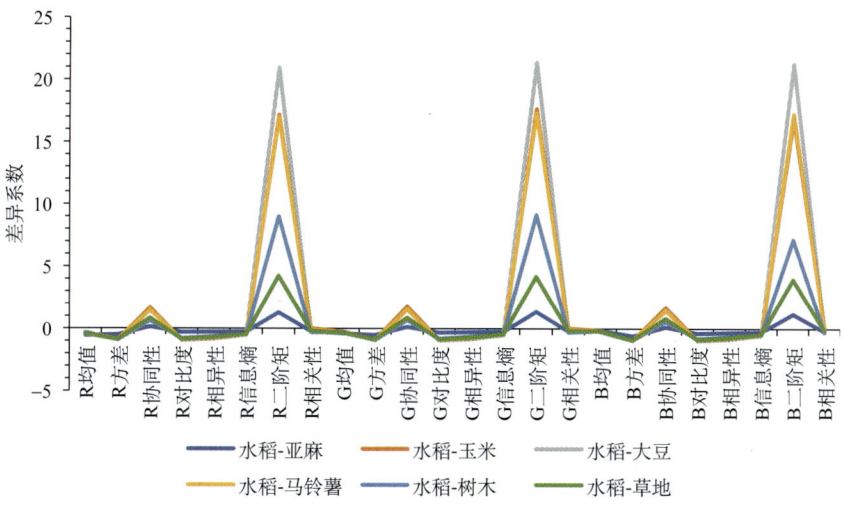

图 8-10 水稻和其他作物不同纹理的差异系数

表 8-9 玉米和其他作物不同纹理的差异系数

波段	特征	亚麻	水稻	大豆	马铃薯	树木	草地
R	均值	−0.31	0.61	0.06	−0.04	−0.05	−0.13
	方差	5.02	11.01	−0.05	0.43	−0.03	0.19
	协同性	−0.57	−0.63	−0.06	−0.08	−0.39	−0.32
	对比度	0.61	17.40	0.28	0.78	2.47	0.65
	相异性	2.96	4.47	0.12	0.33	0.94	0.54
	信息熵	0.53	1.07	−0.01	0.06	0.09	0.10
	二阶矩	−0.87	−0.95	0.20	−0.02	−0.46	−0.72
	相关性	−0.23	−0.01	−0.08	−0.07	−0.31	−0.19
G	均值	−0.19	0.35	−0.08	−0.11	−0.07	−0.16
	方差	5.17	11.80	−0.08	0.41	−0.03	0.24
	协同性	−0.59	−0.64	−0.07	−0.08	−0.40	−0.33
	对比度	7.78	17.71	0.28	0.76	2.46	1.14
	相异性	2.97	4.45	0.12	0.33	0.94	0.54
	信息熵	0.51	1.00	−0.01	0.06	0.09	0.10
	二阶矩	−0.87	−0.94	0.21	−0.01	−0.45	−0.71
	相关性	−0.23	−0.03	−0.09	−0.08	−0.31	−0.18
B	均值	0.02	0.17	−0.10	−0.09	−0.04	−0.07
	方差	5.70	14.81	−0.14	0.32	0.57	0.32
	协同性	−0.58	−0.63	−0.07	−0.09	−0.41	−0.33
	对比度	11.40	18.48	0.27	0.73	2.78	1.14
	相异性	2.94	4.56	0.12	0.32	1.05	0.55
	信息熵	0.56	1.07	−0.02	0.06	0.14	0.12
	二阶矩	−0.88	−0.94	0.26	0.05	−0.54	−0.72
	相关性	−0.23	−0.03	−0.13	−0.11	−0.30	−0.18

表 8-10 及图 8-12 展示的是玉米与其他绿色植被的 24 种纹理滤波特征的差异系数，其中大豆和水稻、亚麻的差异最大，在蓝（B）方差滤波下差异系数分别为 17.3 和 9.75；其次，在红（R）对比度滤波下，大豆和树木的差异系数为 1.71；此外，大豆与玉米在纹理滤波下差异系数较小。

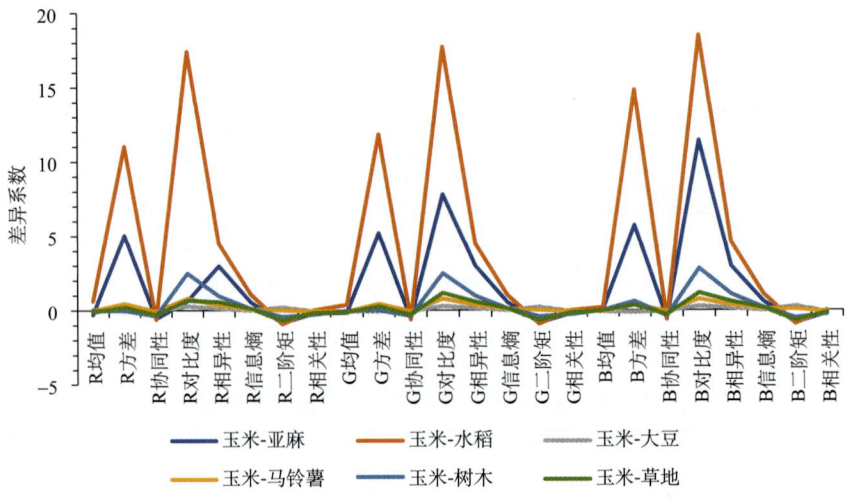

图 8-11　玉米和其他作物不同纹理的差异系数

表 8-10　大豆和其他作物不同纹理的差异系数

波段	特征	亚麻	水稻	玉米	马铃薯	树木	草地
R	均值	−0.35	0.52	−0.06	−0.09	−0.10	−0.18
	方差	5.36	11.69	0.06	0.51	0.03	0.26
	协同性	−0.54	−0.60	0.07	−0.02	−0.34	−0.27
	对比度	8.85	13.37	−0.22	0.39	1.71	0.68
	相异性	2.54	3.89	−0.11	0.19	0.73	0.38
	信息熵	0.55	1.10	0.01	0.08	0.11	0.12
	二阶矩	−0.89	−0.96	−0.17	−0.18	−0.55	−0.77
	相关性	−0.16	0.08	0.09	0.01	−0.24	−0.11
G	均值	−0.12	0.47	0.09	−0.03	0.01	−0.08
	方差	5.74	12.97	0.09	0.54	0.06	0.35
	协同性	−0.56	−0.61	0.07	−0.02	−0.35	−0.28
	对比度	9.00	13.64	−0.22	0.38	1.71	0.67
	相异性	2.55	3.86	−0.11	0.18	0.73	0.38
	信息熵	0.53	1.03	0.01	0.08	0.10	0.12
	二阶矩	−0.90	−0.95	−0.17	−0.18	−0.55	−0.76
	相关性	−0.15	0.07	0.10	0.02	−0.24	−0.10
B	均值	0.13	0.30	0.11	0.01	0.06	0.03
	方差	9.75	17.30	0.16	0.52	0.82	0.53
	协同性	−0.54	−0.60	0.08	−0.02	−0.37	−0.27

续表

波段	特征	亚麻	水稻	玉米	马铃薯	树木	草地
B	对比度	8.80	14.40	−0.21	0.37	1.99	0.69
	相异性	2.53	3.98	−0.10	0.18	0.84	0.39
	信息熵	0.59	1.11	0.02	0.08	0.16	0.14
	二阶矩	−0.90	−0.96	−0.21	−0.17	−0.64	−0.78
	相关性	−0.12	0.11	0.15	0.02	−0.19	−0.06

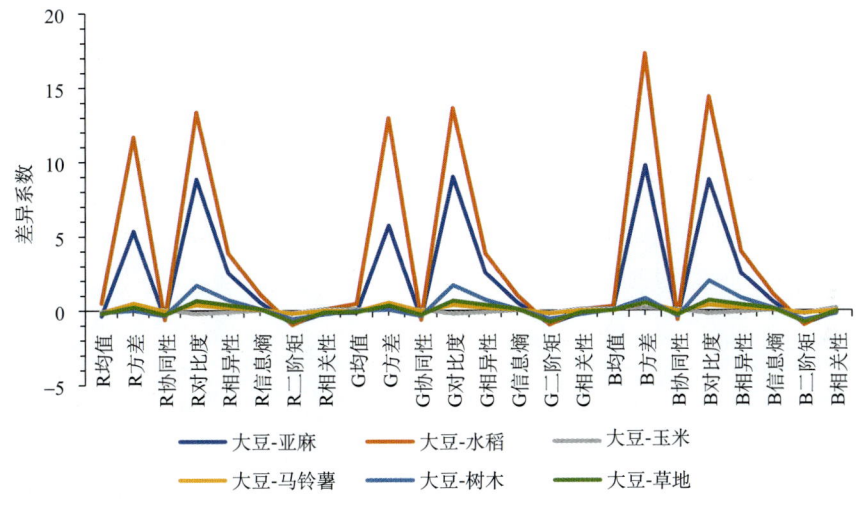

图 8-12 大豆和其他作物不同纹理的差异系数

纹理是大田作物的基本特征，不同的农作物表征纹理不同，因此在本次实验数据基础上通过图像滤波处理，提取研究区域 24 种纹理滤波特征，并非所有的滤波特征都能增强农作物之间的差异。在对玉米，水稻，大豆样本均值及差异系数的分析中发现：绿波段二阶矩（区分水稻和其他作物），红波段对比度（区分玉米和其他作物），蓝色方差（区分大豆和其他作物）作为纹理滤波最优特征。

3. 农作物空间高度特征提取分析

本节利用两个不同时期的 DSM 数据，生成差异数字表面模型（difference digital surface model, DDSM），突出作物生长差异特征，并将该特征引入农作物分类中。首先将两期 DSM 影像进行几何配准，其次在本节研究中，在 2018 年 6 月采集实验数据时，该时期为东北地区常见农作物生长初期，苗高较低，可视为裸地。2017 年 8 月份是常见作物生长中后期，植株较高，因此将两个时期的数字表面模型进行差值计算，可获得差异数字表面模型，得到不同作物生长高度信息。

$$DDSM = DSM_1 - DSM_2 \tag{8-3}$$

式中，DSM_1 取 2017 年 8 月 3 号 DSM；DSM_2 取 2018 年 6 月 15 号 DSM。根据双时相 DSM 计算的 DDSM，其处理结果如图 8-13 所示。图片中颜色越深代表高度差异越大。

DDSM 随机误差出现在树木、房屋边缘，以及水体表面存在空值。

根据 DDSM 影像计算不同绿色植被的 DDSM 高度均值如表 8-11 所示。

表 8-11 不同作物在差异表面模型影像中的均值

DDSM	玉米	亚麻	水稻	大豆	马铃薯	树木	草地
均值	1.61	0.76	0.56	0.53	0.36	1.16	0.50

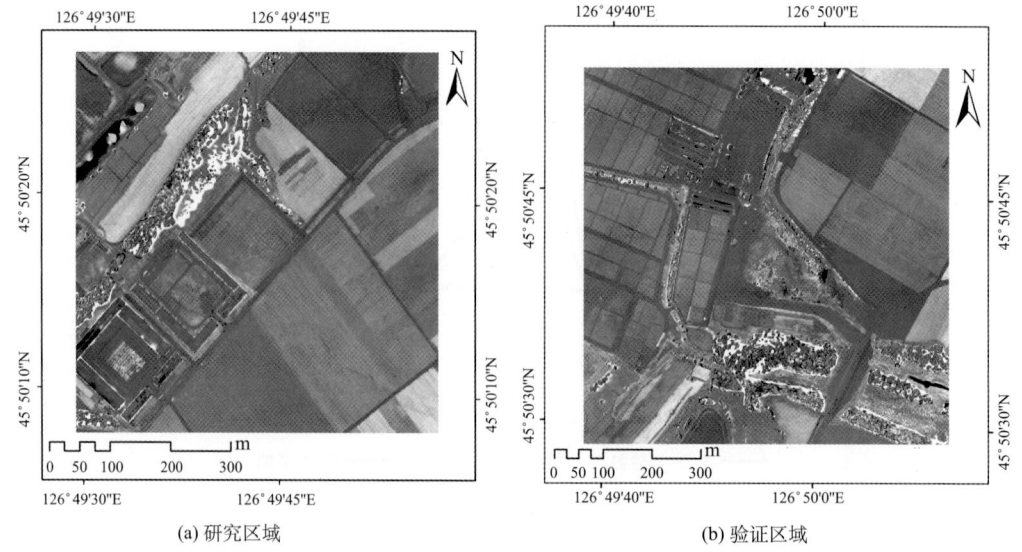

(a) 研究区域　　　　　　　　　　　(b) 验证区域

图 8-13 差异数字表面模型 DDSM

根据双时相 DSM 计算的 DDSM 影像中，不同作物的 DDSM 均值存在差异，如玉米为 1.61，亚麻为 0.76，水稻为 0.56，大豆为 0.53，马铃薯为 0.36，树木为 1.16，草地为 0.50。从表 8-11 中可以看出，在此研究区域内，玉米的差异最大，玉米同一时期高度变化相比其他农作物更大，马铃薯在 DDSM 值最小，在实际情况中，马铃薯也是高度变化最小。因此可将 DDSM 作为农作物分类特征进行分类。

同时，在实地调研后，通过观察作物冠层结构，考虑到不同作物株型不同，成片种植的作物在空间上呈现的局部邻域高度信息不尽相同，因此再将 DDSM 影像进行滤波处理，获得农作物邻域波动信息。通过计算类间差异系数，挑选适合农作物分类的空间特征。计算水稻和其他作物的 DDSM 滤波的差异如表 8-12 所示。

表 8-12 水稻和其他作物 DDSM 滤波的差异系数

特征	亚麻	玉米	大豆	马铃薯	树木	草地
DDSM 均值	−0.02	−0.04	0.01	0.06	−0.03	0.00
DDSM 方差	3.29	0.65	0.54	7.05	−0.96	−0.30
DDSM 协同性	−0.01	0.00	0.00	0.03	0.08	0.00

续表

特征	亚麻	玉米	大豆	马铃薯	树木	草地
DDSM 对比度	3.44	0.56	0.38	5.48	−0.96	−0.53
DDSM 相异性	2.89	0.36	0.24	4.66	−0.85	−0.23
DDSM 信息熵	2.40	0.33	0.23	4.75	−0.76	−0.14
DDSM 二阶矩	−0.16	−0.06	−0.04	−0.15	1.58	0.03
DDSM 相关性	−0.08	−0.01	0.00	−0.06	0.01	0.04

表 8-12 及图 8-14 展示的是水稻与其他绿色植被的八种 DDSM 滤波特征的差异系数，其中水稻与马铃薯在 DDSM 方差及对比度特征存在明显差异，差异系数分别为 7.05 和 5.48；在 DDSM 方差及对比度特征下，水稻和亚麻的差异最大，差异系数分别为 3.29 和 3.44；其次，在 DDSM 二阶矩滤波中，水稻和树木的差异系数为 1.58；此外，水稻和草地、玉米、大豆的 DDSM 滤波特征差异较小。

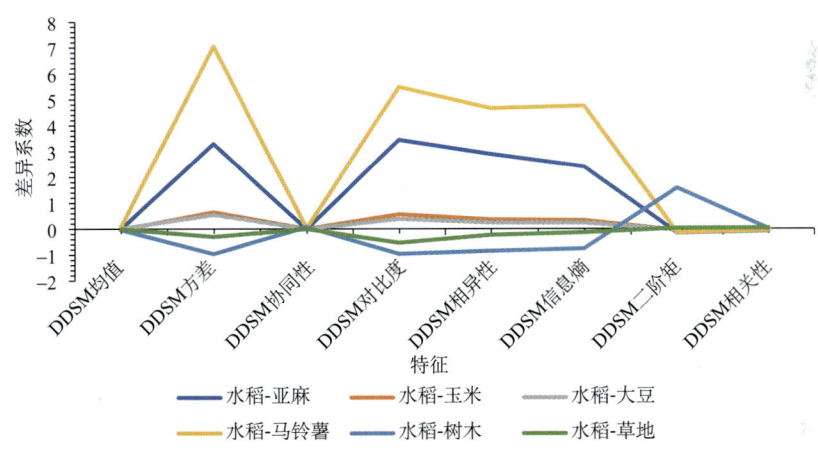

图 8-14 水稻和其他作物 DDSM 滤波的差异系数

表 8-13 及图 8-15 展示的是玉米与其他绿色植被的 DDSM 滤波特征的差异系数，其中玉米与马铃薯在 DDSM 方差、对比度及信息熵特征滤波下存在明显差异，差异系数分别为 3.89、3.15 和 3.33；在 DDSM 方差、对比度及相异性特征滤波下，玉米和亚麻的差异最大，差异系数分别为 1.60、1.85 和 1.85；其次，在 DDSM 二阶矩滤波中，玉米和树木的差异系数为 1.75；此外，玉米和草地在 DDSM 滤波特征中差异系数均较小。

表 8-13 玉米和其他作物 DDSM 滤波的差异系数

特征	亚麻	水稻	大豆	马铃薯	树木	草地
DDSM 均值	0.02	0.04	0.05	0.10	0.01	0.04
DDSM 方差	1.60	−0.39	−0.07	3.89	−0.98	−0.57
DDSM 协同性	−0.01	0.00	0.01	0.04	0.08	0.00
DDSM 对比度	1.85	−0.36	−0.11	3.15	−0.98	−0.70

续表

特征	亚麻	水稻	大豆	马铃薯	树木	草地
DDSM 相异性	1.85	−0.27	−0.09	3.15	−0.89	−0.44
DDSM 信息熵	1.56	−0.25	−0.08	3.33	−0.82	−0.35
DDSM 二阶矩	−0.11	0.07	0.02	−0.09	1.75	0.10
DDSM 相关性	−0.07	0.01	0.01	−0.05	0.02	0.05

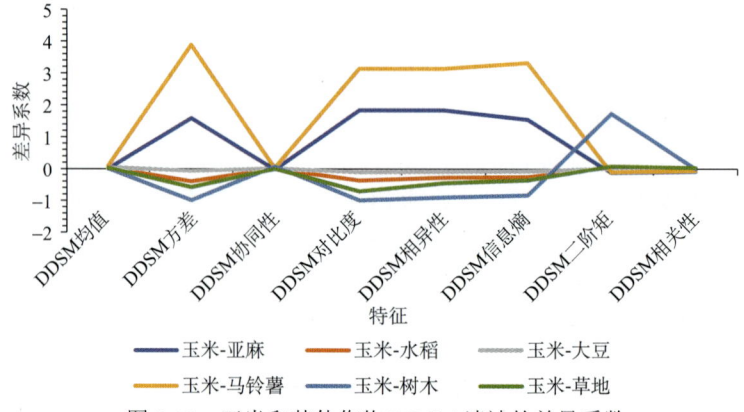

图 8-15 玉米和其他作物 DDSM 滤波的差异系数

表 8-14 及图 8-16 展示的是大豆与其他绿色植被的八种 DDSM 滤波特征的差异系数，其中大豆与马铃薯在 DDSM 方差、对比度及信息熵特征滤波下存在明显差异，差异系数分别为 4.23、3.68 和 3.69；在 DDSM 方差、对比度及相异性特征滤波下，大豆和亚麻的差异最大，差异系数分别为 1.78、2.21 和 2.14；此外，大豆和玉米的在 DDSM 滤波特征中差异系数均较小。

表 8-14 大豆和其他作物 DDSM 滤波的差异系数

特征	亚麻	水稻	玉米	马铃薯	树木	草地
DDSM 均值	−0.02	−0.01	−0.05	0.05	−0.03	−0.01
DDSM 方差	1.78	−0.35	0.07	4.23	−0.97	−0.54
DDSM 协同性	−0.02	0.00	−0.01	0.03	0.07	0.00
DDSM 对比度	2.21	−0.28	0.13	3.68	−0.97	−0.66
DDSM 相异性	2.14	−0.19	0.10	3.58	−0.88	−0.38
DDSM 信息熵	1.77	−0.18	0.08	3.69	−0.80	−0.29
DDSM 二阶矩	−0.13	0.04	−0.02	−0.11	1.70	0.08
DDSM 相关性	−0.08	0.00	−0.01	−0.05	0.02	0.04

无人机遥感相比传统遥感提取的 DSM 信息含有作物冠层高程信息，考虑到作物冠层高度变化情况对 DSM 做差值处理，得到差异数字表面模型，再根据作物冠层波动情况将 DDSM 影像进行滤波处理，得到不同农作物空间信息，由表 8-12～表 8-14 可以发现，DDSM 方差及 DDSM 对比度特征能较好区分不同作物，因此选取 DDSM 滤波中 DDSM 方差及 DDSM 对比度特征为优选特征。

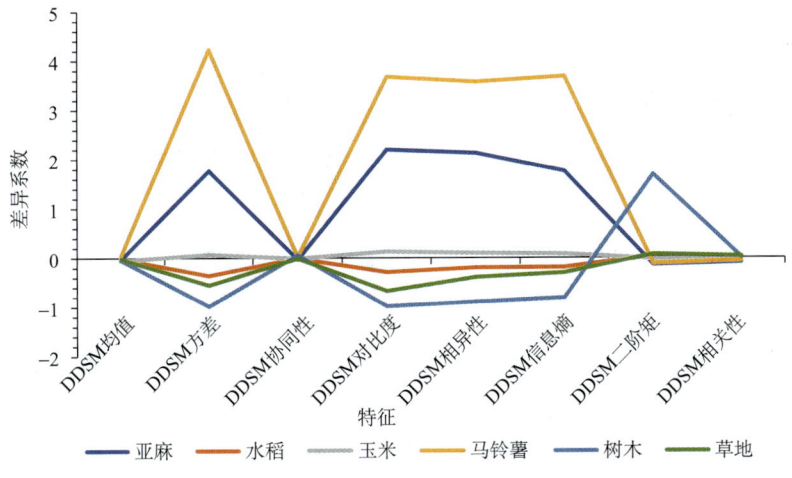

图 8-16 大豆和其他作物 DDSM 滤波的差异系数

8.5.4 农作物分类流程及结果

首先将不同特征归一化，选择支持向量机分类算法在优选特征的基础上进行分类，选择的核函数为高斯核函数。本节分为三类组合特征：

（1）直接使用红波段（R）、绿波段（G）、蓝波段（B）特征进行分类。

（2）将作物的可见光光谱信息和纹理特征进行组合，即使用红波段（R）、绿波段（G）、蓝波段（B）和红波段对比度、绿波段二阶矩、蓝波段方差为组合特征进行 SVM 分类；

（3）将作物的可见光光谱、纹理及空间高度特征进行组合，即使用红波段（R）、绿波段（G）、蓝波段（B）、红波段对比度、绿波段二阶矩、蓝波段方差、DDSM、DDSM方差、DDSM 对比度滤波特征进行分类。

分类结果如图 8-17～图 8-20 所示。

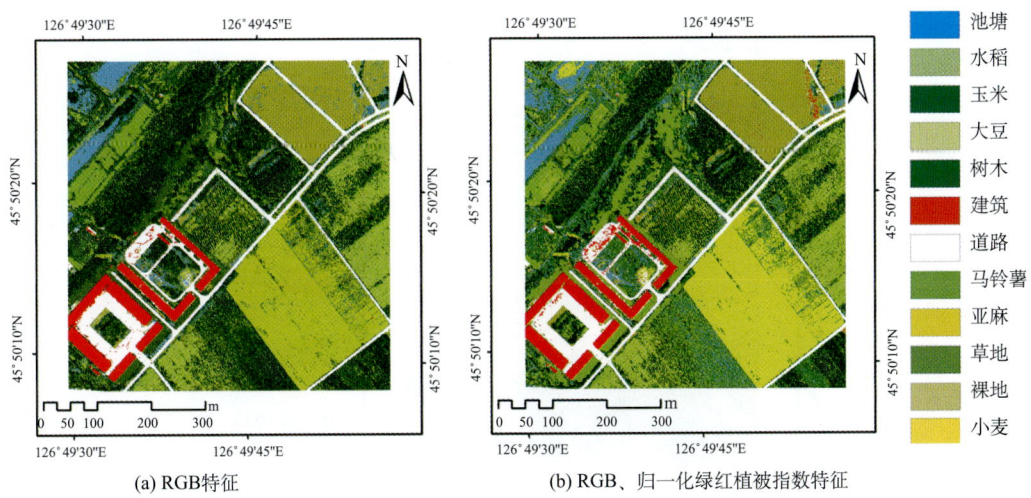

(a) RGB 特征　　　　　　(b) RGB、归一化绿红植被指数特征

图 8-17 直接 RGB 特征分类结果

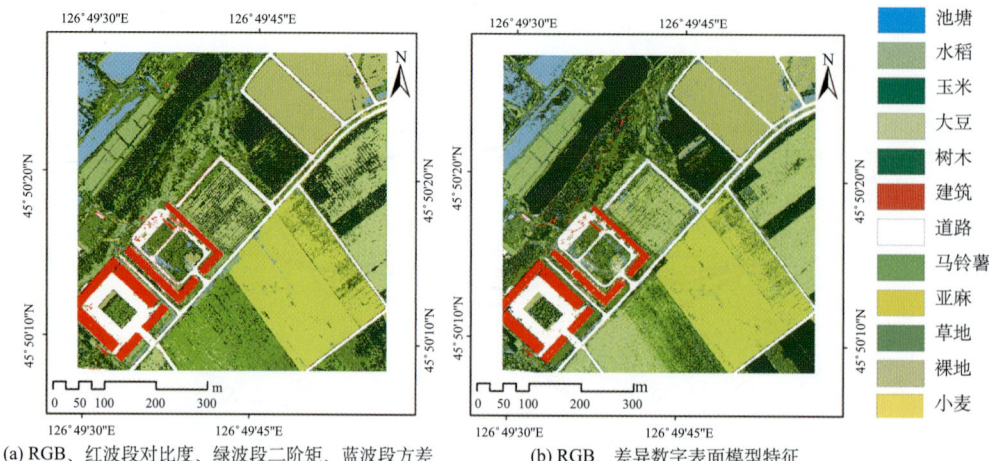

(a) RGB、红波段对比度、绿波段二阶矩、蓝波段方差　　(b) RGB、差异数字表面模型特征

图 8-18　作物可见光光谱信息和纹理特征组合分类结果

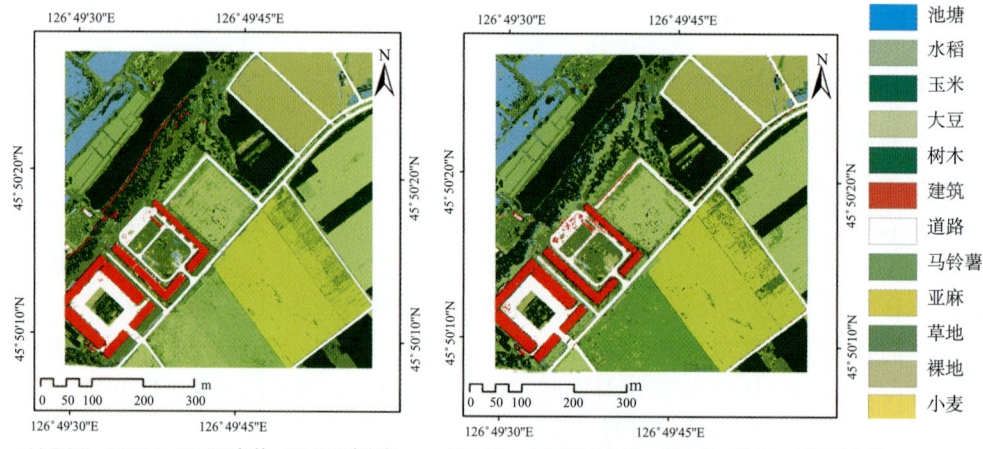

(a) RGB、DDSM、DDSM方差、DDSM对比度　　(b) RGB、红波段对比度、绿波段二阶矩、蓝波段方差、
　　　　　　　　　　　　　　　　　　　　　　　　　DDSM、DDSM方差、DDSM对比度

图 8-19　作物可见光光谱、纹理及空间高度特征组合分类结果

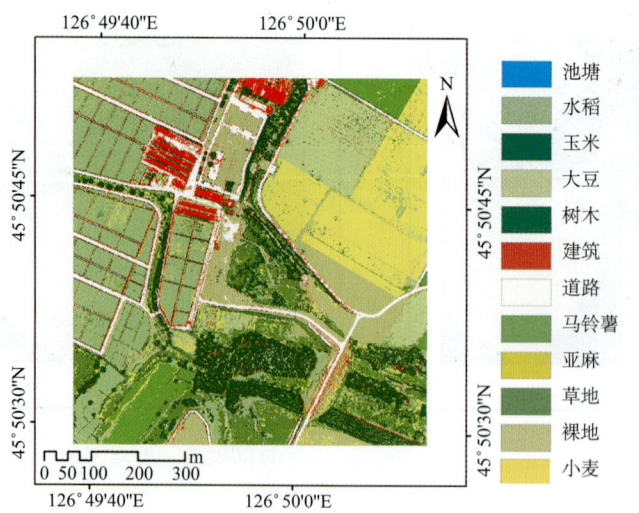

图 8-20　验证区域分类结果

首先，由表 8-15，图 8-17~图 8-20 基于可见光 RGB 波段的支持向量机分类的分类精度为 76.00%，kappa 系数为 0.73，其中裸地、水稻错分较少，亚麻由于颜色不同分类精度较高，而马铃薯、玉米、树木、草地错分较多，其中马铃薯错分为玉米和树木。加入 NGRDI 后，精度降低为 71.86%，其中玉米分类精度提升，马铃薯分类精度未提高，其他作物的分类精度都有下降；其次，在添加红波段对比度、绿波段二阶矩、蓝波段方差特征后分类精度为 83.47%，kappa 系数为 0.82，总体精度提升，玉米、树木、水体分类中椒盐现象减少，能区分出马铃薯，但马铃薯和大豆仍存在错分情况；在 RGB 波段添加 DDSM 形成的 RGB-DDSM 四维特征的分类精度为 86.55%，kappa 系数为 0.85，其中玉米和树木的区分效果明显提升，地块边界更明显，各类地块内椒盐现象减少，并减少了马铃薯的错分；最后，在 RGB-DDSM 波段基础上添加 R 对比度、G 二阶矩、B 波段方差、DDSM 方差、DDSM 对比度特征后，分类精度为 92.30%，kappa 系数为 0.90，玉米、亚麻、大豆、水稻地块边界明显，玉米、大豆内噪点现象减少，草地及树木因阴影导致的错分减少。在验证区域使用所选分类特征进行分类，所得到分类精度为 90.47%，kappa 系数为 0.89。

表 8-15 不同特征分类精度及 kappa 系数

特征	分类精度/%	kappa 系数
RGB	76.00	0.73
RGB、NGRDI	71.86	0.70
RGB、红波段对比度、绿波段二阶矩、蓝波段方差	83.47	0.82
RGB、DDSM	86.55	0.85
RGB、DDSM、DDSM 对比度 DDSM 方差	89.43	0.88
RGB、红波段对比度、绿波段二阶矩、蓝波段方差、DDSM、DDSM 方差、DDSM 对比度	92.30	0.90
验证区域：RGB、红波段对比度、绿波段二阶矩、蓝波段方差、DDSM、DDSM 方差、DDSM 对比度	90.47	0.89

分析表 8-16 和表 8-17 发现：空间高度特征的加入提升了农作物的分类精度，植被指数特征对于复杂区域农作物分类精度提升的贡献小。通过分析比较用户精度和制图精

表 8-16 基于不同特征的农作物分类的制图精度和用户精度（1） （单位：%）

精度	RGB		RGB、NGRDI		RGB、红波段对比度、绿波段二阶矩、蓝波段方差		RGB、DDSM	
	制图精度	用户精度	制图精度	用户精度	制图精度	用户精度	制图精度	用户精度
水稻	92.00	85.19	80.00	77.67	98.00	98.99	96.00	86.49
玉米	58.00	69.88	63.00	74.12	68.50	82.04	94.50	95.45
大豆	83.33	52.52	80.54	51.06	88.00	58.15	89.33	72.04
树木	71.00	46.10	32.00	33.68	70.00	61.95	69.00	59.48
马铃薯	9.00	60.00	8.00	5.00	47.00	65.28	42.00	72.41
亚麻	96.00	98.77	98.39	94.57	96.40	99.18	96.40	94.00
草地	30.00	44.12	32.00	39.51	43.00	52.44	51.00	68.92

表 8-17 基于不同特征的农作物分类的制图精度和用户精度（2） （单位：%）

精度	RGB、DDSM、DDSM 对比度、DDSM 方差		RGB、红波段对比度、绿波段二阶矩、蓝波段方差、DDSM、DDSM 方差、DDSM 对比度	
	制图精度	用户精度	制图精度	用户精度
水稻	95.47	89.36	99.00	99.00
玉米	94.35	93.28	97.50	96.53
大豆	89.76	72.10	91.33	80.12
树木	78.00	81.48	79.00	86.81
马铃薯	47.00	76.36	69.00	70.41
亚麻	95.34	96.00	99.20	97.00
草地	61.00	65.74	61.00	64.89

度，高度特征的增加使得农作物分类精度总体上升，其中，高度特征的增加对玉米、马铃薯、大豆、草地分类结果提升明显。尽管在添加 DDSM、DDSM 方差和对比度特征后总体分类精度提高，但是分类时出现把部分树的边缘错分为建筑的情况。分析错分的树木边缘现象发现：树木、建筑高差较大，原始 DSM 数据在高差明显的边缘区域质量较差，从而导致误分。

参 考 文 献

曹明兰, 薄志毅, 李亚东. 2016. 无控制点数据的无人机影像 Dom 快速制作. 测绘通报, (8): 35-38.
陈仲新, 任建强, 唐华俊, 等. 2016. 农业遥感研究应用进展与展望. 遥感学报, 20(5): 748-767.
褚洪亮, 肖青, 柏军华, 等. 2017. 基于无人机遥感的叶面积指数反演. 遥感技术与应用, 32(1): 140-148.
戴建国, 张国顺, 郭鹏, 等. 2018. 基于无人机遥感可见光影像的北疆主要农作物分类方法. 农业工程学报, 34(18): 122-129.
丁雷龙, 李强子, 杜鑫, 等. 2016. 基于无人机图像颜色指数的植被识别. 国土资源遥感, 28(1): 78-86.
董锦绘, 杨小冬, 高林, 等. 2016. 基于无人机遥感影像的冬小麦倒伏面积信息提取. 黑龙江农业科学, (10): 147-152.
高林, 杨贵军, 李红军, 等. 2016. 基于无人机数码影像的冬小麦叶面积指数探测研究. 中国生态农业学报, 24(9): 1254-1264.
高志国, 宋杨, 曾凡洋. 2015. 微型无人机航摄系统快速测绘小区域大比例尺地形图试验分析. 工程勘察, 43(12): 71-75.
顾晓鹤, 何馨, 郭伟, 等. 2010. 基于 Modis 与 Tm 时序插补的省域尺度玉米遥感估产. 农业工程学报, 26(S2): 53-58.
郭鹏, 武法东, 戴建国, 等. 2017. 基于无人机可见光影像的农田作物分类方法比较. 农业工程学报, 33(13): 112-119.
韩文霆, 李广, 苑梦婵, 等. 2017. 基于无人机遥感技术的玉米种植信息提取方法研究. 农业机械学报, 48(1): 139-147.
胡琼. 2018. 基于时序 Modis 影像的农作物遥感识别方法研究. 北京: 中国农业科学院博士学位论文.
胡琼, 吴文斌, 宋茜, 等. 2015. 农作物种植结构遥感提取研究进展. 中国农业科学, 48(10): 1900-1914.

鞠登磊, 谢华. 2018. 基于无人机遥感的农田地物识别实验研究. 科技创新导报, 15(14): 66-67.

李昂. 2018. 基于无人机数码影像的水稻产量估测研究. 沈阳: 沈阳农业大学博士学位论文.

李冰, 刘镕源, 刘素红, 等. 2012. 基于低空无人机遥感的冬小麦覆盖度变化监测. 农业工程学报, 28(13): 160-165.

李德仁, 李明. 2014. 无人机遥感系统的研究进展与应用前景. 武汉大学学报(信息科学版), 39(5): 505-513.

李广. 2016. 基于无人机遥感技术的玉米种植分布信息提取方法研究. 杨凌: 西北农林科技大学博士学位论文.

李明, 黄愉淇, 李绪孟, 等. 2018. 基于无人机遥感影像的水稻种植信息提取. 农业工程学报, 34(4): 108-114.

李鑫, 孙伟, 李林. 2017. 基于小型无人机可见光遥感的蓝藻识别研究. 测绘与空间地理信息, 40(4): 153-156.

李颖, 陈秀万, 段红伟, 等. 2010. 多源多时相遥感数据在冬小麦识别中的应用研究. 地理与地理信息科学, 26(4): 47-49.

李蕴雅. 2016. Uav/Rs3d 像对森林信息提取方法研究. 北京: 北京林业大学硕士学位论文.

李宗南, 陈仲新, 王利民, 等. 2014. 基于小型无人机遥感的玉米倒伏面积提取. 农业工程学报, 30(19): 207-213.

林志玮, 丁启禄, 涂伟豪, 等. 2018. 基于多元 HoG 及无人机航拍图像的植被类型识别. 森林与环境学报, 38(4): 444-450.

刘佳, 王利民, 滕飞, 等. 2015. Google Earth 影像辅助的农作物面积地面样方调查. 农业工程学报, 31(24): 149-154.

刘伟, 赵庆展, 汪传建, 等. 2017. 基于最小二乘支持向量机的无人机遥感影像分类. 江苏农业科学, 45(9): 187-191.

刘小龙. 2013. 基于无人机遥感平台图像采集处理系统的研究. 杭州: 浙江大学硕士学位论文.

毛智慧, 邓磊, 赵晓明, 等. 2019. 利用无人机遥感提取育种小区玉米倒伏信息. 中国农学通报, 35(3): 62-68.

牛亚晓, 张立元, 韩文霆, 等. 2018. 基于无人机遥感与植被指数的冬小麦覆盖度提取方法. 农业机械学报, 49(4): 212-221.

申格, 吴文斌, 史云, 等. 2018. 我国智慧农业研究和应用最新进展分析. 中国农业信息, 30(2): 1-14.

史飞飞, 雷春苗, 肖建设, 等. 2018. 基于多源遥感数据的复杂地形区农作物分类. 地理与地理信息科学, 34(5): 49-55.

宋茜, 周清波, 吴文斌, 等. 2015. 农作物遥感识别中的多源数据融合研究进展. 中国农业科学, 48(6): 1122-1135.

田振坤, 傅莺莺, 刘素红, 等. 2013. 基于无人机低空遥感的农作物快速分类方法. 农业工程学报, 29(7): 109-116.

汪小钦, 王苗苗, 王绍强, 等. 2015. 基于可见光波段无人机遥感的植被信息提取. 农业工程学报, 31(5): 152-157.

王利民, 刘佳, 杨玲波, 等. 2013. 基于无人机影像的农情遥感监测应用. 农业工程学报, 29(18): 136-145.

王同行, 王衍, 张金华, 等. 2016. 地面控制点布设对海岸带无人机遥感影像的精度影响分析. 测绘与空间地理信息, 39(7): 97-100.

徐豪, 丁晓东, 韩凝, 等. 2009. 旋翼无人机遥感图像几何纠正的初步研究. 浙江农业学报, 21(1): 63-65.

薛牡丹, 张宏鸣, 杨江涛, 等. 2019. 无人机影像与地形指数结合的梯田信息提取. 计算机应用研究, 36(8): 2527-2533.

杨邦杰, 陆登槐, 裴志远, 等. 1997. 国家级农情监测系统结构设计. 农业工程学报, (1): 22-25.

杨德芳, 田晓程. 2015. 低空无人机影像像控点布设及精度分析研究. 青海国土经略, (1): 54-56.

杨琦, 叶豪, 黄凯, 等. 2017. 利用无人机影像构建作物表面模型估测甘蔗 LAI. 农业工程学报, 33(8): 104-111.

叶子伟, 陈立波, 林昀. 2015. 基于无人航摄制作小城镇大比例尺 Dom. 地理空间信息, 13(5): 32-34.

尹杰, 杨魁. 2011. 基于无人机低空遥感系统的快速处理技术研究. 测绘通报, (12): 15-17.

于瑶瑶. 2012. 无人机影像快速拼接关键技术研究. 郑州: 解放军信息工程大学学位论文.

余铭, 魏立飞, 尹峰, 等. 2018. 基于条件随机场的高光谱遥感影像农作物精细分类. 中国农业信息, 30(3): 74-82.

曾跃. 2016. 基于无人机摄影测量的地质灾害监测. 长春: 吉林大学博士学位论文.

张超, 乔敏, 刘哲, 等. 2017. 基于无人机和卫星遥感影像的制种玉米田识别纹理特征尺度优选. 农业工程学报, 33(17): 98-104.

张宏鸣, 任强, 韩文霆, 等. 2018. 基于 Svm 的灌区无人机影像渠系提取. 农业机械学报, 49(2): 141-148.

张健康, 程彦培, 张发旺, 等. 2012. 基于多时相遥感影像的作物种植信息提取. 农业工程学报, 28(2): 134-141.

张园, 陶萍, 梁世祥, 等. 2011. 无人机遥感在森林资源调查中的应用. 西南林业大学学报, 31(3): 49-53.

张正健, 李爱农, 边金虎, 等. 2016. 基于无人机影像可见光植被指数的若尔盖草地地上生物量估算研究. 遥感技术与应用, 31(1): 51-62.

郑长春, 梁艳玲. 2018. 基于无人机 LiDAR 数据在公路勘测中的应用分析. 测绘与空间地理信息, 41(9): 216-218.

邹金秋. 2012. 农情监测数据获取及管理技术研究. 北京: 中国农业科学院博士学位论文.

邹昆霖, 张若宇, 江英兰. 2018. 基于无人机成像的棉田判别与面积估测. 石河子大学学报(自然科学版), 36(6): 753-760.

Ballesteros R, Ortega J F, Hernández D, et al. 2014. Applications of georeferenced high-resolution images obtained with unmanned aerial vehicles. Part I: description of image acquisition and processing. Precision Agriculture, 15(6): 579-592.

Belgiu M, Drăguţ L. 2016. Random forest in remote sensing: a review of applications and future directions. ISPRS Journal of Photogrammetry and Remote Sensing, 114: 24-31.

Bendig J, Bolten A, Bennertz S, et al. 2014. Estimating biomass of barley using Crop Surface Models (CSMs) derived from UAV-Based RGB imaging. Remote Sensing, 6(11): 10395-10412.

Böhler J, Schaepman M, Kneubühler M. 2018. Crop classification in a heterogeneous arable landscape using uncalibrated UAV data. Remote Sensing, 10(8): 1282.

Córcoles J I, Ortega J F, Hernández D, et al. 2013. Estimation of leaf area index in onion (*Allium Cepa* L.) using an unmanned aerial vehicle. Biosystems Engineering, 115(1): 31-42.

Del Pozo S, Rodríguez-Gonzálvez P, Hernández-López D, et al. 2014. Vicarious radiometric calibration of a multispectral camera on board an unmanned aerial system. Remote Sensing, 6(3): 1918-1937.

Deo R K, Domke G M, Russell M B, et al. 2018. Evaluating the influence of spatial resolution of landsat predictors on the accuracy of biomass models for large-area estimation across the eastern USA. Environmental Research Letters, 13(5): 55004.

Doi R. 2016. Improved discrimination among similar agricultural plots using red-and-green-based pseudo-colour imaging. International Agrophysics, 30(2): 151-163.

Freeman P K, Freeland R S. 2015. Agricultural UAVs in the U. S.: potential, policy, and hype. Remote Sensing Applications: Society and Environment, 2: 35-43.

Gevaert C M, Persello C, Sliuzas R, et al. 2017. Informal settlement classification using point-cloud and image-based features from UAV Data. ISPRS Journal of Photogrammetry and Remote Sensing, 125: 225-236.

Gómez-Candón D, de Castro A I, López-Granados F. 2014. Assessing the accuracy of mosaics from Unmanned Aerial Vehicle (UAV) imagery for precision agriculture purposes in wheat. Precision Agriculture, 15(1): 44-56.

Jin X, Liu S, Baret F, et al. 2017. Estimates of plant density of wheat crops at emergence from very low altitude UAV imagery. Remote Sensing of Environment, 198: 105-114.

Kamal M, Phinn S, Johansen K. 2015. Object-based approach for multi-scale mangrove composition mapping using multi-resolution image datasets. Remote Sensing, 7(4): 4753-4783.

Kim G H. 2017. Land cover classification with high spatial resolution using orthoimage and DSM based on fixed-wing UAV. Journal of The Korean Society of Survey, Geodesy, Photogrammetry, and Cartography, 35(1): 1-10.

Kussul N, Lavreniuk M, Skakun S, et al. 2017. Deep learning classification of land cover and crop types using remote sensing data. IEEE Geoscience and Remote Sensing Letters, 14(5): 778-782.

Lelong C, Burger P, Jubelin G, et al. 2008. Assessment of unmanned aerial vehicles imagery for quantitative monitoring of wheat crop in small plots. Sensors, 8(5): 3557-3585.

Li M, Zang S, Zhang B, et al. 2017. A review of remote sensing image classification techniques: the role of spatio-contextual information. European Journal of Remote Sensing, 47(1): 389-411.

Link J, Senner D, Claupein W. 2013. Developing and evaluating an Aerial Sensor Platform (ASP) to collect multispectral data for deriving management decisions in precision farming. Computers and Electronics in Agriculture, 94: 20-28.

Lottes P, Khanna R, Pfeifer J, et al. 2017. UAV-based Crop and Weed Classification for Smart Farming. Singapore: IEEE International Conference on Robotics and Automation.

Malambo L, Popescu S C, Murray S C, et al. 2018. Multitemporal field-based plant height estimation using 3D point clouds generated from small unmanned aerial systems high-resolution imagery. International Journal of Applied Earth Observation and Geoinformation, 64: 31-42.

Mesas-Carrascosa F J, Notario-García M D, Meroño de Larriva J E, et al. 2014. Validation of measurements of land plot area using UAV imagery. International Journal of Applied Earth Observation and Geoinformation, 33: 270-279.

Meyer G E, Neto J C. 2008. Verification of color vegetation indices for automated crop imaging applications. Computers and Electronics in Agriculture, 63(2): 282-293.

Michez A, Piégay H, Lisein J, et al. 2016. Classification of riparian forest species and health condition using multi-temporal and hyperspatial imagery from unmanned aerial system. Environmental Monitoring and Assessment, 188(3): 1-19.

Milas A S, Arend K, Mayer C, et al. 2016. Different colours of shadows: classification of UAV images. International Journal of Remote Sensing, 38(8-10): 3084-3100.

Momeni R, Aplin P, Boyd D. 2016. Mapping complex urban land cover from spaceborne imagery: the influence of spatial resolution, spectral band set and classification approach. Remote Sensing, 8(2): 88.

Nevalainen O, Honkavaara E, Tuominen S, et al. 2017. Individual tree detection and classification with UAV-Based photogrammetric point clouds and hyperspectral imaging. Remote Sensing, 9(3): 185.

Peña J M, Torres-Sánchez J, de Castro A I, et al. 2013. Weed mapping in early-season maize fields using object-based analysis of Unmanned Aerial Vehicle (UAV) images. PLoS One, 8(10): e77151.

Peña-Barragán J M, Ngugi M K, Plant R E, et al. 2011. Object-based crop identification using multiple vegetation indices, textural features and crop phenology. Remote Sensing of Environment, 115(6): 1301-1316.

Ponti M, Chaves A A, Jorge F R, et al. 2016. Precision agriculture: using low-cost systems to acquire low-altitude images. IEEE Computer Graphics and Applications, 36(4): 14-20.

Popescu D, Ichim L. 2016. Aerial image segmentation by use of textural features. IEEE: 721-726.

Rokhmana C A. 2015. The potential of uav-based remote sensing for supporting precision agriculture in indonesia. Procedia Environmental Sciences, 24: 245-253.

Senthilnath J, Kandukuri M, Dokania A, et al. 2017. Application of UAV imaging platform for vegetation analysis based on spectral-spatial methods. Computers and Electronics in Agriculture, 140: 8-24.

Shadman R M, Aryal J, Lucieer A, et al. 2019. Uncertainty assessment of hyperspectral image classification: deep learning vs. random forest. Entropy, 21(1): 78.

Sona G, Passoni D, Pinto L, et al. 2016. Uav multispectral survey to map soil and crop for precision farming applications. ISPRS-International Archives of the Photogrammetry, Remote Sensing and Spatial Information Sciences, XLI-B1: 1023-1029.

Torres-Sánchez J, Peña J M, de Castro A I, et al. 2014. Multi-temporal mapping of the vegetation fraction in early-season wheat fields using images from UAV. Computers and Electronics in Agriculture, 103: 104-113.

Ustuner M, Sanli F B, Dixon B. 2017. Application of support vector machines for landuse classification using high-resolution rapideye images: a sensitivity analysis. European Journal of Remote Sensing, 48(1): 403-422.

Verrelst J, Schaepman M E, Koetz B, et al. 2008. Angular sensitivity analysis of vegetation indices derived from CHRIS/PROBA data. Remote Sensing of Environment, 112(5): 2341-2353.

Xu K, Tian Q, Yang Y, et al. 2019. How up-scaling of remote-sensing images affects land-cover classification by comparison with multiscale satellite images. International Journal of Remote Sensing, 40(7): 2784-2810.

Xue J, Su B. 2017. Significant remote sensing vegetation indices: a review of developments and applications. Journal of Sensors, (1): 1-17.

Yang M, Huang K, Kuo Y, et al. 2017. Spatial and spectral hybrid image classification for rice lodging assessment through UAV imagery. Remote Sensing, 9(6): 583.

Yu Q, Shi Y, Tang H, et al. 2017. EFarm: a tool for better observing agricultural land systems. Sensors, 17(3): 453.

Zarco-Tejada P J, Diaz-Varela R, Angileri V, et al. 2014. Tree height quantification using very high resolution imagery acquired from an unmanned aerial vehicle (UAV) and automatic 3D photo-reconstruction methods. European Journal of Agronomy, 55: 89-99.

Zhang Q, Qin R, Huang X, et al. 2015. Classification of ultra-high resolution orthophotos combined with DSM using a dual morphological top hat profile. Remote Sensing, 7(12): 16422-16440.

Zisi T, Alexandridis T, Kaplanis S, et al. 2018. Incorporating surface elevation information in UAV multispectral images for mapping weed patches. Journal of Imaging, 4(11): 132.

第9章 基于多源数据融合的农作物制图研究

9.1 引 言

自美国 Puredue 大学首次将遥感数据用于农作物监测后，涌现了大量农作物遥感识别的研究，Landsat TM（Husak et al., 2008; Zhong et al., 2014）、MODIS（Pan et al., 2011; Xiao et al., 2006）、QuickBird（Turker et al., 2011）等不同传感器数据在农作物空间分布及其动态变化提取中发挥了重要作用。事实上，单一遥感数据在实际应用中呈现出复杂的时空异质性和尺度敏感性的特征（Le Maire et al., 2014）；同时，受农作物光谱重叠与交叉、遥感影像时间分辨率与空间分辨率相互制约，以及成像过程诸多干扰因素的限制，基于单一数据源的农作物识别效果往往不理想（顾晓鹤等, 2007）。因此，多源遥感数据融合在农作物遥感识别中日益发挥重要作用，在很大程度上弥补了单一数据和分类方法的缺陷（Hong et al., 2011）。近年来，国内外很多学者开展了基于多源遥感数据融合的农作物空间分布信息提取方法研究，但已有研究多是利用多时相、多空间分辨率的影像数据在像元层次上进行融合，扩展时空尺度，得到更丰富的作物光谱特性、空间异质性信息以及作物关键物候历特征，提高作物识别能力和精度（吴文斌等, 2014; Mcnairn et al., 2009）。

如何充分利用多源数据是需要重点考虑的关键问题。农作物种植结构提取往往涉及多种农作物，对遥感影像的空间、时间和光谱分辨率要求较高。然而，空间分辨率高的影像往往难以有效进行作物区分，而时间和光谱分辨率高的影像空间分辨率低，混合像元现象普遍。因此，如何处理好光谱、时间和空间分辨率之间的矛盾关系，实现农作物种植结构遥感的准确提取是需要重点考虑的问题（蔡学良等, 2009; Carrão et al., 2008）。此外，非遥感数据源，如气象、地形和社会经济统计数据等，也经常引入辅助农作物种植结构提取，以提高遥感提取精度。然而，不同来源的数据质量、内涵和时空尺度的差异反过来又会影响遥感提取精度。因此，未来需要加强多源数据的替代和整合技术研究，以实现不同数据源之间的优势互补；也需要加强多源数据的尺度转换研究，以提高农作物种植结构提取的灵活性和准确性。

9.2 多源数据融合技术

农作物遥感识别原理总体上分为两类：一是基于农作物的光谱特征和空间异质性特征；二是基于农作物的物候特征。基于农作物光谱和空间纹理特征的识别方法易受分辨率的限制，同物异谱和异物同谱现象普遍存在。单一高分辨率数据的光谱信息不足，难以覆盖大区域范围；单一中分辨率数据源受传感器重访周期和云雨天气影响，数据获取频率低于理论周期；而单一低分辨率数据源混合像元现象严重（Mathur et al., 2008; Yang et al., 2011; Turker et al., 2011）。基于农作物季相节律和物候特征识别农作物类型需要利用时间序列遥感数据，然而，遥感数据的时间分辨率与空间分辨率之间相互制约，单一高时间分辨率遥感数据有助于精确区分作物生育周期，但通常空间分辨率低，刻画空间异质性能力差，而单一中高空间分辨率遥感数据很难获得覆盖作物整个生育期的长时间序列信息，重复观测能力低（Qiao et al., 2008; Ozdogan et al., 2010）。因此，农作物遥感识别中的多源遥感数据融合的关键任务是解决遥感数据的时空优化问题，以提高农作物识别效率和识别精度（闫慧敏等, 2008; 张锦水等, 2010; 郑长春等, 2008）。

9.2.1 提高空间分辨率

我国农作物种植结构复杂多样、田块破碎，光谱混合现象严重，其准确识别对遥感数据的空间分辨率要求高（Comber et al., 2012）。针对低空间、高时间分辨率遥感数据对农作物生长过程动态变化描述的优势，引入中高空间分辨率遥感数据，通过数据融合可以有效提高对农作物空间分布细节描述的能力。图像融合是最为常见的以提高空间分辨率为目标的多源数据融合技术，将多源遥感数据按照一定规则进行运算、处理，获得一幅具有新的空间和波谱特征的合成影像（Abdikan et al., 2012）。图像融合方法，如基于色彩相关技术的HIS变换法、基于统计方法的PCA、Brovey和小波变换等，可以广泛应用于不同传感器、不同空间分辨率以及不同时相的遥感数据，尤其在多时相的低空间分辨率遥感数据与中等空间分辨率遥感数据的融合方面应用较多。融合的对象不仅可以是光谱反射率、后向散射系数，还可以是时间序列植被指数，以获得一幅具有新的空间特征的高分辨率合成影像。

图像融合技术在农作物遥感识别中的应用研究较多，取得了较好的效果。如蒋楠等（2012）采用Brovey变换、IHS变换、高通滤波和小波变换4种融合方法对HJ-1A卫星多波段影像与ALOS卫星2.5m全色影像分别进行融合，得到了高空间分辨率多光谱影像，并选用最佳融合效果的小波变换法合成影像，进行江苏省金湖地区水稻识别，发现其估算精度比HJ-1A多光谱影像提高了12.39%。以2008年河南省原阳县的玉米种植信息为识别目标，何馨（2010）利用小波变换的方法将时间序列MODIS NDVI与TM NDVI数据进行融合，获取30m分辨率的NDVI时间变化信息，构建主要秋季作物的NDVI标准时序生长曲线，以最小距离分类器进行分层分类，获得研究区内玉米种植面积总量信息和空间分布，总体精度达78.76%，该方法既保证作物生长过程中原有的光谱特征，又使得空间分辨率从250m提高至30m。赵天杰等（2009）基于12.5m分辨率ASAR-VV极化、PALSAR-HH极化以及30m分辨率TM的多光谱数据，使用MIMICS模型模拟北京市昌平区玉米和果林的后向散射系数，构建了模糊神经网络模型，完成了双频多极化SAR数据与多光谱数据的整合，以93.54%的精度在12.5m分辨率尺度上开展了玉米种植分布识别，研究表明：多频段和多极化方式的融合方法可以利用不同的波谱频段提取农作物固有属性，在高空间分辨率尺度上提高农作物光谱分离性，为农作物类型识别提供有力支持。以上研究表明，图像融合可以提高遥感数据的空间分辨率，与单源遥感数据相比，多源遥感数据融合后所提供的信息具有互补性和合作性，在农作物遥感识别方面呈现出较大的潜力。此外还有一些其他技术可以用于数据扩展,如 STARFM 模型(Gao et al.,2006)、成分替换(Shettigara et al.,1992)、半经验数据模型(Roy et al.,2008)、多分辨率小波分解(Yocky et al.,1996)等融合技术实现了将不同分辨率的多源遥感数据进行整合,以提高空间分辨率,并且未来在农作物遥感识别中有广泛的应用前景。

以提高空间分辨率为目标的多源数据融合技术提升了影像的空间分解力和清晰度,一定程度上弱化了混合像元存在所产生的影响。多源遥感数据具有多样性和时相差异性特点,使得不同类型的农作物光谱信息在融合时均有一定程度的丢失与扭曲,而空间分辨率虽有所提高但其局部细节信息与纹理特征依然会缺失。因此,需要针对特定的地表覆盖状况,选取适当的融合算法与融合质量评价体系,以应对多源遥感数据上农作物种植分布呈现出复杂的时空异质性和尺度敏感性等特征。

9.2.2 提高时间分辨率

农作物具有明显的生长过程和季相变化特征(Wardlow et al.,2008),利用这一特征,基于长时间序列的遥感数据,可以有效地进行农作物遥感识别与分类。因此,以提高时间分辨率为目标的多源数据融合在农作物遥感识别中日益得到应用,其通常按照时相顺序对可获取的不同空间和不同时间分辨率的多源遥感数据进行复合,扩展对地重复观测的频率,达到提高时间分辨率目的,有助于捕获农作物光谱可分的最佳时相,提高完整刻画农作物生长发育动态变化过程的能力。

针对多期同源传感器数据进行时间插补,可以提高农作物观测的频率。顾晓鹤等(2010)针对省域尺度农作物识别中 TM 影像时相不一致和覆盖能力不足的问题,在长时间序列 MODIS 全覆盖影像的支持下,构建玉米生长过程的时序插补模型,将 6 景不同物候期的 TM 影像插补为玉米乳熟期的同期数据集,提高了中空间分辨率遥感数据的采集频率;邬明权等(2010)基于时空融合技术,结合早期 Landsat TM 影像的纹理信息,以 Landsat 红波段和近红外波段为融合波段,从时序 MODIS 数据中提取水稻像元反射率时间变化特征,插补出既具备中分辨率影像高空间分辨率特征,又具备低空间分辨率高时间分辨率特征的水稻关键生育期数据,与真实影像的相关系数达到 0.8 以上,可以实现较高精度的水稻填图。与传统的方法相比,时空融合技术是针对获取的前后两期中分辨率影像,从低分辨率时序影像中提取对应像元反射率的时间变化特征,从而获得时间段内任意一时间节点的中分辨率影像,提高时间分辨率。Singh(2011,2012)、Watts(2011)、Wu(2012)等均在不同的区域和尺度基于 Landsat-MODIS 像对,采用时空融合方法对小麦、水稻等主要作物进行提取,有效解决利用中等分辨率数据进行农作物识别时的关键期数据缺失问题,其推广应用效果较好。此外,部分研究人员收集逐月内数据质量最好的历史存档卫星影像组建光谱-时序曲线,如 Foerster 等(2012)在 30m 分辨率尺度上使用 17 年 Landsat TM/ETM 历史存档数据构建时序数据集,提取德国东北部 12 种主要作物 NDVI 时序参考曲线,为分层分类提供物候特征的依据。

同时,也有很多研究进行异源传感器的复合,实现卫星数据有效利用。郝鹏宇等(2012)集成 2011 年 4~10 月 TM 和 HJ-1 两种异源同尺度数据,联合组成了 30m 空间分辨率的数据集,利用线性回归模型将 MODIS 植被指数转换为对应的 TM/HJ-1 植被指数，在 30 m 尺度上扩展了 NDVI、EVI2、WRDVI 数据的时序，基于此，采用最小距离分类器能有效区分出棉花等 4 类同生长季作物，三种时序植被指数最终识别精度分别为 90.53%、91.35%和 90.83%。该研究巧妙地降低了异源数据时间和空间的不一致性对作物提取的影响，且基于历史参考曲线的方法省去了人工训练样本的环节，实现了中等空间分辨率上长时间序列的作物种植面积的自动提取，为多源数据复合提供新思路。Maselli 等（1998）选取年内 12 期逐月 TM NDVI 和 AVHRR NDVI 影像数据构建生长期内农作物动态生长变化数据集，扩展了时间序列长度，采用改进的最大似然分类法提取了包括春季作物在内的 4 类植被类型空间分布；Esch 等（2014）联合多种现有的信息增强技术，在多尺度分割的基础上，利用 C5.0 决策树分类方法，从 2 期高空间分辨率 LISS-3 和 3 期中等分辨率 AWiFS 数据集合中提取出玉米、油菜等 4 类作物种植结构，该研究一定程度上化解了高空间分辨率和中等空间数据保障率低的难题，完成了在中高空间分辨率尺度上的农作物高精度识别。

融合可获取的多源对地观测遥感数据，以提高时间分辨率为目标，可以充分利用农作物的物候特征，弥补因作物品种及类型、灌溉方式以及土壤属性不同使得农作物光谱可分性不大的缺陷，排除短时间段内生育期交叉的影响，提高农作物遥感识别的可信度和准确度，但易受异源遥感数据光谱反射率或植被指数转换模型以及不同传感器光谱波段设置差异的影响。

9.3 多源遥感数据融合模式

不同遥感探测器具有独特的成像机理和成像方式，每种遥感数据在农作物识别中具有各自的适用范围和局限性，任何单一数据源都不能全面地反映农作物的时空特性（Witharana et al., 2014）。如农作物在可见光-近红外波段特征显著，但光学遥感数据易受云雨天气的影响，数据保障率低；与光学传感器相比，微波遥感能全天时、全天候实时观测，并且其空间分辨率不受观测距离的限制，但雷达图像相干斑噪声影响存在，农作物识别精度有限。而农作物遥感识别主要基于不同类型农作物在遥感数据上呈现的光谱、时间和空间特征差异实现信息挖掘（Peña-Barragán et al., 2011; Shang et al., 2008）。因此，"用什么"数据源融合以实现卫星资源优势互补成为农业遥感应用中的研究热点。总的来说，根据数据类型可以将多源遥感数据融合模式分为光学数据的融合、光学数据与微波数据的融合以及遥感与非遥感数据的融合。

9.3.1 光学遥感数据的融合

光学遥感受传感器重访周期和天气影响大，遥感数据获取能力不够稳定，时间分辨率与空间分辨率相互制约，因此难以利用同源遥感数据实现大区域农作物遥感高精度识别。国内外学者对光学遥感数据之间的整合开展了大量研究，采用了形式多样的结合方式，如高空间分辨率光学数据和中等空间分辨率光学数据融合、低空间分辨率光学数据和中等空间分辨率光学数据的复合，尤其后者在农作物遥感识别研究中得到广泛使用。

中等分辨率和高分辨率光学遥感数据的结合可以充分挖掘像元的空间、纹理、上下文等特征信息，弥补光谱特征的不足，实现农作物的高精度识别。如 Conrad 等（2010）利用多尺度分割技术对 SPOT 图像进行图斑提取，结合双时相 ASTER 数据穗帽变换得到的绿度和亮度分量，以知识规则定义分类的隶属度函数法成功识别了棉花、冬小麦和水稻等作物。此外，Conrad 等（2010）还利用 7 个时相的 IRS-P6 AWiFS 影像提取了 35 个特征量（包括光谱值、NDVI 及其统计量），对 ETM+多光谱与全色波段融合的数据进行图像分割提取地块，结合中等空间分辨率数据提取的多特征量，输入到数据挖掘能力强的随机森林分类器，建立分类规则，高精度提取了德国西南地区的农作物种植结构。

中和低空间分辨率光学数据结合的农作物遥感识别研究更为广泛。蔡学良和崔远来（2009）融合 ETM+全色波段与 MODIS NDVI 异源多时相遥感影像数据，获得 1 个包含 24 个变量的宏影像，运用光谱耦合技术对非监督分类聚类结果进行优化，确定出漳河灌区作物类型，并且获取灌区作物轮作制度；顾晓鹤等（2012）采用小波变换方法，融合了低空间分辨率 MODIS NDVI 时间序列数据和中等空间分辨率 TM NDVI 数据，利用非监督分类器有效地识别出生长状态相似的秋季作物种植空间分布情况；李颖等（2010）利用 MODIS NDVI 数据构建时间序列特征数据集，剔除非冬小麦区域，基于 TM 遥感数据，采用最大似然监督分类法对胶东半岛的冬小麦进行光谱特征聚类识别，充分结合时相特征和光谱特征，识别精度达 92.39%。Zhang 等（2013）在时序 MODIS 数据支撑下，利用滑动窗口技术和时间权重法对增强型时空图像融合模型（ESTDFM）改进，合成了 30m 空间分辨率的 ETM+模拟图像，弥补了多云季内数据的缺失，通过基于地块的 ISODATA 分类方法，在模拟图像上识别出 40 类地物，此方法的意义在于用像元的时序相似性代替像元光谱的相似性，模拟出农作物关键生育期影像，应用于农作物遥感识别研究领域中。以上研究多选用以 Landsat 为代表的中分辨率与以 MODIS 为代表的低分辨率的光学遥感数据结合方式，尽管二者传感器的光谱设置、卫星过境时间均不相同，但具有相近的波谱范围，便于异源数据协同，该融合方式是大范围、全覆盖农作物识别研究的有效结合技术。

光学遥感数据的融合受光谱波长的限制，同物异谱与同谱异物的问题尚未完全解决，在一定程度上会影响农作物识别精度，因此，如何筛选不同光谱、时间、空间分辨率的遥感数据进行有机结合，并建立客观的融合评价指标体系，以满足特定研究对象、研究尺度范围以及应用目标的需求是光学遥感数据融合亟待解决的难点问题之一。

9.3.2 光学遥感与微波遥感数据的融合

虽然光学遥感是目前农作物遥感识别的主要技术手段，但光学遥感数据的获取和农作物识别精度仍有待完善。微波遥感具有全天候、多模式、多极化等技术优势，在几何特性、辐射特性以及分辨率等方面与光学影像差异明显，光学遥感与微波数据融合的农作物遥感识别得到长足发展，为提高农作物识别准确率提供了新的技术途径（Ban et al., 2003; Hong et al., 2011; Jain et al., 2013; Larra et al., 2011; Mcnairn et al., 2009）。

Bruzzone 等（1999）基于贝叶斯最小误差原理，融合 2 个时相 TM 和 ERS-1 构成的 11 个特征量的数据集，采用神经网络法进行融合，成功提取出意大利北部玉米、水稻和谷物类作物。Brisco 等（1995）利用多时相 SAR 和 TM 数据提取了加拿大西部农作物种植信息，研究发现：单期多光谱数据识别效果优于 SAR 数据；增加 SAR 数据观测频率后，比单时相 SAR 农作物提取精度提高了 44%；将 SAR 与 TM 融合进行农作物种植结构提取，精度较多光谱数据提高 2%。因此，光学遥感与微波数据融合可以得到更全面的农作物生长信息,增强不同农作物之间的可分性,减少机器学习的模糊性(宫鹏，2009)。Blaes 等（2005）将研究区内的 6571 个地块划分成 39 个类别，获取了作物生长季内 15 景 ERS 和 Radarsat 及 3 景光学影像，采用 Landsat ETM 与 SPOT HRV 的光学联合、ERS 与 Radarsat 的 SAR 联合、光学-SAR 协同三种不同的方式识别出小麦、玉米、马铃薯、甜菜、大麦等农作物，结果表明：在农作物识别中，光学数据对总体精度提升做出了主导性的贡献，光学-SAR 的结合使农作物识别精度进一步提升了 5%。McNairn 等（2009）选取 1 景光学图像和 2 景 Envisat ASAR 图像构建时间序列数据，根据农作物生长的季相节律特征，采用决策树法成功判断出加拿大主要农作物种植方式，精度达 85%以上，并认为 VV-VH 双极化模式是农作物遥感识别的首选组合。贾坤等（2011）将环境星多光谱数据与 ASAR-VV 极化后向散射数据采用主成分分析法进行融合，充分利用 VV 极化数据所含的丰富的地物结构信息，增强不同地物之间的光谱差异，突出田间耕地边界信息，其融合后分类精度比单独使用环境星数据分类精度提高了约 5%。刘达（2013）选取水稻为研究对象，获取了江苏省苏州市东桥镇不同时相的全极化 Radarsat-2、TM 影像数据以及同步的水稻实地测量数据，利用面向对象和支持向量机分类技术识别水稻分布范围，其总体分类精度达 87.5%。

光学遥感数据与微波遥感数据反映了农作物不同层面的物理属性，因此两者的结合可以充分利用多种信息之间的优势互补和协同，提高农作物遥感识别效果。然而光学图像和 SAR 图像的成像机理完全不同，农作物光谱信息与 SAR 图像的极化散射信息在灰度表现上存在极大的差异，并且不同成像过程的数据融合一定程度上会带来农作物信息表达一致性的风险，基于此，光学与微波遥感数据结合的方式可以通过扩展时间序列长度，充分利用农作物物候信息以弥补信息不一致的风险。

9.4 遥感数据与统计数据融合

遥感技术在农作物种植结构提取中发挥了重要作用，但受遥感数据获取能力、混合像元、大气纠正和尺度转换等影响，单纯基于遥感技术的方法往往多应用于区域尺度，国家乃至全球尺度的农作物种植结构遥感提取仍较欠缺（唐鹏钦等，2013；You et al.，2006）。随着全球地表覆盖遥感制图的不断发展，全球耕地制图技术日益成熟，很多不同尺度的全球耕地遥感产品成为可能。如 Leff 等（2004）综合已有的全球遥感耕地数据和国家、省级和县等多个层次的农作物统计数据，通过非耕地区域掩膜、数据归一化处理、丰度计算等过程，实现 20 世纪 90 年代全球 5 分栅格尺度下 18 种农作物空间分布提取；Monfreda 等（2008）整合 MODIS 和 GLC2000 两类全球耕地遥感产品，以及国家、州和县等多尺度统计数据，构建线性回归模型，将 175 种农作物统计信息分配到全球 5 分栅格尺度耕地像元中，提取出了 2000 年全球农作物种植结构信息。基于 Monfreda 和 Ramankutty 等的全球农作物分布产品，Portmann 等（2010）融入灌溉和雨养作物的物候历、作物统计面积、气候和地形等数据,通过重分类、汇编、编辑、均质化等过程,获取了 2000 年 5 分栅格尺度的 26 种灌溉和雨养农作物的空间分布。由于农作物面积统计数据在气候变化、国家粮食安全等领域是不可替代的重要基础数据,国内外学者已将统计数据并综合了温度、降水、土壤和地形等自然因素间以及农户种植习惯、人口密度和农产品价格等社会经济因素作为非遥感信息与遥感信息进行融合,建立农作物空间分配模型,从而实现了大范围农作物空间分布信息提取,形成了多种空间分辨率的农作物分布格网图,这为全球变化与粮食安全研究提供了可靠的农作物空间分布基础数据。作物空间分配模型(SPAM)和全球农业生态地带模型(global agro-ecological zones, GAEZ)模型是融合遥感数据与统计数据的经典模型。

9.4.1 SPAM 模型

在 SPAM 模型中,作物面积空间分布的先验概率(π_{ijl})对模型的成功构建具有重要意义。模型在输入数据的基础上创建先验概率。首先,计算每个像元内某一作物的潜在单位收入:

$$\text{Rev}_{ijl} = \text{Price}_j \times \text{Access}_{ij} \times \text{PotYield}_{ijl} \tag{9-1}$$

式中,Price_j 和 Access_{ij} 为行政统计单元(SRU)内像元 i 作物 j 的价格指数和市场通达性指数。PotYield_{ijl} 为种植模式 l 内像元 i 作物 j 的潜在产量。

市场对自给型和商业型的农户都很重要。即使在自给水平较高的贫困国家,大部分家庭仍会相互进行粮食交易与消费。因此,许多研究假设农民具有规避风险与追求利润最大化的特征。虽然总收入能够通过式(9-1)计算得到,但在全球范围内获取成本价格数据以及估算利润价格,仍是数据获取的瓶颈。因此,模型采用了经验数据改进了收入数据的估算过程。首先,自给型农户种植的农作物主要是供给自己家庭,利润或作物生长的适宜性可能并不是决定农作物空间分布的主要因素。因此,对于自给型的农作物(农作物的种植模式为自给型),模型仅使用农村人口密度指标作为作物面积预分配的权重。其中 Percent_{jl} 为行政统计单元(SRU)中耕地内作物 j 在种植模式 l 上的面积百分比;$\overline{A}_{ijl}$ 为种植模式 l 上像元 i 内作物 j 的预分配面积:

$$\overline{A}_{ijl} = \text{SubCropArea}_{jk} \times \text{Percent}_{jl} \times \frac{\text{Pop}_i}{\sum_{i \in k} \text{Pop}_i} \quad l = \text{subsistence} \forall i \forall j \tag{9-2}$$

其次,单纯依靠收入水平或利润最大化都难以作为影响农民最终生产选择的因素。例如,在某些地区,农民种植多种农作物是受历史和文化的影响;同时,地方需求和偏好也强烈地影响着农业生产格局。因此,模型在原公式中增加 Percent_{jl} 指数以考虑非经济因素的影响:

$$\text{Rev}_{ijl} = \text{Percent}_{jl} \times \text{Price}_j \times \text{Access}_{ij} \times \text{PotYield}_{ijl} \forall l \neq \text{subsistence} \forall i \forall j \tag{9-3}$$

最后,根据像元内某一农作物存在的可能性,将 Rev_{ijl} 修正为代表像元内现有作物分布的限制因子。如现有作物分布图或模型在评中均认为作物 j 存在于像元 i 内,那么 Rev_{ijl} 被分配为一个任意大的数值(如为行政统计单元(SRU)中最大收入水平的 5 倍);

如果作物 j 为极有可能存在于像元 i 内，那么 Rev_{ijl} 被设定为行政统计单元（SRU）中的最大值，以此类推。无论像元所计算的收入值为多少，设定的较高 Rev_{ijl} 值将被强制分配到相应的像元内。然后，利用灌溉面积数据、耕地数据以及估算的收入数据计算 $\overline{A}_{ijl}$：

$$\overline{A}_{ijl} = \text{IRRArea}_i \times \frac{\text{Rev}_{ijl}}{\sum_j \text{Rev}_{ijl}} \forall j \forall i \forall l = \text{irrigated} \tag{9-4}$$

如果 $\left(\text{Avail}_i - \text{IRRArea}_i - \sum_j \overline{A}_{ij,\text{subsutence}}\right) \geq 0$，那么 $\overline{A}_{ijl} = \left(\text{Avail}_i - \text{IRRArea}_i - \sum_j \overline{A}_{ij,\text{subsutence}}\right) \times \frac{\text{Rev}_{ijl}}{\sum_j \text{Rev}_{ijl}} \forall j \forall i \forall l = \text{rainfed}$；否则，$\overline{A}_{ijl} = 0 \forall l = \text{rained}$。

上述方程是利用收入数据作为权重，将聚合的灌溉面积与耕地（来自卫星数据）分解为特定的种植区。预分配处理后，对所有的分配单位通过标准化以计算先验概率：

$$\pi_{ijl} = \frac{\overline{A}_{ijl}}{\sum_i \overline{A}_{ijl}} \forall j \forall i \forall l \tag{9-5}$$

You 等（2006，2009）等提出的 SPAM 模型综合利用了 Monfreda 等的全球耕地空间分布、农作物统计面积、农业灌溉分布和农作物适宜性分布等多源信息，基于交叉信息熵理论和方法将农作物统计信息分配至 5 分栅格尺度像元，得到了全球 20 类农作物的空间分布。基于交叉信息熵原理的作物空间分配模型（SPAM）即综合遥感和统计等数据的模型之一，该模型集成耕地分布、作物统计面积与产量、农业灌溉分布、农作物适宜性分布等多源空间信息数据，将农作物的种植面积与总产精确分配至像元，已在全球尺度及南美、非洲区域尺度上模拟出作物时空分布（Liu et al., 2008; You et al., 2006）。刘珍环等（2013）基于该模型获得了中国 10km 像元尺度的水稻分布信息，并重点分析了 20 世纪 80 年代以来水稻种植面积与产量的时空变化特征。

9.4.2 GAEZ 模型

GAEZ 模型是由联合国粮农组织（FAO）和国际应用系统研究所（IIASA）共同开发的农业生态区划模型。GAEZ 模型在原有 AEZ 模型基础上改进了作物生产潜力模拟、土地适宜性评价和水分管理方式等计算过程。AEZ 模型计算过程严谨，机理性较强，是目前对气候条件和粮食产量关系表达最好的模型之一。GAZE 模型采用逐级修正的方式计算各栅格的粮食生产潜力，首先根据某种作物的生长参数（叶面积指数、收获指数等）和光照辐射条件计算光合生产潜力；再结合降水和气温条件计算光温生产潜力，然后考虑可利用水、土壤性质和地形影响等土壤水限制条件计算光温水生产潜力，并综合分析病虫害、霜冻等农业灾害计算气候生产潜力。同时综合考虑土壤肥力、pH 值、土壤质地、地貌类型、土壤主要性状指标、耕地分布等信息提取适宜种植区。针对适宜种植区模拟理想的农业生产条件，计算适宜种植区的生产潜力。即按照光合生产潜力（仅光照限制）—光温生产潜力（光照和温度限制）—光温水生产潜力（光照、温度和水分限制）—气候生产潜力（农业气候灾害限制）—大豆生产潜力（土壤及各种管理措施限制）逐级进行。GAEZ 模型产潜力的估算包含灌溉和雨养两种模拟情景。雨养条件下仅考虑降水对农作物产量的影响，而灌溉条件则假设水分充足，即不考虑水分对农作物产量的影响。

雨养条件是指有水胁迫条件下作物的生产潜力；灌溉条件是指保障水条件充分，即假设水对生产潜力没有影响。此计算方法与我国实际种植情况相一致，符合农业生产，则总生产潜力计算公式如下：

$$\text{yield}_{\text{total}} = \text{yield}_{\text{rain-fed}}(1-i) + \text{yield}_{\text{irrigated}} \times i \tag{9-6}$$

式中，$\text{yield}_{\text{total}}$ 为总生产潜力；$\text{yield}_{\text{rain-fed}}$ 为雨养条件下的生产潜力；$\text{yield}_{\text{irrigated}}$ 为灌溉条件下的生产潜力；i 为灌溉面积与总耕地面积的比率，%。

Fischer 等（2012）在最新的 GAEZ 模型中，也综合利用全球耕地分布图、农作物适宜性、人口密度、市场距离等信息，基于相同的交叉信息熵理论和方法将农作物统计信息分配至 5 分栅格尺度像元，得到了全球 23 类农作物的空间分布。中国农田生产潜力数据是 GAEZ 模型在我国农作物制图研究中的典型案例（http://www.resdc.cn/DOI/DOI.aspx?DOIid=43）。基于中国耕地分布、土壤和高程 DEM 等数据，采用 GAEZ 模型，综合考虑光照、温度、水、CO_2 浓度、病虫害、农业气候限制、土壤、地形等多方面因素，估算获取的中国耕地生产潜力。该数据集在采用 GAEZ 模型估算粮食生产潜力的过程中，主要考虑了小麦、玉米、水稻、大豆和甘薯五种作物，其中，小麦包括冬小麦和春小麦等 4 个品种，玉米包括春玉米和夏玉米等 4 个品种，水稻包括 2 个品种。中国大部分地区都采用多熟制耕作制度，故在估算粮食总生产潜力时需考虑作物的多熟制。估算中根据中国实际种植制度，考虑了多种熟制的经验方式组合（包括一年两熟、两年三熟、一年三熟）来获取最大的土地粮食生产潜力。此外，该数据集为开展耕地和气候变化对粮食生产潜力的影响研究，揭示了近 20 年来中国气候与耕地变化对粮食生产力影响的空间格局及区域分异规律，厘清两者对粮食生产潜力的影响差异，为全球变化背景下中国土地资源开发和耕地保护，保障国家粮食安全提供决策参考。

毋庸置疑，遥感与统计数据融合获取的农作物种植结构数据为全球尺度农作物面积统计、产量估算和期货贸易等提供了重要数据源。然而，目前一般遥感信息与非遥感信息融合的农作物空间分布制图技术大多将遥感获取的土地利用、农业灌溉和耕地适宜性等作为辅助信息，而对研究对象作物自身生长机理及其变化规律考虑较少，没有充分地对农作物自身遥感信息，特别是时序遥感信息加以直接应用，一定程度上影响了农作物空间分布制图精度的进一步提高。

9.5 遥感数据与其他数据融合

农作物种植与地形、气候、耕作制度等多种因素密切相关。因此，在农作物遥感识别中，除遥感信息外，其他非遥感信息，如统计数据、地形信息、专家知识等，可以作为辅助参量参与到农作物识别与分类（Frolking et al., 2002; Leff et al., 2004）。Thenkabail 等（2006）在整合 AVHRR 和 SPOT VGT 不同空间分辨率影像数据的基础上，融入了 GTOPO30 1km 高程、CRU 1km 降水及 JERS-1 SAR 等多种非遥感信息，基于 ISODATA

聚类算法，采用时空螺旋曲线法、穗帽变换、NDVI 时序曲线等特征分析，借助光谱耦合技术与目标定量匹配，提取了 10km 分辨率全球 28 类灌溉面积，形成了 GIAM 和 GMRCA 全球土地覆盖产品。彭代亮（2009）以湖南省为研究区，利用 MODIS、ALOS 及 SPOT-5 数据及行政区划、2000~2008 年县级面积统计数据、土地利用现状数据、物候数据、SRTM DEM 及统计局统计抽样调查地块实测数据完成基于典型生育期光谱特征的水稻面积遥感信息提取。董芳（2012）利用 30m 分辨率 Landsat TM、19.5m 分辨率 CBERS 和 10m 分辨率 ALOS 多光谱影像，充分利用 DEM 数据和遥感影像的光谱特征，结合地面实测资料，根据苹果树物候期确定苹果园地遥感识别的最佳时相，利用多源遥感信息进行果树种植面积的提取，建立快速、准确的遥感图像苹果园地识别方法。

基于遥感与非遥感数据融合的识别技术，尤其是利用统计数据及地面抽样调查数据开展的农作物识别研究，实现了属性数据空间化，为全球变化与粮食安全研究奠定良好的农作物数据基础。然而，调查数据等非遥感数据与遥感数据的尺度往往不一致，尺度效应影响是融合时需要考虑的难点问题，因此，非遥感数据与遥感数据融合时需要重点解决尺度转化对融合效果的影响。

9.6 案例：基于 SPAM 模型提取东北地区玉米种植面积

本案例以东北地区为研究区域，选择玉米为研究对象，以东北地区农业统计、灌溉、土地利用、作物气候适宜性和作物分布概率等多源数据为基础，基于改进的交叉信息熵分布概率模型（SPAM-China），模拟东北地区 1980 年、1990 年、2000 年和 2010 年等 4 个关键时间节点的玉米种植面积空间分布，并利用国际同类模型结果和中国土地利用/覆盖遥感解译结果与 SPAM-China 模型结果分别进行横向和纵向对比，评价 SPAM-China 模型结果在东北地区的适用性。

9.6.1 数据来源及处理

1. 自然地理数据

研究采用的自然地理数据包括气象数据、土地利用数据和农业气候适宜性数据。气象数据来源于中国气象数据共享网（http://cdc.cma.gov.cn/），包括 1980-2010 年期间辽宁、吉林和黑龙江地区以及内蒙古自治区东部地区共 91 个气象站逐日气象资料，气象要素主要有平均气温、最高和最低气温。气象站点及研究区域图见图 9-1。

土地利用数据和农业气候适宜性数据均作为模型的输入数据。其中，土地利用数据来源于中国资源环境数据库（http://www.geodata.cn/）的中国土地利用/覆被数据集（NLUD），数据内容包括森林、草地、农田、聚落、湿地与水体、荒漠等 6 个一级类型和 25 个二级类型，该数据集主要由 Landsat TM 数据为基础的人工目视解译得到（Liu et al., 2002; Zhang et al., 2014），本节研究仅选用中国东北地区范围内的四期耕地数据层（1980、1995、2000 和 2005）；农业气候适宜性数据采用了联合国粮食与农业组织（FAO）的农业生态分区结果，该数据提供了潜在作物适宜种植区分布。

2. 社会经济数据

社会经济数据包括农业统计数据、人口密度数据、行政区划数据和灌溉数据。农业统计数据来源于中国农业农村部，时序长度为 1980~2010 年，综合 1980~2010 年县级和省级农业统计数据整理获得一套我国东北地区的农作物统计数据，包含玉米种植面积数据；将面积数据截取 3 个时期 4 个时点的数据，采用前后 3 年的数据进行平均，获得 1980 年、1990 年、2000 年、2010 年数据集。

人口密度数据和灌溉数据亦均作为模型的输入数据。其中，人口密度数据来自世界人口栅格分布图（GPW Version 2），该数据集提供了全球尺度上每平方公里内的人口数量，用于表示作物空间分配过程中的市场通达性。行政区划数据主要采用了 2000 年全国县级行政区划，研究中其他时期的行政区划数据处理是在此基础上进行了合并和拆分。灌溉数据来源于联合国粮农组织（FAO）和德国卡塞尔大学联合开发的全球农业土地灌溉分布图，以像元内的灌溉百分比数据表示，用于区分不同作物种植的管理水平。

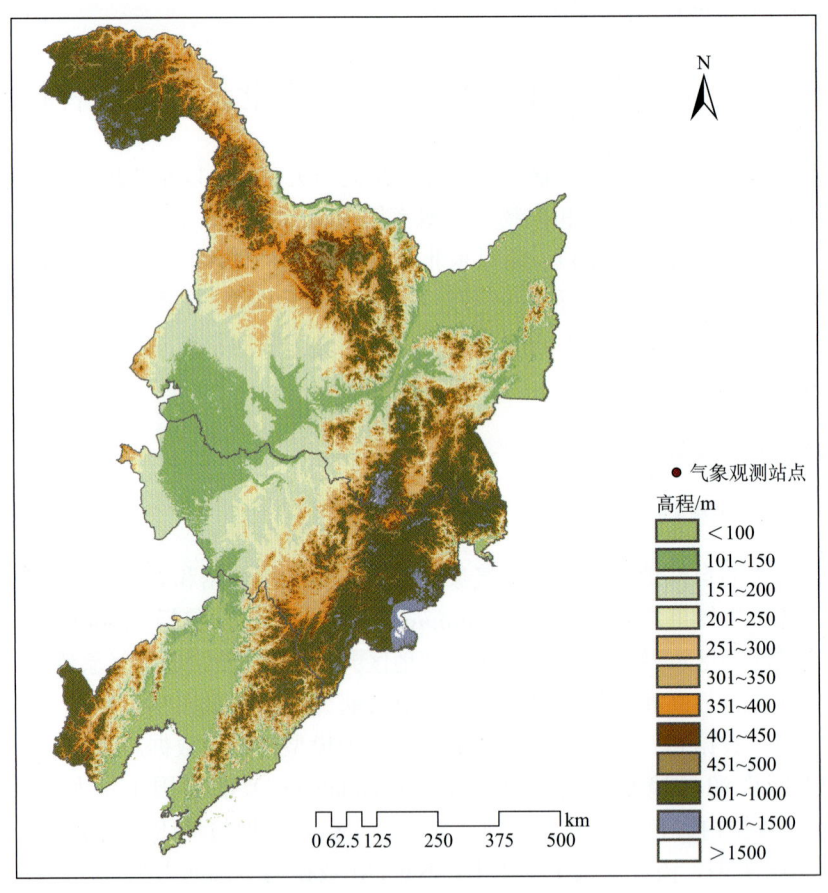

图 9-1 研究区域地形及气象观测站点图

3. 模型验证数据

本节研究涉及的模型验证数据包括两个部分，一部分是 Monfreda 等（2008）发布的 M3 数据集和 Portmann 等（2010）发布的 MIRCA-2000 数据集，以上两套全球农作物空间分布数据集均提供了中国范围内的作物分布数据，但本节研究仅使用了 2000 年中国省级统计数据，该两套数据集用于进行同类模型分配结果的横向对比。另一部分是中国土地利用/覆被数据集 2005 年的耕地数据层，用于与 SPAM 模型模拟的 2005 年全球玉米空间分布进行纵向对比。

9.6.2 SPAM 模型参数化过程

1. 玉米空间分配模型原理

当前，利用遥感信息和统计数据来获取作物空间分布信息的方法各具特色，但也存在不同的缺陷。因此，部分研究人员开始探索将遥感数据与统计数据相结合的多源信息融合方法。基于交叉信息熵原理的作物空间分配模型（SPAM）集成耕地分布、作物统计面积与产量、农业灌溉分布、农作物适宜性分布等多源空间信息数据，利用交叉信息熵原理将农作物的种植面积与总产精确分配至像元，可用作模拟全球或区域尺度作物时空分布，已在南美洲、非洲、亚洲地区及全球尺度上有研究（唐鹏钦等，2013; Anderson et al., 2015; Liu et al., 2008; Liu et al., 2014; You et al., 2006; You et al., 2009; You et al., 2014）。由于不同地区的自然、气候和种植历史情况各有不同，作物的分布具有明显的地域差异，SPAM 模型最初被设计用于全球尺度作物面积以及产量分配，因此不能直接用于中国东北区域的玉米空间分配，需要对数据源、模型参数、分配规则以及精度验证进行调整才能再现东北地区玉米时空变化过程。本节研究利用已构建的作物空间分配模型 SPAM-China，分别提取 4 期我国东北地区玉米的空间分布信息。

SPAM-China 模型是由国际食物政策研究所和中国农业科学院农业资源与农业区划研究所联合开发，模型核心模块包括交叉信息熵分布概率模型和作物空间分配优化模型。模型基本工作思路是在对多源数据一致化处理后，采用交叉信息熵方法对多源信息进行判别和处理，计算多种作物空间分布概率，从而模拟作物空间分布特征（图 9-2）。

1）信息熵分布概率模型：

对于给定的分布概率 $(p_1, p_2, ..., p_k)$，可定义 Shannon 信息熵为

$$H(p_1, p_2, \cdots, p_k) = -\sum_{i=1}^{k} p_i \ln p_i \tag{9-7}$$

通过引入交叉信息熵（CE）用于度量两个概率分布 p_i 和 q_i 不一致的情况，获得最小交叉信息熵方式确定概率的限制：

$$\begin{aligned} \text{CE}(p_1, p_2, \cdots, p_k; q_1, q_2, \cdots, q_k) &= -\sum_{i=1}^{k} p_i \ln\left(\frac{p_i}{q_i}\right) = \sum_{i=1}^{k} p_i \ln p_i - \sum_{i=1}^{k} p_i \ln q_i \\ &= -H(p_1, p_2, \cdots, p_k) - \sum_{i=1}^{k} p_i \ln q_i \end{aligned} \tag{9-8}$$

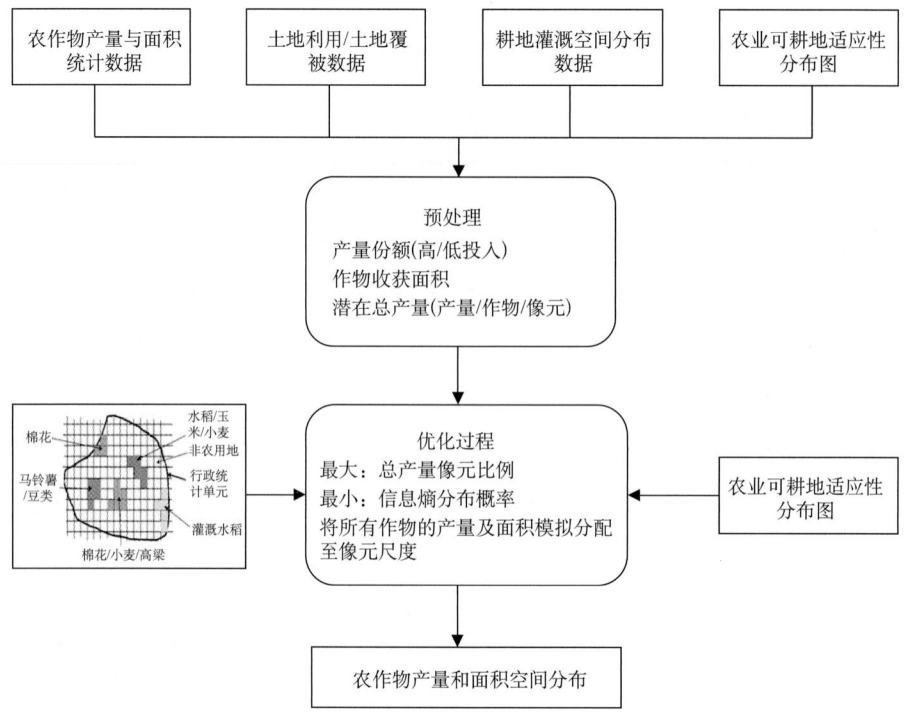

图 9-2　SPAM 模型流程框架（修改自 You et al., 2009）

本节研究中，p_i 和 q_i 分别表示 X 县中第 j 种作物分布的两个概率作物面积可分配概率 s_{ijl} 和潜在适宜种植面积可分配概率 π_{ijl} [式（9-10）]：

$$s_{ijl} = \frac{A_{ijl}}{\mathrm{CA}_j} \tag{9-9}$$

式中，CA_j 为像元的面积；A_{ijl} 为 X 县第 i 个像元上可分配的 j 作物种植面积；模型初始时，假设 j 作物在 X 县内所有像元上平均分配。

$$\pi_{ijl} = \frac{\mathrm{Su}_{ijl} \times \mathrm{PD}_i}{\sum_i \mathrm{Su}_{ijl} \times \mathrm{PD}_i} \quad \forall i \forall j \forall l \tag{9-10}$$

式中，π_{ijl} 为 i 像元上作物 j 的潜在分布概率；Su_{ijl} 为适宜作物种植面积，本节研究中采用 GAEZ 数据集；PD_i 表示人口密度，采用 GPW Version 2 数据集。

2）作物分配优化模型：

$$\underset{\{s_{ijl}\}}{\mathrm{MIN}} \quad \mathrm{CE}(s_{ijl}, \pi_{ijl}) = \sum_i \sum_j \sum_l s_{ijl} \ln s_{ijl} - \sum_i \sum_j \sum_l \pi_{ijl} \ln \pi_{ijl} \tag{9-11}$$

其中分配概率应满足如下优化条件 [式（9-12）至式（9-17）]：

$$\sum_i s_{ijl} = 1 \quad \forall j \forall l \tag{9-12}$$

$$\sum_j \sum_l \mathrm{CA}_j \times s_{ijl} \leqslant \mathrm{Avail}_i \quad \forall i \tag{9-13}$$

$$CA_{jl} \times s_{ijl} \leqslant Su_{ijl} \quad \forall i \forall j \forall l \qquad (9\text{-}14)$$

$$\sum_{i \in k} \sum_{l} CA_{jl} \times s_{ijl} = SCA_{jk} \quad \forall j \forall l \in J \qquad (9\text{-}15)$$

$$\sum CA_{jl} \times s_{ijl} \leqslant IRA_{i} \quad \forall i \qquad (9\text{-}16)$$

$$1 \geqslant s_{ijl} \geqslant 0 \quad \forall i,j,l \qquad (9\text{-}17)$$

式中，$i=1, 2, 3, \cdots$ 表示行政统计单元内的像元；$j=1, 2, 3, \cdots$ 表示作物种类；l =灌溉种植、雨养高投入、雨养低投入等 3 种不同的生产种植模式。

SCA_{jk} 表示上一级统计单元的种植面积，例如模型中用于空间分配的县级统计数据，需要在总量上与省级统计数据保持一致；IRA_i 表示灌溉数据，采用 FAO 全球灌溉分布数据；$Avail_i$ 表示像元中的总耕地面积，采用土地利用/土地覆盖数据中的耕地分布；通过建立交叉信息熵获得各像元内各种作物的分布概率，进行空间优化配置，获得作物最大分布概率 s_{ijl}，模型输出结果包括各关键时间节点玉米种植面积的空间分布（图 9-3）。

2. 玉米时空分配结果精度评估

当前由于缺乏作物的真实空间分布数据，本节研究无法对玉米时空分配结果进行直接地精度验证。为全面评估 SPAM-China 模型在中国东北区域的可行性以及分配结果的有效性，本文采用两种相对精度评估方法对玉米的时空分配结果进行评估。第一种方法是利用玉米分配结果与国际同类模型分配结果进行横向对比。该种方法的验证数据包含 MIRCA-2000、M3 以及中国土地利用/覆被数据集（NLUD）三类数据集。前两类数据集使用了 2000 年的省级统计数据，并包含东北地区玉米种植面积信息，且在时间上与 SPAM-China 模型输出的 2000 年的结果具有一致性，空间分辨率均为 5′×5′；NLUD 数据集作为验证过程中的参考数据，提取其 2000 年东北地区的旱地面积分布数据做参考，在像元尺度上，分别与 SPAM-China、MIRCA-2000 和 M3 三组数据进行比较。具体方法为抽取 3 组数据中每个像元内的玉米种植面积，并分别将其与 NLUD 数据集相应像元内的旱地面积相减，设定玉米种植面积大于旱地面积的像元为错分像元。通过 kappa 算法检验三种模型的一致性，并对比错分像元的空间分布与数量以评估模型分配的合理性。

另一种方法则利用玉米分配结果与土地利用/覆盖遥感解译结果进行纵向对比。其中，验证数据来源于 2005 年中国土地利用/覆被数据集（NLUD-2005）提取的耕地图层内的旱地信息（$NLUD_{dd}$），其中旱地数据层又包括灌溉型旱地（$NLUD_{dd\text{-}ir}$）和雨养型旱地（$NLUD_{dd\text{-}rf}$），模型结果数据为 SPAM 模型输出的 2005 年全球玉米种植面积分配结果（$SPAM_{mz}$），包含灌溉玉米种植面积（$SPAM_{mz\text{-}ir}$）和雨养玉米种植面积（$SPAM_{mz\text{-}rf}$）信息。因此，本节研究基于以上两套数据设计了一套评估方案（表 9-1），即假设玉米只能被种植于旱地内，其中灌溉（雨养）玉米只能被种植于灌溉（雨养）旱地内。通过逐像元比较的结果，划分五类像元类型：①定义既无旱地分布也无玉米种植的像元为空值像元类型；②定义有旱地分布但无玉米种植的像元为无玉米种植像元类型，此类像元类型表明该区域由于作物更替或是耕地抛荒导致无作物分布；③定义无旱地分布但有玉米种

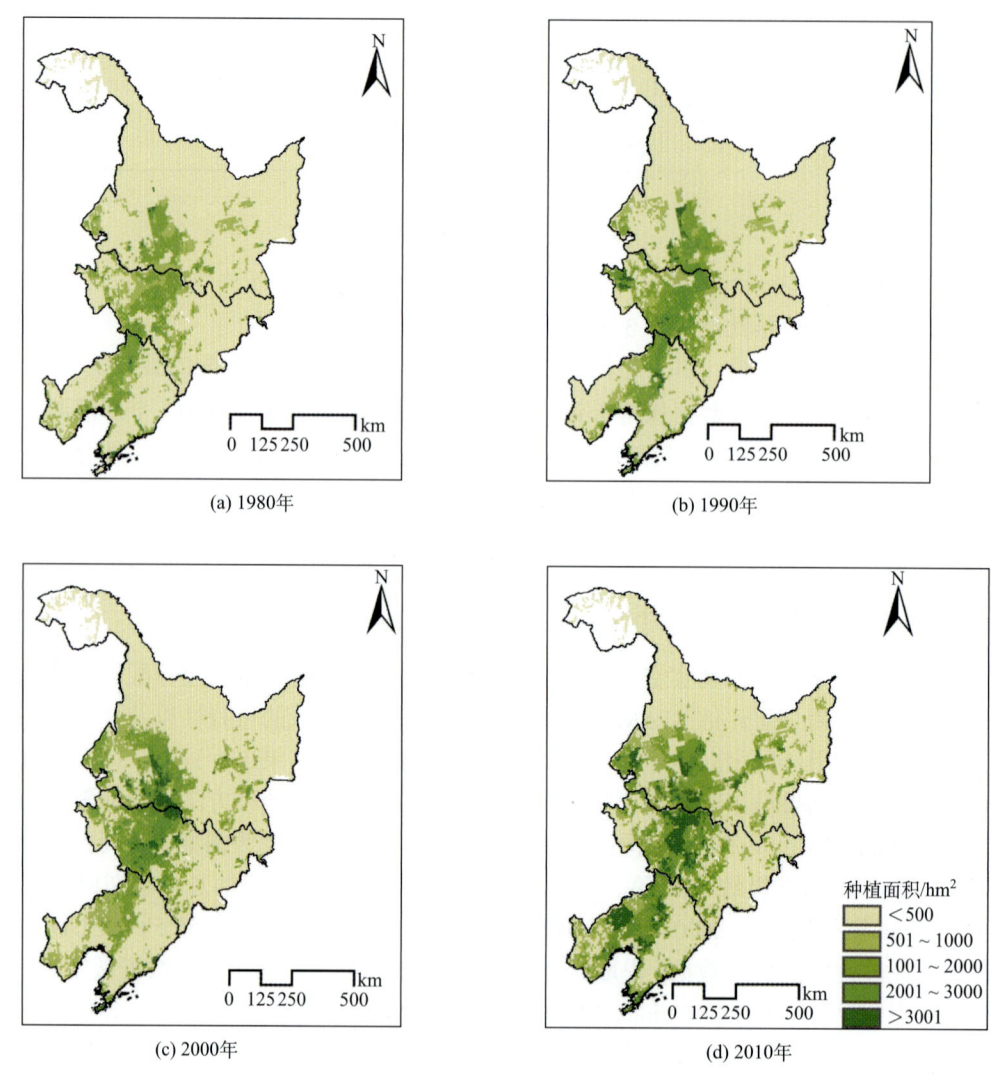

图 9-3 基于 SPAM 模型的东北地区玉米空间分布

表 9-1 SPAM 模型结果评估方案

条件设置		旱地面积（$NLUD_{dd}$）	
		$NLUD_{dd} = 0$	$NLUD_{dd} > 0$
玉米面积	$SPAM_{mz} = 0$	Empty	No-existing
	$SPAM_{mz} \leq NLUD_{dd}$	Empty	Reasonable
	$SPAM_{mz} > NLUD_{dd}$	Misallocated	Overestimated

植的像元为玉米种植误分像元类型，此类像元表明该区域为 SPAM 模型的错误分配区；④定义既有旱地分布又有玉米种植，但在玉米种植的面积大于旱地面积的像元为玉米种植面积高估像元类型，即过量的玉米种植面积被模型分配到该像元内；⑤定义既有旱地分布又有玉米种植，玉米种植的面积小于旱地面积的像元为玉米种植合理像元类型。同

时，依据以上评估方案，本节研究对在不同管理水平（灌溉和雨养）下的玉米种植面积分布进行了空间精度评估。

3. 玉米地理分异特征统计

为分析东北地区近 30 年玉米种植面积的时空分布特征，研究选取了 1980 年、1990 年、2000 年、2010 年 4 个时间点，将东北地区玉米空间分布图中每个像元的空间位置信息（纬度、经度及高程）和属性信息（玉米的种植面积）从 ArcGIS 软件中导出，并利用 Excel 软件分别统计纬向、经向及高程方向上玉米种植面积的时空分布特征。

具体计算方法为：对于玉米种植面积，在纬向上 39°～54°N，经向上 119°～135°E，分别以 1°为间隔计算范围内所有像元玉米种植面积之和；在高程方向上，从 50～1000m 以 50m 为间隔计算范围内所有像元玉米种植面积之和。同时针对 3 个时段，包括 1980～1990 年，1991～2000 年和 2001～2010 年，分别计算像元尺度上玉米种植面积的变化率。为分析不同种植比例下玉米的时空分布特点，本节还计算了像元内玉米种植面积占旱地面积比例，并以 10%的等间距将玉米种植比例划分为 10 个等级，统计分析了不同比例下的玉米种植面积的时空变化特征。

4. 热量资源指标计算及熟型划分

本节研究的热量资源指标包括玉米温度生长期（TAGP）和≥10℃积温（AAT10）。通常中国东北地区玉米适宜播种的起始时间是日均温首次达到 7℃的日期，该地区玉米开始生长的最低温度为 10℃。在气象学角度上，将播种期与成熟期之间的天数设定为温度允许生长期，即在某一地区一年内作物可能生长的时期（韩湘玲，1999）。因此，本节研究将日均温首次超过 10℃的日期设定为东北地区玉米生长开始期，将日均温首次低于 2℃设定为生长结束期，并采用五日滑动平均法计算界线温度起止日期，求得每个气象站点每一年的温度生长期（TAGP）。≥10℃积温是作物生态领域中一个重要的表征热量条件的指标，同样，≥10℃积温还会影响作物品种选择、作物物候历、作物种植体系和作物空间分布。一般认为，在我国东北地区≥10℃初日和终日分别是玉米生长发育的起始期和终止期（贾建英等，2009）。采用五日滑动平均法计算每一年稳定通过 10℃的生长季开始与结束的起止日期，并求得≥10℃积温（AAT10）。研究根据≥10℃积温和温度生长期指标（贾建英等，2009）将玉米的品种熟型划分为不适宜型（UST）、极早熟型（EEM）、早熟型（EM）、早中熟型（EMM）、中熟型（MM）、中晚熟型（MLM）及晚熟型（LM）（杨镇，2007）（表 9-2）。

表 9-2 玉米品种熟型的分类标准

玉米品种熟型	≥ 10℃/（℃·d）	温度生长期/d
极早熟 （EEM）	[2100, 2200)	[110, 115)
早熟 （EM）	[2200, 2400)	[115, 125)
早中熟 （EMM）	[2400, 2550)	[120, 128)

续表

玉米品种熟型	≥10℃/（℃·d）	温度生长期/d
中熟 （MM）	[2550, 2700)	[120, 140)
中晚熟 （MLM）	[2700, 2800)	[135, 145)
晚熟 （LM）	[2800, 3100]	[145, 150)

5. 热量条件的保证率计算

在农业生产中，热量资源是一个重要的限制因子，热量资源不足将对作物生长发育带来不利影响。由于平均值的保证率只有50%，计算一个时段内热量资源的平均值来用于指导农业生产显然不够安全。要使农业生长有较大把握，通常需要有80%以上的保证率才是可行的。研究基于已计算的玉米温度生长期（TAGP）和≥10℃积温（AAT10），采用经验频率法(曲曼丽，1990)计算各气象站的1980～1990年、1991～2000年和2001～2010年三个时段内80%保证率下的玉米温度生长期（TAGP）和≥10℃积温（AAT10）。

6. 趋势分析方法

在计算热量资源要素变化趋势时，本节选择趋势线分析方法分析1980～2010年期间东北地区玉米温度生长期和≥10℃积温统计项的时间变化特征。该方法可以定量评估研究期间各统计项的整体倾向程度（李正国等，2011），能够反映研究区31年来热量资源的变化趋势。其计算公式为

$$\theta_i = \frac{n \times \sum_{j=1}^{n}(j \times P_{i,j}) - \sum_{j=1}^{n} j \times \sum_{j=1}^{n} P_{i,j}}{n \times \sum_{j=1}^{n} j^2 - \left(\sum_{j=1}^{n} j\right)^2} \tag{9-18}$$

式中，n为分析时段的年数；$P_{i,j}$为第i项统计特征第j年的值；θ_i为第i项统计特征趋势线的斜率。以$10 \times \theta_i$作为气候倾向率。气候倾向率大于零说明热量资源的变化趋势是增加，反之则是减少。

7. 时空插值

根据上述方法计算出91个站点1980～1990年、1991～2000年和2001～2010年三个时段内80%保证率下的玉米温度生长期和≥10℃积温以及气候倾向率后，采用反距离加权插值方法对温度生长期和≥10℃积温分别进行空间插值，分别生成热量资源空间格局数据，最后结果在ArcGIS软件中表达。

8. ≥10℃积温带与玉米温度生长期带的划分

研究为划分≥10℃积温带与温度生长期带，在ArcGIS软件环境中将1980～1990年、1991～2000年和2001～2010年3个时段内玉米温度生长期和≥10℃积温的空间栅格数

据分别以每 5 天与每 200℃·d 的间隔进行重分类，得到 3 个时段内玉米温度生长期和≥10℃积温的空间栅格图；然后将其与 SPAM-China 的玉米种植面积数据进行叠加，以统计分析在不同玉米温度生长期和≥10℃积温下的玉米种植面积变化情况。

9.6.3 东北地区玉米分布图及精度评定

作物空间分布反映了人类利用土地从事农业生产的空间格局，也是评估气候变化对农业生产影响的基础数据。目前，基于遥感数据和行政单元的统计数据来获取作物空间分布信息的方法各具特色，但也存在不同的缺陷。因此，研究人员尝试将以上数据集成并通过一定的算法或规则进行模拟的方法。SPAM 模型是国际食物政策研究所开发的全球作物空间分配模型，该模型是利用地方农业统计数据、基于遥感影像的土地利用/覆盖数据、作物生长适宜性数据、灌溉分布数据以及人口密度数据等多源数据集，并结合基于交叉信息熵原理模拟不同作物种植模式下的全球作物种植面积、总产和单产等空间分布信息。模型模拟结果精度已从区域或国家尺度到全球尺度进行了较为严谨的评估（You et al., 2006, 2009, 2014; Anderson et al., 2015），并得到较为普遍的认可，尤其在中国区域已开展了模型结果在气候变化和粮食安全等领域的应用研究（唐鹏钦等，2013；刘珍环等，2013；Liu et al., 2014）。评估模型的绝对精度需要采用独立、真实的作物分布数据对其进行验证，但在现阶段还难以实现长时间和大范围的单一作物真实空间分布信息提取（You et al., 2014），本节研究对中国东北地区的玉米时空分配结果无法进行直接地精度验证。为保证 SPAM 模型引入中国东北地区能有效模拟该地区玉米种植面积的空间分布，需要对该作物空间分配模型在东北地区的适用性和有效性进行验证与评估。本节研究采用了两种相对精度评估方法对玉米的时空分配结果进行验证与评估。

一是利用国际同类模型分配结果与 SPAM-China 模型结果进行横向对比验证；二是利用中国土地利用/覆盖遥感解译结果与 SPAM-China 模型结果进行纵向对比验证，以此来评价 SPAM-China 模型结果在东北地区的可行性，为分析东北地区玉米种植面积时空分布格局及其对气候变暖响应的研究提供基础数据。

1. 与国际同类模型分配结果的横向对比

研究将 SPAM-China 模型结果与国际同类模型分配结果进行横向对比，以分析 SPAM 模型空间分配的可行性。目前，国际上 Monfreda 等（2008）发布的 M3 数据集和 Portmann 等（2010）发布的 MIRCA-2000 数据集，以上两套全球农作物空间分布数据集均提供了中国范围内的作物分布数据，这两类数据集使用了 2000 年的省级统计数据，并包含东北地区玉米种植面积信息，空间分辨率均为 5'×5'，时间上与 SPAM-China 模型输出的 2000 年的结果一致。设定玉米种植面积大于旱地面积的像元为错分像元，通过 kappa 算法检验三种模型的一致性，并对比错分像元的空间分布与数量来评估模型分配的合理性。首先，从模型 kappa 一致性检验来看，SPAM-China 与 MIRCA-2000 和 M3 的 kappa 系数（κ）分别为 0.46 和 0.42，表明 SPAM-China 模型与 MIRCA-2000 和 M3 为中等一致性（$0.41 \leqslant \kappa \leqslant 0.60$）（Landis et al., 1977）；其次，从错分像元的空间分布上看（图 9-4），SPAM-China 模型的分配结果在黑龙江省东部和中部地区以及吉林省东部地区均明显优于其他两组数据集，错分像元分布较为均匀。再者，从错分像元的数量来看，SPAM-China、MIRCA-2000 和 M3 数据集的错分像元数分别为 1460、2029 和 1539，分别占旱地总像元数的 10.51%、14.60%和 11.08%。

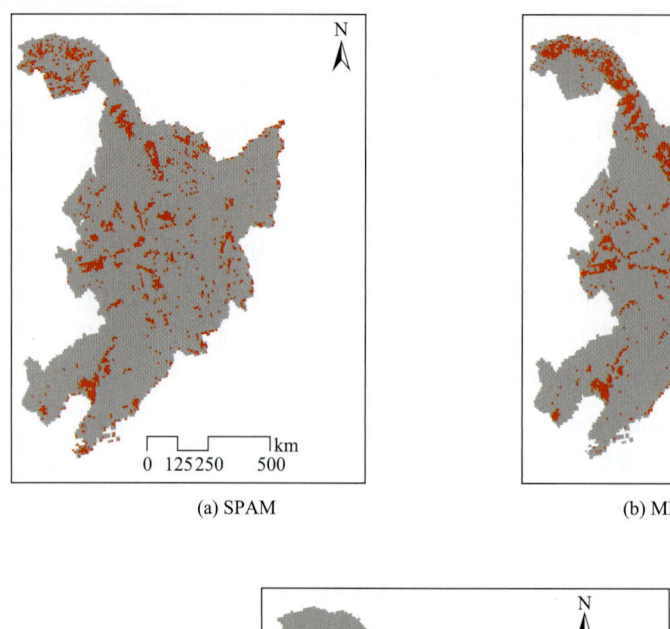

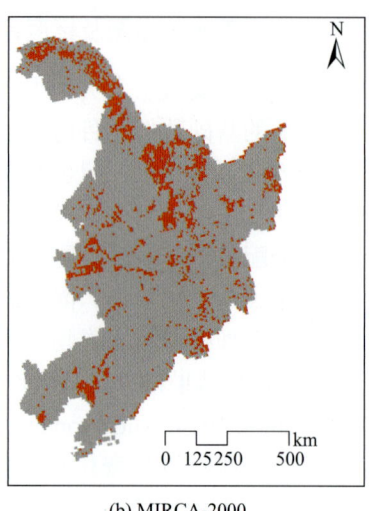

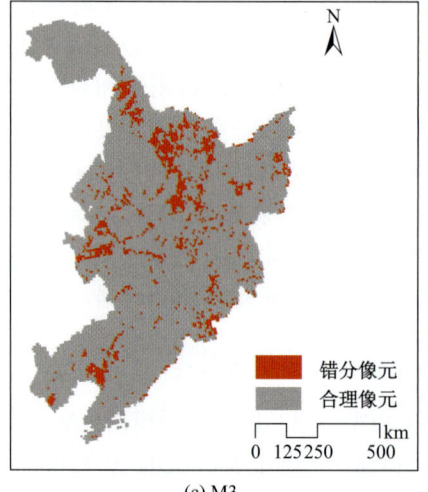

图 9-4　SPAM 模型结果与国际同类模型分配结果的对比验证
（a）、（b）和（c）分别为 SPAM、MIRCA-2000 和 M3 的空间分配结果验证

研究发现，导致 SPAM、M3 和 MIRCA 三种数据集之间在整体上差异较大的原因有：首先，模型结果的逐像元比较反映了数据间的精细差别。Monfreda 等（2008）认为，他们旨在利用全球生态系统模型模拟得到一套较为粗略的全球作物空间分布数据集，并非能够提供小区域尺度精确的作物空间分布信息。三种数据集相似，均无法认为各自数据集在像元尺度上更精确。其次，三种模型的输入数据与方法论均存在较大差异。M3 主要以遥感影像土地利用数据中的耕地图层作为输入数据；MIRCA 则主要利用联合国粮

农组织开发的全球灌溉数据；SPAM 模型则利用多种源数据以更精确地模拟作物的空间分布。以往研究表明，单独依靠一种数据输入层（如耕地、作物适宜性或灌溉数据）也许适用于特定的区域，但通常不具备普适性，因此三种模型均有各自优势和不足。但 SPAM 模型拥有多种源数据以及在更为严谨的框架内对作物的空间分布进行模拟，因此从这层意义上可认为 SPAM 模型能够提供一套更为精确的全球作物分布数据。

2. 与土地利用/覆盖遥感解译结果的纵向对比

研究将 SPAM-China 模型结果与空间分辨率更高的中国土地利用/覆盖遥感解译结果进行纵向对比，以深入分析 SPAM 模型空间分配结果的可行性。本节研究选择 SPAM 模型输出的 2005 年玉米种植面积结果与 2005 年中国土地利用/覆盖遥感解译结果进行逐像元对比验证。基于表 9-1 的评估方案，通过逐像元比较的结果，划分五类像元类型：一是定义既无旱地分布也无玉米种植的像元为空值像元类型；二是定义有旱地分布但无玉米种植的像元为无玉米种植像元类型，此类像元类型表明该区域由于作物更替或是耕地抛荒导致无作物分布；三是定义无旱地分布但有玉米种植的像元为玉米种植误分像元类型，此类像元表明该区域为 SPAM 模型的错误分配区；四是定义既有旱地分布又有玉米种植，但在玉米种植的面积大于旱地面积的像元为玉米种植面积高估像元类型，即过量的玉米种植面积被模型分配到该像元内；五是定义既有旱地分布又有玉米种植，玉米种植的面积小于旱地面积的像元为玉米种植合理像元类型。

对于玉米种植总面积的评估情况，由图 9-5（a）可知，No-existing 的像元类型主要分布在小兴安岭和长白山的山麓地带，像元数占东北地区像元总数的 26.2%，该种像元类型内的旱地面积占东北地区旱地面积的 8.61%；Misallocated 的像元类型主要集中在辽河平原下游的部分区域，像元数占东北地区像元总数的 0.58%，该种像元类型内的 SPAM 玉米种植面积占东北地区玉米种植面积的 0.14%；Overestimated 的像元类型在东北地区的分布较为分散，像元数占东北地区像元总数的 2.39%，该种像元类型内的 SPAM 玉米种植面积占东北地区玉米种植面积的 1.96%；Reasonable 的像元类型主要分布在东北平原地区，像元数占东北地区像元总数的 70.83%，该种像元类型内的 SPAM 玉米种植面积占东北地区玉米种植面积的 97.90%，由于 No-existing 的像元类型属于该地区无玉米种植，并非错误分配像元，因此合理像元类型亦包括无玉米种植像元类型，即两类像元数占东北地区像元总数的 97.03%，两类像元类型内的 SPAM 玉米种植面积占东北地区玉米种植面积的 97.90%（表 9-3）。

表 9-3　玉米种植分布数据与土地利用/覆盖数据对比结果　　（单位：%）

类型	玉米面积（总）		雨养型玉米面积		灌溉型玉米面积	
	像元数	玉米面积	像元数	玉米面积	像元数	玉米面积
No-existing	26.20	0.00	36.53	0.00	25.97	0.00
Misallocated	0.58	0.14	0.36	0.07	30.19	41.24
Overestimated	2.39	1.96	2.07	2.17	8.88	26.77
Reasonable	70.83	97.90	61.04	97.76	34.96	31.99

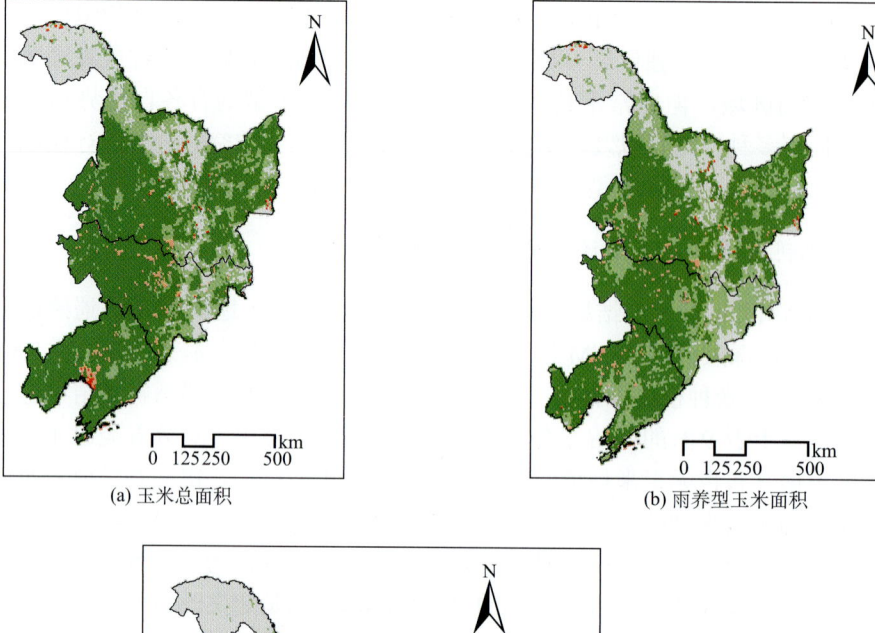
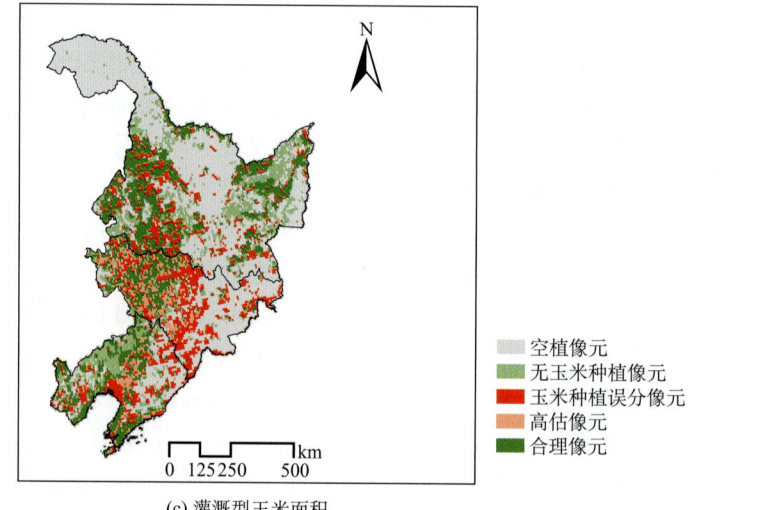

图 9-5 SPAM 模型结果与土地利用/覆盖遥感解译结果对比验证

(a)、(b) 和 (c) 分别代表玉米总面积、雨养型玉米面积和灌溉型玉米面积与 NLUD 的对比验证

在考虑灌溉条件的管理水平下，基于表 9-1 的评估方案，由图 9-5（b）可知，对于雨养型玉米种植面积，其精度评估结果与玉米种植总面积的评估结果较为一致，如 Reasonable 的像元类型的主要分布区亦为东北平原，像元数占东北地区像元总数的 61%，该种像元类型内的 SPAM 玉米种植面积占东北地区玉米种植面积的 97.76%；Misallocated 的像元类型相比前者更少。由图 9-5（c）可知，对于灌溉型玉米种植面积，SPAM 模型模拟的效果较差，Misallocated 和 Reasonable 两类像元类型的像元比例均超过了 30%，Misallocated、Overestimated 和 Reasonable 三类像元类型内的灌溉玉米种植面积分别占总灌溉玉米面积的 41%、26%和 32%（表 9-3），因此较难反映东北地区灌溉玉米的实际种植情况。

研究发现，在考虑灌溉条件的管理水平下，雨养型玉米种植面积的空间精度高于灌溉型玉米种植面积的空间精度（图 9-5），同时在像元数和相应像元类型内的玉米种植面积数量上来看，雨养型玉米种植面积的数量精度远高于灌溉型玉米种植面积的数量精度（表 9-3，图 9-5）。雨养型与灌溉型玉米空间分布精度评估差异较大的原因主要包括：首先，与东北地区玉米种植的实际情况有关。东北地区雨养型玉米种植比例占该地区玉米种植的 90%以上（NBSC，2011），灌溉型玉米种植比例偏低，影响了灌溉型玉米种植面积精度的评估。因此出现总体玉米种植面积与雨养型玉米种植面积精度高度一致的情况。其次，模拟过程中发现模型输入数据的质量对输出的作物空间分布信息具有决定性影响（You et al., 2014）。如 SPAM 模型输出的 2005 年全球作物空间分布数据集，由于缺乏 2005 年的全球土地利用数据集，其采用了 GLC2000 作为 SPAM 模型的输入数据。验证数据则为 2005 年中国土地利用/覆盖遥感解译结果，其空间分辨率和时间分辨率均优于 GLC2000；同时，NLUD-2005 数据集内的土地利用类型的划分较 GLC2000 更为精细，后者不能更精确地提供耕地内的水田和旱地等亚类。再次，SPAM 模型输入数据中的灌溉数据与 NLUD 中的灌溉旱地在时间和空间分辨率上差异较大，前者为全球农业土地灌溉分布图，仅采用了 1995 年中国农业统计年鉴中的数据，后者则是基于遥感影像生成的 2005 年的灌溉旱地数据。由此可见，区域尺度内的研究可以采用耕地精度更高的数据集作为 SPAM 模型的输入数据。

参 考 文 献

蔡学良，崔远来. 2009. 基于异源多时相遥感数据提取灌区作物种植结构. 农业工程学报, 25(8): 124-130.

董芳. 2012. 基于多源数据的丘陵区苹果园地信息遥感提取技术研究. 济南: 山东农业大学博士学位论文.

宫鹏. 2009. 遥感科学与技术中的一些前沿问题. 遥感学报, (1): 13-23.

顾晓鹤，韩立建，王纪华，等. 2012. 中低分辨率小波融合的玉米种植面积遥感估算. 农业工程学报, 28(3): 203-209.

顾晓鹤，何馨，郭伟，等. 2010. 基于 MODIS 与 TM 时序插补的省域尺度玉米遥感估产. 农业工程学报, 26(2): 53-58.

顾晓鹤，潘耀忠，朱秀芳，等. 2007. MODIS 与 TM 冬小麦种植面积遥感测量一致性研究——小区域实验研究. 遥感学报, 11(5): 350-358.

韩湘玲. 1999. 农业气候学. 太原: 山西科学技术出版社.

郝鹏宇，牛铮，王力，等. 2012. 基于历史时序植被指数库的多源数据作物面积自动提取方法. 农业工程学报, 28(23):123-131.

何馨. 2010. 基于多源数据融合的玉米种植面积遥感提取研究. 南京: 南京信息工程大学学位论文.

贾建英，郭建平. 2009. 东北三省近 46 年玉米气候资源变化研究. 中国农业气象, 30(3):302-307.

贾坤，李强子，田亦陈，等. 2011. 微波后向散射数据改进农作物光谱分类精度研究. 光谱学与光谱分析, 31(2): 483-487.

蒋楠，李卫国，杜培军. 2012. 不同遥感数据融合方法在南方水稻面积监测中的应用研究. 西南大学学报, 34(6):20-24.

李颖, 陈秀万, 段红伟, 等. 2010. 多源多时相遥感数据在冬小麦识别中的应用研究. 地理与地理信息科学, 26(4): 47-49.

李正国, 唐华俊, 杨鹏, 等. 2011. 基于时序植被指数的东北地区耕地生长季特征识别与应用研究. 北京大学学报(自然科学版), (5): 882-892.

刘达. 2013. 遥感与作物生长模型同化评估水稻长势. 北京:中国地质大学博士学位论文.

刘珍环, 李正国, 唐鹏钦, 等. 2013. 近30年中国水稻种植区域与产量时空变化分析. 地理学报, 68(5):680-693.

彭代亮. 2009. 基于统计与MODIS数据的水稻遥感估产方法研究. 杭州: 浙江大学博士学位论文.

曲曼丽. 1990. 农业气候实习指导. 北京: 北京农业大学出版社.

唐鹏钦, 杨鹏, 陈仲新, 等. 2013. 利用交叉信息熵模拟东北地区水稻种植面积空间分布. 农业工程学报, 29(17): 96-104.

邬明权, 牛铮, 王长耀. 2010. 利用遥感数据时空融合技术提取水稻种植面积. 农业工程学报, 26(2): 48-52.

吴文斌, 杨鹏, 李正国, 等. 2014. 农作物空间格局变化研究进展评述. 中国农业资源与区划, 35(1):12-20.

闫慧敏, 黄河清, 肖向明, 等. 2008. 鄱阳湖农业区多熟种植时空格局特征遥感分析. 生态学报, 28(9):4517-4523.

杨镇. 2007. 东北玉米. 北京：中国农业出版社.

张锦水, 申克建, 潘耀忠, 等. 2010. HJ-1号卫星数据与统计抽样相结合的冬小麦区域面积估算. 中国农业科学, 43(16): 3306-3315.

赵天杰, 李新武, 张立新, 等. 2009. 双频多极化SAR数据与多光谱数据融合的作物识别. 地球信息科学学报, 11(1): 84-90.

郑长春, 王秀珍, 黄敬峰. 2008. 基于特征波段的SPOT-5卫星影像水稻面积信息自动提取的方法研究. 遥感技术与应用, 23(3): 294-299.

Abdikan S, Balik Sanli F, Sunar F, et al. 2012. A comparative data-fusion analysis of multi-sensor satellite images. International Journal of Digital Earth, 7(8): 671-687.

Anderson W, You L, Wood S, et al. 2015. An analysis of methodological and spatial differences in global cropping systems models and maps. Global Ecology and Biogeography, 24(2): 180-191.

Ban Y. 2003. Synergy of multitemporal ERS-1 SAR and Landsat TM data for classification of agricultural crops. Canadian Journal of Remote Sensing, 29(4): 518-526.

Blaes X, Vanhalle L, Defourny P. 2005. Efficiency of crop identification based on optical and SAR image time series. Remote Sensing of Environment, 96(3): 352-365.

Brisco B, Brown R J. 1995. Multidate SAR/TM synergism for crop classification in western Canada. Photogrammetric Engineering and Remote Sensing, 61(8): 1009-1014.

Bruzzone L, Prieto D F, Serpico S B. 1999. A neural-statistical approach to multitemporal and multisource remote-sensing image classification. IEEE Transactions on Geoscience and Remote Sensing, 37(3): 1350-1359.

Carrão H, Gonçalves P, Caetano M. 2008. Contribution of multi-spectral and multi-temporal information from MODIS images to land cover classification. Remote Sensing of Environment, 112(3): 986-997.

Comber A, Fisher P, Brunsdon C, et al. 2012. Spatial analysis of remote sensing image classification accuracy. Remote Sensing of Environment, 127: 237-246.

Conrad C, Fritsch S, Zeidler J, et al. 2010. Per-field irrigated crop classification in arid Central Asia using SPOT and ASTER data. Remote Sensing, 2(4): 1035-1056.

Conrad C, Goessl A, Lex S, et al. 2010. Mapping crop distribution in administrative districts of southwest Germany using multi-sensor remote sensing data. Proceedings of SPIE, 7824: 1-9.

Esch T, Metz A, Marconcini M, et al. 2014. Combined use of multi-seasonal high and medium resolution satellite imagery for parcel-related mapping of cropland and grassland. International Journal of Applied Earth Observation and Geoinformation, 28: 230-237.

Fischer G, Nachtergaele F, Prieler S, et al. 2012. Global Agro-Ecological Zones (GAEZ v3.) Model Documentation. International Institute for Applied systems Analysis (IIASA), Laxenburg. Rome, Italy: Austria and the Food and Agriculture Organization of the United Nations (FAO).

Foerster S, Kaden K, Foerster M, et al. 2012. Crop type mapping using spectral-temporal profiles and phenological information. Computers and Electronics in Agriculture, 89: 30-40.

Frolking S, Qiu J, Boles S, et al. 2002. Combining remote sensing and ground census data to develop new maps of the distribution of rice agriculture in China. Global Biogeochemical Cycles, 16(4): 31-38.

Gao F, Masek J, Schwaller M, et al. 2006. On the blending of the Landsat and MODIS surface reflectance: predicting daily Landsat surface reflectance. IEEE Transactions on Geoscience and Remote Sensing, 44(8): 2207-2218.

Hong G, Zhang A, Zhou F, et al. 2011. Crop-type identification potential of Radarsat-2 and MODIS images for the Canadian prairies. Canadian Journal of Remote Sensing, 37(1): 45-54.

Husak G J, Marshall M T, Michaelsen J, et al. 2008. Crop area estimation using high and medium resolution satellite imagery in areas with complex topography. Journal of Geophysical Research, 113(D14): D14112.

Jain M, Mondal P, Defries R S, et al. 2013. Mapping cropping intensity of smallholder farms: a comparison of methods using multiple sensors. Remote Sensing of Environment, 134: 210-223.

Landis J, Koch G. 1977. The measurement of observer agreement for categorical data. Biometrics, 33: 159-174.

Larrañaga A, Alvarez-Mozos J, Albizua L. 2011. Crop classification in rain-fed and irrigated agricultural areas using Landsat TM and ALOS/PALSAR data. Canadian Journal of Remote Sensing, 37(1): 157-170.

Le Maire G, Dupuy S, Nouvellon Y, et al. 2014. Mapping short-rotation plantations at regional scale using MODIS time series: case of eucalypt plantations in Brazil. Remote Sensing of Environment, 152: 136-149.

Leff B, Ramankutty N, Foley J A. 2004. Geographic distribution of major crops across the world. Global Biogeochemical Cycles, 18:1-27.

Liu J, Liu M, Deng X, et al. 2002. The land use and land cover change database and its relative studies in

China. Journal of Geographical Sciences, 12(3): 275-282.

Liu J, Fritz S, van Wesenbeeck C, et al. 2008. A spatially explicit assessment of current and future hotspots of hunger in Sub-Saharan Africa in the context of global change. Global and Planetary Change, 64(3): 222-235.

Liu Z, Yang P, Tang H, et al. 2015. Shifts in the extent and location of rice cropping areas match the climate change pattern in China during 1980–2010. Regional Environmental Change, 15: 919-929.

Maselli F, Gilabert M A, Conese C. 1998. Integration of high and low resolution NDVI data for monitoring vegetation in Mediterranean environments. Remote Sensing of Environment, 63(3): 208-218.

Mathur A, Foody G M. 2008. Crop classification by support vector machine with intelligently selected training data for an operational application. International Journal of Remote Sensing, 29(8): 2227-2240.

Mcnairn H, Champagne C, Shang J, et al. 2009. Integration of optical and Synthetic Aperture Radar (SAR) imagery for delivering operational annual crop inventories. ISPRS Journal of Photogrammetry and Remote Sensing, 64(5): 434-449.

Mcnairn H, Shang J, Champagne C, et al. 2009. TerraSAR-X and RADARSAT-2 for crop classification and acreage estimation. Geoscience and Remote Sensing Symposium, 2: 898-901.

Monfreda C, Ramankutty N, Foley J A. 2008. Farming the planet: 2. Geographic distribution of crop areas, yields, physiological types, and net primary production in the year 2000. Global Biogeochemical Cycles, 22(1): B1022.

National Bureau of Statistics of China. 2011. China Statistical Yearbook. Beijing: China Statistics Press.

Ozdogan M. 2010. The spatial distribution of crop types from MODIS data: temporal unmixing using independent component analysis. Remote Sensing of Environment, 114(6): 1190-1204.

Pan Y, Li L, Zhang J, et al. 2011. Crop area estimation based on MODIS-EVI time series according to distinct characteristics of key phenology phases: a case study of winter wheat area estimation in small-scale area. Journal of Remote Sensing, 15(3): 578-594.

Peña-Barragán J M, Ngugi M K, Plant R E, et al. 2011. Object-based crop identification using multiple vegetation indices, textural features and crop phenology. Remote Sensing of Environment, 115(6): 1301-1316.

Portmann F T, Siebert S, Doll P. 2010. MIRCA2000—global monthly irrigated and rainfed crop areas around the year 2000: a new high-resolution data set for agricultural and hydrological modeling. Global Biogeochemical Cycles, 24(1): B1011.

Qiao H B, Zhang H, Cheng D F, et al. 2008. Application of EOS/MODIS-NDVI at different time sequences on monitoring winter wheat acreage in Henan Province. Agricultural Science and Technology, 2(3): 113-115.

Ramankutty N, Foley J A. 1998. Characterizing patterns of global land use: an analysis of global croplands data. Global Biogeochemical Cycles, 12(4): 667-685.

Roy D P, Ju J, Lewis P, et al. 2008. Multi-temporal MODIS-Landsat data fusion for relative radiometric normalization, gap filling, and prediction of Landsat data. Remote Sensing of Environment, 112(6): 3112-3130.

Shang J, Mcnairn H, Champagne C, et al. 2008. Contribution of Multi Frequency, Multi Sensor, and Multi Temporal Radar Data to Operational Annual Crop Mapping. International Geoscience and Remote Sensing Symposium, Boston (Massachusetts).

Shettigara V K. 1992. A generalized component substitution technique for spatial enhancement of multispectral images using a higher resolution data set. Photogrammetric Engineering and Remote Sensing, 58(5): 561-567.

Singh D. 2011. Generation and evaluation of gross primary productivity using Landsat data through blending with MODIS data. International Journal of Applied Earth Observation and Geoinformation, 13(1): 59-69.

Singh D. 2012. Evaluation of long-term NDVI time series derived from Landsat data through blending with MODIS data. Atmosfera, 25(1): 43-63.

Thenkabail P. 2006. An Irrigated Area Map of the World (1999) Derived from Remote Sensing. Colombo, Sri Lanka: IWMI Research Report.

Turker M, Ozdarici A. 2011. Field-based crop classification using SPOT4, SPOT5, IKONOS and QuickBird imagery for agricultural areas: a comparison study. International Journal of Remote Sensing, 32(24): 9735-9768.

Wardlow B D, Egbert S L. 2008. Large-area crop mapping using time-series MODIS 250 m NDVI data: an assessment for the US Central Great Plains. Remote Sensing of Environment, 112(3): 1096-1116.

Watts J D, Powell S L, Lawrence R L, et al. 2011. Improved classification of conservation tillage adoption using high temporal and synthetic satellite imagery. Remote Sensing of Environment, 115(1): 66-75.

Witharana C, Civco D L, Meyer T H. 2014. Evaluation of data fusion and image segmentation in earth observation based rapid mapping workflows. ISPRS Journal of Photogrammetry and Remote Sensing, 87: 1-18.

Wu B, Yan N, Xiong J, et al. 2012. Validation of ETWatch using field measurements at diverse landscapes: a case study in Hai Basin of China. Journal of Hydrology, 436: 67-80.

Xiao X, Boles S, Frolking S, et al. 2006. Mapping paddy rice agriculture in South and Southeast Asia using multi-temporal MODIS images. Remote Sensing of Environment, 100(1): 95-113.

Yang C, Everitt J H, Murden D. 2011. Evaluating high resolution SPOT 5 satellite imagery for crop identification. Computers and Electronics in Agriculture, 75(2): 347-354.

Yocky D A. 1996. Multiresolution wavelet decomposition I me merger of landsat thematic mapper and SPOT panchromatic data. Photogrammetric Engineering and Remote Sensing, 62(9): 1067-1074.

You L, Wood S. 2006. An entropy approach to spatial disaggregation of agricultural production. Agricultural Systems, 90(13): 329-347.

You L, Wood S, Wood-Sichra U. 2009. Generating plausible crop distribution maps for Sub-Saharan Africa using a spatially disaggregated data fusion and optimization approach. Agricultural Systems, 99(23): 126-140.

You L, Wood S, Wood-Sichra U, et al. 2014. Generating global crop distribution maps: from census to grid. Agricultural Systems, 127: 53-60.

Zhang W, Li A, Jin H, et al. 2013. An enhanced spatial and temporal data fusion model for fusing landsat and

MODIS surface reflectance to generate high temporal landsat-like data. Remote Sensing, 5(10): 5346-5368.

Zhang Z, Wang X, Zhao X, et al. 2014. A 2010 update of National Land Use/Cover Database of China at 1∶100000 scale using medium spatial resolution satellite images. Remote Sensing of Environment, 149: 142-154.

Zhong L, Gong P, Biging G S. 2014. Efficient corn and soybean mapping with temporal extendability: a multi-year experiment using Landsat imagery. Remote Sensing of Environment, 140: 1-13.

第 10 章 农作物空间分布遥感制图发展方向探讨

10.1 引 言

20 世纪 70 年代以来，国内外一系列大面积作物清查试验以及重大农作物遥感监测项目的实施，极大地促进了农业遥感学科的发展，农作物空间分布遥感制图在理论、方法研究和实践应用方面都取得了长足进展(陈水森等, 2005; 胡琼等, 2018; Hu et al., 2019; Lu et al., 2017; Song et al., 2019)。从制图目标看，农作物遥感制图主要集中于水稻、大豆、小麦和玉米等主要粮食作物，特色小宗农作物空间分布不清。从制图数据输入看，野外调查和收集的地面样本数据储备不足，制图年内作物样本获取不及时、数量不充足、质量不达标等问题突出，降低了农作物制图效果的稳定性。从制图范围看，大区域尺度高精度制图能力偏弱，尤其是对地形复杂、种植制度多样的区域，农作物遥感制图应用需求更加难以满足。从制图数据源看，多源遥感数据统筹利用效率低下，仅多采用单一遥感数据源，其时间分辨率与空间分辨率之间相互制约，农作物制图效果往往不理想。从制图方法看，农作物识别算法适应性差，制约着遥感制图结果的精度和效率。随着遥感、大数据和人工智能等新一代信息技术的快速发展，以及数字中国战略实施和数字经济体系建设，农作物空间分布遥感制图的需求方向和技术体系必将呈现新的变化。本章尝试从农作物遥感制图的现状出发，全面总结了遥感技术的发展和行业信息需求，系统展望农作物空间分布遥感制图的未来发展趋势、重点方向以及存在的问题。

10.2 农作物空间分布遥感制图策略

10.2.1 制图目标呈现多元化

传统的农业空间分布遥感制图对象多集中于早稻、中稻（一季晚）、双季晚稻、冬小麦、春小麦、春玉米、夏玉米、大豆、油菜、棉花等大宗作物，对花生、马铃薯、甜菜、芝麻、向日葵等特色经济作物关注较少，农作物遥感制图的作物类型较为单一。由于小宗作物种植面积较小、地块破碎、分布分散，使其光谱变异大，制图精度低，难以满足日益增长的农业生产管理和决策支持的需求（刘佳等, 2018）。因此，如何根据小宗作物独特的空间、光谱和时间变异特性，构建合适的作物制图方案、增加制图对象的多样化，是当前农作物遥感监测的紧迫任务。

除了作物类型的多元化，制图的时间多元化，尤其农作物生长早期遥感制图是农作物制图目标多元化发展的重要内容。农作物遥感制图往往利用全年的多时相遥感数据，需要在年底或者次年才能获取农作物的分布信息，时效性差，难以满足实时监测、实时决策的农业管理需求。使用较短的时间序列影像提前获得作物空间分布格局信息，研制农作物早期、关键生育期、生长季内的农作物空间分布数据集，为灌溉用水量分配决策、安排农业机械收割作业、病虫害应急和管理等提供农作物基础底图，提高农作物遥感制图的可用性（郝鹏宇等，2018）。

同时，作物在时间和空间集约化利用是农作物制图多元化发展的又一重要方面（Xiang et al., 2019）。我国农作物复种模式复杂多样，目前已有研究多关注水稻熟制信息提取，而对于水稻-油菜、水稻-冬小麦、大豆-小麦-玉米不同轮作方式、作物间作和套作等空间组合种植模式的遥感制图研究关注较少。基于遥感手段提取农作物复合种植模式，技术方法上通常需要较高的光谱、时间和空间分辨率影像，协同利用多源数据，提高不同维度的信息增量（项铭涛，2019）。然而，目前基于遥感技术提取设施农业空间分布的研究还处于起步阶段，研究的区域较小，大尺度的制图研究较欠缺（哈斯图亚等，2017）。

10.2.2 制图单元从像元到地块

农作物空间分布遥感制图单元可以分为像元和地块两类。像元是遥感影像数据存储的基本单元，也是大区域和长时间序列农作物遥感制图中应用最广泛的成图单元。以像素为制图单元的农作物遥感识别方法在理论与技术上发展的较为成熟，该方法利用遥感影像单个像元的光谱信息，结合目视解译分类方法或计算机自动分类方法，进行农业专题信息提取、空间分析和制图（吴文斌等，2019）。基于像元的制图通常不考虑相邻像元光谱之间的关联效应，忽略了地理实体的空间特征和拓扑关系。随着高分辨率遥感时代的到来，高空间分辨率影像一个像元所代表的地理实体范围减小，地块内部同一作物的光谱异质性增加，仅依靠一个像元光谱信息分类，会导致严重的"椒盐现象"，并且制图结果难以与土地权属、生产效益、田间管理等属性信息关联，降低了实际应用价值。因此，传统以像元为制图单元，根据像元光谱特征判定每一个像元类别归属的方法，已经不能满足高分辨率遥感影像的农作物制图。

地块是指具有同一权属的完整封闭的农田，其内部自然特性和经济区位条件相对均匀，是农户生产经营的最小单位，是实现农业生产管理、布局优化和效益评价的基本单元（胡潭高等，2009；翟晓芳，2004）。随着高分辨率对地观测卫星的发展，面向地块的分类方法越来越受到研究者青睐。面向地块的遥感制图是将一个特定边界内部的所有像素归并为地表真实的"地块"对象，并将其作为基本单元进行分类。传统地块边界的获取多基于人工勾绘，该方式可以准确获取地块边界，但效率低，尤其对于大区域而言，需要耗费大量的人力、物力和时间成本（韩衍欣等，2019）。利用计算机自动提取的手段能够有效地避免人工手绘方法的不足，可以很好地适应快速、大尺度区域等农作物制图要求。马丽等（2009）通过高分辨率影像建立地块边界数据，然后基于多时相 TM 和 SVM 分类器提取了地块尺度的玉米分布面积。Conrad 等（2010）利用影像分割技术提取耕地边界，在地块尺度上提取了中亚干旱区灌溉作物空间分布信息，制图精度达 80% 以上。Persello 等（2019）基于 Worldview-2/3 影像，采用卷积神经网络结合分组算法自动、准确地提取了尼日利亚耕地地块。基于地块的农作物识别能充分利用地块的光谱、纹理、形状等多维特征，其制图结果与农业生产真实的空间尺度相匹配，能紧密关联生产实际、自然环境、社会经济要素，能更好地服务于田间耕作管理、农作物布局优化、标准农田建设、土地权属管理等专题应用，将是遥感技术在未来农作物制图研究中的必然趋势。

由于人地关系的多重性、动态性、异时异地相关性等特征，基于地块的农作物遥感制图仍面临一些难点和挑战，亟需推广更多使用高空间分辨率影像，融合不同时空分辨率遥感数据（Hu et al., 2013）；需要优化地块提取算法，改进地块边缘检测能力，减少地块边界其他地物（如杂草、道路）干扰，降低分类的不确定性。同时，地块提取结果的精度需定量化评估。目前多基于目视解译定性评估地块提取结果，采用何种定量指标以及评定方式，进行客观、全面评估地块提取的精度也是未来不可忽视的内容。

10.2.3 样本信息采集从线下到线上

地面样本是分析农作物在遥感图像不同波段光谱亮度、空间结构特征的重要输入，其质量、数量以及空间布设直接影响分类效果（Hao et al., 2014）。早期和传统的地面样本采集主要通过地面采样方法，实地记录农作物空间位置信息和农作物类别信息。该方法的优势是可以获得农作物类型的详细信息，但对大区域地面样本采集时耗费人力、物力和财力，难以获取足够数量的作物样本，导致我国区域、省乃至国家尺度农作物空间分布信息提取受到严重制约（胡琼，2018），制约了我国"作物一张图"生产。同时，由于实地样本的匮乏，区域尺度的耕地、农作物以及复种指数等数据产品的精度难以得到客观和真实的评估，严重限制了数据产品的应用广度。

在大数据时代下，新的大众参与为核心的众包模式为数据采集和共享提供了良好契机（艾阔，2018；陈强等，2013；李景峰等，2016），众包模式在地理信息科学领域也得到了快速的发展和应用（严宏基等，2017；周源等，2016）。多名学者借助互联网等信息手段，将样本采集任务分解分包给非特定的网络大众，通过大规模社会化协同的方式，调动民间智慧，构建移动传感器，集成农作物样本类型信息（顾戈琦等，2018；王亮等，2018）。国际应用系统分析研究所研发的 Geo-wiki 通过线上的众包方式获取足够的耕地验证点，对基于多套全球产品融合生成的新耕地产品进行了精度评定（Fritz et al., 2012）。DIYlandcove 平台通过众包方式获取有代表性和高精度的作物地块样本，为客观评定南非农作物地块大小分布图提供了充足的验证样本信息（Minet et al., 2017）。CropScape 平台根据用户位置定位和共享农作物验证样本。这种从线下到线上的样本数据获取方式，极大拓展了农作物样本的数量和类型，突破了传统大区域遥感制图样本数量不足的难题。同时，融入了大众的智慧，能更客观、更全面地评定农作物遥感制图的精度。

但是，目前我国农业地理数据收集的众包平台尚未建成。我国地形复杂、作物种植结构多样，使得我国农业地理数据组织形式更为复杂、获取方式难度更大。如何针对我国农业地理现状和农作物种植特点，基于众包技术建立一套农业大数据采集和标报平台，是当前迫切需要解决的重要科学问题。同时，众包用户组成不可控、技术水平不稳定，数据获取存在一定不确定性，如何对海量众包数据进行自动、精准审核将是基于互联网众包技术获取农作物样本信息需要突破的难点。

10.2.4 制图方法从自动学习到深度学习

农作物空间分布遥感制图方法逐渐由目视解译法发展见到基于统计学的分类方法，进一步发展为机器学习及深度学习等制图方法（Dong et al., 2016; Li et al., 2012; Manjunath et al., 2015）。传统的目视解译法主要基于中高空间分辨率遥感影像，凭借专家先验知识，根据特定的农作物类型在特定的时间窗口下呈现出特异的色彩，判别农作物类型。该方法操作简单、灵活，但解译人员需要具有专业的背景知识和丰富的解译经验，且耗时耗力，并且手绘耕地图斑过程中难免会出现拓扑错误，需要进行二次人工检查和修正，工作效率低，不适合大区域农作物遥感制图。随着计算机性能的提高以及遥感图像处理技术的快速发展，最大似然方法、最小距离法、K-means 聚类方法等基于光谱特征的统计模式识别方法得到了推广和应用（付伟锋等，2018）。但受景观破碎区域以及地物光谱复杂多样等问题影响，该类统计光谱特征的方法精度仍受到限制。一些新的机器学习算法，如人工神经网络、遗传算法、支持向量机、随机森林等应运而生，被广泛应用于土地利用类型遥感解译中，取得了较好的分类效果（Clauss et al., 2016; Hu et al., 2017; Song et al., 2017）。通常这些方法的泛化能力不强，对于不同区域、不同遥感影像源，需要进行参数设置和优化；方法的表现也因景观的异质性、样本的数量、输入的特征不同而有所差异。面对数据量大、有效信息分散、结构多样性的大数据，自动学习算法已经无法充分挖掘信息内涵，难以满足多元化农业应用需求。

深度学习成为机器学习的一个重要分支，为高精度农作物空间分布遥感制图提供可能。深度学习的本质是深层神经网络，在传统神经网络基础上增加了神经网络的层次（李昌俊，2018; 王海军，2018）。深度学习典型方法包括限制玻尔兹曼机、深度信念网络、卷积神经网络、自动编码器、递归神经网络、生成对抗网络等（罗仙仙等，2017）。与传统的遥感影像信息提取方法相比，深度学习通过影像分割，以像元集合（对象）为最小制图单元，不仅可以利用制图单元内的光谱特征，也能利用纹理、几何特征以及上下文语义特征进行更高层的表达（颜伟等，2019）。深度学习符合人的视觉系统特性，能够以数据驱动的方式主动学习和挖掘海量遥感影像中蕴藏的不同地物类型的典型特征。因而，深度学习在处理大区域、高维数据方面具有明显的优势。目前，深度学习方法在农作物遥感制图中初步应用，并取得了较好的成果。Du 等（2019）基于 WorldView-2 影像，采用深度语义分割技术提取天津宝坻的农作物空间分布图，整体分类精度达到了 95%，优于最大似然、支持向量机和随机森林分类结果。Ji 等（2018）在黑龙江北安，以多时相 GF-2 号卫星影像为主要数据源，采用 3D 卷积神经网络提取农作物季相节律特征，识别出玉米、大豆、水稻等农作物。Sidike 等（2019）构建了深度渐进扩展网络（dPEN），提取了景观破碎区域不同农作物类型，该方法较随机森林和支持向量机方法性能更优，能更好地刻画农作物在 SWIR 和 VNIR 光谱波段中的反射特性，尤其是对农业景观破碎的区域，dPEN 分类效果。

尽管深度学习在农作物制图中广泛应用，但仍面临诸多难题和挑战。深度学习网络结构纵深发展，但目前网络结构选取的理论体系尚不完善，亟须加强不同农业景观特征条件下确定最合适的网络结构及神经元数量、优化不同遥感影像源对应的最优网络结构、明晰不同隐藏层对应的农作物遥感识别特征的物理意义、阐明参数变化对农作物提取结果的影响等原理和技术方法研究。同时，典型方法针对遥感影像处理需要规范化，以更好分析结果的不确定性来源。如使用修正的非线性激活函数 ReLU 函数解决训练速度慢问题；采用随机失活 dropout 技术和权重衰减方法防止过拟合问题等（胡琼等，2015）。此外，深度学习方法主要应用在高光谱和高空间分辨率遥感影像中，已有深度学习方法需要进一步拓展应用到基于多时序多光谱遥感影像、多源遥感数据协同的农作物遥感制图中，以满足不同遥感数据源、不同景观异质性、不同分类目标的农业土地系统制图需求。

10.2.5 遥感数据源的协同利用

一个地区或生产单位内的农业景观往往由不同农作物按照不同的种植方式（轮作、间作、套作等）组合在一起，不同农作物光谱特征不同，时间上的物候特征也有差异，地块大小、空间结构等均不相同，农业景观时空异质性和复杂性的特点更为突出，因此，高精度农作物遥感制图对遥感数据源的光谱、时相、空间分辨率要求更高（宋茜等，2015）。随着卫星平台和遥感技术的不断发展，不同空间分辨率、不同光谱波段、不同时间观测频率的遥感数据蓬勃发展。空间分辨率高的影像通常光谱信息和时相信息不足，难以刻画农作物季节动态规律；时间和光谱分辨率高的影像空间分辨率往往较低，难以获取丰富的地表细节信息（吴炳方等，2017）。因此，通过多源数据协同利用，从分辨率、时序性、光谱等多个方面弥补单一数据不足，重构高质量遥感数据集受到广泛关注（唐华俊，2018；仲波等，2018）。然而，不同传感器在几何、光谱和辐射等物理属性方面存在差异，容易造成系统偏差、噪声、不完整、非结构化等多方面不确定性。创新数据重构方法，实现不同遥感数据的归一化和标准化处理，是协同利用多源遥感数据的关键所在。

多源数据分为遥感数据与非遥感数据两大类。除了遥感数据，气象、土壤、地形和农业统计数据等非遥感数据源也是农作物遥感制图重要的辅助数据，能够提供农作物不同维度的信息（宋茜等，2015）。整合统计数据在农作物类型和数量特征描述方面和遥感数据在耕地空间分布表达的优势，基于特定的空间分配规则，将统计数据空间化表达，融合遥感数据和统计数据，可以实现国家或全球尺度的农作物种植结构提取。You 等（2014）利用全球耕地数据、农作物面积统计数据、农业灌溉数据和农作物适宜性（降水、温度和土壤）等多源信息，基于交叉熵理论和方法绘制了全球 5 分栅格尺度的农作物分布图。Zhong 等（2014）引入累积积温，结合时序光谱特征量参与分类，获得最高的农作物制图精度。然而，这种非遥感数据源大多是基于实地站点或行政单元进行数据记录，其空间尺度与遥感格网数据往往不匹配。如何匹配非遥感数据源与遥感影像之间的空间尺度，降低分类不确定性，提高农作物制图的有效信息增量，是基于多源数据进行农业土地系统制图的难点。

随着卫星遥感技术的快速发展，人类对地球的观测能力达到了空前水平。不同光谱波段、不同观测角度、不同成像方式、不同空间尺度、不同时间频率的遥感数据源越来越丰富，数据量也越来越大，遥感进入大数据时代（朱建章等，2016）。然而，现有的遥感影像处理和分析技术，主要针对单一传感器，多源异构遥感数据的协同处理技术尚不成熟。遥感信息处理仍停留在数据到数据的阶段，还未实现从数据到知识的转变，陷入了大数据，小知识的悖论（李德仁等，2014）。事实上，遥感大数据的价值不在其"大"而在其"全"，对地表多粒度、多时相、多方位和多层次进行全面反映，在数据背后隐藏了各种地表规律或知识。充分利用和挖掘遥感大数据背后隐藏的知识才是卫星对地监测的终极目标。因此，根据农作物的特点和制图目标，选取合适的多源遥感数据，研究适用于多源遥感数据的自动处理和数据挖掘方法，实现多源异构数据的自动化、标准化、智能化处理，是农作物精准制图的最重要环节。

10.3 农作物空间分布遥感数据产品研制

近10年来，农业土地系统遥感制图研究取得了较大进展，已有的各类遥感数据产品，如 MODIS 土地覆盖分类产品（MCD12Q1）、MODIS 植被指数产品（MOD13A1）、30米全球土地覆盖分类产品（GlobeLand30）在服务农业生产、保障粮食安全和支持生态环境监测等方面发挥了作用。现已开展的农业土地系统制图研究多针对区域尺度，数据集空间尺度较粗（≥1km），制图精度难以满足实际的生产应用需求，并且国家及全球等大尺度的研究鲜见（Ramankutty et al.，2008）。尤其中国复杂地形和复杂种植条件下的大区域农作物空间格局遥感制图数据集及其匮乏。同时，农业土地受自然环境和人为活动（播种、收获、灌溉、品种更替等）双重影响，年内和年际间农作物种植格局动态变化显著，对农作物遥感制图数据的时效性和时序性提出了更高的要求。

农作物空间分布遥感数据产品研制需要根据不同的制图目标（农作物识别、熟制提取等），采用不同的光谱、空间和时间分辨率遥感影像，选择适宜的数据处理、算法进行农作物信息提取。时序 MODIS 影像是回答大区域尺度下农作物"有没有"的问题，可用于无需详细的农作物类别信息、逐年的全国复种指数产品研制；中高空间分辨率（<20m）的遥感影像是回答区域尺度下农作物"是不是"的问题，可用于地块尺度的全国农作物空间分布数据集生产。因此，农作物遥感制图产品研制首先需要根据制图的目标和需求，明确制图对象、制图空间尺度、制图的时间尺度，选取合适的一种或多种遥感数据。针对选取的多源数据集，从几何、辐射、光谱、数据空缺填补、投影方式、标准分幅等方面着手，建立多源数据集处理的标准规范，指导形成标准的多源数据集，为农作物遥感数据产品的生产提供规范化的输入（张正等，2016）。确立制图目标后，开发操作性强、扩展性强的制图算法是提高制图成果及产品生产系统的处理效能和可靠性的核心。在产品研制过程中，需要特别注意的是形成产品流程规范，对不同遥感数据产品的输入、输出以及生产过程进行标准化控制。尤其对于生产大尺度或者长时间序列的遥感数据产品，需要对系统架构与设计、软硬件配置、系统运行效率、系统可靠性进行全面规范，并建立相应的指标体系。对于同一主题的遥感数据产品，可以根据不同的处理流程和内容，形成不同级别的产品，并配套相应的技术规范说明，以便用户根据需求自行选用相应级别的产品。如对于农业土地空间分布数据集，可设 L0 级产品为耕地分布数据集，L1 为旱地和水田分布数据集，L2 为不同旱地农作物（如玉米）空间分布数据集等。最后，需要对研制的农作物遥感制图数据产品进行精度评定并分析其不确定性来

源。只有对遥感产品精度给出客观、定量的评估,才能进一步提高遥感产品定量化生产水平,使其真正成为农业土地科学以及整个地球系统科学的可靠数据源,提高遥感应用的精度,扩展其应用范围(吴小丹等,2015)。

农作物空间分布遥感数据产品研发是一个影响因素众多、技术过程复杂的科学数据工程,目前我国农作物遥感制图产品还处在初级发展阶段,面临诸多难点和挑战,亟须建立数据处理、生产算法、产品质量控制以及产品真实性检验等方面标准的技术体系和规范,以满足农业、环境和资源等多方面的应用需求;目前制图研究成果多是根据特定的人员需求对生产特定区域、特定时间的数据结果,没有形成系统、全面的农作物遥感产品集。因此,深入研究农作物空间分布遥感数据产品研制的关键技术,保持其现势性,增强时序性,细化农作物类型,丰富产品种类,尽快解决我国农业资源家底不清的问题,已成为农业土地科学领域的紧迫任务之一。

10.4 农作物空间分布数据产品的共享与服务

目前,遥感数据获取能力不断提升,农业遥感监测研究不断涌现,但农业遥感监测数据结果的管理、应用和共享却相对滞后。由于行业应用目的和部门需求不同,不同机关部门、科研院所等相继开展了农业土地监测业务或者科学研究,不同行业和部门重复购买、加工和生产相关的农作物遥感制图数据集,造成大量资金和人力的浪费。不同分辨率、不同角度、不同成像方式、不同观测频率的卫星数据迅猛增长,遥感数据源种类众多,标准化的数据产品规范和科学的数据管理系统缺乏。不同行业用户对卫星影像的选择较盲目,对农作物遥感数据生产的标准不一,导致不同数据集之间难以定量比较和低级利用,降低了数据资源的利用率(吕喜军等,2017)。同时,已有的遥感数据资源分散,缺乏统一的共享交换平台,大量数据资源没有科学有效地整合、管理和传输,相关单位所需的遥感数据产品得不到共享和交换,导致农作物遥感数据集的潜在价值没有充分地挖掘,数据资源延伸服务得不到推广和应用。因此,打破行业壁垒,建立农作物遥感数据产品统筹协调机制,实现遥感数据科学管理和共享服务,提高数据成果的利用率,拓宽其应用领域和潜在价值是未来农业土地资源遥感领域的发展趋势和方向。

随着众源技术的热潮,欧美国家陆续出现了一些开发的数据共享平台。如 Geo-wiki 平台将现有全球耕地数据集加以合成,生成一套精度更高的全球耕地/作物空间数据集。这类基于众源信息的农业土地共享平台不仅满足用户对农业土地空间数据的需求,同时通过汇集大众的智慧,不断提升数据的质量和应用广度(陈军等,2016),已成为了目前国际农业土地遥感数据共享平台的前沿趋势。目前我国已有的一些地理空间数据产品共享服务平台,如资源环境数据云平台(https://earthexplorer.usgs.gov/)、全球 30 米土地覆盖数据集 GlobeLand30 共享平台(http://www.globallandcover.com/GLC30Download/index.aspx)、国产高分数据共享平台(https://earthexplorer.usgs.gov/)等,因具有较好的操作性、稳定性以及产品多样性被广泛应用于各领域。然而,我国尚未建立统一的农作物空间分布遥感数据共享与服务平台。因此,如何根据我国农业特点和行业需求,引入国际前沿技术,打造统一、稳定、可扩展、可兼容的农作物遥感制图数据综合平台将是我国农业土地资源监测的重要任务。

我国的农作物空间分布遥感数据产品不仅要服务于国内生产与管理，更要服务"农业走出去"。未来应加大国际合作力度，积极推动设立相关国际科学计划，建立遥感数据格式、数据处理、数据产品分级、数据产品质量等统一标准和规范，发挥不同国家、不同组织的优势，建立长效合作机制，最大限度地整合各种可用资源，构建全球农作物空间分布遥感数据集成平台，共同推动农业土地大数据集的形成和广泛应用。

参 考 文 献

艾阔. 2018. 众包数据提取平台的设计与实现. 北京：北京交通大学博士学位论文.

陈军, 张俊, 张委伟, 等. 2016. 地表覆盖遥感产品更新完善的研究动向. 遥感学报, 20(5): 991-1001.

陈强, 吴金红, 张玉峰. 2013. 大数据时代基于众包的竞争情报运行机制研究. 情报杂志, 32(8): 15-18, 26.

陈水森, 柳钦火, 陈良富, 等. 2005. 粮食作物播种面积遥感监测研究进展. 农业工程学报, (6): 166-171.

付伟锋, 邹维宝. 2018. 深度学习在遥感影像分类中的研究进展. 计算机应用研究, 35(12): 3521-3525.

顾戈琦, 李瑾. 2018. 基于众包的农业大数据采集平台构建. 江苏农业科学, 46(5): 191-194.

哈斯图亚, 陈仲新. 2017. 农田覆膜效益、环境影响与监测研究进展分析. 中国农业资源与区划, 38(4): 1-8.

韩衍欣, 蒙继华. 2019. 面向地块的农作物遥感分类研究进展. 国土资源遥感, 31(2): 1-9.

郝鹏宇, 唐华俊, 陈仲新, 等. 2018. 基于历史增强型植被指数时序的农作物类型早期识别. 农业工程学报, 34(13): 179-186.

胡琼. 2018. 基于时序MODIS影像的农作物遥感识别方法研究. 北京：中国农业科学院博士学位论文.

胡琼, 吴文斌, 宋茜, 等. 2015. 农作物种植结构遥感提取研究进展. 中国农业科学, 48(10): 1900-1914.

胡琼, 吴文斌, 项铭涛, 等. 2018. 全球耕地利用格局时空变化分析. 中国农业科学, 51(6): 1091-1105.

胡潭高, 朱文泉, 阳小琼, 等. 2009. 高分辨率遥感图像耕地地块提取方法研究. 光谱学与光谱分析, 29(10): 2703-2707.

李昌俊. 2018. 基于深度学习的农业遥感图像耕地提取技术研究. 合肥：中国科学技术大学博士学位论文.

李德仁, 张良培, 夏桂松. 2014. 遥感大数据自动分析与数据挖掘. 测绘学报, 43(12): 1211-1216.

李景峰, 梁明蕙. 2016. 分享经济时代下基于互联网的人力资源众包模式初探. 经济问题, (4): 96-101.

刘佳, 王利民, 季富华, 等. 2018. 农作物种植面积"一张图"遥感监测业务设计及应用. 中国农业信息, 30(4): 77-89.

罗仙仙, 曾蔚, 陈小瑜, 等. 2017. 深度学习方法用于遥感图像处理的研究进展. 泉州师范学院学报, 35(6): 35-41.

吕喜军, 陈中林, 龚建辉, 等. 2017. 海量影像管理与服务技术研究及实现. 地理空间信息, 15(2): 33-35, 9.

马丽, 顾晓鹤, 徐新刚, 等. 2009. 地块数据支持下的玉米种植面积遥感测量方法. 农业工程学报, 25(8): 147-151, 321.

宋茜, 周清波, 吴文斌, 等. 2015. 农作物遥感识别中的多源数据融合研究进展. 中国农业科学, 48(6): 1122-1135.

唐华俊. 2018. 农业遥感研究进展与展望. 农学学报, 8(1): 167-171.

王海军. 2018. 深度卷积神经网络在遥感影像分类的应用研究. 北京: 中国地质大学(北京)博士学位论文.

王亮, 於志文, 郭斌, 等. 2018. 基于移动社交网络的群智感知社群化任务分发. 浙江大学学报(工学版), 52(9): 1709-1716.

吴炳方, 张淼. 2017. 从遥感观测数据到数据产品. 地理学报, 72(11): 2093-2111.

吴文斌, 余强毅, 杨鹏, 等. 2019. 农业土地资源遥感研究动态评述. 中国农业信息, 31(3): 1-12.

吴小丹, 闻建光, 肖青, 等. 2015. 关键陆表参数遥感产品真实性检验方法研究进展. 遥感学报, 19(1): 75-92.

项铭涛. 2019. 耕地复种提升潜力研究. 北京: 中国农业科学院学位论文.

严宏基, 李兵, 詹伟, 等. 2017. 基于众包模式的POI数据采集方案研究. 地理空间信息, 15(12): 41-44, 9.

颜伟, 周雯, 易利龙, 等. 2019. 森林类型遥感分类及变化监测研究进展. 遥感技术与应用, 34(3): 445-454.

翟晓芳. 2004. 地块的研究. 武汉: 武汉大学硕士学位论文.

张正, 唐娉, 李宏益, 等. 2016. 多源数据协同定量遥感产品生产系统的领域模型. 遥感学报, 20(2): 184-196.

仲波, 李宏益, 柳钦火, 等. 2018. 多源协同陆表定量遥感产品生产技术与系统. 北京: 科学出版社.

周源, 郑灿辉, 刘禹鑫. 2016. 基于众包模式的地理信息采集开发与应用研究. 测绘与空间地理信息, 39(12): 92-94.

朱建章, 石强, 陈凤娥, 等. 2016. 遥感大数据研究现状与发展趋势. 中国图象图形学报, 21(11): 1425-1439.

Clauss K, Yan H M, Kuenzer C. 2016. Mapping paddy rice in China in 2002, 2005, 2010 and 2014 with MODIS time series. Remote Sensing, 8(5): 434.

Conrad C, Fritsch S, Zeidler J, et al. 2010. Per-field irrigated crop classification in arid Central Asia using SPOT and ASTER data. Remote Sensing, 2(4): 1035-1056.

Dong J, Xiao X. 2016. Evolution of regional to global paddy rice mapping methods: a review. ISPRS Journal of Photogrammetry and Remote Sensing, 119: 214-227.

Du Z, Yang J, Ou C, et al. 2019. Smallholder crop area mapped with a semantic segmentation deep learning method. Remote Sensing, 11(7): 888.

Fritz S, McCallum I, Schill C, et al. 2012. Geo-wiki: an online platform for improving global land cover. Environmental Modelling and Software, 31: 110-123.

Hao P, Wang L, Niu Z, et al. 2014. The potential of time series merged from Landsat-5 TM and HJ-1 CCD for crop classification: a case study for bole and manas counties in Xinjiang, China. Remote Sensing, 6(8): 7610-7631.

Hu Q, Sulla-Menashe D, Xu B, et al. 2019. A phenology-based spectral and temporal feature selection method for crop mapping from satellite time series. International Journal of Applied Earth Observation and Geoformation, 80: 218-229.

Hu Q, Wu W, Song Q, et al. 2017. How do temporal and spectral features matter in crop classification in Heilongjiang Province, China? Journal of Integrative Agriculture, 16(2): 324-336.

Hu Q, Wu W, Xia T, et al. 2013. Exploring the use of Google Earth imagery and object-Based methods in land use/cover mapping. Remote Sensing, 5(11): 6026-6042.

Ji S, Zhang C, Xu A, et al. 2018. 3D convolutional neural networks for crop classification with multi-temporal remote sensing images. Remote Sensing, 10(1): 75.

Kr Manjunath, Revatis More, Nk Jain, et al. 2015. Mapping of rice-cropping pattern and cultural type using remote-sensing and ancillary data: a case study for South and Southeast Asian countries. International Journal of Remote Sensing, 36(24): 6008-6030.

Li P, Feng Z, Jiang L, et al. 2012. Changes in rice cropping systems in the Poyang Lake Region, China during 2004-2010. Journal of Geographical Sciences, 22(4): 653-668.

Lu M, Wu W, You L, et al. 2017. A synergy cropland of China by fusing multiple existing maps and statistics. Sensors, 17 (7): 1613.

Minet J, Curnel Y, Gobin A, et al. 2017. Crowdsourcing for agricultural applications: a review of uses and opportunities for a farmsourcing approach. Computers and Electronics in Agriculture, 142: 126-138.

Paheding S, Vasit S, Maitiniyazi M, et al. 2019. dPEN: deep progressively expanded network for mapping heterogeneous agricultural landscape using WorldView-3 satellite imagery. Remote Sensing of Environment, 221: 756-772.

Persello C, Tolpekin V, Bergado J, et al. 2019. Delineation of agricultural fields in smallholder farms from satellite images using fully convolutional networks and combinatorial grouping. Remote Sensing of Environment, 231: 111253.

Ramankutty N, Evan A, Monfreda C, et al. 2008. Farming the planet: 1. geographic distribution of global agricultural lands in the year 2000. Global Biogeochemical Cycles, 22(1): 1-19.

Song Q, Hu Q, Zhou Q, et al. 2017. In-season crop mapping with GF-1/WFV data by combining object-based image analysis and random forest. Remote Sensing, 9(11): 1184.

Song Q, Xiang M, Hovis C, et al. 2019. Object-based feature selection for crop classification using multi-temporal high-resolution imagery. International Journal of Remote Sensing, 40: 2053-2068.

Xiang M, Yu Q, Wu W. 2019. From multiple cropping index to multiple cropping frequency: observing cropland use intensity at a finer scale. Ecological Indicators, 101: 892-903.

You L, Wood S, Wood-Sichra U, et al. 2014. Generating global crop distribution maps: from census to grid. Agricultural Systems, 127: 53-60.

Zhong L, Gong P, Biging G. 2014. Efficient corn and soybean mapping with temporal extendability: a multi-year experiment using Landsat imagery. Remote Sensing of Environment, 140: 1-13.